ESSAI
SUR
LE GNOSTICISME
ÉGYPTIEN

SES DÉVELOPPEMENTS ET SON ORIGINE ÉGYPTIENNE

THÈSE
POUR LE DOCTORAT ÈS LETTRES

PAR

M. E. AMÉLINEAU

PARIS
ERNEST LEROUX, ÉDITEUR
28, RUE BONAPARTE, 28

1887

Da-
690

ESSAI
SUR
LE GNOSTICISME
ÉGYPTIEN

SES DÉVELOPPEMENTS ET SON ORIGINE ÉGYPTIENNE

LYON. — IMPRIMERIE PITRAT AINÉ, 4, RUE GENTIL

ESSAI

SUR

LE GNOSTICISME

ÉGYPTIEN

SES DÉVELOPPEMENTS ET SON ORIGINE ÉGYPTIENNE

THÈSE

POUR LE DOCTORAT ÈS LETTRES

PAR

M. E. AMÉLINEAU

PARIS
ERNEST LEROUX, ÉDITEUR
28, RUE BONAPARTE, 28

1887

A LA MÉMOIRE DE MA MÈRE

INTRODUCTION

De tout temps, le Gnosticisme a tourné vers lui les recherches de l'esprit humain. A peine les différents systèmes gnostiques s'étaient-ils fait jour, que païens et chrétiens le combattaient; Plotin le réfutait comme saint Irénée; l'un pour sauvegarder la pure doctrine platonicienne qu'il possédait, croyait-il; l'autre, pour prévenir ses fidèles contre des erreurs brillantes et spécieuses. Pendant les quatre, et même pendant les huit premiers siècles de l'ère chrétienne, pas un seul parmi les Pères de l'Église ne fit une histoire des hérésies sans résumer ou exposer tout au long les erreurs gnostiques; chacun copiait ses devanciers pour le fonds des systèmes, et argumentait, selon sa capacité, afin de les réfuter; tous se plaçant à un point commun de défense et d'examen, rapportant tout au christianisme, ayant le même but, le triomphe de leur foi. De cette lutte, beaucoup d'ouvrages sont sortis et nous sont parvenus, beaucoup d'autres ont péri ou sont encore inconnus. Parmi les auteurs des premiers brillent saint Irénée, Eusèbe, Tertullien, Philastre, saint Épiphane, saint Justin, saint Jean Damascène. Du huitième au seizième siècle, le Gnosticisme est peu connu; son nom ne se trouve que sous la plume des scribes religieux ou laïques transcrivant les manuscrits. Au seizième siècle, le mouvement qui avait entraîné les premiers âges chrétiens recommence pour se continuer jusqu'à nos jours. Parmi les auteurs de ce mouvement d'études, il faut compter en première ligne les éditeurs des ouvrages des Pères, que la découverte de l'imprimerie permettait de rendre plus communs; Feuardent, Érasme, Grabe et dom Massuet. La grande école d'érudition du dix-septième et du dix-huitième siècle fit de nombreuses recherches sur le Gnosticisme; elle s'attacha à l'examen des systèmes gnostiques, à leur développement chronologique et logique, à des rapprochements entre les sectes; malheureusement le succès ne fut pas très grand. Les difficultés que présentait l'intelligence des systèmes, l'originalité apparente d'idées que l'Occident avait désapprises, s'il les avait jamais connues, défiaient les esprits les plus subtils et les plus pénétrants. En résumé, tout le travail de cette époque se borna à constater ce qu'avaient écrit les Pères, à le paraphraser en l'expliquant, et à déplorer la perte des ouvrages gnostiques.

Notre siècle a vu une recrudescence d'ardeur dans le mouvement que nous avons indiqué : jamais on n'avait porté plus de patience dans des recherches plus difficiles, et, bon gré mal gré, la Gnose dut découvrir ses mystères, écarter légèrement le voile dont elle les enveloppait, et permettre aux chercheurs de jeter un regard indiscret jusque dans son sanctuaire. L'Allemagne se distingua surtout et presque seule dans cette étude : Néander, Baur, Gieseler, par les efforts d'une critique persévérante, par des comparaisons ingénieuses, obtinrent des résultats qui sont demeurés acquis à la science. En France, un seul ouvrage parut sur la question, celui de M. Matter; on peut regretter que l'auteur ne se soit pas montré plus impartial, qu'il n'ait pas écrit avec plus d'ordre, surtout avec plus de critique; il aurait ainsi évité les rapprochements hasardés dont les progrès de la science ont depuis fait justice; cependant le livre dénotait une connaissance assez grande des Pères, et c'était un commencement.

Par les ouvrages des auteurs que nous venons de nommer, on voit qu'un grand changement s'était opéré dans la manière d'envisager la Gnose. Leurs prédécesseurs avaient, avant tout, poursuivi l'exposition des systèmes gnostiques : des origines de ces systèmes, de leur classification, on ne s'était que peu ou point occupé. Les deux points négligés devinrent l'objectif des nouveaux travaux. Des éléments divers dont se compose le Gnosticisme, on vit les uns, tout d'abord, on soupçonna les autres ; quelques auteurs crurent que tous découlaient d'une même source, d'autres nièrent ; les uns voulurent que le Gnosticisme ne fût qu'une effervescence de la philosophie grecque ; d'autres, qu'il fût un mélange de judaïsme et de christianisme ; d'autres encore, qu'il sortît tout entier des religions orientales qu'on ne connaissait pas. Dans toutes ces hypothèses, la vérité se mélange à l'erreur, et on a fini par admettre, ce qui est vrai, que les doctrines gnostiques étaient un vaste syncrétisme. En effet, à l'époque où parut le Gnosticisme, il y avait une immense activité d'esprit, une soif ardente de systèmes et de doctrines. La prédication de l'Évangile ne fit que stimuler cette activité, qu'exciter cette soif ; l'enseignement de Jésus-Christ révélé au monde par ses apôtres devint l'occasion et le point de départ de nombreuses théories plus ou moins absurdes, émanant d'esprits pour lesquels l'abstraction elle-même devait revêtir une forme concrète et se présenter sous de frappantes personnalités, sous de brillantes images. Parmi ces théories, celles du Gnosticisme tiennent le premier rang. A côté parut et se développa le judaïsme pur qui se divisa en plusieurs sectes, sans marcher cependant dans la voie ouverte et frayée par *Philon*. Enfin la philosophie proprement dite et le mysticisme se développaient en même temps, soit dans les écrits des philosophes alexandrins, soit dans les livres mystérieux de la *Kabbale*. Entre tous ces systèmes, le Gnosticisme se distingue par une merveilleuse propension à s'assimiler ce qui faisait l'originalité des autres, et l'étonnante facilité avec laquelle il y réussissait. De doctrines neuves, originales, il n'en faut point chercher dans ces docteurs qui tirèrent parti de tout, et qui, de tant d'éléments divers, surent, malgré la difficulté, faire quelque chose de fort, de logique, d'où l'unité n'était pas absente. Il est difficile pour nous de le voir aujourd'hui, parce que nous n'avons plus que la charpente des systèmes dépouillés de tous leurs agréments, de toute leur ornementation ; mais il n'en dut pas être ainsi au premier et au second siècle de notre ère.

Pénétrés de ces idées, les hommes éminents qui, dans ce siècle, ont étudié le Gnosticisme, se sont tournés vers les antiques religions orientales, se disant que là était l'une des sources de la Gnose; ils avaient raison. Malheureusement pendant toute la première moitié de ce siècle, ils n'eurent à leur aide que des auteurs qui, eux-mêmes, n'avaient pu remonter aux sources. Malgré ce désavantage, avec une patience admirable, rassemblant tous les fragments d'auteurs connus ou inconnus qui avaient parlé de ces religions, usant d'une critique souvent heureuse, toujours ingénieuse, ils étaient arrivés à faire des rapprochements que les découvertes de la science contemporaine ont pleinement confirmés. Ils avaient vu l'ensemble, ils avaient prévu quelques détails; mais l'heure n'était pas arrivée d'aborder, avec une pleine conscience de forces qui assure le succès, l'étude détaillée de ces sources vers lesquelles ils se sentaient attirés. D'un autre côté, cette impuissance leur a fait attribuer à certaines doctrines une origine différente de celles qu'elles ont en réalité; cela ne doit pas surprendre, car le désir de tout expliquer devait les jeter dans une voie sans issue.

Après avoir recherché les origines du Gnosticisme, les auteurs auxquels nous faisons allusion sentirent la nécessité de classer les sectes presque innombrables qu'on a coutume de ranger sous ce nom générique. Les Pères de l'Église avaient exposé et réfuté les doctrines gnostiques sans ordre logique; les uns avaient attaqué leurs adversaires selon les besoins de l'heure présente, les autres avaient suivi l'ordre chronologique avec autant d'exactitude que le leur permettaient leurs connaissances historiques. Ainsi, saint Épiphane, saint Irénée avaient même commencé par Valentin, pour revenir sur leurs pas, comme nous aurons occasion de le faire observer dans la suite de cette étude. L'ordre chronologique présentait de nombreux inconvénients : il plaçait les uns près des autres des systèmes qui n'avaient entre eux aucune affinité, qui s'étaient produits dans des milieux tout à fait différents, les séparant de ceux auxquels ils étaient étroitement unis par la communauté d'idées. Frappé sans doute de ces inconvénients, Théodoret partagea les systèmes gnostiques en deux grandes classes, selon qu'ils prenaient pour base l'unité ou la dualité du premier principe. C'était un progrès ; mais Marcion seul et ses disciples peuvent, au premier coup d'œil, entrer dans la seconde classe, et la confusion règne toujours dans la première catégorie où il faut procéder par ordre chronologique. En résumé, le désordre distingue toutes les réfutations ou expositions du Gnosticisme faites par les Pères de l'Église.

Avec les travaux modernes commencent des essais de classification, quoique d'abord on se soit contenté, comme dom Massuet, de suivre l'exposition des Pères qui avaient adopté l'ordre chronologique [1]. Après lui, l'allemand Mosheim accepta la classification de Théodoret, tout en la modifiant : il voulait trouver les éléments d'une classification exacte dans les divergences des Gnostiques sur le dualisme, faisant entrer dans un premier cadre ceux qu'il appelait dualistes *rigoureux*, et dans une seconde ceux qu'il nommait *mitigés*[2]. Une pareille classification ne peut pas être admise, car tous les Gnostiques ne sont pas dualistes ; et de plus, on ne fait pas une classification par ce qui rapproche, mais par ce qui sépare [3]. Après Mosheim, le savant Néander voulut trouver un principe de classification dans l'amour ou la haine des Gnostiques pour le judaïsme : il divisa leurs doctrines en deux classes : celles qui admettaient le judaïsme, et celles qui le rejetaient [4]. Cette nouvelle classification était encore incomplète ; les éléments païens lui échappaient, et Néander fut obligé de la modifier en subdivisant les sectes anti-judaïques en sectes ethnico-anti-judaïques et en sectes anti-judaïques proprement dites, selon qu'elles admettaient, ou non, des éléments païens. Cette nouvelle division ne fut pas plus adoptée que la précédente, et Gieseler chercha la raison d'un nouveau classement dans les milieux géographiques où s'étaient produits les systèmes : il crut avoir trouvé à la fois une division historique et une méthode philosophique. Selon cet auteur, les Gnostiques s'étaient

---

[1] *Dissertationes præviæ in Irenæi libros.* — Dissert. 1ª. — *Patrol. græc.*, t. VII.
[2] *Institutio historiæ christianæ.* Helmstadt, 1739. — *Versuch einer unparteiischen und grundlichen Ketzergeschichte*, 1748. — *De rebus christianis commentarii*. 1758.
[3] Cf. Monseigneur Freppel, *Saint Irénée*, p. 230.
[4] *Genetische Entwickelung der Gnostichen Systeme*. Berlin, 1818. — *Allgemeine Geschichte der christlichen Religion*. — Gotha, 1856, t. I, p. 201 et seq.

surtout développés en trois pays: en Égypte, où dominait le système d'émanation panthéistique; en Syrie, où était enseigné le dualisme; et en Asie Mineure, où le Gnosticisme fut pratique plutôt que spéculatif[1]. M. Matter en France, adopta cette division en la modifiant et en l'étendant de trois classes à cinq : doctrines de Simon et de Cérinthe, écoles de Syrie, grandes écoles d'Égypte, petites écoles d'Égypte, écoles d'Asie Mineure[2]. Cette classification de Gieseler avait un grand mérite, la simplicité : mais la partie philosophique des systèmes gnostiques ne répond pas toujours au pays où ils se sont enseignés.

Se tournant d'un autre côté, Baur fit du christianisme le point de départ de sa classification, et il divisa les doctrines gnostiques en trois catégories, selon qu'elles unissaient le paganisme ou le judaïsme au christianisme, ou que deux d'entre ces religions s'unissaient contre la troisième, le judaïsme et le christianisme contre le paganisme : à la première catégorie appartiendraient les Ophites et Valentin ; à la seconde, Bardesane, Basilide et Satornilus ; à la troisième, Marcion et ses disciples[3]. A cette division, il manque une quatrième catégorie, celle des sectes ayant réuni le paganisme et le christianisme contre le judaïsme, comme les disciples de Carpocrate et de son fils Épiphane. La classification de Baur ainsi complétée devient celle de Mgr Freppel[4]. Nous ne mentionnons qu'en passant les classifications de M. Ritter[5] et de M. Huber[6], fondées, la première sur les divergences des systèmes gnostiques dans l'explication de l'origine du mal, la seconde sur le rôle du Démiurge. Ces deux divisions ne peuvent soutenir l'examen, car elles ne reposent que sur une minime partie des doctrines : ce qui est contraire à toutes les lois de la classification scientifique.

Une conclusion fort simple nous semble ressortir de tous ces efforts vains

---

[1] *Beurtheilung der Schriften von Neander uber die Gnosis.* — *Haller Allegm. Lit. Zeitung* 1823, avril.
[2] Matter. — *Histoire critique du gnosticisme*, 5e édition. Paris. 1844.
[3] *Die christliche Gnosis.* Tubingen, 1835.
[4] Monseigneur Freppel, *op. cit.*, p. 237.
[5] *Geschichte der Philosophie.*
[6] *Philosophie der Kirchenvätern.*

et inutiles, puisque pas une seule de ces divisions n'a été adoptée ; c'est qu'il est impossible de faire une classification générale qui embrasse toutes les sectes du Gnosticisme ; car la multiplicité de ces sectes est telle que toujours il s'en trouve quelques-unes qui échappent à la classification la plus large. Tout bien considéré, nous croyons que celle de Gieseler est encore la meilleure. Si l'on ne considère que l'origine des systèmes et l'influence des doctrines étrangères, la division géographique est, en effet, ce qu'il y a de plus naturel, et l'on comprend que les écoles gnostiques égyptiennes, par exemple, se soient inspirées de préférence des doctrines de l'antique Égypte, sans cesser de prendre le syncrétisme pour base.

Tel était l'état des études sur le Gnosticisme, lorsque, en 1850, la découverte et la publication du livre connu sous le nom de *Philosophumena* vint leur donner un nouvel aliment. La critique s'empara aussitôt de cet ouvrage pour en rechercher l'auteur et en comparer le contenu avec ce que nous apprenaient les écrits des Pères. On a beaucoup discuté sur l'auteur du livre, sans parvenir à s'entendre, les uns nommant Hippolyte, d'autres Origène, ceux-ci soutenant que ni Hippolyte ni Origène n'en était l'auteur, ceux-là déclarant qu'il était impossible de l'attribuer avec certitude à qui que ce fût parmi les Pères des premiers siècles. Nous nous abstiendrons de prendre part à une discussion où nous ne pourrions apporter aucune lumière nouvelle. Quant à l'importance et à la valeur de la découverte, elles étaient immenses : tout le monde en fut d'accord. L'auteur des *Philosophumena*, quoiqu'il eût procédé sans ordre, avait écrit sur des documents originaux ; il avait nommé ses sources, et, toutes les fois que ces sources nous avaient été connues par ailleurs, on avait été à même de le contrôler et de juger de la parfaite bonne foi avec laquelle il avait écrit. En outre, si la valeur d'un tel témoignage était fort grande, son importance n'était pas moindre ; car, pour un grand nombre de systèmes, les données de l'auteur étaient tout à fait nouvelles et faisaient connaître des doctrines jusqu'alors complètement ignorées.

La publication de cet ouvrage devint le point de départ de nombreuses études. Parmi les hommes qui descendirent dans l'arène, les uns, comme

Baur, furent obligés d'abandonner leurs anciennes classifications ; les autres, y paraissant pour la première fois, bornèrent leurs recherches à un système particulier, ce qui donna lieu à des controverses non encore apaisées. Au nombre de ces derniers auteurs se sont surtout fait remarquer, en Allemagne, Harnach, Uhlhorn, Jacobi, Lipsius, Hilgenfeld ; rarement la critique humaine a été plus pénétrante et plus sûre. En France, à part un léger travail sur les Ophites [1], rien ne fut produit. Mais dans cette nouvelle phase dans laquelle entrait l'étude du Gnosticisme, dans cette ardeur fiévreuse, on oublia les origines qu'on avait autrefois recherchées, pour ne s'attacher qu'à l'analyse des systèmes. Et cependant quel temps plus favorable pouvait-on désirer pour de semblables recherches ! Les civilisations de l'ancien monde apparaissaient telles qu'elles avaient été ; jamais l'étude des monuments antiques n'avait été poussée si loin. L'Égypte trouvait des lecteurs, l'Assyrie n'échappait plus à l'investigation, l'Inde livrait ses secrets, et la doctrine de Zoroastre se révélait sous l'admirable analyse à laquelle on la soumettait ; et toutes ces sciences qui avaient eu des commencements modestes, prenaient, en s'affirmant, une extension incroyable. Tout conspirait donc pour rendre possible une étude sur les sources et les origines orientales du Gnosticisme ; d'autant plus que, dans un nombre assez considérable d'ouvrages, certaines vues avaient été jetées, comme en passant, sur la ressemblance des doctrines gnostiques avec celles des religions orientales.

Ces considérations avaient frappé un homme qui jouit d'un renom mérité dans la tribu savante, M. Robiou, professeur à la faculté des lettres de Rennes ; il nous indiqua le Gnosticisme comme offrant un champ d'études assez vaste pour y recueillir le éléments d'une thèse. Mais, en avançant dans nos recherches, nous nous sommes aperçu que non seulement le sujet indiqué par M. Robiou offrait tous les éléments d'une thèse ; mais encore qu'un travail d'ensemble sur le Gnosticisme et ses origines dépasserait nos forces et demanderait plusieurs volumes. Il a donc fallu nous borner et circonscrire notre sujet. L'étude même d'une école entière nous a paru trop longue. Nous

[1] Il est dû à M. Berger.

avons donc choisi, parmi les trois écoles gnostiques, celle dont les doctrines se trouvaient le plus en rapport avec nos études : l'école égyptienne. Nous l'avons prise à son origine qui, pour nous, remonte à Simon le Mage, et nous l'avons laissée à son plein développement dans le système de Valentin. S'il nous avait fallu la conduire jusqu'à son complet épanouissement, nous aurions dû non seulement étudier le manichéisme, mais aussi l'arianisme sans compter une foule d'autres hérésies secondaires dont l'étude nous eut complètement jeté en dehors d'une œuvre entièrement philosophique et historique. D'ailleurs il ne faut pas se faire illusion, le Gnosticisme purement égyptien finit avec Valentin: les disciples du maître n'enseignent presque plus en Égypte, bien que les fidèles soient toujours nombreux aux bords du Nil. Valentin, quittant l'Égypte pour l'Italie, avait entraîné à sa suite ce que saint Irénée appelle la fine fleur de son école. Désormais, ce fut en Occident que le valentinianisme eut le plus d'adhérents : les disciples de Valentin étaient plus nombreux sur les bords du Tibre et du Rhône que sur les rives du Nil. Nous pouvions donc avec vraisemblance limiter notre sujet comme nous l'avons fait, et l'arrêter à Valentin. Il nous faut dire maintenant comme nous avons compris et exécuté notre plan.

Un double écueil était à éviter dans cette étude : la théologie et la discussion. Le Gnosticisme est compté parmi les hérésies primitives: si nous avions voulu le considérer au point de vue théologique, nous aurions dû nous occuper d'une foule de questions que nous avons négligées, comme l'emploi que les Gnostiques firent de l'Écriture Sainte, les réfutations qu'on fit de leurs systèmes, le développement et l'affirmation du dogme catholique. Nous n'avons rien voulu de tel : par conséquent, tout ce qui est proprement du ressort de la théologie et de l'Écriture Sainte a été réservé, non, certes, par dédain, mais parce que cela ne rentrait pas dans le cadre que nous nous étions tracé. Ce premier écueil écarté, il fallait prendre garde au second. En effet, la multiplicité des ouvrages écrits sur le sujet dont nous nous occupons est telle que, si nous avions voulu discuter avec chacun des auteurs dont le sentiment n'était pas le nôtre, l'exposition aurait été noyée dans les discussions. Il n'est guère de fait important, de théorie fondamentale qui n'ait été exposée d'une manière différente de la nôtre par quelqu'un des nombreux auteurs qui ont traité la même question. Nous développerons donc simplement les systèmes. Malgré cela, nous espérons que notre travail ne manquera pas complètement d'originalité, d'abord parce qu'une partie nous paraît tout à fait neuve, ensuite parce que, dans l'expositions des systèmes, l'ensemble n'a jamais été présenté avec l'enchaînement logique que nous y croyons découvrir. Faisant commencer le Gnosticisme à Simon le Mage, nous en suivons les développements jusqu'au moment où, à Antioche, il y a scission par la séparation de Basilide qui est le fondateur de l'école égyptienne dont nous continuons l'histoire jusqu'à son complet développement. Basilide a de préférence attiré l'attention des auteurs modernes; cependant nous nous trouvons en désaccord avec tous ceux qui ont examiné ce système : nous exposerons nos raisons, on les jugera. Quant à Valentin, malgré son talent et sa renommée, il n'a pas été l'objet d'aussi nombreuses recherches ; nous l'étudierons longuement, nous tâcherons de déterminer son rôle et son système; puis nous terminerons notre étude par la démonstration que la plupart de ses doctrines sont inspirées par le souffle religieux de l'ancienne Égypte. Ainsi notre ouvrage comprendra trois parties. Dans la première, sera étudiée le commencement du Gnosticisme; dans la seconde, nous traiterons de l'école égyptienne jusqu'à Valentin, et enfin, dans la troisième, nous exposerons la doctrine de Valentin, et, dans chacune des dernières, nous déterminerons quelles sont les doctrines communes à la Gnose et à l'ancienne Égypte. Notre but est seulement d'éclaircir les obscurités des systèmes gnostiques de l'Égypte, soit dans l'étude de leurs dogmes, soit dans celle de leur origine égyptienne. Notre plan est donc parfaitement délimité.

Pour remplir ce plan, nous n'avons épargné aucun des efforts qu'il était en notre pouvoir de faire. Il va sans dire que pour tout ce qui regarde les systèmes gnostiques, nous avons lu les auteurs dans le texte; de même pour tous les ouvrages d'érudition que nous avons consultés. Des études entreprises dans ce but nous ont rendu capable de pouvoir contrôler par nous-même tous les textes par lesquels nous prouverons la ressemblance et la filiation du philosophisme égyptien et du Gnosticisme. En outre, nous avons voulu pouvoir juger en connaissance de cause des monuments gnostiques conservés dans la littérature copte. Ces monuments ne sont pas nombreux ; jusqu'à ce jour on connaît seulement quelques odes et un ouvrage assez étendu, publié par Schwartze, la *Pistis Sophia*, œuvre d'un gnostique, et d'un gnostique valentinien. Nous avons la bonne fortune d'en posséder un nouveau ; nous avons même cru un moment en posséder deux et même trois. En effet, le catalogue de Zoëga mentionne, outre la *Pistis Sophia*, trois autres traités gnostiques conservés en copte ; la copie d'un de ces manuscrits, dont l'original est à Oxford, se trouvait à la Bibliothèque nationale ; nous avons pris soin de la transcrire et de la traduire en entier [1]. L'ouvrage est intitulé « *le mystère des lettres de l'alphabet* » ; ce titre était alléchant, on pouvait espérer d'y trouver des théories gnostiques ; malheureusement il n'en est rien. L'ouvrage n'est qu'un assemblage bizarre de rêveries, de légendes et d'erreurs qu'un archimandrite débita quelque jour à ses frères émerveillés sans doute de la science de leur chef [2]. Quant aux deux autres traités, après avoir désespéré un moment de pouvoir les étudier, nous avons eu le bonheur, grâce à la mission que nous a confiée dans ce but M. le Ministre de l'Instruction publique, nous avons eu le bonheur de pouvoir les copier et traduire. M. Révillout les avait déjà signalés, et les titres seuls annoncent que le Gnosticisme en fait le sujet : l'un se nomme « *le livre des Gnoses de l'Invisible divin* », l'autre « *le livre du grand Logos selon le mystère* ». Après les avoir traduits, nous avons pu nous en servir avec avantage, soit pour compléter les données des Pères, soit pour les justifier, soit enfin pour donner des preuves péremptoires de nos conclusions. Nous reparlerons plus amplement de ces manuscrits dans la critique des sources du Valentinianisme ; mais nous pouvons dire dès maintenant que notre travail s'appuie sur des documents inédits.

Avant de terminer cette introduction, il nous faut dire en peu de mots ce que c'est que la Gnose. Il n'est personne qui ne sache combien, dans les premiers temps de l'empire romain, le goût du jour avait tourné les esprits

---

[1] Le manuscrit original se trouve à la Bodléienne d'Oxford : j'y ai collationné ma copie.
[2] M. Révillout (*Vie et Sentences de Secundus*, pass.) trouve le *sermon* gnostique ; je ne puis être de son avis, malgré le passage qu'il cite.
[3] Cf. *Vie et Sentences de Secundvs*, p. 70.

vers l'Orient. Le vieux monde, fatigué de doctrines auxquelles il ne croyait plus, parce que ses sages les avaient tournées en ridicule ou avaient percé les voiles grossiers qui les recouvraient, en était arrivé à douter de tout, ou à demander à des pays peu connus jusqu'alors des mystères nouveaux, des mythes inexpliqués, afin de donner à son avidité et à son scepticisme des aliments exotiques, et de leur ouvrir un chemin non frayé. L'étude des écrivains du grand siècle littéraire de Rome, nous montre que, dès les jours d'Auguste, on s'habituait à porter les yeux sur ces divinités étrangères admises dans le Panthéon romain, à scruter ces mystères, d'une main d'abord timide, mais s'enhardissant à mesure qu'elle s'habituait ; d'un autre côté, le rire et la moquerie répondaient au respect et à l'admiration. D'une manière ou d'une autre, tous les regards étaient tournés vers l'Orient, on sentait comme si un souffle régénérateur allait partir de ces contrées, berceau du genre humain, pour rajeunir les idées d'un monde qui dépérissait parce qu'il n'avait plus d'aliments à donner à ses croyances.

S'il en était ainsi dans l'Occident, le monde oriental lui-même était en proie à une surexcitation tout aussi étrange : tous les esprits y étaient dans l'attente de quelque grand évènement ; on avait vu les révolutions succéder aux révolutions ; rien n'avait calmé la fiévreuse impatience de ces contrées que le soleil illumine de ses premiers rayons et qui, pour cela, croyaient avoir en partage les plus secrets mystères de la vérité. C'était le moment où l'Égypte était entrée dans cette fièvre de savoir qui devait s'élever à sa plus haute période dans le néo-platonisme de l'école d'Alexandrie ; c'était le moment où le syncrétisme prenait de grands développements sur tout le littoral alors connu de l'Asie, où les doctrines de la Magie attiraient toutes les jeunes intelligences, où les rapports commerciaux plus développés mettaient en communication les religions et les civilisations. Le même phénomène intellectuel qui poussa les philosophes à restaurer le platonisme en l'armant de mille nouveautés empruntées aux mythes les plus étranges et les moins conformes à la philosophie de Platon, poussa les sectateurs de la nouvelle religion qui commençait dès lors de s'étendre rapidement à travers le monde, à parer les dogmes nouveaux de mythes antiques, à les mélanger aux idées les plus éloignées de la simplicité de cette religion, et à les parer de tous les ornements que l'imagination orientale la plus déréglée pouvait inventer. Dans la doctrine chrétienne, comme dans la philosophie de Platon, beaucoup de points restaient à expliquer, de lacunes à combler : ces points, ces lacunes attirèrent l'attention d'une foule d'esprits puissants, mais rêveurs, qui s'ingénièrent à combler les unes, à expliquer les autres. Certes, ce n'étaient pas des esprits ordinaires. Leur œuvre ne pouvait manquer de porter le cachet de leur originalité, et, par conséquent, comme tout ce qui est grand et extraordinaire, elle ne devait s'adresser qu'aux intelligences d'élite. Aussi les nouveaux docteurs présentèrent-ils leurs rêveries comme le plus beau résultat que pouvaient obtenir les recherches de l'esprit philosophique, comme le résumé le plus profond de tout ce que pouvait atteindre la connaissance humaine, et ils leur donnèrent le beau nom de science, ou de connaissance par excellence, Gnose, Γνῶσις. Ils savaient que les plus grands philosophes anciens avaient réservé la partie la plus difficile de leur enseignement pour leurs disciples préférés, pour ceux dans lesquels ils découvraient des qualités intellectuelles au-dessus du vulgaire ; ils n'ignoraient pas que dans les vieilles écoles hiératiques de Thèbes ou de Memphis, on dispensait en secret les plus hautes vérités de l'enseignement sacerdotal ; ils firent de même en apparence ; ils prétendirent ne donner leur science, leur Gnose, qu'à un petit nombre d'adeptes, d'initiés, qu'ils nommèrent *Gnostiques*, pour leur apprendre par ce nom même la grandeur de l'enseignement qui leur était réservé. Voilà ce que sont la Gnose et les Gnostiques : un enseignement philosophique et religieux dispensé à des initiés, enseignement basé sur les dogmes chrétiens, mélangé de philosophie païenne, s'assimilant tout ce qui, dans les religions les plus diverses, pouvait étonner les croyants ou orner le système avec une splendeur et une magnificence capables d'éblouir les yeux.

Au fond du Gnosticisme, il n'y a qu'une trame unique. Chaque initié passé maître était libre d'y appliquer les broderies les plus propres à faire mieux ressortir sa pensée ; de là vient que le fond des systèmes est à peu près identique de Simon le Mage à Valentin, quoique l'exposition varie et que la trame devienne plus logique et plus serrée. Aussi nous ne croyons point qu'il faille distinguer, comme on le fait d'ordinaire, entre les Gnostiques combattus par Plotin et ceux contre lesquels saint Irénée écrivit son grand ouvrage : pour nous ce sont les mêmes. En effet, si l'on veut se donner la peine de lire le neuvième livre de la deuxième *Ennéade*, on verra que les philosophes, que les Gnostiques contre lesquels Plotin argumente, avaient la même doctrine que ceux qui ont été réfutés par saint Irénée. Plotin, à la vérité, ne nomme pas leurs chefs et attaque seulement leur enseignement philosophique. Saint Irénée nomme les principaux docteurs du Gnosticisme et s'occupe surtout de leurs erreurs contre la foi chrétienne : voilà la seule différence. L'opinion que nous émettons ici n'est pas nouvelle. M. M.-N. Bouillet, dans les notes ajoutées à sa traduction des *Ennéades* de Plotin, l'a formellement admise. D'ailleurs, s'il subsistait encore un doute à cet égard, les paroles suivantes de Porphyre suffiraient à l'enlever : « Il y avait dans ce temps-là, dit-il, beaucoup de *chrétiens*. Parmi eux se trouvaient des *sectaires* (αἱρετικοί) qui s'écartaient de l'ancienne philosophie : tels étaient Adelphius et Aquilinus. Ils avaient la plupart des ouvrages d'Alexandre de Lybie, de Philocamus, de Démostrate et de Lydus. Ils montraient les *Révélations* de Zoroastre, de Zostrien, de Nicothée, d'Allogène, de Mésus et de plusieurs autres. Ces sectaires trompaient un grand nombre de personness, et se trompaient eux-mêmes en soutenant que Platon n'avait pas pénétré la profondeur de l'essence intelligible. C'est pourquoi Plotin les réfuta longuement dans ses conférences, et il écrivit contre eux le livre que nous avons intitulé : *Contre les Gnostiques*. Il nous laissa le reste à examiner. Amélius composa jusqu'à quarante livres pour réfuter l'ouvrage de Zostrien ; et moi, je fis voir par une foule de preuves que le livre de Zoroastre était apocryphe et composé depuis peu par ceux de cette secte qui voulaient faire croire que leurs dogmes avaient été enseignés par l'ancien Zoroastre[1] ».

---

[1] Γεγόνασι δὲ κατ' αὐτὸν τῶν Χριστιανῶν πολλοὶ μὲν καὶ ἄλλοι, αἱρετικοὶ δὲ ἐκ τῆς παλαιᾶς φιλοσοφίας ἀνηγμένοι οἱ περὶ Ἀδέλφιον καὶ Ἀκυλῖνον, οἱ τὰ Ἀλεξάνδρου τοῦ Λίβυος καὶ Φιλοκώμου καὶ Δημοστράτου καὶ Λύδου συγγράμματα πλεῖστα κεκτημένοι ἀποκαλύψεις τε προφέροντες Ζωροάστρου καὶ Ζωστριάνου καὶ Νικοθέου καὶ Ἀλλογενοῦς καὶ Μέσου καὶ ἄλλων τοιούτων πολλοὺς ἐξηπάτων καὶ αὐτοὶ ἠπατημένοι, ὡς δὴ τοῦ

Il n'y a donc pas à en douter, les Gnostiques contre lesquels écrivit Plotin étaient bien des chrétiens, et des chrétiens qui s'écartaient de l'enseignement ordinaire du christianisme, car Porphyre, pour les désigner, emploie le mot même dont se servent les apologistes chrétiens, αἱρετικοί, hérétiques. Les paroles que nous avons citées montrent aussi que les Gnostiques avaient hardiment pillé la philosophie grecque pour s'approprier ce qui leur semblait propre à étayer ou à parer leurs doctrines. Sans doute, si nous entreprenions l'histoire du Gnosticisme entier, il ne nous serait pas permis de négliger ce côté important d'une question si complexe ; mais, nous le répétons, notre but est d'exposer les systèmes gnostiques répandus et enseignés en Égypte, et de rechercher quelle part il faut faire dans ces systèmes à l'ancienne doctrine religieuse ou théosophique de l'Égypte telle qu'elle fut sous les Pharaons. D'autres pourront rechercher quelle fut dans ces doctrines étranges la part de la philosophie grecque et surtout de la philosophie néo-platonicienne mal interprétée, ils auront un vaste champ ouvert à leurs travaux ; pour nous, nous bornerons nos efforts à interroger la vieille Égypte.

Qu'il me soit permis, en terminant, d'adresser publiquement mes plus sincères remerciements à M. Robiou qui, non content de nous avoir indiqué le sujet de cette thèse, nous a continué ses conseils et encouragé dans nos travaux ; à M. Maspero et à M. Grébaut, nos deux maîtres dans la science égyptologique ; jamais leurs avis ne nous ont fait défaut, et c'est grâce à leur enseignement que nous avons pu pénétrer dans ces mystères de l'antique Misraïm. C'est encore à la bienveillante protection de M. Maspero que nous devons d'avoir pu aller chercher à Oxford les monuments authentiques du Gnosticisme que nous sommes seul à avoir traduits jusqu'à ce jour. Nous devons aussi un souvenir reconnaissant à tous ceux qui nous ont encouragé

Πλάτωνος εἰς τὸ βάθος τῆς νοητῆς οὐσίας οὐ πελάσαντος. "Ὅθεν αὐτὸς μὲν πολλοὺς ἐλέγχους ποιούμενος ἐν ταῖς συνουσίαις, γράψας δὲ καὶ βιβλίον ὅπερ πρὸς τοὺς Γνωστικοὺς ἐπεγράψαμεν, ἡμῖν τὰ λοιπὰ κρίνειν καταλέλοιπεν. Ἀμέλιος δὲ ἄχρι τεσσαράκοντα βιβλίων προκεχώρηκε πρὸς τὸ Ζωστριανοῦ βιβλίον ἀντιγράφων. Πορφύριος δὲ ἐγὼ πρὸς τοῦ Ζωροάστρου συχνοὺς πεποίημαι ἐλέγχους, ὅπως νόθον τε καὶ νέον βιβλίον παραδεικνὺς πεπλασμένον τε ὑπὸ τῶν τὴν αἵρεσιν συστησαμένων εἰς δόξαν τοῦ εἶναι τοῦ παλαιοῦ Ζωροάστρου τὰ δόγματα, ἃ αὐτοὶ εἵλοντο πρεσβεύειν. *(Plotini vita*, par. 16 ; Plotini Op., éd. Teubner, vol. I, p. xxxi.)

et qu'il ne nous est pas permis de nommer. Il est bon, lorsque l'âme s'affaisse, que la patience échappe et que l'esprit se cabre et se révolte contre un travail dur qui a duré cinq années et qui finissait par nous répugner, il est bon, disons-nous, de rencontrer quelques âmes humbles et cachées dont les encouragements vont au cœur : peut-être ne liront-elles jamais ces pages, et cependant ce sont elles souvent qui les ont faites.

Paris, 20 mars 1882.

BIBLIOGRAPHIE

Nous rangeons sous ce titre tous les livres qui nous ont été nécessaires ou nous ont réellement servi pour écrire cette thèse.

Nous partagerons cette liste d'ouvrages selon les langues dans lesquelles ils sont écrits, et nous ferons en sorte que ceux qui se rapportent aux mêmes sujets se suivent

OUVRAGES GRECS

1. Divi Irenæi *Quinque libri adversus Hæreses.* — Édition de D. Massuet. — *Patrologie grecque* de Migne, vol. VII.
2. Clementis Alexandrini *Opera.* — Édition de Sylburg. — *Patrologie grecque* de Migne, vol. VIII et IX.
3. Divi Epiphanii Salaminiensis Episcopi *adversus Hæreses.* — Édition de Petau. 2 Vol. in.-f., Cologne, 1682.
4. Theodoreti *Fabulæ hæreticæ.* — Vol. IV, in.-f. des œuvres complètes de Théodoret publiées à Paris en 1642 par Sébastien Cramoisy.
5. Origenis *Opera.* — 3 Vol. in.-f. édition de Huet publiée à Paris en 1679 chez André Pralard.
6. Origenis *Dialogus contra Marcionitas.* — Bâle, 1684, in-4. Studio et opera Rodolfi Wetstenii.

7. EUSEBII Cæsareensis episcopi *Historia ecclesiastica*, t. XIX-XXI de la *Patrologie grecque* de Migne.
8. DIVI JOANNIS DAMASCENI *Opera*. — *Patrologie grecque*, t. XCXIV-XCXVI.
9. CLEMENTIS ROMANI *Quæ feruntur Homiliæ viginti*. — Édit. Albert Drussel, Göttingen, 1853, in-8.
10. SYNESII Ptolemaidis episcopi *Hymni*. — Edidit Peteau, 1612.
11. *Philosophumena sive hæresium omnium confutatio*. Opus ORIGENI adscriptum e codice Parisino productum recensuit, latine vertit D. Patricius Cruice. — Paris, Imprimerie impériale, 1860.
12. JUSTINI MARTYRIS *Opera*. *Patrologie grecque* de Migne, t. VI.
13. MANETHONIS *Fragmenta quæ supersunt*. Collection des auteurs grecs de Firmin Didot.
14. HERMETIS TRISMEGISTI *Pœmander*. — Ad fidem codicem manuscriptorum recognovit Gustavus Parthey. — Berlin, Jacobi, 1854.
15. PLOTINI *opera*. — Recognovit Adolphus Kirchoff. — 2 Vol. Édition Teubner, Leipsig, 1856.
16. PORPHYRII philosophi platonici *Opuscula tria*. — Recognovit Augustus Bauck. — Édit. Teubner, Leipsig, 1860.
17. JAMBLICI *De Mysteriis liber*. — Ad fidem codicum manuscriptorum recognovit Gustavus Parthey. — Berlin, Jacobi, 1857
18. JOANNIS STOBÆI *Florilegium*. — Recognovit Augustus Meineke. — Édit. Teubner, Leipsig, 1855.
19. PLUTARCHI *de Iside et Osiride liber*. — Édit. Dübner, Paris, 1841. Firmin Didot.

OUVRAGES LATINS

20. TERTULLIANI *Opera*. — *Patrologie latine* de Migne, t. II et III.
21. PHILASTRII *Opera*. — *Patrologie latine* de Migne, t. XII.
22. DIVI HIERONYMI *Opera*. — *Patrologie latine* de Migne, t. XXII-XXV.
23. DIVI AUGUSTINI *liber de Hæresibus*. — *Patrologie latine*, t. XLII.
24. JACOBI *Basilidis Philosophi gnostici sententiæ*. — Berlin, 1852.

OUVRAGES FRANÇAIS

25. BEAUSOBRE — *Histoire du Manichéisme*. — 2 vol. in-4, 1739-1744.
26. MATTER. — *Histoire critique du Gnosticisme*. — 2ᵉ Édition, Paris, 1844. 2 vol. in-8.
27. VACHEROT. — *Histoire de l'École d'Alexandrie*. Paris, 1846-1851. 3 vol. in-8, Ladrange
28. J. SIMON. — *Histoire de l'École d'Alexandrie*. — Paris, 1844. 2 vol. in-8. Joubert.
29. CHAMPAGNY. — *Les Antonins*. — 2ᵉ Édition. 2 vol. in-12, Paris, Ambroise Bray, 1867.
30. CHAMPAGNY. — *Les Césars du troisième siècle*. 3 vol. in-12, Paris, Bray et Retaux, 1870.

31. FRANCK. — *La Kabbale*. 1 vol. in-8, Paris, 1843.
32. A. MAURY. — *Histoire des religions de la Grèce*. 4 vol. in-8, Paris, Librairie philosophique, 1859.
33. STRŒHLIN. — *Essai sur le montanisme*. — STRASBOURG.
34. BERGER. — *Les Ophites*.
35. GARUCCI. — *Les Mystères du syncrétisme phrygien dans les catacombes de Prétextat*. — Paris, Poussielgue-Rusand, 1854.
36. *Recueil de l'Académie des inscriptions et belles-lettres*. — N. I., t. XIV.
37. *Recueil de l'Académie des inscriptions et belles-lettres*. — A. I., t. XXIX.
38. *Revue archéologique*. — Paris, Didier. Tous les articles qui ont trait à l'Égypte.
39. *Mélanges d'Archéologie égyptienne, publiés sous la direction* de M. E. de Rougé. — Paris, Vieweg.
40. VIGOUROUX. — *La Bible et les découvertes modernes en Palestine, en Égypte et en Syrie*. — 4 vol. in-12, 2ᵉ édition, Paris, Berche et Tralin, 1882.
41. F. LENORMANT. — *La Magie chez les Chaldéens et les origines accadiennes* — In-8, Paris, Maisonneuve, 1874.
42. F. LENORMANT. — *Lettres assyriologiques*. — In-4, 2 vol. autographiés, Paris, 1871-72, Maisonneuve.
43. F. LENORMANT. — *Essai de commentaire sur Bérose*. — In-8, Paris, 1872.
44. F. LENORMANT. — *Monographie de la voie sacrée éleusinienne*. — 2 vol. in-8, Paris, 1864, Hachette.
45. E. RENAN. — *Mission de Phénicie* — In-4. Paris, Imprimerie impériale, 1874, Lévy frères.
46. MASPERO. — *Histoire d'Orient*. — In-12. Paris, Hachette, 1875.
47. RENAN. — *Histoire des origines du Christianisme*, 7 vol. 1863-1879, Lévy frères.
48. L. MÉNARD. — *Hermès Trismégiste*, traduction complète par Louis MÉNARD. — Ouvrage couronné par l'Académie française. In-12. Paris, Didier, 1867.
49. CHABAS. — *Papyrus magique* Harris. In-4. Châlons.
50. MASPÉRO. — *Mémoire sur quelques papyrus du Louvre*. — Extrait des *notices et extraits des manuscrits*. — Paris, Imprimerie nationale, 1879.
51. GRÉBAUT. — *Hymne à Ammon Ra*. — Bibliothèque de l'Écoles des Hautes Études, 21ᵉ fascicule Vieweg, 1875.
52. E. DE ROUGÉ. — *Rituel funéraire des Égyptiens*. In-8. Paris, 1861-1868. Franck.
53. E. DE ROUGÉ. — *Notice des monuments égyptiens du Louvre*. — 3ᵉ Édit. Paris, Charles de Mourgues frères, 1872.
54. PIERRET. — *Études égyptologiques*. In-8. Paris, Vieweg, 1873.
55. PIERRET. — *Le dogme de la résurrection chez les anciens Égyptiens*. In-4, autographié Paris, Vieweg, 1871.
56. PIERRET. — *Dictionnaire archéologique*. Paris, Imprimerie nationale, in-12, 1875.

57. Lefébure. — *Mythe Osirien.* Paris, Vieweg, 1874, in-8.
58. Lefébure. — Traduction comparée des *Hymnes au soleil* composant le chapitre XV du *Rituel funéraire.* Paris, Vieweg, 1875, in-8.
59. Guieyesse. — *Rituel funéraire égyptien.* — Explication du chapitre LXIV. Paris, Vieweg, 1876.
60. Mariette-Bey. — *Denderah, Description générale du grand Temple.* Paris, Vieweg, 1875, in-4.
61. Eug. Révillout. — *Vie et sentences de Secundus.* — Paris, imprimerie nationale, 1873, in-8.
62. Dulaurier. — *Journal Asiatique.* — Passim. Année 1847, n° 13. Paris, Ernest Leroux.
63. De Pressensé. — *Gnosticisme* (article sur le), dans *l'Encyclopédie des sciences religieuses protestantes.* — Paris, 1879.
64. *Revue des questions historiques.* — Articles de M. Robiou sur les *religions iranienne et égyptienne.* Années 1877 et 1878.

OUVRAGES ANGLAIS

65. *Journal of the asiatic Society.*
66. *Asiatic researches,* t. XX.
67. *Transactions of the society of biblical archæology.* — 6 vol., in-8 London.
68. *Records of the past.* — 12 vol. London.
69. Bunsen. — *The hidden wisdom of Christ and the key of knowledge.* London, Longmans, 1865, in-8.
70. *Supernatural religion or inquiry into the reality of divine revelation.* — In 3 vol. Sixth edition. London, Longmans, Green and C°, 1875.
71. Wilkinson. — *The Manners and Customs of the ancient Egyptian.* A new edition by docteur Samuel Birch. London, Murray, 1878, 3 vol. in-8
72. Bunsen. — *Egypt's place in universal history.* — 3 vol. in-8. London, 1867.

OUVRAGES ALLEMANDS

73. Neander. — *Genetische Entwickelung der gnostichen systeme.* Berlin, 1818.
74. Neander. — *Geschichte der christlichen Religion,* IIIe Auflage. Gotha, 1856.
75. Gieseler. — *Haller Allgemeine Literatur-Zeitung.* — 1823, n° 104, Beurtheilung der Schriften von Neander über die Gnosis.
76. Baur. — *Die Christliche Gnosis.* — Tubingen, 1835.
77. Baur. — *Das Christenthum und die christliche Kirche der drei ersten Jahrhunderte.* — Tubingen, 1853.

78. H. Ritter. — *Geschichte der christlichen Philosophie.* — Hamburg, 1841.
79. Muller. — *Geschichte der Kosmologie.*
80. R. A. Lipsius. — *Chronologie der römischen Bischöfe.* — Kiel, 1669.
81. R. A. Lipsius — *Zur Quellenkritik des Epiphanios.* — Wien, 1865.
82. R. A. Lipsius — *Die Quellen der ältesten Ketzergeschichte n-u untersucht.* — Leipzig, 1875.
83. Georg Heinrici. — *Die Valentinionische Gnosis und die heilige Schrift.* — Berlin, 1871.
84. Gerhard Uhlhorn. — *Das Basilidianische System.* — Göttingen, 1855.
85. Simson. — *Simon der Mager,* dans la *Zeitschfrit fur die historische theologie.* — Iahrgang, 1841.
86. Baudissin. — *Der Ursprung des Gottesnamens* Ιαω, dans la *Zeitschrift für die historische Theologie.* — Iahrgang, 1875.
87. A. Harnack. — *Zur Quellenkritik der Geschichte des Gnosticismus* dans la *Zeitschrift für die historische Theolog'e.* — Iahrgang, 1874.
88. Jacobi. — *Das ursprüngliche Basilidianische System,* dans la *Zeitschrift für kirchengeschichte herausgegeben.* Von Theodor Brieger. — Gotha, Perthes, 1877. 1st Band, Viertes Heft.
89. Köstlin. — *Das Gnostische System des Buches Pistis Sophia,* dans le *theologische Jahrbucher herausgegeben* von Baur und Zeller, Iahrgang, 1854.
90. Herzog. — *Neal-Encyclopädie.* — Artik. *Gnosticismus, Simon der Mager, Menander Satornilus, Basilides, Carpocrates, Valentinus, Magie,* etc.
91. *Zeitschrift für ägyptische Sprache.* — Leipzig. La collection entière.
92. Spiegel. — *Eranische Alterthumskunde.* — 3 vol., in-8, Leipzig, 1871-1875.
93. Spiegel. — *Avestaübersetzung.* — 2 vol. in-8, Leipzig, 1852-1859.
94. Spiegel. — *Commentar über das Avesta.* — 2 vol. in-8, Leipzig, 1864.
95. Mavers. — *Die Phœnizier.* — 3 vol., in-8. Bonn et Berlin, 1841-1853.
96. Chwolshon. — *Die Ssabier und der Ssabismus.* — 2 vol. in-8, Petersburg, 1856.
97. Lassen. — *Indische Alterthumskunde.* — 3. vol. in-8, Leipzig, 1866-1874.
98. Scholz — *Götzendienst und Zauberwesen bei den ältern Hebræer und den benachbarten Völkern.* — in-8, Regensburg, 1877.
99. Parthey. — *Zwei griechische Zauberpapyri des Berliners Museums.* — Berlin, 1866, in-4 (Imprimerie de l'académie des sciences).
100. Parthey. — *Zur Erdkunde des alten Ægyptens.* — In-4. Berlin, 1859.
101. Gehrard Uhlhorn. — *Die Homilien und Recognitionen des Clemens Romanus* — Göttingen, 1854.

OUVRAGES COPTES

102. UHLEMANN. — *Linguæ copticæ Grammatica. . cum Chrestomathia.* — Auctore Max. AD. UHLEMANN, in-8, Leipzig, 1853.
103. SCHWARTZE. — *Pistis Sophia.* — Opus gnosticum Valentino adjudicatum latine Schwartze vertit. Berlin, 1851.

MANUSCRITS

104. ROBIOU. — *Mémoire* n° 1 présenté au concours de l'Académie des Inscriptions et Belles-Lettres pour le prix Bordin. — *Examen des livres d'Hermès.* — Auctore F. ROBIOU. Mémoire couronné.
105. *Le livre des Gnoses de l'Invisible.* — Ouvrage gnostique copte, papyrus Bruce à la Bodléienne d'Oxford.

PREMIÈRE PARTIE

CHAPITRE PREMIER

SIMON LE MAGICIEN

L'existence de Simon le Magicien a été, dans notre siècle, mise en doute par des critiques nombreux et éminents. A la suite de Baur, toute l'école de Tubingen a cru trouver, dans le Mage de Samarie, l'expression d'un mythe cachant l'opposition qui aurait existé entre les deux grands apôtres du christianisme, saint Pierre et saint Paul. Nous n'avons aucune envie d'exposer et de suivre les discussions qui se sont élevées à ce sujet : pour nous, Simon le Magicien est un personnage historique, quoique, sous l'action des siècles, il soit devenu quelque peu légendaire. Notre œuvre sera d'exposer sa doctrine après avoir examiné sa vie et prouvé que nous possédons bien son système autant qu'on peut en être assuré d'après les règles de la critique la plus sévère [1].

---

[1] Sur Simon le Mage, cf. Iren. *Cont. hær.*, lib. I, cap. xxiii. — Tert., *De præscrip.* cap. xlvi. — Epiph. *Hæres.*, xxi. — Theod., *Hæret. fab.*, lib. I, cap. i. — August, *De hær.*, cap. i. — Just. Martyr., *Apol.* 1ª, n. 25 et 66. — Gregor. Naz., *Oratio* xlvi. — Euseb. *Hist. eccl.* lib. II, cap. xiii. — Hieronym. *Comment. in Math.*, et surtout l'auteur des Φιλοσοφούμενα, qui nous donne des détails tout à fait neufs. Voir aussi les *Homélies* et les *Récognitions Clémentines*. Nous n'indiquerons pas les ouvrages d'érudition : notre bibliographie suffira.

I

VIE DE SIMON — SES ÉCRITS — SOURCES DE NOS INFORMATIONS

Les renseignements que nous possédons sur Simon le Magicien nous viennent de trois sources différentes. Nous avons d'abord le texte des *Actes des Apôtres*, puis les informations contenues dans les ouvrages des Pères, enfin les récits apocryphes des *Récognitions* et des *Homélies Clémentines*. Avant même de raconter la vie, ou ce que nous pouvons savoir de la vie de Simon, il nous faut déterminer la valeur de chacune des trois sources que nous venons d'énumérer.

Le texte consacré par l'auteur des *Actes des Apôtres* à Simon est le document le plus précieux que nous ayons pour nous prouver l'existence de Simon[1], car il offre toutes les garanties que la critique la plus exigeante peut demander. Nous ne prenons ce texte qu'au point de vue historique, indépendamment de l'inspiration à laquelle croit l'Église catholique, et cela suffit amplement à notre but. En effet, les *Actes des Apôtres* ont été écrits par un contemporain; de plus, ce contemporain a presque toujours été témoin oculaire, et souvent acteur, dans les faits qu'il raconte. Il est vrai que dans ce qui a rapport à Simon, il n'a été ni acteur, ni témoin oculaire; mais il a appris ce qu'il a dit de la bouche même de ceux qui avaient été auteurs dans le fait de la conversion et du baptême de Simon. Rien dans son récit ne peut faire supposer un mythe paulinien; peu importe donc que, dans l'épître aux Galates, saint Paul dise avoir résisté à saint Pierre sur un point de discipline[2], cela ne suffit pas pour montrer qu'une opposition temporaire et accidentelle soit devenue un antagonisme perpétuel, qu'elle ait créé comme deux écoles opposées dans un enseignement qui a toujours été un, malgré la diversité de caractère que l'on rencontre chez les deux grands Apôtres. Nous pouvons donc nous servir de cette première source de renseignements comme d'une source absolument sûre, puisque l'auteur des *Actes des Apôtres*, témoin oculaire le plus

---

[1] *Act. Apost.*, cap. 8, v. 9-13.
[2] *Epist. ad Gal.*, ch. 2, v. 11-15.

souvent, ou immédiatement auriculaire, était parfaitement capable de s'instruire de ce qu'il voulait savoir, et qu'il ne manquait d'aucune des qualités requises pour assurer au témoignage d'un écrivain toute la valeur possible.

Notre seconde source d'informations découle des ouvrages des Pères de l'Église. Tous les auteurs chrétiens qui, dans les premiers siècles de l'Église, ont écrit pour combattre les hérésies, ont commencé par réfuter les erreurs de Simon en le maudissant comme l'auteur de tout le mal que les hérétiques firent au christianisme, et comme le premier de ceux qui opposèrent leur doctrine à celle que le Christ était venu révéler au monde. Une pareille conduite ne peut s'expliquer qu'à la condition que Simon le Mage ait existé et enseigné une doctrine qui se soit répandue parallèlement à celle du christianisme. L'hypothèse d'un mythe ne saurait être acceptée, car les Pères les plus anciens parmi ceux dont les ouvrages nous sont parvenus se sont eux-mêmes servis d'un auteur plus ancien, que l'on ne peut faire écrire après l'an 135 au plus tard [1]. Leur témoignage peut donc être employé sans crainte d'erreur, lorsqu'une soigneuse analyse aura démontré d'où viennent les renseignements que chacun nous donne.

Les principaux Pères de l'Église qui nous ont laissé un abrégé du système de Simon sont saint Irénée, saint Épiphane, Théodoret, saint Justin, le pseudo-Tertullien, Philastre et l'auteur des *Philosophumena*. Parmi eux, saint Justin ne peut guère nous servir comme source de nos connaissances sur le système particulier de Simon ; Théodoret n'a fait à peu près que transcrire saint Irénée ; cependant une de ses phrases montre qu'il a eu d'autres sources en mains : saint Épiphane ne diffère de saint Irénée que par un plus grand nombre de détails évidemment pris à la même source ; on doit dire la même chose de Tertullien, du pseudo-Tertullien et de Philastre qui, à part de légères nuances, représentent un auteur antérieur dont ils se sont servis les uns et les autres. Cet auteur ne saurait être saint Irénée, et pour de bonnes raisons ; car, outre l'antériorité de plusieurs des Pères, on trouve chez les autres des détails que l'on ne rencontre point dans saint Irénée, et l'ouvrage de l'évêque de Lyon n'est pas lui-même en ce chapitre une œuvre de première main. En effet, dans le chapitre XXIII de son premier livre

---

[1] Cf. les chapitres où sont examinées les sources d'après lesquelles nous connaissons les systèmes de Basilide et de Valentin.

commence une exposition d'un genre tout différent de celle qui précède, ce ne sont plus que des membres de phrases qui se suivent sans être enchaînés les uns aux autres, sans qu'il y ait même de suite dans les idées. Évidemment saint Irénée n'écrit plus ici en analysant les ouvrages des docteurs gnostiques, comme il le faisait précédemment ; il analyse un abrégé, une réfutation antérieure. Cela est d'autant plus palpable que ce chapitre contient un premier paragraphe écrit dans le style direct habituel à l'auteur, tandis qu'au second paragraphe la méthode change. Nous n'avons pas à dire ici quel est cet ancien et premier auteur que toutes les hérésiologies postérieures ont connu ; il nous suffit de constater que saint Irénée, le pseudo-Tertullien lui-même, saint Épiphane et Théodoret pour une partie, représentent une source unique, ou tout au plus deux sources, identiques et parallèles, car quelques nuances semblent se trouver de préférence dans un groupe d'abbréviateurs toujours les mêmes [1].

A côté de ces premiers renseignements fournis par les Pères, nous en possédons de bien plus importants qui nous ont été transmis par l'auteur des *Philosophumena*, auquel il faut joindre Théodoret pour la première partie de ses renseignements dogmatiques. Ce dernier auteur connaît, en effet, le *premier principe* de Simon, et en cela il nous semble avoir puisé sinon aux *Philosophumena*, du moins à un ouvrage que l'auteur des *Philosophumena* connaissait ; c'est ainsi que Théodoret touche aux deux canaux de notre seconde source. Il ne nous reste donc qu'à examiner les *Philosophumena*. Dans cet examen, un fait se présente tout d'abord à l'esprit, c'est qu'il y a de grandes ressemblances entre cet ouvrage et les *Récognitions*. Quoiqu'il ne le dise point, il est probable que l'auteur des *Philosophumena* connaissait les *Récognitions* et les *Homélies Clémentines* ; mais on ne peut pas dire qu'il s'en soit servi ; car dans tout ce qu'il dit du système doctrinal de Simon, rien ne sent la légende ; il s'est servi des œuvres de Simon, il les cite, il les analyse purement et simplement, et le récit qu'il donne de la mort du Mage, seul passage qu'on pourrait croire légendaire, ne ressemble en rien à ce que racontent les *Homélies* et les *Récognitions*. En raison de cette méthode,

---

[1] Cf. Lipsius : *Zur Quellenkritik des Epiphanios*, p. 74-85. Nous citerons souvent cet ouvrage et d'autres semblables du même auteur, l'un des plus fins critiques parmi ceux qui ont étudié les origines du christianisme.

l'analyse donnée par cet auteur de la doctrine de Simon mérite la plus grande confiance et doit servir de base à notre exposition.

La dernière source où nous pourrions aller puiser nos renseignements se trouve dans les *Récognitions* et les *Homélies Clémentines* [1]; mais, dans ces deux ouvrages, tout, ou à peu près tout, est apocryphe. Les *Récognitions* et les *Homélies* font reposer tout leur récit sur l'antagonisme qui a dû réellement exister entre Simon le Mage et saint Pierre, ou simplement entre sa doctrine et celle de Jésus-Christ annoncée par les Apôtres. L'auteur de ces deux ouvrages part de cette donnée historique pour établir toute une série de luttes plus ou moins vraisemblables; il aspirait évidemment à contenter les esprits de ses contemporains dont la curiosité recherchait avidement les moindres détails d'une lutte qui avait laissé un souvenir durable. La composition de ces ouvrages doit donc être reportée au temps où la légende commençait à se former autour du nom de Simon, et la valeur historique n'en peut pas être grande. Cependant tout n'est pas apocryphe dans les *Récognitions* et les *Homélies;* bon nombre des traits que l'on y rencontre sont semblables à ceux que fournissent les *Philosophumena*. Ainsi, dans ces deux apocryphes, le premier principe est bien le Feu. Dieu est l'Être qui *est*, qui *était* et qui *sera* (ὁ ἑστώς, στάς, στησόμενος); les Syzygies sont bien le fondement du système; mais tout cela est mêlé à tant d'éléments disparates et hétérogènes que nous ne pouvons admettre comme certaines que les données qui sont en concordance avec les renseignements fournis par les *Philosophumena*. Ainsi nous nous trouvons amené à ne pas nous servir des *Récognitions* et des *Homélies Clémentines;* car, ou ce que nous y trouvons nous est donné par les *Philosophumena*, et nous est alors inutile, ou les *Récognitions* et les *Homélies* nous le fournissent seules, et alors nous sommes en droit de le considérer comme apocryphe dans l'état actuel de la science. Peut-être un jour découvrira-t-on le texte primitif des *Récognitions* comme on a découvert celui des *Homélies*, et la critique parviendra-t-elle à démêler le faux d'avec le vrai, à donner une part à la légende en conservant la sienne à la vérité.

La critique des sources ainsi faite, une question se pose aussitôt à nous : Simon le Magicien a-t-il élaboré un système complet, et avons-nous ce

---

[1] Cf. *Die Homilien und Recognitionen des Clemens Romanus*. Von Gerhard Uhlhorn. p. 153-281.

système ? Nous croyons pouvoir répondre affirmativement, et, pour prouver notre affirmation, nous apportons deux raisons. L'auteur des *Philosophumena* nous dit qu'il expose le système de Simon et nous devons le croire. En effet, cet auteur expose beaucoup de systèmes, cite beaucoup d'auteurs, et toutes les fois qu'on a pu vérifier ses assertions et ses citations on les a trouvées justes ; on ne peut donc nier ici *a priori* qu'il donne le système de Simon lorsqu'il affirme le donner et citer les ouvrages du Magicien. En outre, l'exposition qu'il fait du système est merveilleusement confirmée par l'auteur des *Actes des Apôtres ;* celui-ci dit, en effet, que Simon le Mage se faisait appeler la Grande Vertu de Dieu ; or, tout le système de Simon, tel qu'il est exposé par l'auteur des *Philosophumena,* tend à ce but, tous les détails convergent vers cette appellation de Grande Vertu de Dieu. Il est donc aussi certain que possible que nous avons bien le système de Simon le Magicien dans les *Philosophumena*.

Les questions précédentes ainsi résolues, on peut voir quelle sera notre marche en exposant la vie et les doctrines de Simon. Les détails que nous fournissent les *Actes des Apôtres* sont mis au-dessus de toute discussion ; les faits rapportés par les Pères de l'Église des trois premiers siècles ont tous les caractères de certitude désirables. L'exposition du système de Simon par l'auteur des *Philosophumena* ne peut être soupçonnée de fausseté puisqu'il avait les livres du Magicien sous les yeux et qu'il était doué des qualités requises pour exposer convenablement ce qu'il savait ; quant aux *Récognitions* et aux *Homélies Clémentines,* nous les laisserons complètement de côté. C'est d'après ces conclusions que nous allons d'abord rechercher ce que l'on peut savoir de la vie de Simon, et que nous exposerons ensuite son système.

Simon le Magicien était originaire du pays de Samarie ; les Pères de l'Église vont même jusqu'à nommer le bourg de Gittha, aujourd'hui Gitthoï, comme le lieu de sa naissance[1]. Il acquit une grande célébrité dans son pays ; tous couraient à lui pour admirer ses prodiges, et il se faisait appeler la Grande Vertu de Dieu, lorsque l'arrivée du diacre Philippe à Samarie et la prédication de la doctrine de Jésus-Christ le frappèrent au point qu'il se convertit lui-même et se fit baptiser. La vue des prodiges opérés par les

---

[1] Δοκεῖ οὖν καὶ τὰ Σίμωνος τοῦ Γιττήνου, κώμης τῆς Σαμαρείας, νύν ἐκθέσθαι. (*Philos*., p. 243, l. 6.)

apôtres lui donna l'envie d'en opérer de pareils ; il crut qu'en recevant le Saint-Esprit il obtiendrait le pouvoir de faire ce qu'il désirait, et supplia saint Pierre de lui imposer les mains. On connaît la sévérité avec laquelle répondit le chef des Apôtres, maudissant et rejetant l'argent que lui offrait le Magicien [1]. La réponse que fit celui-ci à saint Pierre : « Priez pour moi, afin que rien de ce que vous avez dit ne m'arrive, » suffit pour montrer que la scission entre Simon et l'Apôtre n'eut pas lieu immédiatement [2]. Cependant cette scission eut lieu, toute la tradition l'affirme, et Simon devint l'antagoniste de Pierre ; c'est tout ce que nous pouvons dire à ce sujet.

Comme on le voit, l'auteur des *Actes des Apôtres* nous parle de Simon comme d'un personnage arrivé déjà au faîte de la popularité ; de sa vie antérieure, nous ne savons rien ; de sa vie postérieure, nous ne connaissons que peu de choses. Saint Irénée nous apprend qu'il habita Tyr un moment et qu'il y trouva son Hélène [3]; il dut faire un grand nombre de voyages [4], et finalement, semble-t-il, s'établir à Rome pour y développer ses doctrines en même temps que saint Pierre y prêchait l'Évangile. Un grand nombre d'erreurs ont été commises et de légendes fabriquées sur son séjour à Rome ; dès le second siècle, saint Justin tombait dans une erreur manifeste en croyant que l'inscription vue par lui dans l'île du Tibre : « *Semoni Deo sanco, Deo fidio sacrum*, » se rapportait à Simon ; on sait aujourd'hui qu'il y a eu méprise, et que ce dieu n'était probablement qu'un dieu sabin [5]; mais il n'en reste pas moins certain que Simon vécut à Rome, et même qu'il y vécut en opposition avec saint Pierre ; les témoignages des Pères sont péremptoires et ne peuvent être rejetés, à moins de preuves qui, jusqu'ici, font complètement défaut.

Au séjour de Simon à Rome se rattachent les deux récits qui nous sont parvenus de sa mort. Tout le monde connaît le premier. Simon aurait promis de s'élever dans les airs au milieu du cirque, en présence de Néron et de

---

[1] *Act. Apost.*, cap. VIII, v. 18-23.
[2] *Ibid.*, cap. VIII, v. 24.
[3] Cf. Iren. et les *Philosoph.*
[4] Les voyages mentionnés par les *Récognitions* sont groupes dans l'ouvrage de M. Uhlhorn au chapitre II de la première partie. Simon, d'abord à Césarée, se rend à Tripoli, puis à Laodicée. Simon fit sans doute de nombreux voyages, mais on ne peut guère affirmer que ces voyages, sont ceux que mentionnent les *Récognitions*.
[5] Ce point semble aujourd'hui hors de doute : on a plusieurs inscriptions à ce dieu sabin. Cependant un savant Italien ne considère pas la question comme complètement vidée. Cf. *Lettres chrétiennes*, janvier, 1882, p. 265-269.

sa cour ; déjà il commençait de planer à une certaine hauteur, lorsque saint Pierre aurait fait le signe de la croix, et Simon, tombant aussitôt à terre, se serait tué[1]. D'après le second, qui nous a été transmis par l'auteur des *Philosophumena*, et qui est beaucoup moins connu, Simon ne serait pas mort de la manière précédente, mais se serait fait enterrer vif avec promesse de ressusciter le troisième jour : malheureusement pour lui, son enterrement aurait été définitif, et la résurrection serait encore à venir[2]. Une lacune du texte nous empêche de savoir le lieu où cette scène se serait passée, et nous ne voyons pas quelle autorité peut avoir ici l'auteur que nous citons, parce que nous ignorons à quelle source il a puisé son récit. Cependant nous ne devons pas le tenir pour complètement invraisemblable, car on peut s'attendre à tout dans ces deux premiers siècles de notre ère.

Tels sont les détails que nous fournissent les écrits des Pères sur la vie et la personne de Simon le Magicien ; à ces faits, la critique du système de Simon permet d'apporter quelque lumière en déterminant quel était le caractère du personnage. Simon dut recevoir ce qu'on appelle une éducation distinguée ; ses œuvres, ou plutôt l'analyse qui nous en a été conservée, nous montrent en lui un homme d'un goût littéraire assez peu ordinaire en Judée ; il connaissait les poètes grecs : Homère, Empédocle, Stésichore paraissent ceux qu'il avait étudiés de préférence, car il s'en servait pour expliquer sa doctrine[3]. En philosophie, il devait connaître les œuvres de Platon, et peut-être celles d'Aristote ; l'examen de son système le montre suffisamment[4]. L'affinité de sa doctrine avec celle de Philon est évidente, et cette affinité pourrait conduire à la conclusion que Simon avait étudié dans les écoles d'Alexandrie. C'est, en effet, dans cette ville que le célèbre Philon avait fondé son école, et Simon le Mage est l'un des contemporains de Philon qui se rapprochent le plus du docteur juif ; car on trouve déjà chez lui le sens allégorique, dans les Écritures,

---

[1] Ἀλλὰ πάλιν ὁ θεῖος ἀφικόμενος Πέτρος ἐγύμνωσεν αὐτὸν τῶν τῆς ἀπάτης πτερῶν, καὶ τέλος εἰς ἀγῶνα θαυματουργίας προσκαλεσάμενος, καὶ θείας χάριτος καὶ γοητείας τὸ διάφορον δείξας, πολλῶν ὁρώντων Ῥωμαίων, ἀφ' ὕψους αὐτὸν πολλοῦ κατέρραξε προσευξάμενος. (Théodoret, *Hæret. fab*. lib. X, c. 1.)

[2] Οὗτος ἐπιτελεῖ ἐλθὼν ἐν τ......τῇ ὑπὸ πλάτανον καθεζόμενος ἐδίδασκε. Καὶ δὴ λοιπὸν ἐγγὺς τοῦ ἐλέγχεσθαι γινόμενος διὰ τὸ ἐγχρονίζειν ἔφη ὅτι εἰ χωσθείη ζῶν, ἀναστήσεται τῇ τρίτῃ ἡμέρᾳ. Καὶ δὴ τάφον κελεύσας ὀρυγῆναι ὑπὸ τῶν μαθητῶν, ἐκέλευσε χωσθῆναι. Οἱ μὲν οὖν τὸ προσταχθὲν ἐποίησαν, ὧδε ἀπέμεινεν ἕως νῦν. (*Philos.*, p. 267, n° 20, lin. 4-9.)

[3] *Philosoph.*, lib. VI, 1, n° 19, p. 263, lin. 9-11 ; n° 15, p. 256, et n° 11. p. 249.

[4] *Ibid.*, lib. VI, 1, n° 9, p. 246-247.

entièrement substitué au sens historique. En outre, Simon devait avoir, pour son époque, une connaissance assez exacte de l'anatomie ; car, dans plusieurs passages de son système, il décrit avec complaisance ce qu'on savait alors de la circulation du sang et de la conformation intérieure de la femme. Les théories sont, sans doute, peu conformes à la réalité ; mais on avouera qu'il faudrait une outrecuidance étonnante pour fonder un système sur des choses dont on n'aurait pas la moindre notion. A ces connaissances, Simon joignait encore la science complète de la magie, plutôt expérimentale que doctrinale ; car, s'il s'en servit pour éblouir ses admirateurs, on ne voit pas qu'il ait jamais pensé à faire de la Magie le seul culte vraiment digne de la divinité, comme devait le faire son disciple Ménandre. Cependant, il semble qu'il prenait au sérieux ses prestiges magiques. En effet, lorsqu'il vit les Apôtres opérer ces miracles qui, en définitive, convertirent le monde païen, il ne crut rencontrer en eux que des magiciens possédant une science plus élevée que la sienne ; le baptême ne lui apparut que comme le premier pas d'une initiation semblable à celle par les degrés de laquelle il avait dû passer, avant d'arriver à la complète possession de la Magie. Aussi, avec une simplicité inouïe, comme il avait appris ce qu'il savait, il crut pouvoir apprendre ce qu'il ignorait encore ; il apporta de l'argent aux pieds des Apôtres, en leur demandant de lui enseigner à conférer le Saint-Esprit, et, dans sa pensée, recevoir le Saint-Esprit n'était que la puissance de produire des merveilles auxquelles il n'avait pu arriver jusqu'alors.

Une question se pose maintenant : Simon le Magicien, celui dont l'enseignement est connu, était-il chrétien ? Simon le Mage fut baptisé, nous le savons, mais il ne crut jamais en Jésus-Christ ; l'exposition de sa doctrine le démontrera amplement. D'ailleurs quand même on pourrait soutenir avec quelque apparence de raison que Simon le Magicien crût véritablement en Jésus-Christ pendant une certaine partie de sa vie, cela n'infirmerait en rien l'affirmation précédente ; car le Simon qui est en cause est celui qui est connu par sa doctrine, et cette doctrine n'a rien de commun avec l'enseignement chrétien. En outre, le système de Simon était complet, lorsqu'à Samarie il entra en relations avec le diacre Philippe. En effet, le texte des *Actes des Apôtres* affirme que le Magicien était appelé « la Grande Vertu de Dieu » ; d'un autre côté, il est certain que ces paroles étaient le dernier mot de son système, la raison d'être de toute sa doctrine. Que conclure de là ? sinon qu'en réalité la doctrine de Simon était déjà complète, répandue et adoptée avant qu'il ne reçût le baptême chrétien [1].

Quoi qu'il en soit de son christianisme, Simon eut des disciples nombreux : au temps d'Origène, il s'en trouvait encore quelques-uns [2]. Le docteur samaritain avait composé sans doute plusieurs ouvrages. Saint Jérôme semble en citer quelques fragments ; l'auteur du livre *De divinis nominibus* donne le titre d'une œuvre de Simon [3], il l'appelle Ἀντιρρητικά, *Réponses contradictoires* [4] ; d'après les *Constitutions apostoliques*, le maître et ses disciples auraient fabriqué plusieurs ouvrages apostoliques : l'un de ces apocryphes aurait eu pour titre : *De la prédication de saint Paul ;* un autre : *Des quatre angles du monde* [5]. Ces indications sont peut-être sujettes à caution, mais en revanche on peut citer un ouvrage qui est sûrement sorti de la plume de Simon ; c'est sa *Grande Révélation*, Ἀπόφασις μεγάλη, dont l'auteur des *Philosophumena* s'est servi et a cité quelques passages [6].

Peu d'ouvrages ont été faits sur Simon le Mage : tous les auteurs qui ont

---

[1] Cela n'empêche pas cependant que Simon le Mage n'ait été le père de toutes les hérésies, car il eut des disciples que nous trouverons sur notre chemin. Ces disciples étaient certainement chrétiens ; par conséquent ils furent hérétiques lorsqu'ils se séparèrent d'un enseignement que, du reste, ils n'avaient jamais complètement adopté. Enfin, toutes les hérésies se trouvent en germe dans le système de Simon, c'est-à dire toutes les hérésies qui, pendant les premiers siècles de notre ère, mirent en danger le développement et l'établissement de la religion chrétienne. Ces hérésies peuvent se ranger sous l'un des trois chefs : Judæo-Christianisme, Docétisme, Gnosticisme ; or, le Judæo-Christianisme, le Docétisme et le Gnosticisme se trouvent au fond du système de Simon : voilà pourquoi, sans être un hérétique dans le sens strict du mot, il est le père de toutes les hérésies ; voilà pourquoi les Pères de l'Église lui ont fait une part dominante dans leurs écrits comme dans leur exécration. Cela se comprend, car ils se croyaient les possesseurs de la vérité, et ils l'étaient, en effet, et ils la défendaient par tous les moyens qui étaient en leur pouvoir ; la nature humaine se retrouve chez eux comme elle se retrouve chez tous les hommes : elle s'y trouve moins développée en ses défauts, lorsque ces hommes sont des saints, voilà la seule différence. Au nombre des accusations que les écrivains ecclésiastiques ont fait retomber sur Simon, il s'en trouve une qui ne semble pas également juste : l'auteur des *Philosophumena* l'appelle « un homme faiseur de prodiges et plein de folie, insensé, en un mot, » ἄνθρωπος γόης μεστὸς ἀπονοίας (lib. VI, I, n° 7, p. 243, lig. 10-11) ; il va trop loin : Simon n'était pas un fou, sa conduite envers les Apôtres le prouve surabondamment, car elle décèle une certaine simplicité honnête qui assurément se trompait de voie, mais n'en existait pas moins.

[2] Origenis *contra Celsum*, lib. I, n° 57.
[3] *In Matth.*, cap. xxiv.
[4] *Patrol. grec.*, t. VII, col. 130, n° 98.
[5] Cf. D. Massuet, *Op. cit. dissert.* 1ᵃ. — *Const. apost.*, lib. VI, cap. 18.
[6] Τοῦτο τὸ γράμμα ἀποφάσεως φωνῆς καὶ ὀνόματος ἐξ ἐπινοίας τῆς μεγάλης δυνάμεως τῆς ἀπεράντου. (*Philosoph.*, lib. VI, I, n° 9, p. 246, lin. 11-13.) — Ἐν τῇ Ἀποφάσει τῇ μεγάλῃ καλεῖ τέλειον νοερὸν ἕκαστον. (*Ibid.*, n° 11, p. 249, lin. 5-6.) Nul doute que l'auteur des *Philosophumena* n'eût le livre de Simon sous les yeux quand il écrivait ces passages ; le premier n'est qu'une citation.

écrit sur les commencements de la religion chrétienne en ont parlé, quelques-uns assez longuement; d'autres en ont parlé à propos de sujets différents, et nous ne connaissons qu'un seul travail qui lui ait été consacré spécialement celui de M. Simson, publié en 1841 et déjà vieux[1]; du reste, l'auteur n'avait pas pu se servir des éléments nouveaux fournis à la discussion par la découverte des *Philosophumena*.

II

SYSTÈME DE SIMON LE MAGICIEN

Comme dans tous les systèmes qui passeront sous nos yeux, Simon dans le sien traite successivement de toutes les questions qui touchent à la nature de Dieu, à la création, à l'homme, à la rédemption et à la fin dernière du monde : c'est dans cet ordre que sa doctrine sera exposée.

Au sommet de toutes choses, Simon plaçait le Feu; c'était pour lui le principe universel, la puissance infinie. Comme le choix de cette cause première pouvait paraître assez hasardé, il trouvait la preuve de son allégation dans ces paroles de Moïse : Dieu est un feu qui brûle et qui consume. Dans son livre intitulé Ἀπόφασις μεγάλη [2], Simon prouvait que cette puissance infinie est la cause première du monde. Il y expliquait que cette puissance infinie, ou le Feu, n'était pas simple de sa nature, comme la plupart des autres éléments mais double, ayant un côté évident et un autre côté secret[3] : le côté secret du feu est caché dans la partie évidente, et la partie évidente se trouve sous le côté secret[4]; ce qui revient à dire qu'il y a du visible dans l'invisible et de l'invisible dans le visible. Cela peut paraître contradictoire au premier abord

---

[1] *Zeitschrift für historische Theologie*, 1841, 1 et 2 Heft.

[2] Λέγει δὲ ὁ Σίμων μεταφράζων τὸν νόμον Μωυσέως ἀνοήτως τε καὶ κακοτέχνως, Μωσέως γὰρ λέγοντος· « ὅτι ὁ θεὸς πῦρ φλέγον ἐστὶ καὶ καταναλίσκον, » δεξάμενος τὸ λεχθὲν ὑπὸ Μωσέως οὐκ ὀρθῶς, πῦρ εἶναι τῶν ὅλων λέγει τὴν ἀρχήν, οὐ νοήσας τὸ εἰρημένον, ὅτι θεὸς οὐ πῦρ, ἀλλὰ πῦρ φλέγον καὶ καταναλίσκον, οὐκ αὐτὸν διασπῶν μόνον τὸν νόμον Μωσέως, ἀλλὰ καὶ σκοτεινὸν Ἡράκλειτον συλαγωγῶν. (*Philosoph.*, lib. VI, 1, n° 9, p. 246, lin. 3-10).

[3] Ἀπέραντον δὲ εἶναι δύναμιν ὁ Σίμων προσαγορεύει τῶν ὅλων τὴν ἀρχήν, λέγων οὕτως· « Τοῦτο τὸ γράμμα ἀποφάσεως φωνῆς καὶ ὀνόματος ἐξ ἐπινοίας τῆς μεγάλης δυνάμεως τῆς ἀπεράντου. Διὸ ἔσται ἐσφραγισμένον..., etc. (*Phil. ib.*, p. 246, lin. 10-13)

[4] Ἔστι δὲ ἡ ἀπέραντος δύναμις, τὸ πῦρ, κατὰ τὸν Σίμωνα οὐδὲν ἁπλοῦν, καθάπερ οἱ πολλοὶ ἁπλᾶ λέγοντες εἶναι τὰ τέσσαρα στοιχεῖα καὶ τὸ πῦρ ἁπλοῦν εἶναι νενομίκασιν, ἀλλὰ γὰρ εἶναι τὴν τοῦ πυρὸς διπλῆν τινα τὴν φύσιν καὶ τῆς διπλῆς ταύτης, καλεῖ τὸ μέν τι κρυπτόν, τὸ δέ τι φανερόν· κεκρύφθαι δὲ τὰ κρυπτὰ ἐν τοῖς φανεροῖς τοῦ πυρός, καὶ τὰ φανερὰ τοῦ πυρὸς ὑπὸ τῶν κρυπτῶν γεγονέναι. (*Ibid.*, p. 247, lin. 1-7.)

cependant il n'en est rien ; c'est la répétition sous une forme nouvelle *de l'Intelligible et du Sensible* de Platon ou *de la Puissance et de l'Acte* d'Aristote. Dans la partie évidente ou visible du Feu étaient contenues, d'après Simon, toutes les choses qui tombent sous nos sens ou qui pourraient devenir l'objet d'une perception quoique non perçues ; dans la partie secrète ou invisible, se rangeait tout ce qui est proprement du domaine de l'intellect, échappe aux sens et ne peut exister que dans l'intelligence [1]. En conséquence, comme ce Feu comprenait ainsi toutes les choses visibles et invisibles, tout ce qui s'entend et ne s'entend pas, tout ce qui se compte et ne se compte pas, Simon appelait parfaite Intelligence tout ce qui peut être pensé et tout ce qui peut agir. C'était là pour lui le grand trésor du visible et de l'invisible, de tout ce qui est à découvert et de tout ce qui est caché : c'était ce grand arbre que Nabuchodonosor avait vu en songe, et dont toute chair se nourrissait [2]. Toutes ces parties du Feu étaient douées d'intelligence et de raison : elles pouvaient se développer, et l'on comprend dès lors que ce Feu, premier principe, en se développant par extension et par émanation, ait pu devenir, d'après Simon le Mage, la cause éternelle d'un monde éternel [3]. Simon n'admettait donc pas la création; cependant, il ne faut pas s'y tromper, il ne s'agit pas ici d'un monde supérieur qui soit autre chose que la puissance infinie faisant émaner d'elle-même d'autres puissances qui peupleront ce monde supérieur. Il ne faut pas davantage prendre ce Feu pour l'élément matériel que nous connaissons ; le Feu de Simon n'est autre chose que Dieu, que le premier principe dont la nature est si subtile, que Simon ne pouvait mieux la comparer qu'au feu. D'ailleurs le Feu n'exprime que le côté actif de la nature divine ; la puissance infinie est bien plus souvent désignée dans le système de Simon par cet autre nom : Celui qui est, a été et sera [4]; c'est la Stabilité permanente, l'Immutabilité personnifiée.

---

[1] Ἔστι δὲ τοῦτο, ὅπερ Ἀριστοτέλης δυνάμει καὶ ἐνεργείᾳ καλεῖ ἢ Πλάτων νοητὸν καὶ αἰσθητόν. Καὶ τὸ μὲν φανερὸν τοῦ πυρὸς πάντα ἔχει ἐν ἑαυτῷ ὅσα ἄν τις ἐπινοήσῃ ἢ καὶ λάθῃ παραλιπὼν τῶν ὁρατῶν· τὸ δὲ κρυπτὸν πᾶν ὅ, τι ἐννοήσει τις νοητὸν καὶ πεφευγὸς τὴν αἴσθησιν ἢ καὶ παραλείπει μὴ διανοηθείς. *(Ibid.*, p. 247, lin. 7-12.)
[2] « Καθόλου δέ ἐστιν εἰπεῖν, πάντων τῶν ὄντων αἰσθητῶν τε καὶ νοητῶν, ὧν ἐκεῖνος κρυφίων καὶ φανερῶν προσαγορεύει, ἐστὶ θησαυρὸς τὸ πῦρ τὸ ὑπερουράνιον, οἱονεὶ δένδρον μέγα, ὡς τὸ δι' ὀνείρου βλεπόμενον τῷ Ναβουχοδονοσόρ, ἐξ οὗ πᾶσα σὰρξ τρέφεται. *(Ibid.*, p. 247, lin. 12-15, et p. 248).
[3] Πάντα γάρ, φησίν, ἐνόμιζε τὰ μέρη τοῦ πυρὸς τὰ ὁρατὰ φρόνησιν ἔχειν καὶ νώματος αἶσχν. Γέγονεν οὖν ὁ κόσμος ἀγέννητος ἀπὸ τοῦ ἀγεννήτου πυρός. *(Ibid.*, n. 12, p. 249, lin. 12 et 250, l. 1-2.)
[4] Ἥντινα δύναμιν ἀπέραντον φησὶ τὸν ἑστῶτα, στάντα, στησόμενον. *(Ibid.*, p. 250, lin. 8-9.)

Cependant, comme l'immutabilité du premier principe ne répugne pas à l'activité, ce Dieu qui est, a été et sera *se tenant* (ἑστῶς) toujours, ayant en partage l'Intelligence et la Raison, de la puissance d'agir passa à l'acte : son Intelligence eut une pensée, et pour exprimer cette pensée, elle dut parler et la nommer. Ayant ainsi parlé et nommé sa pensée, elle pouvait unir entre elles ses différentes pensées et en former un tout par le raisonnement et la réflexion. De cette série d'évolutions furent formés six êtres ou émanations de la Puissance infinie, elles furent formées par syzygies, c'est-à-dire, qu'elles émanèrent deux à deux, l'une étant le principe actif, l'autre le principe passif, et Simon eut ainsi les six æons de son monde supérieur auxquels il donna les noms suivants : l'Esprit et la Pensée (Νοῦς et Ἐπίνοια), la Voix et le Nom (Φωνή et Ονομα), le Raisonnement et la Réflexion (Λογισμός et Ἐνθύμησις) [1]. Quoiqu'on ne le trouve pas formellement exprimé en cet endroit, le premier æon de la syzygie émanée était mâle, le second était femelle : le seul mot de syzygie indique qu'il en devait être ainsi, et nous verrons plus loin que Simon l'enseignait véritablement pour les æons qui composaient le second monde. De plus, ces six æons étaient de véritables émanations, quoique le mot ne soit pas employé : la théorie seule de leur descendance le montre assez clairement ; mais nous avons des paroles plus significatives encore : « Dans chacun de ces six êtres primitifs (ῥίζαις), disait Simon, la Puissance infinie se trouvait tout entière ; mais elle ne s'y trouvait qu'en puissance, et non en acte. Il fallait la conformer par une image afin qu'elle parût dans toute son essence, sa vertu, sa grandeur et ses effets, et alors l'émanation devenait semblable à la Puissance infinie et éternelle : si, au contraire, on ne la conformait pas par une image, la puissance ne passait pas en acte et se perdait, n'étant pas employée, comme il arrive à un homme qui a de l'aptitude pour la grammaire ou la géométrie : s'il ne met pas en œuvre cette aptitude, elle ne lui sert de rien ; elle est perdue pour lui, il est absolument comme s'il n'en avait pas [2]. » Que signifient ces paroles

---

[1] Ἤρξατο δὲ, φησὶ, γενέσθαι τοῦτον τὸν τρόπον, ἐξ ῥίζας τὰς πρώτας τῆς ἀρχῆς τῆς γεννήσεως λαβὼν ὁ γεννητὸς ἀπὸ τῆς ἀρχῆς τοῦ πυρὸς ἐκείνου· γεγονέναι δὲ τὰς ῥίζας φησὶ κατὰ συζυγίας ἀπὸ τοῦ πυρὸς, ἅστινας ῥίζας καλεῖ Νοῦν καὶ Ἐπίνοιαν, Φωνήν, καὶ Ὄνομα, Λογισμὸν καὶ Ἐνθύμησιν· εἶναι δὲ ἐν ταῖς ἓξ ῥίζαις ταύταις πᾶσαν ὁμοῦ τὴν ἀπέραντον δύναμιν δυνάμει, οὐκ ἐνεργείᾳ. (*Ibid*., p. 250, lin. 2-8.)
[2] Ὃς ἐὰν μὲν ἐξεικονισθῇ, ὢν ἐν ταῖς ἓξ δυνάμεσιν, ἔσται οὐσία, δυνάμει, μεγέθει, ἀποτελέσματι, μία καὶ ἡ αὐτὴ τῇ ἀγεννήτῳ καὶ ἀπεράντῳ δυνάμει, καὶ οὐδὲν ὅλως ἔχουσα ἐνδεέστερον ἐκείνης τῆς ἀγεννήτου καὶ ἀπαραλλάκτου καὶ ἀπεράντου δυνάμεως. Ἐὰν δὲ μείνῃ τῇ δυνάμει μόνον ἐν ταῖς ἓξ δυνάμεσι καὶ μὴ ἐξεικονισθῇ, ἀφανίζεται, φησί, καὶ ἀπόλυται οὕτως ὡς ἡ δύναμις ἡ γραμματικὴ, ἢ γεωμετρικὴ ἐν ἀνθρώπου ψυχῇ.

sinon que pour être en tout semblable à la Puissance infinie, les æons n'avaient qu'à l'imiter dans son action, à devenir eux-mêmes principes d'émanation comme elle l'avait été pour eux, à donner l'existence à des êtres nouveaux, à ne pas se contenter de la puissance, à passer à l'acte. Produire des émanations était l'effet de la puissance, effet qui dépendait de leur propre action; mais cette puissance, ils la possédaient par le seul fait de leur existence, par le seul fait de leur descendance du premier Principe, le Père ou la Puissance infinie. Et comment pourraient-ils avoir cette puissance, si elle ne leur avait pas été accordée comme une propriété de leur existence; comment pourrait-elle leur avoir été accordée sinon par émanation, puisquelle était en tout semblable à celle du premier Principe, ni plus grande, ni moins grande, mais exactement la même ? Il n'y a donc qu'un seul moyen d'expliquer cette descendance, c'est l'émanation. Toute la suite des systèmes confirmera cette conclusion.

Nous n'avons pas d'autres détails sur le monde supérieur dans le système de Simon, mais nous savons que les six æons ne se contentèrent pas de ressembler au premier Principe en puissance, qu'ils passèrent à l'acte, que d'eux sortirent d'autres êtres par voie de génération émanatrice, c'est-à-dire d'émanations des deux principes actif et passif. En effet, nous n'avons rien trouvé tout à l'heure qui indiquât que la syzygie était composée d'un æon mâle et d'un æon femelle; nous trouvons maintenant des explications qui ne laissent aucun doute à ce sujet. « Il est écrit, disait Simon dans son Ἀπόφασις, qu'il y a deux sortes d'æons n'ayant ni commencement ni fin, sortant tous d'une seule racine, c'est-à-dire de la puissance invisible et incompréhensible, le Silence. L'une d'elles nous apparaît comme supérieure, c'est la grande puissance, l'Intelligence de toutes choses, elle régit tout et elle est mâle: l'autre est bien inférieure, c'est la grande Pensée, æon femelle : ces deux sortes d'æons se répondant l'une à l'autre forment et manifestent l'intervalle du

---

Προσλαβοῦσα γὰρ ἡ δύναμις τέχνην, φῶς τῶν γινομένων γίνεται· μὴ προσλαβοῦσα δὲ, ἀτεχνία καὶ σκότος, καὶ ὡς ὅτε οὐκ ἦν, ἀποθνήσκοντι τῷ ἀνθρώπῳ συνδιαφθείρεται. *Phil., ibid.*, p. 250, lin. 9-25, p. 251, lin. 1-3.

[1] Λέγει γὰρ Σίμων διαῤῥήδην περὶ τούτου ἐν τῇ Ἀποφάσει οὕτως. Ὑμῖν οὖν λέγω ἃ λέγω, καὶ γράφω ἃ γράφω. Τὸ γράμμα τοῦτο· δύο εἰσὶ παραφυάδες τῶν ὅλων Αἰώνων, μήτε ἀρχὴν, μήτε πέρας ἔχουσαι, ἀπὸ μιᾶς ῥίζης, ἥτις ἐστὶ δύναμις, σιγὴ, ἀόρατος, ἀκατάληπτος· ὧν ἡ μία φαίνεται ἄνωθεν, ἥτις ἐστὶ μεγάλη δύναμις, Νοῦς τῶν ὅλων, διέπων τὰ πάντα, ἄρσην· ἡ δὲ ἑτέρα κάτωθεν, Ἐπίνοια μεγάλη, θηλεῖα, γεννῶσα τὰ πάντα. Ἔνθεν ἀλλήλοις ἀντιστοιχοῦντες, συζυγίαν ἔχουσι, καὶ τὸ μέσον διάστημα ἐμφαίνουσιν, ἀέρα ἀκατάληπτον, μήτε ἀρχὴν, μήτε πέρας ἔχοντα. *(Ibid.,* n. 18, p. 261, lin. 4-12.)

milieu, l'air incompréhensible qui n'a pas eu de commencement et qui n'aura pas de fin¹. » On le voit, il y avait bien des æons mâles et des æons femelles dans le système de Simon, ils se correspondaient les uns aux autres et ce qui se passait dans le monde supérieur, se passait dans cet intervalle ou monde du milieu que nous venons de voir sortir de cette correspondance intime des deux catégories d'æons. C'est ainsi que nous passons à un deuxième développement de la grande Puissance infinie, le Feu, principe de tous les êtres.

L'air incompréhensible, n'ayant ni fin ni commencement, était donc un second monde. Ce second monde était habité par un être nommé Père qui soutient et conserve tout, n'ayant pas eu de commencement, ne devant pas avoir de fin. Ce Père est aussi appelé celui qui est, a été et sera ; c'est une puissance à la fois mâle et femelle, répondant à la Puissance déjà existante et infinie, n'ayant ni fin ni commencement, et demeurant dans l'unité². Or, la Pensée qui était sortie de cette unité devint double, mais il n'y avait qu'un seul Père ; ce qui revient à dire que ce père à la fois actif et passif se développa comme s'était développé le premier principe. « En effet, ajoutent les *Philosophumena*, le Père était seul possédant la Pensée en lui-même, n'étant pas le premier, quoique existant avant toutes choses, quoique se manifestant par sa propre vertu ; car il n'était que le second. Mais il ne fut pas appelé Père avant qu'elle ne l'appelât elle-même de ce nom. Or, en se développant lui-même il se manifesta par sa propre Pensée, et celle-ci manifestée n'agit pas ; mais elle cacha en elle-même ce Père qu'elle avait vu, c'est-à-dire cette puissance seconde du monde intermédiaire. Deux êtres existaient donc alors, la Puissance mâle et femelle et Ἐπίνοια (sa Pensée) ; ils se répondaient l'un à l'autre, car la Puissance ne diffère pas de la Pensée puisqu'ils ne sont qu'un. Il arrive seulement que ce qui est ainsi manifesté par eux l'est doublement, quoique simple ; c'est un principe mâle qui renferme en lui même une puissance femelle, c'est l'Esprit dans la Pensée (Νοῦς ἐν Ἐπινοίᾳ) ; l'un et l'autre ne peuvent se séparer et ne forment qu'une seule et même chose². » Après ce

---

¹ Ἐν δὲ τούτῳ πατὴρ ὁ βαστάζων πάντα καὶ τρέφων τὰ ἀρχὴν καὶ πέρας ἔχοντα. Οὗτός ἐστιν ὁ ἑστώς, στὰς, στησόμενος, ὢν ἀρσενόθηλυς δύναμις κατὰ τὴν προυπάρχουσαν δύναμιν ἀπέραντον, ἥτις οὔτ' ἀρχὴν οὔτε πέρας ἔχει, ἐν μονότητι οὖσα. *(Ibid.,* p. 261, lin. 13-16.)

² Ἀπὸ γὰρ ταύτης προελθοῦσα ἡ ἐν μονότητι Ἐπίνοια ἐγένετο δύο... Ὡς οὖν αὐτὸς ἑαυτὸν ὑπὸ ἑαυτοῦ προαγαγὼν ἐφανέρωσεν ἑαυτῷ τὴν ἰδίαν Ἐπίνοιαν, οὕτως καὶ ἡ φανεῖσα Ἐπίνοια οὐκ ἐποίησεν, ἀλλὰ ἰδοῦσα ἐνέκρυψε τὸν πατέρα ἐν ἑαυτῇ, τουτέστι τὴν Δύναμιν, καὶ ἐστιν ἀρσενόθηλυς Δύναμις καὶ Ἐπίνοια, ὅθεν ἀλ-

long texte, il n'y a plus de doute possible, ce Père du second monde se développa d'une manière analogue à celle dont s'était développée la Puissance infinie du monde supérieur : son esprit eut une pensée, et cette pensée par la Voix, lui donna ce Nom de Père. Ceci nous explique comment la Pensée, Ἐπίνοια, est appelée à jouer un si grand rôle dans la suite du système de Simon. Nous comprenons aussi après cela pourquoi après avoir exposé la génération des six æons du monde supérieur, l'auteur des *Philosophumena* ajoute tout à coup : « Il appelle la première syzygie de ces six puissances et de la septième qui est avec elle (c'est-à-dire du monde supérieur) Νοῦς et Ἐπίνοια, le Ciel et la Terre (Οὐρανός et Γῆ) : le mâle regarde d'en haut et pourvoit à son épouse, car la terre reçoit du ciel les fruits spirituels qui en descendent et qui lui sont analogues. C'est pourquoi, dit Simon, le Verbe voyant ce qui est né de Νοῦς et d'Ἐπίνοια, c'est à-dire du Ciel et de la Terre, dit : Écoute, ô Ciel, et Terre, prête l'oreille, car le Seigneur a parlé. J'ai engendré des enfants, je les ai exaltés, mais ils m'ont méprisé [1]. Celui qui parle ainsi, dit Simon, est Celui qui est, qui a été et qui sera, c'est la septième Puissance ; c'est lui qui est l'auteur de toutes les bonnes choses qu'a louées Moïse, et il a dit qu'elles étaient tout à fait bonnes [2]. La Voix et le Nom sont le Soleil et la Lune, le Raisonnement et la Réflexion sont l'Air et l'Eau. Dans tous ces æons, se trouve mélangée la septième Puissance, celui qui est [3]. » Il ne s'agit plus ici, en effet, des six premiers æons du monde supérieur, mais des six æons du monde intermédiaire ; ils portent les mêmes noms que ceux du monde supérieur et descendent d'une même puissance qui est identique à la Puissance infinie, ou le Feu. Cette seconde Puissance appelée Père est le Silence,

λήλοις ἀντιστοιχοῦσιν· οὐδὲν γὰρ διαφέρει Δύναμις Ἐπινοίας, ἓν ὄντες. Ἐκ μὲν τῶν ἄνω εὑρίσκεται, Δύναμις, ἐκ δὲ τῶν κάτω Ἐπίνοια. Ἔστιν οὖν οὕτως καὶ τὸ φανὲν ἀπ'αὐτῶν ἓν ὂν δύο εὑρίσκεσθαι, ἀρσενόθηλυς ἔχων τὴν θήλειαν ἐν ἑαυτῷ. Οὗτός ἐστι Νοῦς ἐν Ἐπινοίᾳ, ἀχώριστοι δ' ἀπ' ἀλλήλων ἓν ὄντες, δύο εὑρίσκονται. (*Philos.*, *ibid.*, n. 18, p. 261, l. 16-17, p. 262, lin. 3-12.)
[1] *Isaïe*, cap. I, v. II.
[2] *Genèse*, cap. I, v. 31.
[3] Τῶν δὲ ἓξ δυνάμεων τούτων καὶ τῆς ἑβδόμης τῆς μετὰ τῶν ἓξ καλεῖ τὴν πρώτην συζυγίαν, Νοῦν καὶ Ἐπίνοιαν, Οὐρανὸν καὶ Γῆν· καὶ τὸν μὲν ἄρσενα ἄνωθεν ἐπιβλέπειν καὶ προνοεῖν τῆς συζύγου, τηνδὲ δὲ Γῆν ὑποδέχεσθαι κάτω τοὺς ἀπὸ τοῦ Οὐρανοῦ νοερούς καταφερομένους τῇ Γῇ συγγενεῖς καρπούς. Διὰ τοῦτο, φησὶν ἀποβλέπων πολλάκις ὁ Λόγος πρὸς τὰ ἐκ Νοὸς καὶ Ἐπινοίας γεγεννημένα, τουτέστιν ἐξ Οὐρανοῦ καὶ Γῆς, λέγει· « ἄκουε, Οὐρανέ, καὶ ἐνωτίζου, Γῆ, ὅτι Κύριος ἐλάλησεν. Υἱοὺς ἐγέννησα καὶ ὕψωσα, αὐτοὶ δέ με ἠθέτησαν. » Ὁ δὲ λέγων ταῦτα, φησίν, ἡ ἑβδόμη δύναμίς ἐστιν ὁ ἑστώς, στάς, στησόμενος· αὐτὸς γὰρ αἴτιος τούτων τῶν καλῶν ὧν ἐπήνεσε Μωσῆς, καὶ εἶπε καλὰ λίαν. Ἡ δὲ Φωνὴ καὶ Ὄνομα Ἥλιος καὶ Σελήνη. Ὁ δὲ Λογισμὸς καὶ Ἐνθύμησις, Ἀὴρ καὶ Ὕδωρ. Ἐν δὲ τούτοις ἅπασιν ἐμμέμικται καὶ κέκραται, ὡς ἔφην, ἡ μεγάλη δύναμις ἀπέραντος, ὁ ἑστώς. (*Philos.*, *ibid.*, n. 13, p. 251, lin. 4-15, p. 253, lin. 1-3.)

Σιγή, que Simon nous a nommée en nous expliquant les deux catégories d'æons. C'est à ce Silence que la Pensée, Ἐπίνοια, émanée de lui, donne le nom de père ; c'est-à-dire qu'elle le manifeste.

On voit ainsi que ce monde du milieu s'est développé d'une manière analogue au premier ; ce développement est un point capital du système de Simon, et de tous les systèmes gnostiques en général. Simon admettait l'existence de trois mondes (nous n'avons pas encore parlé du monde de notre création) ; tous les gnostiques l'admettront après lui ; et, comme nous venons de le voir pour d'eux d'entre eux, ces trois mondes se produiront d'une manière identique. C'est une loi qui ne souffre pas d'exception, nous aurons occasion d'en parler et de le faire remarquer très souvent dans la suite de cette étude. Une pareille loi, que nous nommerons la similitude dans les mondes, jettera une vive lumière sur certains passages des systèmes que nous venons d'exposer ; nous pourrons nous en servir comme d'une base assurée pour des inductions qui ne paraîtront plus alors hasardées, mais qui seront une conclusion naturelle tirée de cette loi du développement des mondes par similitude. De plus, comme la ressemblance que nous trouvons ici pour la première fois marquée d'une manière péremptoire, se retrouvera dans tous les systèmes dont nous connaissons la cosmologie et la théologie ou æonologie, nous pouvons conclure que la loi de la similitude des mondes est un des points fondamentaux des systèmes gnostiques depuis Simon jusqu'à Valentin et à ses disciples.

Simon trouvait la preuve des émanations de son monde intermédiaire dans plusieurs passages de l'Écriture sainte. Ainsi il y avait six æons et une septième Puissance, parce que Dieu avait créé le ciel et la terre en six jours, et qu'il s'était reposé le septième[1]. Le Soleil et la Lune sont nommés après les trois premières Puissances, le Silence, l'Esprit et la Pensée, ou le Ciel et la Terre, parce que Dieu les a créés le quatrième jour[2]. Cette septième Puissance n'est autre chose que l'Esprit porté sur les eaux, cet Esprit qui possède tout en

---

[1] Μωσέως οὖν εἰρηκότος· « Ἐξ ἡμέραις ἐν αἷς ὁ Θεὸς ἐποίησε τὸν Οὐρανὸν καὶ τὴν Γῆν, καὶ τῇ ἑβδόμῃ κατέπαυσεν ἀπὸ πάντων τῶν ἔργων αὐτοῦ, » τὸν εἰρημένον τόπον μετοικονομήσας ὁ Σίμων ἑαυτὸν θεοποιεῖ. *(Philos. ibid.*, n. 14, p. 252, lin. 4-7.)

[2] Ὅταν οὖν λέγωσιν ὅτι εἰσὶ τρεῖς ἡμέραι πρὸ Ἡλίου καὶ Σελήνης γεγενημέναι, αἰνίσσονται Νοῦν κα Ἐπίνοιαν, τουτέστιν Οὐρανὸν καὶ Γῆν, καὶ τὴν ἑβδόμην δύναμιν τὴν ἀπέραντον. Αὗται γὰρ αἱ τρεῖς δυνάμεις εἰσὶ πρὸ πάσων τῶν ἄλλων γενόμεναι. *(Ibid.*, p. 252, lin. 7-11.)

lui-même, qui est l'image de la Puissance infinie et qui ordonne toutes choses[1]. On le voit, Simon n'était pas en peine de trouver des preuves pour son système, et en cela sa méthode herméneutique est la source de toutes les méthodes en usage parmi les Gnostiques, pour l'interprétation des livres saints; nous la retrouverons chez Basilide et Valentin, comme nous la retrouverions chez Bardesanes et chez Marcion, si l'étude de ces deux personnages rentrait dans notre cadre.

Après avoir exposé cette æonologie de Simon, nous devons nous poser une question : Simon n'admettait-il que l'existence de ces six æons dans chacun des deux mondes que nous connaissons, ou bien avait-il peuplé ces mondes d'autres Puissances moindres? Aucun texte ne nous répond affirmativement, et cependant à chaque instant, dans ce qu'il nous reste à exposer, nous trouverons des allusions à des Anges et à des Puissances dont nous n'avons pas entendu parler jusqu'ici. Il en faut donc conclure que de pareils êtres existaient dans le système de Simon. Si nous nous reportons, en effet, vers la seconde source de nos renseignements dont nous ne nous sommes pas servis jusqu'ici, nous voyons dans saint Irénée que la Pensée, l'æon Ἐπίνοια, abandonnant le Père, et connaissant ce qu'il lui donnait la faculté de connaître, se tourna vers les créatures inférieures, et fit exister les Anges et les Puissances qui ont créé ce monde que nous habitons[2]. Ainsi il y eut dans le monde du milieu d'autres êtres que les six æons que nous avons nommés; parmi ces six æons, l'un fut spécialement chargé de produire les autres êtres qui devaient habiter ce monde; cet æon, c'est l'æon femelle Ἐπίνοια, et comme il est dit avoir engendré, comme la puissance passive ne peut produire sans le secours de la puissance active, il s'ensuit que ces Anges et ces Puissances sont le fruit de la première syzygie, de Νοῦς et d'Ἐπίνοια. En outre, d'après le principe de similitude dont dous avons parlé, comme les six æons avaient produit le monde intermédiaire, comme les six æons du monde intermédiaire produisent les

---

[1] Ἑβδόμη δὲ αὐτὴ δύναμις ἥτις ἦν δύναμις ὑπάρχουσα ἐν τῇ ἀπεράντῳ δυνάμει ἥτις γέγονε πρὸ πάντων τῶν αἰώνων, αὐτή ἐστι, φησίν, ἡ ἑβδόμη δύναμις, περὶ ἧς λέγει Μωσῆς· «Καὶ πνεῦμα Θεοῦ ἐπεφέρετο ἐπάνω τοῦ ὕδατος » τουτέστι, φησί, τὸ πνεῦμα τὸ πάντα ἔχον ἐν ἑαυτῷ, εἰκὼν τῆς ἀπεράντου δυνάμεως, περὶ ἧς ὁ Σίμων λέγει· « εἰκὼν ἐξ ἀφθάρτου μορφῆς, κοσμοῦσα μόνη πάντα. (Ibid., p. 252, lin. 13-17, p. 253, lin. 1.)

[2] Hanc enim Ennoiam exsilientem ex eo, cognoscentem quæ vult pater ejus, degredi ad inferiora et generare Angelos et Potestates, a quibus et mundum hunc factum dixit. — Iren., lib. I, cap. xxiii, n° 2. (Patr. græc., t. VII, col. 671.)

Anges et les Puissances, ceux-ci à leur tour créent le monde que nous habitons. En outre, lorsque ces Anges et ces Puissances eurent été produits par la Pensée divine descendue jusqu'à eux, ils voulurent la retenir, parce qu'ils ignoraient l'existence du Père, et qu'ils ne voulaient pas être nommés le produit d'un autre être quelconque[1]. Ce fut là le principe de leur faute, la cause de leur chute; ce fut là ce qui nécessita la rédemption; mais avant d'examiner cette nouvelle partie du système de Simon, il faut voir quelle était son anthropologie; de cosmologie, il n'en avait point, du moins nous ne le savons pas, puisque nos sources se bornent à nous apprendre que notre monde est l'œuvre des Anges.

Pour ce qui regarde la création de l'homme, les détails abondent dans les *Philosophumena;* malheureusement il n'est pas très facile de les comprendre, comme on pourra en juger par l'exposition que nous allons en faire. Voici ce que dit à ce sujet l'auteur des *Philosophumena* : « Lorsque cette création du monde intermédiaire fut faite semblable et parallèle à celle de monde supérieur, Dieu, dit Simon, créa l'homme en prenant de la poussière de la terre. Il le fit double et non simple, selon l'image et la ressemblance. Cette image, c'est l'esprit qui était porté sur les eaux, et qui, s'il n'est pas représenté, périt nécessairement avec le monde, car il n'est qu'une puissance qui n'est pas manifestée par un acte. C'est ce qu'indiquent ces paroles : « Afin que nous ne soyons pas condamnés avec le monde. » Si, au contraire, il est représenté, s'il se développe en partant du point indivisible, comme il est écrit dans l' Ἀπόφασις, ce qui est très petit deviendra grand[2]. » S'agit-il ici réellement du premier homme ou de l'homme type de toute la création matérielle? Il n'est pas si facile de le dire. Nous serions d'abord tenté de croire que cette création est celle d'un type, car plus loin nous trouvons dans les *Philosophumena* une phrase qui comporterait assez bien cette explication; on y parle, en effet, de trois æons qui existent comme Celui qui est, a été et sera; l'un a été dans la

---

[1] Posteaquam autem generavit eos, hæc detenta est ab ipsis propter invidiam, quoniam nollent progenies alterius cujusdam putari esse. *(Ibid.)*

[2] Τοιαύτης οὖν τινος καὶ παραπλησίου τῆς κατασκευῆς τοῦ κόσμου γενομένης παρ' αὐτοῖς, ἔπλασε, φησίν, ὁ Θεὸς τὸν ἄνθρωπον, χοῦν ἀπὸ τῆς γῆς λαβών· ἔπλασε δὲ οὐχ ἁπλοῦν, ἀλλὰ διπλοῦν κατ' εἰκόνα καὶ καθ' ὁμοίωσιν. Εἰκὼν δέ ἐστι τὸ πνεῦμα τὸ περιφερόμενον ἐπάνω τοῦ ὕδατος, ὃ ἐὰν μὴ ἐξεικονισθῇ μετὰ τοῦ κόσμου ἀπολεῖται, δυνάμει μεῖναν μόνον καὶ μὴ ἐνεργείᾳ γενόμενον. Τοῦτό ἐστι, φησί, τὸ εἰρημένον, "Ἵνα μὴ σὺν τῷ κόσμῳ κατακριθῶμεν. » Ἐὰν δὲ ἐξεικονισθῇ καὶ γένηται, ἀπὸ στιγμῆς ἀμερίστου, ὡς γέγραπται ἐν τῇ Ἀποφάσει, τὸ μικρὸν μέγα γενήσεται. (*Phil. ibid.*, p. 253, lin. 3-12.)

Puissance incréée, l'autre est engendré dans le courant des eaux selon l'image, le troisième sera dans un monde supérieur auprès de la Puissance bienheureuse et éternelle, pourvu qu'il soit représenté ; car tout ce qui est heureux et incorruptible se trouve caché en toute chose, mais seulement d'une manière potentielle et non d'une manière actuelle[1]. La seule mention de ce second æon créé selon l'image, fait penser à l'homme que lui aussi a été créé selon l'image, et nous allons voir plus loin que cet homme est bien formé, d'après Simon, au milieu des eaux, c'est-à-dire des quatre fleuves du Paradis terrestre. Cependant nous ne croyons pas devoir reconnaître dans cette créature un type proprement dit, existant en dehors des êtres formés conformément à ce type : il s'agit bien de l'homme et du premier homme ; si on le nomme æon qui est (αἰὼν ἑστώς), c'est qu'il a en lui-même la ressemblance de Celui qui est, a été et sera, ressemblance partielle qu'il doit traduire en acte, c'est-à-dire qu'à l'imitation de la Puissance incréée, il doit devenir la source et le principe d'autres êtres ; c'est ce que Simon appelle reproduire la puissance en l'imitant, et ce que nous avons traduit plus simplement par le mot *représenter* (ἐξεικονίζειν).

Ici nous devons faire une seconde observation pour exprimer une seconde loi, ou plutôt un second effet de la loi de similitude que nous avons indiquée. Non seulement tous les êtres d'un monde particulier se développent d'une manière conforme à celle dont s'est développé le monde supérieur ; mais encore tous les êtres dans chaque monde ont en eux-mêmes le désir d'imiter ce qu'ont fait leurs supérieurs dans la hiérarchie de l'émanation. Ce désir ne reste pas stérile, il est toujours mis à exécution, et il devient le principe de la chute des anges et la source du mal : nous le voyons ici dans le système de Simon le Mage, nous le retrouverons chez Satornilus, Basilide et Valentin, nous le retrouverions dans tous les systèmes gnostiques. C'est un autre point fondamental du Gnosticisme, comme l'émation et la distinction entre ceux qui ont la Gnose sainte et ceux qui ne l'ont pas.

Nous n'avons pas d'autres détails sur la création du premier homme que ceux que nous avons donnés. Nous devons ajouter seulement que ce n'est

---

[1] Ἔστιν οὖν κατὰ τὸν Σίμωνα τὸ μακάριον καὶ ἄφθαρτον ἐκεῖνο ἐν παντὶ κεκρυμμένον, δυνάμει, οὐκ ἐνεργείᾳ, ὅπερ ἐστὶν ὁ ἑστὼς, στάς, στησόμενος, ἑστὼς ἄνω ἐν τῇ ἀγεννήτῳ δυνάμει, στὰς κάτω, ἐν τῇ ῥοῇ τῶν ὑδάτων ἐν εἰκόνι γεννηθείς, στησόμενος ἄνω, παρὰ τὴν μακαρίαν ἀπέραντον δύναμιν ἐὰν ἐξεικονισθῇ. (*Philos. Ibid.*, nº 17, p. 258, lin. 9-19.)

pas là une véritable création au sens chrétien du mot, il s'agit simplement ici d'une formation quelconque, œuvre d'un démiurge que Simon appelle Dieu, comme tous les Gnostiques l'appelleront après lui. D'ailleurs, comme Simon ne parle jamais de la création de la matière, comme jamais une telle création n'a été enseignée par les philosophes qui ont précédé la venue de N.-S. J.-C., nous sommes en droit de conclure que le Mage de Samarie admettait l'existence d'une matière éternelle qui reçut des formes diverses des Anges créateurs. Il n'y a donc aucune contradiction entre l'auteur des *Philosophumena* disant que l'homme fut créé par Dieu, et saint Irénée affirmant que notre monde est l'œuvre des Anges créateurs.

Mais si nous n'avons pas d'autres détails sur la création ainsi entendue, nous sommes plus heureux en ce qui regarde la propagation de l'homme telle que Simon le comprenait et l'expliquait. Fidèle à son principe de similitude, comme le Feu est l'origine de toutes choses, ce Feu est encore l'origine de l'acte générateur chez l'homme ; car, disait-il, le principe de la concupiscence pour la génération est le feu, puisque désirer faire l'acte générateur s'appelle être en *feu* (πυροῦσθαι)[1]. Ce feu, comme le Feu primitif, est un ; mais cependant il est double dans ses effets, chez l'homme c'est le sang chaud et rougeâtre qui est transmis dans le sperme ; chez la femme le sang se change en lait. Dans le mâle le changement du sang devient le principe de la génération, dans la femelle il devient l'aliment de l'enfant. Ce changement du sang était figuré, d'après Simon, par ce glaive de feu qui devait garder l'arbre de vie en tournoyant. Si le glaive ne tournoyait pas, le bel arbre serait détruit ; au contraire, si ce glaive tournoie, c'est-à-dire si le sang se change en sperme et en lait, l'essence qui réside en eux, qui occupe une place spéciale dans le lieu où se trouve l'essence des âmes, commencera par une petite étincelle, elle croîtra, s'augmentera, et deviendra une puissance infinie, immuable dans un æon immuable et arrivera jusqu'à l'æon infini, c'est-à-dire ressemblera à la Puissance incréée des mondes intermédiaire et supérieur[2]. Comme

---

[1] Πάντων ὅσων γένεσίς ἐστιν, ὑπὸ πυρὸς ἡ ἀρχὴ τῆς ἐπιθυμίας τῆς γενέσεως γίνεται. Τοιγαροῦν πυροῦσθαι τὸ ἐπιθυμεῖν τῆς μεταβλητῆς γενέσεως ὀνομάζεται. (*Phil. Ibid.*, p. 259, lin. 10-12.)

[2] Ἐν δὲ ὂν τὸ πῦρ στροφὰς στρέφεται δύο· στρέφεται γάρ, φησίν, ἐν τῷ ἀνδρὶ τὸ αἷμα, καὶ θερμὸν, καὶ ξανθὸν, ὡς πῦρ τυπούμενον εἰς σπέρμα· ἐν δὲ τῇ γυναικὶ, τὸ αὐτὸ τοῦτο αἷμα εἰς γάλα. Καὶ γίνεται ἡ τοῦ ἄρρενος τροπὴ, γένεσις· ἡ δὲ τῆς θηλείας τροπὴ, τροφὴ τῷ γεννημένῳ. Αὐτή, φησίν, ἐστιν ἡ φλογίνη ῥομφαία ἡ στρεφομένη φυλάσσειν τὴν ὁδὸν τοῦ ξύλου τῆς ζωῆς... Ἐὰν γὰρ μὴ στρέφηται ἡ φλογίνη ῥομφαία, φθαρήσεται

il est facile de le voir, à travers toute cette confusion, l'ordre du développement est toujours le même ; la puissance active entre en communication avec la puissance passive, y dépose un germe qui n'est qu'une étincelle, ce germe grandit et se développe selon l'image et la ressemblance, comme cela a eu lieu dans le monde du milieu. La méthode de Simon est toujours la même, il s'appuie sur des exemples tirés de l'Écriture pour expliquer son système. Cette méthode est hardie et téméraire, jamais on n'a poussé plus loin la liberté d'interprétation ; mais cette méthode était on ne peut plus commode pour séduire ceux qui regardaient les Écritures comme révélées et qui tenaient leur autorité pour indiscutable. Comme Simon ne pouvait ébranler cette autorité, il s'appuyait sur elle ; quand les hommes ne peuvent mettre leurs systèmes d'accord avec la vérité et la loi, ils font en sorte de mettre la vérité et la loi d'accord avec leurs systèmes, au moyen d'interprétations et d'explications qu'ils doivent sans doute trouver fort ingénieuses.

Au moyen de ces faciles interprétations Simon expliquait par l'Écriture comment l'homme se développait après la conception. Dieu, disait-il, créa l'homme dans le paradis terrestre, et comme il avait lu dans Jérémie les paroles suivantes : « Je t'ai formé dans le sein de ta mère[1], » le paradis terrestre ne signifiait pas autre chose que la matrice. D'après ce système d'interprétation, si le paradis terrestre était la matrice, l'Eden était la membrane qui enveloppe le fœtus. Le fleuve qui sortait de l'Eden pour arroser le paradis terrestre était le nombril, car comme d'une source unique sortaient quatre fleuves, ainsi le nombril est le lieu de réunion de quatre conduits qui servent à la nourriture du fœtus, savoir deux artères qui sont les canaux de l'air respirable, et deux veines qui sont les canaux du sang. Ces quatre conduits qui partent de la membrane figurée par l'Eden, adhèrent à l'enfant près de l'épigastre, c'est-à-dire au nombril du fœtus et le nourrissent, car il ne reçoit pas d'aliment par la bouche, ni d'air par les narines, puisque la mort arriverait bientôt pour lui s'il respirait lorsqu'il se trouve dans la matrice, car il attirerait à lui

---

καὶ ἀπολεῖται τὸ καλὸν ἐκεῖνο ξύλον. Ἐὰν δὲ στρέφηται εἰς σπέρμα καὶ γάλα ὁ δυνάμει ἐν τούτοις κατακείμενος λόγος τοῦ προσήκοντος ὢν τόπου κύριος, ἐν ᾧ γεννᾶται λόγος ψυχῶν, ἀρξάμενος ἀπὸ σπινθῆρος ἐλαχίστου, παντελῶς μεγαλυνθήσεται καὶ αὐξήσει, καὶ ἔσται δύναμις ἀπέραντος, ἀπαράλλακτος αἰῶνι ἀπαραλλάκτῳ μηκέτι γινομένῳ εἰς τὸν ἀπέραντον αἰῶνα. (*Philos.*, lib. VI, 1, n. 17; p. 259, lin. 12-15, p. 260, lin. 1-3; lin. 8-14.)

[1] *Jérémie*, chap. I, v. 5.

l'humidité et périrait. C'est pourquoi il est entièrement enveloppé par la membrane qu'on appelle ἄμνιον, il est nourri par le nombril et reçoit l'air vital par l'aorte [1].

L'enfant, ainsi conformé et vivant dans la matrice n'avait que quatre sens, la vue, l'odorat, le goût et le toucher. Simon trouvait la confirmation de sa doctrine dans quatre des livres du *Pentateuque*. En effet, disait-il, le premier livre du *Pentateuque* est la *Genèse ;* le titre de ce livre suffit pour la connaissance de toutes choses. Cette *Genèse*, c'est la vue qui est une des divisions du grand fleuve de l'Eden, car c'est par la vue qu'on aperçoit le monde. Le titre du second livre est l'*Exode*. Il fallait que ce qui était né traversât la mer Rouge et vînt dans le désert (la mer Rouge, pour Simon, c'est le sang) pour goûter l'eau amère, car l'eau que l'on trouve après avoir traversé la mer Rouge est amère ; c'est le chemin qui mène à la connaissance de la vie, il passe par des sentiers durs et remplis d'amertume. Mais cette eau changée par Moïse, c'est-à-dire par le Verbe, devint douce, et l'on peut voir qu'il en est ainsi chez les poètes disant : La racine en était noire, mais la fleur avait la couleur du lait. Les dieux l'appellent μῶλυ ; il est difficile aux hommes mortels de l'arracher, mais les dieux peuvent tout [2]. Ce second livre ne répondait à aucun sens particulier, mais ouvrait la porte à la connaissance, et il suffisait pour cela de prêter l'oreille à ce qu'avaient chanté les poètes païens. Celui qui avait goûté de ce fruit divin chanté par Homère ne fut pas changé en bête par Circé, disait Simon, mais grâce à la vertu de ce fruit

---

[1] Πῶς οὖν καί τινα τρόπον, φησί, πλάσσει τὸν ἄνθρωπον ὁ Θεὸς ἐν παραδείσῳ; οὕτως γὰρ αὐτῷ δοκεῖ. Ἔστω, φησί, παράδεισος ἡ μήτρα, καὶ ὅτι τοῦτό ἐστιν ἀληθὲς ἡ Γραφὴ διδάξει ὅτε λέγει. « Ἐγώ εἰμι ὁ πάσσων σε ἐν μήτρᾳ μητρός σου. » Καὶ τοῦτο γὰρ οὕτω θέλει γεγράφθαι... Εἰ δὲ πλάσσει ὁ Θεὸς ἐν μήτρᾳ μητρὸς τὸν ἄνθρωπον, τουτέστιν ἐν παραδείσῳ, ὡς ἔφην, ἔστω παράδεισος ἡ μήτρα, Ἐδὲμ δὲ τὸ χόριον. « Ποταμὸς ἐκπορευόμενος ἐξ Ἐδὲμ ποτίζει τὸν παράδεισον. » ὁ ὀμφαλός· οὗτος, φησίν, ἀφορίζεται ὁ ὀμφαλὸς εἰς τέσσαρας ἀρχάς· ἑκατέρωθεν γὰρ τοῦ ὀμφαλοῦ δύο εἰσὶν ἀρτηρίαι παρατεταγμέναι, ὀχετοὶ πνεύματος, καὶ δύο φλέβες ὀχετοὶ αἵματος. Ἐπειδὰν δέ, φησίν, ἀπὸ τοῦ Ἐδὲμ χορίου ἐκπορευόμενος ὁ ὀμφαλὸς ἐμφυῇ τῷ γενομένῳ κατὰ τὸ ἐπιγάστριον ὃ κοινῶς πάντες προσαγορεύουσιν ὀμφαλόν· οἵδε δύο φλέβες, δι' ὧν ῥεῖ καὶ φέρεται ἀπὸ τοῦ Ἐδὲμ τοῦ χορίου τὸ αἷμα κατὰ τὰς καλουμένας πύλας τοῦ ἥπατος, αἵτινες τὸ γεννώμενον τρέφουσιν· αἱ δὲ ἀρτηρίαι, ἃς ἔφημεν ὀχετοὺς εἶναι πνεύματος, ἑκατέρωθεν μεταλαβοῦσαι τὴν κύστιν κατὰ τὸ πλατὺ ὀστοῦν, πρὸς τὴν μεγάλην συνάπτουσιν ἀρτηρίαν τὴν κατὰ ῥάχιν καλουμένην ἀορτήν, καί οὕτως διὰ τῶν παραθύρων ἐπὶ τὴν καρδίαν ὀδεύσαν τὸ πνεῦμα, κίνησιν ἐργάζεται τῶν ἐμβρύων. Πλαττόμενον γὰρ τὸ βρέφος ἐν τῷ παραδείσῳ, οὔτε τῷ στόματι τροφὴν λαμβάνει, οὔτε ταῖς ῥισὶν ἀναπνέει· ἐν ὑγροῖς γὰρ ὑπάρχοντι αὐτῷ παρὰ πόδας ἦν ὁ θάνατος εἰ ἀνέπνευσεν· ἐπεσπάσατο γὰρ ἂν ἀπὸ τῶν ὑγρῶν καὶ ἐφθάρη. Ἀλλὰ γὰρ ὅλον περιέσφιγκται τῷ καλουμένῳ χιτῶνι ἀμνίῳ, τρέφεται δὲ δι' ὀμφαλοῦ, καί διὰ τῆς ἀορτῆς τῆς κατὰ ῥάχιν, ὡς ἔφην, τὴν τοῦ πνεύματος οὐσίαν λαμβάνει. (*Philos. Ibid.*, p. 253, lin. 13-16, p. 254, p.255, lin. 1-7.)

[2] Hom. *Odyssée*, X, v. 305 et seqq.

il ramena à leur première forme ceux qui étaient devenus des animaux immondes. C'est au moyen de ce fruit divin, blanc comme du lait, qu'Ulysse fut reconnu fidèle et aimé par la magicienne [1]. Ainsi non seulement Moïse, mais Homère lui-même fournissait à Simon des confirmations de son système; mais poursuivons notre examen. Le troisième livre du *Pentateuque*, intitulé le *Lévitique*, répondait à l'odorat, parce qu'il y est surtout question des sacrifices, lesquels ne peuvent se faire sans qu'il ne se répande quelque odeur. Le quatrième livre, nommé les *Nombres*, répond au goût; il est ainsi appelé parce que toute chose y est dite dans l'ordre le plus grand. Enfin le cinquième livre, le *Deutéronome*, répond au toucher de l'enfant. En effet, le toucher après avoir perçu par le tact tout ce qui tombait sous le domaine des autres sens, le résume, l'affirme avec certitude, ayant expérimenté que c'est quelque chose ou de dur, ou de chaud, ou de mou ou de froid. Le *Deutéronome* est le résumé de la loi entière, le toucher est le résumé des autres sens [2]. Telle est la doctrine exégétique de Simon; elle ne saurait être plus arbitraire, mais elle n'est pas unique. Il faisait accepter ses élucubrations aux

---

[1] Ὁ οὖν ποταμός, φησίν, ὁ ἐκπορευόμενος ἐξ Ἐδὲμ εἰς τέσσαρας ἀφορίζεται ἀρχάς, ὀχετοὺς τέσσαρας, τουτέστιν εἰς τέσσαρας αἰσθήσεις τοῦ γεννωμένου, ὅρασιν, ὄσφρησιν, γεῦσιν καὶ ἀφήν· ταύτας γὰρ ἔχει μόνας τὰς αἰσθήσεις ἐν τῷ παραδείσῳ πλασσόμενον τὸ παιδίον. Οὗτος, φησίν, ὁ νόμος ὃν ἔθηκε Μωσῆς, καὶ πρὸς τοῦτον αὐτὸν τὸν νόμον γέγραπται τῶν βιβλίων ἕκαστον, ὡς αἱ Ἐπιγραφαὶ δηλοῦσι. Τὸ πρῶτον βιβλίον, Γένεσις· ἤρκει, φησί, πρὸς γνῶσιν τῶν ὅλων ἡ Ἐπιγραφὴ τοῦ βιβλίου. Αὕτη γάρ, φησίν, ἐστιν ἡ γένεσις, ὅρασις, εἰς ἣν ἀφορίζεται ποταμοῦ σχίσις ἡ μία· ἐθεάθη γὰρ ὁ κόσμος ἐν ὁράσει. Ἐπιγραφὴ βιβλίου δευτέρου Ἔξοδος. Ἔδει γὰρ τὸ γεννηθέν, τὴν Ἐρυθρὰν διοδεῦσαν θάλασσαν, ἐλθεῖν ἐπὶ τὴν ἔρημον, (Ἐρυθρὰν δὲ λέγει, φησί, τὸ αἷμα) καὶ γεύσασθαι πικρὸν ὕδωρ. Πικρὸν γάρ, φησίν, ἐστι τὸ ὕδωρ τὸ μετὰ τὴν Ἐρυθρὰν θάλασσαν, ὅπερ ἐστὶν ὁδὸς τῆς κατὰ τὸν βίον γνώσεως, διὰ τῶν ἐπιπόνων ὁδευομένη καὶ πικρῶν. Στραφὲν δὲ ὑπὸ Μωσέως, τουτέστι τοῦ Λόγου, τὸ πικρὸν ἐκεῖνο γίνεται γλυκύ. Καὶ ὅτι ταῦθ' οὕτως ἔχει, κοινῇ πάντων ἐστὶν ἀκοῦσαι κατὰ τοὺς ποιητὰς λεγόντων·

Ῥίζῃ μὲν μέλαν ἔσκε, γάλακτι δὲ εἴκελον ἄνθος·
μῶλυ δέ μιν καλέουσι θεοί· χαλεπὸν δέ τ' ὀρύσσειν
ἀνδράσι γε θνητοῖσι· θεοὶ δέ τε πάντα δύνανται.

Ἀρκεῖ, φησί, τὸ λεχθὲν ὑπὸ τῶν ἐθνῶν πρὸς ἐπίγνωσιν τῶν ὅλων τοῖς ἔχουσιν ἀκοὰς τυγχάνειν ἀκοῆς· τούτου γάρ, φησὶν ὁ γευσάμενος τοῦ καρποῦ ὑπὸ τῆς Κίρκης οὐκ ἀπεθηριώθη μόνος, ἀλλὰ καὶ τοὺς ἤδη τεθηριωμένους, τῇ δυνάμει χρώμενος τοιούτου καρποῦ, εἰς τὸν πρῶτον ἐκεῖνον τὸν ἴδιον αὐτῶν ἀνέπλασε καὶ ἀνετύπωσε καὶ ἀνεκαλέσατο χαρακτῆρα. Πιστὸς δὲ ἀνὴρ καὶ ἀγαπώμενος ὑπὸ τῆς φαρμακίδος ἐκείνης, διὰ τὸν γαλακτώδη καὶ θεῖον ἐκεῖνον καρπόν, φησίν, εὑρίσκεται. (*Philos.*, lib. VI, 1, p. 255, lin. 7, 161, p. 256, p. 257, lin. 1-4.)

[2] Λευϊτικὸν ὁμοίως τὸ τρίτον βιβλίον, ὅπερ ἐστὶν ἡ ὄσφρησις ἡ ἀναπνοή. Θυσιῶν γάρ ἐστι καὶ προσφορῶν ὅλον ἐκεῖνο τὸ βιβλίον. Ὅπου δέ ἐστι θυσία, ὀσμὴ τῆς εὐωδίας ἀπὸ τῆς θυσίας διὰ τῶν θυμιαμάτων γίνεται· περὶ ἣν εὐωδίαν ὄσφρησιν εἶναι δεῖ κριτήριον. Ἀριθμοὶ τὸ τέταρτον τῶν βιβλίων γεῦσιν λέγει ὅπου λόγος ἐνεργεῖ. Διὰ γὰρ τοῦ λαλεῖν πάντα ἀριθμοῦ τάξει καλεῖται, Δευτερονόμιον δέ, φησίν, ἐστι πρὸς τὴν ἀφὴν τοῦ πεπλασμένου παιδίου γεγραμμένον. Ὥσπερ γὰρ ἡ ἀφὴ τὰ ὑπὸ τῶν ἄλλων αἰσθήσεων ὁραθέντα θιγοῦσα ἀνακεφαλαιοῦται καὶ βεβαιοῖ, σκληρὸν ἢ θερμὸν ἢ γλίσχρον ἢ ψυχρὸν δοκιμάσασα, οὕτως τὸ πέμπτον βιβλίον τοῦ νόμου, ἀνακεφαλαίωσίς ἐστι τῶν πρὸ αὐτοῦ γραφέντων τεσσάρων. (*Ibid.*, p. 257, lin. 4-14.)

Juifs en leur montrant qu'elles étaient d'accord avec les livres saints, aux païens en les leur expliquant par les mythes homériques. Toutefois ses explications ne nous semblent pas péremptoires ; elles dénotent qu'une époque où on les pouvait donner au public et les faire accepter ne ressemblait guère à la nôtre, et qu'il fallait être affamé de systèmes pour adopter celui qui reposait sur de telles preuves.

Cette exposition de la doctrine anthropologique et de la méthode de Simon nous a entraîné un peu loin, il nous faut revenir maintenant à ce qui touche de plus près l'enseignement philosophique. Nous avons vu que la détention d'Ἐπίνοια, la Pensée divine, par les Anges créateurs, avait été pour ceux-ci le principe d'une chute et la source de tout mal. Créé par ces anges prévaricateurs, l'homme avait le vice de son origine ; il participait à la faute, était soumis à la puissance tyrannique des anges et avait ainsi besoin du Sauveur. Ces anges qui retenaient Ἐπίνοια prisonnière parmi eux la maltraitaient pour l'empêcher de retourner vers le Père ; ils lui firent souffrir tous les outrages jusqu'à ce qu'ils eussent réussi à l'enfermer dans un corps humain. Alors, à travers les siècles, elle passa de femme en femme, comme d'un vase en un autre vase passe un liquide quelconque. Ce fut à cause d'elle qu'éclata la guerre de Troie, car c'était elle qui se trouvait alors en Hélène. Le poète Stésichore, pour l'avoir maudite dans ses vers, fut privé de la vue ; mais ensuite s'étant repenti et ayant chanté la palinodie, il recouvra l'usage de ses yeux. Enfin de femme en femme, Ἐπίνοια était arrivée au temps de Simon à la dernière des dégradations, elle était renfermée dans le corps d'une prostituée ; c'était la brebis perdue[1].

Cependant il fallait réussir à délivrer de cet esclavage l'æon divin qu'opprimaient les anges créateurs. Pour cela le Père envoya un Sauveur sur la terre afin de délivrer Ἐπίνοια et de soustraire en même temps les hommes à la

---

[1] Καὶ γὰρ τὸν δούρειον ἵππον ἀλληγορεῖ, καὶ τὴν Ἑλένην ἅμα τῇ λαμπάδι, καὶ ἄλλα πλεῖστα, ὅσα μεταγράφων εἰς τὰ αὐτοῦ καὶ τῆς ἐπινοίας πλείστους ἀπάγει. Εἶναι δ'ἔλεγε ταύτην τὸ πρόβατον τὸ πεπλανημένον· ἥτις ἀεὶ καταγινομένη ἐν γυναιξὶν ἐτάρασσε τὰς ἐν κόσμῳ δυνάμεις διὰ τὸ ἀνυπέρβλητον αὐτῆς κάλλος. Ὅθεν καὶ ὁ Τρωϊκὸς πόλεμος δί αὐτὴν γεγένηται. Ἐν γὰρ τῇ κατ' ἐκεῖνον καιρὸν γενομένῃ Ἑλένῃ ἐνῴκησεν ἡ Ἐπίνοια, καὶ οὕτως πάσων ἐπιδικαζομένων αὐτὴν τῶν ἐξουσιῶν στάσις καὶ πόλεμος ἐπανέστη ἐν τοῖς ἐφάνη ἔθνεσιν. Οὕτως γοῦν τὸν Στησίχορον διὰ τῶν ἐπῶν λοιδορήσαντα αὐτήν, τὰς ὄψεις τυφλωθῆναι· αὖθις δὲ, μεταμεληθέντος αὐτοῦ καὶ γράψαντος τὰς Παλινῳδίας ἐν αἷς ὕμνησεν αὐτήν, ἀναβλέψαι· μετενσωματουμένην ὑπὸ τῶν ἀγγέλων καὶ τῶν κάτω ἐξουσιῶν, οἳ καὶ τὸν κόσμον, φησίν, ἐποίησαν, ὕστερον ἐπὶ τέγους ἐν Τύρῳ τῆς Φοινίκης πόλει στῆναι, ἣν κατελθὼν εὗρεν. (Ibid., p. 263, lin. 1-13, p. 264, lin. 1-2.)

tyrannie de ces Anges dont chacun désirait le commandement et la prééminence sur le monde. Ce Sauveur descendit du monde supérieur, il changea de forme pour passer au milieu des Anges et des Puissances sans en être reconnu; c'était Simon lui-même [1]. En Judée, il se montra aux Juifs comme Fils; au pays de Samarie, il se fit voir aux Samaritains comme Père, et, dans les contrées païennes, il se révéla comme Saint Esprit. Il se disait la sublime Vertu qui est au-dessus de tout et qui reçoit tous les noms que peuvent lui donner les hommes [2]. Son arrivée dans le monde avait été prédite par les prophètes, mais ces prophètes avaient été inspirés par les Anges créateurs [3]. Sur la terre il s'était mis à la recherche de la brebis perdue, c'est-à-dire d' Ἐπίνοια, la Pensée divine, il l'avait trouvée dans une maison de prostitution à Tyr, il l'avait achetée et la conduisait partout avec lui; elle portait alors le nom d'Hélène. Enfin, pour accomplir sa mission de Sauveur, Simon était apparu aux hommes comme l'un d'entre eux, quoiqu'il ne fût pas homme, il avait semblé souffrir quoiqu'il n'eût pas souffert; mais dès qu'il eût délivré Hélène, les hommes qui crurent en lui et en elle furent libres; peu leur importaient les œuvres qui ne sont pas bonnes naturellement, mais seulement par accident. La loi ayant été donnée par les Anges créateurs, Simon était venu pour délivrer les hommes de cette loi, il devait donc en nier la nécessité et dire que les hommes étaient sauvés par la seule vertu de sa grâce et non par leurs propres mérites [4].

Tel est ce mythe de l'Ἐπίνοια de Simon. Nous disons mythe, car la

---

[1] Ἐπὶ γὰρ τὴν ταύτην πρώτην ζήτησιν ἔφη παραγεγονέναι, ὅπως ῥύσηται αὐτὴν τῶν δεσμῶν, ἣν λυτρωσάμενος ἅμα ἑαυτῷ περιῆγε. — *Ibid.* p. 274, liv. 2-4. — Quapropter et ipsum venisse, uti eam assumeret primam et liberaret eam a vinculis, hominibus autem salutem praestaret per suam agnitionem. Cum enim male moderarentur Angeli mundum, quoniam unusquisque eorum concupisceret principatum, ad emendationem venisse rerum, et descendisse eum transfiguratum. (*Irenae.* lib. I, cap. XXIII, n° 3. *Patr. graec.*, t. VII, col. 672.)

[2] Hic igitur a multis quasi Deus glorificatus est, et docuit semetipsum esse qui inter Judaeos quidem quasi Filius apparuerit, in Samaria autem quasi Pater descenderit, in reliquis vero gentibus quasi Spiritus sanctus adventaverit. Esse autem se sublissimam virtutem, hoc est eum qui sit super omnia Pater, et sustinere vocari se quodcumque eum vocant homines. (*Ibid.*, col. 671.)

[3] Prophetas autem a mundi fabricatoribus Angelis inspiratos dixisse prophetias. (Id. *Ibid.*, col. 672.)

[4] Secundum enim gratiam ipsius (Simonis) salvari homines, sed non secundum operas justas. Nec enim esse naturaliter operationes justas, sed ex accidenti; quemadmodum posuerunt qui mundum fecerunt Angeli, per hujusmodi praecepta in servitutem deducentes homines. Quapropter et salvi mundum, et liberari eos qui sunt ejus, ab imperio eorum qui mundum fecerunt, repromisit... ut et in hominibus homo appareret ipse, cum non esset homo, et passum autem in Judaea putatum, cum non esset passus. (Id. *Ibid.*, n° 3, col. 672.)

réalité de l'existence d'une courtisane nommée Hélène, maîtresse de Simon, n'enlève rien au mythe lui-même. A vrai dire, dépouillé des circonstances grossières qui l'entourent, il nous paraît beau. Cette pensée divine, retenue par des créatures inférieures qui lui doivent l'existence et qui veulent l'égaler, dégradée par ces Anges et ravalée jusqu'à la pire des conditions, ne figure-t-elle pas d'une manière sublime les vains efforts de l'âme humaine voulant arriver à la puissance de Dieu dont elle est l'image, et tombant toujours d'abîme en abîme, de turpitude en turpitude, tenue sous la domination des Esprits jaloux qui lui portent envie, voulant l'empêcher de se relever et de remonter vers Celui dont elle est la ressemblance ! L'âme humaine, ainsi dégradée, n'est-elle pas cette brebis perdue que le Sauveur était venu chercher sur terre? La mission de ce Sauveur et le besoin que l'homme en avait, nous paraissent heureusement figurés par Ἐπίνοια prostituée, et rachetée par celui qui se faisait appeler la grande vertu de Dieu. Toutefois, nous ne croyons pas qu'il n'y ait là qu'un mythe, il y a plus : la réalité d'Hélène nous semble historique autant que celle de Simon; le magicien de Samarie ne se servait du mythe que pour couvrir la honte de sa vie privée. L'auteur des *Philosophumena* nous le dit en termes exprès : sa morale, fondée sur l'indifférence des œuvres, était criminelle; il admettait la promiscuité dans son école, en disant que peu importait où la semence était déposée, pourvu qu'elle le fût; la promiscuité était, selon les disciples de Simon, la parfaite dilection ; d'ailleurs ils n'étaient astreints à aucune loi, ils n'étaient tenus d'éviter aucune des choses qui passent pour mauvaises, puisqu'ils étaient sauvés par la seule croyance en Simon et en Hélène [1].

Pour achever l'exposition de tout ce qui se rapporte au système de Simon le Mage, nous devons dire que ses disciples furent nombreux, qu'ils se livrèrent, à son exemple, à toutes les pratiques de la Magie, qu'ils faisaient usage d'exorcismes, d'incantations, de philtres, qu'ils attachaient de l'importance aux songes, y ajoutaient foi, en faisaient naître à leur gré, et obligeaient les esprits de l'ordre le moins élevé à leur obéir. Ils s'étaient aussi fait des

---

[1] Οἱ δὲ αὖθις μιμηταὶ τοῦ πλάνου καὶ Σίμωνος μάγου γινόμενοι, τὰ ὅμοια δρῶσιν, ἀλογίστως φάσκοντες δεῖν μίγνυσθαι, λέγοντες· πᾶσα γῆ γῆ, καὶ οὐ διαφέρει ποῦ τις σπείρει, πλὴν ἵνα σπείρῃ· ἀλλὰ καὶ μακαρίζουσιν ἑαυτοὺς ἐν τῇ ἀδιαφόρῳ μίξει, ταύτην εἶναι λέγοντες τὴν τελείαν ἀγάπην, καὶ τὸ « ἅγιον ἁγίων καὶ ἀλλήλους ἁγιάζετε· » οὐ γὰρ μὴ κρατεῖσθαι αὐτοὺς ἐπί τινι νομιζομένῳ κακῷ, λελύτρωνται γάρ. (*Philos.*, lib. VI, I, n. 19, p. 204, lin. 7-13.)

statues représentant Simon et Hélène; qu'ils désignaient sous le nom de Jupiter et de Minerve; dans leurs mystères, on ne devait jamais prononcer les noms de Simon et d'Hélène, sous peine d'exclusion, l'initié ne devait se servir que des appellations supérieures et cachant un sens profond de Jupiter pour Simon et de Minerve pour Hélène [1].

Tel est en son entier le système de Simon; on peut voir que les différentes parties de son exposition, telle qu'elle nous est parvenue, ne sont pas également développées. La partie qui l'est le plus est sa méthode, l'emploi arbitraire qu'il faisait des Saints Livres et des œuvres poétiques, pour montrer que son système n'était pas sans preuves. Certes, nous sommes heureux de posséder autant de détails sur cette partie; mais si le choix nous eût été laissé, c'est sur d'autres points que nous eussions demandé des détails plus circonstanciés. Quoi qu'il en soit, son système se résume en quelques points principaux. Selon Simon, l'univers entier se composait des trois mondes supérieur, intermédiaire et inférieur qui se développaient d'une manière identique et parallèle Dans les deux premiers, on trouve une æonologie distincte et déterminée émanée d'une puissance supérieure qui produit ses inférieurs; notre monde lui-même est produit par des Anges habitants du monde intermédiaire qui le dominent et l'oppriment. Ces Anges pèchent par envie; la force d'imitation qui se trouve en eux devient la source du mal, en les portant à vouloir imiter et retenir ce qu'ils ne peuvent faire, ni parfaire, ni embrasser. L'homme, leur créature, participe à leur nature défectueuse; un Sauveur est nécessaire. Ce sauveur, c'est Simon lui-même, qui n'est autre chose que la grande puissance de Dieu. Simon paraît sur la terre comme homme, il semble souffrir, et cependant il n'est point homme et ne souffre pas. Il donne à ses disciples une doctrine qui les délivre de toute loi, qui rend les œuvres inutiles, parce qu'elle les prédestine, à la seule condition qu'ils l'acceptent.

Toute cette doctrine s'enchaîne avec habileté, et s'offre aux hommes pleine d'attraits, ne présentant aucune difficulté. C'était un immense arsenal où tous les hérétiques futurs pouvaient venir prendre des armes et se fortifier.

---

[1] Igitur horum mystici sacerdotes libidinose quidem vivunt, magias autem perficiunt, quemadmodum potest unusquisque eorum. Exorcismis et incantationibus utuntur. Amatoria quoque et agogima, et qui dicuntur paredri et onirompompi, et quæcumque sunt alia perierga apud eos studiose exercentur. Imaginem quoque Simonis habent factam ad figuram Jovis, et Helenæ in figuram Minervæ, et has adorant. (*Saint Irénée*, lib. I, cap. xxiii, n. 4. *Patr. grec.*, t. VII, col. 672-673.)

Le judaïsme pouvait s'emparer de la méthode de Simon, l'exagérer et vouloir que rienne fût hors de la loi et des prophètes, comme Simon expliquait tout par les livres de l'*Ancien Testament;* l'hellénisme pouvait faire de même et se servir des poètes païens mis à contribution par le mage de Samarie. Le docétisme avait sa voie toute frayée ; car Simon enseignait déjà que le Sauveur, c'est-à-dire lui-même, n'avait eu que l'apparence humaine, et qu'il n'avait souffert de même qu'en apparence. Enfin le gnosticisme trouvait en cette doctrine, outre les erreurs précédentes qu'il devait s'approprier, une æonologie, une cosmologie, une doctrine sur la rédemption, qu'il développa jusqu'au moment où nous verrons Valentin élever son édifice grandiose. N'avions-nous donc pas raison de croire que Simon est bien le père de tous les hérétiques qui parurent dans les premiers siècles de l'Église ? Cependant, si l'on en excepte la doctrine sur le Sauveur, où trouve-t-on quelque chose qui se rapproche des dogmes du christianisme? le nom de Jésus-Christ n'est pas même prononcé, ce qui prouve que le système de Simon n'est pas un système chrétien.

CHAPITRE II

MÉNANDRE ET SATORNILUS

I

MÉNANDRE

Simon le Magicien laissait après lui un disciple nommé Ménandre [1], samamaritain d'origine et né dans le bourg de Capparé, si nous en croyons saint Justin [2], ou dans celui de Chabraï, si nous nous en rapportons à Théodoret [3]. C'est tout ce que l'on sait de la vie de Ménandre ; et, quoique tous les auteurs qui ont parlé de Simon aient mentionné Ménandre, ils ne nous en ont appris que fort peu de chose ; l'auteur des *Philosophumena* le passe même complètement sous silence, ce que nous ne saurions trop regretter. Aussi son système nous est-il presque entièrement inconnu. Cependant, pour ne pas interrompre la suite généalogique qui nous doit conduire à la pleine efflorescence de la Gnose égyptienne, nous n'avons pas cru pouvoir omettre le plus petit intermédiaire entre Simon et Valentin.

Tous les auteurs qui parlent de Ménandre ont puisé à une source que saint Irénée nous représente avec le plus d'autorité. « Le successeur de Simon

---

[1] Sur Ménandre cf. Iren. lib. I. cap. xxiii, n° 5. — Justin, *Apol*. I. — Tertull. *De prescript*, c. xli; *De anima*, cap. l. — Eusèbe, *Hist. eccles.* III, cap. xxvi. — Epiphan. *Hæres*. xxii. (Théodoret, *Hær. fab.* lib. I, cap. ii.)

[2] Just. *Apol.* I.

[3] Μένανδρος δέ τις, καὶ αὐτὸς Σαμαρείτης, ἀπὸ Κάβραϊ κώμης οὕτω καλουμένης ὁρμώμενος. (Théod. *Hæret. fab.* lib. I, cap. ii.)

fut Ménandre, dit l'évêque de Lyon ; il était Samaritain d'origine et parvint au sommet de la science magique. Il disait que la *première Vertu* était inconnue de tous et qu'il était lui-même le Sauveur envoyé par les Puissances invisibles, afin de sauver les hommes. Selon son système, le monde avait été créé par les Anges qui, comme Simon l'avait dit avant lui, n'étaient, affirmait-il, qu'une émanation d'Ἔννοια. Cette Ἔννοια communiquait la science de la Magie qu'il enseignait lui-même et qui apprenait à vaincre les Anges créateurs du monde. Ses disciples ressuscitaient en recevant son baptême, disait-il ; ils ne vieillissaient plus et demeuraient immortels [1]. » Voilà tous les détails que donne saint Irénée : Eusèbe, Théodoret, saint Épiphane les lui ont empruntés. Théodoret cependant diffère de saint Irénée en disant que Ménandre affirmait avoir été envoyé par la première Vertu invisible : saint Irénée parle seulement des æons invisibles [2]. De plus, Eusèbe nous spécifie un peu plus clairement ce qu'il faut entendre par cette magie que Ménandre enseignait : « Personne ne pouvait, selon Ménandre, dit-il, arriver à être supérieur aux Anges créateurs du monde, s'il n'acquérait l'expérience de la magie que lui, Ménandre, enseignait, et s'il ne participait à son baptême. Ceux qui en étaient devenus dignes y trouvaient l'immortalité, ils ne mouraient pas, restaient sans vieillesse dans une vie immortelle [3]. »

Avec ces quelques détails, nous pouvons reconstituer un peu plus au long le système de Ménandre. Comme Simon le Mage, il enseignait l'existence d'une première Δύναμις invisible et la création du monde par les Anges émanés d'Ἔννοια. Or, ces deux points sont les deux points extrêmes du système de Simon, d'où nous pouvons conclure, sans trop de témérité, que Ménandre propageait la doctrine de son maître sur toutes les autres questions qui sont entre

[1] Hujus successor fuit Menander, Samarites genere, qui et ipse ad summum magiæ pervenit. Qui primam quidem virtutem incognitam ait omnibus ; se autem eum esse qui missus sit ab Invisibilibus salvatorem pro salute hominum. Mundum autem factum ab Angelis, quos et ipse, similiter ut Simon, ab Ennoia emissos dicit. Dare quoque per eam quæ a se doceatur magiam, scientiam ad id ut et ipsos qui mundum fecerunt vincat Angelos. Resurrectionem enim per id quod est in eum baptisma, accipere ejus discipulos, et ultra non posse mori, sed perseverare non senescentes et immortales. (*Iren.* I, cap. xxIII; *Patr. græc.* VII, col. 673.)

[2] Ἐπὶ τῇ τῶν ἀνθρώπων ἄνωθέν ποθεν ἐξ ἀοράτων Αἰώνων ἀπεσταλμένος σωτηρίᾳ. (Eusèbe, *Hist. eccl.*, lib. III, cap. 26.)

[3] Μὴ ἄλλως δύνασθαί τινα καὶ αὐτῶν τῶν κοσμοποιῶν Ἀγγέλων περιγεννήσεσθαι, μὴ πρότερον διὰ τῆς πρὸς αὐτοῦ παραδιδομένης μαγικῆς ἐμπειρίας ἀχθέντα, καὶ διὰ τοῦ μεταδιδομένου πρὸς αὐτοῦ βαπτίσματος οὗ τοὺς καταξιωμένους ἀθανασίαν ἀΐδιον ἐν αὐτῷ τούτῳ μεθέξειν τῷ βίῳ, μηκέτι θνήσκοντας, αὐτοῦ δὲ παρα μένοντας, εἰς τὸ ἀεὶ ἀγήρως τινὰς καὶ ἀθανάτους ἐσομένους. (Euseb. *Hist. eccles.*, *loco citato*.)

ces deux extrémités. Il admettait donc les six æons de Simon, les trois mondes se développant d'après un même principe [1]. De même, en disant que les Anges s'émanaient d'Ἔννοια, il enseignait la descente de cet æon dans le monde du milieu, et en se disant le Sauveur envoyé pour racheter les hommes de la tyrannie de ces Anges, il admettait leur puissance mauvaise. Jusque-là le disciple s'accordait avec le maître, il ne s'en séparait que sur la question de la purification des hommes : Simon avait exigé la croyance en sa propre divinité et en celle d'Hélène ; Ménandre exigeait la réception de son baptême et la connaissance de la magie, c'est-à-dire qu'il se substituait à son maître. Il baptisait donc ses disciples en son propre nom, ce que n'avait pas fait Simon, leur promettant une immortalité que l'on ne doit pas prendre à la lettre, comme l'a fait Tertullien [2]; mais montrant sous cette image que ses disciples étaient sauvés par le seul fait de l'acceptation de sa doctrine, ainsi que le disent clairement les paroles d'Eusèbe. La résurrection de Ménandre n'est, en effet, que le passage de l'erreur à la vérité, le réveil de l'âme ignorante. Si le premier pas vers cette résurrection était le baptême conféré au nom de Ménandre, pour parvenir à l'immortalité complète il fallait acquérir la science de la magie, doctrine nouvelle que nous n'avons pas trouvée chez Simon et qui établit une seconde différence entre l'enseignement du maître et celui du disciple. Simon avait employé la magie ; mais il ne l'avait pas élevée au rang d'une religion et d'une science nécessaires, comme le faisait Ménandre ; c'est donc là une nouvelle idée introduite dans la doctrine, et il nous en faut examiner la source après que nous aurons déterminé le sens qu'il faut atttacher ici à ce mot de magie, dont nous nous servons parce qu'il a toujours été employé, quoiqu'il ne représente pas d'une manière juste l'idée que nous voudrions expliquer.

D'habitude, le mot de magie réveille dans l'esprit le souvenir de la religion persane dont les prêtres portaient le nom de mages [3], si l'on se reporte à l'antiquité la plus reculée ; si, au contraire, l'esprit contient sa pensée dans les limites des siècles modernes, il se figure aussitôt une foule de prestiges

---

[1] Cf. Chapitre premier.
[2] Tertull. *De anima*, cap. L.
[3] Herzog : *Real-Encyklopädie für protest. Theologie und kirche*. art. Magie. Cet article est dû à M. Müller. Voir surtout les conclusions.

trompeurs et mauvais, toute une armée d'agents ténébreux qui ont à leur service des forces inconnues dont ils se servent pour nuire aux hommes, ou quelquefois, mais rarement, pour faire plaisir à des privilégiés toujours peu nombreux. Ni l'un ni l'autre de ces deux sens ne trouve ici sa place. Entre ces deux extrémités, il y a une magie intermédiaire qui se consacre à honorer la divinité, sans s'interdire toutefois l'usage des moyens propres à en imposer au vulgaire sans cesse prêt à croire à l'intervention divine dans les choses dont le seul titre au merveilleux est que la cause lui en échappe. De plus, non contente de mettre les hommes en communication avec la divinité, elle a souvent prétendu faire servir la divinité aux volontés de l'homme et l'obliger à s'y soumettre ; elle se sert de la divination sous toutes ses formes [1], et cependant elle n'est pas plus la divination qu'elle n'est une supercherie. Elle élève l'âme jusqu'à l'extase, et cependant elle se sert de certains instruments, de certains symboles qui ont une vertu magique indubitable et efficace. Nous verrons tout cela développé et expliqué par Jamblique. Le mot magie est donc insuffisant pour exprimer cet ensemble complexe de phénomènes disparates dans leurs causes comme dans leurs effets ; mais nous le trouvons sans cesse employé et nous l'employons. Le lecteur devra lui donner un sens plus étendu et plus élevé, pour comprendre ce que Jamblique nous apprendra sur les merveilleux effets de cette magie qui nous semble être la même que celle dont Ménandre instruisait ses disciples.

Tout le monde sait combien, dans les dernière années de la république romaine et dans les premiers siècles de l'ère chrétienne, ce qu'on appelle la magie a été tenu en honneur : les auteurs grecs ou latins en parlent tous plus ou moins ; qu'il suffise de citer ici Apulée, [2] Origène, [3] Celse, [4] et surtout les philosophes néo-platoniciens de l'école d'Alexandrie. On n'a qu'a ouvrir les *Philosophumena* au livre IV [5] pour trouver les détails les plus curieux sur les procédés magiques employés par les prêtres païens afin de tromper la crédulité des adorateurs naïfs. A la fin du premier siècle de l'ère chrétienne, il n'y avait plus ce que l'on peut appeler des religions distinctes dans

---

[1] Cf. Bouché-Leclercq, *Histoire de la divination*, t. I, p. 10-13.
[2] Cf. la plupart de ses œuvres.
[3] Cf. les traités *contre Celse* et le Περὶ ἀρχῶν.
[4] Apud Origen. *Contra Cels.*, édit. Ruœi, I, xlviii, p. 383.
[5] *Philosoph.*, lib. IV, p. 53-137.

le paganisme, plus de culte local proprement dit ; les armées de Rome avaient conquis les dieux en même temps que les peuples, et la grande ville avait reçu dans son sein toutes les divinités étrangères. L'esprit humain était complètement blasé, la philosophie d'Evhémère avait tué toute croyance simple et populaire : il fallait des divinités nouvelles aux Romains, comme il leur fallait des mets nouveaux pour réveiller leur sensibilité émoussée. Le vent était aux nouveautés et aux mystères : l'Orient était à la mode. Les Romains allaient en Grèce, les Grecs en Asie et en Égypte, pour se faire initier à des religions nouvelles. Les premiers philosophes néo-platoniciens voulurent réagir contre cet engouement universel : Plotin n'acceptait pas la religion de la théurgie, Porphyre la ridiculisait; mais la magie trouva un défenseur au sein même de l'école néo-platonicienne, et Jamblique, ou du moins l'auteur qu'on identifie avec ce philosophe, écrivit le livre des *Mystères* de l'Égypte, en réponse aux sarcasmes déguisés de Porphyre qui lui avait adressé une lettre remplie de doutes et de questions. Nous pouvons donc rechercher dans cet ouvrage quelle était cette magie, cette science préférée de la divinité selon Ménandre et l'auteur du *De Mysteriis*.

Selon Jamblique, la magie était une science élevée, divine entre toutes; elle donnait une réponse péremptoire aux doutes et aux questions de Porphyre: « Elle est, dit cet auteur, le grand remède pour toutes les questions controversées: elle ne prend point sa source dans l'étude du corps ou des passions du corps, dans celle de la nature ou des puissances de la nature, du composé humain ou de sa constitution; elle ne dérive même pas d'une habileté quelconque acquise sur une portion des choses de la vie; tout ce qu'il y a d'important en elle, remonte aux dieux et nous est donné par les dieux; elle consiste en œuvres et en prodiges divins, elle procure des spectacles divins et des contemplations scientifiques [1]. » Mais autant Jamblique vante cette science magique dont le véritable nom est théurgie, autant il rabaisse et il exècre

---

[1] Μέγιστον δὲ οὖν ἀλεξιφάρμακον πρὸς ἅπαντα τὰ τοιαῦτα ἀπορήματα ἐκεῖνό ἐστι, γνῶναι τὴν ἀρχὴν τῆς μαντικῆς, ὥστε οὔτε ἀπὸ τῶν σωμάτων ἐστὶν ὁρμωμένη, οὔτε ἀπὸ τῶν περὶ τοῖς σώμασι παθημάτων οὔτε ἀπὸ φύσεώς τινος καὶ τῶν περὶ τὴν φύσιν δυνάμεων, οὔτε ἀπὸ τῆς ἀνθρωπίνης παρασκευῆς ἢ τῶν περὶ αὐτῶν ἕξεων, ἀλλ' οὐδὲ ἀπὸ τῆς τέχνης τινὸς ἐπικτήτου περί τι μέρος τῶν ἐν τῷ βίῳ διαπραγματευομένης. τὸ δὲ πᾶν κῦρος αὐτῆς ἀνήκει εἰς τοὺς θεοὺς καὶ ἀπὸ τῶν θεῶν ἐνδίδοται, θείοις τε ἔργοις ἢ σημείοις ἐπιτελεῖται, θεάματά τε ἔχει θεῖα καὶ θεωρήματα ἐπιστημονικά. (Jamblich. *de Myst.* édit. Parth., p. 100, l. 10-19 p. 101, l. 1.)

les artifices grossiers que les mauvais démons emploient pour tromper les hommes : la théurgie demande impérieusement de bonne mœurs, une conscience chaste ; l'autre sorte de magie n'est exercée que par les plus impurs d'entre les hommes, elle n'a rien de divin ; tout en elle n'est que tromperie, mensonge ; ce n'est qu'une apparence artificieuse, que l'œuvre des démons et des esprits mauvais [1]. On ne saurait donc trop répudier cette magie mensongère, dont toutes les merveilles ne font que constater les actes coupables des hommes qui les opèrent, et qu'il faut bien se garder de compter au nombre des prophètes divins, des *vates* favorisés de communications divines [2]. Tout autre est le langage du philosophe lorsqu'il parle de la théurgie, et il ne sera pas inutile de citer ses paroles, ses louanges d'une science heureuse qui rend l'homme semblable aux dieux et le délivre de l'empire des puissances mauvaises : « Il nous faut considérer, dit-il, comment l'homme peut-être délié et délivré de ces chaînes (celles des puissances mauvaises). Il n'y a pas d'autre moyen que la connaissance des dieux. L'*idée* du bonheur est de connaître le bien lui-même, comme l'*idée* du mal est l'oubli des biens et l'erreur qui fait adopter le mal. L'une est la connaissance du Père lui-même, l'autre n'est qu'un éloignement loin de ce Dieu et l'oubli de ce Père, qui est avant toute essence et se suffit à lui-même : l'une conserve la vie parce qu'elle la rend à son auteur ; l'autre abaisse un homme qui, par naissance, pouvait avoir une nature supérieure, jusqu'à ce qu'il ne reste jamais stable et roule dans un perpétuel changement. C'est pourquoi la première doit être regardée comme le le premier pas au bonheur, comme possédant en elle-même toute la plénitude de l'union avec Dieu ; on peut la nommer la *tradition* sacrée et déifique du bonheur, la porte qui fait entrer vers le Dieu créateur de toutes choses, le siège et le séjour du bien ; aussi, pour première condition, elle requiert la sainteté de l'âme, une sainteté qui exclut tout ce qui est corporel : elle prépare ensuite l'âme à participer à la possession du bien, à le contempler, tout en lui faisant rejeter ce qu'il y a de contraire à ce bien ; enfin elle fait parvenir à

---

[1] Ἀλλὰ τὸ μὲν πρόχειρον καὶ κακῶς ἐπιπολάζον ἐν τοῖς πολλοῖς ἀνθρώποις ψευδολογίᾳ τε καὶ ἀπάτῃ χρώμενον οὐκ ἀνεκτῇ, οὐδ' ὅλως ἔχει τινὸς θεοῦ παρουσίαν, κίνησιν δέ τινα τῆς ψυχῆς ποιεῖται παρὰ τοὺς θεοὺς καὶ ἀμυδράν τινα ἀπ' αὐτῶν εἰδωλικὴν ἔμφασιν ἕλκει, ἥτις; διὰ τὸ ἐξίτηλον τῆς δυνάμεως ἔξωθεν ἐνίοτε ὑπὸ τῶν δαιμονίων φαύλων πνευμάτων ἐπικρατεῖσθαι. (Jambl. sect. 3, cap. xiii, p. 129, l. 17-18, p. 130, l. 1-5.)

[2] Διὰ ταῦτα δὴ οὖν οἱ τοιοῦτοι προπετεῖ; ἄνδρες τοῦ παντὸς ἁμαρτάνουσιν, οὐδὲ ἄξιον αὐτοὺς ἐν μάνθεσι καταριθμεῖσθαι. (*Ibid.* p. 131 et 132, lin. 1-2.)

l'union avec les dieux, source de tous les biens. Je parlerai encore plus clairement : la théurgie nous unit si étroitement à la puissance divine, s'engendrant par elle-même, se mouvant d'elle-même, soutenant toute chose, intelligente, ornant tout l'univers, appelant à la vérité intelligible, parfaite et donnant la perfection ; elle nous unit si intimement à toutes les actions créatrices des dieux selon la capacité de chacun, que l'âme, après avoir accompli les rites sacrés, est affermie dans leurs actions et leurs intelligences, et se trouve alors enfin placée dans le Dieu créateur. C'est là le but de l'initiation sacrée chez les Égyptiens [1]. »

Jamblique nous apprend ensuite comment s'opère cette unification de l'âme avec la divinité : elle a lieu tout d'abord, parce qu'il appelle la μαντεία, et ce que le mot français *révélation* ne saurait rendre qu'imparfaitement, car il s'agit de la prise de possession de l'âme par la divinité qui rend cette âme capable de comprendre et d'annoncer les plus hauts mystères. « Si l'âme, dit-il, peut unir aux êtres universels (τοῖς ὅλοις) dont elle est détachée ces deux portions de sa vie et de son opération intellectuelle, elle acquerra une μαντεία plus parfaite, car alors elle est remplie de science par ces êtres universels, si bien qu'elle peut pénétrer par sa pensée beaucoup de choses qui se passent dans le monde supérieur [2]. » Outre cette faculté, il y avait un autre moyen pour l'âme unie à Dieu, c'est-à-dire à ces êtres universels dont parle Jamblique, d'arriver à la prescience des choses futures, c'est le songe. Le songe vient des dieux; presque

---

[1] Σκοπεῖν δὴ δεῖ τις αὐτοῦ γίνεται λύσις καὶ ἀπαλλαγή τῶν δεσμῶν. Ἔστι τοίνυν οὐκ ἄλλη τις ἢ τῶν θεῶν γνῶσις· ἰδέα γάρ ἐστιν εὐδαιμονίας τὸ ἐπίστασθαι τὸ ἀγαθὸν, ὥσπερ τῶν κακῶν ἰδέα συμβαίνει ἡ λήθη τῶν ἀγαθῶν καὶ ἀπάτη περὶ τὸ κακόν...... καὶ ἡ μὲν γνῶσίς ἐστι τοῦ πατρὸς, ἡ δὲ παραγωγή ἀπ' αὐτοῦ καὶ λήθη τοῦ προουσίου αὐταρκοῦντος πατρὸς θεοῦ· καὶ ἡ μὲν σώζει τὴν ἀληθινὴν ζωὴν ἐπὶ τὸν πατέρα αὐτῆς ἀνάγουσα ἡ δὲ κατάγει τὸν γενάρχοντα ἄνθρωπον ἄχρι τοῦ μηδέποτε μένοντος, ἀλλ' ἀεὶ ῥέοντος. Αὐτὴ μὲν οὖν νοείσθω σοι πρώτη τις εὐδαιμονίας ὁδὸς, νοερὰν ἔχουσα τῆς θείας ἑνώσεως ἀποπλήρωσιν τῶν ψυχῶν, ἡ δ' ἱερατικὴ καὶ θεουργικὴ τῆς εὐδαιμονίας δόσις καλεῖται μὲν θύρα πρὸς θεὸν τὸν δημιουργὸν τῶν ὅλων, ἢ τόπος ἢ αὐλὴ τοῦ ἀγαθοῦ· δύναμιν δ' ἔχει πρώτην μὲν ἁγνείαν τῆς ψυχῆς πολὺ τελειοτέραν τοῦ σώματος ἁγνείας, ἔπειτα κατάρτυσιν τῆς διανοίας εἰς μετουσίαν καὶ θέαν τοῦ ἀγαθοῦ καὶ τῶν ἐναντίων πάντων ἀπαλλαγὴν, μετὰ δὲ ταῦτα πρὸς τοὺς τῶν ἀγαθῶν δοτῆρας θεοὺς ἕνωσιν........ οἷον δ λέγω τῇ αὐτογόνῳ καὶ τῇ αὐτοκινήτῳ καὶ τῇ ἀνεγούσῃ πάντα καὶ τῇ νοερᾷ καὶ τῇ διακοσμητικῇ τῶν ὅλων καὶ τῇ πρὸς ἀλήθειαν τὴν νοητὴν ἀναγωγικῇ καὶ τῇ αὐτοτελεῖ καὶ τῇ ποιητικῇ καὶ ταῖς ἄλλαις δημιουργικαῖς δυνάμεσι τοῦ θεοῦ κατ' ἰδίαν συνάπτει, ὡς ἐν ταῖς ἐνεργείαις αὐτῶν καὶ ταῖς νοήσεσι καὶ ταῖς δημιουργικαῖς· τελέως ἵστασθαι τὴν θεουργικὴν ψυχήν. Καὶ τοτὲ δὴ ἐν ὅλῳ τῷ δημιουργικῷ θεῷ τὴν ψυχὴν ἐντίθησι. Καὶ τοῦτο τέλος ἐστὶ παρ' Αἰγυπτίοις ἱερατικῆς ἀναγωγῆς. (Jambl. *De Myst.* p. 290, lin. 15-18; p. 291, lin. 1, 5-16; p. 292, lin. 3; lin. 8-16; sect. 10, cap. v et vi.)

[2] Καὶ ταύτης δ' ἔτι τελειοτέραν ποιεῖται μαντείαν, ἡνίκα ἄν τοῖς ὅλοις, ἀφ' ὧν ἀπεμερίσθη, συνάπτῃ τὰς μοίρας τῆς ζωῆς καὶ τῆς νοερᾶς ἐνεργείας· πληροῦται γὰρ ἀπὸ τῶν ὅλων τοτὲ τῆς πάσης εἰδήσεως, ὡς ἐπὶ τὸ πλεῖστον ἐξικνεῖσθαι ταῖς ἐννοίαις τῶν περὶ τὸν κόσμον ἐπιτελουμένων. (Jamb. *de Myst.* sect. 3, cap. III, p 100, lin. 18 et 107, lin. 1-5.)

toujours il est envoyé à ceux qui ont la faculté de la divine μαντεία dont nous venons de parler [1]. Cependant, il ne peut faire arriver à la pleine et entière possession de cette science divine : pour obtenir cette possession, il faut l'enthousiasme (ἐνθουσιασμός). « Ce serait à tort, dit Jamblique, que l'on se persuaderait que l'enthousiasme est un mouvement de l'âme dû à l'inspiration démoniaque. Si l'âme de l'homme est vraiment tenue dans l'obsession, elle n'est pas agitée ; d'ailleurs, cette inspiration ne vient pas des démons, mais des dieux. Il faut que ceux qui sont inspirés soient sous l'obsession de Dieu, l'extase ne vient qu'ensuite comme un accident. On croirait aussi à tort que l'enthousiasme dépend de l'âme, ou de l'une des facultés de l'âme, de l'intelligence, de ses opérations, ou de la santé corporelle et qu'il ne saurait avoir lieu en l'absence de cette santé. L'extase divine est une chose plus qu'humaine : elle n'a point pour principe les opérations ou les facultés mortelles, quoique Dieu s'en serve comme de sujets et d'organes. C'est de Dieu seul que ce don de la parfaite μαντεία procède ; il n'est qu'en lui seul, il agit à l'exclusion de toute autre chose, et l'âme ou le corps n'y ont aucune part [2]. » Cependant, quoique cet enthousiasme, d'après Jamblique, donne la plénitude de la science, il y a un degré plus élevé encore dans cette gnose, c'est l'illumination (φωτὸς ἀγωγή). Cette illumination remplit d'une lumière divine le véhicule splendide et éthéré dans lequel se meut l'âme : de là vient qu'à la volonté des dieux les images divines excitent en nous la puissance imaginatrice (φανταστικὴν δύναμιν). Toute la vie de l'âme et de ses facultés n'est alors qu'un acte d'obéissance aux dieux qui conduisent où ils veulent l'âme qui leur est ainsi soumise [3]. D'ailleurs il ne faut pas lui objecter que cet

---

[1] Dès les temps d'Homère le songe avait une origine divine : Καὶ γάρ τ'ὄναρ ἐκ Διός ἐστιν (Iliade, ch. I, v. 63). Les songes ont toujours joué un grand rôle en Orient, il n'y a que bien peu de livres sacrés qui n'en contiennent quelques-uns. Περὶ δὴ τῆς καθ' ὕπνον μαντικῆς λέγεις ταῦτα...... οὐ μήν οἵγε θεόπεμπτοι καλούμενοι ὄνειροι τοῦτον γίνονται τὸν τρόπον ὅνπερ σὺ λέγεις. (Jambl. de Myst. sect. 3, cap. II, lin. 14, p. 102 et 103, lin. 8 et 9.)

[2] Φορᾷ μὲν οὖν τῆς διανοίας, μετὰ δαιμονίας ἐπιπνοίας ψευδῶς δοξάζεται. Οὔτε γὰρ ἡ διάνοια ἡ ἀνθρωπίνη φέρεται, εἴ γε ὄντως κατέχεται οὔτε δαιμόνων θεῶν δὲ γίνεται ἐπίπνοια. ..... Ἔστι δὲ τοῦτο (τὸ προηγούμενον) τὸ κατέχεσθαι ὅλους αὐτοὺς ὑπὸ τοῦ θείου, ᾧ ἐπακολουθεῖ ὕστερον καὶ τὸ ἐξίστασθαι ψυχῆς μὲν οὖν κα τινος τῶν ἐν αὐτῇ δυνάμεων, ἢ νοῦ ἢ ἐνεργειῶν, ἢ μετὰ σωματικῆς ἀσθενείας ἢ ἄνευ ταύτης οὐκ ἄν τις ὑπολάβοι δικαίως τὸν ἐνθουσιασμὸν εἶναι, οὐδ' ἂν οὕτω γίγνεσθαι εἰκότως ἂν ὑπόθοιτο· οὔτε γὰρ ἀνθρώπινον ἔστι τὸ τῆς θεοφορίας ἔργον, οὔτε ἀνθρωπίνοις μορίοις ἢ ἐνεργήμασι τὸ πᾶν ἔχει κῦρος· ἀλλὰ ταῦτα μὲν ἄλλως ὑπόκειται, καὶ χρῆται αὐτοῖς ὁ Θεὸς ὡς ὀργάνοις· τὸ δὲ πᾶν ἔργον τῆς μαντείας δι' αὐτοῦ πληροῖ, καὶ ἀμιγῶς ἀπὸ τῶν ἄλλων ἀφειμένος οὔτε ψυχῆς κινουμένης οὐδ'ὁτιοῦν οὔτε σώματος ἐνεργεῖ καθ' αὑτόν. (Jambl. De Myst. sect. 3, cap. VII, p. 114, lin. 6-9 ; lin. 14-17 ; p. 115, lin. 1-8.)

[3] Αὐτὴ δή που (φωτὸς ἀγωγὴ) τὸ περικείμενον τῇ ψυχῇ αἰθερῶδες καὶ αὐγοειδὲς ὄχημα ἐπιλάμπει θείῳ φωτί, ἐξ οὗ δὴ φαντασίαι θεῖαι καταλαμβάνουσι τὴν ἐν ἡμῖν φανταστικὴν δύναμιν κινούμεναι ὑπὸ τῆς βουλήσεως

enthousiasme, cette illumination, sont chose trop parfaite, que les merveilles qu'ils opèrent sont au-dessus de la nature spirituelle, Jamblique prévient l'objection et répond qu'il y a des degrés dans les œuvres ou les effets, comme il y en a dans la cause. « Les œuvres absolues, parfaites, entières, dit-il, ont les dieux pour auteurs : lorsque des œuvres sont de perfection moyenne, s'éloignant peu de la plénitude extrême, ce sont les anges qui les exécutent et en donnent la connaissance en les montrant ; enfin les œuvres de dernier ordre doivent être attribuées aux démons. L'administration des œuvres divines est tout entière entre les mains d'un être supérieur. En effet, nous ne pouvons même pas dire une seule parole juste au sujet des dieux sans ces dieux eux-mêmes ; à bien plus forte raison, ne pouvons-nous pas connaître sans leur faveur les œuvres dignes des dieux, instituées pour les honorer ou posséder cette science divine de la μαντεία. Notre nature est infirme, faible, faisant peu de progrès, elle touche de très près à la nullité : il n'y a qu'un seul moyen pour elle de se guérir de l'erreur, du trouble, du changement toujours renouvelé, c'est d'arriver à posséder une parcelle de la divinité, si cela lui est possible [1]. »

Quelles conclusions pouvons-nous maintenant tirer de ce qui précède ? Premièrement que la théurgie est la manière excellente entre toutes d'honorer la divinité, qu'elle est même la seule ; en second lieu, que non seulement elle enseigne à l'homme la manière et lui fournit les moyens d'honorer les dieux, mais qu'elle rend l'homme semblable aux dieux dans la parfaite extase. Il y a plusieurs degrés dans cette science théurgique, ou pour mieux parler, il y a plusieurs manières dont l'homme peut montrer qu'il possède cette science divine à un certain degré ; ce sont : le discernement prophétique venant de la Révélation (μαντεία), l'enthousiasme, l'extase et l'illumination ; ces deux derniers degrés pourraient même n'en former qu'un seul, car il nous semble

---

τῶν θεῶν. Ὅλη γὰρ ἡ ζωὴ τῆς ψυχῆς καὶ πᾶσαι αἱ ἐν αὐτῇ δυνάμεις ὑποκείμεναι τοῖς θείοις κινοῦνται ὅπως ἂν ἡγεμόνες αὐτοῖς ἐθέλωσι. Id., *Ibid.* sect. 3, cap. XIV, p. 132, lin. 11-17.

[1] Ἀλλ' ὅπου μὲν τέλεια τὰ κατορθώματά ἐστι καὶ αὐτάρκη καὶ ἀνενδεῆ, Θεοὶ τούτων εἰσὶν ἡγεμόνες, ὅπου δὲ μέσα καὶ βραχύ τι τῶν ἄκρων ἀπολειπόμενα ἀγγέλους ἔχει ἐπιτελοῦντας αὐτὰ καὶ ἐπιδεικνύοντας, τὰ δ'ἔσχατα δαίμοσι διαπράττεσθαι ἀπονενέμηται· πάντα γε μὴν ἑνί γέ τινι τῶν κρειττόνων ἐπιτέτραπται τῶν θεοπρεπῶν πράξεων ἡ κατόρθωσις. Ἐπει οὐδὲ λόγον περὶ θεῶν ἄνευ θεῶν λαλεῖν δυνατόν, μήτοι γε δὴ ἰσόθεα ἔργα καὶ πᾶσαν πρόγνωσιν ἄνευ θεῶν τις ἂν ἐπιτηδεύσειε. Τὸ γὰρ ἀνθρώπινον φῦλον ἀσθενές ἐστι καὶ σμικρὸν βλέπει τε ἐπὶ βραχύ, σύμφυτόν τε οὐδένειαν κέκτηται· μία δ ἐστιν ἐν αὐτῷ τῆς ἐνυπαρχούσης πλάνης καὶ ταραχῆς καὶ τῆς ἀστάτου μεταβολῆς ἰατρεία, εἴ τινα μετουσίαν θείου φωτὸς κατὰ τὸ δυνατὸν μεταλάβοι. (Id. Ibid., sect. 3, cap. XVIII, p. 144, lin. 3-16.)

qu'il n'existe entre eux aucune différence, si ce n'est que le premier a plutôt rapport à l'intérieur et le second à l'extérieur. Pour être capable de jouir de cette extase, l'homme ne devait pas nécessairement posséder les qualités de l'esprit, des vertus singulières, avoir des pensées relevées ; toutes ces choses peuvent être utiles et préparer dans l'âme l'arrivée du dieu, mais ce sont les seuls συνθήματα divins qui éveillaient la volonté divine, c'est-à-dire les seuls prodiges, signes ou symboles que l'on employait dans la théurgie[1]. Quelle différence pouvons-nous voir maintenant entre cette doctrine et celle de Ménandre enseignant qu'il donnait à ses disciples une science qui les rendait capables de vaincre les Anges créateurs du monde[2]. L'un, au moyen de cette science, promettait l'union avec la divinité, l'autre la victoire sur les Anges, c'est-à-dire le moyen de devenir immortels comme Dieu lui-même. Il nous semble donc que la magie enseignée par Ménandre et donnée comme l'unique moyen de salut, le seul culte agréable à la divinité, ressemblait à la théurgie de Jamblique et avait un sens beaucoup plus étendu que celui que nous comprenons à présent sous ce mot de magie. C'est ce sens que nous avons essayé de déterminer en montrant ce que c'était la magie de Jamblique. Nous ne voulons pas dire toutefois, que la magie de Ménandre fût étrangère à toute superstition, n'eût recours à aucune supercherie, ne fît usage d'aucun de ces moyens, d'aucune de ces interventions qui se présentent d'elles-mêmes à l'esprit lorsqu'on prononce ce mot[3] ; rien ne serait moins vrai et ne donnerait une plus fausse idée de la doctrine du disciple de celui qui a été surnommé le Mage par excellence. L'époque à laquelle appartenait Ménandre aimait, recherchait avec ardeur tous les prétendus prodiges des magiciens; Ménandre n'aurait pu se dispenser de les employer, quand même il l'eût voulu, sous peine de ne trouver aucun adepte, et nous savons par le témoignage des auteurs ecclésiastiques que Simon employait tous ces moyens et que Ménandre suivit l'exemple de son maître. Nous ne nous arrêterons pas à rechercher ces moyens ; d'abord, nous n'avons aucun texte positif, et de plus, ils devaient ressembler en tout à ceux employés par les autres

---

[1] Τὰ δ'ὡς κυρίως ἐγείροντα τὴν θείαν θέλησιν αὐτὰ τὰ θεῖά ἐστι συντελήματα. (*Ibid.*, sect. 2, cap. xi, p. 97, lin. 15-16.)

[2] Cf. *supra* et saint Iren., cap. xxiii, n. 5, du liv. Ier.

[3] Si l'on veut avoir quelque idée de ces interventions, de ces moyens, on n'a qu'à lire les ouvrages de l'auteur illuminé qui s'est caché sous le pseudonyme d'Éliphaz Lévi.

magiciens, et dont on peut voir la description dans les auteurs qui en ont traité d'une manière spéciale[1]. Il sera plus importante de montrer comment nous pouvons nous servir de la magie de Jamblique, pour découvrir ce qu'était la magie de Ménandre : pour cela, il nous faut rechercher et indiquer rapidement les sources du livre des *Mystères*.

Il n'est personne qui soit persuadé que Jamblique a voulu composer une doctrine nouvelle pour l'enseigner ensuite : il nous apprend lui-même qu'il a seulement voulu faire connaître la doctrine des anciens Égyptiens et répondre ainsi aux doutes de Porphyre en lui montrant que la théurgie s'appuyait sur les rites antiques de l'Égypte. Pour mieux atteindre son but, il se cache sous l'autorité du prêtre Abammon, dont il se dit le disciple[2]. Or, il est évident que si Jamblique ne fait pas connaître le culte de l'Égypte tel qu'il se pratiquait dans la plus haute antiquité égyptienne, ou même sous les dynasties plus rapprochées de nous, il expose tout au moins les doctrines des temps qui ont précédé notre ère, au moins depuis les commencements de ce que l'on appelle le bas empire égyptien. Nous savons, en effet, que bien avant le gouvernement des Ptolémées, à l'époque où Babylone n'avait pas encore atteint sa plus haute splendeur, la magie était en grand honneur en Égypte. Isaïe, au chapitre de la prophétie sur l'Égypte, s'écrie : « Et l'esprit de l'Égypte se rompra dans son cœur, je dévorerai sa prudence, ils interrogeront leurs idoles, leurs devins, leurs serpents et leurs magiciens.[2] » Dès ce temps donc, la magie était en honneur en Égypte ; elle l'était dès le temps de Moyse, dont nous ne considérons ici le texte que sous sa valeur historique, et nous voilà tout à coup reportés jusqu'à la dix-neuvième dynastie[3]. Nous ne voulons pas dire cependant que la magie et ses prestiges fussent alors une manière d'honorer la divinité, non ; le culte était plus pur, les fêtes égyptiennes, dont la description est parvenue jusqu'à nous, le démontrent amplement ; mais, à

---

[1] Cf. *Philosoph.*, lib. IV.

[2] Le livre de Jamblique est intitulé : Ἀβάμμωνος διδασκάλου πρὸς τὴν Πορφυρίου πρὸς Ἀνεβὼ ἐπιστολήν ἀπόκρισις, καὶ τῶν ἐν αὐτῇ ἀπορημάτων λύσεις. Des les premières paroles de l'ouvrage, on voit cependant que l'auteur n'est pas le prêtre Abammon quoiqu'il en ait emprunté le nom : Εἰ δέ καὶ φαίνοιτό σοι δεῖν, ἐμὲ θὲς εἶναί σοι τὸν ἐν γράμμασι διαλεγόμενον ἤ τινα ἄλλον προφήτην Αἰγυπτίων· οὐδὲ γὰρ τοῦτο διενήνοχεν. (Sect. 1, cap. I, p. 4, lin. 7-18.)

[3] Isaïe, cap. XIX, v. 3.

[4] L'époque fixée du séjour des Hébreux en Égypte est controversée, cependant l'opinion la plus commune est celle que nous indiquons. (Cf. Maspero : *Histoire des peuples de l'Orient*, p. 259. — E. de Rougé : *Rapport sur les études égyptiennes*, 1867, p. 37.)

côté du culte pur des temples, de la doctrine plus élevée des prêtres, le vulgaire avait des idées religieuses moins hautes, un culte plus sensible et plus matériel. Or, selon la loi commune à tous les temps et à tous les peuples, ce n'est pas la doctrine élevée, le culte raffiné, qui ont purifié les idées matérielles de la foule et ses goûts grossiers, ce sont les goûts grossiers, les idées matérielles de la foule qui l'ont emporté sur le culte raffiné et la doctrine élevée des prêtres. De là vient que la Magie envahit tout, que les mystères des Égyptiens ressemblèrent en tout aux autres mystères païens dès le commencement du premier siècle de notre ère, dès le commencement même du dernier siècle avant Jésus-Christ. Jamblique n'avait donc pas besoin d'inventer une doctrine toute faite et pratiquée longtemps avant lui. D'ailleurs, inventer n'était pas son dessein ; il ne voulait que défendre ce qui était attaqué. En effet, devant cet envahissement général de la religion par la magie, d'éclatantes protestations s'élevèrent : celle de Plotin est la plus connue. Plotin ne voulut pas obtenir autre chose, en développant d'une manière originale et neuve la philosophie qu'il prétendait avoir puisée dans Platon, que le rétablissement d'un culte plus idéal de la divinité. Son enseignement fut avant tout une protestation contre le matérialisme envahissant l'idéal ; le mysticisme est tout pour lui, le symbolisme se détache nettement de sa doctrine et il rompt d'une manière éclatante avec le culte de son époque. Nous ne saurions mieux faire que de citer ici les paroles de M. Vacherot : « Quant au culte, dit-il, nous ne voyons ni dans les traités de Plotin, ni dans sa biographie, qu'il ait pris au sérieux les pratiques et les cérémonies. Il nie la vertu ordinairement attribuée aux prières, aux invocations, aux sacrifices, en ce qui concerne nos rapports avec la divinité. Il repousse la doctrine des Gnostiques sur l'intervention fréquente [1] et accidentelle des démons, doctrine conforme à la croyance du peuple et des prêtres et interdit à ce sujet les invocations et les conjurations [2]. N'admettant ni l'influence des astres sur nos destinées, ni l'effet des opérations matérielles sur la partie intelligible et divine de notre nature, il ne croit point à la vertu supérieure des enchantements et autres procédés magiques. Ce n'est pas qu'il rejette absolument l'astrologie et la magie, mais il réduit l'une de ces sciences à constater la coïncidence et la

[1] Enn. II, ix, 14. (Note de M. Vacherot.)
[2] Enn. IV, iv, 31, 32, 40, 41, 42. (Note de M. Vacherot.)

correspondance universelle des causes célestes, et l'autre à reconnaître l'affinité sympathique de toutes choses dans un monde plein d'affinité et d'harmonie[1], affinité en vertu de laquelle la magie a pouvoir sur l'âme, mais sur l'âme seule[2]. Quant à la théurgie, il ne la nomme jamais et ne croit en fait d'opérations supérieures de l'âme qu'à la vertu de la contemplation pure pour parvenir à Dieu[3]. »

Ainsi Plotin lui-même n'osait pas refuser à la magie toute puissance sur l'âme, mais il ne voulait pas que cette puissance s'étendît jusqu'aux dieux. A son exemple, Porphyre rejetait tous les prestiges magiques, et comme il ne pouvait en nier l'existence, il en attribuait la cause aux mauvais esprits, ce en quoi il n'avait peut-être pas grand tort[4]. C'est à ses objections que nous devons le *Livre des Mystères*[5]. Mais ces objections elles-mêmes, cette lutte, supposent un ennemi et un enseignement contraire : si, dans la nouvelle école platonicienne, quelques philosophes rejetaient tout pouvoir de la magie pour mettre l'âme en rapport intime avec la divinité, d'autres, au contraire, admettaient et enseignaient ce pouvoir ; et pour prouver que leur doctrine n'était pas une innovation, comme celle de leurs adversaires, c'est-à-dire celle de Plotin et de Porphyre, ils s'appuyaient sur l'antique doctrine des temples égyptiens. Jamblique s'explique formellement sur cet antagonisme, et il est curieux de lire ses paroles : « Quand même, dit-il, l'hallucination et la déception touchant les choses divines seraient une faute et une impiété, il ne s'ensuit pas immédiatement que l'on doive conclure à la fausseté, soit des symboles consacrés aux dieux, soit des œuvres accomplies en leur honneur, car ce n'est pas la connaissance qui unit l'adorateur des dieux avec ces mêmes dieux, autrement tous les philosophes qui s'appliquent à l'étude des choses divines jouiraient toujours de l'union déifique. Or, il est certain qu'il n'en est pas ainsi. En effet, cette union déifique n'est acquise que par l'observance des cérémonies ineffables, par des opérations faites selon les rites, dignes des dieux, et par

---

[1] Enn. III, 1, 6, 7, 9 (note de M. Vacherot).
[2] Enn. IV, III, 11. Καί μοι δοκοῦσιν οἱ πάλαι σοφοί, ὅσοι ἐβουλήθησαν θεοὺς αὐτοῖς παρεῖναι, ἱερὰ καὶ ἀγάλματα ποιησάμενοι, εἰς τὴν τοῦ παντὸς φύσιν ἀπιδόντες, ἐν νῷ λαβεῖν ὡς πανταχοῦ μὲν εὐάγωγον ψυχῆς φύσις. (Note de M. Vacherot.)
[3] *Histoire critique de l'école d'Alexandrie*, t. II, p. 108-109.
[4] Διὰ μέντοι τῶν ἐναντίων καὶ ἡ πᾶσα γοητεία ἐκτελεῖται. (Porphyre, *De Abstinentia*, II, 41.)
[5] V. la lettre de Porphyre qui se trouve en tête de l'édition de M. Parthey, n. 4-15, p. 30-34.

la puissance incompréhensible de symboles qui sont compris par les dieux seuls [1]. » On ne saurait séparer avec plus de force la théurgie de la philosophie, exalter l'une et abaisser l'autre avec plus de désinvolture, en accordant à la première le monopole de l'union déifique, en refusant à la seconde ce que Plotin et Porphyre affirmaient être uniquement de son domaine. N'est-il donc pas évident, désormais que Jamblique a défendu la tradition égyptienne que voulaient renverser Porphyre et Plotin? La lettre de Porphyre lui-même au prêtre Anebon, lettre qui donna lieu à la réponse de Jamblique, nous est un témoignage de l'ancienneté et de l'universalité de la doctrine qu'il combat [2].

Nous en avons assez dit. Il doit être clair à présent que la magie de Ménandre, proclamée comme le seul culte digne de la divinité, avait plus d'un point de ressemblance avec la théurgie de Jamblique. L'une comme l'autre, affirmait que l'homme ne peut être sauvé sans l'emploi de cette magie, qui l'unissait à la divinité; selon Jamblique, la connaissance des dieux ne suffit plus pour unir l'homme à leur nature, il faut la théurgie, il faut les rites sacrés, même pour les théurges, la simple considération de l'esprit (ἡ ἔννοια) ne suffit pas [3]; selon Ménandre, la connaissance du grand Dieu, de l'Ἔννοια de Simon le Mage, ne suffit plus, il faut la magie [4]. Cependant pouvons-nous dire que Ménandre rejetait loin de lui les prestiges déclarés par Jamblique l'œuvre des esprits mauvais, qu'il ne voulait pas de cette magie insidieuse et trompeuse, méprisée par le philosophe néoplatonicien? Rien n'est moins prouvé: il nous semble, au contraire, comme nous l'avons déjà dit plus haut, que Ménandre, disciple de Simon le Mage, devait avoir recours à des supercheries grossières, dans le genre de celles qu'employait Simon. Que le nombre en ait été petit ou grand, nous ne pouvons pas l'affirmer, car nous n'avons aucun monument le dénotant expressément; mais nous sommes

---

[1] Ἔστω μὲν γὰρ ἡ ἄγνοια καὶ ἀπάτη πλημμέλεια καὶ ἀσέβεια, οὐ μὴν διὰ τοῦτο ψευδῆ ποιεῖται καὶ τὰ οἰκείως τοῖς θεοῖς προσφερόμενα καὶ τὰ θεῖα ἔργα, οὐδὲ γὰρ ἡ ἔννοια συνάπτει τοῖς θεοῖς τοὺς θεουργούς· ἐπεὶ τί ἐκώλυε τοὺς θεωρητικῶς φιλοσοφοῦντας ἔχειν τὴν θεουργικὴν ἕνωσιν πρὸς τοὺς θεούς· νῦν δὲ οὐκ ἔχει τό γε ἀληθὲς οὕτως. Ἀλλ' ἡ τῶν ἔργων τῶν ἀρρήτων καὶ ὑπὲρ πᾶσαν νόησιν θεοπρεπῶς ἐνεργουμένων τελεσιουργία ἥ τε τῶν νοουμένων τοῖς θεοῖς μόνοις συμβόλων ἀφθέγκτων δύναμις ἐντίθησι τὴν θεουργικὴν ἕνωσιν. (Jambl., *Ibid.*, sect. 2, cap. xi, p. 96; lin. 11, 19.)
[2] Cf. la lettre de Porphyre: Parthey, p. 29, 45.
[3] Οὐδὲ ἡ ἔννοια συνάπτει τοῖς θεοῖς θεουργούς, cf. note précédente 1.
[4] Cf. Irénée, I, cap. xxiii, n. 5.

persuadé qu'il y en avait, ne fût-ce que pour en imposer au vulgaire. Toutefois, nous devons dire qu'avant tout, selon notre persuasion, la magie de Ménandre allait par delà les prestiges, qu'elle ne consistait pas uniquement en des symboles trompeurs : les Pères de l'Église ont évidemment cru le contraire, ils ont été persuadés que tout n'était que prestiges et supercheries ; mais non, c'était un mysticime particulier qu'ils n'avaient pas découvert parce qu'ils étaient mal placés pour le découvrir, comme ils n'avaient pas davantage découvert le mysticisme des mystères égyptiens. Et cependant, nous savons par d'autres monuments échappés à la destruction du monde païen, que sous les symboles mystérieux de l'Égypte se cachait un corps de doctrine, une mysticité plus ou moins pure, dont on ne peut nier l'existence. Il n'y a rien là qui doive surprendre : les Pères de l'Église ne pouvaient pas tout connaître et tout exposer : ils n'ont eu bien souvent en mains que des sources insuffisantes, ils ont employé les expressions qui sonnaient à leurs oreilles, sans s'apercevoir que, sous ces expressions, se cachait un sens qui leur a échappé et que la comparaison avec d'autres monuments peut nous faire découvrir.

Avons-nous besoin de nous demander maintenant, d'où Ménandre avait tiré cette doctrine ? Il est évident que c'est de l'Égypte, de cette vieille terre classique de la magie mystique ou des prestiges trompeurs. Qu'il ait fait cet emprunt avec une pleine conscience, ce n'est pas ce que nous voulons dire ; l'Orient tout entier, était, au premier siècle de l'ère chrétienne, imprégné de ces doctrines ; elles ont donc pu lui venir de côtés différents ; mais cela importe peu, puisqu'on ne peut pas le constater d'une manière plus expresse. D'ailleurs Ménandre, selon toute vraisemblance, enseigna dans la ville capitale de la Syrie, Antioche, dont les fréquents rapports avec l'Égypte sont connus. Enfin, à cette époque, le soufle était au syncrétisme, et Ménandre n'a pas différé de ses contemporains ; à la doctrine de Simon, qui n'est elle-même qu'un syncrétisme des éléments les plus divers, il ajouta un élément nouveau, la magie élevée à la hauteur d'un culte et presque d'une religion.

II

SATORNILUS

Satornilus[1] fut l'un des deux disciples de Ménandre, dont les noms ont échappé à l'oubli ; l'autre fut ce Basilide qui fera le sujet du chapitre suivant. On ne peut rien assurer sur l'origine et la patrie de Satornilus ; peut-être était-il né à Antioche ; du moins, c'est dans cette dernière ville qu'il se fit le disciple de Ménandre : c'est le seul détail que nous ayons sur la vie de ce nouveau docteur, qui devint le père du Gnosticisme syrien [2]. A ce titre, il ne devrait pas figurer dans cette étude ; mais, comme sa doctrine peut expliquer celle de Ménandre aussi bien que celle de Basilide, il sera bon de ne pas omettre ce système.

Les sources par lesquelles nous connaissons ce nouveau système ont toutes une même dérivation ; elles remontent à l'ouvrage perdu qui a été abrégé par saint Irénée. C'est donc dans l'œuvre de ce dernier, que nous trouvons nos premiers renseignements, et le texte grec nous en a été conservé par l'auteur des *Philosophumena*. Tous les auteurs s'accordent ainsi à dire que Satornilus enseigna la même doctrine que Ménandre, et, par conséquent, que Simon : il y a cependant quelques différences, comme nous allons le montrer, après avoir cité et discuté le texte de saint Irénée. « Satornilus, dit l'évêque de Lyon, enseigne qu'il y a un Père inconnu de tous et qui a créé les Anges, les Archanges, les Vertus et les Puissances. Le monde et tout ce qu'il renferme a été créé par les Anges : l'homme est une création des Anges

---

[1] Sur Satornilus, cf. Iren., lib. I, cap. xxiv, n. 1 et 2. — Tertull., *De præscript.*, c., xlvi. — Epiph., *Hæres.*, xxiii. — Théodoret, *Hæret. fabul*, lib. I, cap. ii et iii. — *Philosoph.*, lib. VII, cap. ii, p. 367. — Augustin, *Hæres.*, iii. — Eusèbe, *Hist. eccl.*, lib. IV, cap vii. — Ce gnostique est nommé le plus souvent Saturninus; c'est à tort. Seul l'auteur de la version latine de saint Irénée le nomme ainsi : Théodoret après saint Épiphane l'appelle Σατορνῖλος, l'auteur des *Philosophumena* qui nous a conservé le texte de l'évêque de Lyon écrit Σατορνεῖλος. La forme Saturninus n'a donc pas de raison d'être : il est évident que l'auteur de la version latine n'a écrit ce nom Saturninus que par suite de l'analogie que présentent les formes grecques Σατορνῖλος et Σατορνεῖλος avec le nom Saturnus dont Saturninus n'est qu'un diminutif. Satornilus est donc le véritable nom de notre gnostique.

[2] Σατορνεῖλος δέ τις συνακμάσας τῷ Βασιλείδῃ κατὰ τὸν αὐτὸν χρόνον, διατρίψας δὲ ἐν Ἀντιοχείᾳ τῆς Συρίας ἐδογμάτισε τοιαῦτα ὁποῖα καὶ Μένανδρος. (*Philosoph.*, lib. VII, ii, n. 28, p. 367, lin. 5-7.)

qui, dit Satornilus, après avoir vu paraître l'image brillante qui était descendue de la souveraine puissance, ne purent la retenir parce qu'elle remonta aussitôt vers celui qui l'avait envoyée. Alors ils se dirent en s'exhortant les uns les autres : Faisons l'homme à l'image et à la ressemblance (de la première image). Cet homme fut créé, mais il ne pouvait se tenir droit à cause de la faiblesse des Anges, il rampait à terre comme un ver : la Puissance d'en haut en eut pitié, parce qu'il avait été créé à son image, elle envoya une étincelle de vie qui releva l'homme et lui donna la vie[1]. Après la mort, cette étincelle retourne vers ce qui est de la même espèce, et le reste se dissout, chaque partie d'après la nature des éléments dont elle est formée. Il démontra que le Sauveur n'était pas né, qu'il était incorporel et sans forme ni figure[2] : qu'il n'était apparu comme homme qu'en apparence[3], et que le Dieu des Juifs était l'un des Anges. Puis il ajoute que le Père ayant la volonté de détruire tous les Princes (ἄρχοντας)[4], le Christ vint parmi nous, pour la destruction du Dieu des Juifs et le salut de ceux qui croient en lui : ce sont ceux qui ont en eux-mêmes l'étincelle de vie. Satornilus dit qu'il y eut deux genres d'hommes formés par les Anges, l'un bon et l'autre mauvais. Et parce que les démons venaient en aide aux mauvais[5], le Sauveur est venu pour la destruction des mauvais et des démons, et pour le salut des bons. Ils appellent le mariage et la procréation des œuvres de Satan. Un grand nombre de ses disciples[6] s'abstiennent de manger de la chair, et, par cette feinte continence, en séduisent plusieurs. Quant aux prophéties, les unes, disent-ils, ont été faites par les Anges qui ont créé le monde, les autres, par Satan, que Satornilus nomme[7] un Ange et dont il fait l'adversaire des créateurs du monde et

---

[1] Dans la version latine de saint Irénée, on lit : quæ erexit hominem et *articulavit* et vivere fecit. (*Patr. græc.*, t. VII, col. 674.)

[2] Dans la version latine on lit seulement : sine figura.

[3] Putative, *loco* δοκήσει.

[4] Ici la version latine dit : Et propter hoc quod dissolvere voluerint patrem ejus omnes principes. Le texte grec dit : Καὶ διὰ τὸ βούλεσθαι τὸν πατέρα καταλῦσαι πάντας τοὺς ἄρχοντας. La phrase est amphibologique, et l'auteur de la version n'a pas compris le vrai sens. Grabe l'avait déjà conjecturé; la découverte des Φιλοσοφούμενα le montre. D'ailleurs Théodoret avait écrit sans amphibologie : Εἶτα τοῦ πλάσματος ἐπιληθείς..... τὸν πατέρα, φησὶ, τοῦ Χριστοῦ καταλῦσαι βουλόμενον μετὰ τῶν ἄλλων ἀγγέλων καὶ τὸν Ἰουδαίων θεόν. Il n'y a pas à s'y tromper.

[5] Adjuvant, *loco* ἐβοήθουν.

[6] Ex iis qui sunt ab ea

[7] Ostendit *loco* ὑπέθετο.

surtout du Dieu des Juifs [1]. » Voilà ce qu'enseignait Satornilus, d'après les Pères qui nous en ont parlé.

Si l'on ajoute à ce texte une explication donnée par saint Épiphane, on aura tout ce qui nous reste sur le sytème de Satornilus. A propos de l'envoi du Sauveur, l'évêque de Salamine dit que Satornilus enseignait une concorde parfaite, entre le Père et les Puissances, pour faire descendre le Sauveur sur terre, afin de délivrer l'homme de la tyrannie des Anges créateurs [2] : il ajoute que ces Anges créateurs s'étaient émancipés de la tutelle du Père, qu'ils étaient au nombre de sept et qu'ils s'étaient partagé la création, dont chacun gouvernait une partie. [3] Ces données ne nous seront pas inutiles, car elles nous aideront à compléter le système. Nous savons, en effet, que Ménandre avait le même enseignement que Simon, Satornilus la même doctrine que Ménandre ; les Pères nous l'affirment, et, en effet, nous allons montrer la concordance qui existe entre ces systèmes; cependant, comme Ménandre avait ajouté au système de Simon, ainsi Satornilus ajouta au système de Ménandre, sans en changer toutefois l'économie générale.

Sur la nature de Dieu, Satornilus enseignait qu'il n'y avait qu'un seul Dieu, que ce Dieu était inconnu à tous : il l'apellait le Père inconnu (πατέρα ἄγνωστον) ; c'est la Puissance infinie que nous avons reconnue chez Simon le Mage. Dans les trois premiers systèmes, cette doctrine sur la nature de Dieu ne change pas. Après ce premier point, vient le mode dont ce Dieu inconnu s'est développé ; Satornilus n'en traite pas expressément d'après nos sources, cependant nous pouvons arriver à savoir quelle était sa doctrine, sur cette question, comme sur la précédente. D'après Satornilus, le Père inconnu avait créé des Anges, des Archanges, des Vertus, des Puissances bien distantes de lui-même, comme cela est évident d'après le texte qui nous parle ensuite d'une concorde entre les Puissances (Δυνάμεις) et le Père inconnu [4]. Il nous semble qu'ainsi la création de deux ordres d'æons est manifeste, d'autant plus manifeste, que l'un de ces ordres s'éloigne du Père, tandis

---

[1] *Philosophum.*, VII, 11, p. 367-369, n. 28.
[2] Τὸν δὲ Σωτῆρα ἀπεστάλθαι ἀπὸ Πατρὸς κατὰ τὴν γνώμην τῶν Δυνάμεων. (*Hær.*, XXIII, n. 1.)
[3] Ἑπτὰ δὲ τινας τὸν κόσμον πεποιηκέναι, καὶ τὰ ἐν αὐτῷ. (*Ibid.* Théodoret donne le même nombre.) Saint Epiph. ajoute : Τὸν αὐτὸν (πατέρα ἄγνωστον) πεποιηκέναι δυνάμεις καὶ ἀρχὰς καὶ ἐξουσίας : τοὺς δὲ ἀγγέλους διεστάναι τῆς ἄνω δυνάμεως. (*Ibid.*)
[4] Cf. note deuxième de cette page.

que l'autre lui reste fidèle. Quant à la création, il n'y en avait pas, à proprement parler ; c'était l'émanation enseignée par Simon le Mage, car aucun gnostique n'a jamais enseigné la création, comme nous l'entendons aujourd'hui. En cela, Satornilus ne s'écartait donc pas du système primitif de Simon, il enseignait l'existence des trois mondes, puis qu'il y avait des æons supérieurs, des Anges créateurs et un monde qui est la terre sortie de la main des Anges. Cela nous paraîtra encore plus certain, si nous recherchons pourquoi Satornilus enseignait que le nombre des Anges créateurs était de sept. Ce n'est qu'une conséquence de la doctrine primitive. En admettant les trois mondes, Satornilus devait admettre le principe de similitude, d'après lequel ils se développent, il enseignait l'existence de sept Anges créateurs parce que Simon le Mage avait placé dans son monde supérieur six æons avec la Puissance infinie, dans son monde intermédiaire, six autres æons avec le grand Silence. Parmi ces sept Anges, l'un était le premier, c'était le Dieu des Juifs qui devait mettre la concorde et l'harmonie entre les sept Anges, ou dans la création de ces Anges. Si nous voulions faire une conjecture, nous dirions que les six autres correspondant aux six æons du monde intermédiaire de Simon, avaient sous leur pouvoir le Ciel et la Terre, le Soleil et la Lune, l'Air et l'Eau. Cependant, cette nouvelle ressemblance entre Simon et Satornilus n'est pas entière, car nous devons faire observer que Simon avait plutôt fait de ses six æons des réalités abstraites, et que Satornilus y avait ajouté des réalités concrètes dans la personne de ces Anges, administrant chacun la partie qui lui était échue de la création. Mais ce fait est commun dans l'histoire des religions : toutes ont imaginé des êtres supérieurs présidant à chaque partie du monde : chez les peuples de l'Iran comme chez les Phéniciens, chez les Babyloniens comme chez les peuples de l'Inde, pour ne citer que l'Orient, on trouve cette doctrine à la base des diverses religions, elle s'est continuée chez les Chrétiens comme elle existait chez les Juifs, c'est la doctrine des Anges gardiens. Si elle se trouve ainsi dans toutes les religions, c'est qu'elle répond sans doute à une croyance universelle, à un besoin général de l'humanité.

Comme Simon, Satornilus enseignait encore que les Anges placés dans le monde du milieu s'étaient séparés du Père inconnu ; mais il s'écartait de son maître dans l'explication de cette faute première qui, dans tous les systèmes, est l'origine du mal physique et moral. En effet, Simon avait enseigné que la Puissance infinie et éternelle avait envoyé son Ἐπίνοια (sa Pensée) vers les Anges, dans le monde du milieu ; que ceux-ci s'en étaient emparés, l'avaient retenue, maltraitée, et forcée de descendre dans les corps des hommes et même des animaux. D'après Satornilus, du haut du premier monde le Père inconnu envoya une étincelle de vie (σπινθῆρα ζωῆς), cette étincelle brilla aux yeux des Anges qui voulurent la retenir, mais qui n'en eurent pas le temps, car elle remonta aussitôt vers celui dont elle était émanée. Ici encore, l'expression de Satornilus est plus concrète que celle de Simon, mais la mission ou fonction de l'étincelle de vie est identique à celle de la Pensée : chez l'un et l'autre, cette émanation devient le principe d'une chute primitive, car chez Simon, les Anges retiennent Ἐπίνοια ; chez Satornilus ils veulent la retenir, et parce qu'ils n'ont pu le faire, ils prennent la résolution de former l'homme afin d'en conserver l'image et la ressemblance.

Si maintenant de la nature de Dieu nous passons à la nature de l'homme, nous verrons que Satornilus, tout en conservant le fonds de la doctrine de Simon, l'a modifiée selon ses propres idées. Comme ses maîtres, Satornilus enseignait que l'homme est une création des Anges qui s'étaient exhortés à le faire en disant : Faisons l'homme à l'image et à la ressemblance. Or, de quelle image veulent-ils parler ? sinon de l'image de cette étincelle de vie qu'ils n'ont pu garder [1]. Malgré cette intention, l'homme qu'ils créèrent participa à leur faiblesse, il ne put se tenir droit, il rampa comme un ver, et il fallut que le Père inconnu lui envoyât l'étincelle de vie pour l'animer. Ce sont là pour nous des détails nouveaux que nous n'avons trouvés ni chez Simon, ni chez Ménandre : Satornilus complétait ses maîtres, mais ne les abandonnait pas. Dans son système, comme dans les deux que nous avons exposés précédemment, l'homme n'est pas créé, nous l'avons déjà dit : il est formé par émanation. Ici, cette émanation est double. L'homme est formé par les Anges au moyen d'une émanation incomplète qui n'est pas douée de vie ; puis leur œuvre est complétée par le Père inconnu, envoyant à la créature informe des Anges une étincelle de vie qui le relève et le fait vivre, qui complète l'image et la ressemblance à laquelle les créateurs n'avaient pu arriver par eux-mêmes. Or, quelle est donc cette étincelle de vie ? C'est une

---

[1] Cf. le texte cité plus haut.

émanation du Père inconnu, une manifestation de son être, comme nous l'avons vu ; et comme, dans tous ces systèmes, les manifestations de la divinité sont des æons, il s'ensuit que cette étincelle de vie était la propriété d'un æon particulier. Notre conclusion se trouve amplement justifiée par le texte de saint Épiphane, qui, au lieu de l'expression σπινθῆρα ζωῆς emploie le mot de Φωνή, la Voix, et cette Φωνή n'est autre que le troisième æon du monde supérieur dans le système de Simon le Mage : ce qui nous permet de voir que Satornilus admettait les mêmes æons que Simon [1]. Sans doute, nous n'avons pas ici l'émanation à un seul jet, telle que nous sommes habitués à la concevoir ; il y a émanation par juxtaposition, s'il nous est permis de parler de la sorte : chaque agent émanateur produit sa partie de l'émanation totale qui a encore besoin d'être complétée par l'action immédiate du Père inconnu, premier principe de toutes les émanations. Il ne faut pas que cela nous étonne, nous verrons d'autres exemples d'une pareille émanation, et dans le système de Valentin, il ne faut pas moins de trente agents émanateurs pour produire ce qu'il appelle le Fruit commun du Plérôme.

Sur la rédemption, Satornilus n'avait rien imaginé de nouveau, il s'était contenté de la doctrine de ses prédécesseurs. Les Anges créateurs opprimaient l'homme, le Sauveur vint pour le délivrer de leur opression : parmi les hommes ceux qui ont l'étincelle de vie, c'est-à-dire dans ce nouveau sens, ceux qui croient en Satornilus sont sauvés. Cependant Satornilus ne se disait pas le Sauveur ou l'envoyé de Dieu : il était plus modeste que Simon et Ménandre.

Nous ne savons rien de plus sur le système cosmologique et anthropologique de Satornilus, et nous en aurions fini avec lui, s'il ne nous restait un problème nouveau à examiner, celui du dualisme qui est au fond de son système et qui en constitue l'innovation la plus importante. Avant d'aborder l'examen de cette question, il nous faut jeter un dernier coup d'œil sur les Anges créateurs et sur le dieu des Juifs en particulier. Quoique les Anges créateurs de Satornilus correspondent aux Anges créateurs de Simon, que leur nombre soit le même que le nombre des habitants ou æons de ses deux mondes supérieur et intermédiaire, cependant la seule limitation de leur nombre à sept est quelque chose d'important. Tout le monde sait que ce nombre sept a été regardé

---

[1] Cf. le premier chapitre de cette partie.

comme un nombre mystérieux entre tous, et les peuples anciens y ont attaché une signification particulière.

Parmi ces sept esprits, ces sept Anges créateurs, il s'en trouve un auquel Satornilus attribue un rôle particulier et une sorte de prédominance: c'est le dieu des Juifs. Cet Ange était plus particulièrement méchant, et le Père avait pour lui une aversion plus profonde. C'est pour détruire sa puissance que le Sauveur est venu sur la terre. On pourrait croire jusqu'à un certain point que ce dieu des Juifs est le même que Satan sous un autre nom, mais lorsque le texte nous dit, que « parmi les prophéties, les unes sont dues aux Anges créateurs, les autres à Satan, qui lui-même est un Ange mauvais, combattant les Anges créateurs et surtout le dieu des Juifs [1] », il est évident que les deux adversaires ne sauraient être identifiés. Peu importe donc qu'après avoir dit que le Sauveur est venu *détruire* la puissance du dieu des Juifs [2], le texte ajoute qu'il est venu pour détruire les démons [3], nous sommes avertis maintenant qu'il s'agit de toute autre chose. Mais pourquoi Satornilus met-il ainsi en avant le dieu des Juifs, lui donne-t-il une puissance supérieure qui n'est employée qu'à opprimer les hommes? C'est qu'ici nous assistons à la formation d'une idée nouvelle, qui toujours ira en grandissant dans les autres systèmes gnostiques découlant du système de Satornilus, et qui se distingueront par leur haine du judaïsme. C'est ici le premier pas dans cette voie qui conduira certaines sectes gnostiques à enseigner des horreurs sur ce dieu des Juifs qu'elles haïssaient mortellement. Quant à Satornilus, il n'en fait pas un principe mauvais, il se contente d'en faire le chef des Anges créateurs et s'il ne dit pas que la rédemption s'exerça pour lui, on peut cependant affirmer que telle était sa croyance, car la rédemption a lieu pour toutes les émanations qui sont tombées et déchues de la splendeur du premier principe.

S'il en est ainsi du dieu des Juifs, que faut-il penser, au contraire, de cet autre personnage nouveau que Satornilus nous présente pour la première fois et qu'il nomme Satan? Pour répondre sur le champ à cette question, disons que Satan est un Ange du mauvais principe, c'est-à-dire que Satornilus

---

[1] Cf. *Phil.*, lib. VII, p. lin. 28.
[2] Ἐπὶ καταλύσει τοῦ τῶν Ἰουδαίων θεοῦ.
[3] Ἐπὶ καταλύσει τῶν φαύλων ἀνθρώπων καὶ δαιμόνων.

enseignait le dualisme. Nous allons maintenant nous efforcer de démontrer notre assertion.

Le Satan dont il est ici question est appelé un Ange, et un Ange qui s'oppose aux Anges créateurs et principalement au dieu des Juifs [1]. Il pouvait s'opposer à ces Anges pour deux motifs, ou dans l'intérêt du Père inconnu, ou dans l'intérêt d'une autre puissance également adverse au Père et aux Anges. Or, la dernière alternative seule est possible. En effet, lorsqu'il est dit que certaines prophéties étaient dues aux Anges créateurs et les autres à Satan [2], et que l'on ajoute que le mariage et la procréation étaient des œuvres de Satan [3], il est évident qu'ici Satan ne peut travailler aux intérêts du bon principe. De plus, Satan étant mauvais par nature, on ne peut pas dire qu'il est une émanation du Père inconnu; car jamais, dans aucun système gnostique, on ne trouve un être absolument mauvais, émané d'un premier principe essentiellement bon. Il faut donc avouer que Satan provient d'un principe mauvais. Mais s'il existe un principe mauvais, pourquoi ne le voyons-nous pas agir? Pourquoi Satan usurpe-t-il toujours sa place? Une telle conduite est assez curieuse, mais elle n'est pas inouïe. D'ailleurs ici, quoique le mauvais principe ne soit pas vu agissant, son action est malgré tout sous-entendue, car comment alors Satan serait-il émané? Nous ne voyons pas quelle autre pourrait être son origine. Mais il n'est pas le seul qui doive son existence au mauvais principe : le système de Satornilus contient une création mauvaise, comme il en contient une bonne. Nous ne pouvons pas le nier; car après avoir parlé de l'homme créé par les Anges et rendu vivant par l'émission de l'étincelle de vie, le texte ajoute tout à coup: « Or, il (Satornilus) affirmait qu'il y eut deux sortes d'hommes créés par les Anges, l'une bonne et l'autre mauvaise [4]. » Cependant, dans ce qui précède, on ne parle plus que d'un seul homme créé faible et rampant, devenu fort par l'intervention du Père inconnu, rendu bon par la réception de l'étincelle de vie. Le mot d'Anges dont se sert ici le texte, renferme donc deux catégories d'êtres distincts, les

---

[1] Ἃς δὲ ἀπὸ τοῦ Σατανᾶ, ὃν καὶ αὐτὸν ἄγγελον ἀντιπράττοντα τοῖς κοσμοποιοῖς ὑπέθετο, μάλιστα δὲ τῷ τῶν Ἰουδαίων θεῷ.
[2] Τὰς δὲ προφητείας, ὃς μὲν ἀπὸ τῶν κοσμοποιῶν ἀγγέλων λελαλῆσθαι. (Cf. texte précédent.)
[3] Τὸ δὲ γαμεῖν καὶ γεννᾶν ἀπὸ τοῦ Σατανᾶ φησὶν εἶναι.
[4] Δύο γὰρ γένη τῶν ἀνθρώπων ὑπὸ τῶν ἀγγέλων πεπλάσθαι ἔφη, τὸν μὲν πονηρὸν, τὸν δὲ ἀγαθόν.

Anges créateurs et les mauvais Anges, ceux qui sont aussi appelés démons [1]. S'il en était autrement, comment expliquer l'existence de cette race mauvaise, de ces démons qui lui viennent en aide ? Nous le répétons, ces hommes, ces démons sont essentiellement mauvais, ils n'ont pas reçu l'étincelle de vie, le Sauveur est venu pour les détruire, et tout ce qui n'a pas l'étincelle se corrompt et périt infailliblement. Il y a donc opposition complète entre les deux catégories ; ces deux catégories d'êtres dépendent d'un principe opposé dont l'action est en tout contraire à celle de son adversaire. Toutefois, il faut avouer que ce dualisme de Satornilus n'est pas un système complet, il n'offre que les éléments primitifs d'une doctrine qui se développera et qui aboutira au grand dualisme marcionite.

Nous voici arrivé au terme de ce qu'on peut appeler l'enfance du Gnosticisme. Nous en avons vu les commencements se développer après Simon dans les systèmes de ses disciples. La doctrine du maître laissait bien des points dans l'ombre ; des développements longs et originaux pouvaient trouver place à côté du système de Simon : Ménandre et Satornilus le comprirent. En outre, l'amour de la gloire, l'envie de se signaler, le besoin d'avoir une doctrine à soi, tout contribuait à les pousser dans une voie que leurs disciples devaient singulièrement élargir. Si, du point où nous sommes arrivé, nous reportons nos regards en arrière, nous voyons que les trois systèmes que nous avons expliqués s'enchaînent avec une précision remarquable, que le dernier suppose le précédent et celui-ci le premier. Tous les trois forment les assises sur lesquelles vont s'élever les systèmes bien plus développés et perfectionnés des trois grandes écoles gnostiques. Au fond de tous les systèmes, on trouve, en effet, la doctrine de l'émanation, la similitude des trois mondes, un Dieu inconnu, les syzygies, l'æonologie de Simon, une cosmologie qui ne varie que très peu et une rédemption qui se greffe sur la rédemption chrétienne tout en produisant des fruits d'un genre différent. Tous les docteurs gnostiques ont de même proposé leur doctrine comme une doctrine supérieure, donnant et assurant le vrai bonheur à ses adeptes, perdant sans retour ceux qui ne l'adoptaient pas. Parmi ces théories, les unes avaient été détournées

---

[1] Cf. le texte en entier où l'expression de démons est employée assez souvent pour montrer ce que nous faisons remarquer.

de leur sens général par Simon lui-même : d'ailleurs les fondateurs de sectes et de systèmes ont toujours cherché à bénéficier de leur doctrine, et cela se comprend. Simon se donnait comme le Sauveur, Ménandre faisait de même, Satornilus eut plus de modestie ; ce sont des divergences, mais tous s'accordaient à dire que leur doctrine donnait seule l'immortalité bienheureuse. Tous les trois se servaient aussi de la magie pour acquérir cette immortalité, et Ménandre l'éleva au rang d'un culte qui devait se perpétuer après lui.

DEUXIÈME PARTIE

CHAPITRE PREMIER

**BASILIDE — VIE DE BASILIDE — SES ÉCRITS — SOURCES DE RENSEIGNEMENTS
OUVRAGES SUR SON SYSTÈME**

Les deux chapitres précédents ont montré comment les doctrines gnostiques étaient contenues en germe dans les systèmes de Simon le Mage et de son disciple Ménandre qui revécut lui-même dans l'enseignement de Satornilus. Ce Satornilus eut un condisciple nommé Basilide : tous deux s'étaient instruits et formés près de Ménandre ; mais le premier demeura en Syrie, pendant que le second allait porter en Égypte des doctrines qui n'étaient pas sans ressemblance avec celles des temples de l'ancien empire pharaonique. Basilide est vraiment le premier gnostique égyptien ; sa doctrine eut une apparence nouvelle qu'il ne dut qu'à son génie facile et profond, car il se sépara presque entièrement des enseignements de Simon et de Ménandre. Mais avant d'exposer son système compliqué, certaines observations préalables sont nécessaires sur sa vie et sur la valeur des sources auxquelles nous devons puiser nos renseignements [1].

Les premiers renseignements que nous avons sur Basilide nous le mon-

---

[1] Sur Basilide, cf. saint Irénée, *Adv. Hæres.*, lib. I, cap. xxiv. — Clément d'Alex., *Strom.*, lib. III et VII. — Tertullien, *De Præscript.*, xlvi. — Saint Epiph., *Hæres.*, xxiv. — Théodoret, *Hæret. fab.*,

trent en Syrie près de Ménandre ; cependant saint Epiphane le fait habitant d'Alexandrie ; mais il ajoute qu'avant de se fixer en Égypte, il avait demeuré dans la ville d'Antioche [1]. En quittant cette ville, il se rendit en Égypte, parcourut les nomes de Prosopis, d'Athribis, de Saïs et se fixa enfin dans la ville d'Alexandrie [2]. Ces renseignements n'ont rien que de vraisemblanble. Le système de Basilide était certainement répandu en Égypte, dans la ville d'Alexandrie, puisque le philosophe et professeur chrétien Clément, le met au nombre de ceux qu'il combat ouvertement : d'ailleurs, saint Épiphane avait pris ses renseignements dans un ouvrage antérieur, ou peut-être sur les lieux mêmes, dans le voyage qu'il fit en Égypte, et saint Irénée nous donne des renseignements identiques d'une manière plus concise. Quoi qu'il en soit, Basilide, instruit par Ménandre, ne s'était pas tellement attaché à la doctrine du maître, qu'il ne souhaitât avoir un enseignement propre [3] : ce fut sans doute la raison qui le porta à se séparer de son maître, à choisir un autre théâtre pour son action privée, et à parcourir l'Égypte afin d'y répandre sa doctrine.

Basilide avait étudié l'Ancien Testament, connaissait plusieurs des livres du Nouveau : ce que nous en dirons plus loin le montrera amplement. Il affirmait avoir reçu sa doctrine de l'apôtre Mathias qui lui avait laissé, disait-il, des livres apocryphes recueillis des lèvres même de Jésus [4]. Pour rehausser encore l'importance de cet enseignement secret reçu de l'apôtre Mathias, Basilide se disait le disciple de saint Pierre par l'intermédiaire d'un certain

---

lib. I, cap. IV. — Eusèbe, *Hist. eccles.*, lib. IV, cap. VII. — Philastre, cap. XXIII, et surtout le livre VII des *Philosophumena*, ch. I.

[1] Δύο γὰρ αὐτοὶ ἐγένοντο συσχόλασται, Βασιλείδης τε καὶ Σατορνεῖλος. Καὶ ὁ μὲν Βασιλείδης πρὸς τῇ Αἰγύπτῳ χωρήσας, ἐκεῖσε τὰ σκοτεινὰ αὐτοῦ τοῦ βάθους τῆς πλάνης ἐκήρυξεν. (Saint Epiph. *Hæres*, XXIII, n. 1. — Cf. *Hæres.*, XXIV, n. 1. — Ex iis Menandri placitis Saturninus qui fuit ab Antiochia, ea quæ est apud Daphnen, et Basilides occasiones accipientes, distantes doctrinas ostenderunt ; alter quidem in Syria, alter vero in Alexandria. — Iren., lib. I, cap. XXIV, n. 1. — Cf. Eusèbe, *Hist. eccles.*, lib. IV, cap. VII.)

[2] Βασιλείδης μὲν οὖν, καθὰ ἄνω προδεδήλωται, ἐν τῇ τῶν Αἰγυπτίων χώρᾳ στειλάμενος τὴν πορείαν, ἐκεῖσε τὰς διατριβὰς ἐποιεῖτο, εἶτα ἔρχεται εἰς τὰ μέρη τοῦ Προσωπίτου καὶ Ἀνθριβίτου. Οὐ μὴν ἀλλὰ καὶ περὶ τὴν Σαΐτην καὶ Ἀλεξάνδρειαν, καὶ Ἀλεξανδροπολίτην χῶρον, ἤτοι νομόν. (Epip., *Hær.*, XXIV, n. 1. Sur ces nomes, V. Parthey, *Vocabularium coptico-latinum*, p. 516, 542, 544, aux mots Athribis, Prosopis, Saïs. Cf. *Zur Erdkunde des alten Ægypten*, du même, aux cartes.)

[3] Basilides autem, ut altius aliquid et verisimilius invenisse videatur, in immensum extendit sententiam doctrinæ suæ, Iren., lib. I, cap. XXIV, n. 2. Καὶ ἔρχεται μὲν (ὁ Βασιλείδης) κηρύττειν ὑπερβολὴν τῆς συσχολάστην αὐτοῦ γόητα, τὸν καταλειφθέντα ἐπὶ τῆς Συρίας ἵνα δῆθεν τὰ ὑπὲρ ἐκεῖνον διηγούμενος δόξῃ φαντασιάζειν πλέον τοὺς ἀκούοντας, ἀρέσκεσθαι δὲ καὶ συναγείρειν πλῆθος ὑπὲρ τὸν ἑταῖρον αὐτοῦ Σατορνῖλον. (Epiph., *Hær.*, XXIV, n. 1.)

[4] Φασὶν εἰρηκέναι Ματθίαν αὐτοῖς λόγους ἀποκρύφους, οὓς ἤκουσε παρὰ τοῦ Σωτῆρος κατιδίαν διδαχθείς. (*Phil.*, lib, VII, 1, n. 20, p. 344, lin. 2.)

Glaucias dont nous ne connaissons que le nom [1]. On peut, d'après cela, affirmer hardiment qu'il était chrétien, quoique nous ne possédions pas un seul témoignage qui nous assure de son baptême. En outre, il devait être chrétien, celui qui admettait les quatre évangiles qu'il mutile en plusieurs endroits de ses ouvrages et dont il se sert pour étayer son système. D'après le témoignage d'Eusèbe, Basilide avait composé vingt-quatre livres sur les évangiles, il les nommait Exégétiques [2]; Clément d'Alexandrie cite un passage du vingt-troisième [3], et, dans les actes de la dispute d'Archélaüs contre Manès, on trouve un fragment du troisième de ces livres [4]. D'après le témoignage d'Origène, Basilide n'aurait pas hésité à faire lui-même un nouvel évangile [5]; quoi qu'il en soit, le philosophe rejetait l'Ancien Testament, et, au lieu des prophètes, il recommandait deux livres de prophéties publiées par les prophètes Barcoph et Parchor [6]. Parmi les Épitres des Apôtres, il en recevait quelques-unes comme inspirées, rejetait les autres quand il n'en pouvait tirer parti [7]. Tout cet ensemble de preuves nous fait considérer Basilide comme un philosophe chrétien qui n'a pas su se garder des nouveautés de doctrine, sans que nous puissions préciser le moment où il dut embrasser le christianisme.

Nous ne pouvons pas davantage préciser avec exactitude l'époque où Basilide enseigna. La question a longtemps été agitée entre les auteurs, sans que l'on pût en donner la solution définitive; nous ne serions pas plus heureux. Qu'il nous suffise de dire que tous les auteurs le placent avant Valentin et qu'il vivait encore sous les règnes de Hadrien et d'Antonin le Pieux, pendant le pontificat de Hygin, c'est-à-dire vers l'an 140 [8]. Nous nous efforcerons plus loin de déterminer l'époque où Valentin parut; quant à Basilide, il nous semble propable que, dès l'an 80 de notre ère, il devait avoir commenc

---

[1] Καθάπερ ὁ Βασιλείδης, κἂν Γλαυκίαν ἐπιγράφηται διδάσκαλον ὡς αὐχοῦσιν αὐτοί, τὸν Πέτρου ἑρμηνέα. (Cl. Alex., *Str.*, lib. VII, cap. xvii; *Patr. græc.* t. IX. col. 552.)

[2] Cf. Eusèbe, *Hist. eccles.*, lib. IV, cap. vii.

[3] Βασιλείδης δὲ ἐν τῷ εἰκοστῷ τρίτῳ τῶν Ἐξηγητικῶν..... (Cf. Al., *Str.*, lib. VII, ch. xvii. *Patr. græc.*, t. IX, col. 549.)

[4] Cf. Jacobi, *Das ursprüngliche Basilidianische system.* — Zeitschrift für Kirchengeschichte, 1877, p. 493.

[5] Homil. 1, *in Lucam*.

[6] Cl. Alex., *Strom.*, lib. VI, ch. vi, *Ibid.* col. 275.

[7] Hieronymus, *In Epist. ad Titum*.

[8] V. à ce sujet Eusèbe, *Hist. eccles.* lib. IV, cap. vii. — Cl. Alex., *Str.*, lib. VII, cap. xvii. — Théod.,

d'esquisser son système. On ne peut rien dire de certain sur l'époque de sa mort.

Nous devons faire connaître maintenant les sources auxquelles nous sommes allé puiser nos renseignements. Ces sources sont au nombre de quatre : 1° les ouvrages de saint Irénée, de Tertullien, de Philastre et de saint Épiphane ; 2° le livre des *Philosophumena* ; 3° les ouvrages de Clément d'Alexandrie ; 4° l'*Histoire ecclésiastique* d'Eusèbe. Chacune de ces sources doit être maintenant examinée en particulier ; mais avant de procéder à cet examen, il faut faire une remarque très importante.

A tous ceux qui ont, avec quelque soin, étudié les écrits des Pères des premiers siècles, il a dû paraître évident que ces écrits (quelques-uns au moins), lorsqu'ils analysent les premières erreurs qui s'élevèrent contre l'enseignement chrétien, ne sont que l'abrégé de certains autres ; c'est ainsi que Théodoret dans son ouvrage sur les hérésies n'a fait que nous transmettre pour le Gnosticisme ce que saint Irénée avait écrit avant lui, en le copiant quelquefois mot pour mot, si bien que dans le texte conservé de l'évêque de Cyr on peut retrouver le texte perdu de l'évêque de Lyon. C'est à une semblable méthode que nous devons le texte des vingt et un premiers chapitres de saint Irénée qui ont été transcrits par saint Épiphane mot pour mot : l'auteur des *Philosophumena* n'a pas agi autrement en parlant de Satornilus. Le plus souvent les écrivains postérieurs se contentaient d'analyser l'auteur primitif, et chacun d'eux l'a fait à sa manière : ce qui donne à la critique la facilité de pouvoir reconstituer des ouvrages que l'on ne possède plus. C'est ainsi qu'ont écrit Tertullien, saint Épiphane, saint Jérôme, Philastre et saint Irénée lui-même. Eusèbe n'a pas fait autre chose, quoi qu'il nous ait conservé des détails qu'on ne trouve que dans ses ouvrages. En ce qui regarde Basilide, il a tout emprunté à saint Irénée ; Théodoret a suivi pas à pas l'évêque de Lyon ; mais il en est tout autrement de Tertullien, de Philastre et de saint Épiphane. Les données que l'on trouve dans saint Irénée et ces trois auteurs sont cependant les mêmes au fond ; elles proviennent

---

Hær. fab., lib. I, cap. 11. — Hieron., *Contra Luciferian.* — Cypr., *Epist.* 75. — Epiph., *Hær.* 31. n. 2. — Hieron., *Catalog.* voce Agrippa. — Cf. D. Massuet, *De Basilide*, n. 112, 113, 114. — *Patr. græc.*, t. VII, col. 32-135. — Isaac Voss, Dodwell, Pearson ap. *Patr. græc.*, t. IX, col. 547-552, n°s 47, 49 et 52. V. aussi les auteurs allemands que nous citons.

toutes de l'analyse d'un ouvrage antérieur maintenant perdu : nous allons le démontrer à la suite de MM. Lipsius et Harnack [1], en nous attachant uniquement aux évêques de Salamine et de Lyon, heureux de rencontrer une occasion de relever le témoignage de saint Épiphane que l'on traite d'ordinaire un peu légèrement ; car si les réfutations qu'il donne pourraient être plus philosophiques et moins querelleuses, ses expositions de systèmes sont puisées aux meilleures sources, et la critique n'y fait pas si complètement défaut qu'on l'a prétendu. L'évêque de Salamine avait une assez vaste érudition, malheureusement il en a fait un usage trop fréquent et trop peu judicieux ; mais il faut nous rappeler que les chrétiens des premiers siècles, s'ils étaient moins raisonneurs, n'étaient pas moins raisonnables que nous, et ce souvenir nous fera juger saint Épiphane avec moins de sévérité et plus de justice.

Il est facile à quiconque lit avec soin le premier livre de l'ouvrage de saint Irénée contre les Hérésies *(Adversus Hæreses)*, de remarquer entre les neuf derniers chapitres de ce livre et les précédents, une différence radicale dans la manière de composer et dans l'exposition des systèmes hérétiques. Cette dernière partie semble même n'avoir été ajoutée à la première qu'après coup, car saint Irénée dit ouvertement dans son premier préambule qu'il a l'intention de réfuter seulement les erreurs de Valentin et des disciples de Valentin [2]. Mais lorsqu'il eut achevé cette première partie de son œuvre, il lui sembla bon de revenir sur ses pas, de rechercher quels avaient été les maîtres de Valentin, ceux aux systèmes desquels le grand gnostique avait emprunté la plupart des idées développées ensuite. C'est pourquoi les prédécesseurs de Valentin sont placés dans l'ouvrage de saint Irénée après les disciples du philosophe égyptien. En écrivant la première partie de ce livre, l'évêque de

---

[1] *Zur Quellenkritik des Epiphanios.* — *Die Quellen der ältesten Ketzergeschichte,* von Rich. Adelb. Lipsius. — *Zur Quellenkritik der Geschichte des Gnosticismus,* von Dr Adolf Harnack. — Ce travail a été commencé dans une ville de province où aucun de ces livres n'était à notre disposition, et avant d'avoir lu ces ouvrages nous étions arrivé aux mêmes conclusions. C'est avec joie que nous avons vu le résultat de nos recherches ainsi confirmé.

[2] Ἀναγκαῖον ἡγησάμην, ἐντυχὼν τοῖς ὑπομνήμασι τῶν, ὡς αὐτοὶ λέγουσιν, Οὐαλεντίνου μαθητῶν, ἐνίοις δὲ αὐτῶν καὶ συμβαλὼν καὶ καταλαβόμενος τὴν γνώμην αὐτῶν, μηνῦσαί σοι, ἀγαπητέ, τὰ τερατώδη καὶ βάθεα μυστήρια, ἃ οὐ πάντες χωροῦσιν, ἐπεὶ μὴ πάντες τὸν ἐγκέφαλον ἐξεπτύκασιν, ὅπως καὶ σὺ μαθὼν αὐτά, πᾶσι τοῖς μετὰ σοῦ φανερὰ ποιήσῃς, καὶ παραινέσῃς αὐτοῖς φυλάξασθαι τὸν βυθὸν τῆς ἀνοίας, καὶ τῆς εἰς Χριστὸν βλασφημίας. Καὶ, καθὼς δύναμιν ἡμῖν, τήν τε γνώμην αὐτῶν τῶν νῦν παραδιδασκόντων, λέγω δὴ τῶν περὶ Πτολεμαῖον, ἀπάνθισμα οὖσαν τῆς Οὐαλεντίνου σχολῆς, συντόμως καὶ σαφῶς ἀπαγγελοῦμεν, καὶ ἀφορμὰς δώσομεν, κατὰ τὴν ἡμετέραν μετριότητα, πρὸς τὸ ἀνατρέπειν αὐτήν. (*Patr. lat.*, t. VII. Adv. hær., lib. I, *prœm.* col. 441.)

Lyon semble avoir eu sous les yeux les ouvrages mêmes des hérétiques qu'il réfute; dans la seconde partie, au contraire, sa méthode est sèche, son style est sans liaison, l'ordre lui paraît inconnu, il met en premier lieu ce qui devrait se trouver en la dernière place, et s'il a oublié quelque chose, il le consigne simplement à la fin de son chapitre ou de son paragraphe, sans plus s'inquiéter si c'est bien la place où il le devrait mettre. Ainsi, lorsqu'il traite des erreurs de Basilide[1], il parle trois fois des trois cent soixante-cinq cieux qu'avait imaginés ce philosophe, et à chaque fois il en dit quelque chose de nouveau, comme s'il eût oublié de le dire précédemment, le tout sans ordre, si bien que ce n'est qu'à la fin de son chapitre qu'il fait connaître le nom d'Abraxas comme celui que Basilide avait donné à ces trois cent soixante-cinq cieux. C'est de la même manière qu'il parle du Sauveur, des Anges et de leur créateur d'après Basilide; rien de suivi, ce n'est qu'un pêle-mêle de remarques jetées sans ordre. Il nous semble donc certain qu'en écrivant ce chapitre, saint Irénée n'avait pas sous les yeux les ouvrages mêmes de Basilide et qu'il ne faisait qu'analyser un ouvrage antérieur, soit le *syntagma* de saint Justin comme l'a prétendu le docteur Lipsius[2], soit l'ouvrage d'Agrippa Castor, dont Eusèbe fait mention en parlant de Basilide[3].

Le sentiment que nous émettons trouve une ample confirmation dans la manière dont saint Épiphane a rendu compte du même système. En effet, saint Épiphane ne s'est pas ici uniquement servi de l'ouvrage de saint Irénée; car quoiqu'il y ait toujours entre eux l'accord le plus complet, on trouve cependant dans le premier beaucoup de détails qui ne sont pas dans le second; et, comme l'évêque de Salamine est postérieur à l'évêque de Lyon, la preuve a toute sa force. De plus, certains passages obscurs de saint Irénée trouvent une explication claire dans les paroles de saint Épiphane; nous allons le montrer par quelques exemples qui ont rapport à Basilide. En premier lieu, saint Épiphane nous donne sur les voyages de Basilide des renseignements qu'a complètement négligés saint Irénée. Chez l'évêque de Salamine, tout est disposé dans l'ordre le plus lucide, car il traite d'abord de l'émanation des

---

[1] *Ibid.*, cap XXIV, nos 3-6.
[2] *Zur Quellenkritik des Epiphanios.* — L'auteur s'est montré moins affirmatif dans son second ouvrage cité plus haut.
[3] *Hist. Eccl.*, lib. IV, cap. VII.

æons, de la création des anges qui, à leur tour, créèrent les trois cent soixante-cinq cieux, puis l'homme ; il montre ensuite comment le Père envoya le Sauveur sur la terre, comment ce Sauveur se joua des Anges et se substitua Simon le Cyrénéen. Enfin il donne la morale de Basilide et s'efforce même de pénétrer jusqu'aux sources. Tout cela se trouve aussi dans saint Irénée, mais dans une confusion regrettable. Chez celui-ci, on trouve quelques paroles assez obscures sur le Dieu des Juifs et son rôle : « Il y a dit-il, un prince des Anges que l'on regarde comme le Dieu des Juifs. Comme il voulut soumettre les autres nations aux hommes qui lui étaient soumis, c'est-à-dire aux Juifs, les autres princes s'opposèrent à ses desseins et lui résistèrent : c'est pourquoi les autres nations firent la guerre à sa nation[1]. » Ces paroles ne laissent pas que d'être assez obscures : la même chose est exprimée en termes bien plus clairs et avec plus de détails par saint Épiphane : « Au sujet du Seigneur tout-puissant, dit-il, Basilide éclate en blasphèmes... Il le renie et veut que Dieu ne soit qu'un des Anges qu'il a créés pour son système, comme cela m'a été démontré. Les Juifs lui échurent en partage. Il était plus arrogant que tous les autres Anges, il fit sortir d'Égypte les enfants d'Israël par la force audacieuse de son bras, c'est pourquoi il est plus téméraire et plus arrogant.. C'est pourquoi, dit Basilide, les autres nations combattirent la nation des Juifs et lui firent beaucoup de mal, car les autres Anges étaient jaloux du dieu des Juifs : méprisés par lui, ils étaient ainsi excités à la vengeance, ils firent tomber leurs nations sur la nation d'Israël, et c'est à cause de cela qu'eurent lieu les guerres et les divisions qui éclatèrent de tous les côtés[2]. » Saint Irénée ne parle de la sortie d'Égypte que dans un autre endroit, et il en parle avec moins de clarté et de détails. De plus, il passe complètement sous silence ce qui, dans le système de Basilide a rapport à la création de l'homme ; saint

---

[1] Esse autem, inquit, principem ipsorum (Angelorum) eum qui Judæorum putatur esse Deus. Et quoniam hic suis hominibus, id est Judæis, voluit subjicere reliquas gentes ejus genti, reliquas omnes principes contra stetisse, contra agisse. (Ib., cap. xxiv, n° 3, *Patr. græc.* t. IX, col. 676.)

[2] Βλασφημῶν δὲ αὐτὸν τὸν παντακράτορα Κύριον... Τοῦτον ἐκεῖνος ἀρνούμενος ἕνα βούλεται αὐτὸν παριστᾶν τῶν ὑπὸ αὐτοῦ λεγομένων Ἀγγέλων, καθό μοι προδεδήλωται. Ἐληλυθέναι δὲ τοὺς Ἰουδαίους εἰς κλῆρον αὐτοῦ. Καὶ τὸν αὐτὸν ὑπὲρ Ἀγγέλων αὐθαδέστερον, ἐξαγαγεῖν δὲ τοὺς υἱοὺς Ἰσραὴλ ἐξ Αἰγύπτου αὐθαδείᾳ βραχίονος τοῦ ἰδίου· διὰ τὸ εἶναι αὐτὸν ἰταμώτερον τῶν ἄλλων καὶ αὐθαδέστερον... Διὰ τοῦτο γὰρ, φησι, καὶ τὰ ἄλλα ἔθνη ἐπολέμησε, τοῦτο τὸ ἔθνος, καὶ πολλὰ κακὰ αὐτῷ ἐνεδείξαντο, διὰ ἣν τῶν ἄλλων Ἀγγέλων παρὰ ζήλωσιν, ἐπειδήπερ παροτρυνοθέντες, ὡς καταφρονούμενοι ὑπ' αὐτοῦ, καὶ αὐτοὶ ἴδια ἔθνη ἐπὶ τὸ ἔθνος τοῦ Ἰσραὴλ, τὸ ὑπ' αὐτῶν ἔπεισαν· τούτου γὰρ πόλεμοι πάντοτε, καὶ ἀποκαταστασίαι κατ' αὐτῶν ἐπανέστησαν. (Epiph. *Hær.*, XXIV, n. 2.)

Épiphane nous apprend, au contraire, comment eut lieu cette création. En parlant de la substitution de Simon le Cyrénéen, saint Irénée dit : « Pour Jésus, il prit la forme de Simon, et se tenant debout il se moqua des Juifs [1]. » On ne voit pas bien ce qu'il entend ici par cette expression : « se tenant debout, *stantem,* » et l'on ne peut pas rejeter la faute de cette obscurité sur le traducteur, car il ne lui eût pas beaucoup coûté d'ajouter *ex adverso* si le mot grec κατάντικρυς se fût trouvé dans le texte de saint Irénée : d'ailleurs, Théodoret lui-même qui reproduit exactement saint Irénée ne met rien de plus clair. Au contraire, saint Épiphane dit d'une manière très compréhensible : « Pendant qu'on crucifiait Simon, Jésus se tenait invisible en face de la croix, riant de ceux qui crucifiaient le Cyrénéen [2]. » Ces remarques, qui pourraient être multipliées, suffiront pour démontrer que saint Épiphane n'est pas ici l'abréviateur ou le copiste de saint Irénée. Il faut cependant ajouter une dernière différence. L'évêque de Lyon cite deux fois seulement les paroles mêmes de Basilide, et peut-être dans ces deux passages doit-on voir plutôt les paroles des disciples de Basilide que des traits empruntés aux ouvrages du maître : saint Épiphane cite cinq fois des passages qui sont manifestement tirés des livres du philosophe. Que conclure de tout cela, sinon que les deux auteurs ont travaillé, non pas sur les œuvres de Basilide, mais sur un ouvrage où Basilide était combattu ? En effet, rien d'essentiel au système ne se trouve différer dans l'un et l'autre, il n'y a de nouveau chez l'évêque de Salamine, que des explications, un ordre que l'on ne trouve pas dans saint Irénée, et si celui-ci ne parle pas de la création de l'homme, il semble cependant la mentionner implicitement lorsqu'il dit que tout a été créé sur la terre par les Anges [3]. Nous pensons donc que les deux auteurs se sont servis d'un même écrivain antérieur, et l'on ne peut pas objecter à cette conclusion que saint Épiphane cite les paroles mêmes de Basilide plus souvent que ne le fait saint Irénée, car ce premier auteur pouvait avoir cité ces paroles dans son

---

[1] Ipsum autem Jesum Simonis accepisse formam et stantem irrisisse eos. Saint-Irénée. *(Ib.* lib. I, cap. XXIV, n° 4. *Pat. lat.,* t. VII, col. 676.)

[2] Ἐκείνου δὲ σταυρωμένου ἑστήκει κατάντικρυς ἀόρατος ὁ Ἰησοῦς, καταγελῶν τῶν τὸν Σίμωνα σταυρούντων. (Ep. *Hær.,* XXIV, n. 3.)

[3] Eos autem qui posterius continent cœlum Angelos, quod etiam a nobis videtur constitisse ea quæ sunt in mundo omnia et partes sibi fecisse terræ et earum quæ sunt super eam gentium. (*Iren. ib,* cap. XXIV, n° 4. *Ib.,* col. 676.)

ouvrage, ce qui est tout à fait vraisemblable, puisque c'est la manière et la méthode des écrivains chrétiens des premiers siècles lorsqu'ils réfutent des théories contraires à la doctrine de Jésus-Christ. Quoi qu'il en soit, en admettant même qu'il pût rester un léger doute à ce sujet (ce que nous ne croyons pas pour notre part), il demeure démontré que dans les deux auteurs nous n'avons qu'une même source de renseignements sur Basilide, avec quelques détails en plus dans le second.

Cette première source de nos renseignements n'est pas la plus importante ; le livre des *Philosophumena*, quel qu'en soit l'auteur, est pour nous une source bien plus précieuse et bien plus abondante en ce qui touche le système de Basilide : tout ce que l'on y trouve, en effet, sur ce système est neuf : ni saint Irénée, ni Clément d'Alexandrie, dont nous parlerons bientôt, ni saint Épiphane ne nous avaient donné le système complet de Basilide, et, chose curieuse, l'auteur des *Philosophumena*, croyons-nous, ne nous le donne pas davantage : où l'un finit, les autres commencent. Malheureusement les données fournies par les deux sources semblent contradictoires ; et, à cause de cette contradiction apparente, les auteurs qui ont étudié cette question, ont cru pouvoir affirmer que le système n'était pas le même dans les deux sources, et qu'au moins, tel qu'il se trouve dans saint Irénée et saint Épiphane, il était un développement postérieur du système primitif de Basilide. Cependant nous croyons que la doctrine est bien la même dans les deux sources : il n'y a entre elles qu'une différence de forme et non de fond : Clément d'Alexandrie nous en fournira la preuve, car des renseignements qu'il donne sur Basilide et sa doctrine, les uns lui sont communs avec l'auteur des *Philosophumena*, les autres avec l'écrivain inconnu dont se sont servi saint Irénée et saint Épiphane. Dans les deux sources, en effet, nous trouvons exprimée d'une manière identique la chaîne des æons émanant du Père inconnu chez saint Irénée, et du Dieu οὐκ ὤν (qui n'est pas) chez l'auteur des *Philosophumena*; de même, pour les trois cent soixante-cinq cieux, pour les Anges dont le chef est Abraxas, pour la rédemption des trois mondes d'après le principe de similitude que nous avons exposé en parlant de Simon le Mage. S'il en est ainsi pour ces points qui sont les principaux du système, pourquoi rejetterions-nous l'autorité de l'une ou de l'autre des deux sources, lorsque leur accord ne semble pas aussi intime ? Il est certain que l'auteur des *Philo-*

sophumena connaissait l'ouvrage de saint Irénée, puisque l'on retrouve dans son livre le texte perdu de l'évêque de Lyon, quoi de plus vraisemblable dès lors qu'il n'a voulu que compléter son devancier? S'il faut ajouter la foi la plus entière à quelqu'une de nos sources, c'est à Clément d'Alexandrie, qui, sans contredit, était le mieux placé pour acquérir une connaissance vraie et profonde des systèmes qu'il réfutait : or, jamais saint Irénée ou saint Épiphane ne sont en contradiction sur Basilide avec les renseignements fournis par Clément. L'*Ogdoade* seule a été une cause d'erreur pour saint Irénée ou pour l'écrivain antérieur; il a cru que cette *Ogdoade* se trouvait placée au sommet du système ; c'est une profonde erreur.

On ne peut pas cependant rejeter davantage le témoignage de l'auteur des *Philosophumena*, car on sait avec quel soin consciencieux, avec quelles minutieuses recherches, il s'est enquis de tout ce qui pouvait l'éclairer ; et si sa composition manque d'ordre, ce n'est pas une raison pour douter des qualités critiques de son esprit. Il a surtout voulu exposer la métaphysique et la cosmologie du système basilidien ; les autres auteurs se sont surtout attaqués à la morale, à cette fabuleuse hiérarchie d'anges et de cieux qui est restée comme le point distinctif et culminant de la doctrine de Basilide, et cette remarque suffirait à elle seule pour expliquer bien des difficultés. Nous nous servirons donc principalement des *Philosophumena* tout en les complétant par les autres sources, et cet ouvrage sera le pivot sur lequel roulera toute notre exposition du système.

Après les *Philosophumena*, mais à une grande distance dans l'échelle des renseignements qui doivent nous servir, vient Clément d'Alexandrie. Cet auteur donne sur la nature de l'âme, sur l'essence de Dieu d'après Basilide, sur les mœurs et les fêtes des Basilidiens des détails que l'on chercherait vainement ailleurs. Il a connu les livres de Basilide et ceux de son fils Isidore, il en cite de longs passages, et il est certainement l'auteur qui était le plus à même de connaître les gnostiques égyptiens en général et Basilide en particulier. Comme nous l'avons déjà dit, Basilide avait répandu sa doctrine dans les nomes de l'Égypte ; il avait fait choix d'Alexandrie pour y établir la chaire de son enseignement: Clément, de son côté, enseignait dans la ville d'Alexandrie très peu de temps après la mort de Basilide et pendant la vie des premiers disciples du philosophe hérétique; si quelqu'un a pu avoir entre les mains les ouvrages de Basilide, c'est Clément. D'ailleurs, entre les deux écoles, il dut y avoir des rivalités, des controverses : les *Stromates* de Clément nous montrent que leur auteur y prit une part active, car tous les renseignements que nous y trouvons sur Basilide et sa doctrine nous sont donnés uniquement parce que Clément veut réfuter les opinions qu'il cite. C'est la raison pour laquelle on ne trouve point dans Clément d'Alexandrie une exposition et une réfutation en règle des erreurs de Basilide ; Clément ne les réfutait qu'en passant et toutes les fois qu'elles venaient heurter les croyances chrétiennes qu'il exposait dans ses leçons journalières. Il s'est surtout attaché en réfutant Basilide et Valentin, à ce que nous appellerions aujourd'hui la psychologie de leurs systèmes. De plus, l'importance qu'il accorde aux doctrines de ces deux chefs d'école, nous montre que leurs erreurs s'étaient surtout répandues en Égypte et dans la ville d'Alexandrie qui était alors la ville importante de l'Égypte. Nous avons donc, dans les ouvrages de Clément, la source la plus authentique des renseignements qui nous sont parvenus sur Basilide, et leur authenticité doit nous servir à vérifier l'authenticité des autres sources : si le livre des *Philosophumena* doit être le pivot, les renseignements de Clément seront la pierre de touche de notre exposition.

Des quatre sources que nous avons indiquées, il ne nous reste plus que la dernière à examiner. Nous avons peu de choses à dire à ce sujet, car Eusèbe, dans son *Histoire ecclésiastique*, ne nous fournit que de légers détails historiques ; mais, comme il nous apprend certaines choses que l'on ne trouve pas ailleurs et que rien ne peut nous faire révoquer en doute, nous avons dû le mentionner comme une source particulière.

L'examen qui précède a déjà montré de quelle manière nous procéderons dans l'exposition du système de Basilide. Puisque nous croyons que dans les trois grandes sources de nos renseignements il s'agit du même Basilide, nous n'avons rien de mieux à faire que de compléter les données de l'un par le données des autres. Nous savons que c'est une méthode banale et relativement facile, nous l'employons ici parce qu'elle nous semble la bonne ; nous montrerons en parlant de Valentin qu'elle n'est pas toujours la nôtre. Malgré cette méthode de compléments, la tâche de reconstruire le système de Basilide ne sera pas sans difficulté : parmi les philosophes gnostiques, nul ne s'est montré d'une conception plus abstraite et plus métaphysique, nul n'a su donner à sa pensée une expression plus incompréhensible. On comprendra qu'une pareille tâche nous effraie, et nous sommes assuré que pour cette raison on nous jugera moins sévèrement.

Jusqu'à la découverte des *Philosophumena*, Basilide n'avait pas attiré, plus que les autres gnostiques, l'attention des savants. Les auteurs qui ont écrit sur la Gnose avaient analysé son système comme ils avaient analysé les autres ; il est cependant juste de dire que quelques-uns, Baur en particulier, avaient fait remarquer d'après les passages de Clément d'Alexandrie, que le système de Basilide devait se trouver seulement en partie dans saint Irénée. Néander, Gieseler, Matter, en France, n'avaient rien dit de neuf. Après la découverte des *Philosophumena* la question changea soudainement de face. En France, on ne s'inquiéta pas outre mesure : les historiens récents de l'Église ne soupçonnèrent pas l'importance de la question, il suffit de lire les quelques pages que M. l'abbé Darras y a consacrées, après Rhorbacher, dans sa volumineuse publication, pour se convaincre de la complète ignorance où il se trouvait des sytèmes gnostiques. En Allemagne, ce fut bien différent. Au lendemain de la publication, des *Philosophumena* par M. Miller, malgré l'incorrection du texte, on vit paraître une thèse latine de M. Jacobi [1] sur Basilide. Trois ans plus tard, M. Gerhard Uhlhorn réfuta son devancier [2] : il n'admettait pas l'identité des systèmes, et, chose bien rare, il amena son adversaire à partager son opinion dans une publication ultérieure [3]. Baur lui-même, étudia de nouveau ce système, et, depuis lors, la controverse n'a cessé de produire de nouveaux ouvrages et de nouvelles théories. Nous aurons occasion de citer ces ouvrages, mais nous devons faire remarquer dès à présent que M. le docteur Hilgenfeld [4] a pris la part la plus active à ce mouvement. Tous ces travaux nous ont grandement servi pour mûrir nos idées, pour nous faire envisager la question sous des faces nouvelles, mais nous devons dire qu'ils n'ont en rien modifié certaines de nos conclusions.

---

[1] *Basilidis Philosophi Gnostici sententias...* illustravit Jacobi Berolini, 1852.
[2] *Das Basilidianische System...* von Gerhard Uhlhorn. Göttingen, 1855.
[3] *Das ursprüngliche Basilidianische System.* Zeitschrift für Kirchengeschichte, 1877.
[4] *Der Gnosticimus und die Philosophumena*, Zeitschrift für d. wiss. Theologie. 1862, p. 452 et seqq.

CHAPITRE II

EXPOSÉ DU SYSTÈME DE BASILIDE

Quoique, d'après saint Irénée et saint Épiphane, Basilide ait voulu faire quelque chose de nouveau en se séparant de son maître Ménandre, il ne faut pas croire cependant que dans son système tout soit nouveau : les doctrines de Simon et de Ménandre se retrouvent à la base des doctrines de leur disciple. A l'exemple de ses maîtres, Basilide voulut résoudre le problème de l'origine du mal[1]. Ce fut pour la solution de ce problème qu'il imagina son système : du reste, ce fut de même pour résoudre cette question que tous les Gnostiques donnèrent un corps à leurs rêveries[2]. Tous les Gnostiques en effet, ont rejeté la création *ex nihilo* : pour eux, le mot créer a le même sens que le mot grec προϐάλλειν, ils enseignent tous la doctrine de l'émanation. Dans le système de Basilide lui-même, quoique l'idée de création soit souvent mise en avant, elle a toujours le même sens que l'idée d'émanation : nous le démontrerons. De plus, à la base de son système, il place le principe de similitude des mondes, tel que nous l'avons trouvé chez Simon le Mage, et à mesure que les dernières émanations s'éloignent du premier principe dont

---

[1] Ἔσχε δὲ ἡ ἀρχὴ αὐτῆς τῆς κακῆς προφάσεως τὴν]αἰτίαν ἀπὸ τοῦ ζητεῖν καὶ λέγειν πόθεν τὸ κακόν. (Epiph. Hær. 24, n. 6.)

[2] M. Matter dit dans son ouvrage : « Le mal est-il dans la création entière, ou bien a-t-il des limites et quelles sont-elles, ces bornes ? En général, d'où vient ce mélange si tout est de Dieu ? Et si tout n'est pas de Dieu, de qui est-il ? Pourquoi est-il quelque chose hors de Dieu ? Jusqu'à quand sera-t-il ? La Gnose répondait sinon parfaitement, du moins très richement à toutes ces questions. » (T. II, 486-7.)

elles émanent, le germe du mal se développe en elles. Basilide connaît les trois mondes ; sa doctrine se divise en trois parties, car elle porte sur trois points particuliers, la théologie, la cosmologie et la rédemption ; en sorte que la nouveauté du système de Basilide est plus dans les termes que dans les idées, quoiqu'il y ait certainement dans sa doctrine des idées neuves, saisissantes et profondes. Nous suivrons la division même de Basilide, et nous exposerons successivement ce qu'il pensait de la nature divine, du monde et de l'homme, et enfin de la rédemption.

I

THÉOLOGIE DE BASILIDE

Selon saint Irénée[1], Basilide appelait le premier principe le Père qui n'a point eu de naissance, *Pater innatus ;* selon saint Épiphane, il le nommait le un qui n'est point né[2], ἓν τὸ ἀγέννητον. L'auteur des *Philosophumena* ne les contredit point, il les confirme, au contraire ; car, d'après cet auteur, le Dieu de Basilide est le principe de toutes choses ; mais il est désigné par un nom spécial et ineffable, c'est le Dieu qui n'est pas, ὁ οὐκ ὢν θεός. « Ce Dieu était, dit Basilide, lorsque le rien était, mais ce rien n'était pas quelqu'une des choses qui existent maintenant, et, pour parler ouvertement simplement et sans subtilité, seul le Rien existait[3]. Or, quand je dis qu'il existait, ajoute le philosophe, je ne veux pas dire qu'il a réellement existé, je veux seulement montrer ma pensée[4] ». Ces paroles montrent clairement que le premier principe de Basilide était le un qui n'est rien, τὸ οὐδὲν ἕν, c'est-à-dire un néant qui existe, ou plutôt qui devient, qui peut devenir quelque chose ; et nous ne devons pas nous étonner, après cela, si un tel Dieu ne peut pas être nommé, s'il est ineffable ; car, pour que quelque chose soit ineffable, il faut que cette chose existe d'abord quoique aucun

---

[1] Iren. lib. I, cap. xxiv-n° 3. *Ibid.*
[2] Epiph. *hær.*, xxiv, n° 1.
[3] Ἦν, φησὶν, ὅτε ἦν οὐδὲν, ἀλλ' οὐδὲ τὸ οὐδὲν ἦν τι τῶν ὄντων, ἀλλὰ ψιλῶς καὶ ἀνυπονοήτως, καὶ δίχα παντὸς σοφίσματος ἦν ὅλως· οὐδὲ ἕν. (*Philos.*, lib. VII, ι, n. 20, p. 344, lin. 6-8.)
[4] Ὅταν δὲ λέγω, φησί, τὸ ἦν οὐχ ὅτι ἦν λέγω, ἀλλ' ἵνα σημάνω τοῦτο ὅπερ βούλομαι δεῖξαι. (*Ibid.*, p. 344, lin. 8-9.)

nom ne puisse lui convenir. Or, à ce Dieu qui a l'être seulement en puissance, aucun nom ne convient, il a seulement la puissance de devenir ineffable et au-dessus de tout nom qui peut être exprimé par la parole humaine : le rien est ineffable parce qu'il n'est pas devenu ce qu'il doit être ; l'ineffable s'appelle ineffable, ce Dieu ne s'appelle pas même ineffable [1].

Il est clair qu'un Dieu de cette sorte n'est ni matière, ni substance, ni accident sans substance, qu'il n'est ni compréhensible, ni incompréhensible, qu'il ne tombe pas plus sous les sens qu'il ne leur échappe, qu'il n'est ni homme, ni ange, ni dieu, ni rien de tout ce qui peut recevoir un nom, être perçu par les sens ou conçu par l'esprit : il n'a ni esprit, ni sens, ni raison, ni volonté, ni affection, ni désir : cependant il a voulu créer le monde, mais il l'a voulu sans volonté, sans pensée, sans sentiment [2]. C'est-à-dire que ce Dieu qui est le néant existant, qui a seulement la puissance de devenir, s'est manifesté par extension, il a fait émaner de lui quelque chose, à savoir une volonté qui n'est cependant pas la volonté en acte, mais une volonté en puissance, une volonté qui peut sortir son effet; car, comme le Dieu lui-même, cette volonté est le rien qui est. Et si l'on s'étonne que ce Dieu soit capable même d'émettre cette volonté en puissance, Basilide répond qu'il avait en lui-même tous les germes du monde, comme le grain de sénevé contient rassemblés sous un petit volume les racines, la tige, les rameaux et les feuilles innombrables de la plante, ainsi que les germes nouveaux de nouvelles plantes qui peuvent se multiplier à l'infini [3]. Or, de ce germe qui n'est pas, le dieu qui n'est pas, a fait un monde qui n'existe pas, car, dit Basilide, « dès le commencement, ce germe-néant du monde a été établi par le dieu-néant, il est susceptible de

---

[1] Ἔστι γὰρ, φησὶν, ἐκεῖνο οὐχ ἁπλῶς ἄρρητον ὃ ὀνομάζεται· ἄρρητον γοῦν αὐτὸ καλοῦμεν, ἐκεῖνο δὲ οὐδὲ ἄρρητον· καὶ γὰρ τὸ οὐδ' ἄρρητον, οὐκ ἄρρητον ὀνομάζεται, ἀλλά ἐστι, φησὶν, ὑπεράνω παντὸς ὀνόματος ὀνομαζομένου. (*Ibid.*, p. 344, lin. 10-13.)

[2] Ἐπεὶ οὐδὲν ἦν οὐχ ὕλη, οὐκ οὐσία, οὐκ ἀνοουσίον, οὐχ ἁπλοῦν, οὐ σύνθετον, οὐ νοητὸν, οὐκ ἀνόητον, οὐκ αἰσθητὸν, οὐκ ἀναίσθητον, οὐκ ἄνθρωπος, οὐκ Ἄγγελος, οὐ θεὸς, οὐδὲ ὅλως τι τῶν, ὀνομαζομένων, ἢ δι' αἰσθήσεως λαμβανομένων, ἢ νοητῶν πραγμάτων, ἀλλ' οὕτω καὶ ἔτι λεπτοτέρως πάντων ἁπλῶς περιγεγραμμένων, ὁ οὐκ ὢν θεος, (ὃν Ἀριστοτέλης καλεῖ νόησιν νοήσεως, οὗτοι δὲ οὐκ ὄντα) ἀνοήτως, ἀναισθήτως, ἀβούλως, ἀπροαιρέτως, ἀπαθῶς, ἀνεπιθυμήτως τὸν κόσμον ἠθέλησε ποιεῖσθαι. Τὸ δὲ ἠθέλησε λέγω, φησὶ, σημασίας χάριν, ἀθελήτως καὶ ἀνοήτως καὶ ἀναισθήτως. (*Ibid.*, n. 21, p. 345, lin. 9-12, p. 346, lin. 1-5.)

[3] Τὸ δὲ σπέρμα τοῦ κόσμου πάντα εἶχεν ἐν αὐτῷ, ὡς ὁ τοῦ σινάπεως κόκκος ἐν ἐλαχίστῳ συλλαβὼν ἔχει πάντα ὁμοῦ, τὰς ῥίζας, τὸ πρέμνον, τοὺς κλάδους, τὰ φύλλα τὰ ἀνεξαρίθμητα, καὶ μετὰ τῶν κόκκων τὰ ἀπὸ τοῦ φυτοῦ γεννώμενα σπέρματα, πάλιν ἄλλων καὶ ἄλλων πολλάκις φυτῶν κεχυμένων. (*Ibid.*, n. 21, p. 346, lin. 7-12.) Après ces paroles, suit une comparaison semblable tirée de l'œuf qui contient l'oiseau avec tout son plumage.

toutes les formes et contient en lui-même un grand nombre de substances, (lisez toutes les substances) [1]. » C'est ce germe qui s'est développé, c'est lui qui est devenu les trois mondes dont nous parlerons bientôt, par une série d'évolutions toutes plus mystérieuses les unes que les autres. Cependant Basilide rejette loin de lui toute idée d'émanation : il ne pouvait, en effet, s'empêcher de voir combien il était absurde de vouloir faire sortir des émanations réelles d'un Dieu qui n'est qu'en puissance d'être : Dieu parla, disait-il, et tout fut fait ; c'est pourquoi la lumière fut faite de rien, car, dit Basilide, on ne dit pas d'où elle fut faite puisque rien n'était créé dont elle pût être faite, mais on dit seulement qu'elle fut créée à la voix de celui qui parlait [2]. « Celui qui parlait, dit-il encore, n'existait pas, et ce qui fut ensuite créé n'était pas davantage ; donc de ce qui n'était pas fut fait le germe du monde, c'est-à-dire cette parole qui fut prononcée par le Dieu néant. Que la lumière soit ; et c'est ce qui est écrit dans l'Évangile. Il est la lumière illuminant tout homme venant en ce monde [3]. »

Telle est la transition que Basilide trouve, pour expliquer comment un dieu qui n'est pas, d'un germe qui n'est pas, produit un monde qui n'a aucune existence réelle. De ce germe, et par le moyen de cette parole, la lumière fut créée, car ce germe renfermait en lui tous les germes rassemblés comme dans un trésor, et le dieu-néant avait résolu de créer [4]. A vrai dire, cette

[1] Οὕτως ἔχει τὸ καταβληθέν, φησίν, ὑπὸ τοῦ οὐκ ὄντος Θεοῦ οὐκ ὂν σπέρμα τοῦ κόσμου, πολύμορφον ὁμοῦ καὶ πολυούσιον. (Phil., lib. VII, 1, n. 21, p. 347, lin. 6-7.) Nous avons dit que le dieu-néant d'un germe-néant produisit un monde néant. Dans le texte grec les mots Θεός et σπέρμα sont suivis et précédés de l'épithète οὐκ ὤν, οὐκ ὄν, mais jamais du mot κόσμος. Cependant, par la force même de l'analogie, le monde produit par un Dieu qui n'est pas d'un germe qui n'est pas doit lui-même n'être pas. Or, le manuscrit des Philosophumena contient ce passage: Οὕτως (ὁ) οὐκ ὢν Θεός ἐποίησε (τὸν) κόσμον οὐκ ὢν ἐξ οὐκ ὄντων..... (Phil., lib. VII, 1, n° 21, p. 346, lin. 12-13.) Mgr Cruice met en note après ces mots : Post κόσμον codex habet οὐκ ὤν quæ delenda sunt utpote jam scripta et hic incurioso repetita. Jacobi legit οὐκ ὄντα. » (Ibid.) Sauf le respect dû à l'éminent éditeur, c'est Jacobi qui a raison ; l'analogie veut οὐκ ὄντα, et il était aussi facile au copiste d'écrire οὐκ ὢν au lieu de οὐκ ὄντα, que d'écrire οὐκ ὢν qu'il n'aurait pas fallu écrire le moins du monde.

[2] Ἐπεὶ δὲ ἦν ἄπορον εἰπεῖν προβολήν τινα τοῦ μὴ ὄντος θεοῦ γεγονέναι τι οὐκ ὄν (φεύγει γὰρ πάνυ καὶ δέδοικε τὰς κατὰ προβολὴν τῶν γεγονότων οὐσίας ὁ Βασιλείδης· ποίας γὰρ προβολῆς χρεία, ἢ ποίας ὕλης ὑπόθεσις ἵνα κόσμον θεὸς ἐργάσηται, καθάπερ ὁ ἀράχνης τὰ μυρήματα, ἢ θνητὸς ἄνθρωπος χαλκὸν, ἢ ξυλόν, ἤ τι τῶν τῆς ὕλης μέρων ἐργαζόμενος λαμβάνει ;) ἀλλὰ εἶπε, φησί, καὶ ἐγένετο, καὶ τοῦτό ἐστιν, ὡς λέγουσιν ἄνδρες τοῦτοι, τὸ λεχθὲν ὑπὸ Μωσέως, « Γενηθήτω φῶς καὶ ἐγένετο φῶς. Πόθεν, φησί, γέγονε τὸ φῶς; ἐξ οὐδενὸς· οὐ γὰρ γέγραπται, φησί, πόθεν, ἀλλ' αὐτὸ μόνον ἐκ τῆς φωνῆς τοῦ λέγοντος. (Phil. lib. VII, p. 348, lin. 2-12.)

[3] Ὁ δὲ λέγων, φησίν, οὐκ ἦν, οὐδὲ τὸ λεγόμενον ἦν. Γέγονε, φησίν, ἐξ οὐκ ὄντων τὸ σπέρμα τοῦ κόσμου, ὁ λόγος ὁ λεχθεὶς Γενηθήτω φῶς, καὶ τοῦτο, φησίν, ἐστὶ τὸ λεγόμενον ἐν τοῖς Εὐαγγελίοις « Ἦν τὸ φῶς τὸ ἀληθινόν, ὃ φωτίζει πάντα ἄνθρωπον ἐρχόμενον εἰς τὸν κόσμον. (Ibid., p. 340, lin. 12-15, p. 319, lin. 1.)

[4] Λαμβάνει τὰς ἀρχὰς ἀπὸ τοῦ σπέρματος ἐκείνου καὶ φωτίζεται. Τοῦτό ἐστι τὸ σπέρμα ὃ ἔχει ἐν ἑαυτῷ

doctrine n'est, sous une forme beaucoup plus abstraite, que celle d'Aristote sur les *Genres*, et de Platon sur les *Idées*. En effet, ce germe qui n'est pas et qui contient en lui-même, comme dans un trésor, tous les germes qui doivent être appelés à la vie par le Verbe d'un dieu-néant, n'est, à notre avis, que l'ensemble des archétypes que ce dieu, qui n'avait pas encore agi, mais qui était demeuré dans la contemplation de son être et de ses puissances, a produits en tirant du néant, c'est-à-dire de lui-même, le monde et tout ce que contient la création. Toutes les essences des choses étaient dans ce germe, en ce dieu qui possédait le germe en lui-même, et lorsque ce néant existant sortit de sa contemplation et fit entendre sa parole, ces germes se développèrent et se divisèrent, afin que de chaque genre sortissent les espèces qui lui sont propres.

Il nous faut maintenant dire comment Basilide expliqua le passage de son dieu-néant de la puissance à l'acte, comment il le fit sortir de sa contemplation et de sa volonté en puissance, et le fit agir. A ce germe dont nous avons parlé était inhérent un principe admirable qu'il appelait Ύιότης, mot que l'on ne peut espérer de traduire en français que par ce barbarisme: *Filiété*. Cette Ύιότης est consubstantielle au dieu-néant, et elle avait été engendrée des choses qui n'étaient encore qu'en puissance[1]. Cependant, quoique consubstantielle au dieu-néant, elle avait en elle-même, d'après Basilide, un principe d'activité; car, bien que nous ne trouvions nulle part ce principe nettement affirmé, nous pouvons le considérer comme nécessaire à l'explication de tout ce qui va suivre, puisque nous verrons que seule de toutes les puissances, elle agit et sert de lien pour rattacher entre eux les trois mondes qui vont être créés. Cette Ύιότης était triple, l'une ténue, l'autre grossière, et la troisième ayant besoin de purification. Celle qui était ténue, dès la première émission du germe par le dieu-néant, s'enfuit avec une vitesse égale à celle de la flèche ou de la pensée; du fond de l'abîme elle vola vers les

---

πᾶσαν τὴν πανσπερμίαν, ὃ φησὶν Ἀριστοτέλης γένος εἶναι, εἰς ἀπείρους τεμνόμενον ἰδέας, ὡς τέμνομεν ἀπὸ τοῦ ζώου βοῦν, ἵππον, ἄνθρωπον, ὅπερ ἐστὶν οὐκ ὄν. « Ὑποκειμένου τοῦ κοσμικοῦ σπέρματος, » ἐκεῖνοι λέγουσιν· ὅ τι δ' ἂν λέγω, φησίν, μετὰ ταῦτα γεγονέναι, μὴ ἐπιζήτει πόθεν. Εἶχε γὰρ πάντα τὰ σπέρματα ἐν ἑαυτῷ τεθησαυρισμένα καὶ κατακείμενα, οἷον οὐκ ὄντα ὑπὸ τοῦ οὐκ ὄντος θεοῦ γενέσθαι προβεβουλευμένα. (*Ibid.*, p. 349, lin. 1-9.)

[1] Ἦν, φησὶν, ἐν ἑαυτῷ τῷ σπέρματι Ὑιότης, τριμερὴς κατὰ πάντα τῷ οὐκ ὄντι θεῷ ὁμοούσιος, γεννητὴ ἐξ οὐκ ὄντων. (*Ibid.*, p. 349, lin. 11-13.)

régions supérieures, et elle se reposa près du dieu-néant. C'est vers lui que toutes les créatures, chacune à sa manière, se tournent par le désir de contempler sa beauté et sa majesté [1].

Quoique Basilide rejetât avec force toute idée d'émanation ($\pi\rho o\beta o\lambda\dot{\eta}$), nous le voyons cependant ici admettre une première émission ($\varkappa\alpha\tau\alpha\beta o\lambda\dot{\eta}$), émanant du germe-néant, c'est-à-dire du dieu-néant. Mais cette première émission, quoiqu'elle émane du dieu-néant, n'est plus un néant, une puissance capable de passer à l'acte, elle agit, elle sent, elle désire, elle court, elle vole, tandis que le dieu οὐκ ὤν n'a ni sentiment, ni raison, ni volonté, ni affection : ce dieu est seulement οὐκ ὤν, n'étant pas en acte, la Υἱότης agit, c'est-à-dire qu'elle est ce dieu même, passé de la puissance à l'acte. En résumé, au fond de cette abstraction, qui semble d'abord faire le vide complet, il n'y a qu'une donnée philosophique fort compréhensible, et nous ajouterions même fort orthodoxe, si l'on veut se donner la peine de séparer la chose signifiée de l'image dont Basilide la recouvre à la manière orientale. Quelque chose de moins orthodoxe, c'est ce germe-néant contenu en Dieu, car il est évident ici, d'après ce que nous venons de dire, que ce germe n'est autre chose que la matière incréée, existant de toute éternité et consubstantielle à Dieu, puisqu'elle est en lui. S'il faut rejeter l'idée de matière première coexistante à Dieu, car Basilide nous a avertis que son dieu n'était, ni matière, ni substance, ni accident, la doctrine de l'émanation ressort avec plus de clarté. Mais l'action même de la Υἱότης qui sort du germe et vole vers le dieu-néant, nous force à voir que dans l'esprit de Basilide, ce germe quoique en Dieu et consubstantiel à Dieu, était cependant distinct de Dieu, puisque le principe d'activité l'abandonne, s'affranchit de ses liens et va se reposer au sein de la divinité en puissance d'agir, ce qui au fond signifie que le dieu-néant agit, qu'il commande à son être propre de produire un second être, et que cette première émanation est acte, et devient l'origine du premier monde de Basilide, comme nous le verrons bientôt.

---

[1] Ταύτης τῆς Υἱότητος τῆς τριχῇ διῃρημένης τὸ μέν τι ἦν λεπτομερὲς, τὸ δὲ παχυμερὲς, τὸ δὲ ἀποκαθάρσεως δεόμενον. Τὸ μὲν οὖν λεπτομερὲς εὐθέως πρῶτον ἅμα τῷ γένεσθαι τοῦ σπέρματος τὴν πρώτην καταβολὴν ὑπὸ τοῦ οὐκ ὄντος διέσφυξε καὶ ἀνῆλθε καὶ ἀνέδραμε κάτωθεν ἄνω, ποιητικῷ τινι χρησάμενον τάχει ὡσεὶ πτερὸν ἠὲ νόημα καὶ ἐγένετο φησὶ, πρὸς τὸν οὐκ ὄντα. (Ibid., p. 349, lin. 13-15, p. 340, lin. 1-7.) Ἐκείνου γὰρ, δι' ὑπερβολὴν κάλλους καὶ ὡραιότητος, πᾶσα φύσις ὀρέγεται, ἄλλη δὲ ἄλλως. (Ibid.)

Cependant la seconde Υἱότης, Υἱότης grossière, était restée dans le germe-néant, c'est-à-dire dans ce monde néant qui n'est autre chose, que la matière première apte à devenir la création entière : elle ne pouvait aucunement s'élever vers les régions supérieures, quoiqu'elle eût un vif désir d'imiter la première Υἱότης ; mais, comme elle manquait de cette ténuité, c'est-à-dire, de cette spiritualité dont était douée la première, elle ne pouvait prendre son vol, et pour cette cause elle demeurait confinée dans le monde néant. Cependant elle parvint à se dresser, mais non sans le secours d'une aide : l'aide qui vint à son secours fut le Saint-Esprit dont elle se servit, comme l'oiseau se sert de son aile [1]. Ainsi, à l'aide de l'Esprit saint, elle s'éleva vers le dieu-néant, élevant avec elle celui qui l'aidait ; mais comme cet esprit n'était pas consubstantiel au dieu οὐκ ὤν, sa nature ne pouvait aspirer à être placée dans ce lieu ineffable entre toutes les choses ineffables, sublime entre tous les noms, lieu qu'occupaient le dieu-néant et la *Filiété* spirituelle. C'est ainsi, que l'air des montagnes ne saurait convenir aux poissons, habitants des mers. Cet esprit fut donc abandonné par cette Υἱότης qu'il avait secourue et qui parvint jusqu'au sein du dieu-néant : cependant, quoique abandonné, il ne resta pas seul et privé de tout, car il conserva comme le parfum et la vertu de la *Filiété* à laquelle il avait été uni, de même qu'un vase qui a été rempli d'un parfum précieux, en conserve encore l'odeur délicieuse alors même qu'il ne le contient plus [2].

Quant à la troisième Υἱότης, elle demeurait encore dans le monde-néant ;

---

[1] Ἡ δὲ παχυμεστέρα ἔτι μένουσα ἐν τῷ σπέρματι, μιμητική τις οὖσα, ἀναδραμεῖν μὲν οὐκ ἠδυνήθη, πολὺ γὰρ ἐνδεεστέρα τῆς λεπτομερείας ἧς εἶχεν ἡ δι' αὐτῆς Υἱότης ἀναδραμοῦσα, ἀπελείπετο. Ἐπτέρωσεν οὖν αὐτὴν ἡ Υἱότης ἡ παχυμεστέρα τοιούτῳ τινὶ πτερῷ, ὁποίῳ διδάσκαλος ὁ Πλάτων Ἀριστοτέλους ἐν Φαίδρῳ τὴν ψυχὴν πτεροῖ, καὶ καλεῖ, τὸ τοιοῦτο Βασιλείδης, οὐ πτερὸν, ἀλλὰ Πνεῦμα Ἅγιον, ὃ εὐεργετεῖ ἡ Υἱότης ἐνδυσαμένη, καὶ εὐεργετεῖται. Εὐεργετεῖ μὲν, ὅτι καθάπερ ὄρνιθος πτερὸν αὐτὸ καθ' αὐτὸ, τοῦ ὄρνιθος ἀπηλλαγμένον οὐκ ἂν γένοιτό ποτε ὑψηλὸν οὐδὲ μετάρσιον, οὐδ' αὖ ὄρνις ἀπολελυμένος τοῦ πτεροῦ οὐκ ἄν ποτε γένοιτο ὑψηλὸς οὐδὲ μετάρσιος. Τοιοῦτόν τινα τὸν λόγον ἔσχεν ἡ Υἱότης πρὸς τὸ Πνεῦμα τὸ Ἅγιον, καὶ τὸ Πνεῦμα πρὸς τὴν Υἱότητα. (*Phil.*, lib. VII, I, n. 22, p. 350, lin. 9-15, p. 351, lin. 1-3.)

[2] Ἀναφερομένη γὰρ ἀπὸ τοῦ Πνεύματος ἡ Υἱότης ὡς ὑπὸ τοῦ πτεροῦ, ἀναφέρει τὸ πτερὸν τουτέστι τὸ Πνεῦμα, καὶ πλησίον γενομένη τῆς λεπτομεροῦς Υἱότητος καὶ τοῦ θεοῦ τοῦ οὐκ ὄντος, καὶ δημιουργήσαντος ἐξ οὐκ ὄντων. Ἔχειν μὲν αὐτὸ μετ' αὐτῆς οὐκ ἠδύνατο· ἦν γὰρ οὐχ ὁμοούσιον· οὐδὲ φύσιν εἶχε μετὰ τῆς Υἱότητος· ἀλλ' ὥσπερ ἐστὶ παρὰ φύσιν καὶ ὀλέθριοις τοῖς ἰχθύσιν ἀὴρ καθαρὸς καὶ ξηρὸς, οὕτω τῷ πνεύματι τῷ Ἁγίῳ ἦν παρὰ φύσιν ἐκεῖνο τὸ ἀρρήτων ἀρρητότερον, καὶ πάντων ἀνώτερον ὀνομάτων τοῦ οὐκ ὄντος ὁμοῦ θεοῦ χωρίον καὶ τῆς Υἱότητος. Κατέλιπεν οὖν αὐτὸ πλησίον ἡ Υἱότης ἐκείνου τοῦ μακαρίου καὶ νοηθῆναι μὴ δυναμένου μηδὲ χαρακτηρισθῆναί τινι λόγῳ χωρίου, οὐ παντάπασιν ἔρημον, οὐδὲ ἀπηλλαγμένον τῆς Υἱότητος, ἀλλὰ γὰρ ὥσπερ εἰς ἄγγος, ἐμβληθὲν μύρον εὐωδέστατον, εἰ καὶ ὅτι μάλιστα ἐπιμελῶς ἐκκενωθείη, ὅμως ὀσμή τις ἔτι μένει τοῦ μύρου καὶ καταλείπεται, κἂν ᾖ κεχωρισμένον τοῦ ἀγγείου, καὶ μύρου ὀσμὴν τὸ ἀγγεῖον ἔχει, εἰ καὶ μὴ μύρον, οὕτως τὸ πνεῦμα Ἅγιον μεμένηκε τῆς Υἱότητος ἄμοιρον καὶ ἀπηλλαγμένον,

elle y devait rester jusqu'au moment où sonnerait l'heure à laquelle elle devait être douée d'action [1].

Ainsi cette seconde Υίοτης est, comme la première, un principe d'activité, mais un principe plus matériel; elle a besoin d'un secours étranger du Πνεῦμα qui doit l'aider à monter vers le Dieu suprême que toute créature désire. Avec ce secours, elle parvient à posséder ce qu'elle désirait ; mais le Πνεῦμα, une fois parvenu aux limites du monde supérieur, se trouve arrêté parce qu'il n'est pas consubstantiel à Dieu. Que peuvent signifier ces images extraordinaires? Il nous semble que dans cette seconde émanation, il y a descente d'un degré dans l'échelle de l'être vers le monde matériel. Cette descente se fait par émanation, car la seconde Υίοτης est, comme la première, consubstantielle au dieu-néant, mais elle est plus matérielle et doit donner naissance au monde intermédiaire, à un monde plus matériel que le premier, à l'espace céleste. Cette conclusion nous semble prouvée par cette donnée même du système, à savoir que cette seconde Υίοτης est unie au Πνεῦμα et forme avec lui un être distinct, composé d'une partie consubstantielle à Dieu et d'une autre qui ne l'est pas: la première de ces parties ne peut agir sans la seconde, ni la seconde sans la première, comme l'aile sans l'oiseau, ou l'oiseau sans aile ne saurait voler. Si l'on veut faire attention à l'expression employée par Basilide, à ce mot Πνεῦμα que nous traduisons par esprit, à cause de l'habitude chrétienne, et qui devrait bien plutôt être traduit par souffle, air mis en vibration, ce Πνεῦμα est quelque chose de matériel, mais c'est ce qu'il y a de moins matériel, voilà pourquoi il monte jusqu'aux confins du monde incorporel avec lequel il n'est pas consubstantiel et dont il ne peut faire partie. Cependant il ne laisse pas que de participer aux attributs de cette nature spirituelle; de son union avec la seconde Υίοτης il en conserve un parfum et comme une vertu d'énergie, une force qui atteste son émanation. En demeurant en dehors du monde supérieur, il est devenu le monde intermédiaire, le monde du milieu : Basilide appelait ce monde l'Esprit-Limite,

---

ἔχει δὲ ἐν ἑαυτῷ μύρου παραπλησίως τὴν δύναμιν, τῆς Υἱότητος ὀσμὴν καὶ τοῦτό ἐστι τὸ λεγόμενον· Ὡς μύρον τὸ ἐπὶ κεφαλῆς τὸ καταβαῖνον ἐπὶ τὸν πώγωνα τοῦ Ἀαρὼν, ἢ ἀπὸ τοῦ Πνεύματος τοῦ Ἁγίου φερομένη ὀσμὴ ἄνωθεν κάτω, μέχρι τῆς ἀμορφίας καὶ τοῦ διαστήματος τοῦ καθ' ἡμᾶς, ὅθεν ἤρξατο ἀνελθεῖν ἡ Υἱότης οἱονεὶ ἐπὶ πτερύγων ἀετοῦ, φησι, καὶ τῶν μεταφρένων ἐνεχθεῖσα.(*Ibid.*, p. 251, lin. 3-15, p. 352, lin. 1-10.)

[1] Ἡ δὲ τρίτη Υἱότης, ἡ ἀποκαθάρσεως δεομένη, ἐμεμένηκε τῷ μεγάλῳ τῆς πανσπερμίας σωρῷ εὐεργετοῦσα καὶ εὐεργετουμένη. (*Ibid.*, p. 352, lin. 12-14.)

Μεθόριον Πνεῦμα. Cependant, malgré ces explications, certaines données de Basilide restent inexplicables; ainsi, rien n'explique pourquoi la seconde Υἱότης put pénétrer seule dans le monde supérieur, lorsqu'il lui avait fallu l'aide du Πνεῦμα pour se mettre en mouvement; rien n'explique l'essence de ce Πνεῦμα dont l'on peut seulement dire qu'il n'était pas consubstantiel au dieu-néant, et qu'il était d'une essence inférieure, une descente dans l'échelle de l'être, le premier anneau de cette chaîne d'émanations successives qui allèrent toujours en diminuant, perdant peu à peu les propriétés et les attributs de leur nature divine à mesure qu'elles s'éloignaient de la source d'émanation. Les anneaux de la chaîne avaient beau se multiplier, on pouvait toujours s'étonner que les émanations de Dieu ne fussent pas aussi parfaites que la source dont elles émanaient. Basilide sentait que c'était là le point faible de son système; c'est pourquoi il rejetait loin de lui l'idée d'émanation, en lui substituant celle d'émission, c'est-à-dire en conservant l'émanation elle-même, tout en s'en défendant. D'ailleurs, il demandait à ses disciples la foi et non des raisonnements: « Lorsque j'ai mis sous vos yeux la doctrine du germe dont sort le monde, si je dis ensuite que d'autres choses ont été créées, ne me demandez pas d'où elles sont sorties[1]. » Sans contredit, il voulait montrer qu'elles étaient sorties de ce germe du monde, mais c'était expliquer la proposition par la proposition elle-même, et cette objection l'embarrassait. Il serait superflu de chercher à expliquer aujourd'hui ce qu'il ne pouvait pas lui-même éclaircir : il sera plus utile de continuer l'exposition de son système.

II

COSMOLOGIE

Avec l'émanation de la seconde Υἱότης et son assomption dans le monde supérieur se termine la première partie du système de Basilide : le monde supérieur, séjour ineffable du Dieu néant, est créé, il a été borné, et à ses

---

[1] Ὑποκειμένου, τοίνυν τοῦ κοσμικοῦ σπέρματος, ὅ τι δ' ἂν λέγω, φησίν, μετὰ ταῦτα γεγονέναι, μὴ ἐπιζήτει πόθεν. (*Phil. ibid.*, p. 340, lin. 5-7.)

confins a dû s'arrêter l'esprit bienfaisant qui a prêté son concours à la seconde Ὑιότης : c'est à ces confins que commence le second monde, le monde du milieu que Basilide va peupler d'autant de mondes distincts qu'il y a de jours dans l'année.

Or, continue le philosophe, lorsque les deux ascensions des deux premières *Filiétés* furent accomplies, l'Esprit-Saint demeura entre le monde supérieur et l'espace où devait se trouver le monde que nous habitons ; alors, entre le germe du monde, c'est-à-dire, entre ce monde du milieu qui commençait d'être créé et entre le trésor de toutes les semences en puissance, il y eut commerce, une palpitation se fit et le grand Ἄρχων naquit [1]. Basilide ne pouvait mieux expliquer l'émanation qu'il repoussait ; ici encore, le germe en puissance se développe, mais il ne se développe plus en Dieu lui-même, il continue la série des émanations et la reprend où elle s'était arrêtée. Il ne s'agit plus, en effet, ici d'un Dieu, d'une semence, d'un monde qui sont des néants ; le monde existe, non dans son développement complet, mais dans un commencement de développement ; la semence est éclose et Dieu de la puissance est passé à l'acte. La scène où se continue le drame (s'il nous est permis de parler ainsi) est donc complètement changée ; nous sommes en pleine activité, et le premier fruit de cette activité, c'est le grand Ἄρχων que nous venons de nommer, le grand prince ou chef du monde intermédiaire qui va jouer dans ce monde le même rôle que le Dieu-néant a joué dans le monde supérieur. Ici se présente une question assez difficile à résoudre : ce monde supérieur n'était-il peuplé que du Dieu-néant et des deux *Filiétés* dont nous avons parlé ? Une réponse affirmative n'enlèverait aucune difficulté ; une réponse négative en soulèverait beaucoup : c'est vers cette dernière cependant que nous penchons. Voici le raisonnement sur lequel nous nous appuyons pour croire qu'il en était ainsi. Le principe de similitude des mondes domine dans tout le système de Basilide, nous aurons bientôt occasion de le démontrer par notre exposition même. Or, nous verrons que dans le monde du milieu il y avait une Ogdoade et une Hebdomade, principe et terme des trois cent soixante-

---

[1] Ἐπεὶ οὖν γέγονε πρώτη καὶ δευτέρα ἀναδρομὴ τῆς Ὑιότητος καὶ μεμένηκεν αὐτοῦ τὸ Πνεῦμα τὸ Ἅγιον τὸν εἰρημένον τρόπον, στερεωμάτων ὑπερκοσμίων καὶ τοῦ κόσμου μεταξὺ τεταγμένον..... ὄντος οὖν τοῦ στερεώματος ὅ ἐστιν ὑπεράνω τοῦ οὐρανοῦ, διέσφυξε καὶ ἐγεννήθη, ἀπὸ τοῦ κοσμικοῦ σπέρματος καὶ τῆς πανσπερμίας τοῦ σωροῦ ὁ μέγας Ἄρχων..... (*Phil.*, lib. VII, 1, n. 23, p. 353, lin. 1-10.)

cinq cieux dont Basilide avait peuplé ce monde intermédiaire. Pourquoi n'en aurait-il pas été de même dans le monde supérieur ? La chose serait tout à fait conforme à la manière de Basilide, et peut-être est-ce ainsi qu'il faut expliquer les dernières paroles que nous avons citées : « Lorsque furent accomplies les deux ascensions des deux premières *Filiétés* et que l'Esprit saint fut resté entre les mondes supérieurs et notre monde... (στερεωμάτων ὑπερκοσμίων καὶ τοῦ κόσμου μεταξὺ τεταγμένον). » En effet, l'on ne peut être milieu qu'entre deux termes, et les deux termes sont ici les mondes supérieurs et notre monde, et comme dans les mondes supérieurs on ne peut ranger le monde du milieu qui n'est autre que ce πνεῦμα limite, que nous appelons Esprit-Saint, il est clair que ces mondes supérieurs doivent être des divisions du monde céleste. Peut-être pourrions-nous aller encore plus loin et restituer l'Ogdoade supérieure, mais nous sortirions alors du domaine de la science pour tomber dans celui de la conjecture.

Quoi qu'il en soit, nous avons déjà cité un assez grand nombre de textes pour que nous puissions faire remarquer dès à présent que les trois mondes ne sauraient être désignés d'une manière plus distincte ; d'ailleurs l'auteur des *Philosophumena* le dit expressément en des paroles que nous nous garderons bien de ne pas citer : « D'après Basilide, dit-il, tous les êtres sont divisés en deux parties principales : l'une s'appelle le monde, l'autre le monde hypercosmique (ὑπερκόσμια) : au milieu de ces deux mondes se trouve l'Esprit-limite (πνεῦμα μεθόριον), c'est le même que l'Esprit Saint qui conserve encore le parfum de la seconde Ὑιότης [1]. » Nous ne pouvons donc douter désormais de l'existence de ces trois mondes dans le système de Basilide, comme nous les avons déjà trouvés chez Simon le Mage, Ménandre et Satornilus, comme nous les retrouverons dans le système de Valentin, et comme nous les trouverions aussi dans les doctrines de Marcion et de Bardesanes, si nous devions les examiner. C'était un fonds commun à tous les Gnostiques, ils s'en servaient tous comme d'une base sur laquelle chacun édifiait son système particulier. Et cette théorie nous la trouvons exprimée non seulement dans les œuvres

---

[1] Διήρηται γὰρ ὑπὸ Βασιλείδου τὰ ὄντα εἰς δύο τὰς προεχεῖς καὶ πρώτας διαιρέσεις, καὶ καλεῖται κατ' αὐτὸν τὸ μέν τι κόσμος, τὸ δέ τι ὑπερκόσμια, τὸ δὲ μεταξὺ τοῦ κόσμου καὶ τῶν ὑπερκοσμίων Μεθόριον Πνεῦμα, τοῦτο ὅπερ ἐστὶ καὶ Ἅγιον καὶ τῆς Ὑιότητος ἔχει μένουσαν ἐν ἑαυτῷ τὴν ὀσμήν. (*Phil.*, *ibid.*, n. 23, p. 353, lin. 3-8.)

des Pères de l'Église, mais aussi dans les œuvres gnostiques qui ont échappé aux ravages du temps et à la destruction qui tôt ou tard est le sort des œuvres humaines. C'est ainsi que nous lisons dans une ode gnostique qui nous a été conservée en copte sous le nom de Salomon : « O toi qui m'as fait sortir du lieu supérieur, qui m'as conduit au lieu de la vallée inférieure et qui as amené ici ceux qui se trouvaient dans le milieu [1]. » Certes, ces paroles ne sont pas d'une riche littérature, mais il faut avouer que l'on ne pouvait exprimer en termes plus exprès les trois mondes dont nous parlons : le lieu supérieur, le lieu de la vallée inférieure, le milieu correspondent bien aux trois mondes que nous avons trouvés dans le système de Basilide. De ces trois mondes nous connaissons le premier et nous avons déjà mentionné l'existence du grand Ἄρχων que nous allons voir reprendre dans le monde du milieu le rôle du Dieu-néant dans le monde céleste.

Du germe cosmique déjà en acte et du grand trésor de tous les germes en puissance est sorti le grand Ἄρχων : un désir violent de production avait uni les deux principes desquels émana ce grand Ἄρχων qui est le chef du monde, la beauté, la grandeur, la puissance ineffable [2] (il faut remarquer que ce titre de chef du monde, n'engage que le monde du milieu, le monde où réside ce grand Prince). Il est plus ineffable que les choses ineffables, plus puissant que les puissants, meilleur que toutes les choses bonnes que l'on peut énumérer [3]. Ainsi produit, le grand Ἄρχων s'éleva de lui-même, il monta vers les hauteurs les plus sublimes, il parvint jusqu'au firmament, limite du monde supérieur : là, il s'arrêta, car il ne lui était pas permis d'aller plus loin, et de plus il était persuadé qu'il n'y avait plus rien au

---

[1] Ode Salomonis tertia apud Uhlemann: *Linguæ copticæ grammatica* cum chrest. et gloss. P. 104. Mot à mot : Celui qui m'a fait sortir... etc. Nous avons traduit par le vocatif, car dans les vers suivants la personne change, c'est la seconde qui est employée. D'ailleurs en copte comme en hiéroglyphes, le vocatif est marqué par l'emploi de l'article qui se trouve ici ⲠⲈⲚⲦ : ille qui.

[2] Ὄντος οὖν τοῦ στερεώματος ὑπεράνω τοῦ οὐρανοῦ, διέσφυξε καὶ ἐγεννήθη ἀπὸ τοῦ κοσμικοῦ σπέρματος, καὶ τῆς πανσπερμίας τοῦ κόσμου ὁ μέγας Ἄρχων, ἡ κεφαλὴ τοῦ κόσμου, κάλλος τι καὶ μέγεθος καὶ δύναμις λαληθῆναι μὴ δυναμένη. (*Phil.*, VII, 1, n. 23, p. 359, lin. 8-12.) Mgr Cruice a traduit le verbe διέσφυξε par *palpitavit*. Ce mot ne nous semble pas rendre le mot grec. Il s'agit, en effet, d'une émission qui se fait par un désir vif et intérieur du principe et non d'une palpitation extérieure : au figuré, le mot grec signifie avoir un vif désir, *gestire, ardere*: ce qui s'accorde beaucoup mieux avec le système de Basilide. C'est évidemment une image prise de la génération, ce qui ne va point à l'encontre de l'émanation, car ici les deux principes de la génération sont le même principe en acte et en puissance.

[3] Ἀρρήτων γάρ, φησίν, ἐστιν ἀρρητότερος καὶ δυνατῶν δυνατώτερος καὶ σοφῶν σοφώτερος καὶ ὅ, τι ἂν εἴπῃς πάντων τῶν καλῶν κρεῖττων. (*Ibid.*, p. 353, lin. 12-14.)

delà. Il s'établit donc là plus admirable, plus puissant, plus resplendissant que tout ce qui était au-dessous de lui, excepté cependant cette troisième Υἱότης qui demeurait encore cachée dans le trésor des germes en puissance. Il ignorait que cette Υἱότης était plus puissante que lui, bien plus il n'en soupçonnait pas même l'existence ; car tout était caché dans le silence le plus profond [1]. Dans cette ignorance, il se crut le seul maître, le seul roi, il se dit qu'il serait le sage ouvrier de toutes choses, et, ne voulant plus rester dans la solitude, il résolut de créer. Cependant cette ignorance qui fut la source de son orgueil, fut en même temps le principe d'une faute, d'une chute; et à cause de cette déchéance, le grand Ἄρχων eut besoin d'être racheté, il fut soumis à la rédemption [2]. Cette ignorance avait été prévue par le Dieu-néant qui l'avait même préordonnée lorsqu'il avait fait émaner le grand trésor des germes, le monde néant. Mais le grand Ἄρχων ne voulant plus rester seul procréa des choses qui lui étaient inférieures, un fils qui fut plus puissant et meilleur que son père. En le voyant, il fut saisi d'étonnement, il l'aima, puis tomba dans la stupéfaction et le fit asseoir à sa droite. Or, ajoute l'auteur des *Philosophumena*, le lieu où se trouvait Ἄρχων s'appelle Ogdoade, d'après Basilide [3].

S'étant ainsi créé un fils bien plus sage et bien plus puissant qu'il n'était lui-même, le grand Ἄρχων fit toute la création éthérée et, dans son œuvre, il fut aidé par son fils [4]. Qu'entendait Basilide par cette création éthérée? Il nous en donne lui-même l'explication lorsqu'il dit : « La majesté du grand

---

[1] Πάντα γὰρ ἦν φυλασσόμενα ἀποκρύφῳ σιωπῇ. (*Ibid.*, n. 25, p. 357, lin. 13.)
[2] Κατηχηθεὶς οὖν, φησὶν, ὁ Ἄρχων καὶ διδαχθεὶς καὶ φοβηθεὶς ἐξωμολογήσατο περὶ ἁμαρτίας ἧς ἐποίησε μεγαλύνων ἑαυτόν. (*Ibid.*, n. 26, p. 360, lin. 2-4.)
[3] Οὗτος γεννηθεὶς ἐπῆρεν ἑαυτὸν, μετεώρισε καὶ ἠνέχθη ὅλος ἄνω μέχρι τοῦ στερεώματος, ἔστη ' δὲ τῆς ἀναδρομῆς καὶ τοῦ ὑψώματος τὸ στερέωμα τέλος εἶναι νομίσας, καὶ μηδὲ εἶναι μετὰ ταῦτα ὅλως μηδὲν ἐπινοήσας· ἐγένετο μὲν ὑποκειμένων πάντων, ὅσα ἦν λοιπὸν κοσμικὰ, σοφώτερος, δυνατώτερος, ἐκπρεπέστερος, φωτεινότερος, πᾶν ὅ, τι ἂν εἴπῃς καλὸν διαφέρον, χωρὶς μόνης τῆς ὑπολελειμμένης Υἱότητος ἔτι ἐν τῇ πανσπερμίᾳ· ἠγνόει γὰρ ὅτι ἐστὶν αὐτοῦ σοφωτέρα καὶ δυνατωτέρα καὶ κρείττων. Νομίσας οὖν αὐτὸς εἶναι κύριος καὶ δεσπότης καὶ σοφὸς ἀρχιτέκτων, τρέπεται εἰς τὴν καθ' ἕκαστα κτίσιν τοῦ κόσμου. Καὶ πρῶτον μὲν ἠξίωσε μὴ εἶναι μόνος, ἀλλὰ ἐποίησέν ἑαυτῷ καὶ ἐγέννησεν ἐκ τῶν ὑποκειμένων υἱὸν ἑαυτοῦ πολὺ κρείττονα καὶ σοφώτερον. Ταῦτα γὰρ ἦν πάντα προβεβουλευμένος ὁ οὐκ ὢν θεός, ὅτε τὴν πανσπερμίαν κατέβαλεν. Ἰδὼν οὖν τὸν υἱὸν ἐθαύμασε καὶ ἠγάπησε καὶ κατεπλάγη· τοιοῦτον γάρ τι κάλλος ἐφαίνετο υἱοῦ τῷ μεγάλῳ Ἄρχοντι καὶ ἐκάθισεν αὐτὸν ἐκ δεξιῶν ὁ Ἄρχων. Αὕτη ἐστὶν ἡ ὑπ' αὐτοῦ Ὀγδοὰς λεγομένη ὅπου ἐστὶν ὁ μέγας Ἄρχων καθήμενος, (*Phil.*, *ibid.*, p. 353, lin. 14-15, p. 354, lin. 1-15.)
[4] Πᾶσαν τὴν οὖν ἐπουράνιον κτίσιν, τουτέστι τὴν αἰθέριον, αὐτὸς εἰργάσατο ὁ δημιουργὸς ὁ μέγας σοφός· ἐνήργει δὲ αὐτῷ καὶ ὑπετίθετο ὁ υἱὸς ὁ τούτου γενόμενος, ὧν αὐτοῦ τοῦ δημιουργοῦ πολὺ σοφώτερος. (*Ibid.*, p. 354, lin. 15-16, p. 355, lin. 1-2.)

Ἄρχων prévit et ordonna toutes les choses éthérées qui se trouvent dans l'espace éthéré jusqu'à la lune, car c'est là que l'air proprement dit commence et que finit l'éther [1]. » Nous savons, en outre, que furent créées des Principautés (Ἄρχαι), des Puissances (Δυνάμεις), des Dominations (Ἐξουσίαι), et trois cent soixante-cinq cieux sur lesquels dominait le grand Abrasax, car les lettres qui composent son nom, valent le nombre trois cent soixante-cinq dans la numération grecque [2]. Ces trois cent soixante-cinq cieux étaient peuplés par les Principautés, les Puissances et les Dominations : saint Irénée et saint Épiphane nous l'apprennent, de concert avec l'auteur des *Philosophumena*.

Ici s'arrêtent les renseignements fournis par ce dernier auteur sur ce sujet, il nous donnera les détails ultérieurs sur l'Hebdomade et la Rédemption ; mais il se tait complètement sur l'*Ogdoade*. Cependant cette *Ogdoade* devait jouer un assez grand rôle dans le système de Basilide, pourquoi donc n'en parle-t-il pas ? Nous serions assez tenté de croire que c'est parce que saint Irénée en parle, et nous ne pouvons pas ici rejeter le témoignage de saint Irénée, auquel s'ajoute celui de saint Épiphane, en disant qu'ils esquissent tous les deux un système postérieur, car Clément d'Alexandrie lui-même en parle, en disant : « Basilide met dans son *Ogdoade* la Justice et sa fille la Paix [3]. » Il nous fournit donc les noms de deux des æons qui composaient cette *Ogdoade*. De son côté, saint Irénée dit : « Basilide, élargissant encore son système, nous montre comment du Père non engendré *(Pater innatus)* sort l'Esprit (Νοῦς), de l'Esprit naquit le Verbe (Λόγος), du Verbe la Raison (Φρόνησις), de la Raison, la Sagesse et la Force (Σοφία καὶ Δύναμις), de la Force et de la Sagesse sont sortis les Vertus, les Principautés et les Anges qu'il appelle premiers, et par eux fut formé le premier ciel [4]. » Saint Irenée nous donne

---

[1] Πάντα οὖν ἐστι προνοούμενα καὶ διοικούμενα ὑπὸ τῆς μεγαλειότητος τοῦ Ἄρχοντος τοῦ μεγάλου τὰ αἰθέρια ἅτινα μέχρι σηλήνης ἐστίν· ἐκεῖθεν γὰρ ἀὴρ αἰθέρος διακρίνεται. (*Ibid.*, n. 24, p. 355, lin. 12-15.)

[2] Κτίσεις γὰρ ἐστι κατ' αὐτὰ τὰ διαστήματα κατ' αὐτοὺς ἄπειροι καὶ Ἀρχαὶ καὶ Δυνάμεις καὶ Ἐξουσίαι, περὶ ὧν μακρός ἐστι κατ' αὐτοὺς πάνυ λόγος λεγόμενος διὰ πόλλων, ἔνθα καὶ τριακοσίους ἐξήκοντα πέντε οὐρανοὺς φάσκουσι, καὶ τὸν μέγαν Ἄρχοντα αὐτῶν εἶναι Ἀβραξάξ. (*Ibid.*, p. 368, lin. 2-6.)

[3] Βασιλείδης δὲ ἀποστατήσας Δικαιοσύνην δὲ καὶ τὴν θυγατέρα αὐτῆς τὴν Εἰρήνην ὑπολαμβάνει ἐν ᾿Ογδοαδὶ μένειν ἐνδιατεταγμένας. (*Strom.* lib. IV, cap VIII *Patr. græc.*, t. 25 col. 1372 l. 1.)

[4] Basilides autem..... in immensum extendit sententiam doctrinæ suæ, ostendens Nun primo ab innato natum Patre, ab hoc autem natum Logon, deinde a Logo Phronesin, a Phronesi autem Sophiam et dynamin, a Dynami autem et Sophia virtutes, et Principes et Angelos, quos et primos vocat, et ab iis primum cœlum factum. (*Iren.*, lib. I, cap. XXIV, n. 3. *Ibid.*) — Voici le passage correspondant de saint Épiphane qui semble transcrire les paroles mêmes de Basilide : Ἦν ἕν τὸ ἀγέννητον, ὃ μόνος ἐστὶ πάντων

donc les noms de six æons qu'il est impossible de placer ailleurs que dans l'*Ogdoade*, puisque l'*Ogdoade* est le premier des trois cent soixante-cinq cieux. Si maintenant, nous unissons les deux æons, nommés par Clément d'Alexandrie, aux six autres, dont les noms nous sont donnés par saint Irénée, nous aurons l'*Ogdoade* ainsi composée des huit æons que comporte son nom : le grand Ἄρχων *(Pater innatus)*, Νοῦς, Φρόνησις, Δύναμις, Σοφία, Δικαιοσύνη et Εἰρήνη. Entre le grand Ἄρχων et le *Pater innatus*, il n'y a qu'une différence de nom ; le grand Ἄρχων n'a pas de naissance proprement dite, il est une émanation inconsciente du principe dont elle émane, *Pater innatus*. On pourrait ici se demander, si ces huit æons étaient rangés par Syzygies ; mais rien, dans le système de Basilide, n'autorise une réponse affirmative [1]. Le texte seul de saint Irénée qui unit Sophia et Dynamis, et fait sortir de ces deux æons les Anges et les Puissances, pourrait donner quelque raison de penser ainsi ; mais nous ne croyons pas que ce soit une preuve assez forte lorsque toutes nos autres données l'infirment.

L'*Ogdoade* ayant été ainsi constituée par les huit æons que nous connaissons, de Dynamis et de Sophia, furent produits les Principautés, les Vertus, les Anges qui achevèrent de la peupler. Ces Anges, à leur tour, produisirent d'autres Anges ; ces Principautés d'autres Principautés, ces Vertus d'autres Vertus, qui peuplèrent un second ciel, et ce mouvement de reproduction une fois imprimé, ne s'arrêta qu'au chiffre de trois cent soixante-cinq cieux dont le dernier est celui qui s'étend au-dessus de nos têtes, et que l'auteur des *Philosophumena* va bientôt appeler Hebdomade : saint Irénée dit, en effet : « Ensuite, de ces premiers Anges *dérivèrent* d'autres Anges et un second ciel fut fait semblable au premier : de ceux-ci, sur le même type, *dérivèrent* aussi d'autres Anges qui formèrent un troisième ciel ; de ce troisième ciel *descendirent* les habitants d'un quatrième, et ainsi de suite,

---

πατήρ. Ἐκ τούτου προβέβληται, φησί, Νοῦς· ἐκ δὲ τοῦ Νοῦ Λόγος, ἐκ δὲ τοῦ λόγου Φρόνησις, ἐκ δὲ τῆς Φρονήσεως Δύναμις καὶ Σοφία, ἐκ δὲ τῆς Δυνάμεώς τε καὶ Σοφίας Ἀρχαί, Ἐξουσίαι, Ἄγγελοι. Ἐκ δὲ τούτων τῶν Δυνάμεών τε καὶ Ἀγγέλων γεγονέναι ἀνώτερον πρῶτον οὐρανόν, καὶ Ἀγγέλους ἑτέρους ἐξ αὐτῶν γεγονέναι. (Epiph., *Hær.*, XXIV, n. 1.)

[1] Dom Massuet, dans sa première dissertation sur saint Irénée dit : *Nec dubium quin in prima sua conjugatione* Ἔννοιαν, *seu* Σιγὴν *habuerit* (Basilides), *masculasque cum feminis Ogdoade copulaverit, cum id disertis verbis asserant Gregorius Nazianzenus, Nicetas et Elias Cretensis.* (Art. 3, *Pat. græc.*, t. VII, col. 136.) Nous en demandons bien pardon à Dom Massuet, mais les trois auteurs qu'il cite, tout en parlant de Valentin et de Marcion, ne disent rien de semblable sur Basilide.

furent créés d'autres et d'autres Anges et Principautés, et furent formés trois cent soixante-cinq cieux. Ils affirment même qu'il n'y a trois cent soixante-cinq jours dans l'année que parce qu'il y a trois cent soixante-cinq cieux [1]. » Saint Épiphane dit absolument la même chose que saint Irénée et l'auteur des *Philosophumena* est complètement d'accord avec eux, car il écrit que le grand Ἄρχων créa tous les mondes éthérés et qu'il y avait trois cent soixante-cinq cieux jusqu'à la lune, qui est la séparation de l'air et de l'éther. Nous avons déjà dit que, selon nous, cette création n'était autre chose qu'une émanation, et les expressions employées ici par saint Irénée confirment notre manière de voir. Il dit, en effet, que ces cieux sortirent l'un de l'autre par dérivation *(ab horum derivatione alios factos Angelos)*, et si nous voulons savoir ce qu'il entend par ce mot *derivatio*, nous n'avons qu'à interroger Théodoret qui a transcrit le texte grec d'Irénée, mot pour mot, et nous verrons qu'au lieu du mot *derivatio* de la version latine, le texte grec contenait le mot ἀπόρροια [2]. Or, ce mot ἀπόρροια a la même valeur que notre mot émanation; il est formé d'après les mêmes règles et sur des racines correspondantes: nous avions donc raison de dire que Basilide admettait la chose, quand il en rejetait l'idée et surtout l'expression.

A propos de ces trois cent soixante-cinq cieux, saint Irénée nous avertit que Basilide et ses disciples avaient donné des noms particuliers à tous ces Anges et aux cieux qu'ils peuplaient, et qu'ils avaient déterminé de la manière la plus exacte quels étaient, parmi ces Anges, ceux qui habitaient, ou plutôt formaient tel ou tel ciel. L'évêque de Lyon nous cite même l'un de ces noms, car il nous dit que le monde d'où descendit le Sauveur, s'appelait Caulacau [3]. Mais nous devons dire que ce nom ne se trouve pas dans

---

[1] Dehinc ab horum (primorum Angelorum) derivatione alios autem factos aliud cœlum simile priori fecisse, et simili modo ex eorum derivatione cum alii facti essent, antitypi e s qui super eos essent, aliud tertium deformasse cœlum, et a tertio deorsum descendentium quartum; et deinceps secundum eum modum alteros et alteros Principes et Angelos factos esse dicunt, et cœlos trecentos sexaginta quinque. Quapropter et tot dies habere annum, secundum numerum cœlorum. (Iren. *ibid.* cap. XXIV, n. 3. — Cf. Epiph., *hær.* XXIV, n. 1.)

[2] Ἐκ δὲ τούτων ἀπορροίας ἄλλους γενομένους Ἀγγέλους, ἄλλον οὐρανὸν ποιῆσαι τῷ πρώτῳ προσόμοιον. (Théod., *Hæres.* fab., lib. I, cap. IV.) Le mot *derivatio* n'est que le correspondant exact de ἀπόρροια: de = ἀπό; *rivus* = ῥέω; *derivatio* =, ἀπόρροια.

[3] Nomina quoque quædam affingentes quasi Angelorum, annuntiant hos quidem esse in primo cœlo, hos autem in secundo: et deinceps nituntur trecentorum sexaginta quinque ementitorum cœlorum et nomina et principia, et Angelos et virtutes exponere. Quemadmodum et mundus nomen esse, in quo dicunt descendisse et ascendisse Salvatorem, esse Caulacau. (Iren. *ibid.*, n. 5. — *Ibid.*, col. 678.)

Théodoret, et que saint Épiphane n'en fait mention que dans sa vingt-cinquième hérésie, celle des Nicolaïtes, dont les doctrines étaient toutes différentes du système de Basilide [1]. D'après Théodoret, ce nom de Caulacau aurait été celui du Sauveur, explication fort probable et que saint Irénée lui-même semble adopter; car, quatre lignes plus loin, il emploie ce même mot, en disant que les fidèles de Basilide devaient apprendre tous les noms de ces Anges et de ces mondes, comme l'avait fait Caulacau [2]. Il y a donc l'une des deux acceptions du mot qui est erronée, et ce n'est pas pour nous une petite preuve de la manière dont ce chapitre de l'évêque lyonnais et les semblables ont été composés, manière que nous avons indiquée plus haut. A l'exception de ce nom qu'il ne mentionne pas, l'auteur des *Philosophumena* nous fournit des renseignements semblables: « Sur tout cela, dit-il, ils font des énumérations interminables [3]. » De plus, il donne, comme saint Irénée, le nom du dieu qui était à la tête du premier ciel et dont le nom est Abrasax, écrit d'autres fois Abraxas (nom fort connu de tous les antiquaires, à cause des pierres basilidiennes sur lesquelles il est gravé); puis saint Irénée ajoute : « Ils assignent à ces trois cent soixante-cinq cieux des positions déterminées dans l'espace avec une précision mathématique, car ils ont pris les théories des mathématiciens pour les transporter dans leur doctrine, et le prince de ces cieux ne s'appelle Abraxas que parce que son nom contient le nombre trois cent soixante-cinq[4]. » Cet ensemble de concordances prouve déjà en faveur de notre thèse, à savoir que c'est bien la même doctrine dans les deux sources, et non un développement postérieur de la doctrine de Basilide qui se trouve analysé dans l'œuvre de l'évêque de Lyon. La même concordance se remarque pour les démiurges, car le système de Basilide en contient deux, si nous donnons

---

[1] Τὸν δὲ σωτῆρα καὶ Κύριον Καυλακύαν ὀνομάζουσι. (Théod., *Hær. fab.*, lib. I, cap. IV.)

[2] Igitur qui didicerit, et Angelos omnes cognoverit et causas eorum, invisibilem et incomprehensibilem cum Angelis et potestatibus universi fieri, quemadmodum et Caulacau fuisse. (*Ibid.*, n. 6. — *Ib.*, col. 679.)

[3] Περὶ ὧν μακρός ἐστι κατ' αὐτοὺς πάνυ λόγος λεγόμενος διὰ πόλλων. (*Phil.*, lib. VII, n. 26, p. 361, lin. 3-4.)

[4] Trecentorum autem sexaginta quinque cœlorum locales positiones distribuunt similiter ut mathematici. Illorum enim theoremata accipientes in suum characterem doctrinæ transtulerunt : esse autem principem illorum ᾿Αβράξας, et propter hoc trecentos sexaginta quinque numeros habere in se. (*Iren.*, *ib.*, n. 7, col. 679.) Καὶ τὸν μέγαν ἄρχοντα αὐτῶν εἶναι τὸν ῾Αβρασάξ, διὰ τὸ περιέχειν τὸ ὄνομα αὐτοῦ ψῆφον τξε. (*Philos.*, *ibid.*, p. 361, lin. 5-6.) Le traducteur de saint Irénée seul écrit Abraxas, tous les autres auteurs grecs écrivent ᾿Αβρασάξ *vel* ᾿Αβρασάξ, cependant c'est l'orthographe Abraxas qui est la plus répandue, ce qui ne devrait pas être.

ce nom aux deux principes d'émanation corporelle dont l'un crée le monde du milieu, les mondes éthérés, et l'autre le monde que nous habitons avec tout ce qu'il renferme. En effet, l'auteur des *Philosophumena* n'attribue au grand Ἄρχων que la création des mondes supralunaires, il laisse la création du monde sublunaire à un second démiurge dont nous allons bientôt nous occuper. Saint Irénée et saint Épiphane disent absolument la même chose, avec moins de précision cependant, comme cela leur arrive toujours. Nous les avons vus plus haut attribuer toute la création au Père incréé *(Pater innatus)*, que saint Épiphane appelle le Un non engendré (ἓν τὸ ἀγέννητον), mais lorsqu'ils arrivent à la création de notre monde, ils disent l'un et l'autre en termes identiques : « Les Anges habitant le dernier ciel, celui qui est suspendu sur nos têtes, ont fait tout ce qui est dans notre monde, ils se sont partagé la terre et les nations qui l'habitent [1]. » Il y a donc chez les trois auteurs deux démiurges, l'un des mondes supralunaires, l'autre des mondes sublunaires. C'est l'œuvre de ce dernier que nous allons maintenant examiner avec le secours de l'auteur des *Philosophumena* qui reprend ici son exposition.

Lorsque tous les mondes éthérés furent achevés et ordonnés, dit-il, de nouveau un second Ἄρχων sortit du grand trésor des germes, plus grand que tout ce qui était au-dessous de lui, excepté cependant la troisième Υἱότης qui était délaissée, mais de beaucoup inférieur au grand Ἄρχων. Il y a entre les deux cette différence, que le nouvel Ἄρχων peut recevoir un nom : son séjour est l'hebdomade, il est l'ordonnateur et l'ouvrier de tout ce qui est au-dessous de lui. Il se fit d'abord un fils bien plus prudent et plus sage qu'il n'était lui-même : l'Ἄρχων de l'hebdomade est le roi et le maître de l'espace que nous habitons [2]. Or, c'est dans cet espace par nous habité que se trouve le grand trésor, l'universalité de toutes les semences, de tous les

---

[1] Eos qui posterius continent cœlum Angelos, quod etiam a nobis videtur, constituisse ea quæ sunt in mundo omnia et partes sibi fecisse terræ et earum quæ super eam sunt gentium. (*Iren.*, *ib.*, n. 4.) Ὕστερον δὲ φησὶν (ὁ Βασιλείδης), ἀπὸ τῶν ἐν τούτῳ τῷ καθ' ἡμᾶς οὐρανῷ καὶ τῆς ἐν αὐτῷ δυνάμεως τὴν κτίσιν ταύτην γεγενῆσθαι. (Epiph., *Hær.*, XXIV, nn. 1 et 2.) Il y a dans ce dernier texte une expression que nous ne devons pas laisser passer inaperçue, c'est celle-ci : τῆς ἐν αὐτῷ δυνάμεως ; il est évident que saint Épiphane voulait parler ici du prince de ce dernier ciel. Nous reviendrons sur l'importance de ce point.

[2] Ἦν δὲ καὶ τούτου τοῦ διαστήματος βασιλεὺς καὶ κύριος ἡ Ἑβδομάς. (*Phil.*, lib. VII, I, n. 25, pp. 357, l. 16, et 358, lin. 1.)

germes; qu'existent toutes les choses selon leur nature propre et que tous les êtres se hâtent de naître par le moyen de celui qui a réglé quand, comment et en quel état ils devaient naître [1]. Ce qui s'explique ainsi : après l'émanation des trois cent soixante-quatre premiers cieux, l'émanation du trois cent soixante-cinquième et dernier ciel se fit du trésor universel des germes (ἀπο τῆς πανσπερμίας), c'est-à-dire, qu'il devint existant réellement, au lieu de n'être qu'en puissance. Comme les autres cieux, ce dernier ciel, ou l'hebdomade, fut peuplé d'Anges. Ces Anges de l'hebdomade avaient à leur tête un Ἄρχων qui reproduisait trait pour trait du grand Ἄρχων de l'ogdoade, d'après le principe de similitude des mondes que saint Irénée et saint Épiphane n'ont pu s'empêcher de remarquer en cet endroit. Et ici, nous pouvons faire observer que, d'après ce même principe, il devait y avoir dans tous les mondes intermédiaires, entre l'ogdoade et l'hebdomade, un Ἄρχων dominant sur les Anges qui peuplaient son ciel, reproduisant dans un degré inférieur les attributs du grand Ἄρχων et devant être considéré comme le créateur et le maître de tous les mondes qui se trouvaient au-dessous du sien. De tous ces Ἄρχων, comme nous l'avons dit, nous ne connaissons que le premier, Abraxas ou le grand Ἄρχων, et le dernier, l'Ἄρχων de l'hebdomade. Ce dernier créa tout ce qui était au-dessous de lui, c'est-à-dire, qu'il produisit tout par émanation, ayant en lui-même la puissance qui lui avait été transmise, quoique avec un moindre degré, par le principe immédiatement supérieur dont il émanait. Sa première émanation fut un fils plus puissant que lui-même, comme cela avait eu lieu dans l'ogdoade et avait dû avoir lieu dans les mondes intermédiaires, anneaux intérieurs d'une chaîne dont nous ne connaissons que les deux extrémités. Basilide d'ailleurs vient lui-même encore ici confirmer notre thèse de l'émanation ; quoiqu'il ait dit plus haut, que l'Ἄρχων de l'hebdomade était le seigneur et l'ouvrier de tout ce qui lui était inférieur, il dit cependant dans un autre endroit : « Dans toute cette dernière création (celle

---

[1] Κεκοσμημένων οὖν πάντων τῶν αἰθερίων, πάλιν ἀπό τῆς πανσπερμίας ἄλλος Ἄρχων ἀνέβη, μείζων μὲν πάντων τῶν ὑποκειμένων, χωρὶς μέν τοι τῆς καταλελειμμένης Υἱότητος, πολὺ δὲ ὑποδεέστερος τοῦ πρώτου Ἄρχοντος. Ἔστι δὲ καὶ οὗτος ῥητὸς ὑπ' αὐτῶν λεγόμενος. Καὶ καλεῖται, ὁ τόπος οὗτος Ἐβδομάς, καὶ πάντων τῶν ὑποκειμένων οὗτός ἐστι διοικητὴς καὶ δημιουργός, ποιήσας καὶ αὐτὸς ἑαυτῷ υἱὸν ἐκ τῆς πανσπερμίας, ἑαυτοῦ φρονιμώτερον καὶ σοφώτερον, παραπλησίως τοῖς ἐπὶ τοῦ πρώτου λελεγμένοις. Τὸ δὲ ἐν τῷ διαστήματι τούτῳ ὁ σωρός αὐτός ἐστι, φησί, καὶ ἡ πανσπερμία, καὶ γίνεται κατὰ φύσιν τὰ γινόμενα ὡς φθάσαντα τεχθῆναι ὑπὸ τοῦ τὰ μέλλοντα γένεσθαι ὅτε δεῖ, καὶ οἷα δεῖ καὶ ὡς δεῖ λελογισμένου. (Phil., lib. VII, 1, n. 24, p. 355, lin. 15-16, et p. 356, lin. 1-10.)

de notre monde) personne ne peut en être dit le maître, le directeur ou l'ouvrier; il suffit, en effet, que le dieu-néant ait tout réglé lorsqu'il opérait [1]. » Il serait difficile de se contredire d'une manière plus palpable ; toutefois, ces paroles ne sont pas pour nous une contradiction, elles ne font qu'exprimer la loi du développement de l'émanation, telle que Basilide la comprenait et telle que nous l'avons exposée : c'est le dieu-néant qui a tout ordonné, tout prévu, quoiqu'il n'eût ni raison, ni volonté, parce que c'est de lui que sont émanées toutes choses.

C'est ici le lieu de résoudre une objection grave, qui pourrait nous être faite sur l'identité des systèmes exposés dans les deux sources de renseignements où nous avons presque exclusivement puisé jusqu'ici. Si, en effet, il y a identité complète entre les deux systèmes, d'où vient que la source primitive d'où sont découlées les deux expositions postérieures de saint Irénée et de saint Épiphane ne parlent pas de l'hebdomade? A cette objection, nous répondrons purement et simplement : Il est vrai que ces deux auteurs ne donnent pas le nom, mais ils donnent la chose, ce qui est préférable. Saint Irénée et saint Épiphane, disent, en parlant du dernier ciel, que c'est celui que nous voyons (τὸ ὑφ' ἡμῶν ὁρώμενον, écrit Théodoret qui reproduit saint Irénée); de son coté, l'auteur des *Philosophumena* dit que l'hebdomade est le dernier ciel, celui à partir duquel l'air se sépare de l'éther, c'est-à-dire la lune, et il est évident que sur ce premier point les deux sources ne se contredisent pas, car la lune est bien de tous les astres celui qui nous paraît le plus rapproché de nous. D'ailleurs, si les uns disent que nous voyons ce ciel au-dessus de nos têtes (ἀνώτερον, dit saint Épiphane), l'autre répète que l'Ἄρχων de l'*hebdomade* est le maître de l'espace que nous habitons (τούτου τοῦ διαστήματος) et que c'est dans cet espace habité par nous que se trouve le trésor des germes en puissance comme dans le dernier de ses réceptacles (ἐν τούτῳ τῷ διαστήματι). Jusqu'ici donc, rien de difficile : mais c'est à partir de ce point, que s'élève la grande difficulté; car, selon l'auteur des *Philosophumena*, c'est l'hebdomade qui a créé toute notre création; selon saint Irénée et saint Épiphane, c'est le Dieu

---

[1] Καὶ τούτων ἐστὶν ἐπιστάτης ἢ φροντιστὴς ἢ δημιουργὸς οὐδείς· ἀρκεῖ γὰρ αὐτοῖς ὁ λογισμὸς ἐκεῖνος ὃν ὁ οὐκ Ὢν, ὅτε ἐποίει, ἐλογίζετο. (*Phil.*, lib. VII, 1, p. 356, lin. 10-12.)

des Juifs. Or, si nous pouvons démontrer que le Dieu des Juifs et l'Ἄρχων de l'hebdomade ne désignent qu'un seul et même Être sous deux noms différents, la preuve de l'identité des systèmes sera évidente. C'est ce que va nous montrer l'étude attentive et comparée des textes. Nous devons faire remarquer que dans l'hebdomade, selon la signification du nom qui lui est donné, il ne devait y avoir que sept anges principaux, comme dans l'ogdoade nous avons compté huit æons dont les noms nous sont tous connus, et supposé que les *Philosophumena* ne nous eussent rien appris à ce sujet, nous aurions été en droit de le conclure d'après la génération des systèmes ; car le nombre des anges créateurs, dont le dieu des Juifs se trouve partout le chef, est de sept dans les systèmes que nous avons exposés précédemment. Puisque nous ne savions rien de contraire, nous étions en droit de conclure que Basilide n'avait rien innové sur ce point. L'eussions-nous fait, notre conclusion aurait été amplement confirmée par la découverte et la publication des *Philosophumena*. Ceci posé, citons les textes et jugeons. « Au nombre des anges du dernier ciel, dit saint Épiphane, Basilide avait placé un ange supérieur qu'il nomme le dieu des Juifs pour le distinguer des autres [1]. » Saint Irénée ne parle pas autrement [2]. L'auteur des *Philosophumena* ne dit rien de contraire, puisque, nous l'avons vu, l'Ἄρχων de l'hebdomade est le chef du monde qu'il habite, et le maître de tout ce qui lui est inférieur. Cet auteur n'appelle pas, il est vrai, l'Ἄρχων de l'hebdomade dieu des Juifs, mais il place dans sa bouche des expressions qui démontrent clairement qu'il ne fait qu'un seul être avec ce dieu. « L'ogdoade est ineffable, lisons-nous dans les *Philosophumena*, mais on peut dire le nom de l'hebdomade. C'est cet Ἄρχων de l'hebdomade, dit Basilide, qui a parlé à Moïse en ces termes : Je suis le dieu d'Abraham, d'Isaac et de Jacob, et je ne leur ai pas révélé le nom de Dieu, c'est-à-dire de l'ogdoade, qui est ineffable [3]. » Il ne saurait plus y avoir de doute après ces paroles, nul autre que Jéhovah n'a prononcé ces paroles que nous lisons aux versets deuxième et troisième du sixième chapitre de l'Exode, et Jéhovah

---

[1] Ἐξ ὧν ἀγγέλων ἕνα λέγει τὸν θεόν, ὃν διελὼν τῶν Ἰουδαίων μόνον εἶναι ἔφη ἕνα. (Epiph., *Hær.*, xxiv, n. 2.)
[2] Esse autem principem eorum eum qui Judæorum putatur esse Deus. (Iren., *ib.*, cap. xxiv, n. 2.)
[3] Καί ἐστιν ἡ μὲν Ὀγδοὰς ἄρρητος, ῥητὸς δὲ ἡ Ἑβδομάς. Οὗτός ἐστι, φησίν, ὁ τῆς Ἑβδομάδος Ἄρχων ὁ λαλήσας· τῷ Μωϋσῇ καὶ εἰπών· « Ἐγὼ ὁ Θεὸς Ἀβραὰμ καὶ Ἰσαὰκ καὶ Ἰακώβ, καὶ τὸ ὄνομα τοῦ Θεοῦ οὐκ ἐδήλωσα αὐτοῖς » (οὕτως γὰρ θέλουσι γεγράφθαι), τουτέστιν τοῦ ἀρρήτου τῆς Ὀγδοάδος Ἄρχοντος Θεοῦ. (*Phil.*, lib. VII, 1, n. 25, p. 358, lin. 1-6.)

est bien le dieu des Juifs : l'identité est donc complète, et notre affirmation reçoit une nouvelle et ample confirmation qui ne sera pas la dernière. D'ailleurs, saint Épiphane, en parlant de ce monde, dit que toute la création terrestre est l'œuvre des Anges et de la force qui se trouve dans le dernier ciel (ἀπὸ τῶν ἐν τούτῳ τῷ καθ' ἡμᾶς οὐρανῷ καὶ τῆς ἐν αὐτῷ δυνάμεως τὴν κτίσιν ταύτην γεγενῆσθαι), et ces paroles montrent bien la conformité qui règne entre les deux expositions du même système. Nous pouvons donc tracer maintenant, d'une main sûre le portrait de ce Dieu des Juifs, et unir ensemble les traits qui se trouvent séparés dans les trois auteurs qui nous fournissent nos renseignements.

Il faut noter d'abord, d'après les *Philosophumena*, que les mondes supérieurs et tout ce qu'ils contiennent sont inconnus aux mondes inférieurs : ainsi le grand Ἄρχων de l'ogdoade ignore l'existence du monde supérieur, l' Ἄρχων de l'hebdomade ne connaît pas les cieux qui existent au-dessus de celui qu'il occupe. Bien plus, Basilide compte cette ignorance au nombre des causes du bonheur que les hommes fidèles goûteront après la mort : « Tous les hommes de ce monde terrestre, dit-il, qui doivent être immortels de leur nature, demeureront dans l'ignorance la plus complète, de tout ce qui peut être différent de ce monde ou meilleur que lui : il n'y aura, ni mention, ni connaissance dans les mondes inférieurs de ce qui se trouve dans les mondes supérieurs, afin que les âmes ne puissent désirer ce qu'elles ne peuvent posséder et que ce désir ne devienne pas pour elles une source de tourments, car il serait la cause de leur perte. Tout ce qui est immortel ne l'est qu'à la la condition de rester dans le lieu propre à chaque être ; le désir de passer dans un autre lieu serait la destruction de l'immortalité[1]. » Tous les habitants des trois cent soixante-cinq cieux sont sujets à cette ignorance : « Cette ignorance envahira le grand Ἄρχων de l'ogdoade et toutes les créatures qui lui

---

[1] Ἐπειδὰν γένηται τοῦτο (ἡ ἀπολύτρωσις), ἐπάξει, φησίν, ὁ θεὸ: ἐπὶ τὸν κόσμον ὅλον τὴν μεγάλην ἄγνοιαν, ἵνα μένῃ πάντα κατὰ φύσιν, καὶ μηδὲν μηδενὸς τῶν παρὰ φύσιν ἐπιθυμήσῃ. Ἀλλὰ γὰρ πᾶσαι αἱ ψυχαὶ τούτου τοῦ διαστήματος ὅσαι φύσιν ἔχουσιν ἐν τούτῳ ἀθάνατοι διαμένειν μόνῳ, μένουσιν οὐδὲν ἐπιστάμεναι τούτου τοῦ διαστήματος, διάφορον οὐδὲ βέλτιον· οὐδὲ ἀκοή τις ἔσται τῶν ὑπερκειμένων ἐν τοῖς ὑποκειμένοις, οὐδὲ γνῶσις, ἵνα μὴ τῶν ἀδυνάτων αἱ ὑποκείμεναι ψυχαὶ ὀρεγόμεναι βασανίζωνται, καθάπερ ἰχθῦς, ἐπιθυμήσας ἐν τοῖς ὄρεσι μετὰ τῶν προβάτων νέμεσθαι, ἐγένετο γὰρ ἄν, φησίν, αὐτοῖς ἡ τοιαύτη ἐπιθυμία φθορά· Ἔστιν οὖν ἄφθαρτα πάντα τὰ κατὰ χώραν μένοντα· φθαρτὰ δὲ, ἐὰν ἐκ τῶν κατὰ φύσιν ὑπερπηδᾶν καὶ ὑπερβαίνειν βούλοιντο. (*Phil.*, lib. VII, I, n. 27, p. 363, lin. 3-14.)

sont soumises [1]. » Quoiqu'il s'agisse dans ces paroles, d'un effet futur, elles peuvent cependant nous servir à constater l'état antérieur ; avant la rédemption, l'ignorance régnait, elle fut un moment dissipée par le Sauveur ; après la rédemption, elle reparaît, et ce qu'elle est alors nous explique ce qu'elle était avant; d'ailleurs, nous avons déjà vu que cette ignorance était inhérente à l'émanation du grand Ἄρχων lui-même ; elle devait l'être aux autres chefs par la force du principe de similitude, qui joue un si grand rôle dans tous les systèmes et jette une si grande lumière sur l'économie intérieure de tous ces mondes qu'une imagination fantastique avait superposés les uns aux autres et peuplés d'anges innombrables. L'Ἄρχων de l'hebdomade ignorait donc l'existence de ses supérieurs hiérarchiques ; il se crut le seul Dieu existant, comme le grand Ἄρχων l'avait cru d'abord pour lui-même, il s'enorgueillit à cette pensée et voulut faire peser sa domination sur les autres Anges : mais ceux-ci lui résistèrent. Cela nous explique, pourquoi saint Irénée et saint Épiphane disent du dieu des Juifs, qu'il était amateur de trouble, arrogant, audacieux, et ne rêvait que batailles [2] ; tout cela prenait sa source dans l'ignorance où il se trouvait des autres mondes et de la persuasion de son autorité unique. Que si de pareilles dissensions pouvaient surprendre, il faut se rappeler que dans les systèmes antérieurs la dissension a toujours régné parmi les Anges créateurs du monde inférieur : les Anges de Basilide et son Ἄρχων de l'hebdomade, n'échappent pas à cette règle. Cela se comprend, en effet ; car, à mesure que l'objet émanant s'éloigne du premier principe émanateur, il devient plus faible, plus accessible au mal, et il faut bien trouver un point où le mal commmence, puisqu'il existe : Basilide n'a imaginé ses trois cent soixante-cinq mondes d'émanations, qu'afin d'éloigner, le plus possible, l'origine du mal de la source même d'émanation, et de trouver une explication à cette origine, dans l'accroissement constant de la diminution primitive de l'être.

Après avoir créé la terre et ce qu'elle contient, les Anges créateurs se

---

[1] Καταλήψεται δὲ ὁμοίως τὸν μέγαν Ἄρχοντα τῆς Ὀγδοάδος ἡ ἄγνοια αὕτη, καὶ πάσας τὰς ὑποκειμένας αὐτῷ κτίσεις παραπλησίως. (*Ibid.*, p. 364, lin. 2-4.)

[2] Ἐληλυθέναι δὲ τοὺς Ἰουδαίους εἰς κλῆρον αὐτοῦ. Καὶ τὸν αὐτὸν ὑπὲρ Ἀγγέλων αὐθαδέστερον, ἐξαγάγειν δὲ τοὺς υἱοὺς Ἰσραὴλ ἐξ Αἰγύπτου αὐθαδείᾳ βραχίονος τοῦ ἰδίου, διὰ τὸ εἶναι αὐτὸν ἰταμώτερον τῶν ἄλλων καὶ αὐθαδέστερον. Ὅθεν διὰ τὴν αὐθαδείαν, φησὶν, αὐτοῦ, ὡς βλασφημεῖ ὁ γόης, βεβουλεῦσθαι τὸν αὐτῶν θεὸν καθυπατάξαι τῷ γένει τοῦ Ἰσραὴλ πάντα ἄλλα τὰ ἔθνη. Καὶ διὰ τὸ παρεσκευακέναι πολέμους. (Epiph., *Hær.*, XXIV, n. 2.)

l'étaient partagée et chacun la gouvernait selon son bon plaisir. Après ce partage, l'arrogance du dieu des Juifs avait encore été une source de dissensions ; il avait voulu que sa nation fût la première et les six autres Anges s'étaient ligués contre lui, ils avaient excité leurs nations contre celle des Juifs, et c'est là l'origine des guerres, des invasions qu'eut à soutenir et à combattre la race juive. Ce qui se passait sur la terre n'était qu'une représentation de ce qui avait lieu au ciel ; c'est la constante application de la similitude [1]. Pour achever la peinture des Anges créateurs et de leur caractère, nous devons dire, qu'après avoir créé les hommes, ils les maltraitèrent ; car saint Irénée nous dit que Basilide promettait à ses disciples d'être délivrés des Anges [2], et ce n'est pas une témérité de notre part de conclure d'après ces paroles, que les Anges avaient dû molester les hommes et les soumettre à un empire malfaisant, puisque les hommes avaient besoin d'être délivrés de cet empire, ce qui, du reste, est tout à fait conforme aux doctrines de Simon, de Ménandre et de Satornilus.

Ce sont là tous les détails que nous avons pu trouver sur ce monde intermédiaire : pour en parfaire le tableau, nous avons dû y mêler quelques traits anticipés, il nous eût été impossible de faire autrement, car toutes les notions sont enchevêtrées les unes dans les autres d'une manière à peu près inextricable. Cependant, nous ne quitterons pas ce monde du milieu sans faire observer que les trois cent soixante-cinq cieux ne nous semblent être autre chose que trois cent soixante-cinq astres que Basilide avait peuplés de ses Anges; ce nombre lui-même, de trois cent soixante-cinq, n'avait été choisi entre tous qu'en considération des trois cent soixante-cinq jours de l'année. Nous avons, dans ce choix, une des dernières influences des phénomènes et des systèmes astronomiques sur les philosophies et les religions. Après cette remarque, nous devons étudier ce que Basilide pensait de l'homme.

Sur cette question, nous ne pouvons plus nous servir des renseignements contenus dans les *Philosophumena*, qui n'en disent absolument rien ; nous

---

[1] Διὰ τοῦτο (cf. note précédente) γάρ, φησί, τὰ ἄλλα ἔθνη ἐπολέμησε τοῦτο τὸ ἔθνος, καὶ πολλὰ κακὰ αὐτῷ ἐνεδείξαντο, διὰ τὴν τῶν ἄλλων παραζήλωσιν, ἐπειδήπερ παροτρύνοντες, ὡς καταφρονούμενοι ὑπ' αὐτοῦ, καὶ αὐτοὶ τὰ ἴδια ἔθνη ἐπὶ τὸ ἔθνος τοῦ Ἰσραὴλ τὸ ὑπ' αὐτῶν ἐπέσεισαν· τούτου ἕνεκα πόλεμοι πάντοτε καὶ ἀποκαταστάσιαι ὑπ' αὐτῶν ἐπανέστησαν. (Epiph., *ib.*, n. 2. — Cf. Iren., *ibid.*, cap. XXIV, n. 4, — Patr. græc., t. VII, col. 676.)

[2] M. Uhlhorn est de cet avis. (Cf. *Das Basilidianische System*, p. 37.)

trouverons au contraire, quelques données dans saint Irénée et saint Épiphane, et Clément d'Alexandrie nous dévoilera les pensées de Basilide sur presque toutes les questions d'anthropologie qui peuvent nous intéresser; car ce Père de l'Église semble avoir combattu les doctrines psychologiques de Basilide, avec autant de soin qu'il a mis de négligence à nous instruire du côté théologique ou métaphysique du système hérétique, et cela se comprend ; les fabuleuses généalogies des divinités et les récits fantastiques d'une cosmogonie impuissante devaient être bien moins dangereux que les doctrines plus pratiques sur l'homme, l'âme, la rédemption, les fins de l'homme et du monde, et c'est pourquoi Clément a réfuté ces erreurs en négligeant les autres.

L'homme, nous l'avons dû conclure déjà par ce qui précède, avait été créé par les Anges de l'Hebdomade, c'est-à-dire, qu'il était l'un des derniers anneaux de cette chaîne savante d'émanations que nous avons vue se dérouler sous nos yeux[1]. Il était un être d'une nature inférieure d'un degré seulement dans l'échelle des êtres. Cet homme, enseignait Basilide, est composé d'un corps et d'une âme. Le corps formé de la matière est réduit au néant, il périt sans retour; mais bien différente est la destinée de l'âme: cette âme, d'après Basilide et ses disciples, était d'une triple nature, c'est-à-dire que les âmes en général étaient divisées en trois catégories, à l'une desquelles appartenait l'âme de chaque homme en particulier. D'abord, nous pouvons conclure d'après les propres paroles d'Isidore, fils de Basilide, que les âmes étaient divisées en deux classes. Isidore dit en effet (Clément d'Alexandrie le cite mot pour mot) dans un livre qu'il avait composé sur l'âme et son union avec le corps (περὶ προσφυοῦς ψυχῆς) : « Si vous persuadez à quelqu'un que l'âme n'est pas d'une seule pièce, mais que les affections mauvaises viennent des appendices ajoutés à cet âme, vous donnez aux criminels un excellent prétexte pour dire : j'ai été forcé, j'ai été entrainé, je l'ai fait malgré moi, j'ai fait l'action sans le vouloir; et cependant, c'est l'homme qui est le maître de sa passion qui l'a vaincu parce qu'il n'a pas lutté contre les appendices. Il faut donc que nous soyons élevés par la partie rationnelle de notre être (τὸ λογιστικόν) et que nous nous montrions les maîtres de la partie inférieure qui est en nous[2]. »

---

[1] Καὶ ἐξ αὐτοῦ (τοῦ τῶν Ἰουδαίων Θεοῦ) πεπλάσθαι τὸν ἄνθρωπον. (Epiph., *Hær.*, xxiv, n. 2.)
[2] Αὐτὸς γοῦν ὁ τοῦ Βασιλείδου υἱὸς Ἰσίδωρος ἐν τῷ περὶ Προσφυοῦς ψυχῆς συναισθόμενος τοῦ δόγματος, οἷον ἑαυτοῦ κατηγορῶν, γράφει κατὰ λέξιν· « Ἐὰν γάρ τινι πεῖσμα ἐφῇς, ὅτι μή ἐστιν ἡ ψυχὴ μονομερὴς, τῇ

Clément d'Alexandrie infère de ces paroles avec assez de raison, qu'Isidore plaçait deux âmes dans l'homme, l'une qu'il nommait logique (λογιστικόν), l'autre qu'il désignait sous le nom de création inférieure (τὴν ἐλάττονα ἐν ἡμῖν κτίσιν). Le nom de la troisième espèce d'âme nous est connu d'après Clément d'Alexandrie, auquel l'auteur des *Philosophumena* vient apporter une confirmation inattendue, en disant : « Ce qui, d'après les disciples de Basilide, se trouve dans la partie psychique, c'est l'homme intérieur et pneumatique [1]. » Ces paroles nous donnent donc le nom de la troisième sorte d'âmes, l'âme pneumatique, et de la première, l'âme psychique; (il faut remarquer que ce mot psychique a toujours été employé par les gnostiques pour signifier une sorte d'infériorité naturelle de l'âme). Nous distinguerons donc trois sortes d'âmes : l'âme psychique, l'âme logique, l'âme pneumatique; la présence de l'une dans le corps humain, emportait celle de l'inférieure, si l'homme était plus que psychique; car la différence entre les hommes venait de la différence qui existait entre leurs âmes.

Cette âme ainsi déterminée avait des affections, c'est-à-dire, des passions, des appétits, et dans l'enseignement de Basilide, ces affections se rattachaient à l'âme d'une manière tout à fait extraordinaire, de sorte que l'on peut dire, qu'elles lui étaient plutôt extérieures qu'intérieures. En effet, ces appétits ne naissaient pas de l'âme elle-même, ils lui étaient étrangers et venaient s'ajouter à elle comme des excroissances, comme des appendices de sa nature, appendices qui étaient pour elle la source des mêmes désirs que ceux qui sont naturels aux plantes ou aux animaux. Pour en expliquer la nature, nous ne saurions mieux

δὲ τῶν προσαρτημάτων βίᾳ τὰ τῶν χειρόνων γίνεται πάθη, πρόφασιν οὐ τὴν τυχοῦσαν ἕξουσιν οἱ μόχθηροι, τῶν ἀνθρώπων λέγειν; Ἐβιάσθην, ἀπηνέχθην, ἄκων ἔδρασα, μὴ βουλόμενος ἐνήργησα· τῆς τῶν κακῶν ἐπιθυμίας αὐτὸς ἡγησάμενος, καὶ οὐ μαχεσάμενος ταῖς τῶν προσαρτημάτων βίαις. Δεῖ δὲ τῷ λογιστικῷ κρείττονας γενομένους τῆς ἐλάττονος ἐν ἡμῖν κτίσεως φανῆναι κρατοῦντας. (*Strom*, lib. II, cap. xx, *Patr. græc.*, t. VIII, col. 1057. Uhlhorn fait peu de cas de ces paroles : Bei Clemens Alexandrinus und Epiphanios, dit-il, besitzen wir einige Fragmente des Isidor, des Sohnes des Basilides. Diese beziehen sich aber meist auf ethische Fragen, mit denen sich Isidor vorwiegend beschäftigt zu haben scheint. Sonst steht er dem Vater noch sehr nahe wie sich... Nur in der Angabe des Alexandriners Isidor habe zwei Seelen angenommen wie die Pythagoräer könnte eine Abweichung liegen und zwar der späheren Entwickelung entsprechend eine Hinneigung zum Dualismus. (*Ibid.*, p. 67.) Il n'y a ici nulle déviation de doctrine, puisque Clément d'Alexandrie nous dit lui-même qu'Isidore avait la même doctrine que son père : τοῦ δόγματος συναισθόμενος.

[1] Οὗτός ἐστιν ὁ κατ' αὐτοὺς νενοημένος ἔσω ἄνθρωπος πνευματικὸς ἐν τῷ ψυχικῷ. (*Phil.* lib. VII, I, n. 27, p. 364, lin. 12 13.) Δύο γὰρ δὴ ψυχὰς ὑποτίθεται καὶ οὗτος ἐν ἡμῖν. (*Strom. Ibid.*, *Patr. græc.*, *ib.*, col. 1057.) Uhlhorn embrasse l'avis de Clément d'Alexandrie quoiqu'il voie dans ce système d'Isidore un développement ultérieur de Basilide (note précédente).

faire que de citer les paroles de Clément d'Alexandrie : « Les disciples de Basilide, dit-il, ont coutume de nommer les passions des appendices (προσ- αρτήματα); ces appendices dans leur essence sont des esprits ajoutés à l'âme douée de raison par quelque trouble et quelque confusion primordiale ; de plus, d'autres esprits d'une nature différente s'ajoutent aux premiers, comme par exemple, ceux d'un loup, d'un singe, d'un lion, d'un bouc; ils entrent dans l'âme avec leurs propriétés, et les désirs de l'âme sont rendus semblables aux désirs des animaux, car les âmes imitent les actions des animaux dont elles possèdent les propriétés. Et non seulement l'âme s'acccommode aux désirs et aux images des animaux sans raison ; mais encore elle reproduit avec ardeur les mouvements et les beautés des plantes, parce qu'elle a en elle-même les propriétés des plantes [1]. » Ainsi ce que les Grecs appelaient passions (πάθη), les disciples de Basilide le nommaient appendices de l'âme; ces appendices n'étaient pas essentiels à l'âme, ils venaient s'y ajouter et recevaient à leur tour, comme autant de compléments, les désirs, les appétits des animaux et les propriétés des plantes, que l'homme imite s'il fait les mêmes choses que les plantes et les animaux. En résumé, l'homme reçoit en lui-même les propriétés les plus contraires à sa nature propre, et cela vient d'un bouleversement primitif, d'une confusion première qui jette en lui les choses les plus hétérogènes. Pour expliquer cette confusion, une allusion des *Philosophumena* nous apporte un grand secours: « Toute cette doctrine des Basilidiens, dit l'auteur de ce livre, a pour fondement la confusion de tous les germes, le discernement et la restitution à leur état primitif de tous les germes confondus [2]. » Nous parlerons de ce discernement, de cette restitution lorsque nous expose-

---

[1] Οἱ δ'ἀμφὶ τὸν Βασιλείδην προσαρτήματα τὰ πάθη καλεῖν εἰώθασιν· πνεύματά τινα ταῦτα κατ' οὐσίαν ὑπάρχειν προσηρτημένα τῇ λογικῇ ψυχῇ, κατά τινα τάραχον καὶ σύγχυσιν ἀρχικήν· ἀλλάς τε αὖ πνευμάτων νόθους καὶ ἑτερογενεῖς φύσεις προσεπιφύεσθαι ταύταις, οἷον λύκου, πιθήκου, λέοντος, τράγου· ὧν τὰ ἰδιώματα περὶ τὴν ψυχὴν φανταζόμενα, τὰς ἐπιθυμίας τῆς ψυχῆς τοῖς ζώοις ἰδιώματα ἐξομοιοῦν λέγουσιν. Ὧν γὰρ ἰδιώματα φέρουσι, τούτων τὰ ἔργα μιμοῦνται· καὶ οὐ μόνον ταῖς ὁρμαῖς καὶ φαντασίαις τῶν ἀλόγων ζώων προσοικειοῦνται, ἀλλὰ καὶ φυτῶν κινήματα καὶ κάλλη ζηλοῦσι, διὰ τὸ καὶ φυτῶν ἰδιώματα προσηρτημένα φέρειν. Ἔχει δὲ καὶ ἕξεως ἰδιώματα, οἷον ἀδάμαντος σκληρίαν. (*Strom.* lib. II, cap. xx, *Patr. græc.*, t. VIII, col. 1056.) Dans cette édition, il y a beaucoup de fautes ; nous avons pris la liberté de corriger ce qui nous semblait devoir être corrigé. Uhlhorn cite ce passage et regarde la doctrine des appendices comme propre à Basilide : cependant Clément ne parle ici que des disciples de Basilide, et nous ne voyons pas pourquoi cet auteur rejette ailleurs ce qu'il admet ici.(Cf. Uhlhorn, *Das Basil. Sys.*, p. 44. — Baur, *Gnosis*, p. 21. — Neander, *Kirchegeschichte*, t. II, p. 695.)

[2] Ὅλη γὰρ αὐτῶν ὑπόθεσις, σύγχυσις οἱονεὶ πανσπερμίας καὶ φυλοκρίνησις καὶ ἀποκατάστασις τῶν συγκεχυμένων εἰς τὰ οἰκεῖα. (*Philos.*, lib. VII, 1, n. 27, p. 366, lin. 12-14.)

rons la Rédemption dans le système de Basilide ; il nous suffit de noter ici que cette confusion première de tous les germes fut précisément la cause de tout ce mélange de propriétés, que Basilide jetait dans l'âme humaine, qu'il faisait logiquement participer à tous les appétits de ces germes devenus animés. En parlant du Jésus de Basilide, nous montrerons comment s'était faite cette confusion ; mais déjà ce que nous venons d'en dire suffit pour nous faire comprendre comment Clément d'Alexandrie pouvait comparer l'homme de Basilide au cheval de bois bâti par les Grecs pour prendre Troie, car cet homme renferme en lui-même les germes des créatures les plus dissemblables [1]. Les paroles de l'auteur des *Philosophumena* nous expliquent aussi ces mots de « confusion première (σύγχυσιν ἀρχικήν) » qui, jusqu'à la découverte de cet ouvrage, étaient restés inexplicables : cette confusion, comme l'a fort bien remarqué M. Uhlhorn, n'est que la confusion de tout le trésor des germes en puissance (ἡ σύγχυσις της πανσπερμίας) [2], et de cette confusion, la thèse de l'émanation reçoit encore ici une confirmation qui, pour être indirecte, n'en est pas moins éclatante.

A cette âme ainsi composée, Basilide affirmait que la connaissance de Dieu était naturelle, comme nous l'apprend Clément d'Alexandrie dans les paroles suivantes · « Si, en effet, dit-il, on peut connaître Dieu naturellement, ainsi que le pense Basilide, qui appelle la foi l'intelligence élue et un royaume, une création digne d'essence (?) et rapprochée de celui qui l'a faite, car il affirme que la foi est non une puissance, mais une essence (?), une entité réelle, une substance, une beauté quelconque de la créature récemment découverte, et il ne veut pas qu'il soit l'assentiment raisonné d'une âme libre [3]..... » Certes, la raison serait d'accord avec Basilide, s'il voulait affirmer que l'homme en se servant de sa seule raison, peut arriver à la connaissance

---

[1] Νῦν δὲ τοῦτο μόνον παρασημειωτέον, ὡς δουρείου τινὸς ἵππου, κατὰ τὸν ποιητικὸν μῦθον, εἰκόνα σώρει ὁ κατὰ Βασιλείδην ἄνθρωπος ἐν ἑνὶ σώματι τοσούτων ἀνευμάτων διαφόρων στρατὸν ἐγκεκολπισμένος. (*Strom.* lib. II, cap. xx. *Ibid.*, col. 1056 at 1057.)

[2] So haben die Erklärung der « σύγχυσις ἀρχική »; es ist die σύγχυσις der πανσπερμίας wie sie im Anfang, ἐν Ἀρχῇ ; stattfand. (Uhlhorn, op. cit., p. 44.)

[3] Εἰ γὰρ φύσει τις τὸν θεὸν ἐπίσταται ὡς Βασιλείδης οἴεται, τὴν νόησιν τὴν ἐξαίρετον πίστιν ἅμα καὶ βασιλείαν καλῶν καὶ κτίσιν οὐσίας ἀξίαν, τοῦ ποιήσαντος πλησίον ὑπάρχειν, αὐτὴν ἑρμενεύων οὐσίαν, ἀλλ' οὐκ ἐξουσίαν καὶ φύσιν καὶ ὑπόστασιν κτίσεως· ἀνυπερθέτον κάλλος, ἀδιόριστον, οὐχὶ δὲ ψυχῆς αὐτεξουσίου λογικὴν συγκατάθεσιν λέγει τὴν πίστιν...... (*Strom.*, lib. V, cap. I. — *Patr. græc.*, t. IX, col. 12.) Le texte renferme beaucoup d'incorrections : nous nous sommes servi des corrections proposées par M. Uhlhorn.

de Dieu, car c'est l'enseignement de la plus saine philosophie et le grand honneur de la raison humaine; mais tout autre est sa pensée. Il affirmait que l'homme connaît Dieu naturellement, par le seul fait que l'âme est âme, parce qu'il enseignait que la foi n'est pas un acte libre de l'âme; d'après lui, la foi n'est pas une puissance de l'âme capable de se développer et de se fortifier, c'est une substance, une essence, un être inhérent à l'âme élue, c'est-à-dire à l'âme pneumatique. D'autres paroles de Clément d'Alexandrie vont encore expliquer cette doctrine de Basilide. En effet, Clément, argumentant contre le philosophe hérétique, dit : « S'il en est ainsi, si l'on peut connaître Dieu naturellement, si cette connaissance est due à l'âme, les commandements contenus dans l'Ancien Testament et dans le Nouveau sont tout à fait inutiles, puisque l'on est sauvé par la seule nature, comme le veut Valentin, ou puisque l'âme est fidèle et élue par nature, comme l'enseigne Basilide [1]. » Dans un autre passage, Clément d'Alexandrie ajoute : « Basilide enseigne que cette élection de l'âme s'est faite en dehors de ce monde et qu'elle est hypercosmique de sa nature [2]. » Ainsi cette âme élue est étrangère à ce monde; elle n'y est descendue que pour être honorablement punie par le martyre, pour expier les fautes commises dans une autre vie [3] : c'est l'explication qu'en donne Basilide, explication qui nous rejette tout à coup dans un autre monde d'idées, mais qui se comprend cependant, si l'on veut se rappeler que l'âme humaine était émanée des Anges de l'Hebdomade; que ces Anges, par leurs divisions, leurs querelles, étaient devenus la source immédiatement supérieure du mal terrestre; et l'on aura ainsi la véritable explication de ces fautes commises par les âmes dans une autre vie. Au fond, cette explication repose sur cette confusion primordiale des germes dont nous traitions plus haut.

---

[1] Παρέλκουσι τοίνυν αἱ ἐντολαί, αἵ τε κατὰ τὴν παλαιὰν, αἵ τε κατὰ τὴν νέαν Διαθήκην, φύσει σωζομένου, ὡς Οὐαλεντῖνος βούλεται, καὶ φύσει πιστοῦ καὶ ἐκλεκτοῦ ὄντος ὡς Βασιλείδης νομίζει· ἦν δ'ἂν δίχα τῆς τοῦ Σωτῆρος παρουσίας χρόνῳ ποτὲ ἀναλάμψαι δύνασθαι τὴν φύσιν. Εἰ δὲ ἀναγκαίαν τὴν ἐπιδημίαν τοῦ Κυρίου φήσκιεν, οἴχεται αὐτοῖς τὰ τῆς φύσεως ἰδιώματα, μαθήσει, καὶ καθάρσει καὶ τῇ τῶν ἔργων εὐποιΐᾳ, ἀλλ' οὐ φύσει σωζομένης τῆς ἐκλογῆς. (*Strom.*, *Ibid.* — *Ibid.*, col. 12-13.)

[2] Καὶ ἐντεῦθεν ξένην τὴν ἐκλογὴν τοῦ κόσμου εἰληχέναι λέγει, ὡς ἂν ὑπερκόσμιον φύσει οὖσαν. (*Strom.*, lib. IV, cap. XXVI, *Patr. græc.*, t. VIII, col. 1376.) Le texte porte εἰληφέναι, qui n'a aucun sens dans ce passage; nous avons lu εἰληχέναι, dont la signification correspond mieux à celle du passage, comme le marque Uhlhorn. (*Op. cit.*, p. 39.)

[3] Ἀλλὰ τῷ Βασιλείδῃ ἡ ὑπόθεσις προαμαρτήσασάν φησι τὴν ψυχὴν ἐν ἑτέρῳ βίῳ, τὴν κόλασιν ὑπομένειν ἐνταῦθα, τὴν μὲν ἐκλεκτὴν ἐπιτίμως διὰ μαρτυρίου, τὴν ἄλλην δὲ καθαιρομένην οἰκείᾳ κολάσει. (*Strom.*, lib. IV, cap. XII. — *Ibid.*, t. XIII, col. 1292.)

Pour revenir à la foi, disons que l'âme élue, pneumatique, n'a pas besoin de démonstration pour trouver et croire la vérité, il lui suffit d'une simple compréhension, d'une pure intuition de l'esprit pour posséder toute doctrine[1]. En outre, la foi ou élection a des degrés correspondants à chaque monde de l'espace intermédiaire, selon ce principe de similitude que nous trouvons toujours sous nos pas dans le développement de ce système ; si l'élection correspond au monde supérieur, elle connaît tout ce qui est inférieur à ce monde ; et de même pour tous les autres mondes, car nous avons vu que chacun des trois cent soixante-cinq cieux connaissait ses inférieurs, sans avoir la moindre notion de ce qui se trouvait au-dessus de lui[2]. On comprend, après cela, comment les disciples de Basilide pouvaient définir la foi « l'assentiment de l'âme à tout ce qui ne tombe pas sous les sens, par suite de la non-présence[3]. » Si nous nous rappelons, en effet, que cet assentiment est une des propriétés de l'âme, qu'il n'est pas libre[4], puisque l'âme possède ce qu'elle voit, qu'elle n'est pas libre de ne pas voir ce qu'elle voit, de ne pas posséder ce qu'elle possède comme une propriété inhérente à sa nature, nous comprendrons facilement que cette définition de la foi fut la seule que Basilide pouvait logiquement donner ; car cette foi n'était qu'un souvenir des choses vues dans un autre monde, souvenir plus ou moins compréhensif, selon que l'âme était d'un degré plus ou moins élevé, correspondant à tel monde de la hiérarchie des cieux. Encore là, nous retrouvons la confusion primitive et l'émanation indirectement confirmées, puisque l'âme possède par nature ce que nous avons vu être le propre des habitants des mondes supérieurs : cette possession n'est plus, il est vrai, qu'un souvenir de choses absentes, mais ce souvenir est une preuve de son origine.

---

[1] Ἐνταῦθα φυσικὴν ἡγοῦνται τὴν πίστιν οἱ ἀμφὶ τὸν Βασιλείδην· καθὸ καὶ ἐπὶ τῆς ἐκλογῆς τάττουσιν αὐτὴν, τὰ μαθήματα ἀναποδείκτως εὑρίσκουσαν καταλήψει νοητικῇ. (*Strom.*, lib. II, cap. IV. — *Ibid.*, t. VIII, col. 941.)

[2] Ἔτι φασὶν οἱ ἀπὸ Βασιλείδου, πίστιν ἅμα καὶ ἐκλογὴν οἰκείαν εἶναι καθ' ἕκαστον διάστημα· κατ' ἐπακολούθημα δ' αὖ τῆς ἐκλογῆς τῆς ὑπερκοσμίου, τὴν κοσμικὴν ἁπάσης φύσεως συνέπεσθαι φύσιν. (*Ibid.*, *Ibid.*, col. 941.)

[3] Ὁρίζονται γοῦν οἱ ἀπὸ Βασιλείδου τὴν πίστιν, ψυχῆς συγκατάθεσιν πρός τι τῶν μὴ κινούντων αἴσθησιν, διὰ τὸ μὴ παρεῖναι. (*Str.*, lib. II, cap. VI. — *Ibid.*, col. 961.)

[4] Selbst die oft für das Gegentheil angeführte Stelle (*Str.*, II, 6), warnach die Basilidianer den Glauben definiren als ψυχῆς συγκατάθεσιν πρός τι, etc., widerspricht dem in der That nicht, weil damit noch gar nicht gesagt ist dass diese Zustimmung der Seele zu etwas, die Sinne nicht bewegt, weil es nicht gegenwärtig ist eine freie ist, sondern dieselbe ebensowohl eine φύσει vorhandene sein kann und in der That, nach den obigen Stellen sein soll, so gut wie oben die κατάληψις νοητική als eine φυσική bestimmt wird (Uhlhorn, *Op. cit.*, p. 40).

La préexistence des âmes, telle que l'entendait Basilide, ne ressemble que de très loin, on le voit, à la préexistence des âmes telle que la comprenait Platon. Ce n'est qu'une émanation participant, dans un degré qui allait toujours s'affaiblissant, aux propriétés bonnes ou mauvaises du principe émanateur. Comme le premier principe d'émanation dans le monde intermédiaire avait commis une faute d'ignorance et d'orgueil, en se croyant le seul maître de toutes les sphères célestes et de tous les mondes, cette faute fit partie de la transmission de son être en s'aggravant à chaque nouvelle émanation inférieure. Nous ne devons donc pas nous étonner, quelque contradictoire que puisse sembler cette nouvelle doctrine, nous ne devons pas nous étonner que Basilide ait enseigné que l'âme sur cette terre était, par sa nature même, portée à l'erreur et au péché. Nous allons développer cette pensée en rapportant l'une des citations par lesquelles Clément d'Alexandrie nous a conservé le fragment le plus considérable des œuvres de Basilide. « Dans le vingt-troisième livre de ses *Éxégétiques,* dit Clément, Basilide parle ainsi du martyre : Je dis, en effet, que tous ceux qui tombent dans ce que l'on appelle les afflictions, ou qui par imprudence commettent d'autres péchés, sont conduits à la possession de ce bien (le martyre), par la bonté de celui qui les fait accuser de choses tout autres, afin qu'ils ne souffrent pas pour ce qui est véritablement un mal, comme s'ils étaient des adultères, des homicides; mais ils sont accusés d'être chrétiens, ce qui sera pour eux une consolation, si bien qu'ils ne semblent même pas souffrir. Et si quelqu'un qui n'a jamais péché vient à souffrir, ce qui se rencontre rarement, cependant même celui-là ne souffrira pas par suite des embûches que lui aura préparées la puissance, mais il souffrira comme souffrirait un enfant qui paraîtrait ne pas avoir péché. Donc, comme un enfant qui n'a pas péché précédemment, ou du moins qui n'a jamais commis contre lui-même d'acte peccamineux, s'il vient à supporter quelque douleur, ce lui est un grand bienfait; car par cela il gagne un grand nombre de biens difficiles à obtenir : ainsi, si quelqu'un parfait ($\tau\varepsilon\lambda\varepsilon\tilde{\iota}o\varsigma$) qui n'a jamais commis un acte de péché souffre ou a souffert quelque chose, il souffre comme a souffert cet enfant, ayant en lui-même la volonté de pécher, et n'ayant pas commis de faute uniquement parce que l'occasion de pécher ne s'est pas présentée à lui; c'est pourquoi on ne doit pas lui faire un mérite de ce qu'il n'a pas péché. De même, en effet, que celui qui veut commettre un adultère, est déjà adultère, quoiqu'il ne doive pas faire passer son désir en acte ; de même que celui qui veut commettre un meurtre est homicide, quoiqu'il ne doive jamais tuer qui que ce soit : ainsi, si je vois souffrir quelqu'un qui, selon ma croyance, n'a pas péché, n'aurait-il même jamais fait de mal, je me dis qu'il est mauvais, parce qu'il a voulu le péché. Car je serai forcé d'avouer tout ce que l'on voudra, plutôt que d'avouer que la puissance prévoyante (προνοοῦν) est mauvaise [1]. »

D'après ces paroles, il est clair que Basilide ne donnait pas plus à l'âme la liberté d'action que la liberté de croyance ; selon lui, l'âme est par sa nature portée au péché et elle faillira nécessairement, si l'occasion d'une chose mauvaise à faire se présente à elle : l'âme ne peut donc se glorifier d'aucun mérite, si elle n'a pas péché. Tout cela est logique, ce n'est que la conclusion dernière des principes que nous avons exposés : du grand Ἄρχων', pécheur par ignorance et orgueil, sont émanés tous les êtres des deux mondes intermédiaire et terrestre ; tous ces êtres ont donc péché, tous sont mauvais par quelque endroit, ils le sont d'autant plus, qu'ils sont plus éloignés du premier anneau de cette longue chaîne d'émanations. Seul, le dieu-néant est bon, n'a en lui-même rien de mauvais et il ne saurait être le principe du mal. Voilà comment Basilide avait résolu ce redoutable problème de l'origine du mal ; pour lui, le mal n'était venu que d'une émanation divine trop distante de sa source première. Du reste, il poussa sa logique jusqu'au bout, et comme nous l'avons entendu parler à propos de la création des mondes, nous l'entendons dire ici de nouveau : « Mais après tout ce que je viens de dire, si tu veux me réfuter par un exemple en disant : Celui-ci a donc péché parce qu'il a souffert : avec ta

---

[1] Βασιλείδης δὲ ἐν τῷ εἰκοστῷ τρίτῳ τῶν Ἐξηγητικῶν περὶ τῶν κατὰ τὸ μαρτύριον κολαζομένων αὐταῖς λέξεσι τάδε φησί· « Φημὶ γὰρ τὸ, ὁπόσοι ὑποπίπτουσι ταῖς λεγομέναις θλίψεσιν ἤτοι ἡμαρτηκότες ἐν ἄλλοις λανθάνοντες πταίσμασιν, εἰς τοῦτο ἄγονται τὸ ἀγαθὸν χρηστότητι τοῦ περιάγοντος, ἀλλὰ ἐξ ἄλλων ὄντως ἐγκαλούμενοι, ἵνα μὴ ὡς κατάδικοι ἐπὶ κακοῖς ὁμολογουμένοις πάθωσι, μηδὲ λοιδορούμενοι ὡς ὁ μοιχὸς, ἢ ὁ φονεὺς, ἀλλ' ὅτι χριστιανοὶ πεφυκότες· ὅπερ αὐτοὺς παρηγορήσει μηδὲ πάσχειν δοκεῖν. Κἂν μὴ ἡμαρτηκὼς δ'ὅλως τις ἐπὶ τὸ παθεῖν γένηται, σπάνιον μὲν, ἀλλ' οὐδὲ οὗτος κατ' ἐπιβουλὴν δυνάμεώς τι πείσεται, ἀλλὰ πείσεται ὡς ἔπασχε καὶ τὸ νήπιον τὸ δοκοῦν οὐχ ἡμαρτηκέναι. » Εἶθ' ὑποβὰς πάλιν ἐπιφέρει. « Ὡς οὖν τὸ νήπιον οὐ προσημαρτηκὸς ἢ ἐνεργῶς μὲν οὐχ ἡμαρτηκὸς· οὐδὲν, ἐν ἑαυτῷ δὲ τὸ ἐμαρτῆσαι ἔχον, ἐπὰν ὑποβληθῇ τὸ παθεῖν, εὐεργετεῖται τε, πολλὰ κερδαῖνον δύσκολα· οὑτωσὶ δὴ, κἂν τέλεως μηδὲν ἡμαρτηκὸς ἔργῳ τύχῃ, ἔχων μὲν ἐν αὐτῷ τὸ ἁμαρτητικὸν, ἀφορμὴν δὲ πρὸς τὸ ἡμαρτηκέναι μὴ λαβών, οὐχ ἡμάρτανεν. Ὥστ' οὐκ αὐτῷ τὸ μὴ ἁμαρτῆσαι λογιστέον. Ὡς γὰρ ὁ μοιχεῦσαι θέλων μοιχός ἐστι, κἂν τοῦ μοιχεῦσαι μὴ ἐπιτύχῃ καὶ ὁ ποιῆσαι φόνον θέλων ἀνδροφόνος ἐστι, κἂν μὴ δύνηται φονεῦσαι· οὑτωσὶ δὲ καὶ τὸν ἀναμάρτητον, ὃν λέγω, ἐὰν ἴδω πάσχοντα, κἂν μηδὲν ᾖ κακὸν πεπραχὼς, κακὸν ἐρῶ τὸ θέλειν ἁμαρτάνειν. Πάντ' ἐρῶ γὰρ μᾶλλον, ἢ κακὸν τὸ προνοοῦν ἐρῶ. (*Strom.*, lib. IV, cap. xii, *Patr. græc.*, t. VIII, col. 1289 et 1291.)

permission je te dirai : Il n'a pas péché sans doute, mais il était semblable à l'enfant qui souffre. Et si tu me pousses encore plus loin, je te dirai que tout homme est homme et que Dieu est juste, car, comme l'a dit quelqu'un [1], personne dès sa naissance n'est pur de tout péché [2]. » Basilide, par ces paroles, visait le Sauveur qu'il disait n'avoir été qu'un homme, et que la logique de son système le forçait d'affirmer pécheur. Ce que nous avons à dire sur Jésus éclaircira cette affirmation ; qu'il nous suffise maintenant de faire observer combien peu Basilide avait souci de la liberté humaine. Les paroles de son fils Isidore, paroles que nous avons citées plus haut, n'affaiblissent en rien cette désolante doctrine du père ; elles prouvent seulement que le chef avait horreur des conséquences pratiques que les disciples tiraient des leçons qui leur étaient données. Malheureusement, ces paroles ne portèrent pas beaucoup de fruits ; ce que nous savons des disciples de Basilide ne nous le montre que trop.

Cette doctrine de Basilide devait s'exprimer dans la vie par une certaine passivité et flexibilité de l'âme : les disciples du philosophe hérétique devaient mépriser les mets consacrés aux idoles ; mais le cas échéant, ils pouvaient en manger sans le plus léger doute, car en les mangeant ils ne péchaient pas [3], ou, comme nous l'avons vu, ils ne péchaient que par suite de leur nature, par ignorance ou involontairement. On pourrait se demander ce que signifie ce mot involontairement dans un système qui supprimait toute liberté et qui rendait responsable des péchés commis parce que la nature humaine y est portée ; cependant le mot se trouve et Clément d'Alexandrie nous assure que, d'après Basilide, les péchés involontaires pouvaient être seuls remis [4]. Cette passivité indifférente de l'âme se traduisait dans la question du mariage, par

---

[1] *Job.*, cap. xiv, ver. 4. Juxta lxx.
[2] Εἶθ' ὑποβὰς περὶ τοῦ Κυρίου ἀντικρυς, ὡς περὶ ἀνθρώπου λέγει· « Ἐὰν μέντοι παραλιπὼν τούτους ἅπαντας τοὺς λόγους ἔλθῃς ἐπὶ τὸ δυσωπεῖν με, διὰ προσώπων τινῶν, εἰ τύχοι, λέγων, Ὁ δεῖνα οὖν ἥμαρτεν· ἔπαθεν γὰρ ὁ δεῖνα· ἐὰν μὲν ἐπιτρέπῃς, ἐρῶ· οὐχ ἥμαρτεν μέν, ὅμοιος δὲ ἦν τῷ πάσχοντι νηπίῳ· εἰ μέντοι σφοδρότερον ἐκβιάσαιτο τὸν λόγον, ἐρῶ. Ἄνθρωπον, ὄντιν' ἂν ὀνομάσῃς, ἄνθρωπον εἶναι, δίκαιον δὲ τὸν θεόν· « Καθαρὸς γὰρ οὐδεὶς, » ὥσπερ εἶπέ τις, « ἀπὸ ῥύπου. » (*Ibid.*, col. 1291.)
[3] Contemnere autem idolothyta et nihil arbitrari, sed sine aliqua trepidatione uti eis : habere autem et reliquarum operationum usum indifferentem et universæ libidinis. (Iren. lib. I, cap. xxiv. *Patr. græc.*, t. VII, col. 678.)
[4] Πλὴν οὐδὲ πάσας ὁ Βασιλείδης φησί, μόνας δὲ τὰς ἀκουσίους καὶ κατὰ ἄγνοιαν ἀφίεσθαι καθάπερ ἀνθρώπου τινὸς, ἀλλ' οὐ θεοῦ, τὴν τοσαύτην παρεχομένου δωρεάν. (*Strom.*, lib. xi, cap. xxiv, *Patr. græc.*, t. VIII, col. 1161.)

le conseil aux uns de s'en abstenir, et par la permission donnée aux autres de s'en servir ; jamais il n'était représenté comme une œuvre de Satan [1], et c'est la signification qui ressort des paroles suivantes que Clément d'Alexandrie a extraites d'un écrit d'Isidore, le fils de Basilide : « Supporte avec patience une femme méchante, écrivait Isidore, afin de ne pas perdre la grâce de Dieu, et lorsque tu as émis le feu du sperme, prie avec la conscience tranquille. Mais lorsque de ton état d'eucharistie, d'actions de grâces, tu seras tombé à l'état de simple demande [2], et si ensuite tu restes debout, tout en ayant sans cesse des chutes et des défaillances, prends femme. Que si quelqu'un est jeune, pauvre et infirme et que selon mon conseil, il ne veuille pas se marier, il ne doit pas s'éloigner de son frère, mais dire : Je suis entré dans le lieu saint, je ne puis rien souffrir. Si quelque soupçon s'éveille en lui, qu'il dise : Mon frère, imposez-moi les mains afin que je ne pèche pas ; et aussitôt il sentira l'effet de cette imposition dans son âme et dans son corps. Il n'a qu'à vouloir faire ce qui est bien pour obtenir le bien. Mais quelquefois nous disons seulement de bouche : Nous ne voulons pas pécher ; et notre âme ne soupire qu'après le péché. Celui dont tel est l'état ne fait pas ce qu'il veut, par crainte du supplice. Cependant, certaines choses sont nécessaires à la nature humaine d'après sa propre constitution. Ainsi, il est nécessaire et naturel d'être vêtu ; la volupté charnelle est naturelle, mais n'est pas nécessaire [3]. » A les prendre telles qu'elles sonnent, ces paroles ne sont pas contraires à la morale ; cependant elles renferment une maxime dangereuse : « Il suffit de vouloir ce qui est bien pour posséder le bien, » ce qui peut se prêter à beaucoup d'interprétations. Mais laissons à Basilide et à son fils ce qui peut témoigner en leur

---

[1] *Strom.* lib. III, cap. I, *Ibid.*, col. 1097.

[2] Nous avons ici deux états de l'âme du fidèle basilidien, l'eucharistie (actions de grâces εὐχαριστία) et la simple demande (αἴτησις). C'est ainsi que l'on trouve dès les premiers siècles deux des degrés de l'oraison mystique.

[3] Ἀνέχου τοίνυν, φησὶ κατὰ λέξιν ὁ Ἰσίδωρος ἐν τοῖς Ἠθικοῖς, μαχίμης γυναικὸς, ἵνα μὴ ἀποστασθῆς τῆς χάριτος τοῦ Θεοῦ, τότε πῦρ ἀποσπερματίσας, εὐσυνειδήτως προσεύχῃ. Ὅταν δὲ ἡ εὐχάριστία σου, φησίν, εἰς αἴτησιν ὑποπέσῃ, καὶ στῇς τὸ λοιπὸν οὐ κατορθῶσαι, ἀλλὰ μὴ σφαλῆναι, γάμησον· Ἀλλὰ νέος τίς ἐστιν, ἢ πένης, ἢ κατωφερής, καὶ οὐ θέλει γῆμαι κατὰ τὸν λόγον· οὗτος τοῦ ἀδελφοῦ μὴ χωριζέσθω, λεγέτω ὅτι· Εἰσελήλυθα ἐγὼ εἰς τὰ ἅγια· οὐδὲν δύναμαι παθεῖν. Ἐὰν δὲ ὑπόνοιαν ἔχῃ, εἰπάτω· Ἀδελφέ, ἐπίθες μοι τὴν χεῖρα, ἵνα μὴ ἁμαρτήσω· καὶ λήψεται βοήθειαν καὶ νοητὴν καὶ αἰσθητήν· θελησάτω μόνον ἀπαρτῆσαι τὸ καλὸν, καὶ ἐπιτεύξεται. Ἐνίοτε δὲ τῷ μὲν στόματι λέγομεν· Οὐ θέλομεν ἁμαρτῆσαι· ἡ δὲ διάνοια ἔγκειται ἐπὶ τὸ ἁμαρτάνειν· Ὁ τοιοῦτος διὰ φόβον οὐ ποιεῖ ὃ θέλει, ἵνα μὴ ἡ κόλασις αὐτῷ ἐλλογισθῇ. Ἡ δὲ ἀνθρωπότης ἔχει τινὰ ἀναγκαῖα καὶ φυσικὰ μόνα· ἔχει δὲ τὸ περιβάλλεσθαι ἀναγκαῖον καὶ φυσικόν· φυσικὸν δὲ τὸ τῶν ἀφροδισίων, οὐκ ἀναγκαῖον δέ. (*Strom.*, lib. III, cap. I. — *Patr. græc.* t. VIII, col. 1101 et 1104.)

faveur, quoique nous devions avouer que les conseils ainsi donnés semblent avoir été nécessités par la conduite des disciples ; car tous les auteurs des premiers siècles s'accordent à dire que les mœurs des Basilidiens étaient impures, que Basilide doive en être responsable ou non. Sa doctrine devait avoir de telles conséquences, surtout dans le monde où elle se développa ; peut-être eût-il reculé lui-même devant les horreurs de vices monstrueux.

Tels sont les renseignements qui nous sont parvenus sur la cosmologie et l'anthropologie de Basilide. Leur intime connexion ne nous a pas permis de les séparer ; tout s'enchaîne dans ce système le plus logique et le plus profond de la gnose égyptienne. Ce qui vient d'être dit sur la foi pourrait sembler plus théologique que philosophique : nous devons dire cependant que nous ne le croyons pas. La philosophie est à chaque instant mise au service de la théologie, et la différence de leur méthode suffit pour empêcher de les confondre : ces deux remarques feront comprendre nos paroles et notre dessein en donnant autant de développement à une partie qui semble s'éloigner de notre sujet. La liberté de l'âme et les principes de la morale sont du domaine de la philosophie plus que de la théologie. En outre, cette partie du système de Basilide est assez originale pour que nous ayons dû lui donner les développements qu'elle comporte, même en paraissant ne pas nous soucier de la proportion de nos divisions. Maintenant que nous avons terminé cette seconde partie de notre exposition, que nous connaissons le monde supérieur, le monde intermédiaire avec ses sphères peuplées d'Anges, le monde terrestre et la constitution intime de l'homme, il nous faut faire un dernier pas en avant, assister au troisième acte de ce grand drame forgé par un esprit puissant quoique bizarre, et exposer ce que Basilide enseignait sur la Rédemption.

III

LA RÉDEMPTION D'APRÈS BASILIDE

Après ce que nous venons de dire sur la nature de l'homme et de l'âme humaine, il peut sembler étrange au premier abord que Basilide ait cru devoir ajouter à son système une sotériologie compliquée. Mais le fait même de la Rédemption qui est la base de la religion chrétienne, non moins que les traditions de tous les peuples dont les livres sacrés contiennent des esquisses plus ou moins profondes de la Rédemption, aurait forcé Basilide de donner à sa doctrine ce complément obligé, lors même que cette doctrine n'eût pas disposé toutes les parties de l'édifice de manière à demander une rédemption quelconque pour couronnement. Puisque le mal est partout dans le système de Basilide, depuis l'Ogdoade jusqu'à la terre, s'il voulait donner au bien la victoire finale et faire disparaître le mal, le philosophe égyptien avait besoin d'une rédemption. Cette rédemption, nous allons l'expliquer telle qu'il la comprenait, autant que nous pouvons en juger d'après les minces renseignements qui nous sont parvenus sur ce point. Là encore, les *Philosophumena* nous serviront de guide, et nous compléterons les renseignements que nous y trouvons par ceux que peuvent nous fournir nos autres sources.

Lors donc que tout fut créé et que les trois mondes furent parfaits, comme nous l'avons vu, il restait encore, dans le grand trésor des germes en puissance, cette troisième Υἱότης qui, jusque-là, n'avait pas trouvé son emploi dans cette vaste création. Cette Υἱότης qui était demeurée dans le trésor des germes pour y faire du bien et pour en recevoir à son tour, devait nécessairement être manifestée aux mondes et aller prendre possession de sa place à côté du dieu-néant, près duquel l'avaient précédée les deux premières Υἱότης [1]. Ce n'est qu'après la manifestation de cette dernière *Filiété* que la rédemption devait sortir avec son plein effet, c'est-à-dire, comme l'enseignait Basilide, que le discernement des germes confondus dans les émanations inférieures devait avoir lieu, afin qu'ils fussent rendus à leur monde primitif. Mais avant d'arriver à ce point définitif, Basilide avait à faire plus d'un circuit. D'abord, dit-il, depuis Adam jusqu'à Moïse, le péché a régné en maître sur la terre, car c'est ainsi qu'il est écrit : ce qui signifie que le grand Ἄρχων a gouverné la création étendant son empire jusqu'aux limites du monde supérieur, persuadé qu'il était le seul Dieu et qu'au-dessus de lui il n'y avait personne : tout, en effet, était gardé dans le plus profond silence et c'est là le grand mystère

---

[1] Ἐπεὶ οὖν τετέλεσται κατ' αὐτοὺς ὁ κόσμος ὅλος καὶ τὰ ὑπερκόσμια, καί ἐστιν ἐνδεὲς οὐδέν, λείπεται δὴ ἐν τῇ πανσπερμίᾳ ἡ Υἱότης ἡ τρίτη ἡ καταλελειμμένη πρὸς τὸ εὐεργετεῖν καὶ εὐεργετεῖσθαι ἐν τῷ σπέρματι καὶ δεῖ τὴν ὑπολελειμμένην Υἱότητα ἀποκαλυφθῆναι καὶ ἀποκατασθῆναι ἄνω ἐκεῖ ὑπὲρ τὸ Μεθόριον Πνεῦμα πρὸς τὴν Υἱότητα τὴν λεπτομερῆ καὶ τὴν μιμητικήν, καὶ τὸν Οὐκ Ὄντα. (*Philos.*, lib. VII, 1, n. 25, p. 356, lin. 13-14 et p. 357, lin. 1-4.

caché aux premières générations ; cependant, il ne pouvait en être autrement, puisque le maître absolu était alors le grand Ἄρχων de l'Ogdoade [1]. Au contraire, depuis Moïse jusqu'à la naissance du Christ, c'était l' Ἄρχων de l'Hebdomade qui régnait, Ἄρχων qui peut être nommé et qui a dit : Je suis le dieu d'Abraham, d'Isaac et de Jacob, et je n'ai révélé à personne le nom de Dieu. Aussi c'est depuis ce temps que les prophètes commencent à prédire la venue du Sauveur, au nom du dieu de l'Ogdoade, dit l'auteur des *Philosophumena* [2]. Toutefois, même à cette seconde époque, notre terre était enveloppée d'ignorance, car il était nécessaire qu'avant la manifestation des enfants de Dieu, manifestation attendue au milieu des gémissements par toutes les créatures, Évangile allât de monde en monde porter le salut et la science [3]. C'est à cette nouvelle et dernière émanation qu'est réservée le principal rôle dans l'œuvre de la rédemption de tous les mondes.

Qu'est-ce donc que cet Évangile ? C'est, dit Basilide, la connaissance des choses supérieures, telle qu'elle a été manifestée, la connaissance de ces choses qu'ignorait le grand Ἄρχων de l'Ogdoade [4]. Or, ce grand Ἄρχων de l'Ogdoade ignorait l'existence du dieu-néant et de la triple Υἱότης : Évangile au contraire, connaissait ce qu'il en était du monde supérieur, il le connaissait d'après sa propre nature, car c'est là un des points fondamentaux du système ; s'il le connaissait d'après sa propre nature, c'est qu'il devait appartenir à ce monde supérieur, et il ne reste plus qu'à tirer cette conclusion, Évangile est la première Υἱότης qui avait pris la place qui lui appartenait près du dieu-

---

[1] Μέχρι μὲν οὖν Μωσέως ἀπὸ Ἀδὰμ ἐβασίλευσεν ἡ ἁμαρτία, καθὼς γέγραπται· ἐβασίλευσε γὰρ ὁ μέγας Ἄρχων, ὁ ἔχων τὸ τέλος αὐτοῦ μέχρι στερεώματος, νομίζων αὐτὸς εἶναι θεὸς μόνος, καὶ ὑπὲρ αὐτὸν εἶναι μηδέν· πάντα γὰρ ἦν φυλασσόμενα ἀποκρύφῳ σιωπῇ. Τοῦτο, φησίν, ἐστὶ τὸ μυστήριον ὃ ταῖς προτέραις γενεαῖς οὐκ ἐγνωρίσθη, ἀλλὰ ἦν ἐν ἐκείνοις τοῖς χρόνοις βασιλεὺς καὶ κύριος, ὡς ἐδόκει, τῶν ὅλων ὁ μέγας Ἄρχων, ἡ Ὀγδοάς. (*Ibid.*, p. 357, lin. 9-16.)

[2] Ἧν δὲ καὶ τούτου τοῦ διαστήματος βασιλεὺς καὶ κύριος ἡ Ἑβδομάς, καὶ ἔστιν ἡ μὲν Ὀγδοὰς ἄρρητος, ῥητὸς δὲ ἡ Ἑβδομάς. Οὗτός ἐστι, φησίν, ὁ τῆς Ἑβδομάδος Ἄρχων ὁ λαλήσας τῷ Μωυσῇ καὶ εἰπών· Ἐγὼ ὁ θεὸς Ἀβραὰμ καὶ Ἰσαὰκ καὶ Ἰακώβ, καὶ τὸ ὄνομα τοῦ θεοῦ οὐκ ἐδήλωσα αὐτοῖς..... Πάντες οὖν οἱ προφῆται, οἱ πρὸ τοῦ Σωτῆρος, φησίν, ἐκεῖθεν ἐλάλησαν. (*Phil.*, ib., p. 358, lin. 1-7.) On ne comprend pas très bien pourquoi les prophètes ont parlé au nom de l'Ogdoade.

[3] Ἐπεὶ οὖν ἔδει ἀποκαλυφθῆναι, φησίν, ἡμᾶς τὰ τέκνα τοῦ θεοῦ περὶ ὧν ἐστέναξε, φησίν, ἡ κτίσις καὶ ὠδίνεν, ἀπεκδεχομένη τὴν ἀποκάλυψιν, ἦλθε τὸ Εὐαγγέλιον εἰς τὸν κόσμον καὶ διῆλθε διὰ πάσης Ἀρχῆς καὶ Ἐξουσίας καὶ Κυριότητος καὶ παντὸς ὀνόματος ὀνομαζομένου. (*Ibid.*, p. 358, lin. 7-11.) Il est évident que par ces mots πάντος ὀνόματος ὀνομαζομένου, il faut entendre les trois cent soixante-cinq cieux qui avaient tous reçu un nom particulier : notre sentiment à ce sujet reçoit une preuve péremptoire, c'est Basilide lui même qui leur avait donné ces noms. M. Ulhorn n'a pas fait assez attention à ce passage.

[4] Εὐαγγέλιόν ἐστι κατ' αὐτοὺς ἡ τῶν ὑπερκοσμίων γνῶσις, ὡς δεδήλωται, ἣν μὲν ὁ μέγας Ἄρχων οὐκ ἠπίστατο. (*Philos.*, lib. VII, 1. n. 27, p. 365, lin. 4-6.)

néant (εὐεργετεῖσθαι) et devenait le moyen et l'intermédiaire du salut qui devait sauver les autres mondes (εὐεργετεῖν). Évangile n'est pas, en effet, un être idéal, c'est une substance semblable à toutes les autres substances émanées que nous avons vues agir dans ce système ; car penser qu'il serait la seule idée, la seule croyance non réalisée sous une forme quelconque d'émanation substantielle, est déjà une assez forte preuve pour croire et affirmer que cela ne devait pas être et n'était pas. Or, cette première Υἱότης ou Évangile, manifestation de la *Filiété* qui ne quittait pas le monde supérieur où elle avait été appelée avant l'heure de la Rédemption, Évangile, disons-nous, descendit dans les mondes inférieurs. Les pensées de la *Filiété* volaient au-dessus du πνεῦμα-limite; celui-ci les saisit et les transmit au fils du grand Ἄρχων de l'Ogdoade, et ce fils reçut les pensées de la première Υἱότης et s'éleva jusqu'à elle, c'est-à-dire, la connut, comme on voit le naphte s'allumer et brûler quoique placé loin du feu [1]. Tel est le mode d'action d'Évangile ou plutôt de la première Υἱότης, car Évangile n'est qu'un nom nouveau indiquant son nouveau rôle. Avant d'aller plus loin, nous devons faire remarquer qu'Évangile est manifesté d'abord au fils du grand Ἄρχων : nous verrons que, d'après le principe de similitude des mondes, il en sera partout ainsi, dans l'Hebdomade comme sur la terre.

Évangile alla donc de la première Υἱότης au fils du grand Ἄρχων de l'Ogdoade, et par ce fils assis aux côtés de son père, il illumina l'Ἄρχων lui-même, et le Seigneur de l'Ogdoade ineffable connut alors qu'il n'était pas le seul Dieu et le maître unique de toutes choses : il vit qu'il n'était qu'une émanation et qu'au-dessus de lui se trouvait l'ineffable dieu-néant et le trésor de la triple Υἱότης ; il réfléchit et la crainte s'empara de lui à la vue de l'ignorance dans laquelle il se trouvait [2]. Il commença donc d'avoir des pensées pleines de sagesse qu'il recevait du Christ assis à sa droite ; il apprit ce qu'était le dieu-néant, ce qu'étaient la triple Υἱότης, l'Esprit-Saint, l'ordre établi dans tous

---

[1] Ἦλθε δὲ ὄντως, καίπερ οὐδὲν κατῆλθεν ἄνωθεν, οὐδὲ ἐξέστη ἡ μακαρία Υἱότης ἐκείνου τοῦ ἀπερινοήτου καὶ μακαρίου οὐκ ὄντος Θεοῦ. Ἀλλὰ γὰρ καθάπερ ὁ νάρθαξ ὁ Ἰνδικός, ἀφθεὶς μόνον ἀπὸ πάνυ πολλοῦ διαστήματος, συνάπτει πῦρ, οὕτω κάτωθεν ἀπὸ τῆς ἀμορφίας τοῦ σωροῦ διήκουσιν αἱ δυνάμεις μέχρις ἄνω τῆς Υἱότητος. Ἅπτει μὲν γὰρ καὶ λαμβάνει τὰ νοήματα κατὰ τὸν νάρθα τὸν Ἰνδικὸν, οἷον νάφθας τις ὢν ὁ τοῦ μεγάλου τῆς Ὀγδοάδος Ἄρχοντος υἱὸς, ἀπὸ τῆς μετὰ τὸ Μεθόριον μακαρίας Υἱότητος. Ἡ γὰρ ἐν μέσῳ τοῦ Ἁγίου Πνεύματος ἐν τῷ Μεθορίῳ τῆς Υἱότητος δύναμις ῥέουσα καὶ φερόμενα τὰ νοήματα τῆς Υἱότητος μεταδίδωσι τῷ υἱῷ τοῦ μεγάλου Ἄρχοντος. (*Ibid.*, p. 358, lin. 11-16, p. 359, lin. 1-5.)

[2] Basilide cite ici cette parole : *Initium sapientiæ timor Domini.* (Psaume cx, v. 9.)

les mondes et la fin réservée à l'univers entier [1]. Instruit de toutes ces merveilles, l'Ἄρχων de l'Ogdoade, frappé de terreur, confessa la faute qu'il avait commise en s'enorgueillissant [2]. Lorsqu'il eut été instruit de cette manière, tous les habitants de l'Ogdoade le furent pareillement, et ensuite Évangile fut révélé à toutes les créatures célestes (Ἐπουρανίοις), c'est-à-dire aux trois cent soixante-cinq cieux qui peuplaient le monde intermédiaire par lesquels il descendit graduellement jusqu'à ce qu'il fut arrivé au dernier ciel, à l'Hebdomade [3]. Telle fut la rédemption des cieux; ils connurent ce qu'ils étaient, ce qu'étaient toutes choses supérieures ou inférieures, et tout fut remis dans l'ordre. Cette idée de la rédemption est juste; elle n'a que le tort de ne pas aller assez loin et d'être enveloppée d'un monde d'images et d'émanations.

Dans l'Hebdomade, la Rédemption s'opéra comme dans les autres mondes supérieurs. Par l'intermédiaire du fils du grand Ἄρχων, Évangile fut révélé au fils de l'Ἄρχων de l'Hebdomade. Celui-ci, à son tour, instruisit son père qui comprit, fut rempli de crainte et confessa sa faute. Tous les habitants de l'Hebdomade furent illuminés de la sorte, c'est-à-dire reçurent la connaissance de tous les mondes de la gnose salutaire, et tout rentra dans l'ordre primitivement établi [4].

La rédemption achevée dans tous les mondes célestes dont tous les habi-

---

[1] Ἦλθεν οὖν τὸ Εὐαγγέλιον πρῶτον ἀπὸ τῆς Υἱότητος, φησὶ, διὰ τοῦ παρακαθημένου τῷ Ἄρχοντι υἱοῦ πρὸς τὸν Ἄρχοντα, καὶ ἔμαθεν ὁ Ἄρχων ὅτι οὐκ ἦν θεὸς τῶν ὅλων, ἀλλ᾽ ἦν γεννητὸς καὶ ἔχων ὑπεράνω τὸν τοῦ ἀρρήτου, καὶ ἀκατανομάστου Οὐκ Ὄντος καὶ τῆς Υἱότητος καθειμένον θησαυρὸν, καὶ ἐπέστρεψε καὶ ἐφοβήθη, συνιεὶς ἐν οἷᾳ ἦν ἀγνοίᾳ, τοῦτό ἐστι, φησὶ, τὸ εἰρημένον· « Ἀρχὴ σοφίας φόβος Κυρίου ». Ἤρξατο γὰρ σοφίζεσθαι κατηχούμενος ὑπὸ τοῦ παρακαθημένου Χριστοῦ, διδασκόμενος τίς ἐστιν ὁ Οὐκ Ὤν, τίς ἡ Υἱότης, τί τὸ Ἅγιον Πνεῦμα, τίς ἡ τῶν ὅλων κατασκευή, ποῦ ταῦτα ἀποκατασταθήσεται. (Phil., ibid., n. 26, p. 359, lin 6-15) Clément d'Alexandrie dit la même chose : il est curieux de rapprocher les deux textes qui ont certainement été l'un et l'autre tirés ou plutôt inspires par l'analyse d'un même ouvrage. — Ἐνταῦθα οἱ ἀμφὶ τὸν Βασιλείδην τοῦτο ἐξηγούμενοι τὸ ῥητόν, αὐτόν φασιν Ἄρχοντα, ἐπακούσαντα τὴν φάσιν τοῦ διακονουμένου Πνεύματος ἐκπλαγῆναι τῷ τε ἀκούσματι καὶ τῇ θεάματι, παρ᾽ ἐλπίδος εὐαγγελισμένου· καὶ τὴν ἔκπληξιν αὐτοῦ φόβον κληθῆναι, ἀρχὴν γενόμενον σοφίας φυλοκρινητικῆς τε καὶ διακριτικῆς καὶ ἀποκαταστατικῆς. Οὐ γὰρ μόνον τὸν κόσμον, ἀλλὰ καὶ τὴν ἐκλογὴν διακρίνας, ὃ ἐπὶ πᾶσι προπέμπει. (Strom., lib II, cap. VIII. — Patr. græc., t. VIII, col. 972.) La dernière phrase est à noter : c'est le lien de transition entre les Philosophumena et Saint Irénée.

[2] Κατηχηθεὶς οὖν, φησὶν, ὁ Ἄρχων καὶ διδαχθεὶς καὶ φοβηθεὶς ἐξωμολογήσατο περὶ ἁμαρτίας ἧς ἐποίησε μεγαλύνων ἑαυτόν. (Phil., ibid., p. 360, lin. 2 4.)

[3] Ἐπεὶ οὖν κατήχητο μὲν ὁ μέγας Ἄρχων, κατήχητο δὲ καὶ ἐδιδάκτο πᾶσα ἡ τῆς Ὀγδοάδος κτίσις καὶ ἐγνωρίσθη τοῖς ἐπουρανίοις τὸ μυστήριον, ἔδει λοιπὸν καὶ ἐπὶ τὴν Ἑβδομάδα ἐλθεῖν τὸ Εὐαγγέλιον, ἵνα καὶ ὁ τῆς Ἑβδομάδος παραπλησίως Ἄρχων διδαχθῇ καὶ εὐαγγελισθήσεται. (Ibid., p. 360, lin. 6-10.)

[4] Ἐπέλαμψεν ὁ υἱὸς τοῦ μεγάλου Ἄρχοντος τῷ υἱῷ τοῦ Ἄρχοντος τῆς Ἑβδομάδος, τὸ φῶς ὃ εἶχεν ἄψας αὐτὸς ἄνωθεν ἀπὸ τῆς Υἱότητος καὶ ἐφωτίσθη ὁ υἱὸς τοῦ Ἄρχοντος τῆς Ἑβδομάδος, καὶ εὐηγγελίσατο τὸ Εὐαγγέλιον τῷ Ἄρχοντι τῆς Ἑβδομάδος, καὶ ὁμοίως κατὰ τὸν πρῶτον λόγον καὶ αὐτὸς ἐφοβήθη καὶ ἐξωμολογήσατο. (Ibid., p. 360, lin. 11-15.) Ces paroles confirment les autres données sur le Dieu des Juifs.

tants avaient reçu l'illumination, il restait encore la terre qui réclamait sa part de la rédemption universelle, et la troisième Υἱότης qu'il fallait délivrer, car, dit Basilide, il était nécessaire que les demeures des hommes fussent illuminées à leur tour et que le mystère caché aux générations précédentes fût révélé à la troisième Υἱότης abandonnée, comme un avorton, dans les espaces informes [1]. Pour accomplir cette dernière partie de la rédemption et pour satisfaire cette nécessité, la lumière qui avait lui sur le fils de l'Hebdomade descendit sur Jésus, fils de Marie, l'illumina et le remplit de ses feux. « Voilà, disait Basilide, ce qu'a voulu dire l'écriture par ces paroles : « le Saint-Esprit descendra sur toi, » car l'Esprit partant de la *Filiété*, passant par le πνεῦμα-limite, par l'Ogdoade et l'Hebdomade descendit sur Marie, et « la vertu du Très-Haut te couvrira de son ombre, » c'est la vertu pleine d'onction qui, partant du grand démiurge élevé au plus haut des cieux, est descendue sur la créature, c'est-à-dire, sur le fils de Marie. » Il ajoutait à cela que le monde n'avait subsisté jusque-là qu'afin de donner à la *Filiété délaissée* les moyens de se transformer, de suivre Jésus, de s'élever vers les mondes supérieurs et d'être entièrement purifiée. Et, en effet, dit Basilide, elle devint tellement subtile qu'elle put prendre son essor comme la première Υἱότης [2]. C'est là, d'après le système de Basilide, la fin dernière de la Rédemption : lorsque toute Υἱότης se sera élevée par-dessus le πνεῦμα-limite, alors toute créature qui pleure, qui souffre, en attendant la révélation de Dieu, obtiendra miséricorde et tous les hommes de la *Filiété* s'élèveront à la suite avec les mondes supérieurs [3]. Cependant l'auteur des *Philosophumena* ne nous dit pas comment

---

[1] Ἐπεὶ οὖν καὶ τὰ ἐν τῇ Ἑβδομάδι πάντα πεφώτιστο καὶ διήγγελτο τὸ Εὐαγγέλιον αὐτοῖς .... ἔδει λοιπὸν καὶ τὴν ἀμορφίαν τῆς καθ' ἡμᾶς φωτισθῆναι, καὶ τῇ Υἱότητι τῇ ἐν τῇ ἀμορφίᾳ καταλελειμμένῃ οἱονεὶ ἐκτρώματι ἀποκαλυφθῆναι τὸ μυστήριον ὃ ταῖς προτέραις γενεαῖς οὐκ ἐγνωρίσθη, καθὼς γέγραπται, φησί· « Κατὰ ἀποκάλυψιν ἐγνωρίσθη μοι τὸ μυστήριον. » (*Ep. ad Ephes.*, III, 3-5. — *Ibid.*, p. 361, lin. 1-13.)

[2] Κατῆλθεν ἀπὸ τῆς Ἑβδομάδος τὸ φῶς, τὸ κατελθὸν ἀπὸ τῆς Ὀγδοάδος ἄνωθεν τῷ υἱῷ τῆς Ἑβδομάδος, ἐπὶ τὸν Ἰησοῦν τὸν υἱὸν τῆς Μαρίας καὶ ἐφωτίσθη, συνεξαφθεὶς τῷ φωτὶ τῷ λάμψαντι εἰς αὐτόν· Τοῦτο ἐστὶ, φησὶ, τὸ εἰρημένον· « Πνεῦμα Ἅγιον ἐπελεύσεται ἐπί σε, » τὸ ἀπὸ τῆς Υἱότητος διὰ τοῦ Μεθορίου Πνεύματος ἐπὶ τὴν Ὀγδοάδα καὶ τὴν Ἑβδομάδα διελθὸν μέχρι τῆς Μαρίας, « καὶ δύναμις Ὑψίστου ἐπισκιάσει σοι », ἡ δύναμις τῆς χρίσεως ἀπὸ τῆς ἀκρωρείας ἄνωθεν τοῦ δημιουργοῦ μέχρι τῆς κτίσεως, ὅ ἐστι τοῦ υἱοῦ· μέχρι δὲ ἐκείνου, φησὶ, συνεστηκέναι τὸν κόσμον οὕτως, μέχρις οὗ πᾶσα ἡ Υἱότης ἡ καταλελειμμένη εἰς τὸ εὐεργετεῖν τὰς ψυχὰς ἐν ἀμορφίᾳ, καὶ εὐεργετεῖσθαι, διαμορφουμένη κατακολουθήσῃ τῷ Ἰησοῦ, καὶ ἀναδράμῃ καὶ ἔλθῃ ἀποκαταρισθεῖσα· καὶ γίνεται λεπτομερεστάτη, ὡς δύνασθαι δι' αὐτῆς ἀναδραμεῖν ὥσπερ ἡ πρώτη. (*Phil.*, *ibid.*, p. 361, lin. 13 et 362, lin. 1-13.)

[3] Ὅταν οὖν ἔλθῃ, φησὶ, πᾶσα Υἱότης καὶ ἔσται ὑπὲρ τὸ Μεθόριον Πνεῦμα τότε ἐλεηθήσεται ἡ κτίσις· στένει γὰρ μέχρι τοῦ νῦν καὶ βασανίζεται καὶ μένει τὴν ἀποκάλυψιν τῶν τοῦ θεοῦ, ἵνα πάντες ἀνέλθωσιν ἐντεῦθεν οἱ τῆς Υἱότητος ἄνθρωποι. (*Phil. ibid.*, n. 27, p. 362, lin. 15-16, p. 363, lin. 1-2.)

se fit cette purification, et pour le savoir, nous devrons interroger les autres sources, lorsque nous aurons épuisé tous les renseignements qu'il nous fournit. D'après Basilide, dit cet auteur, Jésus était né sous la conjonction des astres et à l'heure de leur parfaite révolution, il avait eu son type préexistant dans le grand trésor des germes en puissance [1]. Ce type préexistant n'est autre chose que certaines parties empruntées aux mondes supérieurs, à la matière elle-même, et s'étant réunies pour former ce Jésus; d'après cela, l'on comprend très bien, que Basilide ait pu parler du type préexistant de Jésus (προλελογισ-μένος) quoiqu'il n'enseignât pas vraiment la préexistence des âmes, comme nous l'avons vu. Cette explication ressort d'elle-même de l'enseignement de Basilide sur les souffrances de Jésus, car il dit que ces souffrances servirent à dégager de l'être de Jésus les parties qui le composaient, et qu'ainsi ce qui appartenait à l'Hebdomade fut rendu à la matière, et ce qui était descendu de l'Ogdoade ou du πνεῦμα-limite remonta vers l'Ogdoade ou vers le πνεῦμα [2]. Nous pouvons donc conclure de ces paroles sans la moindre témérité que tous les mondes avaient participé à la formation de Jésus, ce qui par l'émanation se comprend très bien, car Jésus n'est que le dernier terme de cette série d'évolutions émanatrices que nous avons si souvent fait remarquer. Quant à la vie de ce Jésus, lorsque cette génération d'un mode particulier eût été accomplie, tout se passa pour le Sauveur comme les Évangiles le racontent, et tout se fit dans un but unique, celui de discerner et dégager les éléments confondus entre eux, et Jésus devait être le principe de ce discernement et de ce dégagement [3]. Après cette dernière explication, il ne faut plus rien demander aux *Philosophumena*, on ne trouve plus la moindre parole ayant trait à Jésus, à sa vie et à sa passion; cependant, il serait bon de savoir ce que Basilide ou l'auteur des *Philosophumena* voulait dire par ces paroles : Tout ce qui a rapport au Sauveur se passa comme il est raconté dans les Évan-

---

[1] Ἦν γὰρ, φησὶ, καὶ οὗτος ὑπὸ γένεσιν ἀστέρων καὶ ὡρῶν ἀποκαταστάσεως ἐν τῷ μεγάλῳ προλελογισμένος σωρῷ. (*Ibid.*, p. 364, lin. 10-11.)

[2] Ἐπχθεν οὖν τοῦτο ὅπερ ἦν αὐτοῦ σωματικὸν μέρος, ὃ ἦν τῆς ἀμορφίας, καὶ ἀπεκατέστη εἰς τὴν ἀμορφίαν. Ἀνέστη δὲ τοῦτο ὅπερ ἦν ψυχικὸν αὐτοῦ μέρος, ὅπερ ἦν τῆς Ἑβδομάδος, καὶ ἀπεκατέστη εἰς τὴν Ἑβδομάδα· ἀνέστη δὲ τοῦτο ὅπερ ἦν τῆς ἀκρωρείας οἰκεῖον τοῦ μεγάλου Ἄρχοντος, καὶ ἔμεινε παρὰ τὸν Ἄρχοντα τὸν μέγαν· ἀνήνεγκε δὲ μέχρις ἄνω τοῦτο, ὅπερ ἦν τοῦ Μεθορίου Πνεύματος, καὶ ἔμεινεν ἐν τῷ Μεθορίῳ Πνεύματι. (*Ibid.*, p. 366, lin. 3-9.)

[3] Γέγονε δὴ ταῦτα, φησὶν, ἵνα ἀπαρχὴ τῆς φυλοκρινήσεως γένηται τῶν συγκεχυμένων ὁ Ἰησοῦς. (*Ibid.*, p. 365, lin. 12-13).

giles (γέγονε πάντα ὁμοίως κατ'αὐτοὺς τὰ περὶ τοῦ Σωτῆρος, ὡς ἐν Εὐαγγελίοις γέγραπται).
D'après les Évangiles, Notre-Seigneur Jésus-Christ souffrit réellement ;
Basilide enseignait-il la réalité des souffrances du Sauveur, se séparait-il de
l'enseignement de ses maîtres et de ses contemporains, rejetait-il le Docétisme.
ou, au contraire, suivait-il la voie tracée par Simon le Mage et déniait-il
toute réalité aux œuvres et aux souffrances du Christ ? La question est importante et demande toute notre attention.

Il est évident, d'après le système de Basilide, tel que nous l'avons exposé,
que rien ne semble faire prévoir que Basilide rejetait le docétisme ; dans la
rédemption des mondes supérieurs, tout se fait par illumination, rien par
expiation, ou, s'il y a expiation, elle consiste dans le seul aveu de la faute
commise par orgueil et par ignorance. D'après le principe de similitude que
nous avons si souvent invoqué, au risque de nous répéter, il semblerait, au
premier abord, que tout dût se passer sur la terre comme dans les mondes de
l'espace intermédiaire. Mais il n'en est point ainsi : l'auteur des *Philosophumena* nous dit que tout, dans la vie de Jésus, se passa comme les Évangiles le
rapportent, et il dit expressément que la partie corporelle de la personne de
Jésus souffrit (ἔπαθεν οὖν τοῦτο ὅπερ ἦν αὐτοῦ σωματικὸν μέρος) ; il n'y a donc pas
d'illusion possible, le docétisme n'est pas l'enseignement de Basilide, d'après
les *Philosophumena*. Cependant, si nous nous retournons vers la première
source dont saint Irénée et saint Épiphane sont pour nous les canaux, nous y
trouverons que Basilide enseignait le docétisme sur ce point : la contradiction
ne saurait être plus flagrante. Sur ce point seul, les deux sources diffèrent ;
à laquelle nous attacherons-nous et quelle conclusion pouvons-nous tirer ? Il
serait facile de se décider si nous avions un *criterium* quelconque de jugement, malheureusement notre pierre de touche, Clément d'Alexandrie, nous
fait complètement défaut ; sur la Rédemption telle que la comprenait Basilide
il n'a qu'un seul passage que nous avons cité en note en le comparant aux
paroles correspondantes des *Philosophumena*, passage qui nous montre
clairement que les deux auteurs ont puisé à une source unique et que nous
avons bien sur ce point la vraie doctrine de Basilide. Il nous reste donc,
puisque nous sommes réduit aux deux seules sources contradictoires, à
discuter le texte de saint Irénée et à voir quelle conclusion nous pouvons
en tirer.

« Lorsque le Père sans nom comme sans naissance, dit saint Irénée, sut leur perte (celle des hommes), il envoya Νοῦς, son premier-né (c'est lui qui est le Christ), pour apporter la liberté à ceux qui croyaient en lui et les arracher au pouvoir des Anges qui avaient formé le monde. Ce fils se montra comme un homme aux nations soumises à ces Anges, il descendit sur la terre et opéra des miracles. C'est pourquoi il ne souffrit pas, mais celui qui souffrit fut un certain Simon de Cyrène que l'on rencontra et qui porta la croix à sa place. Simon fut crucifié par l'ignorance et l'erreur des Juifs, car il avait été si bien transfiguré qu'il paraissait être Jésus : mais Jésus lui même ayant pris la figure de Simon se tenait devant la croix et se moquait d'eux. Comme il était une vertu incorporelle, le Νοῦς du Père sans naissance, il pouvait se transfigurer comme il voulait, c'est ainsi qu'il remonta vers celui qui l'avait envoyé, riant de ceux qui croyaient le tenir lorsqu'il était insaisissable, et invisible à tous les yeux [1]. » Saint Épiphane ne dit rien qui diffère tant soit peu du récit de saint Irénée [2]. Il nous faut maintenant comparer ce texte avec les données des *Philosophumena* pour bien voir quels sont les concordances et les différences entre les deux sources.

D'abord il y a, dans le texte que nous venons de citer, beaucoup d'idées qui sont les mêmes que celles exposées plus haut d'après les *Philosophumena*. Saint Irénée ne parle pas, il est vrai, de la rédemption de l'Ogdoade et des mondes célestes, il ne la soupçonne même pas, puisqu'il regardait réellement l'Ogdoade comme le séjour du grand dieu de Basilide. Malgré cela, chez lui comme chez l'auteur des *Philosophumena*, la rédemption se fait par l'entremise du fils qui est le même que le Christ. Dans ce dernier auteur, en effet, c'est bien le fils du grand Ἄρχων qui le premier, reçoit l'illumination rédemptrice

---

[1] Innatum autem et innominatum Patrem, videntem perditionem ipsorum, missise primogenitum suum Nun (et hunc esse qui dicitur Christus), in libertatem credentium ei, a potestate eorum qui mundum fabricaverunt. Et gentibus ipsorum autem apparuisse eum in terra hominem, et virtutes perfeisse. Quapropter neque passum eum, sed Simonem quemdam Cyrenæum angariatum portasse Crucem ejus pro eo : et hunc secundum ignorantiam et errorem crucifixum transfiguratum ab eo, uti putaretur cipse esse Jesus : et ipsum autem Jesum Simonis accepisse formam, et stantem irrisisse eos. Quoniam enim virtus incorporalis erat. et Nus innati Patris, transfiguratum quemadmodum vellet, et sic ascendisse ad eum qui miserat eum, deridentem eos, cum teneri non posset, et invisibilis esset omnibus. (Iren. lib. I, cap. xxiv, nº 4.) Nous n'avons pas pu rendre ce style indirect qui confirme si bien ce que nous avons dit sur l'usage que saint Irénée a fait d'un ouvrage antérieur qu'il s'est contenté d'analyser.
[2] Οὗτος γὰρ ἐστί, φησιν, ὁ υἱὸς τοῦ πατρὸς ὁ προειρημένος, ὁ ἀποσταλεὶς ἐπὶ βοηθείᾳ τῶν υἱῶν τῶν ἀνθρώπων, δι' ἣν εἶδεν ὁ πατὴρ ἀποκατάστασίαν ἔν τε τοῖς ἀνθρώποις καὶ ἐν τοῖς Ἀγγέλοις. (Epiph. *Hær.*, xxiv, n. 3.)

qui la communique à son père d'abord, et ensuite aux habitants des autres mondes, et finalement au fils de l'Ἄρχων de l'Hebdomade. Donc, entre ces données et celles de saint Irénée, disant que le Père ineffable et sans naissance (*Innatum et innominatum patrem*, ὁ μέγας Ἄρχων ἄρρητος) envoya son fils premier né, Νοῦς, pour porter la liberté et la paix aux hommes, il n'y a aucune différence pour ce qui regarde l'intermédiaire et l'agent de la Rédemption. De plus saint Irénée nous dit que ce premier né, Νοῦς, est le même que le Christ, ce qui nous explique un mot assez obscur des *Philosophumena* disant que le grand Ἄρχων fut instruit par le Christ assis à ses côtés (ἤρξατο γὰρ σοφίζεσθαι κατηχούμενος ὑπὸ τοῦ παρακαθημένου Χριστοῦ). En rapprochant de ce texte d'autres passages des *Philosophumena*, où il est dit que le grand Ἄρχων fit asseoir son fils à sa droite et qu'il fut instruit par son fils, on pouvait arriver facilement à conclure que dans le texte précédent le mot Χριστός désignait le fils. Avec le texte de saint Irénée, il n'y a plus de doute possible et ce nous est une preuve de plus de l'identité des deux systèmes exposés.

En outre, dans saint Irénée, la rédemption n'est autre chose que la dissolution de l'ordre établi sur la terre par les Anges qui l'ont créée[1] : de même dans les *Philosophumena*, Jésus n'est que le principe de cette dissolution d'unité dans les éléments hétérogènes agrégés les uns aux autres à la suite de la confusion primordiale, et de la restitution de ces éléments à leur monde respectif. Enfin, nous trouvons un dernier trait de rapprochement entre les deux sources dans la personne de Jésus : Jésus, en effet, dans l'une comme dans l'autre source reçoit l'illumination par l'intermédiaire du Fils des mondes supérieurs, c'est-à-dire, que le fils descendit en Jésus ; la conclusion est évidente. Là, s'arrêtent les ressemblances et commencent les différences : Basilide, d'après les *Philosophumena*, enseignait que Jésus a véritablement souffert, saint Irénée dit, au contraire, que Jésus ne souffrit point, qu'il parut souffrir, mais que celui qui souffrit fut Simon le Cyrénéen, qu'il s'était substitué. Quoi qu'il en soit de la valeur respective de ces deux données, on peut dire tout d'abord, que Basilide ne rejetait pas toute forme de docétisme ;

---

[1] Et vocatus sit Jesus et missus a Patre uti per dispositionem hanc opera mundi fabricatorum dissolveret. (Iren. lib. I, cap. xxiv, n° 4. — *Patr. græc.*, t. VII, col. 677.)

nous l'avons fait remarquer, et M. Uhlhorn le confesse [1]. De plus, dans le long passage de Basilide sur le martyre que nous a conservé Clément d'Alexandrie, nous l'avons entendu parler de l'enfant qui semble (δοκεῖ), n'avoir pas péché, de martyrs qui ne semblent pas (δοκοῦσιν) souffrir ; le mot ne lui était donc pas inconnu [2]. Enfin, Baur a prouvé péremptoirement que le Docétisme était le fonds commun à tous les systèmes gnostiques, et qu'il devait l'être [3]. Que si toutes ces preuves indirectes ne démontrent pas que Basilide a enseigné le docétisme, il résulte cependant de ce qui précède que si nous accordons une valeur égale aux sources contradictoires, en bonne critique, nous devons incliner pour saint Irénée contre l'auteur des *Philosophumena*, et admettre que s'il existe une erreur dans l'un des deux auteurs, c'est dans le second qu'elle se trouve. M. Uhlhorn veut, au contraire, que les deux sources disent également vrai, mais que l'une soit postérieure à l'autre et nous donne un développement ultérieur du système de Basilide. Cette opinion est très plausible, mais comment reconnaître laquelle des deux sources est la plus pure? Si saint Irénée avouait que pour Basilide, comme il l'a fait pour Valentin, il s'est servi des ouvrages postérieurs des disciples, nous n'hésiterions pas un seul instant à affirmer que c'est dans son analyse que doit se trouver le développement postérieur du sytème de Basilide. Mais ce n'est point le cas. Cette partie de l'œuvre de saint Irénée n'est que la reproduction abrégée d'une hérésiologie antérieure. Or, les hérésiologies antérieures ne sont pas si nombreuses qu'on ne puisse en suivre les traces jusque dans la première moitié du second siècle de l'ère chrétienne, et s'il fallait croire, comme l'a proposé M. Lipsius, que nous avons dans saint Irénée et saint Épiphane, l'analyse du *Syntagma* de saint Justin [4], il est évident que nous ne pourrions pas ici présenter le système de Basilide dans saint Irénée comme un développement postérieur de la doctrine primitive. D'ailleurs, nous

---

[1] Auch das ältere Basilidianische System ist in weiterem Sinne schon doketisch, indem auch hier die Bedeutung der Erlösungsthatsache verfluchtigt wird... Der Doketismus der indem älterem System schon in Keime vorhanden war, ist in jüngeren grob auf gebildet zu Tage gekommen, theoretisch wie practisch, und wir werden wohl nicht irren, wenn wir auch hier eine Wechselwirkung zwischen dem theoretischen Doketismus der Christologie und dem prach'ischen Doketismus der Sitte annehmen. (Uhlh. *Op. cit.* p. 67.)
[2] Cf. Clem. Alex. *Strom.*, lib. IV, cap. XII. — *Patr. græc.*. t. VIII, col. 1291. Cf. p. 119.
[3] Baur: *Gnosis*, p. 205.
[4] *Zur Quellenkritik des Epiphanios*. Passim.

n'avons aucun témoignage affirmant que le sytème de Basilide ait subi, dans les années qui suivirent la mort du philosophe, des modifications aussi importantes que le serait celle du docétisme substitué à l'enseignement contraire. Seul Théodoret nous parle du développement du basilidianisme, et c'est pour nous dire qu'Isidore, le fils de Basilide, suivit la doctrine de son père en y ajoutant quelques détails [1]. En résumé, il nous semble difficile, pour ne pas dire impossible, de se prononcer définitivement sur la priorité de l'une ou de l'autre des deux doctrines. Il est vrai que les *Philosophumena* nous donnent le système, le vrai système de Basilide, que leur témoignage est toujours puisé aux meilleures sources, mais nous avons vu que les données qu'on y trouve sont conformes aux données que nous a transmises saint Irénée qui, pour être moins complet, n'en est pas moins véridique et bien informé sur ce qu'il dit. Peut-être, M. Uhlhorn n'a t-il pas assez pesé toutes ces observations avant de porter un jugement qui nous paraît trop absolu. Quoi qu'il en soit, parce que deux auteurs se contredisent, sur un point même important en exposant un même système, l'on ne doit pas conclure que le système n'est pas le même : c'est outrepasser les droits de la critique.

Après ce qu'il dit de la substitution de Simon le Cyrénéen à Jésus, saint Irénée nous apprend que les disciples de Basilide, tant qu'ils confessaient le Crucifié, étaient encore esclaves et soumis à la puissance des Anges qui avaient créé le corps; ils devaient, au contraire, le renier et montrer par là qu'ils connaissaient l'économie providentielle du Père sans naissance. C'est cette connaissance des desseins de Dieu qui est la véritable rédemption, et nous retrouvons ici les mêmes données que dans les *Philosophumena* : avec elle, les fidèles de Basilide pouvaient braver les Anges, ils devenaient semblables à Caulacau, c'est-à-dire à Jésus, dont c'était le nom mystique. Mais cette connaissance ne pouvait pas être répandue, à peine si un sur mille, et deux sur dix mille étaient capables de la recevoir. Aussi le vrai Basilidien devait garder la doctrine du maître dans le plus profond secret, connaître tout le monde et ne se laisser connaître de personne, affirmant, lorsqu'on le pressait, qu'il n'était plus Juif, mais qu'il n'était pas encore chrétien [2]. En fait, les

---

[1] Καὶ Ἰσίδωρος, ὁ τοῦ Βασιλείδου υἱὸς, μετά τινος ἐπιθήκης τὴν τοῦ πατρὸς μυθολογίαν ἐκράτυνε. (Theod. Fab. hæret., lib. I, n. 4.)

[2] Et liberatos igitur eos qui hæc sciant a mundi fabricatoribus principibus : et non oportere confiteri

Basilidiens, dans leur conduite, s'écartaient de la doctrine du maître, mais pouvait-il en être autrement? Basilide lui-même, en construisant son système, en le répandant, en cherchant à se faire des adeptes, ne croyait-il pas que sa doctrine était meilleure que les autres, par conséquent qu'elle était la seule vraie? Doit-on, dès lors, s'étonner que ses disciples se regardassent comme les seuls dépositaires de la vraie science, de la gnose qui, seule, pouvait donner la Rédemption et le bonheur que toutes les religions promettent à ceux qui les embrassent? Voilà pourquoi et comment un système qui fait théoriquement la part égale à tous les hommes est amené pratiquement à ne considérer comme élus que ceux qui l'ont embrassé. La tolérance religieuse est une idée relativement très moderne; aucune religion ne l'a admise théoriquement et ne peut l'admettre sans se décréditer elle-même.

Il ne nous reste plus désormais, qu'à mettre la dernière pierre pour achever l'édifice entier; nous voulons parler de l'ignorance complète et universelle qui devait s'emparer de tous les mondes et de tous leurs habitants, lorsque la rédemption serait achevée. « Quand tout cela sera définitivement accompli, quand tous les germes confondus auront été dégagés et rendus à leur place primitive, Dieu répandra une ignorance absolue sur le monde entier, afin que tous les êtres qui le composent restent dans les limites de leur nature et qu'ils ne désirent rien qui en soit en dehors. » Car tout ce qui est immortel dans notre monde ne l'est qu'à la condition de ne pas sortir de sa nature; si l'on ne connaît rien, l'on ne peut rien désirer, et le désir irréalisable ne sera pas un tourment. Ainsi chaque monde connaîtra ce qu'il peut connaître et rien de plus : l'Hebdomade ne saurait comprendre les mondes supérieurs, parce qu'elle ne saurait en posséder les biens et les privilèges ; la même ignorance sera le partage de l'Ogdoade qui ne pourra pas désirer le monde supérieur : tout se retrouvera dans l'état primitif avec cette différence

eum qui sit Crucifixus. sed eum qui in hominis forma venerit, et putatus sit Crucifixus et vocatus sit Jesus et missus a Patre, uti per hanc dispositionem opera mundi fabricatorum dissolveret. Si quis igitur, ait, confitetur crucifixum, adhuc hic servus est et sub potestate eorum qui corpora fecerunt; qui autem negaverit, liberatus est quidem ab iis, cognoscit autem dispositionem innati Patris. Igitur qui didicerit et Angelos omnes cognoverit et causas eorum, invisibilem et incomprehensibilem eum Angelis et universis Potestatibus fieri quemadmodum et Caulacau fuisse... Tu enim, aiunt, omnes cognosce, te autem nemo cognoscat... Non autem multos scire posse hæc, sed unus a mille et duo a myriadibus. Et Judæos quidem jam non esse dicunt, Christianos autem nondum : et non oportere omnino ipsorum mysteria effari, sed in abscondito continere per silentium. (Iren., lib. I, cap. xxiv, n°s 4 et 6. — *Patr. græc.*, t. VII, col. 677, 678 et 679.)

que le non-être sera devenu le non-savoir [1]. Telle est l'eschatologie de Basilide, une sorte de bonheur négatif puisqu'il ne peut pas être tout ce qu'il pourrait être, et que le philosophe évite soigneusement le partage égal dans ce bonheur suprême. Quant aux autres problèmes qui se rattachent à cette grande question des fins dernières de l'homme, nous ne pouvons pas même savoir si Basilide les avait effleurés dans son enseignement.

Si nous ajoutons maintenant à ce qui précède quelques détails qui nous sont parvenus sur les mœurs, les rites, les fêtes des Basilidiens, nous en aurons fini avec la longue exposition de ce système. La magie leur servait pour honorer Dieu : il eût été fort surprenant que le disciple de Ménandre eût rejeté tout emploi de la magie dans un monde où elle était passée dans les mœurs. Ils s'entouraient du plus grand secret, comme nous venons de le voir, et en cela ils partageaient le sort fait à tous les chrétiens en général [2]. Ils avaient des fêtes à eux particulières, et Clément d'Alexandrie nous apprend qu'ils célébraient spécialement l'anniversaire du baptême du Christ dans des réunions qui duraient toute la nuit [3]. Quant à leurs mœurs proprement dites elles ont été en butte à bien des accusations ; nous ne voulons pas dire que la faute doive en remonter jusqu'à Basilide personnellement ; mais il faut convenir que sa doctrine ouvrait la porte toute grande aux vices et aux débordements les plus monstrueux, et nous croyons qu'il est impossible de nier que ces mœurs ne soient tôt ou tard devenues désordonnées, car quelle que puisse avoir été la passion des Pères de l'Église, nous sommes persuadé qu'ils

---

[1] Ἐπειδὰν γένηται τοῦτο, ἐπάξει, φησὶν, ὁ θεὸς ἐπὶ τὸν κόσμον ὅλον τὴν μεγάλην ἄγνοιαν, ἵνα μένη πάντα κατὰ φύσιν, καὶ μηδὲν μηδενὸς τῶν παρὰ φύσιν ἐπιθυμήσῃ· Ἀλλὰ γὰρ πᾶσαι αἱ ψυχαὶ τούτου τοῦ διαστήματος, ὅσαι φύσιν ἔχουσιν ἐν τούτῳ ἀθάνατοι διαμένειν μόνῳ, μένουσιν οὐδὲν ἐπιστάμεναι τούτου τοῦ διαστήματος διάφορον οὐδὲ βελτίον..... Οὕτως οὐδὲν ὁ Ἄρχων τῆς Ἑβδομάδος γνώσεται, τῶν ὑπερκειμένων· καταλήψεται γὰρ καὶ τοῦτον ἡ μεγάλη ἄγνοια, ἵνα ἀποστῇ ἀπ' αὐτοῦ λύπη καὶ ὀδύνη καὶ στεναγμός· ἐπιθυμήσει γὰρ οὐδενὸς τῶν ἀδυνάτων οὐδὲ λυπηθήσεται. Καταλήψεται δὲ ὁμοίως καὶ τὸν μέγαν Ἄρχοντα τῆς Ὀγδοάδος ἡ ἄγνοια αὕτη καὶ πάσας τὰς ὑποκειμένας αὐτῷ κτίσεις παραπλησίως, ἵνα μηδὲν κατὰ μηδὲν ὀρέγηται, τῶν παρὰ φύσιν τινὸς, μηδὲ ὀδύνηται, καὶ οὕτως· ἡ ἀποκατάστασις ἔσται πάντων κατὰ φύσιν τεθεμελιωμένων μὲν ἐν τῷ σπέρματι τῶν ὅλων ἐν ἀρχῇ, ἀποκατασταμένων δὲ καιροῖς ἰδίοις. (*Phil.*, lib. VII, n. 27. p. 363, lin. 3-8, 14-15, p. 364, lin. 1-8.)

[2] Utuntur autem et hi magia, et imaginibus, et incantationibus, et invocationibus, et reliqua universa periergia. (*Iren.*, lib. I, cap. XXIV, n. 5. — *Patr. græc.*, t. VII, col. 678.) Peut-être, au lieu de *periergia*, faut-il lire *pariergia*, ou mieux encore *parerga*. Quoi qu'il en soit, il est évident que saint Irénée veut parler ici de ce nombre prodigieux de coutumes et de symboles magiques qui étaient l'accessoire obligé de la magie telle qu'on peut la voir exposée dans le *De Mysteriis* de Jamblique ou dans le livre IV des *Philosophumena*.

[3] Οἱ δὲ ἀπὸ Βασιλείδου καὶ τοῦ βαπτίσματος αὐτοῦ τὴν ἡμέραν ἑορτάζουσι, προδιανυκτερεύοντες ἀναγνώσεσι. (Clém. Alex. *Strom.*, lib. I. — *Patr. græc.*, t. VIII, col. 888.)

n'ont jamais calomnié leurs adversaires au point de les charger de crimes épouvantables inventés à plaisir. Enfin, nous ne quitterons pas la doctrine de Basilide sans dire un mot des fameuses pierres connues des archéologues sous le nom de pierres basilidiennes ou d'Abraxas. Nous ne les croyons ni propres aux disciples de Basilide ni contemporaines du philosophe égyptien : comme elles ne rentrent pas dans notre sujet, nous nous contenterons d'indiquer les les ouvrages où l'on peut apprendre tout ce qui concerne des monuments curieux, mais auxquels il ne faut pas attacher toute l'importance que certains auteurs leur ont attribuée au point de vue doctrinal qui seul doit nous occuper dans cette étude [1].

Telle est la doctrine de Basilide exposée aussi complétement que les sources qui nous l'ont transmise nous ont permis de le faire. Sans contredit, elle fourmille d'erreurs, c'est un délire d'imagination, d'une imagination rêveuse et profonde couvrant ses pensées et la solution des plus difficiles problèmes d'une fantasmagorie de divinités et d'émanations qui ne le cède en rien à celle que nous montrera plus loin le grand gnostique égyptien, Valentin. Il ne faut pas trop l'en blâmer : le génie du pays qu'il habitait, du peuple auquel il appartenait, son propre génie, tout le poussait à couvrir sa doctrine de voiles mystérieux, d'autant plus capables de lui attirer des disciples qu'ils paraissaient plus sombres et qu'il semblait plus difficile de les écarter. Voilà pourquoi Basilide met en tête de son système ce dieu-néant, imagination terrible et attrayante par la terreur même qu'elle inspire, pourquoi il distingue ce triple principe bizarre qu'il nomme Υἱότης, pourquoi il constelle son monde intermédiaire de ses trois cent soixante-cinq cieux qui sont autant de mondes particuliers, jouissant de leurs prérogatives et de leurs droits. On voit, dès lors, quels progrès cette doctrine avait réalisés sur les systèmes plus simples de Simon le Mage, de Ménandre et de Satornilus ; l'esprit humain suivait sa

---

[1] Pour ces pierres basilidiennes ou Abraxas, voir : Bellermann, *Ueber die Abraxas-Gemmen*, Berlin, 1820, in-8. — *Abraxas, seu Apistopistus*, Antverpiæ, 1657. — Kopp : *Palæographio critica*, 1817, 1829, 4 vol n°s 690, 678, 175, 830, 752, 745, 589, 594, 713, 760, 774, 817. 825, 880, 545, 610, 611, 463, 467, 412, 595, 757. Sur ces amulettes on trouve aussi souvent les noms des divinités égyptiennes que celui d'Abraxas. On n'a qu'à se reporter aux numéros de l'ouvrage de Kopp auxquels nous renvoyons pour être persuadés du fait. Nous ne devons pas oublier de mentionner l'article du comte Baudissin sur l'origine du mot Ιαω que se retrouve souvent sur les Abraxas. Cf. *Zeitschrift für historiche theologie*, année 1875, p. 314 et seqq.

voie en Basilide : il allait du simple au composé, comme il le fait toujours. On comprend aussi comment saint Irénée a pu dire que Basilide avait voulu inventer un nouveau système qui sortît du chemin ouvert par ses prédécesseurs. Malgré ce désir, Basilide ne put se soustraire à toute influence de ses maîtres : bien des points de son système ont leurs correspondants dans ceux de Simon et de Satornilus. On ne peut s'empêcher de voir que son enseignement sur la rédemption fut obligé d'accepter les idées qui envahissaient alors le monde par le Christianisme qu'il voulait modifier et corriger à sa guise. L'influence de la philosophie grecque s'y fait aussi sentir quoique plus faiblement, mais par-dessus tout l'on y rencontre beaucoup de ces idées dont l'Orient avait fait son patrimoine.

CHAPITRE III

SOURCES ÉGYPTIENNES DU SYSTÈME DE BASILIDE

Nous sommes bien éloigné de penser que le système de Basilide doive être entièrement recherché dans les doctrines de l'ancienne Égypte : le syncrétisme, nous l'avons dit, est au fond du Gnosticisme. En effet, les idées semblables dans les systèmes de Simon le Mage, de Ménandre, de Satornilus et dans celui de Basilide ont les mêmes origines, car la filiation des idées emporte une communauté d'origine entre les idées mères et les dérivées. Nous aurions pu démontrer que le fonds des premiers systèmes se retrouve dans la Kabbale, dans les livres de l'Avesta et dans les croyances de l'Inde : la démonstration aurait conservé toute sa valeur pour Basilide. Quant aux idées qui lui sont propres, elles sont d'un nombre relativement restreint, et le gnostique égyptien les a empruntées à la Kabbale tout autant qu'aux doctrines égyptiennes. La nature du Dieu-néant, la manière de diviser le monde intermédiaire, la propriété des fils des *Archons* d'être plus grands que leurs pères, voilà, si l'on y ajoute l'enseignement de Basilide sur l'ignorance qui enveloppe chaque monde à la fin des temps, les seuls points vraiment nouveaux du système basilidien. Le mode de développement des æons et des mondes, la manière dont le mal est introduit dans la série des émanations, celle dont il est racheté, nous avons vu tout cela dans les systèmes exposés au premier livre de cet ouvrage. Sans doute, ces éléments primitifs ont varié; ils ont reçu des mains de Basilide une forme qui peut paraître différente, mais ils ne laissent pas que d'être les mêmes au fond, quoique façonnés et employés d'une autre manière et avec d'autres proportions. Ainsi le mythe si nouveau, semble-t-il, de la triple Υἱότης, son emploi et son rôle dans tout le système, ne sont que la transformation de la doctrine de Simon et de ses disciples sur Ἐπίνοια, sur la pensée divine créant tout et sauvant tout après la chute. Basilide a épuré le mythe; il l'a développé, agrandi, mais au fond il ne l'a pas changé, quoiqu'il l'ait débarrassé de l'intervention des anges créateurs qui, par toutes sortes de moyens, enchaînent et dominent la pensée du premier principe lui-même. D'un autre côté, si nous voulions rechercher les ressemblances qui existent entre la doctrine de Basilide et la philosophie grecque, nous ne manquerions pas d'en trouver un nombre assez considérable, comme la Kabbale nous donnerait l'origine du Dieu-néant; mais tel n'est pas notre but, et nous devons nous en tenir aux seuls rapprochements que suggère la comparaison entre les doctrines de l'Égypte ancienne et le système de Basilide où le syncrétisme domine, où l'invention n'a qu'une faible part et fait quelquefois totalement défaut.

A part ce que nous avons déjà dit de la magie de Ménandre et de ses ressemblances avec la théurgie telle que nous la dépeint l'auteur du livre des *Mystères*, nous n'avons pas encore interrogé l'Égypte sur l'origine des doctrines gnostiques. Cela se comprend assez, car Simon, Ménandre et Satornilus ayant vécu en Syrie ont dû plutôt se servir des doctrines de la Kabbale ou de l'Avesta, que leur fournissaient et leur patrie et les fréquentes relations entre la Syrie et la Perse. Basilide, au contraire, ayant enseigné en Égypte, étant Égyptien de culture sinon d'origine, dut nécessairement faire entrer dans son système plus d'éléments égyptiens que n'avaient fait ses prédécesseurs. Nous allons le constater. A l'époque de Basilide, la vieille Égypte se mourait, mais n'était pas morte; elle n'était pas ensevelie sous quinze siècles d'oubli et sous la poussière du vieux monde détruit, la barbarie musulmane n'avait pas encore fait disparaître ses papyrus et les trésors de renseignements qu'ils contenaient : on y élevait encore des temples, on y gravait encore de sacrés hiéroglyphes en l'honneur des dieux et des rois, quoique ces rois fussent alors les empereurs romains. Sans doute, les doctrines secrètes des temples avaient bien changé depuis l'époque des Pyramides, depuis le règne du grand Sésostris des Grecs, Ramsès II : elles s'étaient développées dans un sens panthéistique, et avaient entièrement perdu leur caractère primitif; la langue et l'écriture elles-mêmes avaient subi de profondes altérations ; cependant ce développement s'appuyait toujours sur les croyances primitives, sur les mythes des âges reculés, sur ces mystères qui n'étaient vraiment connus que des seuls prêtres et des seuls rois, et dont le vulgaire s'était emparé pour les traiter à sa guise et leur donner une signification plus appropriée aux besoins de ses superstitions et à la portée de son intelligence. Or, c'est dans ces mythes que nous trouverons les idées mères du système basilidien ; c'est dans l'un d'eux, celui d'Osiris et de son fils Horus, que nous allons voir émise pour la première fois cette idée étrange en religion de la supériorité du fils sur le père, et cela bien des siècles avant l'époque de Basilide. Pour mettre en lumière cette ressemblance des doctrines, il nous faut prendre les choses d'un peu loin : on nous le pardonnera, nous l'espérons.

Dans son traité sur Isis et Osiris, Plutarque raconte la légende égyptienne d'Osiris de la manière suivante : Lorsque Osiris régna sur l'Egypte. il en délivra les habitants de leur vie sauvage et misérable, il leur apprit l'agriculture, leur donna des lois et leur enseigna le culte des dieux. Il parcourut ensuite la terre entière, adoucit les mœurs des hommes, sans employer le secours des armes; mais il les persuadait et les attirait à lui au moyen des chants et de la musique, ce qui a donné lieu aux Grecs de le prendre pour Bacchus. Mais Typhon (l'adversaire né d'Osiris), qui pendant son absence n'avait rien osé entreprendre parce qu'Isis (sœur et épouse d'Osiris) prenait une grande attention à garder sa fidélité conjugale, lui dressa des embûches à son retour : il s'adjoignit soixante-douze compagnons et obtint l'assistance de la reine d'Éthiopie qui était venue vers lui. Elle se nommait Aso. Typhon se procura par ruse la mesure du corps d'Osiris, fabriqua un coffre élégant sur cette mesure, l'orna avec art et le montra au milieu d'un festin. A cette vue les convives furent saisis d'admiration et laissèrent éclater leur joie. Typhon, plaisantant, leur promit de le donner à celui qui le remplirait exactement en s'y couchant. Tous subirent l'épreuve, mais nul ne put remplir la condition. A son tour, Osiris se coucha dans le coffre : ceux qui étaient dans le secret accoururent, on mit le couvercle, on le consolida avec une clef et du plomb fondu, on le porta vers le Nil où il fut jeté à la mer par les bouches de Tanis. Ceci se passait le dix-septième jour du mois d'Athyr, la vingt-huitième année du règne d'Osiris, selon les uns, de sa vie, selon les autres. Les Pans et les Satyres des environs des *Chemnis* furent les premiers à savoir la nouvelle du crime ; ils la répandirent parmi les hommes où elle produisit la terreur et la consternation [1]. Isis l'ayant apprise, coupa l'un de ses manteaux en cet endroit, prit des habits de deuil dans la ville de Coptos, et se mit à parcourir toute l'Égypte demandant à ceux qu'elle rencontrait, même aux enfants, s'ils n'avaient pas vu le coffre qui contenait Osiris, jusqu'à ce qu'elle eût trouvé ceux qui l'avaient vu jeter à la mer. Elle apprit alors que son frère et mari Osiris avait eu commerce avec sa sœur Nephthys, croyant l'avoir avec elle-même, qu'un enfant était né de ce commerce, et elle se mit à le chercher, car la mère l'avait abandonné par crainte de Typhon : après beaucoup de fatigues et avec le secours de chiens dressés à la recherche, elle le trouva enfin et se l'adjoignit comme gardien et compagnon.

Isis apprit dans ses courses errantes que le coffre avait abordé à Byblos, que le flot l'avait doucement déposé près d'une bruyère arborescente qui dans un court espace de temps, s'était tellement développée qu'elle avait caché en elle-même le coffre où était Osiris. Le roi de la contrée ayant vu cette plante superbe la fit couper et transporter dans son palais, où elle devint l'une des colonnes qui soutenaient le toit. Isis apprit tous ces détails de la bouche d'esprits célestes : elle se rendit à Byblos, s'assit tout en larmes près de la fontaine où elle resta sans adresser la parole aux hommes qui passaient. Cependant elle salua les servantes de la reine, leur parla avec bienveillance, arrangea leur chevelure et sut répandre sur leurs corps une agréable odeur d'ambroisie ; la reine, au retour de ses servantes, fut remplie du désir de voir elle-même l'étrangère, car l'odeur d'ambroisie répandue sur elles lui faisait envie. Isis parut donc devant la reine, devint sa familière et on lui confia le soin d'un enfant royal. Isis nourrissait l'enfant en lui donnant son doigt à sucer, au lieu de sa mamelle. La nuit elle brûlait les parties mortelles du corps de son nourrisson, et, prenant la forme d'une hirondelle, elle volait au sommet de la colonne et se lamentait. La reine s'aperçut de cette conduite ;

---

[1] Plutarque fait remarquer, en cet endroit de son récit, que la terreur des hommes fut si grande à la nouvelle annoncée par les Pans et les Satyres qu'elle est restée proverbiale : c'est la terreur *panique*. (Plut., *de Is. et Os.*, n. 14.)

en voyant brûler l'enfant elle jeta un grand cri, ce qui fit perdre l'immortalité à son fils ; la déesse reconnue demanda qu'on lui donnât la colonne sur laquelle reposait le toit. Elle l'obtint, et aussitôt elle fendit la bruyère, et l'ayant entourée d'un voile, elle la remit aux mains du roi. Pour elle-même, elle garda le coffret et poussa de tels gémissements que le plus jeune des fils du roi en mourut : elle s'embarqua ensuite, et, comme un vent trop violent soufflait sur le fleuve Phædros, elle le desssécha.

Lorsque la déesse se trouva dans la solitude, elle ouvrit le coffret, baisant la face du mort bien-aimé et versant des larmes ; un autre fils du roi qui l'avait suivi s'étant approché pour voir ce qu'elle faisait, elle le regarda d'un air si courroucé que l'enfant ne survécut pas à ce regard. Isis voulut alors se rendre près de son fils Horus qui était élevé à Butos : pour cela elle cacha le coffret ; mais pendant son voyage Typhon, chassant la nuit au clair de lune, rencontra le coffret, reconnut le cadavre et le déchira en quatorze parties qu'il dispersa. Isis l'ayant appris parcourut les marais sur une barque de papyrus à la recherche des morceaux du cadavre d'Osiris, prenant soin d'élever un tombeau à chaque endroit où elle trouvait un de ces morceaux, et cela afin de tromper Typhon et de lui laisser ignorer où était le corps d'Osiris. Malgré ses recherches elle ne put rencontrer le membre viril d'Osiris, car Typhon l'avait jeté dans le Nil où un oxyrinque l'avait avalé : elle le remplaça par l'imitation d'un phallus qu'elle fit et consacra elle-même. Cependant Osiris revint des enfers pour instruire son fils Horus ; il lui apprit le maniement des armes et lui demanda ensuite ce qui était la plus belle chose du monde. « Venger son père et sa mère à qui l'on a fait injure, répondit l'enfant. » Osiris lui demanda encore quel animal il croyait le plus utile dans un combat. « Le cheval », répondit Horus. Osiris s'en étonna et dit que la chose était douteuse, ne pouvant comprendre qu'il n'eût pas nommé le lion au lieu du cheval. « Le lion est utile à ceux qui ont besoin de secours, dit Horus, mais le cheval sert à empêcher la fuite de l'ennemi et à le perdre. » Ces réponses remplirent Osiris de joie, il sentit qu'Horus était prêt pour le combat. Un grand nombre d'hommes passèrent alors du côté d'Horus ; parmi eux une maîtresse de Typhon, nommée Thueris. Elle était poursuivie par un serpent que tua Horus. Le combat entre Typhon et le fils d'Osiris dura plusieurs jours, enfin Horus fut vainqueur. Il livra Typhon enchaîné à sa mère Isis qui non seulement ne tua pas, mais relâcha le meurtrier de son mari. Horus en fut si outré qu'il porta la main sur sa mère et lui arracha son diadème royal, mais Mercure mit sur la tête d'Isis un casque fait de la tête d'un bœuf. Enfin Typhon ayant répandu le bruit que la naissance d'Horus était illégitime, celui-ci fit assurer sa légitimité par les dieux avec le secours de Mercure, et vainquit Typhon dans deux autres combats. Quant à Isis qui avait eu commerce avec son mari même après sa mort, elle mit au monde un fils qui naquit avant terme et dont les membres inférieurs étaient sans force, il se nommait Harpocrate[1].

Tel est le récit que nous a laissé Plutarque ou l'auteur du traité sur Isis et Osiris. Ce récit est tellement invraisemblable, tellement en dehors des mythes qui ont avec lui le plus de ressemblance, qu'on aurait pu douter de l'exactitude de l'auteur si les découvertes égyptologiques n'étaient venues confirmer les principaux détails que l'on rencontre dans le récit du philosophe grec, récit qui d'ailleurs fourmille d'inexactitudes et de fausses interprétations. On a encore, dans un des morceaux les plus beaux de la poésie égyptienne, les lamentations d'Isis et de Nephthys sur le corps d'Osiris[2]. M. J. de Rougé a publié et traduit un passage important dans lequel se trouvent bon nombre des données de l'ouvrage grec ; voici ce passage : « Le dix-huitième jour du mois de Paophi, Isis dit à Thot : Je suis enceinte des œuvres de mon frère Osiris. Thot dit à Isis : Va dans la ville de Teb (Edfou). Alors elle dit devant Hor-hut, seigneur de Mesen[3] : Horus vainqueur est son nom : que la victoire soit à celui qui est dans ce sein. Lorsqu'elle fut venue à Mesen, Hut, seigneur des dieux, dit à Thot, seigneur de la parole divine : Tu es scribe, rends un décret pour protéger Osiris vivant en vérité. Thot prononça son discours en paroles magiques : Honneur à toi, dieu du matin ! Honneur à toi, Horus, qui glorifies Râ ! Honneur à toi, Hor-hut, dieu grand, seigneur du ciel ! Voici que tes rayons sont en or ! Jeune Apis, il est amené pour réunir les sept béliers au seigneur d'Abydos (Osiris). N'es-tu pas venu pour le combattre ? Fais ployer l'échine à Set (Typhon), lorsqu'arrive Isis. Donne-lui (à Isis) la vertu qui conserve l'œuf dans le sein d'Isis. Protège sa

---

[1] Plutarq. *De Isid. et Osirid.*, chap. XII à XIX.
[2] *Records of the past*, t. II, p. 119-125.
[3] Autre nom d'Edfou.

substance. « Lorsque les mois et les jours furent passés en Égypte, Isis mit Horus au monde à Cheb[1]. Son cri parvint jusqu'au ciel, le vingt-huit Pharmuti. Nephthys fut dans la joie, le seigneur de Mesen fut dans l'allégresse ; les dieux et les déesses furent dans le ravissement. Lorsque les mois et les années furent passés en Égypte, Set arriva avec ses compagnons : il poussa des cris élevés en disant : Je combattrai…[2] avec ses compagnons. Râ dit à Thot : Qu'est-ce qu'on raconte de ce qui est entre Horus et Set ? Thot répondit devant lui : Set a dit à Horus : Il faut que nous disions aux Mat'au[3]… Horus dit à Set : Apporte les noms des hommes de l'Égypte. — Râ dit à Thot : Qu'on amène Hut, le dieu grand, seigneur du ciel, seigneur de Mesen, seigneur des deux régions, le dieu grand, roi des barbares, avec ses compagnons, ses vaisseaux pour le repousser (Set). Lorsqu'arriva le dieu Hut, le dieu grand, seigneur du ciel, seigneur de Mesen, seigneur des deux régions, qui protège le faible contre le fort, et ses compagnons qui étaient avec lui, les Mesenu et ses navires et ses *babu*[4], et ses traits, et ses chaînes, et son dard, et les armes qu'il avait d'habitude[5]… amenant mille hommes. Horus combattit, et Horus se changea en disque ailé. Râ dit : C'est l'image du soleil, mon fils Shu Ptah a fait la valeur de ton bras. Horus, seigneur de Mesen, qui es à Teb. Horus étant devenu vainqueur de Set, la déesse Isis dit à Horus, seigneur de Mesen : Que le navire d'Horus, fils d'Isis, vienne ! Horus le bon seigneur dit à ses compagnons : Que le navire d'Horus, fils d'Isis vienne ! Isis dit à Horus, seigneur de Mesen : Place l'or sur la proue de ta barque, seigneur de Mesen ! Hor-ha, Ai-mak est celle d'Horus[6]. Il acclame la valeur de Râ, la force de Shu, l'ardeur et la terreur de ton bras : tu la fais pénétrer dans ses membres, ô seigneur des dieux. Rends victorieux le fils d'Osiris, le fils d'Isis, qui combat pour le trône de son père.

« Voici que Set fit son changement en hippopotame rouge ; il remonta vers le Midi avec ses compagnons, et Horus, seigneur de Mesen, passa vers

---

[1] Probablement Ha-Kheb, située dans le nome de Saïs. (Cf. Duemichen, *Geogr. Inschr.*, I, 98, et III, 29.) Note de M. J. de Rougé.
[2] Lacune de quelques mots.
[3] Nom d'un peuple étranger.
[4] Mot inconnu (note de M. J. de Rougé).
[5] Lacune.
[6] Noms des barques sacrées d'Edfou.

le nord de l'Égypte, avec ses barques et ses compagnons. Horus, fils d'Isis, avec sa mère Isis était dans la barque qui portait Horus, seigneur de Mesen : Hor-em-hotep est son nom. Voici que Horus, seigneur de Mesen, Hor-hut, le dieu grand, seigneur du ciel, seigneur de Mesen, seigneur des deux régions dit : Le fils de Nu-t dit à Set : Où es-tu, assassin de ton frère ? Voici que Set lui répondit : Je suis à Éléphantine, demeure aimée, et il prononça de grandes imprécations au sujet d'Isis et de son fils Horus contre le ciel, en disant : Qu'il arrive une grande tempête du Nord. Hor-hut, le dieu grand, le seigneur du ciel, le seigneur de Mesen, maître des deux régions, et ses navires, la tempête étant au milieu d'eux, atteignirent Set et ses compagnons au milieu du nome du Tes-Hor (c'est-à-dire, d'Edfou) [1]. »

Tel est ce texte qui, malheureusement, s'arrête en cet endroit ; le reste est tellement mutilé qu'on n'en a pu reconstituer aucun sens. Malgré tout, il est évident que ce passage suppose la plupart des détails donnés par Plutarque, et cela nous montre que la légende rapportée par l'auteur grec est bien égyptienne. C'est une conclusion déjà importante ; mais ce qui pour nous l'est bien davantage, c'est le rôle d'Horus, du fils d'Osiris. Dans la légende de Plutarque, comme dans le récit égyptien, Horus est égalé à Osiris, il lui est supérieur en fait, puisque c'est le fils qui doit venger le père et qu'il reçoit les mêmes titres. Grâce à sa victoire sur le meurtrier de son père, Horus est nommé d'une manière générale le Vengeur, c'est le titre que l'on trouve le plus souvent dans les textes. D'ailleurs, l'égalité du fils avec le père est un des points les moins contestable de la religion égyptienne ; le dieu père renaît de lui-même dans un dieu fils, qui participe à toutes les attributions du père, et qui gouverne avec lui ou même en sa place. De plus, la supériorité du fils est indiquée en termes formels dans un hymne à Osiris gravé sous le règne de Ramsès II sur une stèle qui se trouve au musée du Louvre, et qui a été traduite par M. E. de Rougé. « O dieu qui traverse le temps et dont l'existence est éternelle, est-il dit dans cet hymne, Osiris chef de l'Ament, Unnefer, dieu qui fait justice, seigneur des siècles, roi de l'Éternité, fils préféré, engendré par Seb, premier-né du sein de Nu-t, seigneur de Tatu, roi d'Abydos,

---

[1] *Texte relatif à la naissance d'Horus*, par J. de Rougé. (*Mélanges d'archéologie* de M. E. de Rougé, p. 279 et seqq.). Nous donnons ci-contre les principaux passages du texte tel qu'il a été publié par M. Naville dans le *Mythe d'Horus*.

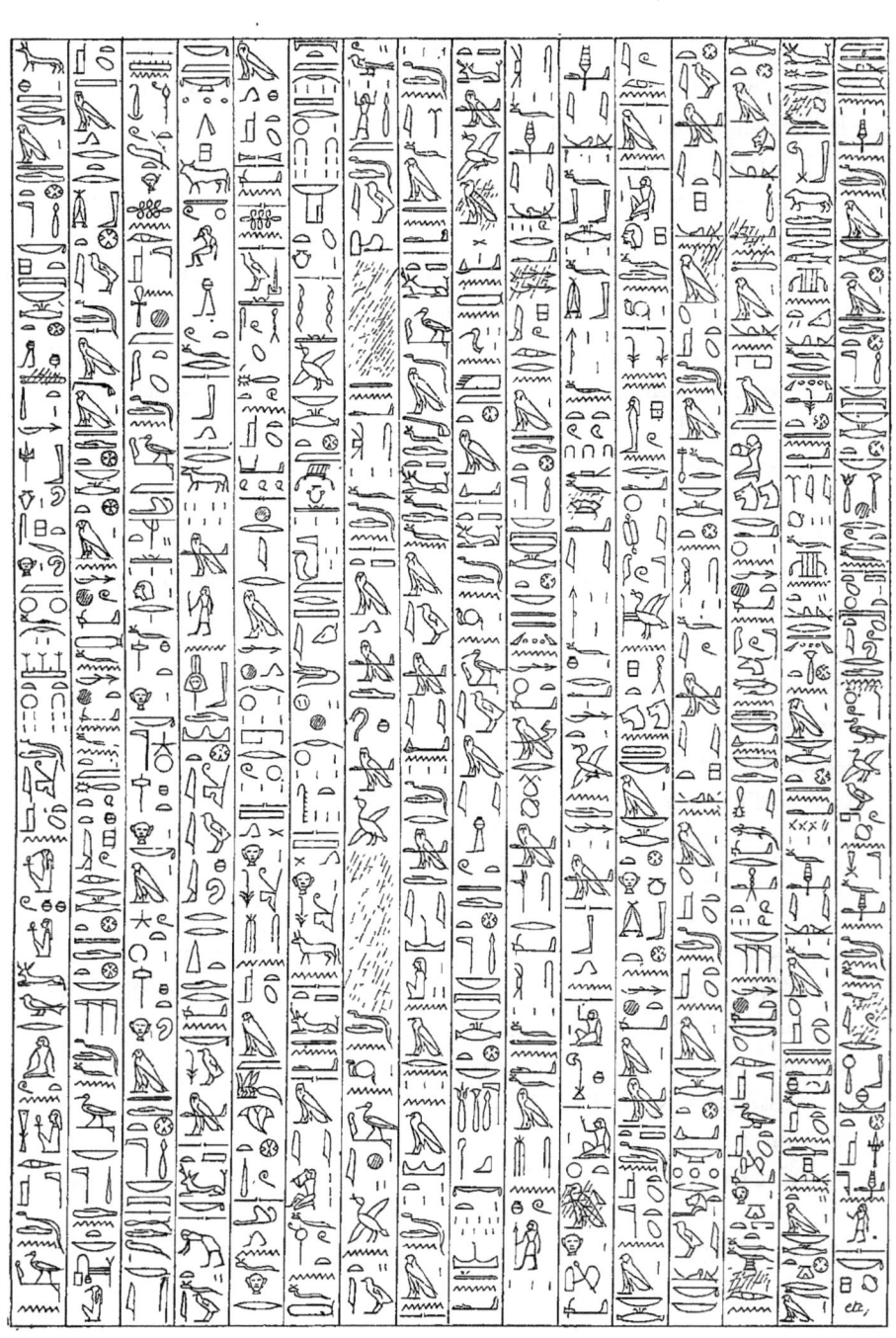

Le Mythe d'Horus

roi suprême de la région d'Akar, seigneur des joies, grand par les terreurs, esprit sacré dans Naru, gardien divin qui se complaît dans la justice, plus grand que son père, plus puissant que sa mère. Seigneur de qui vient l'existence! Le grand des grands, supérieur à ses frères [1]!.... etc. » On ne saurait rien désirer de plus formel et de plus clair. Basilide en donnant au grand ἄρχων de l'Ogdoade un fils plus grand que son père, et devant lequel celui-ci tombait en admiration, ne faisait que transcrire des formules égyptiennes que les inscriptions hiéroglyphiques nous ont conservées. Dans le texte relatif à la naissance d'Horus, nous avons vu qu'à la nouvelle de son apparition au monde, Nephthys est dans la joie, le seigneur de Mesen est dans l'allégresse, les dieux et les déesses sont dans le ravissement. Nous aurons l'occasion de retrouver des formules semblables comme celles-ci : Devant ta face, les dieux se réjouissent, ils l'admirent, ils tressaillent d'allégresse, ils se prosternent la face contre terre.... L'admiration de l'ἄρχων de Basilide est de cette espèce, elle est à la fois une joie et un amour mêlés de tremblement et de respect.

Nous pourrions ici faire remarquer les ressemblances qu'il y a entre l'émanation chez Basilide, et la manière dont la religion égyptienne faisait sortir les dieux les uns des autres; nous en trouverons mieux la place en recherchant les sources primitives du système de Valentin; cependant, il y a un point du système sur lequel nous devons nous arrêter dès maintenant. Les différents noms de la divinité chez les Égyptiens venaient des différentes manifestations, sous lesquelles apparaissait un dieu unique à l'origine. Dans une série d'inscriptions recueillies par M. Edouard Naville, dans les tombeaux des rois à Thèbes, on ne trouve pas moins de soixante-quinze transformations du dieu Râ, le Soleil; chacune de ces manifestations ou transformations de Râ est devenue, dans le panthéisme égyptien où l'idée du monothéisme a

---

[1] E. de Rougé : *Notice des monuments exposés dans la galerie d'antiquités égyptiennes au musée du Louvre*. Stèle 21, p. 162. Cette stèle est en fort mauvais état, et par suite de l'humidité de la salle, elle a dû être montée au haut de l'escalier. Nous voulions en prendre le texte, cela nous a été impossible, mais nous avons trouvé dans les *Etudes égyptiennes* de M. Pierret le texte de la phrase la plus importante :

Suten   nuter   heri   her   ma aā   r   tef-f   us   r   mut-f,   p. 136.

été abandonnée, un véritable être ayant substance et attributs, habitant un monde particulier. Nous allons le montrer et l'on verra ainsi la parité des deux doctrines.

Parmi les titres donnés à Râ, puissance suprême, le premier est celui-ci : Le maître des sphères cachées, qui fait surgir les essences, celui qui réside dans l'obscurité [1]. Pour bien faire comprendre cette appellation, il nous faut expliquer la valeur des termes qui la composent. Le Seigneur, le maître des sphères, se lit en égyptien *neb kert-u*, selon la transcription usitée d'ordinaire [2]. Le mot *neb* signifie seigneur, maître et possesseur ; il renferme cette triple gradation d'un même sens dont le mot *possesseur* est la plus parfaite explication. Ainsi, Dieu est appelé *neb ma-t*, le maître est possesseur de la vérité [3] ; une femme mariée est celle qui possède un mari, comme dans l'exemple suivant, cité par M. Grébaut, d'après le dictionnaire de M. Brugsch. J'ai donné à celle qui est veuve comme à celle qui possède *(neb-t)* un mari [4]. Ainsi, le mot *neb* implique l'idée d'un pouvoir absolu, d'une autorité sans borne sur l'objet soumis à la possession : si Râ est le maître des sphères, c'est qu'elles lui appartiennent en toute propriété [5]. Quant au second terme de l'expression qui nous occupe, voici ce qu'en dit avec raison M. Naville : « Le mot *kert* est un mot extrêmement fréquent dans les textes funéraires et surtout dans les descriptions de l'Ament ou région infernale. MM. Pleyte et Lefébure, traitant tous les deux ce mot, l'ont traduit par creux, caverne, s'appuyant surtout sur ce fait qu'il nous est dit que le Nil prend sa source

---

[1] hekennu n k ra ka χem neb qerti ament an aru nti hotep f m s'esta-u — Naville. *Litanie du soleil*, pl. II, col. 1.

[2] Cela s'écrit en hiéroglyphes

[3] *Todtenb.*, chap. 85, 2.

[4] *Hymn. à Ammon-Râ*, p. 326.

[5] Naville : *Litan. du sol.*, p. 15. — Grébaut, *loc. citat.*

dans les deux *ker-t* d'Éléphantine, qui sont elles-mêmes représentées sous la forme de deux serpents se mordant la queue [1]. De là, dans certains textes funéraires, le mot a pu signifier sarcophage... Les nombreux exemples de ce mot qui se trouvent dans le chapitre que nous traduisons peuvent nous donner d'utiles indications sur l'idée qu'il représente. Une *ker-t* est un lieu qui sert de résidence à un esprit, à un corps, au soleil lui-même. Chaque esprit a sa *ker-t*, et chacune des soixante-quinze formes de Râ a sa *ker-t* spéciale... La *ker-t* est par elle-même un lieu obscur, c'est celui qui l'habite qui peut l'illuminer ou la plonger dans les ténèbres ; c'est pour l'esprit ou pour le dieu qui y est attaché une sorte de résidence ; il y naît, il se trouve à l'intérieur, il y habite, il peut entrer et sortir, il y atteint même cet état de repos et de perfection que l'Égyptien désignait sous le nom de *hotep* [2]. Les *ker-t* sont créées comme les corps ou les esprits qui doivent les habiter. La forme de Râ qui fait exister les corps est celle qui fait les *ker-t* ; le seigneur des *ker-t* est aussi celui qui fait les essences. Si c'est l'habitation, le lieu dans lequel un esprit ou un corps est renfermé, c'est donc à la fois une cavité et une enveloppe ; c'est ainsi que Champollion l'avait déjà expliqué [3], et d'après tous ces exemples, nous pouvons y reconnaître ce que les Alexandrins appelaient une zone ou une sphère [4]. » Un texte du sarcophage de Taho vient confirmer cette interprétation de M. Naville : « Acclamation à toi, Râ ! ah ! ce germe divin formateur de son corps, qu'adorent ses dieux lorsqu'il entre dans sa retraite mystérieuse [5]. » Or, cette retraite mystérieuse, c'est, dit M. Grébaut, le lieu où il accomplit sa mystérieuse transformation [6], et le mot employé par l'Égyptien est ce même mot *ker-t* ou *kerer-t* que nous avons expliqué d'après M. Naville.

[1] Duemichen. *Geog. Insch.*, II, 79.

[2]

[3] *Lettres d'Égypte*, p. 228.
[4] Naville. *Litanie du Soleil*, p. 15-16.

[5] heken-n-k râ ka χem χnum χa-t-f pen nti tua-t nuteru-f au-f āk-f kerert-f s'etat.

[6] *Hymne à Ammon Râ*, p. 146, n. 1.

Dans le livre de l'hémisphère inférieur, l'Ament ou enfer égyptien est partagé en douze parties que le soleil parcourt pendant la nuit et que l'âme doit traverser aussi avant d'arriver à la salle de la Double Justice où elle sera jugée : Chacune de ces divisions est distincte, ayant ses habitants particuliers et ses épreuves spéciales, elles se nomment toutes *her—t*. J'aurai occasion d'en parler plus longuement à propos de Valentin.

Cependant, quoi qu'il en soit de la traduction du mot égyptien *ker-t* par le mot français sphère, il n'en reste pas moins vrai que ce mot signifie un lieu d'habitation quelconque, sphère ou autre; le déterminatif des demeures suffit à le démontrer [1]. Chaque forme de Râ a l'une de ces demeures particulières, les textes l'indiquent clairement: O Râ de la sphère *(kert)*, est-il dit, ô Râ qui parle aux sphères, Râ qui est dans sa sphère, honneur à toi, Râ *keschi* [2], On prononce ses louanges à l'esprit *keschi*: les sphères honorent son esprit elles glorifient ton corps qui est en toi, disant : Honneur à toi, grand *keschi*. On prononce des louanges à toi, esprit *keschi* dans tes soixante-quinze formes qui sont dans les soixante-quinze sphères [3]. » Ainsi, l'on compte, en ce cas, soixante-quinze sphères ou retraites mystérieuses, séjours des dieux, des formes de Râ parce qu'il y avait soixante-quinze de ces formes. De plus, ces sphères n'étaient pas le séjour de la seule forme divine correspondante; les textes nous montrent qu'elles étaient encore habitées par des dieux, les compagnons du grand dieu de la sphère. En effet, à la neuvième et à la dixième invocation, de ce que M. Naville, appelle la litanie du soleil, on lit: « Adoration à Râ, celui qui brille lorsqu'il est dans sa sphère, celui qui envoie ses ténèbres dans sa sphère et qui cache ceux qui l'habitent: celui qui éclaire les corps qui sont sur l'horizon, celui

---

[1] Ce déterminatif est celui-ci, ⬜ le plan par terre d'une chambre.
[2] Le changement de personne est considéré en égyptien comme une élégance.
[3] Naville. *Litanie du Soleil*, p. 72. Planches VII à VIII, XXXVIII. Voici le texte du passage le plus important. ... Au hekennu n k ba keschi m..... n χeperua χeper m.... k n kerer.

qui entre dans la sphère [1]. » Râ ne désignant autre chose dans la mythologie égyptienne que Dieu manifesté par le nom du soleil, il s'ensuit que les habitants de la sphère et les corps qui sont sur l'horizon sont des êtres, créatures de Râ en tant que Dieu, créatures qu'il peut éclairer et plonger dans les ténèbres en tant que soleil illuminant les deux horizons.

Tous ces habitants des sphères célestes sont indistinctement appelés dieux dans le même document. « Adoration des dieux sphériques, y est-il dit, lorsque Râ se couche dans la vie. Salut, dieux des sphères, dieux qui êtes dans l'Ament, dieux parfaits [2]. » Tous ces traits, on le voit, conviennent on ne peut mieux au système de Basilide. Les trois cent soixante-cinq cieux du gnostique égyptien ne sont, en effet, que les séjours des différentes manifestations ou développements du grand ἄρχων, seigneur et maître du monde intermédiaire. Chacun de ces cieux est le séjour de plusieurs et même d'un grand nombre d'esprits émanés, chacun à son rang, du premier ἄρχων et par cela même du grand dieu Οὐκ ὤν. Dans ces cieux, doivent se trouver le salut, la joie et la paix éternelle figurées par le mot égyptien *hotep* [3]. Il ne saurait donc y avoir plus de ressemblance. De plus, si l'on prend garde que le dieu Râ se manifeste par le soleil, on peut parfaitement interpréter ses manifestations comme les maîtres et les seigneurs des astres où ces dieux sphériques ont leur résidence [4], et ainsi nous obtenons une nouvelle ressemblance, car le mot basilidien ciel (οὐρανός) ne nous semble qu'un synonyme du mot astre, et nous indique certainement un mythe stellaire.

Il n'est même pas jusqu'à l'ignorance complète qui recouvre les mondes

1 Pl. II. sen-k am hert pen nti unt'-f kekui-f m kert ament-amu s.

2 kerera χeft ra hotep-f m anχ anet' her..... kerti nuteru amu ament sept. tua

3 En hiéroglyphes.

4 Cette interprétation ne peut faire doute si l'on considère que dès les dynasties qui suivirent l'ère des Ramessides le monothéisme égyptien se perd et devient le polythéisme qu'ont connu les Grecs et surtout les Romains.

basilidiens après le parfait discernement de tous les germes qui ne trouve son pendant dans la religion égyptienne. Cette ignorance nous est montrée dans un texte cité par M. Pierret, dans son opuscule sur la *Résurrection* chez les anciens Égyptiens, comme une immobilité que la colère divine infligeait aux âmes criminelles, immobilité équivalant au non-être. « Les rebelles, dit ce texte, deviennent choses immobiles pendant des millions d'années[1]. » L'ignorance est elle-même une immobilité complète de l'intelligence par rapport à la chose ignorée. Si l'immobilité qui nous est présentée comme le supplice des rebelles, c'est-à-dire de ceux qui n'ont pas été trouvés bons dans la double salle du jugement, a été détournée de son sens primitif, cela n'empêche pas qu'elle n'ait pu suggérer l'idée de l'ignorance basilidienne. En effet, cette ignorance où se trouve plongé chaque monde n'est que l'immobilité de tous les habitants d'une sphère dans leur ciel, sans pouvoir s'élever à un monde supérieur, sous peine d'anéantissement : c'est l'immobilité des damnés dans l'Ament de l'Égypte transportée dans les cieux de Basilide, il n'y a qu'une différence légère d'une nuance infernale en moins.

Nous pourrions pousser plus loin encore la comparaison entre le système de Basilide et les doctrines égyptiennes, mais nous retrouverons à propos de Valentin, ce que nous omettons ici. Ainsi, pour ne citer qu'un exemple, la distinction des âmes dans Basilide peut avoir eu comme origine la religion égyptienne; cependant, nous devons avouer que pour un grand nombre de détails dans le système nous n'avons pu trouver de ressemblance explicite : peut-être les progrès de la science nous découvriront-ils de nouveaux rapprochements à faire, de nouvelles ressemblances à constater. Quoi qu'il en soit et quoiqu'il doive arriver, nous voyons dès maintenant que les trois principales conceptions du système basilidien ont été empruntées par le docteur gnostique à différentes doctrines orientales, et si l'on ajoute à cela les idées qui lui sont communes avec Simon le Mage, Ménandre et Satornilus, on sera persuadé qu'en fin de compte, Basilide avait peu inventé, qu'il avait seulement coordonné et lié plus fortement, d'une manière plus serrée et plus logique, des idées dont l'invention ne lui appartenait pas.

[1] χeneni χeper χet nennu m ḥeḥu.

CHAPITRE IV

CARPOCRATE

Entre Basilide et Valentin se trouve presque toujours nommé un gnostique égyptien que l'on appelle Carpocrate ; dans toutes les hérésiologies, ses erreurs sont analysées et réfutées après celles de Basilide et avant celles de Valentin [1]. Nous n'avons pas cru pouvoir le passer sous silence, quoique sa doctrine n'offre presque aucun dogme particulier, sinon le communisme le plus effréné. Nous n'avons que très peu de détails sur la vie de cet homme. On sait seulement qu'il était originaire d'Alexandrie, qu'il avait épousé une femme native de l'île de Céphalénie et en avait eu un fils nommé Épiphane [2]. C'est ce que nous apprennent Clément d'Alexandrie et Théodoret. Clément d'Alexandrie ajoute encore que Carpocrate se fit l'instituteur de son fils, lui enseigna à fond la philosophie platonicienne, et que le jeune Épiphane mourut à dix-sept ans, laissant après lui la réputation d'un grand philosophe, ayant écrit des ouvrages, et célèbre par sa morale sans loi. Après sa mort il fut

---

[1] Sur Carpocrate, Cf. Iren., lib. I, cap. xxv. — *Philos.*, lib. VII, cap. iv, n. 32. — Tert. *Hær.*, IX. *De anima*, cap. xxxv. — Epiph. *Hær.*, xxvii. — Philast., *Hær.*, xxxv. — Théod., *Hæret. fab*, lib. I, cap. v. — Le nom de cet hérétique ne se trouve pas partout le même : Saint Epiphane et Philastre le nomment Καρποκρᾶς. Quant au numéro d'ordre qu'il occupe dans les differentes hérésiologies, il n'est pas non plus partout le même. Carpocrate est le cinquième dans saint Irénée et Théodoret. Entre Basilide et Carpocrate, saint Epiphane nomme les Βορβοριανοί, les Στρατιῶνιται, les Φιβιῶνιται; Tertullien, les Nicolaïtes, les Ophites, les Caïnites, les Séthiens; Philastre les Nicolaïtes, les Gnostiques et les Judaïsants. Quant à l'auteur des *Philosophumena*, il n'a jamais sans doute pensé à mettre de l'ordre dans son ouvrage.

[2] Καρποκράτης Ἀλεξανδρεὺς τὸ γένος. (Théod., *Hær.*, *fab.* lib. I, cap. v.)

adoré comme un dieu dans l'île de Céphalénie, on lui éleva un autel, on établit des fêtes où l'on chantait des hymnes en son honneur [1]. La mort prématurée d'Épiphane, son éducation faite par son père nous ont semblé des raisons suffisantes pour ne pas séparer ses doctrines de celles de Carpocrate, du moins pour la morale; car pour les autres enseignements du gnosticisme, le jeune homme s'était fait le disciple de Valentin. Au contraire, pour la morale, les doctrines d'Épiphane louent précisément ce que l'on reproche aux disciples de Carpocrate : il est donc vraisemblable que le fils les avait empruntées au père. Ce sont ces doctrines que nous allons exposer, après avoir fait d'abord une courte étude des sources qui nous les ont transmises.

Saint Irénée, Tertullien, Clément d'Alexandrie, l'auteur des *Philosophumena*, Philastre, saint Épiphane et Théodoret ont tour à tour parlé des doctrines de Carpocrate; mais, quoique nous venions d'énumérer sept noms, nous ne pouvons pas compter sept sources différentes de renseignements; au fond, il n'y a que deux sources bien distinctes. La première ne nous est connue que par les auteurs qui s'en sont servis, la seconde est venue jusqu'à nous.

Quiconque lit attentivement le faux Tertullien, Philastre et saint Épiphane, voit du premier coup d'œil que ces trois auteurs se sont servis encore ici d'un ouvrage antérieur, sans se copier les uns les autres. Il ne nous appartient pas de le démontrer, M. Lipsius l'a fait en Allemagne d'une manière qui nous semble péremptoire [2]. D'un autre côté, l'auteur des *Philosophumena* ne nous donne que la transcription de saint Irénée, à part quelques légères coupures, si bien que nous y pouvons retrouver le texte perdu de l'évêque de Lyon; Théodoret a agi de la même manière sans copier servilement le texte, excepté dans quelques endroits. Toute la question revient donc à savoir si l'auteur dont se sont servis le faux Tertullien, Philastre et saint Épiphane est le même que celui dont saint Irénée nous a laissé une analyse; mais la

---

[1] Ἐπιφάνης οὗτος οὗ καὶ τὰ συγγράμματα κομίζεται, υἱὸς ἦν Καρποκράτους καὶ μητρὸς Ἀλεξανδρείας τοὔνομα· τὰ μὲν πρὸς πατρὸς Ἀλεξανδρεὺς, ἀπὸ δὲ μητρὸς Κεφαλληνεύς. Ἔζησε δὲ τὰ πάντα ἔτη ἑπτακαίδεκα· καὶ θεὸς ἐν Σάμῃ τῆς Κεφαλληνίας τετίμηται· ἔνθα αὐτῷ ἱερὸν ῥυτῶν λίθων, βωμοί, τεμένη, μουσεῖον, ᾠκοδόμηταί τε καὶ καθιέρωται· καὶ συνιόντες εἰς τὸ ἱερὸν οἱ Κεφαλλῆνες κατὰ νουμηνίαν, γενέθλιον ἀποθέωσιν θύουσιν Ἐπιφάνει· σπένδουσί τε καὶ εὐωχοῦνται καὶ ὕμνοι λέγονται. Ἐπαιδεύθη μὲν οὖν παρὰ τῷ πατρὶ τήν τε ἐγκύκλιον παιδείαν καὶ τὰ Πλάτωνος. (Cl. Alex., *Str.* lib. III, cap. XI. — *Patr. græc.*, t. VIII, col. 1105).

[2] *Zur Quellenkritik des Epiphanios*, p. 109-114.

réponse n'est pas facile à trouver. M. Lipsius semble croire à l'existence de deux ouvrages distincts, car il nous dit en parlant de saint Épiphane, au sujet de Carpocrate, que l'évêque de Salamine a puisé ses renseignements tantôt dans saint Irénée, tantôt dans saint Hippolyte[1]. Le docte professeur croit, en effet, que l'ouvrage primitif dont nous parlons est le *Syntagma* de saint Hippolyte, évêque de Porto, hérésiologie que nous savons avoir été écrite, mais qui est maintenant perdue. Quoi qu'il en soit, M. Lipsius oppose évidemment cette source d'informations à celle que nous trouvons dans saint Irénée ; mais en admettant que cette supposition soit juste, comme saint Irénée lui-même a puisé à une source antérieure, comme il n'y a entre ses renseignements et ceux qui nous sont fournis par les autres auteurs aucune différence de fonds, ne peut-on pas conclure que l'ouvrage de saint Hippolyte comme celui de saint Irénée, avaient en ce point, le même ouvrage antérieur comme fondement de leur exposition ? Nous ne pouvons pas cependant dire quel était cet ouvrage antérieur : le champ est encore ouvert à la conjecture, et nous ne croyons pas qu'avec les données présentes de la science, on puisse citer avec certitude l'hérésiologie fondamentale qui a été le point de départ des ouvrages que nous possédons encore et dont nous nous occupons maintenant. Ce qu'il y a de certain, c'est que, dans ce chapitre, la rédaction de saint Irénée procède de la même méthode que dans le précédent, et que l'on ne trouve dans le pseudo-Tertullien et Philastre aucune différence marquée avec saint Irénée, quoique ni l'un ni l'autre n'aient copié servilement.

Nous pouvons donc affirmer, avec toute la vraisemblance possible, que ce premier groupe de six auteurs ne se compose que de branches différentes; s'étant toutes détachées d'un tronc unique. Si nous examinons maintenant les renseignements fournis par Clément d'Alexandrie, nous trouvons une tout autre manière de procéder. Les renseignements que nous fournit le philosophe alexandrin n'ont rapport qu'à la vie de Carpocrate, à l'exception d'un long passage des *Stromates* transcrit en entier d'un livre d'Épiphane. Ce passage est important, car il contient toute la morale du père et du fils. Nous avons

---

[1] Der text des Epiphanios ist hier wieder aus Irenäus und Hippolyt zusammen gearbeitet: Pseudotertullian und Philastrius geben nur einige Sätze aus der Σύνταγμα des Hippolyts wieder, deren Vergleichung mit Epiphanios jedoch anreichend ist, um auch hier die bei Saturnin und Basilides gefundenen Resultate zu bestätigen. (*Ibid.*, p. 100.)

donc là une source authentique et nous ne pouvons mettre en doute, quelque énorme qu'elle puisse paraître, une doctrine ouvertement professée par son auteur.

Dans les renseignements qui nous sont parvenus sur la doctrine que nous exposons dans ce chapitre, nous avons à regretter de trop nombreuses lacunes ; ainsi, nous n'avons presque aucun détail sur la théologie, la cosmologie et la rédemption de Carpocrate ; au contraire, nous savons relativement beaucoup de choses sur son eschatologie, sur les mœurs et les coutumes de ses disciples.

Au premier rang des êtres, Carpocrate plaçait un dieu que saint Irénée appelle *Ingenitus*, et saint Épiphane Ἄγνωστος ; puis au-dessous de ce dieu à un degré bien inférieur les Anges qui avaient créé le monde [1]. Nous pouvons affirmer de nouveau que l'émanation était encore le mode de production des êtres, car les âmes des hommes avaient été placées dans les circonvolutions du Père inconnu (ἐν τῇ περιφορᾷ τοῦ ἀγνώστου πατρός) avant qu'elles eussent été envoyées sur la terre. Dans ces circonvolutions elles avaient vu beaucoup de choses qu'elles avaient oubliées ensuite, comme nous l'apprend ce que dit Carpocrate sur Jésus. Ce Jésus, en effet, ne s'éleva au-dessus des autres hommes que parce qu'il possédait une âme ferme et pure qui se rappela ce qu'elle avait vu dans les circonvolutions du dieu sans naissance [2]. Que conclure de là, sinon que toutes les âmes des hommes s'étaient trouvées dans ces circonvolutions, que seule l'âme de Jésus se rappela ce qu'elle y avait vu et qu'elle tira de ce souvenir toute sa supériorité ? Mais que faut-il donc entendre par ce mot περιφορά que nous traduisons par celui de *circonvolution*, faute d'en trouver un autre plus approprié à la signification du mot grec ? A notre avis, Carpocrate par sa περιφορά ne voulait pas désigner autre chose que la longue chaîne aux trois cent soixante-cinq anneaux des émanations contenues

---

[1] Καρποκράτης τὸν μὲν κόσμον καὶ τὰ ἐν αὐτῷ ὑπὸ ἀγγέλων πολὺ ὑποβεβηκότων τοῦ ἀγεννήτου Πατρὸς γεγενῆσθαι λέγει. (*Philos.*, lib. VIII, IV, n. 32, p. 385, lin. 1-2. Nous citons saint Irénée d'après le texte grec retrouvé dans les *Philosophumena*). Voici ce que dit saint Épiphane : Τὸν δὲ κόσμον καὶ τὰ ἐν τῷ κόσμῳ ὑπὸ Ἀγγέλων γεγενῆσθαι τῶν πολύ τι ὑπὸ Πατρὸς τοῦ ἀγνώστου ὑποβεβηκότων. (Epiph., *Hæres.* XXVII, n. 2).

[2] Τὸν δὲ Ἰησοῦν ἐξ Ἰωσὴφ γεγενῆσθαι, καὶ ὁμοίως τοῖς ἀνθρώποις γεγονότα, δικαιότερον τῶν λοιπῶν γενέσθαι, τὴν δὲ ψυχὴν αὐτοῦ εὔτονον καὶ καθαρὰν γεγονυῖαν, διαμνημονεῦσαι τὰ ὁρώμενα αὐτῇ ἐν τῇ μετὰ τοῦ ἀγεννήτου Θεοῦ περιφορᾷ, καὶ διὰ τοῦτο ὑπ' ἐκείνου αὐτῇ καταπεμφθῆναι δύναμιν, ὅπως τοὺς κοσμοποιοὺς ἐκφύγειν δι' αὐτῆς δυνηθῇ· ἣν καὶ διὰ πάντων χωρήσασαν ἐν πᾶσί τε ἐλευθερωθεῖσαν ἀνεληλυθέναι πρὸς αὐτόν, καὶ ὁμοίως τὰς ψυχὰς τὰ ὅμοια αὐτῆς ἀσπαζομένας. (Phil., *ibid.*, n. 32, p. 385, lin. 3-10.)

dans le système de Basilide. En effet, les âmes des hommes sont dites avoir demeuré dans cette περιφορά, dans cet ensemble d'émanations, avant qu'elles fussent envoyées sur la terre : cela prouve leur préexistence, et cette préexistence ne devait pas différer de celle de Basilide, laquelle, nous l'avons vus, reposait tout entière sur l'émanation. L'émanation, nous le répétons, était la doctrine commune de tous les gnostiques; Carpocrate n'a pu la rejeter pour bâtir des théories en tout semblables à celles de ses prédécesseurs. Cependant, nous devons dire que notre conjecture sur le sens du mot περιφορά n'est qu'une simple conjecture que nous appuyons sur des ressemblances, nous dirions presque sur des convenances, mais pour laquelle nous ne pouvons invoquer un seul texte péremptoire.

Les Anges créateurs de Carpocrate avaient fini, comme dans les systèmes précédents, par se soumettre les hommes, par faire peser sur eux un joug de fer. Le Père inconnu ne put supporter toujours cette intolérante domination des Anges, il envoya Jésus pour délivrer les hommes et lui donna toute la puissance nécessaire à l'accomplissement de son dessein, c'est-à-dire, à la défaite des Anges. Ce Jésus fut vraiment le fils de Joseph et de Marie; il naquit, comme tous les autres hommes, d'un père et d'une mère; c'est ainsi que Carpocrate réduit la mission du Sauveur au minimum, et que le premier il lui refuse toute vertu divine. Jésus s'éleva au-dessus des autres hommes, parce qu'il avait une âme ferme, pure et se rappelant encore ce qu'elle avait vu dans une vie antérieure; il fut instruit dans les lois et les coutumes des Juifs, mais il les méprisa, et à cause de ce mépris il reçut toute vertu pour éloigner de lui les passions qui s'étaient attachées à l'homme comme une punition[1]. Ce mépris de Jésus pour les lois juives fut le salut du monde, il délivra les hommes de l'esclavage. Nous ne savons si, pour parfaire la rédemption, Jésus, d'après Carpocrate, dut souffrir les tourments de la passion.

Jésus n'avait été grand, disait Carpocrate, que parce qu'il avait beaucoup méprisé : en conséquence, plus on méprise avec foi ces lois juives, plus on devient grand, et si quelque homme peut les mépriser plus que Jésus ne l'a fait, il deviendra plus grand que Jésus. Tout homme peut mépriser les Anges

---

[1] Τὴν δὲ τοῦ Ἰησοῦ λέγουσι ψυχὴν ἐννόμως ἠσκημένην ἐν Ἰουδαϊκοῖς ἔθεσι, καταφρονῆσαι αὐτῶν, καὶ διὰ τοῦτο δυνάμεις εἰληφέναι, δι' ὧν κατήργησε τὰ ἐπὶ κολάσει πάθη πρόσοντα τοῖς ἀνθρώποις. (*Phil.*, p. 385, lin. 10-12, p. 386, lin. 1.)

créateurs du monde et ainsi obtenir le salut; s'il les méprise, il obtiendra la même vertu que Jésus a obtenue pour opérer les mêmes prodiges que Jésus a opérés. Mais afin que ce mépris pût parcourir tous les degrés et que l'âme pût retourner à Dieu en toute liberté, c'est-à-dire libre de toute entrave, elle devait tout mépriser au monde, commettre tous les crimes, même les plus honteux et se souiller de toutes les souillures possibles. Les lois qui régissent les hommes sur cette terre ayant été portées par les Anges créateurs, on devait donc mépriser toutes ces lois afin de mépriser en elles les Anges qui les avaient faites [1].

Voilà, certes, une doctrine qui ne redoute pas les conséquences pratiques. On voit du premier coup d'œil que nous rentrons ici dans la voie ouverte par Satornilus et abandonnée presque en entier par Basilide: la haine du Dieu des Juifs, la haine de tout ce qu'il avait établi était le fondement de ce nouveau système. En effet, on nous dit d'abord que cette haine devait porter sur les lois juives, et ensuite on ne parle plus que des Anges créateurs et des lois qu'ils ont portées : qu'est-ce à dire, sinon que le Dieu des Juifs était encore dans ce système le chef des Anges créateurs et qu'il fallait le haïr, mépriser ses lois afin de parvenir au salut. Le système de Carpocrate rentre donc parmi les systèmes gnostiques rejetant toute alliance du judaïsme avec leurs doctrines. Mais cette nouvelle religion de la haine passait par-dessus le judaïsme et ses pratiques pour s'attaquer à tout ce qu'il y avait de justice et de moralité sur la terre. En effet, si la haine et le mépris de tout ce qu'avaient fait les Anges devaient être la religion universelle, si ces Anges avaient porté toutes les lois qui régissent la terre, une pareille religion n'était-elle pas le renversement de tout ordre social, de tout ordre moral, ne lâchait-elle pas la bride aux passions les plus effrénées, ne faisait-elle pas de tous les vices autant de vertus en les préconisant comme un moyen de salut ? On aurait peine à croire à autant de perversité si nous n'avions pour garants les hommes les

---

[1] Τὴν οὖν ὁμοίως ἐκείνῃ τῇ τοῦ Χριστοῦ ψυχῇ δυναμένην καταφρονῆσαι τῶν κοσμοποιῶν Ἀγγέλων, ὁμοίως λαμβάνειν δύναμιν πρὸς τὸ πρᾶξαι τὰ ὅμοια· διὸ καὶ εἰς τοῦτο τὸ τῦφος κατεληλύθασιν ὥστε τοὺς μὲν ὁμοίους αὐτῷ εἶναι λέγουσι τῷ Ἰησοῦ, τοὺς δὲ καί τι δυνατωτέρους, τινὰς δὲ καὶ διαφορωτέρους τῶν ἐκείνου μαθητῶν, οἷον Πέτρου καὶ Παύλου καὶ τῶν λοιπῶν ἀποστόλων· τούτους δὲ κατὰ μηδὲν ἀπολείπεσθαι τοῦ Ἰησοῦ· Τὰς δὲ ψυχὰς αὐτῶν ἐκ τῆς ὑπερκειμένης ἐξουσίας παρούσας, καὶ διὰ τοῦτο ὡσαύτως καταφρονούσας τῶν κοσμοποιῶν, τῆς αὐτῆς ἠξιῶσθαι δυνάμεως, καὶ αὖθις εἰς τὸ αὐτὸ χωρῆσαι. Εἰ δέ τις ἐκείνου πλέον καταφρονήσειεν τῶν ἐνταῦθα, δύνασθαι διαφορώτερον αὐτοῦ ὑπάρχειν. (*Phil.*, lib. VII. — Ib., p. 386, lin. 1-12.)

plus dignes de foi et si l'un des cris de ces forcenés n'était parvenu jusqu'à nous à travers dix-sept siècles et plus de distance. Ce cri a été poussé par un jeune homme de dix-sept ans dans un livre écrit sur la justice ; c'est la glorification du communisme le plus éhonté. Nous allons citer en entier ce long passage; on pourra voir quels étaient les arguments invoqués par les communistes au second siècle de notre ère, et juger si l'esprit humain ne tourne pas toujours dans le même cercle d'erreurs et d'arguments. Voici le passage tel que nous l'a conservé Clément d'Alexandrie :

« La justice de Dieu, dit Épiphane, n'est autre chose que l'égalité dans la communauté. Le ciel entoure la terre également sans être plus d'un côté que de l'autre, la nuit montre à chacun ses étoiles sans favoriser l'un plus que l'autre, et Dieu fait luire également le soleil, cet auteur du jour et ce père de la lumière, sur tous ceux qui le peuvent voir (et chacun voit également), car Dieu ne distingue pas entre les pauvres, les riches et les princes de la terre, entre les ignorants ou les savants, entre les femmes et les hommes, entre les hommes libres et les esclaves. Il agit de la même manière à l'égard des animaux, il confirme sa justice sur les bons et les méchants en faisant que personne ne puisse posséder cette lumière plus que son voisin, ou l'enlever à son prochain afin d'en posséder pour lui-même une double mesure. Le soleil fait pousser également pour tous les animaux les aliments qui leur sont nécessaires; une justice égalitaire a été rendue à chacun d'eux en ce point, et en vue de ces aliments tous les animaux qui appartiennent à l'espèce des bœufs agissent comme des bœufs, ceux qui sont de l'espèce des porcs agissent comme des porcs, ceux qui sont de l'espèce des brebis agissent comme des brebis, et de même pour toutes les espèces d'animaux. Car pour eux la justice ne semble être autre chose que la communauté. De plus, par cette communauté, toutes choses se sèment également selon leurs espèces, une nourriture commune naît pour tous les animaux qui paissent l'herbe de la terre, et tous peuvent la paître dans la plus stricte égalité, car aucune loi ne vient leur imposer des bornes, et celui qui la leur donne a ordonné de la leur distribuer avec profusion et de faire en sorte que la justice et une même harmonie soient gardées à leur égard »[1].

---

[1] Λέγει τοίνυν οὗτος ('Επιφάνης) ἐν τῷ Περὶ δικαιοσύνης· « Τὴν δικαιοσύνην τοῦ θεοῦ κοινωνίαν τινὰ εἶναι μετ' ἰσότητος. Ἴσος γέ τοι πανταχόθεν ἐκταθεὶς οὐρανὸς, κύκλῳ τὴν γῆν περιέχει πᾶσαν· καὶ πάντας ἡ νὺξ

On voit que, par ces paroles, Épiphane enseignait que toutes choses devaient être également partagées entre tous sans aucune distinction de sexe ni de rang; il lui suffisait de voir que la lumière était la même pour toutes les créatures, c'était une preuve que toutes les autres choses de la terre devaient être en rapport égal ; il ne remarquait pas que si les choses nécessaires à l'homme, pour qu'il soit homme, sont distribuées à tous les individus avec une mesure qui paraît égale, quoiqu'elle même ne le soit pas, il en est tout autrement des choses qui ne sont qu'utiles à la vie humaine. Certes, de pareils arguments ne supportent guère l'examen, et cependant ils semblaient suffisants, ils semblent encore suffisants à des esprits qui sont la preuve vivante de l'inégalité du partage des biens qui doivent être les plus chers à l'homme. Nous ne savons pas si Épiphane voulait que la raison fût également partagée entre tous les hommes, mais au moins voulait-il ce partage égalitaire, cette communauté universelle pour tout ce que le monde renferme de corporel. Voici ce qu'il disait de la communauté des femmes dont il avait sans doute pris l'idée dans une de ces pages qu'on ne voudrait pas savoir écrites de la main de Platon. « Il n'y a pas plus de loi au sujet de la génération qu'au sujet de la nourriture, disait-il : si une pareille loi avait pu être posée, elle serait depuis longtemps abolie, car les animaux se reproduisent en toute égalité, ayant en eux ce sentiment de la communauté; car à tous également le créateur a donné l'œil pour voir, c'est la loi de sa justice, et il n'a pas fait de différence entre le mâle et la femelle, entre l'être qui possède la raison et celui qui ne la possède pas ; en un mot, il n'a discerné rien de rien, mais il a divisé tout entre tous avec égalité dans la communauté, il n'a donné qu'un seul ordre et tous les êtres ont reçu leur part. Mais les lois des hommes, ne pouvant châtier l'ignorance, ont appris à

ἐπίσης ἐπιδείκνυται τοὺς ἀστέρας· τόν τε τῆς ἡμέρας αἴτιον καὶ πατέρα τοῦ φωτός ἥλιον ὁ θεὸς ἐξέχεεν ἄνωθεν ἴσον ἐπὶ γῆς ἅπασι τοῖς βλέπειν δυναμένοις· (οἱ δὲ κοινῇ πάντες βλέπουσιν·) ἐπεὶ μὴ διακρίνει πλούσιον, ἢ πένητα, ἢ δῆμον ἄρχοντα, ἄφρονάς τε καὶ τοὺς φρονοῦντας, θηλείας, ἄρσενας, ἐλευθέρους, δούλους. Ἀλλ' οὐδὲ τῶν ἀλόγων παρὰ τοῦτο ποιεῖταί τι· πᾶσι δὲ ἐπίσης τοῖς ζώοις; κοινὸν αὐτοῦ ἐκχέας ἄνωθεν, ἀγαθοῖς τε καὶ φαύλοις, δικαιοσύνην ἐμπεδοῖ, μηδενὸς δυναμένου πλεῖον ἔχειν μηδὲ ἀφαιρεῖσθαι τὸν πλησίον, ἵν' αὐτὸς τὸ κἀκείνου φῶς διπλασιάσας ἔχῃ. Ἥλιος κοινὰς τροφὰς ζώοις; ἅπασιν ἀνατέλλειν δικαιοσύνης τε τῆς κοινῆς ἅπασιν ἐπίσης δοθείσης, καὶ εἰς τὰ τοιαῦτα βοῶν γένος ὁμοίως γίνεται ὡς οἱ βόες, καὶ συῶν ὡς οἱ σύες, καὶ προβάτων ὡς καὶ τὰ πρόβατα, καὶ τὰ λοιπὰ πάντα· δικαιοσύνη γὰρ ἐν αὐτοῖς ἀναφαίνεται ἡ κοινότης. Ἔπειτα κατὰ κοινότητα πάντα ὁμοίως κατὰ γένος σπείρεται· τροφὴ δὲ κοινὴ χαμαὶ νεμομένοις ἀνεῖται, πᾶσι τοῖς κτήνεσι, καὶ πᾶσιν ἐπίσης, οὐδενὶ νόμῳ κρατουμένη· τῇ δὲ παρὰ τοῦ διδόντος κελεύσαντος χορηγίᾳ συμφώνως ἅπασι δικαιοσύνη παροῦσα. (Strom., lib. III, cap. II, col. 1105-1108.)

violer la loi commune : la propriété instituée par la loi humaine a déchiré, a complètement déraciné la communauté établie par la loi divine ; on n'a pas compris cette parole de l'Apôtre : « C'est par la loi que j'ai connu le péché[1] ». C'est la loi qui a appris aux hommes à parler du mien et du tien, elle a empêché de jouir également de ce qui était commun à tous, de la terre, des possessions et même du mariage. Si Dieu a fait la vigne également pour tous les hommes, la vigne elle-même n'empêche pas les moineaux ou les voleurs de la piller ; il en est de même du blé et des autres fruits de la terre. C'est la violation de la communauté et de l'égalité qui a engendré les voleurs de troupeaux ou de fruits [2]. Lorsque Dieu avait fait toutes choses communes à tous les hommes, lorsqu'il avait uni le mâle à la femelle en toute communauté, lorsqu'il a rapproché ainsi tous les animaux les uns des autres (nous ne pouvons pas rendre toute l'énergique impudeur du texte), n'a-t-il pas établi que la communauté dans l'égalité était la vraie justice ? Mais ceux qui sont nés de cette communauté, ont rejeté celle à qui ils devaient la naissance ; maintenant donc, si quelqu'un a épousé une femme, qu'il la possède seul quoique tous les hommes puissent en user également, comme le montre l'exemple de la création entière. Il y a, en effet, dans le mâle, un désir plus ardent, plus intense : ni loi, ni coutume, ni quelque autre chose que ce soit ne pourra l'abolir, car c'est le décret de Dieu [3]. » Il faut avouer qu'on ne pouvait enseigner plus crûment

---

[1] *Epist. ad Rom.*, III, 20. — VII, 7.
[2] Si l'on veut rapprocher de tout ceci le mot si connu : La propriété c'est le vol, on verra qu'il n'y a pas grande différence.
[3] Ἀλλ' οὐδὲ τὰ τῆς γενέσεως νόμον ἔχει γεγραμμένον· μετεγράφη γὰρ ἄν· σπείρουσι δὲ καὶ γεννῶσιν ἐπίσης, κοινωνίαν ὑπὸ δικαιοσύνης ἔμφυτον ἔχοντες· κοινῇ πᾶσιν ἐπίσης ὀφθαλμὸν εἰς τὸ βλέπειν ὁ ποιητής τε καὶ πατὴρ πάντων δικαιοσύνῃ νομοθετήσας τῇ παρ' αὑτοῦ πάρεσχεν, οὐ διακρίνας θήλειαν ἄρρενος, οὐ λογικὸν ἀλόγου, καὶ καθάπαξ οὐδενὸς οὐδέν· ἰσότητι δὲ καὶ κοινότητι μερίσας τὸ βλέπειν ὁμοίως ἑνὶ κελεύματι πᾶσι κεχάρισται. Οἱ νόμοι δὲ, φησὶν, ἀνθρώπων ἀμαθίαν κολάζειν μὴ δυνάμενοι παρανομεῖν ἐδίδαξαν· ἡ γὰρ ἰδιότης τῶν νόμων τὴν κοινωνίαν τοῦ θείου νόμου κατέτεμεν καὶ παρατρώγει· μὴ συνιεὶς τὸ τοῦ Ἀποστόλου ῥητὸν λέγοντος· « Διὰ νόμου τὴν ἁμαρτίαν ἔγνων· » τό τ' ἐμὸν καὶ τὸ σὸν φησὶ διὰ τῶν νόμων παρεισελθεῖν· μηκέτι εἰς κοινότητα (κοινὰ τε γὰρ) καρπουμένων, μήτε γῆν, μήτε κτήματα, ἀλλὰ μηδὲ γάμον· κοινῇ γὰρ ἅπασιν ἐποίησε τὰς ἀμπέλους, αἳ μὴ στρουθὸν, μήτε κλέπτην ἀπαρνοῦνται· καὶ τὸν σῖτον οὕτως καὶ τοὺς ἄλλους καρπούς. Ἡ δὲ κοινωνία παρανομηθεῖσα καὶ τὰ τῆς ἰσότητος ἐγέννησε θρεμμάτων καὶ καρπῶν κλέπτην. Κοινῇ τοίνυν ὁ θεὸς ἅπαντα ἀνθρώπῳ ποιήσας, καὶ τὸ θῆλυ ἄρρενι κοινῇ συναγαγών, καὶ πάνθ' ὁμοίως τὰ ζῷα κολλήσας, τὴν δικαιοσύνην ἂν ἔφηνεν, κοινωνίαν μετ' ἰσότητος. Οἱ δὲ γεγονότες οὕτω, τὴν συνάγουσαν κοινωνίαν, τὴν γένεσιν αὐτῶν ἀπηρνήθησαν· καὶ φησὶν, εἰ μίαν ἀγόμενος ἔχεται, δυναμένων κοινωνεῖν ἁπάντων, ὥσπερ ἀπέφηνε τὰ λοιπὰ τῶν ζώων. Ταῦτα εἰπὼν κατὰ λέξιν, πάλιν ὁμοίως αὐταῖς ταῖς λέξεσιν ἐπιφέρει· « Τὴν γὰρ ἐπιθυμίαν εὔτονον καὶ σφοδροτέραν ἐνεποίησε τοῖς ἄρρεσιν εἰς τὴν τῶν γενῶν παραμονήν· ἣν οὔτε νόμος, οὔτε ἔθος οὔτε ἄλλο τι τῶν ὄντων ἀφανίσαι δύναται· θεοῦ γάρ ἐστι δόγμα. (*Ibid.*, col. 1107-1110.)

cette honteuse doctrine, et nous ne devons pas nous étonner si les mœurs des disciples de tels maîtres ont été accusées des crimes les plus odieux. D'ailleurs il est facile de voir la liaison d'idées qui existe entre les enseignements de Carpocrate et ceux de son fils Épiphane : le premier enseignait en général qu'il fallait haïr et mépriser toutes les lois humaines pour être sauvé ; le second rejetait ces lois comme la violation de la communauté établie par Dieu; et en conséquence, il détruisait la propriété et toute moralité ; le premier posait les principes théoriques, le second tirait les conclusions pratiques. Nous n'avons donc pas eu tort d'expliquer les paroles du père par celles du fils. Avec une telle morale élémentaire nous ne nous étonnerons pas de ce qu'il nous reste à dire. Pour Carpocrate et ses disciples, les actions n'étaient bonnes ou mauvaises que dans l'estime des hommes, car en soi rien n'est mauvais : la foi et la charité (il est étonnant de trouver un tel mot dans un tel système) la foi et la charité suffisaient pour sauver l'homme. En conséquence, pendant son séjour dans le corps, l'âme devait tout mépriser, tout haïr, se souiller de tous les crimes ; c'est ainsi qu'elle affirmait sa liberté, qu'elle se montrait entièrement échappée à l'esclavage des Anges créateurs. Si au sortir du monde il manquait à l'âme quelque chose de cette liberté ainsi acquise, c'est-à-dire, s'il restait encore quelque crime qu'elle n'eût pas commis, elle était renvoyée dans un autre corps ; car, à peine avait-elle quitté le corps qu'elle était saisie par un Ange nommé Διάβολος, le psychopompe de ce système : cet Ange la conduisait aux pieds du prince du monde qui la jugeait et la renvoyait ensuite dans un corps, et cela lui arrivait autant de fois qu'elle sortait de la vie sans avoir commis tous les crimes possibles, sans être entièrement libre de la puissance des Anges. C'est ainsi qu'ils expliquaient cette parole de l'Évangile : « Tu ne sortiras pas de là avant d'avoir rendu jusqu'à la dernière obole[1]. » En outre, pour résister et échapper plus facilement aux Anges

---

[1] Et in tantam insaniam effrenati sunt, uti et omnia quæcumque sunt irreligiosa et impia in potestate habere et operari se dicant. Sola enim humana opinione negotia mala et bona dicunt : Et utique secundum transmigrationes in corpora oportere in omni vita et in omni actu fieri animas (si non præoccuparis quis in uno adventu omnia agat semel ac pariter quæ non tantum dicere et audire non est fas nobis, sed nequidem in mentis conceptionem venire nec credere si apud homines conversantes in his quæ sunt secundum nos civitates tale aliquid agatur) uti, secundum quod scripta eorum dicunt, in omni usu factæ animæ ipsorum exeuntes in nihilo adhuc minus abeant ad operandum in eo, ne forte propterea quod deest libertati aliqua res, cogantur iterum mitti in corpus. Propter hoc dicunt Jesum dixisse hanc parabolam : Cum es cum adversario tuo in via, da operam ut libereris ab eo, ne forte te det judici et

créateurs, les disciples de Carpocrate devaient s'adonner à la magie, ce péché du vieux monde païen. Ils faisaient usage de philtres, de la divination par les songes, par les instruments magiques, et si dans ces pratiques ils acquéraient une certaine puissance, ils devenaient supérieurs à Jésus, à Pierre et à Paul[1].

Les disciples de Carpocrate furent les premiers qui s'appelèrent proprement gnostiques. Leur doctrine semble s'être étendue assez loin, car sous le pontificat d'Anicet (156-166) une femme, nommée Marcellina, vint à Rome où, pour employer l'expression de saint Irénée, elle extermina un grand nombre de fidèles, c'est-à-dire, les fit sortir du sein de l'Église. Afin de mieux se reconnaître entre eux, les Carpocratiens se brûlaient l'extrémité inférieure de l'oreille droite[2]. Ils se servaient dans leurs cérémonies de certaines peintures faites par Pilate, disaient-ils, et représentant Jésus-Christ; ils y joignaient des représentations de Pythagore, de Platon et d'Aristote, et, s'il faut en croire saint Augustin, de saint Paul et d'Homère[3]. Saint Irénée prétend même qu'ils adoraient ces images, comme les païens leurs idoles[4]. Leurs mœurs ont été soumises à de violentes accusations, surtout dans les écrits de saint Épiphane et de Clément d'Alexandrie[5], mais nous devons dire que saint Irénée n'ose rien affirmer à cet égard[6]. A vrai dire, comme il ne s'agit plus ici des doctrines,

---

judex ministro et mittat te in carcerem. Amen dico tibi, non exies inde donec reddas novissimum quadrantem. Et adversarium dicunt unum ex Angelis qui sunt in mundo, quem diabolum vocant, dicentes factum eum ad id, ut ducat eas quæ perierunt animas a mundo ad principem et hunc dicunt esse ex mundi fabricatoribus et illum alterum angelo qui ministrat ei tradere tales animas, uti in alia corpora includat : corpus enim dicunt esse carcerem. (Iren., lib. cap. XXV, n. 4. — *Patr. græc.*, t. VII, col. 682-683.)

[1] Artes enim magicas operantur et ipsi, et incantationes, philtra quoque, et charitesia, et paredros, et oneiropompas, et reliquas malignationes, dicentes se potestatem habere ad dominandum jam principibus et fabricatoribus hujus mundi, non solum autem, sed et his omnibus quæ in eo sunt facta... Per fidem enim et charitatem salvari, reliqua vero indifferentia cum sint, secundum opinionem hominum quædam quidem bona, quædam quidem mala vocari, cum nihil natura malum sit. (*Ibid.*, n. 3 et 5, col. 682-688.)

[2] Alii vero ex ipsis signant cauteriantes suos discipulos in posterioribus partibus exstantiæ dextræ auris. Unde et Marcellina, quæ Romam sub Aniceto venit, cum esset hujus doctrinæ multos exterminavit. Gnosticos se autem vocant. (Iren. lib. I, cap. XXV, n. 6. *Patr. græc.*, t. VII, col. 685.)

[3] Et imagines quasdam quidem depictas, quasdam autem et de reliqua materia fabricatas habent, dicentes formam Christi factam a Pilato, illo in tempore quo fuit Jesus cum hominibus. Et has coronant, et proponunt eas cum imaginibus mundi philosophorum, videlicet cum imagine Pythagoræ et Platonis, et Aristotelis et reliquorum; et reliquam observationem circa eas, similiter ut gentes, faciunt. (*Ibid.*, col. 685 et 686.)

[4] D. August., lib. *de Hæresibus*.

[5] Epiph., *Hær.*, XXVI. — Clém. Alexand., *Stromat.*, lib. III. — *Patr. græc.*, t. VIII, col. 1111-1112.

[6] Καὶ εἰ μὲν πράσσεται παρ' αὐτοῖς τὰ ἄθεα, καὶ ἔκθεσμα, καὶ ἀπειρημένα, ἐγὼ οὐκ ἂν πιστεύσαιμι· ἐν

mais de la vie des Carpocratiens et que chacun des auteurs parlait d'après sa propre expérience, saint Irénée n'était pas le mieux placé pour savoir la vérité, et là encore, Clément d'Alexandrie est d'une autorité bien supérieure. Quoi qu'il en soit, nous ne devons pas nous étonner que de telles doctrines aient produit une corruption comme celle dont les pères de l'Église nous ont laissé quelques échantillons, mais l'histoire des mœurs ne rentre pas dans notre sujet, et nous nous abstiendrons de les reproduire ici.

En terminant, nous ne pouvons résister au désir de citer quelques lignes de Proudhon pour les mettre en parallèle avec l'enseignement d'Épiphane « Qu'est-ce donc que pratiquer la justice, demande Proudhon ? C'est faire à chacun sa part égale de biens, sous la condition égale de travail, c'est agir sociétairement... Dans les sociétés d'animaux, tous les individus font exactement les mêmes choses : un même génie les dirige, une même volonté les anime. Une société de bêtes est un assemblage d'atomes ronds, crochus, cubiques ou triangulaires, mais toujours parfaitement identiques : leur personnalité est unanime, on dirait qu'un seul moi les anime, les gouverne tous.

« Les travaux que les animaux exécutent soit seuls, soit en société, reproduisent trait pour trait leur caractère... Ainsi le mal moral, c'est-à-dire, dans la question qui nous occupe, le désordre dans la société s'explique naturellement par notre faculté de réfléchir. Le paupérisme, les crimes, les révoltes ont eu pour mère l'inégalité des conditions qui fut fille de la propriété, qui naquit de l'égoïsme, qui fut engendré du sens privé, qui descend en ligne directe de l'autocratie de la raison [1]. »

Ces quelques lignes suffisent pour montrer quelle ressemblance existe entre la doctrine d'Épiphane et celle de Proudhon professée en plein dix-neuvième siècle : c'est le cas de redire qu'il n'y a rien de nouveau sous le soleil. Quoi qu'il en soit, l'exposition que nous avons faite du système de Carpocrate nous montre où en était arrivé le gnosticisme égyptien à peine né. La doctrine

---

δὲ τοῖς συγγράμμασιν αὐτῶν οὕτως ἀναγέγραπται, καὶ αὐτοὶ οὕτως ἐξηγοῦνται. (Iren., ibid., *Patr. græc.* t. VII, col. 684. Le texte grec a été conservé par Théodoret.)

[1] Œuvres de Proudhon, t. I, *Premier Mémoire sur la propriété*, p. 183, 196 et 198, Paris, Lacroix, 1876.

d'Épiphane n'est que la conclusion directe et logique des principes posés par Basilide lui-même, et si celui-ci ne l'avait pas tirée, c'est qu'il avait été retenu par un reste de pudeur et que son esprit s'était occupé de métaphysique plus que de morale.

TROISIÈME PARTIE

CHAPITRE PREMIER

VALENTIN, SA VIE, ÉPOQUE A LAQUELLE IL A VÉCU, SES ŒUVRES

Parmi tous les philosophes qui sont compris dans l'acception si étendue du mot Gnostiques, il n'en est pas de plus connu que Valentin, et à juste titre. Cette célébrité de Valentin, tout en nous avertissant que nous nous trouvions en présence du maître le plus élevé du Gnosticisme, du docteur par excellence de ces systèmes fantastiques dont nous avons déjà exposé plusieurs, cette célébrité même avait des inconvénients. Un grand nombre d'auteurs, voyant devant eux une personnalité aussi importante, se sont imaginé que tout le Gnosticisme se trouvait dans les doctrines de Valentin ; ils ont cru qu'en les exposant ils donneraient une idée complète de systèmes si différents. C'est ainsi qu'en France ont agi tous les auteurs qui ont écrit l'histoire de l'Église : ils ont exposé le système de Valentin et ont à peine cité quelques autres docteurs, donnant les uns comme ses maîtres, les autres comme ses disciples ; les plus instruits ont fait observer que le Gnosticisme se divisait en plusieurs branches, aucun n'a jugé convenable d'étudier les sources qui nous faisaient connaître les systèmes : en suivant les travaux de leurs devanciers, ils ont suivi les mêmes errements de critique. En effet, dom Massuet, Tillemont et tous les autres qui, avant notre siècle, se sont occupés de Valentin, ont cru que l'ouvrage de saint Irénée était la seule source où ils devaient aller puiser leurs renseignements; ils auraient dû cependant s'apercevoir que saint Irénée lui-même avouait dans sa préface que les systèmes combattus par lui étaient plutôt ceux des disciples que celui du maître. Pour n'avoir pas fait cette remarque, ils ont pris pour le système primitif de Valentin des développements postérieurs qui ne sont pas contradictoires, il est vrai, mais qui présentent cependant assez de divergences pour motiver une distinction dans l'exposition. La méthode suivie en Allemagne a été toute différente : dans leurs grands ouvrages sur le Gnosticisme, Néander, Baur, Gieseler et les autres ont fait tout d'abord la part de la priorité des systèmes, se contentant d'exposer les développements sans leur donner plus d'importance qu'ils n'en méritaient; ne se bornant pas, pour Valentin en particulier, à faire une analyse plus ou moins complète du premier livre de saint Irénée, mais mettant à contribution tous les autres Pères de l'Église qui avaient parlé du gnostique alexandrin. Si la méthode était différente, il ne faut pas s'étonner que les résultats n'aient pas été les mêmes. Malgré la méthode tracée par les auteurs cités plus haut, il a été fait en Allemagne peu d'ouvrages particuliers sur Valentin; nous n'en connaissons même qu'un seul qui soit vraiment digne de ce nom, celui de M. Heinrici[1]; mais un grand nombre de travaux ont été publiés par les Revues allemandes qui s'occupent d'histoire ecclésiastique ou de philosophie. Tous ces travaux ont fait avancer la question; néanmoins, il nous a semblé qu'elle n'était pas épuisée et peut-être aurons-nous réussi à jeter un peu de lumière sur les points les plus obscurs.

On ne peut raisonnablement douter de l'existence d'un homme qui a laissé derrière lui une grande renommée dans l'histoire : aussi l'existence de Valentin n'a-t-elle jamais été mise en doute comme l'a été celle de Simon le Mage. Pour nier cette existence, il aurait fallu ne faire aucun cas du témoignage des Pères de l'Église qui ont vécu avant le quatrième siècle; car, parmi ceux qui ont combattu les hérésies, il n'en est pas un seul qui n'ait enregistré le nom de Valentin. La chose eût donc été difficile : on s'est abstenu de la tenter et avec d'autant plus de raison qu'à cette époque les données historiques sur les

---

[1] *Das Valentinianismus.*

origines du christianisme commencent à devenir plus nombreuses et plus claires, et qu'il n'y a pas possibilité d'alléguer, comme pour Simon, un mythe quelconque, une concurrence ou une opposition apostolique. Cependant, malgré l'immense notoriété dont a joui le philosophe gnostique, on en est réduit aux conjectures sur le lieu et l'époque de sa naissance. En effet, aucun auteur ne s'est occupé de rechercher la patrie de Valentin avant le cinquième siècle, époque à laquelle l'évêque de Salamine, saint Épiphane, écrit que Valentin naquit en Égypte dans le nome *Phrébonite* qui, dit-il, est situé sur les bords de la mer [1], et il ajoute ensuite que Valentin habita la ville d'Alexandrie où il apprit la philosophie platonicienne. Mais où saint Épiphane avait-il pris ces renseignements? Il nous apprend lui-même qu'il les tient d'une tradition orale. Comme saint Épiphane fit un voyage en Égypte, on serait assez tenté d'ajouter foi à son assertion, car il aurait pu apprendre ce détail dans la patrie même de Valentin; mais malheureusement on ne peut accorder aucune confiance au nom cité, car le nome *Phrébonite* n'existe pas dans la liste des nomes égyptiens. Peut-être devons-nous seulement accuser l'incurie des copistes et lire Phténotite au lieu de Phrébonite [2], ce qui nous permettrait de concilier avec la situation du nome la signification de l'adjectif accolé au nom, παραλιώτην. Cependant, nous devons faire remarquer que les autres noms de nomes donnés par saint Épiphane à propos de Basilide sont exacts; il est donc à croire qu'il y a eu faute de copiste et corruption du nom.

C'est là le seul texte que nous ayons sur la patrie de Valentin et nous ne pouvons y ajouter foi que sous bénéfice d'inventaire. Malgré cela, nous ne doutons pas que l'Égypte n'ait été la patrie de Valentin, tout au moins sa patrie d'adoption sinon sa patrie réelle, car il est évident pour nous que Valentin connaissait à fond les doctrines de l'antique Égypte. En outre, nous avons des preuves indirectes qui ne manquent pas d'une certaine force démonstrative. Si, en effet, nous ajoutons les uns aux autres les textes des Pères qui louent l'intelligence et la science de Valentin, nous trouvons que

---

[1] Τὴν μὲν αὐτοῦ πατρίδα, ἢ πόθεν οὗτος γεγένηται, οἱ πολλοὶ ἀγνοοῦσιν..... εἰς ἡμᾶς δὲ ὡς ἐνηγήσει τις ἐλήλυθε φήμη..... οὐ σιωπήσομεν..... Ἔφασαν γὰρ αὐτόν τινες γεγενῆσθαι Φρεβονίτην τῆς Αἰγύπτου παραλιώτην (Epiph. *Hæres.*, 31, n° 2).
[2] Cf. Parthey, *Vocabul. coptico latinum*, p. 537. — Cf. aussi *Zur Erdkunde des Alten Aegyptens*, planches.

saint Jérôme l'appelle homme très savant [1]; que l'auteur du dialogue contre les Marcionites le nomme un esprit au-dessus du vulgaire et peu ordinaire [2]; que Tertullien témoigne de l'étude approfondie faite par Valentin de la philosophie platonicienne [3] sans être contredit ni par l'examen des doctrines du philosophe alexandrin, ni par l'auteur des *Philosophumena*, qui répète souvent que Valentin était le disciple de Pythagore et de Platon [4]; nous serons persuadé qu'il est très vraisemblable et nous pourrions affirmer que Valentin a étudié la philosophie platonicienne dans la ville d'Alexandrie, dont l'école commençait dès lors à devenir célèbre, sans avoir encore acquis toute la célébrité dont elle devait jouir plus tard. Enfin Valentin connaissait le système de Basilide, tout porte à croire qu'il avait été son disciple avant de créer lui-même un système particulier; car, dans un des fragments de ses ouvrages conservé par Clément d'Alexandrie, il admet cette doctrine si curieuse des appendices de l'âme. Par-dessus tout, l'importance que Clément d'Alexandrie attache à la réfutation de Valentin nous montre que les erreurs de ce philosophe étaient fort répandues dans cette ville, autrement il se serait bien donné garde de les combattre. L'explication de la diffusion de ces doctrines dans Alexandrie doit être le séjour de Valentin lui-même dans cette grande cité, où semblait se concentrer le mouvement philosophique de l'Orient et du monde entier.

Toutes ces raisons ne nous paraissent pas à dédaigner et nous croyons pouvoir affirmer sans crainte que Valentin était égyptien de naissance, ou tout au moins qu'il avait habité l'Égypte et y avait étudié la philosophie. Cette première question résolue, nous devons chercher en quel temps Valentin vécut : problème difficile à résoudre et dont nous ne pourrons donner qu'une solution approximative. Ce n'est pas cependant que les témoignages nous fassent défaut sur ce point; nous savons sous quels papes il vécut et vint à Rome; mais ces témoignages nous viennent d'auteurs trop postérieurs : les auteurs les plus à même d'en parler en connaissance de cause, Clément

---

[1] Hieronym., *in Ose.*, cap. x.
[2] Οὐκ εὐτελὴς ἀνήρ. — Dialog. adv. Marcionit., 3º p.
[3] *De præscription.*, 7 et 30.
[4] *Philosoph.*, lib. VI, 11. Nous aurons occasion de citer plus bas les textes auxquels nous faisons allusion; que ce soit une raison pour ne pas les citer ici.

d'Alexandrie, Origène, l'auteur des *Philosophumena*, quel qu'il soit, ne nous en disent pas un mot et rien n'est plus embrouillé en histoire que les dates ayant trait à la vie ou à la mort des premiers pontifes de l'Église romaine. Saint Irénée, le premier, écrit : « Valentin vint à Rome sous Hygin, il fleurit sous Pius et y demeura jusque sous Anicet[1] ». Le texte grec de ces paroles nous a été conservé par Eusèbe qui l'a transcrit dans son *Histoire ecclésiastique*[2]. Le même Eusèbe, dans sa Chronique, écrit, sous l'année 138, année en laquelle Antonin le Pieux succéda à l'empereur Hadrien : « Sous Hygin, évêque de la ville de Rome, l'hérétique Valentin et Cerdon, maître de Marcion, vinrent à Rome[3] ». Un peu plus loin, sous la sixième année du règne d'Antonin, il ajoute : « L'hérétique Valentin se fait connaître et demeure à Rome jusqu'au pontificat d'Anicet[4] ». Malheureusement encore, nous n'avons de cette Chronique d'Eusèbe que la version latine faite par saint Jérôme, et, s'il faut en croire Georges le Syncelle qui, en beaucoup d'endroits, nous a conservé le texte grec, Eusèbe aurait seulement écrit : « Aux temps de Hygin et de Pius, évêques de Rome, jusque sous Anicet, Valentin et Cerdon, chefs de l'hérésie de Marcion, se firent connaître à Rome[5] ». Dans cette dernière version, les renseignements sont moins explicites, il y a une erreur venant du pluriel ἀρχηγοί (chefs) au lieu du singulier ἀρχηγός : cependant nous y retrouvons les données principales des deux autres textes ; mais cela nous montre qu'au fond, au lieu d'avoir trois témoignages, nous n'en avons qu'un seul, celui de saint Irénée transcrit par Eusèbe, modifié par saint Jérôme et Georges le Syncelle. Toutefois, nous considérons ce témoignage comme remplissant toutes les conditions de crédibilité nécessaires ; car saint Irénée vint à Rome sous le pontificat du pape Éleuthère pour lui remettre les lettres dont l'avaient chargé les martyrs de Lyon et il y put apprendre ce qui s'était passé dans cette ville peu d'années auparavant, puisque entre les pontificats d'Anicet et

---

[1] Οὐαλεντῖνος μὲν γὰρ ἦλθεν εἰς Ῥώμην ἐπὶ Ὑγίνου, ἤκμασε δὲ ἐπὶ Πίου καὶ παρέμεινεν ἕως Ἀνικήτου. (*Iren.*, lib. III, cap. VI, n° 3. — *Patr. græc.*, t. VI, col. 856-857).

[2] Eusèbe : *Hist. eccles.*, lib. IV.

[3] Sub Hygino, Romanæ urbis episcopo, Valentinus hæresiarches et Cerdo magister Marcionis, Romam venerunt. — (Eus. chr. *Pat. græc.*, t. XIX, col. 559).

[4] Valentinus hæreticus agnoscitur et permanet usque ad Anicetum. (*Ibid.* t. XIX, col. 560).

[5] Κατὰ τοὺς χρόνους Ὑγίνου καὶ Πίου ἐπισκόπων Ῥώμης ἕως Ἀνικήτου, Οὐαλεντιανὸς καὶ Κέρδων ἀρχηγοί τῆς Μαρκίωνος αἱρέσεως ἐπὶ Ῥώμης ἐγνωρίζοντο (Ap. Eus. chron. — *Patr. græc.*, t. XIX, col. 559).

d'Éleuthère, il n'y eut que celui de Soter dont la durée fut de huit ou neuf ans, tout au plus[1].

Toute la question se réduit donc à savoir en quelle année vécurent Hygin, Pius et Anicet. S'il faut ajouter foi à la Chronique d'Eusèbe, Hygin monta sur le siège épiscopal de Rome la vingt-unième année du règne de Hadrien, c'est-à dire en 138 ; il vécut encore quatre ans et eut pour successeur, en la seconde année du règne d'Antonin (142), Pius auquel, après un pontificat de douze ans, succéda Anicet en 154[2]. Mais M. Richard Lipsius a montré que cette chronologie était boiteuse et mal assise : son ouvrage est un chef-d'œuvre de critique et nous avons le droit de nous servir des dates qu'il accepte jusqu'à ce qu'on en ait démontré la fausseté[3]. Il n'a pu arriver qu'à des dates approximatives et voici comment il rétablit celles qui ont été faussement données par la chronique d'Eusèbe et contredites par d'autres catalogues pontificaux. Télesphore, le septième successeur de saint Pierre, mourut en 135, ou, au plus tard, en 137 ; Hygin lui succède, règne quatre ans et meurt en 139, ou, au plus tard, en 141 ; Pius remplace Hygin sur la chaire romaine et, après un pontificat de quinze ans, meurt en 154 ou en 156. Il est remplacé par Anicet qui meurt, après dix ans de pontificat ou même douze, en 166 ou en 167[4]. La raison de ces divergences vient de ce que les noms des consuls ne sont pas encore indiqués dans les catalogues pontificaux, et quiconque est tant soit peu au courant de la numération des manuscrits des premiers siècles de l'ère chrétienne, sait combien il est facile à l'erreur de se glisser en des chiffres qu'un copiste pouvait si facilement prendre l'un pour l'autre. Nous ne devons donc pas nous étonner de l'élasticité de ces dates ; c'est un grand succès que d'avoir pu les fixer ainsi, même approximativement, quoique les résultats de M. Lipsius aient été contredits par d'autres patients chercheurs de la vérité historique.

Nous avons donc maintenant une base aussi solide que possible pour nous livrer au véritable calcul où va nous entraîner la fixation de la naissance de la mort de Valentin, de sa venue et de son séjour à Rome. Nous n'avons

---

[1] *Chronologie des römischen Bischöfe*, von Richard Adelbert Lipsius, p. 263.
[2] Euseb. Chron. (*Patr. græc.*, t. XIX, col. 559-560).
[3] *Chronologie des römischen Bischöfe*, ibidem.
[4] *Ibid.*, p. 263.

nulle date précise ; nous savons qu'il vint à Rome sous le pontificat de Hygin et y demeura jusque sous celui d'Anicet, c'est-à-dire, en prenant les termes extrêmes, que ce séjour aurait duré depuis l'année 135 jusqu'à l'année 167, à savoir pendant trente-huit ans ; au contraire, en prenant les termes moyens, la dernière année de Hygin et la première d'Anicet, nous aurons pour date de l'arrivée l'année 141, et pour celle du départ l'année 157, et le séjour n'est plus que de seize ans. La première hypothèse nous est la plus défavorable. En effet, en admettant que le séjour de Valentin à Rome ait été de trente-deux ans, de l'année 135 à l'année 167, comme il est vraisemblable, pour ne pas dire certain, qu'il n'est pas mort à Rome ; comme il est indubitable qu'à l'époque de son arrivée il était dans la force de l'âge, nous nous exposons à lui donner une existence beaucoup plus prolongée qu'il ne l'a eue en réalité. Cependant, même avec cette supposition défavorable, en donnant quarante ans à Valentin lors de son arrivée à Rome, en le faisant encore vivre dix ans après son départ de la cité des Césars, on ne lui donne qu'une vie de quatre-vingt-deux ans ; un tel prolongement de l'existence n'est pas si contraire à la durée de la vie humaine que Valentin n'ait pu en bénéficier. Mais à ce calcul il y a un inconvénient, c'est que Valentin se vantait d'être le disciple d'un homme apostolique, disciple lui-même des apôtres, et qu'il n'y a aucune raison pour ne pas le croire au moins en ceci, à savoir qu'il était déjà né avant la complète disparition de ces hommes, et le résultat de nos probabilités rendrait cet enseignement d'un homme apostolique à peu près impossible. De plus, nous savons par saint Justin qu'avant son arrivée à Rome (nous le prouvons plus bas) Valentin s'était fait un grand nombre de disciples et que, par conséquent, son système était déjà combiné et enseigné. Cette seule observation nous permet de rejeter l'assertion de Tertullien qui prétend qu'au moment où il écrivait, il n'y avait pas fort longtemps que Valentin et Marcion n'étaient plus, qu'ils étaient venus à Rome vers le temps d'Antonin et qu'ils avaient confessé la foi chrétienne jusque sous le pontificat d'Éleuthère[1]. Il est évident que la mémoire a fait ici défaut au prêtre de Carthage, car saint Irénée écrivait son troisième livre

---

[1] Marcionem et Valentinum neque adeo olim fuisse. Antonini fere principatu et in catholicæ (fidei) primo doctrinam credidisse sub episcopatu Eleutherii benedicti (Tertul. *de Præscr. hær.*, c. XXX).

du *Traité contre les hérésies* sous le pontificat d'Éleuthère et il n'aurait pas manqué de faire valoir la nouveauté contemporaine du Valentinianisme, si Valentin eût encore été vivant. En outre, les mots employés par saint Irénée et par Eusèbe pour désigner le séjour de Valentin à Rome sont assez élastiques : le premier dit ἤκμασε, ce qui peut signifier qu'il était dans toute la réputation de son génie ou dans toute la force de l'âge ; le second écrit ἐγνωρίζετο, ce qui laisse encore place à une venue antérieure. En résumé, de toutes ces raisons qui sont pour ou contre nous, nous pouvons tirer cette conclusion que le séjour de Valentin à Rome a été d'une durée qui varie de dix-sept à trente-deux ans, ou plus vraisemblablement, en prenant la moyenne de ces deux termes extrêmes, de vingt-cinq ans environ, et qu'il y est arrivé, au plus tôt, en 135, au plus tard, en 141. Nous reviendrons plus loin sur ce premier résultat acquis ; d'autres résultats nous aideront à le mieux préciser encore.

Ceci posé, on peut se demander si Valentin a élucubré son système à Rome ou non. Quoique nous n'ayons aucun texte positif sur cette question, nous ne craignons pas de répondre hardiment : non. Valentin n'a pas créé son système à Rome, il est seulement venu porter dans la ville des Césars et des Papes ce qui lui avait acquis la célébrité dans Alexandrie. Pour confirmer cette affirmation, nous citerons le texte suivant de saint Justin dans son dialogue avec le juif Tryphon. « Il y en a beaucoup, ô mes amis, dit le philosophe aux auditeurs de la controverse, qui ont enseigné à dire et à faire des choses impies et blasphématoires au nom de Jésus-Christ ! C'est pourquoi nous avons nommé les disciples du nom des maîtres qui ont inventé chaque système et chaque doctrine : parmi eux, les uns s'appellent Marcionites, les autres Valentiniens, d'autres Basilidiens, Satorniliens, tous d'après le nom du maître, qu'ils ont suivi dans ses erreurs [1]. » Donc, au temps où saint Justin écrivait ces paroles, Valentin avait imaginé sa doctrine, il s'était fait des disciples qui portaient son nom. Mais à quelle époque ces paroles ont-

---

[1] Εἰσὶν οὖν καὶ ἐγένοντο, ὦ φίλοι ἄνδρες, πολλοὶ οἱ ἄθεα καὶ βλάσφημα λέγειν καὶ πράττειν ἐδίδαξαν, ἐν ὀνόματι τοῦ Ἰησοῦ προσιόντες· καὶ εἰσὶν ὑφ' ἡμῶν ἀπὸ τῆς προσωνυμίας τῶν ἀνδρῶν, ἐξ οὗπερ ἑκάστη διδαχὴ καὶ γνώμη ἤρξατο...... Καὶ εἰσὶν αὐτῶν οἱ μέν τινες καλούμενοι Μαρκιανοί, οἱ δὲ Οὐαλεντινιανοί, οἱ δὲ Βασιλιδιανοί, οἱ δὲ Σατορνιλιανοί, καὶ ἄλλοι ἄλλῳ ὀνόματι, ἀπὸ τοῦ ἀρχηγέτου τῆς γνώμης ἕκαστος ὀνομαζόμενος (Just., *Dial. a. Tryph*. — *Patr. græc.*, t. VI, col. 551).

elles été écrites ? Nous ne pouvons pas le dire exactement : nous savons seulement par le dialogue lui-même que saint Justin avait écrit sa première apologie avant qu'eût lieu la dispute avec le juif Tryphon. Nous devons donc chercher maintenant l'époque à laquelle fut écrite cette apologie. Cette époque est un sujet de controverse entre les savants : nous n'avons pas la prétention d'y mettre fin, mais peut-être pourrons-nous indiquer l'époque avant laquelle l'apologie fut composée. Pour cela nous nous bornerons à faire une remarque à propos du commencement de cette apologie, de la suscription que voici :

« A l'empereur Titus Ælius Hadrien Antonin le Pieux, Auguste, César ; à Verissimus, son fils, ami de la sagesse (φιλοσόφῳ) et à Lucius, ami de la sagesse le fils d'un César par nature, le fils d'Antonin le Pieux par l'amour qu'on lui a inspiré pour la science [1] ? » On doit noter tout d'abord que saint Justin ne donne pas le titre de César au fils adoptif d'Antonin, Marc-Aurèle qui, dans sa jeunesse, portait le nom de Verissimus. Cependant il prend grand soin d'énumérer tous les titres de l'empereur comme dans un protocole officiel, et la mention même qu'il fait de Marc-Aurèle et de Lucius, fils du César Lucius Verus, nous assure que si ces deux personnages avaient eu des titres officiels, le philosophe chrétien n'aurait pas négligé de les écrire en tête de son apologie comme il avait écrit tous ceux de l'empereur : d'ailleurs c'était une convenance de chancellerie que l'on ne négligeait pas plus au second siècle de notre ère dans l'empire romain que de nos jours. Il faut donc croire que les deux fils adoptifs d'Antonin n'avaient pas encore été officiellement déclarés Césars. D'un autre côté, Antonin lui-même ne fut proclamé Auguste et surnommé Pius par le Sénat que le 10 juillet 138, et dans cette même année l'empereur adopta Marc-Aurèle et ce Lucius Verus qui devait être Commode : que reste-t-il à conclure sinon que saint Justin offrit son apologie à Antonin dans l'intervalle, c'est-à-dire après le 10 juillet, et avant la fin de l'année 138[2]. Or dans cette même apologie ainsi composée en 138, saint Justin nous apprend qu'il avait avant ce temps déjà composé une réfutation en règle des erreurs qui s'efforçaient alors de mélanger leurs systèmes à la pure

---

[1] Αὐτοκράτορι Τίτῳ Αἰλίῳ Ἀδριανῷ Ἀντωνίνῳ Εὐσεβεῖ Σεβαστῷ Καίσαρι, Οὐηρισσίμῳ υἱῷ φιλοσόφῳ καὶ Λουκίῳ φιλοσόφῳ Καίσαρος φύσει υἱῷ, καὶ Εὐσεβοῦς εἰσποιητῷ ἐραστῇ παιδείας; (Just. Apol. I. — Patr. græc., t. VI, col. 328).

[2] Pour toutes ces dates voir les *Antonins* de M. de Champagny : t. II, p. 169 et t. III, p. 2, édit. in-12.

doctrine de l'Église[1] : et quelles hérésies a-t-il pu ainsi réfuter dans ce *Syntagma* sinon celles qu'il énumère dans le dialogue avec le juif Tryphon? La conclusion à tirer de ces preuves est donc celle-ci : en supposant que saint Justin ait composé ce *Syntagma* deux ou trois ans avant son apologie, dès l'année 135 Valentin avait composé son système, il l'avait enseigné et s'était fait un nombre déjà considérable de disciples. Par conséquent, nous ne pensons pas nous éloigner beaucoup de la vérité en disant que Valentin devait à cette époque être dans la force de l'âge, avoir de trente à quarante ans et qu'il était né dans les dix dernières années du premier siècle de l'ère chrétienne. Nous n'accordons pas une grande valeur à l'objection qu'on pourrait nous faire en s'appuyant sur les paroles de saint Justin lui-même qui dit dans son apologie que Jésus-Christ était né 150 ans avant l'année où il écrivait[2] : en effet, saint Justin a voulu mettre un nombre rond, et l'on ne peut pas savoir en quelle année il plaçait la naissance de Notre-Seigneur Jésus-Christ.

D'après tout ce qui précède, Valentin serait donc né dans les dix dernières années du premier siècle de l'ère chrétienne, il a de cette manière parfaitement pu être disciple d'un *homme apostolique*, disciple lui-même des Apôtres; il a pu avoir composé son système, enseigné sa doctrine et rassemblé ses prosélytes avant d'arriver à Rome où il est resté jusqu'au pontificat d'Anicet. Or, en lui donnant quatre-vingt-deux ans de vie, comme nous l'avions fait dans une première supposition, il serait mort sous le pontificat d'Eleuthère, ce qui n'est pas vraisemblable pour la raison que nous avons donnée plus haut car saint Irénée n'eût pas manqué d'en tirer un argument contre la nouveauté des hérésies qu'il combattait. Valentin était donc mort avant le pontificat d'Eleuthère qui devint pape en l'année 174[3]. Mais entre l'année 174 et 156 où commence le pontificat d'Anicet, il y a un laps de 18 ans. D'ailleurs rien ne nous oblige à croire que Valentin soit resté à Rome jusqu'à la fin du pontificat d'Anicet, l'expression elle-même employée par la chronique d'Eusèbe,

---

[1] Ἐστὶ δὲ ἡμῖν καὶ σύνταγμα κατὰ πάσων τῶν γεγενημένων αἱρέσεων συντεταγμένον (St-Just. Apol 1, n. 26. — *Patr. græc.*, t. C, col. 369. — Cf. Euseb., *Hist. eccles.*, lib. IV, cap. 11).

[2] Ἵνα δὲ μή τινες ἀλογισταίνοντες εἰς ἀποτροπὴν δεδιδαγμένων ὑφ' ἡμῶν εἴπωσι, πρὸ ἐτῶν ἑκατὸν πεντήκοντα γεγενῆσθαι τὸν Χριστὸν λέγειν ἡμᾶς ἐπὶ Κυρηνίου (*Id.*, Apol. I, n. 46. — *Ibid.*, col. 397).

[3] *Chronologie des römischen Bischöfe*, p. 263.

usque ad Anicetum, signifierait plutôt que Valentin avait quitté Rome avant la mort de ce pape. Ce qu'il y a de certain c'est qu'il n'est pas mort à Rome, mais bien plutôt en Chypre où saint Épiphane nous dit qu'il fit le dernier naufrage de la foi [1], ce qui ne peut s'entendre de son hérésie puisqu'il avait terminé son système avant de quitter Alexandrie. De plus, les paroles de saint Épiphane ne semblent pas laisser sous-entendre que Valentin fit un long séjour en Chypre, mais au contraire que l'hérésiarque vint y terminer une vie brisée par la déception et ruinée par l'ambition, et peut-être n'y vit-il pas la fin du pontificat d'Anicet. En résumé, nous ne nous écarterons pas encore beaucoup de la vérité en disant que Valentin mourut entre les années 160 et 170, ce qui lui fait une vie de plus de 60 ans ou même de plus de 70 ans. Telles sont les dates les plus approximatives que nous puissions donner : on ne peut avoir de dates certaines et nous ne croyons pas que l'on puisse arriver à un résultat d'une moins grande latitude, ni qu'on puisse nous faire d'objections sérieuses contre les dates que nous proposons. Nous demandons grâce pour ces pages d'un calcul qu'on pourrait appeler calcul de probabilités; il nous a semblé que l'importance du sujet l'exigeait, car c'est démontrer une fois de plus combien l'Église catholique trouva de difficultés dans son établissement, et combien cette église primitive que l'on a si longtemps représentée comme une société où régnait l'union la plus parfaite, fut une société tourmentée par les divisions de doctrine qui lui rongeaient le sein, autant que par les persécutions extérieures qui lui enlevaient des milliers d'enfants faibles et chancelants. Jamais il n'y eut plus de sectes hérétiques que dans les deux premiers siècles de l'ère chrétienne.

Quant aux événements qui remplirent la vie de Valentin, nous savons déjà qu'il apprit la philosophie platonicienne, que c'était un esprit distingué, fort intelligent, et qu'il avait été le disciple de Basilide auquel il avait emprunté sa théorie, sur les passions-appendices de l'âme [2]. Valentin et Basilide ont en effet vécu à la même époque, mais le premier est postérieur au second. Saint Épiphane le dit expressément [3], ce qui rejette Basilide plus avant

---

[1] Εἰς Κύπρον δὲ ἐληλυθὼς, ὡς ναυάγιον ὑποστὰς φύσει σωματικῶς, τῆς πίστεως ἐξέστη..... (St. Epiph., *Hær.*, 31, n° 7).

[2] Clem. Alex. (*Strom.*, lib. II. — *Patr. græc.*, t. VIII, col. 1057).

[3] Οὐαλεντῖνος μὲν οὖν οὗτος τῷ χρόνῳ διαδέχεται τοὺς πρὸ αὐτοῦ προτεταγμένους, Βασιλείδην τε

dans cette antiquité chrétienne dont l'histoire est encore enveloppée de tant de mystères. A l'exemple de Basilide, Valentin parcourut plusieurs nomes de l'Égypte pour y répandre sa doctrine, il la prêcha successivement dans les nomes d'Athribis, de Prosopis, d'Arsinoé et dans la préfecture de la Thébaïde, dans la Basse-Égypte, sur le littoral et surtout dans la ville d'Alexandrie : c'est saint Épiphane qui nous apprend tous ces détails [1] et ils concordent parfaitement avec l'influence que Clément d'Alexandrie attribue à Valentin en réfutant spécialement ses erreurs. De l'Égypte, la doctrine de Valentin se répandit dans les autres contrées de l'Orient, c'est ce que nous pouvons conclure du dialogue de saint Justin contre le juif Tryphon, où le philosophe cite les Valentiniens comme hérétiques, en répondant à l'accusation de son adversaire contre les chrétiens qui enseignent des choses abominables et impies. Or, s'il faut ajouter foi à Eusèbe (et nous ne voyons pas quelle raison on aurait pour douter de son autorité), le lieu du dialogue fut la ville d'Éphèse ; selon toutes les apparences, saint Justin n'aurait pas cité à Tryphon des hérésies dont celui-ci n'aurait jamais eu entendu parler ; s'il cite les Valentiniens c'est que Tryphon les connaissait comme il connaissait les Marcionites, les Basilidiens, les Satorniliens, c'est que dès l'an 135 la doctrine de Valentin s'était répandue dans l'Asie-Mineure avant que le maître ne quittât l'Égypte pour l'Italie, Alexandrie pour Rome.

Nous n'avons aucun renseignement indiscutable sur la vie de Valentin à Rome ; mais ce que nous avons dit de sa vie précédente suffit pour nous faire juger à sa juste valeur la phrase suivante de Tertullien : « Valentin, dit le prêtre de Carthage, avait espéré l'épiscopat : son talent et son éloquence l'en rendaient digne, mais un autre qui avait pour lui la prérogative du martyre l'emporta, et Valentin mécontent et irrité abandonna la règle orthodoxe

---

καὶ Σατορνῖλον..... Epip. *Hær.*, 31, n° 2. Basilide, d'après cela, doit être né de l'an 70 à 80 ou même avant.

[1] Ἐποιήσατο δὲ οὗτος τὸ κήρυγμα καὶ ἐν Αἰγύπτῳ. ... ἔν τε τῷ Ἀθριβίτῃ καὶ Προσωπίτῃ καὶ Ἀρσενοΐτῃ καὶ Θηβαΐδῃ, καὶ τοῖς πᾶσι μέρεσι τῆς παραλίας, καὶ Ἀλεξανδρεωπολίτῃ. *Id. Hær.*, 31, n° 7. Tous ces noms se trouvent exactement dans les géographes de l'antiquité, Strabon, Pline et Ptolémée. Les renseignements de saint Epiphane sont donc exacts en cet endroit. On voit ainsi que Valentin avait parcouru l'Égypte presque tout entière, qu'il était descendu jusqu'à Thèbes, avait séjourné dans le Delta et avait enseigné dans les nomes situés sur les bords de la Méditerranée (Cf. Parthey, *Lexicon copt. lat.* p. 493, 494, 495, 542. — Cf. aussi Parthey : *Zur Erdkunde des Alten Ægyptens.* Karte II, III et IV.

pour défendre l'erreur [1]. » Que Valentin ait désiré l'épiscopat la chose n'est pas étonnante ; mais nous avons peine à croire que la déception de son ambition fût la cause de son hérésie : d'ailleurs, comme il a dû composer son système de très bonne heure et se séparer ainsi de l'unité catholique, la phrase de Tertullien, à la comprendre strictement, ferait croire que Valentin se sépara de l'Église pour cette raison avant d'avoir édifié son système, et brigua l'épiscopat à un âge où il ne pouvait pas l'espérer, vu la teneur des constitutions de l'Église à cette époque. Mais la phrase de Tertullien est susceptible d'un autre sens d'après lequel Valentin serait venu à Rome, y aurait brigué l'épiscopat et se serait ouvertement séparé de l'Église après son échec. A cette explication s'oppose une objection radicale : pendant le séjour de Valentin à Rome, deux papes seuls furent élus, Pius et Anicet, nous ne savons pas que l'un ou l'autre ait dû son élection à un martyre antérieur ; c'est pourquoi nous rejetons le fait dont parle Tertullien. Du reste, ce n'est pas le seul où la critique de Tertullien se montre en défaut. Il nous dit encore que Valentin et Marcion furent rejetés de l'Église à trois reprises [2], attribuant ainsi à ces deux hérétiques ce que saint Irénée raconte expressément de Cerdon [3]. Nous avons déjà cité la phrase de saint Épiphane disant que Valentin fit naufrage dans la foi en Chypre, en l'expliquant de la seule manière plausible par la mort de l'hérétique [4]. Cependant, malgré toutes ces inexactitudes, une chose semble ressortir des textes que nous avons cités, c'est que Valentin pendant son séjour à Rome ne professa pas ouvertement ses doctrines, qu'il se donna comme chrétien orthodoxe et qu'il ne brusqua rien, soit par crainte, soit par ambition. Il n'est pas téméraire de le conclure des termes employés par saint Irénée, ἦλθεν, ἤκμασε, παρέμεινεν, et par Eusèbe, ἐγνωρίζοντο. En effet, si Valentin en arrivant à Rome s'était présenté comme un hérétique armé de toutes

---

[1] Speraverat episcopatum Valentinus, quia et ingenio poterat et eloquio, sed alium ex martyrii prærogativa loci potitum indignatus, de Ecclesia authenticæ regulæ abrupit, ad expugnandam conversus veritatem (Tert. *Adv. Valent.*, cap. vi).

[2] Donec ob eorum curiositatem quam fratres quoque vitabant, semel et iterum ejecti (Valentinus et Marcion), Marcion quidem cum ducentis sestertiis quæ Ecclesiæ intulerat, novissime in perpetuum discidium relegati, venena doctrinarum suarum disseminarunt (Tert., *De præscrip.*, c. 30).

[3] Κερδὼν δὲ ὁ πρὸ Μαρκίωνος, καὶ αὐτὸς ἐπὶ Ὑγίνου, ὃς ἦν ἔνατος ἐπίσκοπος εἰς τὴν Ἐκκλησίαν ἐλθών, καὶ ἐξομολογούμενος, οὕτως διετέλεσε, ποτὲ μὲν λαθροδιδασκαλῶν, ποτὲ δὲ πάλιν ἐξομολογόμενος, ποτὲ δὲ ἐλεγχόμενος ἐφ' οἷς ἐδίδασκε κακῶς (Iren, lib. III, cap. ii, n° 3. — *Patr. græc.*, t. VI, col. 857).

[4] Cf. Notes précédentes.

pièces, il n'est pas vraisemblable qu'il eût passé quelque temps, cinq ou six ans à se faire connaître, puisque son arrivée date du pontificat de Hygin et que son influence, sa réputation ne se firent bien voir que sous Pius. Enfin, il n'eût pu rester longtemps à Rome dans la communauté chrétienne, comme tout indique qu'il le fit. Une hérésie ne pouvait se propager que parmi les fidèles, et comment s'attacher les fidèles sinon en se mêlant à eux? comment se mêler à eux sinon en gardant toutes les apparences de l'orthodoxie ? Les autres hérétiques, Cerdon, Marcion, avec lesquels Valentin se trouvait à Rome, tinrent cette conduite; Valentin la tint aussi, il n'est pas téméraire de l'affirmer.

Tels sont tous les renseignements que nous avons pu recueillir sur la patrie, la naissance, la vie et la mort de Valentin : la moisson n'est pas riche, et nous n'avons fait seulement que glaner les rares débris sauvés de l'oubli. Il nous faut parler maintenant de ceux de ses ouvrages dont le nom et quelques fragments sont parvenus jusqu'à nous.

Valentin était un philosophe platonicien et un chrétien, personne n'en doute, car quoique le fait de son christianisme ne soit écrit nulle part, il est sous-entendu dans chaque phrase dont il est le sujet : il admettait les écritures, se vantait d'avoir été le disciple d'un homme qui avait connu les apôtres et qui s'appelait Théodas, ancien compagnon de saint Paul[1]. Comme de tous les gnostiques Valentin était certainement le plus instruit, nous ne devons pas nous étonner qu'il ait écrit de nombreux ouvrages. De ces ouvrages, pas un seul peut-être n'est venu jusqu'à nous en entier ; nous trouvons des fragments d'un certain nombre d'entre eux dans les Stromates de Clément d'Alexandrie et c'est tout. Nous savons ainsi qu'il avait écrit des lettres assez nombreuses (nous avons même un fragment de l'une d'entre elles adressée à un certain Agathopode), qu'il avait prononcé un nombre considérable d'homélies dont nous avons aussi quelques fragments et dont l'une roulait sur l'amitié (περὶ φίλων)[2]. Tertullien nous apprend de son côté que Valentin avait composé

---

[1] Ὡς αὕτως δὲ καὶ Οὐαλεντῖνον Θεοδάδι ἀκηκοέναι φέρουσιν· γνώριμος δ' οὗτος ἐγεγόνει Παύλου. (Strom. lib. VII, cap. xvii. — Patr. græc., t. IX, col. 549). Il va sans dire que ce Théodas nous est par ailleurs totalement inconnu.

[2] Cf. Clem. Alex. Strom., lib. II, cap. viii-xx ; lib. III, cap. vii ; lib. IV ; lib. VI, cap. xiii. — Patr. græc, t. VIII, col. 972, 1057, 1161, 1296 : t. IX col. 276.

des psaumes pour son système comme David l'avait fait autrefois pour célébrer Jehovah[1] ; et dans le *Dialogue contre les Marcionites*, ouvrage attribué à Origène, nous trouvons un long passage de Valentin sur l'origine du mal ; ce passage fort éloquent, est tiré d'une dissertation spéciale que Valentin avait écrite sur ce sujet [2]. Enfin, s'il faut en croire Tertullien, Valentin avait fait un ouvrage appelé *Sophia*; car il dit : « La sagesse, Sophia, nous apprend, non pas celle de Valentin, mais celle de Salomon... [3] » Quelques auteurs avaient cru trouver dans ces paroles l'indice d'un ouvrage valentinien, mais d'autres crurent réfuter cette opinion en disant que Tertullien avait dans ce passage, fait allusion non pas à un ouvrage de Valentin, mais à Sophia, le dernier æon de son système[4]. Cependant, la chose n'est pas claire : en effet, si la Sophia de Valentin est l'æon Sophia, pourquoi Tertullien ne la compare-t-il pas à la sagesse de Dieu qui avait parlé par la bouche de Salomon ? Pourquoi, au contraire, la compare-t-il au livre écrit par Salomon ? N'est il pas plus naturel de comparer un livre à un livre ? D'ailleurs, nulle part nous ne voyons que l'æon Sophia ait enseigné quoi que ce soit. Ces objections n'étaient certes pas à dédaigner et avaient sans contredit la vraisemblance pour elles, lorsqu'au siècle dernier, un voyageur anglais rapporta de ses voyages un ouvrage gnostique intitulé *Pitis-Sophia*. Or ce livre contient tout au long, parmi beaucoup d'autres choses, le récit du vrai roman dont l'æon Sophia est l'héroïne dans le système de Valentin. Que dire dès lors de la conformité qui existait entre l'indication de Tertullien et le titre de l'ouvrage découvert? Nous n'hésitons pas pour notre compte à croire que Valentin avait composé un semblable ouvrage, ne fut-ce que pour expliquer le mythe si compliqué de son æon Sophia. Nous nous contentons ici de ses indications ; nous traiterons bientôt de la valeur de l'ouvrage découvert au point de vue de l'emploi qu'on peut en faire dans l'exposition du système valentinien.

Tels sont les ouvrages que nous savons avoir été composés par Valentin : d'autres lui ont été attribués, mais à tort. Le faux Tertullien l'accuse d'avoir

---

[1] Tertul. *De Carne Christi*, lib. I, cap. xx.
[2] Dialog. cont. Marc., sect. iv. Cf. *Patr. græc.*, t. VII, col. 1273-1277.
[3] Docet ipsa Sophia, non quidem Valentini, sed Salomonis. — Tert, *Adv. Val.*, cap. ii.
[4] Tertullianum alludisse non ad aliquem Valentini librum, sed ad Sophiam, novissimum eorum quos excogitavit Œonum, ut legenti patebit. — *Dessert. præv. in Iren.*, libr. par Dr Massuet. — *Patr. græc.*, t. VIII, col. 32.

composé des Évangiles[1], mais Tertullien, le vrai a pris soin de l'absoudre par avance de cette accusation[2]. On peut aussi voir dans saint Épiphane un fragment gnostique qui a été attribué à Valentin, mais ce n'est que l'œuvre de l'un de ses disciples, comme l'évêque de Salamine le dit lui-même[3].

Si nous ne possédions que les fragments authentiques de Valentin, nous ne serions pas bien avancés pour connaître son système : ces fragments se comprennent quand on connaît le système, ils ne se comprendraient pas autrement. Il faut donc recourir aux auteurs qui nous ont laissé l'analyse de la doctrine, mais avant de mettre ces auteurs à contribution, il est nécessaire d'examiner quels ils sont et quelle confiance mérite chacun d'eux.

---

[1] Tert. *De præscrip.*, cap XLIX. Les derniers chapitres de ce traité sont de la main d'un faussaire.
[2] Tert. *Adv. Val.*, cap. XXXVIII.
[3] Epiph. *Hær*. XXXI, n° 5.

CHAPITRE II

DES SOURCES OU OUVRAGES QUI NOUS ONT TRANSMIS LE SYSTÈME DE VALENTIN

A moins d'en excepter Marcion, Valentin est certainement de tous les docteurs gnostiques celui sur lequel se sont portées de préférence les études des Pères de l'Église, et cela nous est une preuve de son influence, de l'étendue qu'avait prise son école. C'est aussi grâce à cette influence du philosophe alexandrin que nous sommes plus riches en renseignements sur son compte que sur celui des autres, quoique nous ne possédions plus en entier aucun ouvrage que nous puissions affirmer être sien. Nous devons regretter cette perte : car on apprend toujours mieux à connaître les idées d'un auteur dans ses ouvrages que dans les analyses qui peuvent être faites par des abréviateurs plus ou moins habiles, des adversaires plus ou moins impartiaux. Quoi qu'il en soit, Valentin a attiré l'attention de tous les Pères de l'Église qui pendant les cinq premiers siècles ont combattu les erreurs des faux chrétiens : au delà même des cinq premiers siècles, son système était encore combattu, et nul auteur ne se mêlait de faire une hérésiologie complète, sans donner une grande place à Valentin dans son ouvrage. Cependant, il n'était guère possible de dire du nouveau soit sur l'homme, soit sur le système : aussi, à partir de saint Épiphane et même bien avant l'époque de l'évêque de Salamine, les auteurs hérésiologues ne faisaient-ils que ressasser et redire ce qui avait été dit avant eux et mieux qu'ils ne le disaient. Nous ne prendrons donc pas la peine d'énumérer tous les auteurs qui ont consacré quelques pages ou quelques mots à Valentin ; nous citerons, nous interrogerons seulement ceux d'entre eux qui ont quelque chose à nous apprendre, c'est-à-dire saint Irénée, Clément d'Alexandrie, Origène, Tertullien, Philastre, Théodoret, l'auteur des *Philosophumena*, le livre gnostique publié dans le texte copte en 1850 par M. Petermann après la mort de Schwartze sous le titre de Pistis-Sophia, et un manuscrit complètement inédit qui se trouve à la boléienne d'Oxford. Nous avons à dessein rangé ces auteurs sans ordre chronologique ou systématique, mais nous devons en faire une classification ; car, s'il fallait prendre toutes les données qu'ils fournissent pour les joindre les unes aux autres, nous courrions le risque d'attribuer à Valentin des idées contradictoires et d'exposer d'une manière absurde un système où tout s'appelle, s'enchaîne, s'explique et se fortifie.

Nous avons dit plus haut qu'on avait presque toujours cherché le système de Valentin dans saint Irénée, sans se douter que l'ouvrage du docteur de Lyon pouvait présenter un système d'une étroite parenté avec le système de Valentin, mais non le système propre de Valentin. Cependant on pouvait, même avant la découverte des *Philosophumena*, mettre en doute l'exactitude de l'exposition de saint Irénée sur le système valentinien primitif, car à la suite des *Stromates* de Clément d'Alexandrie, on pouvait lire un ensemble de remarques sur le Gnosticisme intitulé : *Extraits de Théodote et de l'école orientale au temps de Valentin*[1]. Puisqu'on mentionnait ainsi, dans ce titre, le nom d'une école valentinienne spéciale, on pouvait croire en toute sûreté qu'il y avait d'autres écoles et cela du temps même de Valentin. En outre, saint Irénée lui-même fait remarquer que, chez les Valentiniens, chacun pouvait forger un système nouveau selon son bon plaisir[2]. Tout cela n'avait pas échappé aux auteurs allemands, mais il leur avait été impossible de faire le partage, car ils n'avaient aucun fondement solide qui pût leur servir de pierre de touche, de criterium, puisque les *Extraits* de Théodote n'embras-

---

[1] Ἐκ τῶν Θεοδότου καὶ τῆς ἀνατολικῆς καλουμένης διδασκαλίας κατὰ τοῦ Οὐαλεντίνου χρόνους ἐπιτομαί (*Patr. græc.*, t. IX, col. 652).
[2] Cum autem discrepent ab invicem et doctrina et traditione, et qui recentiores eorum agnoscuntur, affectant per singulos dies novum aliquid adinvenire et fructificare quod nunquam quisquam excogitavit (Iren. lib. I, cap. xxi. — *Patr. græc.*, t. VII, col. 667-670).

sent pas tout le système, se suivent sans ordre et que les fragments contenus dans les *Stromates* de Clément d'Alexandrie n'apportaient la lumière que sur quelques points particuliers. La question en était à ce point quand la découverte et la publication des *Philosophumena* vinrent mettre hors de doute l'existence de deux camps opposés dans l'école valentinienne. On lit, en effet, dans cet ouvrage : « De là vient le partage de leur école, une partie fut appelée école orientale, et l'autre, école italique[1] ». La division naquit de la divergence des idées sur la nature du corps de Jésus le Sauveur[2], et de là s'étendit sur d'autres points du système, ce qui prouve que ce système était composé en entier, qu'il avait été adopté par les disciples avec unanimité d'abord et que la discussion amena la séparation. Nous pouvons donc, à l'aide de ces points de division, savoir quelle école chaque auteur représente et ainsi la lumière se fera peu à peu dans ce fouillis ténébreux de textes qui semblent se contredire le plus souvent.

Le premier qui se présente à nous, dans l'ordre chronologique, est saint Irénée (nous ne parlons que des auteurs dont les ouvrages nous sont parvenus) ; son ouvrage a pour titre : *Réfutation de la fausse Gnose*, en cinq livres[3], et a été écrit à Lyon après la mort de Valentin. On ne peut dire avec certitude à quelle époque cet ouvrage a été composé; ce que l'on sait, c'est qu'il n'a pas été composé d'une seule haleine et que l'évêque de Lyon s'y est remis à trois fois, comme il le dit lui-même dans les préfaces qu'il a mises en tête de chacun des livres de son ouvrage[4]. Quoi qu'il en soit, saint Irénée n'a pas écrit longtemps après la mort de Valentin, puisque, dans son troisième livre, il arrête l'énumération des papes à Éleuthère sous lequel il écrivait[5]. Cependant, bien qu'il écrivît si près de la mort de Valentin, il n'a pas eu entre les mains les ouvrages du philosophe, il n'a pas donné la pure doctrine valentinienne; lui-même l'avoue en ces termes : « Selon nos faibles forces, dit-il, et d'après la pensée de ceux qui enseignent maintenant, je veux dire de Ptolémée, qui est la fine fleur de l'école valentinienne, nous exposerons succincte-

---

[1] Καὶ γέγονεν ἐντεῦθεν ἡ διδασκαλία αὐτῶν διῃρημένη, καὶ καλεῖται ἡ μὲν ἀνατολική τις διδασκαλία κατ αὐτούς· ἡ δ'Ἰταλιωτική. (*Philos.*, lib. VI, II, p. 296, lin. 3-5).
[2] *Ibid.*, p. 295-296.
[3] Ἔλεγχος καὶ ἀνατροπὴ τῆς ψευδωνύμου Γνώσεως βίβλια πέντε.
[4] Voir les préfaces des livres I, II et IV.
[5] Iren. lib. III, cap. III, n°s 3 et 4. — *Patr. græc.*, t. VII, col. 849-851.

ment et clairement leur système, et, quoique nous ne soyons pas habitué à écrire, quoique nous n'ayons jamais appris l'art de faire de belles phrases, malgré notre médiocrité, nous fournirons aux autres l'occasion de combattre leur doctrine et nous montrerons combien ce qu'ils disent est absurde et contraire à la vérité[1] ». Ainsi, d'après saint Irénée lui-même, ce n'est pas tant Valentin qu'il a en vue de réfuter que son disciple Ptolémée, et si nous lui demandons où il a pris les matériaux de son exposition, il nous répond : « J'ai cru nécessaire, mon très cher ami, après avoir lu les commentaires (c'est leur expression) des disciples de Valentin, après m'être rencontré avec quelques-uns d'entre eux et après avoir saisi leur pensée, de te manifester leurs mystères les plus épouvantables et les plus profonds, mystères que tout le monde ne comprend pas parce que tout le monde n'a pas le cerveau assez délicat, afin que tu les puisses, à ton tour, dévoiler à ceux qui sont avec toi et garder ainsi tes fidèles de ce comble de la folie et du blasphème contre Dieu[2] ». saint Irénée a donc lu des livres valentiniens, il a eu des entrevues avec des Valentiniens ; mais ces livres ne sont pas ceux du maître, ce sont des commentaires écrits par des disciples et l'on sait ce que ce mot signifie : sous ce titre, les élèves pouvaient cacher toutes leurs idées et s'éloigner, autant qu'ils le voulaient, de la doctrine du maître. Si nous voulons savoir, de plus, qui avait écrit ces commentaires lus par saint Irénée, nous pouvons affirmer sans crainte qu'ils l'avaient été par Ptolémée, cette fine fleur de l'école valentinienne, puisque c'est lui surtout que saint Irénée a en vue dans son ouvrage. Si maintenant nous rapprochons ceci de quelques mots de l'auteur des *Philosophumena*, nous saurons quelle école représente l'exposition de saint Irénée. Cet auteur dit, en effet : « L'école italique, à laquelle appartiennent Héracléon

---

[1] Καὶ καθὼς δύναμιν ἐν ἡμῖν τήν τε γνώμην αὐτῶν τῶν νῦν παραδιδασκόντων, λέγω δὴ τῶν περὶ Πτολεμαῖον, ἀπάνθισμα οὖσαν τῆς Οὐαλεντίνου σχολῆς, συντόμως καὶ σαφῶς ἀπαγγελοῦμεν, καὶ ἀφορμὰς δώσομεν, κατὰ τὴν ἡμετέραν μετριότητά, πρὸς τὸ ἀνατρέπειν αὐτήν, ἀλλόκοτα καὶ ἀνάρμοστα τῇ ἀληθείᾳ ἐπιδεικνύντες τὰ ὑπ' αὐτῶν λεγόμενα, μήτε συγγράφειν εἰθισμένοι, μήτε λόγων τέχνην ἠσκηκότες. (Iren., lib. I, proœmium, n. 2, Patr. græc, t. VII, col. 442).

[2] Ἀναγκαῖον ἡγησάμην, ἐντυχὼν τοῖς ὑπομνήμασι τῶν, ὡς αὐτοί λέγουσιν, Οὐαλεντίνου μαθητῶν, ἐνίοις δὲ αὐτῶν καὶ συμβαλών, καὶ καταλαβόμενος τὴν γνώμην αὐτῶν, μηνῦσαί σοι, ἀγαπητέ, τὰ τερατώδη καὶ βάθεα μυστήρια, ἃ οὐ πάντες χωροῦσιν, ἐπεὶ μὴ πάντες τὸν ἐγκέφαλον ἐξεπτύκασιν, ὅπως καὶ σὺ μαθὼν αὐτά, πᾶσι τοῖς μετὰ σοῦ φανερὰ ποιήσῃς καὶ παραινέσῃς αὐτὸς φυλάξασθαι τὸν βυθὸν τῆς ἀνοίας, καὶ τῆς εἰς Χριστὸν βλασφημίας. (*Ibid.*, col. 442). L'auteur de la traduction latine au lieu de l'expression étrange οὐ τὸν ἐγκέφαλον ἐξεπτύκασιν, a lu οὐ τὸν ἐγκέφαλον ἔχουσιν et a traduit par *cerebrum non habent*.

et Ptolémée...¹ ». C'est donc le système de l'école italico-valentinienne que nous avons dans saint Irénée et nous trouverons, en effet, que l'une des différences qui se trouvent entre les expositions de saint Irénée et de l'auteur des *Philosophumena* a rapport précisément à la formation du corps de Jésus ². Ces remarques sont encore confirmées par la méthode dont s'est servi saint Irénée dans son premier livre, où les dix premiers chapitres sont employés à exposer le système des disciples de Valentin, et ce n'est qu'au onzième chapitre que l'évêque de Lyon veut analyser la doctrine de Valentin lui-même, ce qu'il fait en des termes assez conformes aux données de l'école orientale. Il est donc clair pour nous que saint Irénée n'a pas voulu s'attacher particulièrement à Valentin, mais bien aux Valentiniens qui l'entouraient, aux Valentiniens qu'il avait pu voir à Rome, en Italie, et à ceux qu'il voyait en Gaule : ce n'est donc pas dans son ouvrage que nous irons chercher l'analyse du vrai système de Valentin.

Pendant que saint Irénée écrivait en Gaule sa réfutation des Valentiniens, un de ses contemporains, Clément d'Alexandrie, apprenait à connaître la doctrine de Valentin pour réfuter le maître lui-même. Nous avons déjà dit combien Clément est fidèle dans son témoignage, combien grande est la confiance qu'il mérite. Il enseigna dans la ville même d'Alexandrie et monta dans la chaire du didascalée chrétien de cette ville en l'an 189. Il devait, à cette époque, être déjà d'un certain âge puisqu'il avait d'abord été païen, s'était fait initier à toutes les philosophies et à tous les mystères de l'ancien monde, et finalement était venu aboutir à la doctrine chrétienne qu'il embrassa et devait défendre avec tant d'ardeur et de talent. Il n'y aurait donc rien d'étonnant à ce que Clément eût connu Valentin, qu'il l'eût entendu, qu'il eût appris le système de la bouche même de celui qui l'avait inventé ou formé. S'il n'a pas connu personnellement Valentin, il a du moins lu ses ouvrages puisqu'il nous en a laissé des extraits dans ses *Stromates* ³, et si quelqu'un doit nous donner le pur système de Valentin, c'est lui ; malheureusement, encore ici, Clément

---

¹ Οἱ μὲν ἀπὸ τῆς Ἰταλίας, ὧν ἐστιν Ἡρακλέων καὶ Πτολεμαῖος..... (*Phil.*, lib. VI, 11, n. 35, p. 296, lin. 5-6.)

² *Ibid.*, p. 296, lin. 1 2.

³ Cf. Clem. Alex., *Strom.*, lib. II, cap. viii. 20 ; lib. III, cap. vii ; lib. IV, cap. xiii; lib. VI, cap. vi.

n'a jamais écrit une réfutation en règle ou une exposition suivie du Valentinianisme, et nous en sommes réduits à des fragments qui sont au nombre de cinq, trois pris des lettres et deux des homélies de Valentin. Il pourra donc de nouveau nous servir de criterium, quoiqu'il faille chercher ailleurs l'exposition du système.

Avec le fragment de la dissertation de Valentin sur l'*Origine du mal*, c'est tout ce que nous possédons des ouvrages du philosophe gnostique. Cependant à la fin des *Stromates* de Clément d'Alexandrie se trouve un opuscule qui a pour titre, comme nous l'avons déjà dit : *Extraits de Théodote et de l'école orientale au temps de Valentin*. Un certain nombre d'auteurs ont nié que cet opuscule fût de Clément d'Alexandrie, pour cette bonne raison que ledit opuscule contenait des doctrines contraires à l'enseignement général de Clément, des doctrines hérétiques même. La raison était vraiment naïve ; pour la réfuter, il suffisait de relire le titre de l'opuscule ; car si les idées étaient hérétiques, il fallait en rejeter la faute sur Théodote des ouvrages duquel elles étaient extraites et non sur Clément. On objectait de plus que le style et la méthode étaient en désaccord avec le style et la méthode du philosophe chrétien ; à cela rien d'étonnant, car ces extraits ne sont que des notes prises à la hâte, sans suite apparente, dans lesquels il n'entre nul style et nulle méthode. Aucune de ces deux objections n'empêche donc de croire que les extraits de Théodote soient dus à Clément, et, puisque nous les trouvons à la suite de ses *Stromates*, cela nous est une raison suffisante de croire qu'ils ont été faits par lui, jusqu'à preuve du contraire. Si l'ordre dans lequel ces extraits se trouvent est arbitraire, c'est que l'auteur l'a voulu ainsi, et si la raison qu'il avait pour cela nous échappe, ce n'est pas un motif pour dire qu'il n'en avait aucune [1]. Ces extraits n'étaient, selon nous, que des notes prises avant sa leçon par le professeur pour lui servir de points de repère dans la réfutation qu'il faisait des doctrines valentiniennes de Théodote et de l'école orientale. Si ces extraits ne contiennent ni une exposition ni une réfutation complète,

---

[1] So hat das ganze einen wenig einheitlichen Charakter : bald ist es einfache Relation, bald von subjectiven Opposition gefärbte Darstellung, bald in zusammenhängende Entwicklung fortschreitend, bald unterbrochen durch Bemerkungen, die in keinem Zusammenhang mit dem Vorhergehenden und Folgenden stehen. Es scheint vielmehr einer, der sich unterrichten will und deshalb die Früchte seiner Studien je nach subjectiven Bedürf fixirt, als jemand, der andere belehren will Verfasser der Excerpte zu sein (Heinrici, *Das Valentinianische Gnosis und die Heilige Schrift*, p. 88).

on sait cependant d'une manière certaine qu'ils donnent le système de l'école orientale. On s'est aussi demandé ce qu'était ce Théodote, et à cette question on ne peut répondre qu'en disant ce qu'il n'est pas et non ce qu'il est : il n'est pas le Théodote dont parle saint Ignace d'Antioche dans sa lettre aux Tralliens; car, puisque celui dont nous avons des extraits vivait en même temps que Valentin, il faudrait dire que Valentin lui-même vivait au temps de saint Ignace le martyr, ce qui ne saurait s'accorder avec toutes les autres données des Pères. Nous devons donc nous borner à dire que le Théodote dont il s'agit était un disciple de Valentin, vivant à la même époque que Valentin et appartenant à l'école orientale de la secte valentinienne. Pour toutes ces raisons, il est évident que ces extraits nous sont d'un grand prix et nous apportent un secours inappréciable pour l'analyse du système valentinien. Cependant, nous ne nous en servirons pas sans précaution, car nous savons que les disciples de Valentin aimaient à renchérir sur la doctrine du maître; mais comme ces extraits s'accordent en tout avec la doctrine contenue dans les *Philosophumena*, comme ces deux sources s'écartent de saint Irénée sur les mêmes points, nous avons donc, en nous en servant, plus de chances de découvrir la véritable doctrine du choryphée du gnosticisme égyptien. Nous ne quitterons pas ces *Extraits* de Théodote sans faire observer que, malgré le désordre apparent dans lequel ils se trouvent placés, on peut cependant y découvrir trois groupes principaux : le premier serait composé des vingt-sept premiers paragraphes; il traite de la personne du Sauveur et de la dignité des pneumatiques; le second, beaucoup plus étendu, va du paragraphe vingt-huitième au paragraphe soixante-cinquième et nous renseigne sur le corps même de la doctrine et l'æonologie; le troisième groupe enfin, depuis le paragraphe soixante-cinquième jusqu'à la fin, comprend ce qui a rapport au salut et à la justification [1]. Il faut remarquer toutefois que cet ordre n'est pas strict et absolu, et que deux paragraphes ont trait à Basilide; tous les autres roulent sur Valentin ou ses disciples orientaux : la chose est bien claire à cause de la

---

[1] Zunachst werden lose aneinander gereiht in einer Gruppe wichtige Bestimmungen über das Wesen des Soter und der Pneumatiker aufgestellt, § 1-7, 21-27; darauf folgt nach einer Bemerkung uber das ganze System enthält, § 27-65; zum Schuss tritt in einem dritten zusammenhängenden Stück, § 69-85; die Frage nach der Aneignung des Heils in den Vordergrund, welche in der Lehre von dem λουτρόν und seinen Wirkungen entwickelt wird (Heinrici. *Die Valentiniamsche Gnosis und die Heilige Schrift*, p. 90.)

répétition fréquente de ces mots : il dit (φησί), ils disent (φασί), ou les disciples de Valentin affirment (οἱ δ'ἀπὸ Οὐαλεντίνου).

Après Clément d'Alexandrie, nous devons passer au Pseudo-Tertullien et à Philastre : il n'y a rien de saillant dans ces auteurs, mais ils peuvent nous servir à connaître le véritable système de Valentin. Nous devons tout d'abord, puisque nous parlons du Pseudo-Tertullien, dire que le vrai Tertullien ne nous peut être d'aucun secours pour élucider la question ; car, à part quelques renseignements qu'il a pu tirer d'une source d'informations particulières, ce qu'il dit de Valentin est entièrement emprunté à saint Irénée : de plus, ses renseignements particuliers n'ont trait qu'à la vie de Valentin, de Ptolémée, de Héracléon et d'un certain Axionicus dont l'auteur des *Philosophumena* fait aussi mention[1]. Mais il en est tout autrement du Pseudo-Tertullien et de Philastre. Ce que ces deux auteurs disent n'a point été emprunté à l'évêque de Lyon, leurs données sont différentes des siennes en un certain nombre de points, surtout en ce qui regarde l'émanation des æons puisqu'ils placent la dodécade avant la décade, en ce qui touche la décade et en ce qui regarde la nature du corps du Christ qu'ils affirment avoir été pneumatique. Or, ce sont là les deux points cause de la scission dans l'école valentinienne ; d'où nous pouvons conclure que les données du Pseudo-Tertullien et de Philastre nous représentent l'école orientale du Valentinianisme. Mais à quiconque prendra la peine de comparer les deux auteurs, il sera évident qu'ils ont puisé à une même source : ici encore nous devons nous en rapporter à la lumineuse critique de M. Lipsius[2] : quant à savoir quelle est cette source première, nous ne pouvons pas oser l'affirmer. M. Lipsius, nous le redisons, avait d'abord cru la retrouver dans le *Syntagma* de saint Justin, il a depuis mitigé, pour ne pas dire abandonné son opinion[3]. Quoi qu'il en soit, il est certain que cet auteur primitif avait lui-même puisé à des sources sérieuses, et s'il fallait reconnaître en lui saint Justin, ce serait une preuve de plus que c'est dans l'école orientale qu'il faut chercher la doctrine propre de Valentin. Ce que nous allons dire des *Philosophumena* fera plus clairement ressortir cette conclusion.

---

[1] *Philos.* lib. IV, II, n° 35, p. 296. Cet Axionicus était de l'École Orientale.
[2] *Zur Quellenkritik des Epiphanios*, p. 152-154.
[3] Lipsius : *Die quellen der älteste Ketzergeschichte.*

Contrairement à saint Irénée, l'auteur de cet ouvrage commence par affirmer qu'il va faire connaître la doctrine de Valentin lui-même, et montrer à quelles philosophies païennes le gnostique avait emprunté la base de son système. « L'hérésie de Valentin, dit-il, repose tout entière sur les systèmes de Pythagore et de Platon. En effet, Platon a pris à Pythagore tout ce qu'il a dit dans le Timée. C'est pourquoi il sera bon de rappeler les théories de Pythagore et de Platon, avant d'exposer la doctrine de Valentin. Car, quoique précédemment nous ayons fait connaître les points principaux des systèmes pythagoricien et platonicien, il ne sera pas déraisonnable de les rappeler brièvement afin de mieux montrer en les comparant et en les examinant ce que Valentin a inventé. Si Platon et Pythagore ont enseigné aux Grecs ce qu'ils avaient appris des Égyptiens, Valentin a tout emprunté de ces deux auteurs, il a encore exagéré leurs mensongères doctrines, et pour les approprier à la sienne, il a taillé, coupé les théories de ces philosophes pour décorer son système, si bien qu'il a formé une hérésie de forme grecque et ingénieuse à la vérité, mais non une doctrine forte et conforme à la foi chrétienne [1]. » Il faut avouer qu'un auteur ne peut dire plus franchement quel est son but, et le but de celui-ci est bien d'exposer la doctrine de Valentin, sans donner même un regard aux systèmes des disciples. Or, cet auteur n'aurait pu avouer un tel but et tenir un tel langage, s'il n'avait eu en mains les ouvrages mêmes de Valentin : il confirme encore ce qu'il vient de dire, lorsqu'après avoir exposé le système de Pythagore, il ajoute : « Telle est la doctrine de Pythagore et de Platon : c'est d'elle et non des Évangiles que Valentin a emprunté son système, comme nous le démontrerons : si bien qu'il est digne d'être rangé parmi les disciples de Pythagore et de Platon, et non parmi ceux du Christ[2]. » Mais nous devons dire que ces

---

[1] Ἔστι μὲν οὖν ἡ Οὐαλεντίνου αἵρεσις Πυθαγορικὴν ἔχουσα καὶ Πλατωνικὴν τὴν ὑπόθεσιν. Καὶ γὰρ Πλάτων ὅλως ἐν τῷ Τιμαίῳ τὸν Πυθαγόραν ἀπεμάξατο· τοιγαροῦν καὶ ὁ Τίμαιος αὐτός ἐστιν αὐτῷ Πυθαγόρειος ξένος. Διὸ δοκεῖ ὀλίγα τῆς Πυθαγορείου καὶ Πλατωνικῆς ὑπομνησθέντας ὑποθέσεως ἄρξασθαι καὶ τὰ Οὐαλεντίνου λέγειν. Εἰ γὰρ καὶ ἐν τοῖς πρότερον ὑφ' ἡμῶν πεπονημένοις ἔγκεινται καὶ τὰ Πυθαγόρᾳ καὶ Πλάτωνι δεδοκημένα, ἀλλά γε καὶ νῦν οὐκ ἀλόγως ὑπομνησθήσομαι δι' ἐπιτμῆς τὰ κορυφαιότατα τῶν αὐτοῖς ἀρεσκομένων, πρὸς τὸ εὐεπίγνωστα γενέσθαι τὰ Οὐαλεντίνῳ δόξαντα διὰ τῆς ἐγγίονος παραθέσεως καὶ ὁμοίας συγκρίσεως, τῶν μὲν πάλαι ἀπ' Αἰγυπτίων ταῦτα παραλαβόντων καὶ εἰς Ἕλληνας μεταδιδαξάντων, τοῦ δὲ παρὰ τούτων, ἔτι περὶ αὐτῶν διαψυχμένου ἰδίαν τε δόξαν συστῆσαι πεπειραμένου, σπραξάντως μὲν τὰ ἐκείνων ὀνόμασι καὶ ἀριθμοῖς, ἰδίως δὲ καλέσαντος καὶ μέτροις διορίσαντος, ὅπως αἵρεσιν Ἑλληνικὴν ποικίλην μὲν, ἀσύστατον δὲ, καὶ οὐκ ἀνήκουσαν Χριστῷ συστήσῃ. (Philos., lib. VI, II, n. 21, p. 268, lin. 1-13, p. 269, lin. 1-3).

[2] Τοιαύτη τις, ὡς ἐν κεφαλαίοις εἰπεῖν ἐπελθόντα, ἡ Πυθαγόρου καὶ Πλάτωνος συνέστηκε δόξα, ἀφ' ἧς

paroles sont suivies de ces autres qui semblent détruire ou du moins battre fortement en brèche l'affirmation contenue dans les premières : « Valentin, Héracléon et Ptolémée sont donc les disciples de Pythagore et de Platon, ils ont suivi l'enseignement de leurs maîtres, et ont formé une doctrine basée sur l'arithmétique [1]. » Ce qui est plus grave, c'est qu'avec Valentin il vient de nommer les deux chefs principaux de l'école italique ; mais au lieu d'être une objection, cette phrase ne serait-elle pas une confirmation de l'opposition qui existe entre les deux écoles, et ne disait-elle pas clairement que la doctrine de Valentin se trouve à l'opposé de l'école italique ? Car, quoique les deux écoles soient divergentes, elles ont cependant bien des points de rapprochement, et comme tout ce que dit l'auteur des *Philosophumena* se rattache à la doctrine de l'école orientale, qu'il rejette tout ce qui a trait à l'école italique, cette méthode nous semble une preuve péremptoire que la vraie doctrine de Valentin n'est pas la doctrine de l'école italique, et que c'est dans les auteurs qui représentent pour nous l'école orientale qu'il faut aller la chercher. Cependant il ne faut pas pousser trop loin la rigueur de cette conclusion, nous devons au contraire nous rappeler que les disciples ont modifié la doctrine du maître, et si l'auteur des *Philosophumena* emploie souvent ici son mot de prédilection « il dit : φησί, » il ne faut pas oublier que quelquefois aussi il emploie le pluriel, ce qui implique l'enseignement des disciples [2]; mais cet enseignement des disciples a pu n'être pas contraire à celui du maître, et, si cette remarque peut donner lieu à une possibilité, elle ne saurait être une raison plausible de doute.

Après l'auteur des Philosophumena s'offre à nous l'évêque de Salamine, saint Épiphane. Ce que saint Epiphane dit de Valentin peut se diviser en deux parties bien distinctes : la plus considérable va depuis le paragraphe huitième de sa trente et unième hérésie jusqu'au paragraphe trente deuxième ; elle n'est autre chose que la transcription mot à mot des premiers chapitres du premier livre de saint Irénée dont le texte nous a été ainsi conservé ; la se-

---

Οὐαλεντῖνος, οὐκ ἀπὸ τῶν Εὐαγγελίων, τὴν αἵρεσιν τὴν ἑαυτοῦ συναγαγών, ὡς ἐπιδείξομεν, δικαίως Πυθαγορικὸς καὶ Πλατωνικὸς, οὐ Χριστιανὸς, ἂν λογισθείη (*Ibid.*, n. 29, p. 279, lin. 10-13).

[1] Οὐαλεντῖνος τοίνυν καὶ Ἡρακλέων καὶ Πτολεμαῖος καὶ πᾶσα ἡ τούτων σχολὴ, οἱ Πυθαγόρου καὶ Πλάτωνος μαθηταὶ, ἀκολουθήσαντες τοῖς καθηγησαμένοις, ἀριθμητικὴν τὴν διδασκαλίαν τὴν ἑαυτῶν κατεβάλοντο. *Ibid.*, p. 279, lin. 14-16.

[2] Cf. *Philosop.* p. 279, 283, 285, 296. etc., les endroits où il est parlé des disciples de Valentin.

conde partie comprend les autres paragraphes qui ont été puisés à des sources tout à fait distinctes. Nous n'avons rien à dire de la première ; quant à la seconde, saint Épiphane nous a conservé les noms des auteurs qui lui ont servi à la composer : outre saint Irénée, il a consulté Clément d'Alexandrie, Hippolyte et plusieurs autres auteurs qui avec une éloquence admirable, dit-il, ont réfuté les erreurs des hérétiques[1]. De plus, dans son second paragraphe, il nous donne des détails qu'il a appris de vive voix, et quand il aborde l'exposition dogmatique, il donne aux æons des noms que l'on ne retrouve nulle part ailleurs, ce qui prouve qu'il a eu en sa possession des sources inconnues aux autres auteurs. Cependant en un point, il se rapproche du Pseudo-Tertullien et de Philastre; car, comme eux, il veut trouver l'origine de système valentinien dans la théogonie d'Hésiode. Ainsi, il a eu entre mains cet auteur primitif dont nous rencontrons les vestiges dans Philastre et le faux Tertullien ; et, puisqu'il nomme saint Hippolyte comme l'un des auteurs qui ont combattu Valentin, il serait très possible que cette source première aux trois auteurs découlât de l'ouvrage de saint Hippolyte [2]. Enfin, dans ses paragraphes cinquième et sixième, il cite un texte gnostique, mais il a soin de nous apprendre qu'il n'est pas de Valentin.

En résumé, saint Épiphane a mélangé les deux écoles dans sa trente-unième hérésie: jusqu'au paragraphe huitième ses données appartiennent à l'école orientale ; mais, à partir de ce paragraphe, comme il ne fait plus que transcrire saint Irénée, il représente donc l'école italique. Malgré ce mélange et les auteurs qu'il avait à sa disposition, saint Épiphane ne nous apprend de neuf que des détails sur la vie de Valentin, et les noms étranges des æons que nous aurons occasion de citer plus loin.

Il ne nous reste plus maintenant qu'à examiner le livre intitulé *Pistis-Sophia* et le papyrus inédit d'Oxford.

Le livre qui a pour titre *Pitis-Sophia* est un livre gnostique au premier chef. Il fut apporté à Londres à la fin du siècle dernier, et le manuscrit est

---

[1] Ἡμεῖς δὲ ἀρκεσθέντες τοῖς τε πρ' ἡμῶν λεχθεῖσιν ὀλίγοις, καὶ ὑπὸ τῶν τῆς ἀληθείας συγγραφέων τούτων λεχθεῖσί τε καὶ συντεχθεῖσι, καὶ ὁρῶντες ὅτι ἄλλοι πεπονήκασι, φημὶ δὲ Κλήμης καὶ Εἰρηναῖος καὶ Ἱππόλυτος καὶ ἄλλοι πλείους, οἱ καὶ θαυμαστῶς τὴν κατ' αὐτῶν πεποίηνται ἀνατροπήν. (Epiph.; *Hær.*, 31, n. 33).

[2] Epiph. *Hær.*, 31, n° 39.

maintenant déposé au British Muséum. Le célèbre philologue anglais Woïde crut y retrouver l'ouvrage valentinien signalé par Tertullien dans le texte que nous avons cité ; son avis fut rejeté, et M. Matter, en France, pour ne parler que de lui, crut avoir prouvé que l'ouvrage n'était pas de Valentin [1]. Les autres auteurs ne donnèrent au traité gnostique aucune attention ; d'ailleurs, il leur eût été difficile de faire autrement, car le manuscrit était en langue copte, langue peu connue alors, et qui aurait demandé de longues études avant qu'on en put tirer parti. Ces raisons firent, sans doute, que le manuscrit du British Muséum resta inédit jusqu'en l'année 1851 ; un allemand, M. Petermann, publia la traduction qu'en avait faite Schwartze, enlevé à la science par une mort prématurée. Cette traduction peut servir : on lui a reproché, avec raison, d'être quelquefois inexacte [2], mais les inexactitudes qu'elle renferme ne suffisent pas à changer complètement la physionomie de l'ouvrage. En France, dès l'année 1847, M. Dulaurier avait appelé l'attention sur le livre, dans le *Journal Asiatique ;* voici ce qu'il en disait : « Woïde qui était en état de consulter le texte original, pensait que notre manuscrit est le même ouvrage que la *Fidelis Sapientia* qui, au dire de Tertullien, avait Valentin pour auteur. L'étude approfondie que j'en ai faite me porte à croire que cette opinion est loin d'être dénuée de fondement. La terminologie du système qu'il contient s'accorde assez bien avec celles des théories valentiniennes telles que nous les a transmises saint Irénée; avec cette différence néanmoins, que dans le livre copte, elle est d'une richesse de développements et de détails que le plan adopté par le docte évêque de Lyon dans son Traité des hérésies ne comportait pas. Les preuves sur lesquelles cette identité peut être fondée trouveront place dans l'introduction qui doit précéder ma traduction. D'ailleurs, il ne faut pas perdre de vue dans cette discussion un témoignage de saint Irénée [3], qui affirme que des thèses différentes étaient produites et soutenues dans l'école de Valentin : d'où il résulte que les arguments tirés de la terminologie valentinienne, comparée avec celle de notre manuscrit et mis en avant pour nier l'identité de l'ouvrage copte et de la *Fidèle Sagesse* du philosophe alexan-

---

[1] Matter : *Histoire critique du Gnosticisme*, t. II, p. 109.
[2] Revillout : *Vie et sentences de Secundus*, p. 96 et *passim.*
[3] Lib. I, cap. II.

drin, ne reposent sur aucune base solide » [1]. Ainsi, d'après M. Dulaurier, l'ouvrage copte serait de Valentin ou tout au moins de ses disciples. Cette conclusion a été rejetée par M. Bunsen, qui rattache les idées de la *Pistis Sophia* au système de Marcus [2], et par M. Köstlin, qui les range dans la doctrine des Ophites [3]. La conclusion de M. Bunsen est inacceptable, le système contenu dans la *Pistis Sophia* ne ressemble en rien avec ce qui fait l'originalité de celui de Marcus, comme le fait très bien voir M. Köstlin, dont nous n'admettons pas davantage la théorie [4]. Pour lui, en effet, la terminologie lui fournit ses principaux arguments, et ce n'est vraiment pas un terrain solide. Sans doute, les noms des æons ont du rapport avec ceux des æons des Ophites, mais cela ne suffit pas pour démontrer la parité des deux doctrines. Il est bien plus sage de s'en rapporter aux idées qui sont valentiniennes, à un petit nombre près. Ce qui constitue le fond du livre, c'est, comme nous l'avons dit, l'histoire de l'æon Sophia, à laquelle il faut joindre des explications morales et une sorte d'initiation qui termine l'ouvrage. Dans tout cela, nous le répétons, il n'y a presque rien qui ne soit du plus pur valentinianisme, si l'on a soin de dégager les idées de la multitude d'images qui les recouvre. Aussi sans attribuer la paternité de l'ouvrage à Valentin, nous n'hésitons pas à reconnaître dans *Pistis Sophia*, l'œuvre d'un valentinien postérieur, et la langue seule dans laquelle ce livre nous est parvenue nous montre que l'auteur appartenait à l'école orientale. D'ailleurs, il ne faudrait pas chercher dans cet ouvrage une exposition complète du valentinianisme, on ne la trouverait pas: il n'y a que des allusions aux différentes parties des systèmes, et les trois points que nous venons d'indiquer sont les seuls qui soient développés. Nous nous servirons donc de l'œuvre copte pour y chercher des explications et des confirmations quand nous en aurons besoin et pour l'expo-

---

[1] *Journal Asiatique* 1847, n° 13.

[2] Bunsen : *Hippolytus*, t. I, p. 47.

[3] Dass das System, was die Zeiner seiner Entstehung betrifft, erst eine spätere Forme des Ophitismus, geht nicht nur aus seinem die altern Systeme voraussetzenden kombinatorischen Charakter, so wie aus dem Umstande dass Irenäus und Klemens von ihm nichts wissen, sondern namentlich aus seinem Verhältniss zu dem hervor was sonst als ophitische Lehre bekannt ist. *Iarbücher von Baur et Zeller*, 1854, p. 189.

[4] Bunsen erklärt unsere Schrift für « eine höchst werthlose Frucht der markosionischen Häresie, voll der spätesten und gedankenlosesten Mystik über Buchstaben, Laute and Worte », aber markosich ist das System ebensowenig als valentinisch, und namentlich haben die Buchstabenformeln für dasselbe eine weit geringere Bedeutung, als diess bei der Markosiern der Fall war (*Ibid.*, p. 185.)

sition des rites et de l'eschatologie des valentiniens : on verra que les passages que nous citerons sont conformes à nos autres données.

Il faut joindre à cet ouvrage vraiment gnostique, un papyrus copte qui se trouve à la Bodléienne d'Oxford et qui est complètement inédit. Ce papyrus, découvert par le voyageur Bruce, fut apporté en Europe vers la fin du dix-huitième siècle : il était, sans doute, dès cette époque dans un état de conservation qui laissait beaucoup à désirer, et aujourd'hui il est presque complètement illisible, car les caractères ont à moitié disparu sous l'action humide du climat d'Oxford. Fort heureusement pour la science, le savant Woïde en fit une copie qui se trouve, avec ses autres papiers, à la *Clarendon Press* de l'Université d'Oxford : elle est plus connue que l'original, car M. Révillout l'a vue et en a pris une connaissance hâtive [1], mais il ne paraît pas avoir connu l'existence du papyrus : nous devons dire le contraire de l'allemand Schwartze. Non seulement ce savant a pris connaissance de la copie de Woïde, mais il a étudié le texte et il en préparait la publication, comme l'a annoncé M. Petermann qui, après la mort prématurée de Schwartze, a publié le traité *Pistis Sophia*; Schvartze connaissait en effet le papyrus et s'en était servi pour collationner la copie de Woïde. Il faut avouer que cette connaissance ne lui dut pas été très utile pour les raisons que nous venons de faire connaître : d'ailleurs la science incontestable de Woïde et le soin avec lequel il faisait ses ouvrages sont un sûr garant de la fidélité de sa copie.

Dès le temps où fut faite la copie de Woïde, le manuscrit était incomplet, rempli de lacunes et par endroits illisible : les feuillets n'étaient pas en ordre, et Woïde lui-même s'en aperçut tout le premier. Depuis on a appliqué le papyrus sur carton, mais l'opération a été si malheureuse que le plus grand nombre des planches a été lacéré d'une manière surprenante et que plus de dix folios écrits au recto et au verso ont disparu depuis le temps de Woïde. Quoi qu'il en soit de la cause de cette disparition, le plus grand nombre de folios se retrouve et on peut encore s'assurer avec beaucoup de patience et de bons yeux que la copie correspond parfaitement à l'original. En outre, comme le plan de l'auteur avait été très méthodique, il est relati-

---

[1] Cf. Révillout, *Sentences de Secundus*, p. 70.
[2] *Pistis Sophia*, Préface verso.

vement assez facile encore de retrouver l'ordre primitif des feuillets, ce que nous avons fait, comme le montrera la publication déjà entièrement préparée de ce papyrus.

Le contenu de l'ouvrage est entièrement gnostique et relève du système de Valentin. On y trouve deux titres, qui peut-être sont les titres de deux ouvrages différents, mais qui pourraient bien n'annoncer que deux parties d'un même ouvrage ; le premier porte : *Le livre des gnoses de l'Invisible*, et le second : *Le livre de la grandeur du Logos selon le mystère* [1]. Des deux ouvrages, le premier contient les enseignements donnés par Jésus à ses disciples sur la manière dont il faut s'y prendre pour parvenir au trésor de lumière, c'est-à-dire au centre du plérôme, lorsque par la mort l'âme s'est séparée du corps, pour vaincre les æons au moyen de formules et de sceaux gnostiques ; le second enseigne d'après la même méthode, quelle est toute la chaîne des différentes émanations qui constituent le plérôme valentinien. Ce n'est pas ici le lieu de chercher et de démontrer à quelle époque on peut faire remonter la publication de ces deux traités : ce qu'il y a de certain c'est que le papyrus copte n'est que la traduction d'un original grec, et que le système de Valentin s'y trouve pur de tout alliage étranger et sans ces complications d'æons inférieurs, de monstres et d'anges que l'on trouve dans la *Pistis-Sophia*. On n'y trouve d'ailleurs rien de nouveau sur la composition intime du système valentinien, mais sur les rites et sur l'eschatologie de la gnose égyptienne, le papyrus nous renseigne dans un grand nombre de passages très importants.

Nous nous servirons donc et à bon droit, des données fournies par ce papyrus qui vient à point pour montrer avec quelle exactitude l'auteur des *Philosophumena* et les Pères de l'Église nous avaient transmis la doctrine de Valentin.

---

[1] ⲡϫⲱⲱⲙⲉ ⲛⲛⲉⲧⲛⲱⲥⲓⲥ ⲙⲡⲁϩⲟⲣⲁⲧⲟⲛ et ⲡϫⲱⲱⲙⲉ ⲙⲡⲛⲟϭ ⲛⲗⲟⲅⲟⲥ ⲕⲁⲧⲁ ⲡⲙⲩⲥⲧⲏⲣⲓⲟⲛ

CHAPITRE III

SYSTÈME DE VALENTIN D'APRÈS L'ÉCOLE ORIENTALE

L'abondance des matières qu'il nous faut traiter dans ce chapitre, nous oblige à le diviser en paragraphes distincts sous chacun desquels nous exposerons un point spécial du système : l'æonologie, la cosmologie, la christologie, la morale et l'eschatologie ; puis nous ajouterons quelques remarques sur le culte particulier des disciples auxquels la doctrine du maître avait été révélée. Sur quelques-uns de ces points, les renseignements contenus dans les auteurs qui représentent pour nous l'école orientale du valentinianisme sont beaucoup moins circonstanciés que l'exposition donnée par saint Irénée ; la raison en est que les disciples ne se contentèrent pas de la simplicité relative du maître et qu'ils ajoutèrent sans cesse au système primitif.

I

ÆONOLOGIE OU THÉOLOGIE

Pour Valentin et ses disciples, le principe de toutes choses était l'Unité incréée, incorruptible, incompréhensible, inintelligible, capable cependant de produire et de se développer, cause de tout ce qui a été produit : cette Unité était désignée sous le nom de Père [1] ; c'est aussi le système de Basilide. Sur la nature intime de cette Unité-Père, toute l'école était d'accord; mais si nous voulons faire un second pas dans l'examen du système, nous tombons dans le désaccord le plus complet au sein même de l'école orientale. En effet, les uns, dit l'auteur des *Philosophumena,* pour conserver la doctrine pythagoricienne dans tout le développement du système de Valentin, veulent que le Père existe seul, qu'il n'ait ni sexe, ni épouse ; les autres, au contraire, considérant que la génération de toutes choses ne peut avoir lieu avec le seul principe mâle, ont cru devoir donner à la cause de tout ce qui est, afin qu'elle devienne Père, une épouse qu'ils nomment Σιγή (le Silence) [2]. Ainsi, dès notre second pas, dans le développement intime du système valentinien, nous ne pouvons plus reconnaître la doctrine particulière à Valentin ; car, si nous retrouvons Σιγή dans saint Irénée et l'école italique, nous la trouvons aussi dans le pseudo-Tertullien, dans Philastre et dans la partie de saint Épiphane qui n'est pas empruntée à saint Irénée [3] : et ces trois auteurs nous représentent l'école orientale, comme nous l'avons vu ; ce qui nous montre clairement que la division se trouvait au sein même de cette dernière école. Cependant d'après l'enchaînement des idées, puisque l'auteur des *Philosophumena* veut que le fondement du système valentinien soit près de la doctrine de Pythagore, il semblerait probable que cet auteur croyait retrouver la doctrine de Valentin dans le système qui se rapprochait le plus de la philosophie pythagoricienne. S'il en était ainsi, il faudrait conclure que l'ouvrage antérieur dont se sont inspirés le faux Tertullien, Philastre et saint Épiphane, ne se reposait pas sur les écrits mêmes de Valentin, mais sur les écrits de ses disciples. Quoi qu'il en soit, l'auteur des *Philosophumena* ne tranche pas le doute, mais il nous avertit qu'il penche pour ceux qui ne veu-

---

[1] Καὶ γὰρ τούτοις ἔστιν ἀρχὴ τῶν πάντων Μονὰς ἀγέννητος, ἄφθαρτος, ἀκατάληπτος, ἀπερινόητος, γόνιμος, καὶ πάντων τῆς γενέσεως αἰτία τῶν γενομένων. Καλεῖται δὲ ὑπ' αὐτῶν ἡ προειρομένη Μονὰς Πατήρ (*Philos.*, lib. VI, II, n. 29, pp. 279 et 280, lin. 1-3.

[2] Διαφορὰ δέ τις εὑρίσκεται πολλὴ παρ' αὐτοῖς, οἱ μὲν γὰρ αὐτῶν ἵν' ᾖ παντάπασι καθαρὸν τὸ δόγμα τοῦ Οὐαλεντίνου πυθαγορικὸν, ἄθηλυν, καὶ ἀσύζυγον, καὶ μόνον τὸν πατέρα νομίζουσιν εἶναι· οἱ δὲ ἀδύνατον νομίζοντες δύνασθαι ἐξ ἄρρενος μόνου γένεσιν ὅλως τῶν γεγενημένων γενέσθαι τινος, καὶ τῷ Πατρὶ τῶν ὅλων, ἵνα γένηται Πατήρ, Σιγὴν ἐξ ἀνάγκης συναριθμοῦσι τὴν σύζυγον (*Ibid.*, p. 280, l. 3-9).

[3] Dicit imprimis esse Bython et Silentium, ex his processisse Mentem et Veritatem. (*Pseud. Tert.*) Nihil erat aliud ante, inquit, in mundo, nisi profundum Maris et Silentium. Philast. Μετὰ τοῦτο δὲ ἡ Σιγὴ φυσικὴν ἑνότητα φωτὸς προσενεγκαμένη σὺν τῷ ἀνθρώπῳ, ἣ, δὲ αὐτῶν ἡ συνέλευσις τὸ θέλειν, καὶ ἀνεδείκνυσι τὴν Ἀλήθειαν. (Fragm. ex Valentiniano, lib. op., Epip. *Hær.*, 31, n. 5.

lent pas de principe féminin, et qu'il va continuer son exposition dans ce sens [1].

Il n'existait donc nul autre être que ce Père qui, étant incréé, n'occupait point de lieu, ne vivait point dans le temps, n'avait à ses côtés personne qui pût être associé à ses conseils, ni quelque autre créature que nous puissions imaginer. Il était seul, tranquille, se reposant seul dans son être, mais ayant en lui-même une vertu prolifique, susceptible de développement. En conséquence, il ne voulut pas rester seul, car le fond de sa nature était l'amour, et l'amour ne peut se passer d'un objet à aimer [2]. Toutes ces idées ne sont pas nouvelles pour nous ; on voit que chez Valentin, Basilide avec sa théorie du Dieu-Néant coudoie Simon le Mage, disant que tout procède par voie de génération dans l'amour. L'Unité-Père ne voulant donc plus rester seule produisit par génération : de cette génération (ἐγέννησεν) sortit la Dyade, la mère et l'origine de tous les æons qui sont dans le plérôme : cette Dyade se compose de l'Esprit et de la Vérité, Νοῦς et Ἀλήθεια [3]. Nous retrouvons dès lors la force d'imitation ou le principe de similitude agissant dans le système de Valentin, comme nous venons d'y retrouver l'émanation, car que peut signifier la génération telle que l'indique l'auteur des *Philosophumena* sinon l'émanation ? Or Νοῦς et Ἀλήθεια, sortis d'un être qui avait la vertu prolifique jouissaient eux-mêmes de cette vertu ; ils produisirent par une émanation semblable à celle dont ils étaient sortis, une seconde dyade, le Verbe et la Vie, Λόγος et Ζωή, dont émanèrent ensuite selon la même force d'imitation l'Homme et l'Église, Ἄνθρωπος et Ἐκκλησία [4]. Alors, Νοῦς et Ἀλήθεια voyant que les æons, fruit de leur émanation, avaient semblablement produit d'autres éma-

[1] Ἀλλὰ περὶ μὲν Σιγῆς, πότερόν ποτε σύζυγός ἐστιν ἢ οὐκ ἔστιν, αὐτοὶ πρὸς ἑαυτοὺς τοῦτον ἐχέτωσαν τὸν ἀγῶνα. Τὰ δὲ νῦν αὐτοὶ ἡμεῖς φυλάττοντες τὴν Πυθαγόρειον ἀρχήν, μίαν οὖσαν καὶ ἀσύζυγον, ἄθηλυν, ἀπροσδεῆ, μνημονεύσαντες ὅσα ἐκεῖνοι διδάσκουσιν ἐροῦμεν (*Philos. ibid.*, p. 280, lin. 9-13).
[2] Ὅλως, φησὶ, γεννητὸν οὐδέν, πατὴρ δὲ ἦν μόνος ἀγέννητος, οὐ τόπον ἔχων, οὐ χρόνον, οὐ σύμβουλον, οὐδ' ἄλλην τινὰ κατ' οὐδενὰ τῶν τρόπων νοηθῆναι δυναμένην οὐσίαν· ἀλλὰ ἦν μόνος ἠρεμῶν, ὥς λέγουσι, κα' ἀναπαυόμενος αὐτὸς ἐν ἑαυτῷ μόνος. Ἐπεὶ δὲ ἦν γόνιμος, ἔδοξεν αὐτῷ ποτὲ τὸ κάλλιστον καὶ τελειώτατον ὃ ἔχεν ἐν ἑαυτῷ γεννῆσαι καὶ προαγαγεῖν, φιλέρημος γὰρ οὐκ ἦν. Ἀγάπη γὰρ, φησὶν, ἦν ὅλος, ἡ δὲ ἀγάπη οὐκ ἔστιν ἀγάπη, ἐὰν μὴ ᾖ τὸ ἀγαπώμενον (*Phil.* lib VII, II, n. 29, p. 280, lin. 13-17, p. 281, l. 1-2).
[3] Προέβαλεν οὖν καὶ ἐγέννησεν αὐτὸς ὁ Πατὴρ ὥσπερ ἦν μόνος, Νοῦν καὶ Ἀλήθειαν, τοῦτ' ἔστι δυάδα, ἥτις κυρία καὶ ἀρχὴ γέγονε καὶ μήτηρ πάντων τῶν ἐντὸς Πληρώματος καταριθμουμένων Αἰώνων ὑπ' αὐτῶν. (*Philos.*, lib., VI, 11, n. 29, p. 281., lin. 3-6).
[4] Προβληθεὶς δὲ ὁ Νοῦς καὶ ἡ Ἀλήθεια ἀπὸ τοῦ Πατρός, ἀπὸ τοῦ γονίμου γόνιμος, προέβαλε καὶ αὐτὸ ; Λόγον καὶ Ζωήν, τὸν πατέρα μιμούμενος· ὁ δὲ Λόγος καὶ ἡ Ζωὴ προβάλλουσιν Ἄνθρωπον καὶ Ἐκκλησίαν (*Ibid.*, p. 281, lin. 6-9).

nations par une troisième dyade, voulurent rendre grâce au Père incréé par un nombre parfait, et ils produisirent dix æons dont il est impossible de rendre les noms en français par un nom propre correspondant. Ces dix æons furent Βυθός (l'Abîme) et Μίξις (le Mélange), Ἀγήρατος (Celui qui est sans vieillesse) et Ἕνωσις (l'Union), Αὐτοφυής (Celui qui est de sa propre nature) et Ἡδονή (le Plaisir), Ἀκίνητον (Celui qui est immobile) et Σύγκρασις (la Mixtion), Μονογενής (le Fils unique) et Μακαρία (la Félicité)[1]. Ces dix æons ainsi produits, Λόγος et Ζωή ayant appris que leur production était une action de grâces rendue au Père incréé par Νοῦς et Ἀλήθεια, conçurent le désir de glorifier aussi ceux dont ils émanaient et ils le firent en produisant un nombre imparfait, douze æons dont voici les noms : Παράκλητος et Πίστις (le Paraclet et la Foi), Πατρικός et Ἐλπίς (le Paternel et l'Espérance), Ματρικός et Ἀγάπη (le Maternel[2] et l'Amour), Ἀείνους et Σύνεσις (Celui qui est toujours prudent et l'Intelligence), Ἐκκλησιαστικός et Μακαριστός (l'Ecclésiastique et le Très heureux), Θελετός et Σοφία (le Volontaire et la Sagesse [3]). C'est ainsi que furent produits les vingt-huit æons qui forment la descendance et le plérôme du Père incréé. On a pu remarquer qu'ils procèdent par couples ; dans chaque couple suivant la loi de la génération il y a un principe actif et mâle, un principe passif et femelle. On peut aussi remarquer dans tous les couples de la décade et de la dodécade, que les principes mâles sont nommés par des adjectifs et les principes femelles par des noms : il n'y a d'exception que pour le cinquième couple de la dodécade où le principe femelle est nommé par un adjectif masculin, Μακαριστός. Ces remarques doivent être suivies de cette troisième, c'est que dans les noms de la décade, le nom du principe mâle exprime une des qualités de l'être incréé et infini, l'Abîme, Celui qui est

---

[1] Ὁ δὲ Νοῦς καὶ Ἀλήθεια, ἐπεὶ εἶδον τοῦ Λόγου καὶ τῆς Ζωῆς τὰ ἴδια γεννήματα γόνιμα γεγεννημένα εὐχρίστησαν τῷ Πατρὶ τῶν ὅλων καὶ προσφέρουσιν αὐτῷ τέλειον ἀριθμόν (Ibid., p. 281, lin. 9-12). Οὓς δὲ τοὺς δέκα καλοῦσιν ὀνόματα ταῦτα, Βυθὸς καὶ Μίξις, Ἀγήρατος καὶ Ἕνωσις, Αὐτοφυὴς καὶ Ἡδονή, Ἀκίνητος καὶ Σύγκρασις, Μονογενὴς καὶ Μακαρία (Ibid., p. 282, lin. 14, p. 283, lin. 1-2).

[2] Tillemont a lu Μητρικός au lieu de Ματρικός, il traduit modéré au lieu de maternel : la méprise est curieuse et n'est pas en faveur de l'auteur.

[3] Ἰδὼν οὖν καὶ αὐτὸς ὁ Λόγος καὶ ἡ Ζωὴ, ὅτι ὁ Νοῦς καὶ ἡ Ἀλήθεια δεδόξακαν τὸν Πατέρα τῶν ὅλων ἐν ἀριθμῷ τελείῳ, δόξασαι καὶ αὐτὸς ὁ Λόγος μετὰ τῆς Ζωῆς ἠθέλησε τὸν ἑαυτῶν Πατέρα, τὸν Νοῦν καὶ τὴν Ἀλήθειαν. Ἐπεὶ δὲ γεννητὸς ἦν ὁ Νοῦς καὶ ἡ Ἀλήθεια, καὶ οὐκ εἶχε τὸ πατρικὸν τέλειον τὴν ἀγεννησίαν, οὐκέτι τελείῳ ἀριθμῷ ὁ Λόγος καὶ ἡ Ζωὴ δοξάζουσι τὸν ἑαυτῶν Πατέρα τὸν Νοῦν, ἀλλὰ γὰρ ἀτελεῖ δωδεκα γὰρ Αἰῶνας προσφέρουσιν ὁ Λόγος καὶ ἡ Ζωὴ τῷ Νοΐ καὶ τῇ Ἀληθείᾳ (Ibid., p. 282, lin. 3-10). Οἷς ταῦτα τὰ ὀνόματα χαρίζονται, Παράκλητος καὶ Πίστις, Πατρικὸς καὶ Ἐλπίς, Μητρικὸς καὶ Ἀγάπη, Ἀείνους καὶ Σύνεσις Ἐκκλησιαστικὸς καὶ Μακαριστός, Θελητὸς καὶ Σοφία (Ib., p. 283, lin. 5-8).

sans vieillesse, Celui qui est par sa nature, Celui qui est Immobile, le Fils unique : le nom du principe femelle indique plutôt un mélange étranger, un abaissement dans la nature divine, c'est le Mélange, l'Union, le Plaisir, la Mixtion, la Félicité. La traduction française nous sert mal, nous sommes obligés pour être compris de rendre par des noms masculins les principes femelles; mais, malgré cela, on nous comprendra assez pour voir que, sous cette fantasmagorie de mots, se cache une pensée philosophique profonde qui nous montre que le principe passif n'est qu'une faiblesse comparé au principe actif, et que le premier a besoin de s'appuyer sur le second pour arriver à produire. Tout en ne paraissant ne mettre aucune différence dans l'émanation des deux principes, Valentin prépare sourdement l'abaissement successif de l'émanation jusqu'à ce qu'il arrive à la chute du dernier de ses æons, chute qu'il enveloppera des circonstances et des effets les plus merveilleux. Dans la dodécade, ce n'est plus une qualité de l'être infini que nous retrouvons dans le nom du principe mâle, c'est une qualité de l'esprit que l'on nomme Consolateur, Paternel, Maternel, Toujours prudent ou Toujours esprit (Ἀένους pourrait à la rigueur signifier les deux, mais le premier sens nous paraît mieux correspondre à la doctrine de Valentin que le second), Ecclésiastique et Volontaire. Les noms du principe femelle, la Foi, l'Espérance, l'Intelligence, l'Amour, le Très Heureux, la Sagesse, nous semblent être les facultés de l'âme qui demandent à recevoir un élément étranger pour se développer, qui ont besoin d'un principe moteur pour agir, car elles sont comme des puissances capables de produire des actes. On comprend par cette explication pourquoi la décade est plutôt une louange de la divinité première, et la dodécade plutôt la glorification de l'Esprit agissant et de la Vérité qui doit être au fond de toutes les puissances afin qu'elles puissent sortir leur plein effet.

Nous devons maintenant expliquer pourquoi les dix æons forment un nombre plus parfait que celui de douze. Ici nous rentrons dans le pur domaine pythagoricien, celui de la numération expliquant les problèmes les plus ardus de la métaphysique divine. Νοῦς et Ἀλήθεια, l'esprit et la vérité, ont glorifié le Père incréé par une production de dix æons, parce que le nombre dix est le nombre parfait, le nombre qui contient en lui-même la somme des quatre premiers nombres, et que pour arriver à cette décade d'æons il y a quatre degrés d'émanation[1]. En effet, les nombres un, deux, trois et quatre additionnés font dix ; voilà la raison de la décade. Il faut convenir que c'est une bien pauvre explication pour un mystère qui s'annonce si grand. Cette raison est aussi celle de l'infériorité de la dodécade. Mais au sujet de cette dodécade, nous retombons encore dans l'incertitude sur le principe de son émanation, et cette incertitude s'étend jusque sur la décade. Ici encore, l'école orientale se scindait : les uns voulaient que la décade émanât de Νοῦς et d'Ἀλήθεια, et la dodécade de Λόγος et de Ζωή, les autres au contraire faisaient ce dernier couple principe de la décade, et accordaient à Ἄνθρωπος et à Ἐκκλησία la production de la dodécade[2]. La réunion de tous ces æons formait le plérôme qui se compose ainsi de trente éons ou de vingt-huit, selon les écoles ; car dans l'école qui refusait Σιγή pour compagne au Père incréé, école qui nous paraît représenter plus fidèlement le système de Valentin, le Dieu premier restait en dehors de ses émanations, comme le principe de Simon le Mage et le Dieu Οὐκ Ὤν de Basilide, ce qui réduisait le plérôme à ne se composer que de vingt-huit æons.

Nous avons déjà dit que cette première partie du Plérôme qui devait recevoir une augmentation de membres par suite du système, était formée d'émanations. En effet, quoique Valentin appelle ce mode de production une génération, il est évident qu'il emploie ce mot pour se faire comprendre, qu'il en fait un pur artifice de rhétorique ; car, pour exprimer les développements de cette prétendue génération, il emploie toujours le mot προβάλλειν dont le sens implique l'idée d'émanation. En admettant l'existence d'un être unique qui est le principe de toutes choses, et en rejetant l'idée de la création *ex nihilo*, Valentin était nécessairement poussé au système de développement et de création par émanation, il devait faire sortir le mal de son premier Être ; mais, comme Basilide, dont il se montre en cela le disciple, il recule le plus possible l'extrémité où il est réduit, et il s'efforce d'expliquer la naissance et l'apparition du mal par une première chute toute spirituelle dans le Plé-

---

[1] Ἔδει γὰρ τέλειον ὄντα τὸν Πατέρα ἀριθμῷ δοξάζεσθαι τελείῳ, τέλειος δέ ἐστιν ὁ δέκα, ὅτι πρῶτος τῶν κατὰ πλῆθος γενομένων οὗτός ἐστι τέλειος (*Phil.*, VI, II, n. 29, p. 281, lin. 14-16).

[2] Οὗτοι δέκα Αἰῶνες, οὕς τινες μὲν ὑπὸ τοῦ Νοῦ καὶ τῆς Ἀληθείας λέγουσί, τινες δὲ ὑπὸ τοῦ Λόγου καὶ τῆς Ζωῆς· ἕτεροι δὲ τοὺς δώδεκα ὑπὸ τοῦ Ἀνθρώπου καὶ τῆς Ἐκκλησίας, ἕτεροι δὲ ὑπὸ τοῦ Λόγου καὶ τῆς Ζωῆς (*Ibid.*, n. 30, p. 283, lin. 2-5).

rôme, chute qui vient d'une émanation imparfaite dans sa cause et dans son effet.

Au dernier terme de la dodécade, nous l'avons vu, se trouvait un æon femelle, nommé Sophia. Sophia avait l'esprit investigateur ; toutes les merveilles du plérôme, les séries d'émanations, la puissance des æons émanateurs excitèrent son désir, et l'envie d'imiter elle-même ce qui avait été fait au-dessus d'elle, la poussa à tenter tout pour parvenir à connaître les mystères qui lui étaient cachés et à devenir un principe d'émanation. Elle s'éleva donc jusqu'à l'abîme du Père, elle vit que tous les autres æons avaient été engendrés par syzygie, qu'ils formaient des couples dont les deux membres étaient unis l'un à l'autre, mais que seul le Père s'était procréé sans épouse. A cette vue, son désir s'exalta, elle voulut imiter ce qu'elle voyait, et engendrer par elle-même sans le secours d'aucun autre principe. Elle ne doutait de rien : elle ne voulut rien moins que faire émaner d'elle même une émanation aussi parfaite que les émanations du Père ; car, disait Valentin, elle ne savait pas que cette puissance ne résidait pas en dehors du Père, et que le Père était le principe et l'origine de toutes choses seulement parce qu'il était incréé, tandis qu'elle-même avait été produite et que, par conséquent, elle ne pouvait avoir la même puissance que le Père[1]. En effet, ajoutait-il, dans l'Incréé, toutes choses existent ensemble, mais dans les æons qui ont été engendrés, c'est le principe femelle qui produit la substance, pendant que le principe mâle donne une forme à la substance ainsi produite[2]. En vertu de cette loi, Sophia ne produisit qu'un être informe, et Valentin trouvait la confirmation de cette partie de son système dans le texte de Moyse : La terre était invisible et informe[3]. Telle était, ajoutait-il, cette belle et céleste Jérusalem dans laquelle Dieu déclara jadis devoir introduire les enfants d'Israël

---

[1] Ἀπὸ δὲ τῶν δεκάδιο ὁ δωδέκατος καὶ νεώτατος πάντων τῶν εἴκοσι ὀκτὼ Αἰώνων, θῆλυς ὢν καὶ καλούμενος Σοφία, κατενόησε τὸ πλῆθος καὶ τὴν δύναμιν τῶν γεγεννηκότων Αἰώνων, καὶ ἀνέδραμεν εἰς τὸ βάθος τὸ τοῦ Πατρός· καὶ ἐνόησεν ὅτι οἱ μὲν ἄλλοι πάντες Αἰῶνες γεννηταὶ ὑπάρχοντες, κατὰ συζυγίαν γεννῶσιν, ὁ δὲ Πατὴρ μόνος ἀσύζυγος ἐγέννησεν. Ἠθέλησε μιμήσασθαι τὸν Πατέρα καὶ ἐγέννησε καθ' ἑαυτὴν δίχα τοῦ συζύγου, ἵνα μηδὲν ἦ ἔργον ὑποδεέστερον τοῦ Πατρὸς εἰργασμένη, ἀγνοοῦσα ὅτι μὲν ἀγέννητος ὑπάρχων ἀρχὴ τῶν ὅλων καὶ ῥίζα καὶ βάθος καὶ βυθὸς δυνατῶς ἔχει γεννῆσαι μόνος. Γεννητὴ δὲ οὖσα ἡ Σοφία, καὶ μετὰ πλείονας γενομένη, τὴν τοῦ ἀγεννήτου δύναμιν [οὐ δύναται ἔχειν (Ibid., n. 30, p. 288, lin. 8-15, p. 284, lin. 1-3).

[2] Ἐν μὲν γὰρ τῷ ἀγεννήτῳ, φησίν, ἐστι πάντα ὁμοῦ· ἐν δὲ τοῖς γεννητοῖς, τὸ μὲν θῆλύ ἐστιν οὐσίας προβλητικόν, τὸ δὲ ἄρρεν μορφωτικὸν τῆς ὑπὸ τοῦ θήλεως προβαλλομένης οὐσίας (Ibid., p. 284, lin. 3-6).

[3] Genèse, I, v. 2.

en disant : « Je vous introduirai dans une terre où le lait et le miel coulent en abondance [1]. »

La confirmation et l'explication étaient assez arbitraires; mais l'arbitraire n'est-il pas au fond de tout le système ? C'est ainsi cependant que l'imperfection manifesta son existence au sein du Plérôme par l'ignorance de Sophia et la difformité du fruit de son émanation. A cette vue, tous les autres æons du Plérôme furent remplis de la crainte de devenirs emblablement générateurs d'êtres imparfaits et difformes : tous ensemble, ils se prosternèrent aux pieds du Père et le supplièrent de venir au secours de Sophia affligée, car elle gémissait et se lamentait à cause de l'avorton qu'elle avait produit et qui est désigné dans le système sous le nom de Ἔκτρωμα [2]. Le Père incréé eut pitié de Sophia ; mais, pour lui porter secours, il ne voulut pas produire lui-même une nouvelle syzygie d'æons; il ordonna au premier couple, Νοῦς et Ἀλήθεια de le faire à sa place, et ceux-ci produisirent en effet une nouvelle syzygie composée du Christ et de l'Esprit-Saint (Χριστός et Πνεῦμα ἅγιον), lui donnant pour mission de parfaire la forme incomplète de l' Ἔκτρωμα, de consoler ainsi Sophia et de calmer ses lamentations. Cette nouvelle émission complète le Plérôme des trente æons selon l'École orientale [3].

Pour remplir la mission qui leur avait été confiée, Χριστός et Πνεῦμα ἅγιον commencèrent par séparer l' Ἔκτρωμα, de tous les autres æons, afin que ces parfaits æons ne fussent pas troublés en voyant sa difformité. Pour confirmer et rendre définitive cette séparation nécessaire, le Père incréé se mit lui-même en devoir de produire une nouvelle émanation, il engendra, dit Valentin, un æon qui définit les limites du Plérôme et qui, sous un triple nom,

---

[1] Exode, xxxiii, v. 3. — Προέβαλεν οὖν ἡ Σοφία τοῦτό μόνον ὅπερ ἠδύνατο, οὐσίαν ἄμορφον καὶ ἀκατασκεύαστον. Καὶ τοῦτό ἐστι, φησίν, ὃ λέγει Μωϋσῆς· « ἡ δὲ γῆ ἦν ἀόρατος καὶ ἀκατασκεύαστος »· Αὕτη, ἐστὶ, φησίν, ἡ ἀγαθὴ ἐπουράνιος Ἱερουσαλήμ, εἰς ἣν ἐπηγγείλατο ὁ θεὸς· εἰσαγαγεῖν τοὺς υἱοὺς Ἰσραὴλ λέγων. Εἰσάξω ὑμᾶς εἰς γῆν ἀγαθὴν ῥέουσαν μέλι καὶ γάλα. (Ibid., p. 284, lin. 6-11).

[2] Γενομένης, οὖν ἐντὸς Πληρώματος ἀγνοίας κατὰ τὴν Σοφίαν, καὶ ἀμορφίας κατὰ τὸ γέννημα τῆς Σοφίας, θόρυβος ἐγένετο ἐν τῷ Πληρώματι. Ἐφοβοῦντο γὰρ οἱ Αἰῶνες οἰόμενοι ὅτι παραπλησίως ἄμορφα καὶ ἀτελῆ γενήσεται τῶν Αἰώνων τὰ γεννήματα, καὶ φθορά τις καταλήψεται οὐκ εἰς μακράν ποτε τοὺς Αἰῶνας· κατέφυγον οὖν πάντες οἱ Αἰῶνες ἐπὶ δέησιν τοῦ Πατρός, ἵνα λυπουμένην τὴν Σοφίαν ἀναπαύσῃ· ἔκλαιε γὰρ καὶ κατωδύρετο ἐπὶ τῷ γεγενημένῳ ὑπ' αὐτῆς Ἐκτρώματι· οὕτω γὰρ καλοῦσιν. (Ibid., p. 284, lin. 12-14, p. 285, lin1-5).

[3] Ἐλεήσας οὖν ὁ Πατὴρ τὰ δάκρυα τῆς Σοφίας καὶ προσδεξάμενος τῶν Αἰώνων δέησιν, ἐπιπροβαλεῖν κελεύει· οὐ γὰρ αὐτός, φησί, προέβαλεν, ἀλλὰ ὁ Νοῦς καὶ ἡ Ἀλήθεια, Χριστὸν καὶ Πνεῦμα Ἅγιον, εἰς μόρφωσιν καὶ διαίρεσιν τοῦ Ἐκτρώματος, καὶ παραμυθίαν καὶ ἀνάπαυσιν τῶν [τῆς Σοφίας στεναγμῶν. Καὶ γίνονται τριάκοντα Αἰῶνες· μετὰ τοῦ Χριστοῦ καὶ τοῦ Ἁγίου Πνεύματος. (Ibid., p. 285, lin. 5-10).

indiquât sa triple raison d'être. Cet æon s'appelle Limite, Croix et Participant (Ὅρος, Σταυρός et Μετοχεύς). Il s'appelle Limite (Ὅρος) parce qu'il sépare du Plérôme ce qui est en dehors du Plérôme ; il s'appelle Croix (Σταυρός) parce qu'il se tient immobile, n'inclinant ni à droite ni à gauche, immuable et ne laissant approcher du Plérôme rien de ce qui connaît l'imperfection ; enfin, il s'appelle Participant (Μετοχεύς), parce qu'il tient à la fois du Plérôme et de la nature extérieure qui en est séparée, il est au milieu des deux[1]. Après cette limitation, l' Ἔκτρωμα placé en dehors des limites du Plérôme (on l'appelle aussi Sophia extérieure [Σοφία ἡ ἔξω] et Ogdoade [Ὀγδοάς], et nous l'appellerons désormais ainsi), l' Ἔκτρωμα, disons-nous, reçut le perfectionnement qui lui manquait, Χριστός et Πνεῦμα Ἅγιον le rendirent aussi parfait que les æons qui se trouvaient dans l'intérieur du Plérôme : puis, ayant ainsi achevé leur œuvre, ils remontèrent dans ce divin Plérôme afin de louer le Père incréé, de concert avec les autres émanations[2]. C'est ainsi que la concorde et la paix furent rétablies parmi les æons du Plérôme, le sujet de leurs craintes, la cause de leur trouble avait disparu, la paix fut donc stable et ne devait jamais être ébranlée. Pour témoigner au Père incréé une reconnaissance digne d'un si grand bienfait, ils résolurent de créer un être qui fût en rapport avec les perfections et la puissance du Principe dont ils étaient les émanations diverses. Dans ce but ils ne voulurent point créer une nouvelle syzygie, mais ils résolurent d'offrir au Père un æon unique qui fût le fruit de l'unité, de la paix et de la concorde rétablies au sein du Plérôme. Ils

---

[1] Ἐπιπροβληθεὶς οὖν ὁ Χριστὸς καὶ τὸ Ἅγιον Πνεῦμα ὑπὸ τοῦ Νοῦ καὶ τῆς Ἀληθείας, εὐθέως τὸ Ἔκτρωμα τὸ ἄμορφον τοῦτο τῆς Σοφίας μονογενὲς καὶ δίχα συζύγου γεγεννημένον ἀποχωρίζει τῶν ὅλων Αἰώνων, ἵνα μὴ βλέποντες αὐτὸ ταράσσωνται διὰ τὴν ἀμορφίαν οἱ τέλειοι Αἰῶνες. Ἵν' οὖν μηδ' ὅλως τοῖς Αἰῶσι τοῖς τελείοις καταφανῇ τοῦ Ἐκτρώματος ἡ ἀμορφία, πάλιν καὶ ὁ Πατὴρ ἐπιπροβάλλει Αἰῶνα ἕνα τὸν Σταυρόν, ὃς γεγεννημένος μέγας ὡς μεγάλου καὶ τελείου Πατρός, εἰς φρουρὰν καὶ χαράκωμα τῶν Αἰώνων προβεβλημένος, ὅρος γίνεται τοῦ Πληρώματος, ἔχων ἐντὸς ἑαυτοῦ πάντας ὁμοῦ τοὺς τριάκοντα Αἰῶνας· οὗτοι γάρ εἰσιν οἱ προβεβλημένοι. Καλεῖται δὲ Ὅρος μὲν οὗτος ὅτι ἀφορίζει ἀπὸ τοῦ Πληρώματος ἔξω τὸ ὑστέρημα· Μετοχεὺς δὲ ὅτι μετέχει καὶ τοῦ ὑστερήματος· Σταυρὸς δὲ ὅτι πέπηγεν ἀκλινῶς καὶ ἀμετανοήτως, ὡς μὴ ὃ ναοῦται μηδὲν τοῦ ὑστερήματος καταγένεσθαι ἐγγὺς τῶν ἐντὸς Πληρώματος Αἰώνων. (*Ibid.*, n. 31, p. 205, lin., 14-17, p. 286, lin. 1-11.)

[2] Ἔξω οὖν τοῦ Ὅρου, τοῦ Σταυροῦ, τοῦ Μετοχέως ἐστὶν ἡ καλουμένη κατ' αὐτοὺς Ὀγδοάς, ἥτις ἐστὶν ἡ ἐκτὸς Πληρώματος Σοφία, ἣν ὁ Χριστὸς ἐπιπροβληθεὶς ἀπὸ τοῦ Νοῦ καὶ τῆς Ἀληθείας ἐμόρφωσε καὶ ἀπειργάσατο τέλειον Αἰῶνα οὐδενὸς τῶν ἐντὸς Πληρώματος χείρονα δυνάμενον γενέσθαι. Ἐπειδὴ δὲ μεμόρφωται ἡ Σοφία ἡ ἔξω, καὶ οὐχ οἷόν τε ἦν τὸν Χριστὸν καὶ τὸ Ἅγιον Πνεῦμα ἐκ τοῦ Νοὸς προβεβλημένα καὶ τῆς Ἀληθείας ἔξω τοῦ Πληρώματος μένειν, ἀνέδραμεν ἀπὸ τῆς μεμορφωμένης ὁ Χριστὸς καὶ τὸ Ἅγιον Πνεῦμα πρὸς τὸν Νοῦν καὶ τὴν Ἀλήθειαν ἐντὸς τοῦ Ὅρου, ἵν' ᾖ μετὰ τῶν ἄλλων Αἰώνων δοξάζων τὸν Πατέρα. (*Philos.*, p. 286, lin. 11-15, p. 287, lin. 1-6.)

s'unirent tous, chacun fit émaner de lui-même le plus pur de son essence, et ils formèrent ainsi un æon qu'ils présentèrent au Père comme le fruit commun du Plérôme tout entier. Cette nouvelle émanation s'appelle Jésus ou le grand Pontife [1]. Jésus est le terme des émanations divines du Plérôme, il en clôt la liste. Nous connaissons ainsi toute l'æonologie ou la théologie de Valentin; mais avant de passer à l'exposition de sa cosmologie, il ne sera pas sans quelque utilité de faire plusieurs remarques.

Tout d'abord on remarquera dans cette théologie ou mieux cette théogonie qu'il n'est pas une seule fois question de la fameuse Ogdoade de Valentin, Ogdoade que l'on est habitué à considérer comme le principe de la décade et de la dodécade. Le système des deux quaternaires formant cette Ogdoade est par là même mis hors d'examen, quoiqu'il soit un développement postérieur et que nous devions le trouver dans l'école italique. Nous n'avons dans l'école orientale que six émanations primitives en trois syzygies et un dieu, Père-Incréé, qui reste au-dessus de ses émanations.

En second lieu, sur les noms donnés aux æons, sur l'ordre et la composition des syzygies, nous devons remarquer qu'ils sont partout les mêmes, aussi bien dans l'école italique que dans l'école orientale. Cependant on trouve dans saint Epiphane une décade et une dodécade dont les noms nous sont complètement inconnus, quoique l'évêque de Salamine affirme leur authenticité et leur ressemblance aux autres noms dont il donne également la liste. Voici le texte de saint Épiphane auquel nous faisons allusion : « Les disciples de Valentin, dit-il, ont un nombre de trente æons, où chaque principe femelle enfante après avoir conçu du principe mâle qui lui est attaché. Nous citons leurs noms, les voici rangés de manière à ce qu'à chaque principe mâle corresponde son dédoublement femelle : Ἀμψιοῦ, Αὐραάν, Βουκούα, Θαρθουοῦ, Οὐδουκούα, Θαρδεαδείη, Μερεξᾶ, Ἀταρβαβᾶ, Οὐδεῦα, Κέστην, Οὐδοῦ, Οὐάκ, Ἐσλήν, Ἀμφαίν, Ἐσσουμέν, Οὐανχυίν, Λάμερ, Τάρδε, Ἀθαμές, Σουσίν.

---

[1] Ἐπεὶ οὖν μία τις ἦν εἰρήνη καὶ συμφωνία πάντων τῶν ἐντὸς Πληρώματος Αἰώνων, ἔδοξεν αὐτοὺς μὴ μόνον κατὰ συζυγίαν δεδοξακέναι τὸν υἱόν, δοξάσαι δὲ καὶ διὰ προσφορᾶς καρπῶν πρεπόντων τῷ Πατρί. Πάντες οὖν ηὐδόκησαν οἱ τριάκοντα Αἰῶνες ἕνα προσβάλλειν Αἰῶνα, κοινὸν τοῦ Πληρώματος καρπόν, ἵν' ᾖ τῆς ἑνότητος αὐτῶν καὶ τῆς ὁμοφροσύνης καὶ εἰρήνης. Καὶ μόνος ὑπὸ πάντων Αἰώνων προβεβλημένος τῷ Πατρί, οὗτός ἐστιν ὁ καλούμενος παρ' αὐτοῖς κοινὸς τοῦ Πληρώματος καρπός. Ταῦτα μὲν οὖν ἐντὸς τοῦ Πληρώματος ἦν οὕτως. Καὶ προβέβλητο ὁ κοινὸς τοῦ Πληρώματος καρπὸς ὁ Ἰησοῦς (τοῦτο γὰρ ὄνομα αὐτῷ) ὁ ἀρχιερεὺς ὁ μέγας (*Ibid.*, n. 33, p. 287, lin. 7-16).

Ἀλωρᾶ, Βουκιαθά, Δαναδδαρία, Ἀλλωρᾶ, Δαμμῶ, Ὡρήν, Λαναφέχ, Αὐδαμφέχ, Ἐμφιβοχεβαυδ, Ἀσσιουαχέ, Βελίμ, Δεξαριχέ, Μασεμῶ. Tel est leur ordre dans leurs diverses syzygies ; voici maintenant leur ordre d'après les diverses émanations : Ἀμψιοῦ, Ἀυραάν, Βουκούα, Θαρδουοῦ, Οὐξουκούα, Θαρδεαδείη, Μερεξᾶ, Αὐταρβαρβᾶ, Οὐδοῦα, Κέστην, Οὐδουοῦα, Ἐσλήμ, Ἀμραίμ, Ἐσσουμέν, Οὐανανίν, Λαμερτάδε, Ἀθαμεσσουμίν, Ἀλλώρα, Κουβιαθά, Λαμωδάν, Σαδδαρίας, Ὡρήν, Λαναψεκουδαφέχ, Ἐμφιβοχέ, Βαρά, Ἀσί, Οὐχοβέ, Βελίμ, Δεξαριχέ, Μασεμών [1]. » Il en donne ensuite l'interprétation, et dans l'ordre des noms grecs correspondants, on voit que la dodécade chez lui comme chez le pseudo-Tertullien et chez Philastre est émanée avant la décade [2].

Il est évident, d'après l'inspection de ces deux ordres que l'un est fautif, c'est le premier qui comprend trente-trois noms au lieu de trente, tandis que le second n'en contient que trente, ce qui doit être. De plus dans le premier, des noms ont été dédoublés, d'autres ont été répétés, d'autres enfin sont composés de deux noms unis ensemble : ainsi, Οὐδοῦ et Οὐάκ ne doivent former que le seul Οὐδουοῦα, Λάμερ et Τάρδε que le seul Λαμερτάδε, Ἀθαμές et Σουσίν le seul Ἀθαμεσσουμίν, Λαναφέχ et Αὐδαρφέχ que le seul Λαναψεκουδαφέχ. Au contraire Ἐμφιβοχεβαυδ est mis pour Ἐμφιβοχέ et Βαρά, Ἀσσιουαχέ pour Ἀσί et Οὐχαβέ. Enfin de Λαμμῶ et de Δαναδδαρία, on fait Λαμωδάν et Σαδδαρίας. L'orthographe de plusieurs autres noms diffère, mais nous ne pouvons pas déterminer quelle est la meilleure.

Cela montre suffisamment que ces noms étrangers ont dû subir dans le cours des siècles de nombreuses altérations de la main ignorante ou étonnée des copistes. Cependant certains auteurs ont cherché à les expliquer, et M. Matter dans son *Histoire du Gnosticisme* en donne, par les racines hébraïques, une explication qui peut à la rigueur n'être pas trouvée en parfait désaccord avec le sens des mots grecs, mais qui ne peut soutenir l'examen philologique. Il n'a essayé toutefois cette explication que pour la Dodécade et la

---

[1] Τὸν ἀριθμὸν δὲ εἶναι τριάκοντα Αἰῶνας, ἑκάστην δὲ θήλειαν γεννᾶν ἀπὸ τοῦ ἄρρενος τοὺς καθεξῆς Αἰῶνας. Εἶναι δὲ τούτους, ὡς ὑποτέτακται κατὰ ἀντιπαράθεσιν ἑκάστου ἀρρενικοῦ ὀνόματος τεταγμένου ἄντικρυς τοῦ θηλυκοῦ ὀνόματος, καὶ ἔστιν Ἀμψιοῦ, κτλ.... Καὶ οὕτως μὲν συγκεῖνται ὡς κατὰ συζυγίαν ἀρρενοθήλεως. Ἐν δὲ τῇ ἀκολουθίᾳ κατὰ διαδοχὴν οὕτως· Ἀμψιοῦ κτλ (*Epiph. hær.*, XXXI, n. 2).

[2] Ce renversement est assez curieux, cependant on ne peut pas le nier. Sed enim ex his quoque processus duodecim æonas, de Sermone autem et Vita Æonas alias decem (Cf. *Philast.*, ap. Lipsius : *Zur Quellenkritik des Epiphanais*, p. 153).

Décade. Il est vrai que, faute d'avoir fait la part des erreurs de copiste, il unit ensemble des noms qui en forment deux, et qu'il donne certaines petites entorses à l'orthographe afin d'arriver à son explication.

Ainsi, d'après lui, Οὐδοῦα qu'il transcrit Oudouah signifie : *Hic est spiritus* et peut parfaitement correspondre au sens du mot grec Παράκλητος ; Κέστην signifie *Arcus graciæ* et correspond à Μίξις [1]. Ces exemples suffisent pour montrer que l'arbitraire n'est pas étranger à cette explication. Pour nous nous ne croyons pas que ce soit dans les racines hébraïques qu'il faille chercher l'explication de ces noms, en supposant qu'ils soient capables de fournir un sens quelconque. Rien ne nous dit en effet que Valentin sût l'hébreu qui n'était plus parlé, ou la langue qui avait remplacé le vieil hébreu : il est bien plus probable que s'il a inventé ces mots, il les aura pris de la langue égyptienne, hiéroglyphique ou copte, ou même des langues sémitiques parlées dans la Phénicie et l'Asie Mineure. Nous ne voulons pas pour notre part en tenter l'explication, de peur d'échouer aussi complètement que M. Matter l'a fait.

Une troisième remarque doit être faite sur l'emploi de l'Écriture Sainte pour consolider le système de Valentin. Nous avons déjà cité plusieurs passages tirés de la Genèse et de l'Exode, mais c'est surtout dans les Évangiles que Valentin avait abondamment puisé, nous le savons par les *Philosophumena* et les *Extraits de Théodote*. Pour ce qui regarde cette première partie, Valentin n'avait employé qu'un nombre de textes relativement petit près de celui qu'il emploie pour étayer sa *Cosmologie* et sa *Christologie*. Cependant il trouve le moyen de se servir des premiers versets de l'Évangile selon saint Jean et d'y rencontrer les noms de ses premiers æons. Voici le paragraphe des *Extraits* auquel nous faisons allusion : « Au commencement était le Verbe et le Verbe était en Dieu, et le Verbe était Dieu »[2]. Par le commencement ils entendent le Père, car s'il est dit ici : Au commencement était le Verbe, il est dit ailleurs : Le Fils unique qui est dans le sein du Père, l'a lui-même raconté, et ainsi comme le Père et le commencement ne sont qu'un, de même le Verbe et le Fils unique ne font qu'un seul et même être. En outre lorsqu'on

---

[1] Matter : *Histoire critique du Gnosticisme*, t. II, p. 125 et 126. Il serait curieux de savoir dans quel ouvrage saint Epiphane a pu trouver ces noms qui sont composés d'après le même procédé que ceux qui se trouvent dans la *Pistis Sophia* et le *Papyrus magique*, dont nous aurons plus loin l'occasion de parler.

[2] *Joann.*, 1, v. 18.

ajoute : En lui (le Verbe) était la vie [1], on ne veut pas dire autre chose, sinon que la Vie était l'épouse du Verbe (Λόγος et Ζωή), car le Seigneur lui-même a dit : Je suis la vie [2]. De même il est dit : Nous avons vu sa gloire, et cette gloire était comme la gloire du Fils unique [3], car, quoique le Jésus qui a été vu sur la terre ne soit pas le Fils unique, il est considéré par l'apôtre comme le Fils unique, il est même le premier-né de toutes les créatures, le Fils unique (Μονογενής) qui est dans le Plérôme, puisqu'il a été émis par tous les æons du Plérôme [4]. » On voit que ces textes suffisaient pour trouver la raison d'être du Père, du Verbe (Λόγος), de la Vie (Ζωή), du Fils unique (Μονογενής) et de Jésus le fruit commun du Plérôme; ils suffisent aussi à nous montrer quelle était l'hermémeutique du système.

Enfin une dernière et importante remarque est la suivante. Malgré l'apparence nouvelle du système, la doctrine de Valentin n'est qu'un vêtement neuf jeté sur un vieux corps, mieux taillé, rafraîchi, mais ce n'est pas l'œuvre spontanée d'un puissant génie. Il met son Dieu-Père au-dessus des autres æons, comme Simon le Mage et Basilide l'ont fait avant lui : le Plérôme se déroule d'après le même principe de similitude que nous avons tant de fois signalé déjà : les couples n'ont pas été inconnus à Simon. En outre, son æon Ὅρος, l'æon limite, n'est pas différent de l'Esprit-limite (Μεθόριον Πνεῦμα) que nous avons rencontré chez Basilide ; la cause de la chute de Sophia est l'orgueil ignorant comme il l'a été dans le grand Ἄρχων de Basilide. Comme tous les gnostiques, Valentin met la première origine du mal, origine bien éloignée, il est vrai, dans le sein du Plérôme lui-même, c'est-à-dire dans l'émanation divine. Nous l'entendrons plus tard s'en défendre, mais la cause qu'il proposera à l'origine du mal nous confirmera dans notre pensée. Enfin chez Valentin comme chez Basilide, le monde extérieur le plus rapproché de

---

[1] *Ibid.*, I, v. 4.
[2] *Ibid.*, XI, v. 25, XIV, v. 6.
[3] *Ibid.*, VI, 14. .
[4] Τὸ ἐν ἀρχῇ ἦν ὁ Λόγος καὶ ὁ Λόγος ἦν παρὰ τὸν Θεόν, καὶ Θεὸς ἦν ὁ λόγος, οἱ ἀπὸ τοῦ Οὐαλεντίνου οὕτως ἐκδέχονται· Ἀρχὴν μὲν γὰρ τὸν Μονογενῆ λέγουσιν, ὅν καὶ Θεὸν προσαγορεύεσθαι, ὡς καὶ ἐν τοῖς ἑξῆς ἀντικρυς Θεὸν αὐτὸν δηλοῖ λέγων· Ὁ Μονογενὴς Θεὸς ὁ ὤν εἰς τὸν κόλπον τοῦ Πατρός, αὐτὸς ἐξηγήσατο· τὸν δὴ Λόγον τὸν ἐν ἀρχῇ τοῦτον, τὸν ἐν τῷ Μονογενεῖ, ἐν τῷ Νῷ καὶ τῇ Ἀληθείᾳ, μηνύει τὸν Χριστὸν τὸν Λόγον καὶ τὴν Ζωήν. Ὅθεν εἰκότως καὶ αὐτὸν Θεὸν λέγει τὸν ἐν τῷ Θεῷ τῷ Νῷ ὄντα. Ὁ γέγονεν ἐν ἑαυτῷ τῷ Λόγῳ Ζωὴ ἦν ἡ σύζυγος· διὸ καὶ φησὶν ὁ Κύριος· Ἐγώ εἰμι ἡ ζωή. (*Ex. scrip., Theod. excerpt.* n° 2. — *Patr. græc.*, t. IX, col. 657.)

la limite du Plérôme s'appelle Ogdoade. Tels sont les principaux traits de ressemblance entre le système de Valentin et ceux de ses prédécesseurs. Le fond est le même, mais il y a des parures nouvelles, une intrigue plus compliquée, s'il nous est permis de parler de la sorte ; on sent que l'auteur a voulu perfectionner et qu'il l'a fait en se rendant plus compréhensible, en donnant à son système une apparence plus fantastique, dont les mystères cachaient un enseignement plus facile à saisir.

II

COSMOLOGIE

Nous avons vu que le perfectionnement de la Sophia extérieure, et son délaissement en dehors du Plérôme, étaient devenus le signal de la paix et de la concorde rétablies parmi tous les æons divins. Lorsque nous retrouvons cette seconde Sophia au commencement de la cosmologie valentinienne, elle concentre désormais sur elle tout l'intérêt du drame à la fois fantastique et philosophique qui se déroule dans la cosmologie de Valentin. Lors donc qu'elle se sentit abandonnée par Χριστός et Πνεῦμα Ἅγιον, la Sophia extérieure se mit à leur recherche, mais elle ne put les retrouver et elle dut s'arrêter frappée de terreur, car elle crut qu'elle allait périr si elle était séparée de celui auquel elle devait son perfectionnement. Une multitude de réflexions l'assaillirent ; elle se demanda quel était celui qui l'avait perfectionnée ; quel était l'Esprit-saint, où il s'en était allé ; quel était l'obstacle qui les avait empêchés de rester près d'elle ; quelle créature avait pu lui envier cette splendide et bienheureuse vision : en conséquence, elle s'abandonna à toute l'amertume de sa douleur, elle fut plongée dans une grande anxiété, et du milieu de ses souffrances, elle se tourna vers celui qui l'avait abandonnée et se mit à lui adresser des prières [1].

[1] Ἡ δὲ ἔξω τοῦ Πληρώματος Σοφία ἐπιζητοῦσα τὸν Χριστὸν τὸν μεμορφωκότα καὶ τὸ Ἅγιον Πνεῦμα, ἐν φόβῳ μεγάλῳ κατέστη, ὅτι ἀπολεῖται κεχωρισμένου τοῦ μορφώσαντος αὐτὴν καὶ στηρίσαντος. Καὶ ἐλυπήθη καὶ ἐν ἀπορίᾳ ἐγένετο πολλῇ, λογιζομένη τίς ἦν ὁ μορφώσας, τί τὸν Ἅγιον Πνεῦμα, ποῦ ἀπῆλθε, τίς ὁ κωλύσας αὐτοὺς συμπαρεῖναι, τίς ἐφθόνησε τοῦ καλοῦ καὶ μακαρίου θεάματος ἐκείνου. Ἐπὶ τούτοις καθεστῶσα τοῖς

L'auteur des *Philosophumena* dont nous reprenons ici l'exposition ne nous renseigne pas sur ces prières adressées par la Sophia extérieure au Christ et à l'Esprit-Saint qui l'avaient abandonnée, mais le livre gnostique connu sous le nom de Pistis-Sophia répare amplement l'omission de l'auteur des *Philosophumena*. Il nous donne ces prières qui sont au nombre de douze : prières (μετανοίαι) qui sont la paraphrase de certains psaumes appliqués aux malheurs de Sophia, et afin que nous ne puissions pas en douter les psaumes ainsi paraphrasés sont transcrits comme explication. Nous n'avons pas le moindre désir de traduire ici ces douze prières qui ne sont que la répétition ennuyeuse des mêmes plaintes et des mêmes phrases : il nous suffira d'en donner un échantillon pris dans la première prière, celle qui suit immédiatement l'abandon de la Sophia extérieure afin qu'on puisse juger par ce fragment dans quel genre d'idées et d'expressions tournent les douze μετανοίαι. Sophia vient d'être abandonnée et elle s'est vue aussitôt assaillie par tous ses ennemis qui se sont à la fois précipités sur elle : elle s'écrie vers cette lumière qu'elle avait aperçue et dit : « O lumière des lumières en laquelle j'ai eu foi dès le commencement, écoute, ô lumière, écoute mon chant de repentance (μετανοίαν). Sauve-moi, ô lumière, car des pensées mauvaises sont venues en moi. J'ai regardé, ô lumière, dans les parties inférieures, j'y ai jeté un regard, ô lumière, pensant que je pourrais arriver dans ce lieu afin de prendre la lumière. Et je me suis avancée, et je reste maintenant dans les ténèbres de ce chaos inférieur, je n'ai pu prendre mon vol et remonter vers le lieu de mon séjour, et c'est pourquoi je suis en butte à toutes les créatures (προβολαῖς) de l'Arrogant (αὐθάδους), et cette puissance qui a une face de lion m'a enlevé le peu de lumière qui restait encore en moi. Alors j'ai crié au secours ; ma voix n'est pas montée au milieu des ténèbres ; j'ai regardé en haut afin que tu me secourusses, ô lumière en laquelle je me suis confiée, et ayant ainsi regardé vers les hauteurs, j'ai vu les Chefs (ἄρχοντας) d'un grand nombre d'æons. Ils me regardaient et se réjouissaient de mes malheurs, quoique je ne leur aie jamais fait le moindre mal, mais ils me haïssent sans

---

πάθεσι τρέπεται ἐπὶ δέησιν καὶ ἱκετείαν τοῦ ἀπολιπόντος αὐτὴν (*Philos.*, lib. VII, II, n 31, p. 288, lin. 1-8). Pour voir combien tout ce récit concorde parfaitement avec ce que nous apprend le livre gnostique *Pistis-Sophia*, on n'a qu'à lire les pages correspondantes dans le texte (pp. 42-126) ou dans la traduction qu'en avait faite Schwartze et qui n'a été publiée qu'après sa mort (pp. 30-81).

que je leur en aie donné cause ». Suit un long récit de toutes les douleurs de la Sophia extérieure, qui dans l'ouvrage que nous citons, est appelée Pistis-Sophia ; vers la fin elle revient aux prières directes : « Maintenant donc, ô lumière des lumières, dit-elle, je suis affligée dans les ténèbres du chaos. Si tu veux venir me sauver, ta bonté est immense, écoute-moi en vérité et sauve-moi. Que ces ténèbres, que cette face de lion ne me dévorent pas. Lorsque je cherchais la lumière, ils m'ont donné les ténèbres, et lorsque je cherchais ma vertu, ils m'ont donné de la matière. Maintenant donc, ô lumière des lumières, les créatures de l'Arrogant ont répandu sur moi les ténèbres et la matière. Que ces embûches retombent sur eux et les enveloppent, rends-leur ce qu'ils ont fait et qu'ils deviennent un scandale, qu'ils ne puissent retourner au lieu de *leur Arrogant*. Qu'ils demeurent dans les ténèbres, qu'ils ne voient pas la lumière. Qu'ils ne soient jamais admis à partager le sort de ceux qui se purifient eux et leur lumière, qu'ils ne soient pas comptés au nombre de ceux qui manifestent leur repentir afin qu'ils reçoivent aussitôt le mystère dans la lumière, parce qu'ils m'ont enlevé ma force et ma lumière. Maintenant donc, ô lumière, ce qui est en toi est avec moi ; je chante ton nom glorieux, que mon hymne te plaise, comme l'admirable mystère qui mène aux portes de la lumière, ce mystère que diront ceux qui se sont repentis, et en le disant, ils purifient leur lumière ».

Tel est le spécimen des plaintes de Sophia : elles sont toutes dans ce style et portent clairement le cachet de toute la littérature copte. On nous pardonnera une traduction semblable, car nous avons voulu donner une idée de l'ennui qu'on doit éprouver en se voyant condamné à étudier un ouvrage de 390 pages, écrit tout entier dans ce style. Ces plaintes certes ne renferment rien que d'humain, mais cela ne fait rien au système : les lamentations de la Sophia extérieure devaient être pour les disciples de Valentin une source de compositions où l'esprit de chacun pouvait se donner libre carrière. Quoi qu'il en soit, Sophia répète ses plaintes jusqu'à douze fois, à chaque fois sa prière est récompensée. Sophia reçoit un léger secours et enfin elle peut sortir de ce chaos.

Les prières de la Sophia extérieure ne furent pas vaines, disons-nous, car ses plaintes furent entendues par Χριστός et les autres æons qui sont dans le Plérôme : ils résolurent d'envoyer en dehors de ce Plérôme et au secours de Sophia, l'æon Jésus qui est le fruit commun du Plérôme tout entier, afin qu'il apaisât les douleurs de celle qui, plus tard, devait être son épouse. L'æon Jésus sortit donc du Plérôme et trouva Sophia en proie à quatre passions très vives venant de la crainte, du chagrin, de l'anxiété et de la supplication. Il apaisa ses douleurs, et, pour empêcher que les biens propres de Sophia ne périssent, il lui enleva ses passions, il les convertit en essences permanentes, de telle sorte que de la crainte il fit l'essence psychique, du chagrin l'essence de la matière, de l'anxiété l'essence des démons et de l'action par laquelle elle s'était retournée vers Χριστός et l'avait prié, il fit la voie qui mène au repentir et à la puissance de l'essence psychique, qui est appelé Démiurge ou essence de droite [1]. Tout ce grand changement eut la crainte pour cause première, selon cette parole : La crainte du Seigneur est le commencement de la sagesse; car, c'est uniquement parce qu'elle s'était lamentée, que Sophia eut en dernier lieu recours à la prière [2].

C'est ainsi que se fit le premier pas vers la création du monde par la séparation des trois essences psychique, matérielle et démoniaque. A cette occasion l'auteur des *Philosophumena* fait observer que l'essence psychique est appelée Lieu céleste ou Hebdomade (τόπος ὑπερουράνιος), Ancien des jours et que c'est le Démiurge [3]; et l'on peut conclure de ce qui précède que nous avons l'énumération des trois types différents de la création, le type psychique, le type matériel et le type spirituel que nous avons tout à l'heure appellé démoniaque malgré l'impropriété du mot. Le prince de l'essence psychique est Démiurge, le prince de notre monde ou de l'essence matérielle est le Diable (Διάβολος),

---

[1] Δεομένης οὖν αὐτῆς κατελέησεν ὁ Χριστὸς ὁ ἐντὸς Πληρώματος ὤν, καὶ οἱ ἄλλοι πάντες Αἰῶνες· καὶ ἐκπέμπουσιν ἔξω τοῦ Πληρώματος τὸν κοινὸν τοῦ Πληρώματος καρπόν, σύζυγον τῆς ἔξω Σοφίας καὶ διορθωτὴν παθῶν ὧν ἔπαθεν ἐπιζητοῦσα τὸν Χριστόν. Γενόμενος οὖν ἔξω τοῦ Πληρώματος καρπός, καὶ εὑρὼν αὐτὴν ἐν πάθεσι ταῖς πρώταις τέτρασι, καὶ φόβῳ, καὶ λύπῃ, καὶ ἀπορίᾳ, καὶ δεήσει, διωρθώσατο τὰ πάθη αὐτῆς· διορθούμενος δὲ ἑώρα ὅτι ἀπόλεσθαι αὐτὰ αἰώνια ὄντα καὶ τῆς Σοφίας ἴδια οὐ καλόν, οὔτε ἐν πάθεσιν εἶναι τὴν Σοφίαν τοιούτοις, ἐν φόβῳ, καὶ λύπῃ, ἱκετείᾳ,, ἀπορίᾳ 'Εποίησεν οὖν ὡς τηλικοῦτος Αἰὼν καὶ πάντος τοῦ Πληρώματος ἔκγονος, ἐκστῆναι τὰ πάθη ἀπ' αὐτῆς, καὶ ἐποίησεν αὐτὰ ὑποστάτους οὐσίας, καὶ τὸν μὲν φόβον ψυχικὴν ἐποίησεν οὐσίαν, τὴν δὲ λύπην ὑλικήν, τὴν δὲ ἀπορίαν δαιμόνων, τὴν δὲ ἐπιστροφὴν καὶ δέησιν καὶ ἱκετείαν ὁδὸν ἐπὶ μετάνοιαν καὶ δύναμιν ψυχικῆς οὐσίας, ἥτις καλεῖται δεξιὰ ἢ Δημιουργός, ἀπὸ τοῦ φόβου. (*Philos.*, lib. VII, 11, n. 32, p. 28), lin. 8-16, p. 289, lin. 1-7).

[2] Τουτέστιν ὁ λέγει, φησίν, ἡ γραφή· — 'Αρχὴ Σοφίας φόβος Κυρίου. Αὕτη γὰρ ἀρχὴ τῶν τῆς Σοφίας παθῶν ἐφοβήθη γὰρ, εἶτα ἐλυπήθη, εἶτα ἠπόρησε· καὶ οὕτως ἐπὶ δέησιν καὶ ἱκετείαν κατέφυγεν. (*Ibid.*, p. 289, lin. 7-10.)

[3] Ἔστι δὲ πυρώδης, φησίν, ἡ ψυχικὴ οὐσία, καλεῖται δὲ ὑπερουράνιος Τόπος ὑπ' αὐτῶν καὶ Ἑβδομάς, καὶ Παλαιὸς τῶν ἡμερῶν· καὶ ὅσα τοιαῦτα λέγουσι περὶ τούτου, ταῦτα εἶναι τοῦ ψυχικοῦ ὄν φησιν εἶναι τοῦ κόσμου Δημιουργόν. (*Ibid.*, p. 289, lin. 10-11, p. 290, lin. 1-2.)

le prince de l'essence spirituelle ou démoniaque est Béelzébub. Comme Sophia s'étendait et exerçait son pouvoir dans le monde du milieu, depuis l'Ogdoade jusqu'à l'Hebdomade, ainsi faisait Démiurge dans l'Hebdomade, comme nous le montrerons bientôt [1]. Ce Démiurge est d'une constitution particulière, il est sot, il a l'esprit faible et grossier; il ne savait rien de ce qu'il faisait; Sophia agissait en sa place, et pendant qu'elle agissait, Démiurge croyait que toute la création sortait de ses propres mains, ce qui, dans un mouvement d'orgueil, lui fit dire : Je suis Dieu, il n'y a pas d'autre Dieu que moi [2].

Ces traits du caractère de Démiurge nous sont fournis par l'auteur des *Philosophumena*; on voit qu'ici encore Valentin ne s'écarte pas du système de Basilide.

En cet endroit, l'auteur que nous citons brise subitement son exposition du caractère de Démiurge pour nous reporter tout d'un coup dans le Plérôme, et nous dire que les æons conformément à la doctrine pythagoricienne doublèrent leur nombre, afin de parfaire le nombre parfait de soixante [3]. Cette digréssion subite de notre auteur ne laisse pas que d'être embarrassante, car nous ne trouvons semblable mention dans aucune de nos autres sources, et nous ne voyons pas pourquoi il jette cette phrase au milieu d'un récit qu'il poursuit en donnant les traits principaux des attributions et du caractère de Sophia, comme il l'a fait pour Démiurge. « Ce qui se trouve dans l'Ogdoade, c'est-à-dire dans le monde du milieu, dit-il, fut subdivisé : d'un côté fut Sophia, qui est la mère de tous les êtres vivants, de l'autre Jésus le fruit commun de tout le Plérôme et les autres æons qui sont les anges célestes, les citoyens de la cité supérieure, de cette Jérusalem qui est dans les cieux, car Sophia n'est autre chose que la Jérusalem d'en haut, et son époux est le fruit

---

[1] Ὥσπερ οὖν τῆς ψυχικῆς οὐσίας ἡ πρώτη καὶ μεγίστη δύναμις γέγονεν εἰκὼν τοῦ Μονογενοῦς υἱοῦ, οὕτω τῆς ὑλικῆς οὐσίας δύναμις διάβολος, ὁ ἄρχων τοῦ κόσμου τούτου, τῆς δὲ τῶν δαιμόνων οὐσίας, ἥτις ἐστὶν ἐκ τῆς ἀπορίας, ὁ Βεελζεβούδ· ἔστι δ' ἡ Σοφία ἄνωθεν ἀπὸ τῆς Ὀγδοάδος ἐνεργοῦσα ἕως τῆς Ἑβδομάδος. — (*Phil.*, lib. VII, n. 39, p. 290, lin. 14 et p. 291, lin. 1-4.)

[2] Οὐδὲν οἶδεν, λέγουσιν, ὁ Δημιουργὸς ὅλως, ἀλλ' ἔστιν ἄνους καὶ μωρὸς κατ' αὐτούς, καὶ τί πράσσει ἢ ἐργάζεται οὐκ οἶδεν. Ἀγνοοῦντι δὲ αὐτῷ ὅ τι δὴ ποιεῖ ἡ Σοφία ἐνήργησε πάντα καὶ ἐνίσχυσε· καὶ ἐκείνης ἐνεργούσης αὐτὸς ᾤετο ἀφ' ἑαυτοῦ ποιεῖν τὴν κτίσιν τοῦ κόσμου· ὅθεν ἤρξατο λέγειν « ἐγὼ ὁ θεὸς καὶ πλὴν ἐμοῦ ἄλλος οὐκ ἔστιν. » — (*Ibid.*, p. 291, lin. 4-10.)

[3] Ταῦτά ἐστιν ἃ λέγουσιν· ἔτι δὲ πρὸς τούτοις ἀριθμητικὴν ποιούμενοι τὴν πᾶσαν αὐτῶν διδασκαλίαν, ὡς πρόεπειν τοὺς ἐντὸς Πληρώματος Αἰῶνας τριάκοντα, πάλιν ἐπιπροβεβηκέναι αὐτοῖς κατὰ ἀναλογίαν Αἰῶνας ἄλλους, ἵν' ᾖ τὸ Πλήρωμα ἐν ἀριθμῷ τελείῳ συνηθροισμένον. (*Ibid.*, p. 292, lin. 1-5.)

commun du Plérôme ¹. Si nous ne nous trompons, tous ces détails donnés sans ordre et sans liaison signifient que dans l'Ogdoade se reproduisirent par Jésus et Sophia, toutes les émanations qui avaient composé le Plérôme supérieur; c'est le seul moyen d'expliquer cette seconde émanation de trente æons et la mention de ces trente æons célestes, citoyens de la Jérusalem Ogdoade que nous trouvons ensuite, sans que leur création ait été autrement expliquée.

Telle est la cosmologie de Valentin d'après l'auteur des *Philosophumena*. Il est évident au premier coup d'œil qu'elle est incomplète. D'après lui, les trois sortes de créatures qui forment la création, les créatures psychiques, les créatures purement matérielles et les créatures démoniaques, sont sorties dans l'essence de leur type primitif des trois grandes douleurs de Sophia, la crainte, le chagrin et l'anxiété. Pour former ces essences en créatures vivantes, un Démiurge s'est mis à l'œuvre croyant travailler de lui-même, et ne travaillant que sous l'inspiration de Sophia; pendant que celle-ci régnait dans l'Ogdoade, le Démiurge régnait de son côté dans l'Hebdomade. Par le principe de similitude des mondes, ce qui s'était passé dans le Plérôme se passa dans l'Ogdoade et dut aussi se passer dans l'Hebdomade. Voilà en résumé la cosmologie de Valentin. Tout s'y déroule d'après un plan primitif qui est une loi; l'auteur des *Philosophumena* a établi cette loi, il ne s'occupe plus de ses développements particuliers, et nous sommes obligés de chercher ailleurs ces développements. Cependant, ce qu'il en dit suffit pour montrer que dans Valentin il y a trois mondes distincts, le Plérôme, le monde du milieu, et le monde inférieur que nous habitons. La création de ce dernier monde a passé par deux phases, la séparation des essences et sa formation par Démiurge. Ces essences, comme les mondes, sont au nombre de trois, les créatures se diviseront aussi en trois catégories. Tout se suit donc avec un enchaînement logique qui ne peut être mis en doute.

Ce qui précède suffit pour montrer combien, dans cette seconde partie de son système, Valentin avait fait d'emprunts à Basilide. A ce sujet on peut se poser une question qui ne manque pas d'intérêt dans cette exposition; nous

---

¹ Ὑποδήρηται δὲ καὶ τὰ ἐν τῇ Ὀγδοάδι, καὶ προβεβήκασιν ἡ Σοφία, ἥτις ἐστὶ μήτηρ πάντων τῶν ζώντων κατ' αὐτοὺς, καὶ ὁ κοινὸς τοῦ Πληρώματος καρπὸς ὁ Λόγος, καὶ οἵτινές εἰσιν Ἄγγελοι ἐπουράνιοι, πολιτευόμενοι ἐν Ἱερουσαλὴμ τῇ ἄνω, τῇ ἐν οὐρανοῖς. Αὕτη γάρ ἐστιν Ἱερουσαλὴμ ἡ ἔξω Σοφία, καὶ ὁ νυμφίος αὐτῇ ὁ κοινὸς τοῦ Πληρώματος καρπός. (*Ibid.*, p. 292, lin. 8-12, p. 293, lin. 1.)

venons de voir que le monde intermédiaire de Valentin a l'Ogdoade à son sommet et l'Hebdomade à sa base ; l'intervalle avait-il été comblé par les trois cent soixante-cinq cieux de Basilide ? Nous n'avons aucune donnée positive pour résoudre cette question, mais il nous semble assez probable qu'il en devait être ainsi. Nous nous expliquons : nous ne voulons pas dire que ce nombre de trois cent soixante-cinq cieux eût été adopté par Valentin ; on ne trouve pas une seule fois ce nombre dans tout son système ; mais à la place, le nombre trente joue le plus grand rôle ; aussi nous sommes persuadé que le monde du milieu se composait de trente mondes ou æons dans le système de Valentin, comme il se composait de trois cent soixante-cinq cieux dans le système de Basilide. D'ailleurs nous avons une preuve indirecte qu'il en était ainsi. Dans le livre gnostique déjà cité, *Pistis-Sophia*, nous voyons que par æons l'auteur entend des mondes, car il dit que Sophia voulait remonter au treizième æon, qu'elle avait à traverser les autres æons, et il parle des chefs (ἄρχοντες) des æons qui se rient de ses malheurs [1]. Il est donc clair que les æons n'étaient autres que des mondes particuliers tirant leur nom des noms des æons proprement dits préposés à leur gouvernement particulier. Comme il y avait trente æons sortis de Jésus et de Sophia, il devait donc y avoir trente mondes particuliers dans l'espace du milieu, formant une création spéciale, un monde intermédiaire entre le Plérôme et la terre. Cette conclusion est amplement confirmée par le manuscrit d'Oxford, où les æons sont manifestement des mondes peuplés comme le Plérôme, et qu'il faut traverser pour arriver à l'habitation du grand Dieu du milieu.

Si maintenant nous voulons comparer aux données de l'auteur des *Philosophumena*, ce que nous trouvons dans les extraits que Clément d'Alexandrie fait de Théodote, nous trouvons que ces extraits font allusion à la mission que Χριστός et Πνεῦμα Ἅγιον remplirent auprès de Sophia, à l'émanation de Jésus, à son envoi par le Plérôme entier [2] ; aux souffrances

---

[1] *Pistis Sophia*, passim. — Il suffit de lire les douze hymnes de Sophia pour être persuadé de ce que nous avançons (Cf., p. 43-125).
[2] Τὸν Παράκλητον οἱ ἀπὸ Οὐαλεντίνου τὸν Ἰησοῦν λέγουσιν· ὅτι πλήρης τῶν Αἰώνων ἐλήλυθεν, ὡς ἀπὸ τοῦ ὅλου προελθών. Χριστὸς γὰρ καταλείψας τὴν προβαλοῦσαν αὐτὸν Σοφίαν, εἰσελθὼν εἰς τὸ Πλήρωμα ὑπὲρ τῆς ἔξω καταλειφθείσης Σοφίας, ᾐτήσατο τὴν βοήθειαν· καὶ ἐξ εὐδοκίας τῶν Αἰώνων Ἰησοῦς προβάλλεται τῷ παρελθόντι αἰῶνι. (*Excerp. Theod.*, n. 23. — *Patr. græc.*, t. IX, col. 669. — Cf. n. 35, *Ibid.*, col. 676.)

de Sophia[1], et à la création qui en est le fruit[2]. Cet auteur nous enseigne aussi que Sophia ayant vu Jésus venir à elle semblable à la lumière qui l'avait quittée, c'est-à-dire semblable à Χριστός et à Πνεῦμα Ἅγιον, tressaillit de joie et se confondit en adoration[3], ce qui confirme péremptoirement les récits du livre gnostique, *Pistis-Sophia*[4]. De même on reconnaît l'Hebdomade lorsqu'il dit : Ensuite Sophia se bâtit une seconde demeure et y plaça sept colonnes[5]. Il connaît aussi les œuvres et l'ignorance de Démiurge[6]. Il nous apprend enfin qu'il y avait eu une création d'esprits qu'il appelle anges : ces anges habitaient les deux mondes, ils étaient mâles dans le Plérôme, femelles dans le monde du milieu[7]. Encore ici, si nous ajoutons à ces deux premières catégories d'esprits les démons qui sont sur notre terre, nous trouverons que chaque monde est également partagé. Enfin malgré toute la fantasmagorie que nous avons déjà détaillée, nous sommes persuadé que le système de Valentin était encore plus riche en créations fantastiques ; on n'a, pour partager notre avis, qu'à ouvrir le livre *Pistis-Sophia*. On tombe dès la première page dans une multitude d'appellations inconnues, d'æons de tous genres et de toutes formes, de puissances à tête de lion, de monstres de toutes les espèces. Nous y voyons pour notre part des développements ajoutés par l'imagination des disciples de Valentin, mais nous y voyons aussi l'indice de beaucoup de détails qui ont échappé aux observateurs chrétiens, et le manuscrit d'Oxford vient encore confirmer nos conclusions, car il contient

---

[1] Ἀλλὰ καὶ διὰ τῆς τοῦ δωδεκάτου Αἰῶνος πείσεως τὰ ὅλα παιδευθέντα, ὥς φασι, συνεπάθησε. (*Id.*, n. 31. *Ibid.*, col. 673.) Ἀποστήσας δὲ τὰ πάθη τῆς πεπονθυίας, αὐτὴν μὲν ἀπαθῆ κατεσκεύασε, τὰ πάθη δὲ διακρίνας ἐφύλαξε, καὶ οὐχ ὥσπερ τὴν ἐνδὸν διεφορήθη, ἀλλ' εἰς οὐσίαν ἤγαγεν αὐτά τε καὶ τῆς δευτέρας διαθέσεως. (*Ibid.*, n. 45, col., 680.)

[2] Πρῶτον οὖν ἐξ ἀσωμάτου πάθους καὶ συμβεβηκότος εἰς ἀσώματον, ἐπὶ τὴν ὕλην αὐτὰ μετήντλησεν καὶ μετέβαλεν εἶθ' οὕτως εἰς συγκρίματα καὶ σώματα· ἀθρόως γὰρ οὐσίαν ποιῆσαι τὰ πάθη οὐκ ἐνῆν· καὶ τοῖς σώμασι κατὰ φύσιν ἐπιτηδειότητα ἐνεποίησεν. (*Ibid.*, n. 46, col. 680-681.)

[3] Ἰδοῦσα δὲ αὐτὸν ἡ Σοφία ὅμοιον τῷ καταλιπόντι αὐτὴν φωτί, ἐγνώρισε καὶ προσέδραμε, καὶ ἠγαλλιάσατο καὶ προσεκύνησε· τοὺς δὲ ἄρρενας ἀγγέλους τοὺς σὺν αὐτῷ ἐκπεμφθέντας θεασαμένη κατῃδέσθη καὶ κάλυμμα ἐπέθετο. (*Ibid.*, n. 44, col. 680.)

[4] Cf. *Pistis-Sophia*, p. 43-45.

[5] Πρῶτος μὲν οὖν Δημιουργὸς ὁ Σωτὴρ γίνεται καθολικός· ἡ δὲ Σοφία δευτέρα οἰκοδομεῖ οἶκον ἑαυτῇ καὶ ὑπέρησε στύλους ἑπτὰ καὶ πρῶτον προβάλλεται εἰκόνα τοῦ πατρὸς θεὸν δι' οὗ ἐποίησε τὸν οὐρανὸν καὶ τὴν γῆν, τουτέστι τὰ οὐράνια καὶ τὰ ἐπίγεια, τὰ δεξιὰ καὶ τὰ ἀριστερά. (*Ibid.*, n. 47, col. 681).

[6] Διακρίνας μὲν ὁ Δημιουργὸς τὰ καθαρὰ ἀπὸ τοῦ ἐμβριθοῦς, ὡς ἂν ἐνιδὼν τῆς ἑκατέρου φύσιν, φῶς ἐποίησε, τουτέστιν ἐφανέρωσεν, καὶ εἰς φῶς καὶ ἰδέαν προσήγαγεν..... τὸ δὲ ἐκ τοῦ φόβου τὰ θηρία· τὸ δὲ ἐκ τῆς πλήξεως καὶ ἀπορίας, τὰ στοιχεῖα τοῦ κόσμου..... (*Ibid.*, n. 48, col. 681. Ἐπεὶ δὲ οὐκ ἐγίνωσκε τὴν δι' αὐτοῦ ἐνεργοῦσαν, οἰόμενος ἰδίᾳ δυνάμει δημιουργεῖν, φιλεργὸς ὢν φύσει. (*Ibid.*, n. 49, col. 681).

[7] Καὶ τὰ μὲν ἀρρενικὰ ἀγγελικὰ καλοῦσι, τὰ θηλυκᾶ δὲ ἑαυτοὺς τὸ διάφερον πνεῦμα. (*Excerp. Theod.*, n. 31. — *Patr. graec.*, t. IX, col. 668.)

des æons dont les noms sont entièrement nouveaux, comme les *liturges*, dont il est impossible de spécifier quel était le rang.

III

ANTHROPOLOGIE, CHRISTOLOGIE, ESCHATOLOGIE

D'après les sources qui nous ont conservé son système, Valentin n'enseignait rien de particulier sur l'origine de l'homme et sa création. Tous les gnostiques ont fait de même, ils semblent avoir été liés par le premier chapitre de la Genèse, et chacun d'eux a fait des efforts désespérés pour y rattacher son système et en trouver les preuves dans ce que nous y lisons. Cette lacune est considérable dans le système de Valentin ; le philosophe l'a-t-il laissée à dessein ? Nous le croirions volontiers ; d'ailleurs dans sa doctrine comme dans toute doctrine gnostique l'anthropologie est la partie faible, la partie sacrifiée ; les gnostiques avaient plus à cœur d'expliquer les mystères des mondes invisibles et inconnus, que ceux de notre monde visible et connu : pour les uns ils avaient devant eux un vaste champ d'hypothèses, pour l'autre les faits auraient pu heurter et détruire leur édifice ; ils ont mieux aimé s'abstenir. Cependant ils n'ont pu s'abstenir complètement, et ont donné quelques explications à ce sujet. Certains faits psychologiques s'imposaient à eux de vive force, ils devaient les expliquer et les plier à leurs systèmes : ce sont ces tentatives qui forment leur anthropologie.

Nous avons vu que Valentin donnait pour maître à toute la création psychique le Démiurge de l'Hebdomade, et à la création matérielle le Diable qui était l'un des démons dont le premier était Béelzébub. Comme il reconnaissait que l'homme est composé d'un corps et d'une âme, il devait être nécessairement amené à enseigner que l'âme était une créature du Démiurge, que le corps était une création du Diable et lui demeurait soumis ; c'est en effet ce qu'il enseignait [1]. Tout ce que nous apprend l'auteur des *Philosophumena*

---

[1] Προέβαλε δὲ καὶ ὁ Δημιουργὸς ψυχάς· αὐτὴ γὰρ οὐσία ψυχῶν οὗτός ἐστι κατ'αὐτούς. Ἀβραὰμ, καὶ ταῦτα τοῦ Ἀβραὰμ τὰ τέκνα. Ἐκ τῆς ὑλικῆς οὐσίας οὖν καὶ διαβολικῆς ἐποίησεν ὁ Δημιουργὸς ταῖς ψυχαῖς τὰ σώματα. *Philos.*, lib. VII, II, n. 34, p. 293, lin. 2-5.)

sur ce sujet se borne à cette seule indication ; nous serons plus heureux en allant puiser à d'autres sources. Mais avant d'aller plus loin nous devons faire une importante remarque. L'homme est d'une triple espèce ; comme le monde inférieur lui-même, il est ou hylique, ou psychique ou pneumatique, c'est-à-dire matériel, animé ou spirituel. L'auteur des *Philosophumena* explique ainsi cette division : l'homme hylique, dit-il, est mortel, il est tout entier formé de la substance diabolique, car il n'est autre chose qu'une hôtellerie dans laquelle l'âme habite tantôt seule, tantôt avec les démons, tantôt avec les paroles (λόγοι) qui, de la bouche du fruit commun du Plérôme et de celle de Sophia, sont tombées dans notre monde et qui habitent avec l'âme dans le corps terrestre quand les démons n'y habitent pas [1]. Il nous semble que telle doit être l'explication de ces paroles : l'homme de sa nature est un, il n'y a qu'une seule espèce d'hommes, puisque tous sont uniformément composés d'un corps et d'une âme ; mais cette âme peut habiter le corps d'une triple manière, ou seule, ou avec les démons ou avec les paroles de Jésus et de Sophia tombées dans notre monde ; l'homme est donc d'après cela ou psychique, ou hylique, ou pneumatique. L'homme psychique est celui dont parle saint Paul lorsqu'il dit : « L'homme psychique ne perçoit pas ce qui est de l'esprit de Dieu ; il a la sottise en partage. » Valentin expliquait ainsi ces paroles : L'homme psychique a la sottise en partage parce qu'il est sous la puissance de Démiurge qui l'a créé. Démiurge était en effet sot et insensé lorsqu'il croyait tout créer, ne voyant pas que la Sophia-Ogdoade, sa mère, était la vraie créatrice et venait au secours de son ignorance [2]. Il n'est donc pas étonnant que l'homme psychique fût ignorant, puisque son âme était une créature de Démiurge, l'ignorance personnifiée. Cet homme psychique tenait en quelque sorte le milieu entre le monde intermédiaire et la création purement matérielle, parce qu'il était un moyen terme entre

---

[1] Οὗτός ἐστι κατ'αὐτοὺς ὁ ἔσω ἄνθρωπος ὁ ψυχικὸς ἐν τῷ σώματι κατοικῶν τῷ ὑλικῷ, ὅ ἐστιν ὑλικὸς φθαρτὸς, τελέως ἐκ τῆς διαβολικῆς οὐσίας πεπλασμένος. Ἔστι δὲ οὗτος ὁ ὑλικὸς ἄνθρωπος οἱονεὶ (κατ'αὐτοὺς) πανδοχεῖον ἢ κατοικητήριον, ποτὲ μὲν ψυχῆς μόνης, ποτὲ δὲ ψυχῆς καὶ δαιμόνων, ποτὲ δὲ ψυχῆς καὶ λόγων οἵτινές εἰσι λογοι ἄνωθεν κατεσπαρμένοι ἀπὸ τοῦ κοινοῦ τοῦ Πληρώματος καρποῦ καὶ τῆς Σοφίας εἰς τοῦτον τὸν κόσμον κατοικοῦντες ἐν σώματι χοϊκῷ μετὰ ψυχῆς, ὅταν δαίμονες μὴ συνοικῶσι τῇ ψυχῇ. (*Ibid.*, p. 293, lin. 10-16.)

[2] Διὰ τοῦτο ὁ ψυχικὸς, φησίν, ἄνθρωπος οὐ δέχεται τὰ τοῦ Πνεύματος τοῦ θεοῦ· μωρία γὰρ αὐτῷ ἐστι μωρία δὲ, φησίν, ἐστιν ἡ δύναμις τοῦ Δημιουργοῦ· μωρὸς γὰρ ἦν καὶ ἄνους, καί ἐνόμιζεν αὐτὸς δημιουργεῖν τὸν κόσμον, ἀγνοῶν ὅτι πάντα ἡ Σοφία ἡ Μήτηρ ἡ Ὀγδοὰς ἐνεργεῖ αὐτῷ πρὸς τὴν κτίσιν τοῦ κόσμου οὐκ εἰδότι. (*Ibid*, p. 294, lin. 7.11.)

l'homme pneumatique et l'homme hylique ; selon qu'il se rendait semblable à l'un ou à l'autre, il avait un sort différent, s'il devenait semblable à l'Ogdoade, c'est-à-dire s'il se spiritualisait, il était rendu immortel et montait dans le monde du milieu, sinon, il devenait matériel et se corrompait pour toujours [1].

Après cette observation, nous pourrons mieux comprendre ce que nous dira Clément d'Alexandrie. Il va nous expliquer d'abord ce que signifiait cette doctrine des démons et des verbes, des λόγοι habitant avec l'âme et dans lesquelles on reconnaît du premier coup d'œil, une étroite parenté avec les passions appendices de Basilide (προσαρτήματα). Cette explication concorde si bien avec ce que nous avons appris de l'auteur des *Philosophumena*, que cet auteur semble avoir eu sous les yeux, le passage cité par le docteur Alexandrin. « Il n'y a, disait Valentin, qu'un seul être bon dont la présence se manifeste par le Fils. Par lui seul, le cœur peut devenir pur, et rejeter hors de lui-même tout esprit mauvais. En effet, beaucoup d'esprits habitent dans ce cœur et ne le laissent pas être pur ; chacun d'eux a des œuvres qui lui sont propres et se montre par des passions qui souvent ne concordent pas entre elles. Pour moi le cœur ne me semble pas fort différent d'une hôtellerie qui est creusée, percée, souvent remplie de fumier, d'ordures par les hommes qui s'y tiennent sans réserve, sous prétexte que le lieu appartient à un étranger. Ainsi le cœur, quand on n'en prend aucun soin, est l'immonde habitation d'un grand nombre de démons. Mais lorsque le Père, qui seul est bon, l'a visité, le cœur est sanctifié, il resplendit au milieu de la lumière, et bienheureux est celui qui possède un tel cœur, car il verra Dieu [2]. » C'est bien là, si nous ne nous trompons, les appendices de Basilide, quoiqu'ils aient un peu changé

---

[1] Κατὰ τοῦτο τοίνυν τὸ μέρος, θνητή τίς ἐστιν ἡ ψυχή, μεσότης τις οὖσα· ἔστι γὰρ Ἑβδομὰς καὶ Κατάπαυσις. Ὑποκάτω γὰρ ἐστι τῆς Ὀγδοάδος, ὅπου ἐστὶν ἡ Σοφία, ἡμέρα ἡ μεμορφωμένη καὶ ὁ κοινὸς τοῦ Πληρώματος καρπός, ὑπεράνω δὲ τῆς ὕλης, ᾗ ἐστι Δημιουργός. Ἐὰν ἐξομοιωθῇ ταῖς ἄνω τῇ Ὀγδοάδι ἀθάνατος ἐγένετο καὶ ἦλθεν εἰς τὴν Ὀγδοάδα, ἥτις ἐστι, φησίν, Ἱερουσαλὴμ ἐπουράνιος· ἐὰν δὲ ἐξομοιωθῇ τῇ ὕλῃ, τούτεστι τοῖς πάθεσι τοῖς ὑλικοῖς, φθορτὴ ἐστι καὶ ἀπώλετο. (*Ibid.*, p. 290, lin 6-13.)

[2] Εἷς δέ ἐστιν ἀγαθός, οὗ παρρησία, ἡ διὰ τοῦ Υἱοῦ φανέρωσις, καὶ δι' αὐτοῦ μόνου δύναιτο ἂν ἡ καρδία καθαρὰ γενέσθαι, παντὸς πονηροῦ πνεύματος ἐξωθουμένου τῆς καρδίας· πολλὰ γὰρ ἐνοικοῦντα αὐτῇ πνεύματα οὐκ ἐᾷ καθαρεύειν· ἕκαστον δὲ αὐτῶν, τὰ ἴδια ἐκτελεῖ ἔργα, πολλαχῶς ἐνυβριζόντων ἐπιθυμίαις οὐ προσηκούσαις. Καί μοι δοκεῖ ὁμοῖόν τι πάσχειν τῷ πανδοχείῳ ἡ καρδία· καὶ γὰρ ἐκεῖνο κατατιτρᾶταί τε καὶ ὀρύττεται, καὶ πολλάκις κόπρου πίμπλαται, ἀνθρώπων ἀσελγῶς ἐμμενόντων, καὶ μηδεμίαν πρόνοιαν ποιουμένων τοῦ χωρίου, καθάπερ ἀλλοτρίου καθεστῶτος. Τὸν τρόπον τοῦτον καὶ ἡ καρδία μέχρι μὴ προνοίας τυγχάνει, ἀκάθαρτος οὖσα, πολλῶν οὖσα δαιμόνων οἰκητήριον· ἐπειδὰν δὲ ἐπισκέψηται αὐτὴν ὁ μόνος ἀγαθὸς Πατήρ, ἡγίασται καὶ φωτὶ διαλάμπει καὶ οὕτω μακαρίζεται ὁ ἔχων τὴν τοιαύτην καρδίαν, ὅτι ὄψεται τὸν Θεόν. (*Strom.*, lib. II, cap. xx. — *Patr. graec.*, t. VIII, col. 1057-1060.)

de forme. Ce système s'est élevé, nous le constatons : ce ne sont plus les appétits grossiers des animaux, ou ceux plus grossiers encore des plantes qui envahissent l'âme ; c'est la nature matérielle ou la nature spirituelle. Mais cette nature matérielle, ces démons qui habitent dans l'âme, que sont-ils, sinon ces passions mauvaises qui souillent l'âme ? La doctrine est donc la même au fond pour les deux philosophes gnostiques.

La connaissance de cette première sorte d'appendices valentiniens, nous amène à la seconde, à ces *verbes*, à ces λόγοι qui eux aussi habitent l'âme dans le corps humain. Nous pouvons déjà dire que ce sont des appétits spirituels comme en ont les pneumatiques : la corrélation des idées nous permet de tirer cette conclusion ; mais il nous est possible de faire encore plus de lumière sur ce point. Voici en effet ce que l'on trouve dans les extraits de Théodote : « Les disciples de Valentin affirment qu'après la création de l'homme psychique, une semence virile fut introduite par le Verbe (Λόγος) dans les âmes élues, pendant leur sommeil ; cette semence était un écoulement de la semence angélique, et devait empêcher toute défaillance. Elle réunit en un seul être le corps et l'âme qui semblaient séparés, car ils avaient été créés séparément par Sophia, à l'insu de Démiurge qui croyait tout produire. Le sommeil d'Adam figurait, disent-ils, l'oubli de l'âme, il lui arriva pour l'empêcher d'être détruit, comme cette semence spirituelle que le Sauveur a mise dans l'âme, l'empêche d'être anéantie [1]. » Quelle différence pouvons-nous voir maintenant entre cette semence spirituelle mise dans l'âme par le Sauveur, c'est-à-dire par Jésus le fruit commun du Plérôme, l'un des sauveurs du système Valentinien, appelé aussi Λόγος, le Verbe, dans d'autres endroits, et ces *Verbes* ces λόγοι envoyés par Jésus et Sophia dans les âmes pneumatiques ? L'auteur des *Philosophumena* nous a dit que les âmes pneumatiques qui recevaient ces λόγοι devenaient immortelles. Les extraits de Théodote nous disent que cette semence spirituelle mise dans l'âme par le Λόγος l'empêche d'être détruite et anéantie ; où est la différence ? Nous n'en voyons aucune.

[1] Οἱ δ'ἀπὸ Οὐαλεντίνου πλασθέντος, φασὶ, τοῦ ψυχικοῦ σώματος, τῇ ἐκλεκτῇ οὔσῃ ἐν ὕπνῳ ἐντεθῆναι ὑπὸ τοῦ Λόγου σπέρμα ἀῤῥενικόν, ὅπερ ἐστιν ἀπόρροια τοῦ ἀγγελικοῦ, ἵνα μὴ ὑστέρημα ᾖ. Καὶ τοῦτο ἐξύμωσε τὰ δόξαντα καταδιηρῆσθαι, ἑνοποιοῦν τὴν ψυχὴν καὶ τὴν σάρκα, ἃ καὶ ἐν μερισμῷ ὑπὸ τῆς Σοφίας προηνέχθη. Ὕπνος δὲ ἦν Ἀδάμ, ἡ λήθη τῆς ψυχῆς ἣν συνεῖχε μὴ διαλυθῆναι, ὥσπερ τὸ πνευματικὸν ὅπερ ἐνέθηκε τῇ ψυχῇ ὁ Σωτήρ. (*Excerpt. Theod.*, n° 2. — *Patr. græc.*, t. IX, col. 653.)

Si nous voulons encore pousser plus avant nos recherches sur la nature de cette semence spirituelle, un autre passage de Valentin, cité par Clément d'Alexandrie, vient à notre aide. « Les Valentiniens, dit-il, nous attribuent la foi, à nous autres chrétiens, parce que nous sommes simples ; à eux-mêmes qui sont sauvés par la propriété de leur nature, ils se donnent une connaissance qui leur vient de l'abondance de la semence supérieure qui est en eux, et ils disent qu'entre cette connaissance (γνῶσις) et la foi, il y a plus de distance encore qu'entre le pneumatique et le psychique [1]. » La chose est claire désormais, cette semence spirituelle ou pneumatique, ces λόγοι ne sont autres que la Gnose, c'est-à-dire la doctrine de Valentin, acceptée par ses prosélytes, car Valentin comme les autres Gnostiques, nous le voyons, promettait le salut à ses disciples, à la seule condition d'embrasser son système.

Cette participation à la Gnose retranchait donc les Valentiniens du reste des hommes, mais il semble qu'entre eux il existait aussi certaines distinctions ; quelques-uns avaient cette Gnose dès le commencement, dit Valentin, et ils étaient proprement les élus ; c'est ce que nous pouvons conclure du fragment suivant de l'une de ses homélies : « Pour vous, dit le maître à une certaine catégorie de ses disciples, vous êtes immortels dès le commencement, vous êtes les enfants de la vie éternelle. Si vous avez voulu que la mort étende son empire sur vous, c'est pour la détruire et l'abolir, pour la faire mourir en vous et par vous. En effet lorsque vous dissolvez le monde, vous n'êtes pas dissous vous mêmes, vous dominez sur toutes les créatures et sur toute corruption [2]. » Nous avons dans ces paroles les prérogatives des heureux élus Valentiniens, et il semble bien que ces élus dès le commencement, qui naissaient immortels et fils de la vie éternelle, étaient bien différents de ces autres pneumatiques, dont les prérogatives ne commençaient qu'avec l'heure de leur illumination et de leur entrée dans la Gnose.

Voilà toute la psychologie de Valentin ; nous ne croyons pas qu'en fouillant

---

[1] Οἱ δ'ἀπὸ Οὐαλεντίνου, τὴν μὲν πίστιν τοῖς ἁπλοῖς ἀπονείμαντες ἡμῖν, αὐτοῖς δὲ τὴν γνῶσιν, τοῖς φύσει σωζομένοις, κατὰ τὴν τοῦ διαφέροντος πλεονεξίαν σπέρματος ἐνυπάρχειν βούλονται, μακρῷ δὲ κεχωρισμένην πίστεως, ἢ τὸ πνευματικὸν τοῦ ψυχικοῦ λέγοντες. Strom. lib. II, cap. 3. — Patr. græc., t. VIII, col. 941.
[2] Οὐαλεντῖνος δὲ ἔν τινι ὁμιλίᾳ κατὰ λέξιν γράφει· Ἀπ' ἀρχῆς· ἀθάνατοί ἐστε, καὶ τέκνα ζωῆς αἰωνίας· καὶ τὸν θάνατον ἠθέλετε μερίσασθαι εἰς ἑαυτούς, ἵνα δαπανήσητε αὐτὸν καὶ ἀναλώσητε καὶ ἀποθάνῃ ὁ θάνατος ἐν ὑμῖν καὶ δι' ὑμῶν· ὅταν γὰρ τὸν μὲν κόσμον λύητε, ὑμεῖς δὲ καταλύησθε, κυριεύετε τῆς κτίσεως καὶ τῆς φθορᾶς ἁπάσης. (Strom., lib. IV, cap. 13. — Patr. græc., tom. VIII, col. 1296-1297.)

les Pères on puisse trouver un seul autre trait de la psychologie valentinienne, et maintenant puisque nous savons quel est l'homme, il faut achever son histoire, car, dans la Christologie, c'est encore de l'homme qu'il s'agit puisque le Sauveur n'a eu pour mission que de le racheter. Si l'homme avait besoin d'être racheté, il avait dû faillir de quelque manière; nous ne savons pas à quoi Valentin rapportait cette défaillance, s'il l'acceptait telle que la Genèse la rapporte ce qui n'est pas probable, ou si la seule origine de l'homme créé par Démiurge avait placé la créature dans un état d'infériorité, de défaillance, ce qui est bien plus vraisemblable et bien plus en rapport avec les autres parties du système valentinien. Quoi qu'il en soit, l'homme avait besoin de rédemption; cette rédemption lui fut apportée par Jésus, fils de Marie. Mais avant que ce Sauveur ne parût sur la terre, un grand nombre de siècles s'étaient écoulés, et sa venue avait été prédite par les Prophètes, organes de Démiurge, participant à la sottise de leur inspirateur; c'est pourquoi Jésus avait pu dire : Tous ceux qui sont venus avant moi n'étaient que des voleurs et des brigands [1]; et saint Paul parla de ce mystère caché pendant des siècles et des générations [2]. Aucun de ces prophètes n'avait enseigné cette Gnose que Valentin donnait à ses disciples, et à cela nul motif de s'étonner, car tout ce qu'ils ont dit venait de Démiurge qui est l'ignorance même [3]. Cependant le temps arriva où, la création étant parvenue à un parfait développement, il fallut que révélation fût faite des enfants de Dieu, c'est-à-dire des enfants de Démiurge; cette révélation avait été différée jusque-là, parce que le voile qui entourait le cœur de l'homme psychique n'avait pas encore été enlevé [4]. Pour enlever ce voile et révéler ces mystères encore cachés, Jésus naquit de la vierge Marie, selon cette parole : le Saint-Esprit

---

[1] *Joann.*, x, .
[2] *Epist. ad Coloss.*, I, 26.
[3] Πάντες οὖν οἱ προφῆται καὶ ὁ νόμος ἐλάλησαν ἀπὸ τοῦ Δημιουργοῦ, μωροῦ, λέγει, θεοῦ, μωροὶ, οὐδὲν εἰδότες. Διὰ τοῦτο, φησὶ, λέγει ὁ Σωτήρ· « Πάντες ἃ πρὸ ἐμοῦ ἐληλυθότες κλέπται καὶ λησταί εἰσί ». Καὶ ὁ Ἀπόστολος « Τὸ μυστήριον ὃ ταῖς προτέραις γενεαῖς οὐκ ἐγνωρίσθη ». Οὐδεὶς γάρ, φησὶ, τῶν προφητῶν εἴρηκε περὶ τούτων οὐδὲν ὧν ἡμεῖς λέγομεν, ἠγνοεῖτο γὰρ πάντα ἅτε δὴ ἀπὸ μόνου τοῦ Δημιουργοῦ λελαλημένα. (*Philos.* lib. VII, II, n° 35, p. 294, lin. 12-16, p. 295, lin. 1-2.)
[4] Ὅτε οὖν τέλος ἔλαβεν ἡ κτίσις καὶ ἔδει λοιπὸν γενέσθαι τὴν ἀποκάλυψιν τῶν υἱῶν τοῦ θεοῦ, τουτέστι τοῦ Δημιουργοῦ, τὴν ἐγκεκαλυμμένην ἐπὶ τὴν καρδίαν· ὁπότε οὖν ἔδει ἀρθῆναι τὸ κάλυμμα καὶ ὀρθῆναι ταῦτα τὰ μυστήρια, γεγέννηται ὁ Ἰησοῦς διὰ Μαρίας τῆς Παρθένου κατὰ τὸ εἰρημένον. « Πνεῦμα Ἅγιον ἐπελεύσεται ἐπί σε· » Πνεῦμά ἐστιν ἡ Σοφία· « καὶ δύναμις Ὑψίστου ἐπισκιάσει σοι, » Ὕψιστός ἐστιν ὁ Δημιουργός. (*Ibid.* p. 295. lin. 2-10.)

descendra sur toi, et la vertu du Très Haut te couvrira de son ombre [1]; et comme, d'après Valentin, l'Esprit saint désigne ici Sophia-Ogdoade, que la vertu du Très Haut n'est pas autre que Démiurge, il s'ensuit que Jésus l'homme nouveau a été formé, est né de Sophia et de Démiurge comme principe engendrant, Démiurge du corps, Sophia de la nature ou de l'âme, est sorti de l'Ogdoade comme un verbe (λόγος) céleste et sur la terre est né de Marie [2].

Il n'est pas difficile de voir ce que signifie le mythe valentinien, car il est le même que celui de Basilide. Le Jésus de Valentin possédait en lui-même quelques propriétés ou essences de tous les mondes à l'exception du Plérôme ; ce qu'il avait de l'Ogdoade, il le possédait par Sophia, Démiurge lui avait donné ce qu'il tenait de l'Hebdomade, et par Marie enfin il participait à la nature de la création terrestre. Jusqu'à ce point, les disciples de Valentin s'entendaient entre eux sur la doctrine de la Christologie, mais ils se séparaient de nouveau sur la nature du corps de Jésus. Les uns, l'école italique, voulaient que le corps de Jésus fût psychique, c'est-à-dire ne renfermât qu'une âme psychique ; les autres au contraire, et ils formaient l'école Orientale, affirmaient que le corps de Jésus était pneumatique ; c'est-à-dire animé par une âme de nature pneumatique; car, disaient-ils, Sophia est descendue en Marie, et ce qu'elle avait mis en Marie a été formé par l'opération de Démiurge [3]. Cette explication pourrait avoir plus de clarté, elle est suffisante cependant puisque Démiurge n'a fait que former la semence spirituelle déposée par Sophia dans le sein de la vierge Marie.

Ce Jésus, Sauveur de notre monde, qu'il faut bien se donner garde de confondre avec le Jésus fruit commun du Plérôme, devait faire sur la terre ce qui avait eu lieu dans les mondes supérieurs, car revient encore ici le principe

[1] *Luc*, I, 35.
[2] Ὁ δὲ Ἰησοῦς ὁ καινὸς ἄνθρωπος, ἀπὸ Πνεύματος Ἁγίου, τουτέστι τῆς Σοφίας καὶ τοῦ Δημιουργοῦ, ἵνα τὴν μὲν πλάσιν καὶ κατασκευὴν τοῦ σώματος αὐτοῦ ὁ Δημιουργὸς καταρτίσῃ, τὴν δὲ οὐσίαν αὐτοῦ τὸ πνεῦμα παράσχῃ τὸ Ἅγιον, καὶ γένηται Λόγος ἐπουράνιος ἀπὸ τῆς Ὀγδοάδος γεννηθεὶς διὰ Μαρίας. (*Phil.*, p. 295, l. 13-16, p. 296, lin. 1-2).
[3] Περὶ τούτου ζήτησις μεγάλη ἐστὶν αὐτοῖς καὶ σχισμάτων καὶ διαφορᾶς ἀφορμή..... Οἱ μὲν ἀπὸ Ἰταλίας..... ψυχικόν φασι τὸ σῶμα τοῦ Ἰησοῦ γεγονέναι, καὶ διὰ τοῦτο ἐπὶ τοῦ βαπτίσματος τὸ Πνεῦμα; ὡς περιστερά, κατελήλυθε, τουτέστιν ὁ λόγος ὁ τῆς μητρὸς ἄνωθεν τῆς Σοφίας, καὶ γέγονε τῷ ψυχικῷ, καὶ ἐγήγερκεν αὐτὸν ἐκ νεκρῶν..... Οἱ δ' αὖ ἀπὸ τῆς ἀνατολῆς λέγουσιν...... ὅτι πνευματικὸν ἦν τὸ σῶμα τοῦ Σωτῆρος. Πνεῦμα ἀρ Ἅγιον ἦλθεν ἐπὶ τὴν Μαρίαν, τουτέστιν ἡ Σοφία καὶ ἡ δύναμις τοῦ Ὑψίστου ἡ δημιουργικὴ τέχνη, ἵνα διαπλασθῇ τὸ ὑπὸ τοῦ Πνεύματος τῇ Μαρίᾳ δοθέν. (*Ibid.*, p. 296, lin. 2-14, p. 277, lin. 1-3.)

de similitude : ce qui nous fait ressortir de nouveau la parenté des deux systèmes de Basilide et de Valentin. Cette similitude de rédemption est même exprimée fort clairement par l'auteur des *Philosophumena* disant : « Quand les mondes supérieurs eurent été purifiés, il fallait que, suivant l'ordre de similitude (κατα τὴν ἀκολουθίαν), les choses qui se trouvent dans notre monde fussent purifiées aussi[1]. » En effet, les mondes supérieurs avaient eu leur rédemption : nous avons vu comment dans le Plérôme Χριστός et Πνεῦμα Ἅγιον avaient consolé la Sophia intérieure; les æons du Plérôme avaient eux-mêmes participé à cette rédemption dont les fruits furent la concorde et la paix dont nous avons parlé : l'Ogdoade et l'Hebdomade eurent aussi chacune la leur[2]. Le système de Valentin renfermait donc trois Sauveurs, l'un pour le Plérôme, le couple Χριστός et Πνεῦμα Ἅγιον; l'autre pour le monde intermédiaire, Jésus le fruit commun du Plérôme; le troisième enfin pour l'homme habitant de la terre. Le premier, le couple Χριστός et Πνεῦμα Ἅγιον était né de Νοῦς et d'Ἀλήθεια; après avoir rétabli la paix dans le Plérôme, il était descendu vers l'Ἔκτρωμα, c'est-à-dire vers la Sophia extérieure dont il avait redressé (διορθώσατο) les souffrances; le second, Jésus, était devenu l'époux de Sophia-Ogdoade, et quoiqu'il fût le fruit commun du Plérôme, il était de beaucoup inférieur au premier; le troisième, le second Jésus, devait racheter notre monde[3]. Dans le monde du milieu, la rédemption se fit par la Gnose supérieure donnée à Sophia par le premier Jésus, et à Démiurge par sa mère Sophia; l'auteur des *Philosophumena* dit en effet : Démiurge, instruit par Sophia, apprit qu'il n'était pas le seul Dieu comme il le croyait, qu'il y en avait un autre plus fort et plus puissant que lui; c'est ainsi qu'il fut instruit et initié au grand mystère de l'existence des æons[4]. Il est évident ici que par Sophia nous devons entendre

---

[1] Ἔδει οὖν διωρθωμένων τῶν ἄνω κατὰ τὴν αὐτὴν ἀκολουθίαν καὶ τὰ ἐνθάδε τυχεῖν διωρθώσεως. (*Ibid.*, p. 297, lin. 16-17, p. 298, lin. 1.)

[2] Ἀλλ' ἔτι λέγει ὡς διώρθωτο μὲν τὰ κατὰ τοὺς Αἰῶνας ἔσω σφάλματα, διώρθωτο δὲ καὶ τὰ κατὰ τὴν Ὀγδοάδα τὴν ἔξω Σοφίαν, διώρθωτο δὲ καὶ τὰ κατὰ τὴν Ἑβδομάδα. (*Ibid.*, p. 297, lin. 5-7.)

[3] Τούτου χάριν ἐγεννήθη Ἰησοῦς ὁ Σωτὴρ διὰ τῆς Μαρίας, ἵνα διορθώσηται τὰ ἐνθάδε ὥσπερ ὁ Χριστὸς, ὁ ἄνωθεν ἐπιπροθληθεὶς ὑπὸ τοῦ Νοὸς καὶ τῆς Ἀληθείας, διωρθώσατο τὰ πάθη τῆς ἔξω Σοφίας, τουτέστι τοῦ Ἐκτρώματος· καὶ πάλιν ὁ διὰ Μαρίας γεγεννημένος Σωτὴρ ἦλθε διορθώσασθαι τὰ πάθη τῆς ψυχῆς. Εἰσὶν οὖν κατ' αὐτοὺς τρεῖς Χριστοὶ, ὁ ἐπιπροβληθεὶς ὑπὸ τοῦ Νοὸς καὶ τῆς Ἀληθείας μετὰ τοῦ Ἁγίου Πνεύματος, καὶ ὁ κοινὸς τοῦ Πληρώματος καρπὸς σύζυγος τῆς ἔξω τῆς Σοφίας, ἥτις καλεῖται καὶ αὐτὴ Πνεῦμα Ἅγιον ὑποδεέστερον τοῦ πρώτου, καὶ τρίτος ὁ διὰ Μαρίας γεννηθεὶς εἰς ἐπανόρθωσιν τῆς κτίσεως καθ' ἡμᾶς. (*Ibid.*, n. 36, p. 298, lin. 1-10.)

[4] Ἐδιδάχθη γὰρ ὑπὸ τῆς Σοφίας ὁ Δημιουργὸς, ὅτι οὐκ ἔστιν αὐτὸς θεὸς μόνος ὡς ἐνόμιζε, καὶ πλὴν αὐτοῦ ἕτερός ἐστιν· ἀλλ' ἔγνω διδαχθεὶς ὑπὸ τῆς Σοφίας κρείττονα· κατηχήθη γὰρ ὑπ' αὐτῆς, καὶ ἐμυήθη καὶ

Jésus et Sophia, couple désormais inséparable, et que la Gnose illuminatrice de Valentin ne diffère pas de celle de Basilide.

C'est en vain que nous chercherions de plus amples détails sur la Christologie valentinienne, nous n'en trouverions nulle part; nous trouverions seulement dans les Extraits de Théodote, des allusions à la plupart des points qui composent cette partie de l'enseignement Valentinien. L'auteur y parle en effet de la nature du corps de Jésus [1], de la rédemption des mondes supérieurs [2], de la triple catégorie des âmes [3], de l'ignorance des hommes en vertu de celle de Démiurge [4], de la nature des Anges [5] et de la participation du Christ aux essences de tous les mondes [6]; mais nous avons beau lui demander des détails sur la dernière rédemption, sur la manière dont le second Jésus donna le salut à la terre, il reste dans le silence le plus complet et n'y fait pas une seule fois allusion. Toutes nos autres sources font de même et nous sommes réduits aux conjectures. Cependant il est évident d'après tout ce qui précède que la manière dont s'opéra le salut de la terre ne devait pas différer, dans le système de Valentin, de celle dont avait eu lieu la rédemption des autres mondes, et que l'illumination de la Gnose était le salut apporté par Jésus au genre humain. C'est tout ce que nous pouvons dire. Mais que de questions qui se posent d'elles-mêmes restent sans réponse! Valentin était-il docète? admettait-il comme réel et historique le récit des Évangiles? Son Jésus avait-il souffert? Nous n'en savons rien; à peine peut-on dire que ce Jésus n'était selon lui ni Dieu, ni fils de Dieu, quoiqu'il le fît naître d'une vierge, ce qui donna lieu de conjecturer qu'il admettait le récit des Évangiles comme historique, puisqu'il en croyait un point si capital; mais il avait dû se réserver le droit de plier ce récit à son système. D'ailleurs nous voyons par le livre gnostique *Pistis-Sophia*, que Jésus le sauveur de notre monde est vraiment ressuscité, qu'il enseigne ses disciples après sa

---

ἐδιδάχθη τὸ μέγα τοῦ Πατρὸς καὶ τῶν Αἰώνων μυστήριον, καὶ ἐξεῖπεν αὐτὸ οὐδενί, τουτέστιν, ὡς φησὶν, ὃ λέγει πρὸς Μωυσῆν. « Ἐγὼ ὁ θεὸς Ἀβραὰμ καὶ ὁ θεὸς Ἰσαὰκ καὶ ὁ θεὸς Ἰακὼβ, καὶ τὸ ὄνομά μου οὐκ ἀπήγγειλα αὐτοῖς », τουτέστι τὸ μυστήριον οὐκ εἶπα, οὐδὲ ἐξηγησάμην τίς ἐστιν ὁ θεὸς, ἀλλ' ἐφύλαξα παρ' ἐμαυτῷ ἐν ἀποκρύφῳ ὃ μυστήριον ὃ ἤκουσα παρὰ τῆς Σοφίας. (*Ibid*., n. 36, p. 297, lin. 7-16.)

[1] Excerpta Theodoti, n° 18, 19, 26, et 33. — *Patr. græc.*, IX.
[2] *Ibid.*, n. 35.
[3] *Ibid.*, n. 54, 55, 56 et 57.
[4] *Ibid.*, n. 50.
[5] *Ibid*, n. 36 et passim.
[6] *Ibid.*, n. 59, 61 et 62.

résurrection, et ces disciples sont les mêmes que ceux dont nous trouvons les noms dans les quatre Évangiles [1]. Tout nous porte donc à croire que Valentin admettait le récit des Évangiles, au moins sous bénéfice d'inventaire, qu'on nous passe l'expression; mais nous ne pouvons rien assurer d'une manière péremptoire et formelle.

Après la doctrine de Valentin sur la rédemption, la logique veut que, pour terminer la partie dogmatique de son système, nous exposions maintenant son eschatologie, c'est-à-dire ce qu'il pensait des fins dernières de l'homme, de son bonheur ou de son malheur futur. Les renseignements que nous avons à glaner dans les auteurs sur ce sujet sont en fort petit nombre. Nous avons déjà eu occasion de citer le seul texte que l'auteur des *Philosophumena* consacre à cette partie du système. « Si l'homme psychique, dit-il, se rend semblable à ceux qui sont dans l'Ogdoade, il devient immortel, il monte dans l'Ogdoade, qui est la céleste Jérusalem. Si au contraire, il se rend semblable à la matière, il se corrompt et périt [2]. » Trois choses sont démontrées par ces paroles, l'immortalité des pneumatiques, le bonheur même du monde intermédiaire accordé aux pneumatiques et l'anéantissement des hyliques; il est évident d'après cela que Valentin n'admettait pas la résurrection. Le bonheur dont devaient jouir les pneumatiques dans l'Ogdoade nous est ainsi exposé par Clément d'Alexandrie dans les Extraits de Théodote : « Les pneumatiques se reposeront dans le monde du Seigneur, c'est-à-dire dans l'Ogdoade qui est appelée Seigneur, ils y resteront jusqu'à la fin; les autres âmes demeureront dans l'Hebdomade avec Démiurge jusqu'à la fin des temps : alors elles monteront aussi dans l'Ogdoade, et là se fera un festin splendide, le festin des noces de tous ceux qui auront été sauvés jusqu'à ce que toutes choses soient devenues égales pour tous, et que tous les élus se connaissent les uns les autres [3]. » Un séjour éternel dans l'Ogdoade au milieu d'un festin nuptial,

---

[1] *Pistis-Sophia* p. 1 et *passim* dans tout l'ouvrage.

[2] Κατὰ τοῦτο τοίνυν τὸ μέρος, θνητή τίς ἐστιν ἡ ψυχὴ μεσότης τις οὖσα· ἔστι γὰρ Ἑβδομὰς καὶ Κατάπαυσις. Ὑποκάτω γάρ ἐστι τῆς Ὀγδοάδος, ὅπου ἐστὶν ἡ Σοφία, ἡμέρα ἡ μεμορφωμένη καὶ ὁ κοινὸς τοῦ Πληρώματος καρπός· ὑπεράνω δὲ τῆς ὕλης, ἣ ἐστι Δημιουργός. Ἐὰν ἐξομοιωθῇ τοῖς ἄνω τῇ Ὀγδοάδι, ἀθάνατος ἐγένετο καὶ ἦλθεν εἰς τὴν Ὀγδοάδα, ἥτις ἐστι, φησίν, Ἰερουσαλὴμ ἐπουράνιος· ἐὰν δὲ ἐξομοιωθῇ τῇ ὕλῃ, τουτέστι τοῖς πάθεσι τοῖς ὑλικοῖς, φθαρτή ἐστι καὶ ἀπώλετο. (*Philos.*, lib. VI, n. 32, p. 290, lin. 6-13.)

[3] Ἡ μὲν οὖν πνευματικῶν ἀνάπαυσις ἐν Κυριακῇ, ἐν Ὀγδοάδι ἡ Κυριακὴ ὀνομάζεται· παρὰ τῇ μητρὶ ἔχοντα τὰς ψυχὰς τὰ ἐνδύματα ἄχρι συντελείας· αἱ δὲ ἄλλαι πισταὶ ψυχαὶ παρὰ τῷ Δημιουργῷ· περὶ δὲ τὴν

telle est la récompense promise après la mort aux Valentiniens ; après la destruction du monde, elle sera la même pour tous les élus, mais avant la consommation des siècles, les âmes des pneumatiques par nature goûteront seules ces délices figurées par la joie d'un festin nuptial ; les âmes au contraire qui ne seront devenues pneumatiques pendant leur vie que par l'acceptation plus ou moins tardive de la doctrine valentinienne, séjourneront d'abord dans l'Hebdomade et ne monteront jusqu'à l'Ogdoade qu'à la fin des temps. Mais qu'était-ce que ce festin nuptial ? Le même auteur nous l'explique : « Alors les pneumatiques, dit-il, ayant dépouillé l'âme psychique, recevront les anges pour époux, comme leur mère elle-même a reçu un époux, ils entreront dans la chambre nuptiale qui se trouve dans l'Ogdoade, en présence de l'Esprit, c'est-à-dire de Sophia et de Jésus qui est appelé esprit, ils deviendront des æons intelligents, ils participeront à des noces spirituelles et éternelles [1]. » Le festin nuptial était donc l'état des pneumatiques illuminés, connaissant les mystères des mondes, unis aux anges qui sont les principes mâles de ces nouvelles syzygies dont les âmes pneumatiques sont les principes femelles. Le bonheur final des hommes et des habitants du monde intermédiaire est de reproduire l'image du Plérôme et de ses couples d'émanations, ce qui n'est pas autre chose que de partager la vie de la divinité elle-même.

Telle est l'eschatologie valentinienne. On voit qu'elle diffère de celle de Basilide en tout point. Chez Valentin la connaissance acquise n'est plus enlevée ou limitée, les pneumatiques sont capables de toutes les connaissances du monde intermédiaire, ils s'unissent aux anges et forment de nouveaux couples ; dans Basilide, chaque habitant du monde aérien est limité à sa sphère et aux connaissances de sa sphère, il n'est capable de nulle autre chose, et il ne doit point attendre ce mariage spirituel que nous venons d'exposer. Valentin avait donc innové dans la Gnose. Cependant toute cette partie de l'enseignement de Valentin est voilée ; une multitude de questions ne sont pas touchées ;

συντελείαν ἀναχωρουσι καὶ αὐτοὶ εἰς Ὀγδοάδα. Εἶτα τὸ δεῖπνον τῶν γάμων κοινὸν πάντων τῶν σωζο-
μένων, ἄχρις ἂν ἀπισωθῇ πάντα καὶ ἄλληλα γνωρίσῃ. (*Excerpt. Theod.*, n. 63. — *Patr. græc.*, t. IX, col. 689.)

[1] Τότε ἐντεῦθεν ἀποθέμενα τὰ πνευματικὰ τὰς ψυχὰς ἄμα τῇ μητρί κομιζομένη τὸν νύμφιον, κομιζόμενα καὶ αὐτὰ τοὺς νυμφίους, τοὺς ἀγγέλους ἑαυτῶν εἰς τὸν νυμφῶνα ἐντὸς τοῦ Ὅρου εἰσίασι, καὶ πρὸς τὴν τοῦ Πνεύματος ὄψιν ἔρχονται Αἰῶνες νοεροὶ γενόμενα, εἰς τοὺς νοεροὺς καὶ αἰωνίους γάμους τῆς συζυγίας. (*Ibid.*, n. 64, col. 689.)

nous ne savons rien sur le sort final des hommes qui ne sont pas devenus pneumatiques, sur le sort de ces démons dont nous connaissons l'existence et les chefs, sur la terre elle-même. On nous dit seulement que tout ce qui est hylique se corrompt et périt, et que même la partie psychique de l'âme est rejetée comme une vile dépouille par les pneumatiques. Ne serait-ce pas toutefois avouer que démons, hyliques et terre étaient anéantis? Pour nous, il nous semble que telle est la conclusion dernière de la doctrine valentinienne. Cependant nous devons dire que dans le livre gnostique intitulé *Pistis-Sophia*, il est parlé plusieurs fois de tourments infernaux, mais comme nulle autre source ne nous en informe, peut-être ne devons-nous y voir qu'un développement postérieur.

IV

MORALE ET RITES VALENTINIENS

Après avoir exposé la partie eschatologique du système de Valentin, il faut maintenant nous occuper de sa morale. En entrant dans cette nouvelle voie, une question se présente tout d'abord à nous : Que pensait Valentin de l'origine du mal? Question importante entre toutes, car c'est pour la résoudre que la plupart des philosophes gnostiques ont forgé leurs systèmes. Pour répondre à cette question, nous sommes plus heureux que pour bien d'autres ; l'auteur du *Dialogue contre les Marcionites* nous a conservé de Valentin une page éloquente qui ne ressemble en rien aux élucubrations du traité gnostique *Pistis-Sophia*, et qui est bien digne de nous faire regretter la perte des autres ouvrages de ce philosophe dévoyé, auquel on ne peut refuser une imagination puissante et une intelligence grandiose. Nous allons citer cette page : on est heureux de pouvoir reposer son esprit après tant de subtilités, de fantastiques légendes qui, bien que cachant un sens profond, ne laissent pas que d'être ennuyeuses, et ce passage donnera une idée du génie de Valentin.

« Me trouvant en bonnes dispositions, écrivait Valentin, je revins à ma maison. Le lendemain, je veux dire aujourd'hui, en sortant je vis deux hommes unis par le sang combattre l'un contre l'autre, le glaive à la main ;

ils s'accablaient d'injures, s'efforçaient l'un et l'autre de blesser leur adversaire et de le ramener mourant. J'en vis ensuite d'autres qui commettaient des forfaits plus atroces encore ; l'un s'acharnait sur un cadavre, il avait exposé de nouveau au soleil un corps que la terre recouvrait déjà, il épuisait ses outrages sur cette forme humaine qui n'était pas différente de la sienne, et finalement laissait le cadavre devenir la pâture des chiens. Alors tirant son épée, il se précipitait sur un autre de ses semblables. Celui-ci voulut chercher son salut dans la fuite, mais l'autre n'arrêta pas sa poursuite et ne mit pas un terme à sa rage. Qu'ai je besoin d'ajouter ? Il se précipita sur le malheureux, le frappa aussitôt de son épée ; alors le patient tomba tout à coup à ses genoux, et tendit vers lui des mains suppliantes, il voulait lui donner jusqu'à son vêtement, il ne lui demandait que d'épargner sa vie. Mais la colère du forcené ne se brisait pas, la pitié ne touchait pas son cœur ; il ne voulait pas se contempler lui-même dans l'image de son semblable ; mais, comme une bête cruelle il apprêtait son glaive pour le dévorer : bientôt après un second cadavre s'ajoutait au premier, tant était grande sa fureur. J'avais donc vu là un homme injustement opprimé, un autre homme dépouillant le premier, lui enlevant le dernier de ses vêtements, et ne prenant pas même le soin de le couvrir de poussière. A cela vint bientôt s'ajouter un autre spectacle : l'un essayait de tromper l'épouse de son voisin, il tendait des embûches à des noces étrangères et illicites, il essayait de faire envahir le lit d'autrui par celui qui était déjà marié, ne voulant pas le laisser devenir père légitimement. Alors j'en vins à croire à la réalité de ce qu'ont représenté les tragédies, je fus persuadé qu'elles ne mettent sous les yeux que la vérité. Je crois au désir d'Œnomaüs au milieu de son ivresse, je ne regarde pas comme une chose incroyable que deux frères aient pu se combattre l'un l'autre. Ensuite au spectacle de choses si horribles, je me demandai quelle en était la cause, quel était le principe de tous ces mouvements humains, quelle puissance soufflait aux hommes de telles actions contre eux-mêmes, quel avait été l'inventeur de tous ces crimes, et qui les avait enseignés à l'homme. Et je ne pouvais pas trouver en moi la force de dire que Dieu était l'auteur et le créateur de tous ces maux. »

Voilà certes de grandes paroles ; on ne peut dépeindre plus éloquemment le spectacle des crimes qui déshonorent l'humanité, l'effroi d'une âme qui assiste à tant de forfaits, qui en recherche la cause et ne peut la faire remonter jusqu'à Dieu. Cependant il fallait en trouver le principe. Valentin continue en ces termes : « Je ne croyais pas que de Dieu le mal eût sa substance et la continuité de son existence ; car qui peut avoir de pareilles pensées sur Dieu ? En effet il est bon, il est le créateur des meilleures choses, rien de mauvais ne se trouve en lui. Il ne peut prendre plaisir à de tels crimes, il en défend l'origine, il rejette loin de lui ceux qui se plaisent à les commettre, il reçoit avec lui ceux qui les fuient. Comment ne serait-il donc pas absurde de dire que Dieu a créé ces mêmes choses qu'il repousse ? Il ne pourrait pas vouloir en effet qu'elles n'existent pas, si lui-même les avait créées le premier. Au contraire, il veut que ceux qui aspirent à monter à lui l'imitent en tout. Il me semblait donc tout à fait contraire à la raison de lui attribuer tout cela, comme s'il l'eût fait, ou comme s'il eût lui-même créé le mal, quand même il serait impossible d'admettre que quelque chose qui n'existe pas pût être fait. Car celui qui aurait fait exister des choses qui n'étaient pas, ne les anéantirait pas maintenant ; ou, s'il faut nécessairement dire qu'il a été un temps où Dieu prenait plaisir à ces maux, à présent, comme il me semble impossible de parler ainsi de Dieu, de même il me semble inconvenant de lui attribuer le mal.

« C'est pourquoi il m'a semblé que le mal était inhérent à la matière dont Dieu a créé ce qui existe, discernant avec art et prudence chaque créature, l'ornant avec élégance ; le mal me semble donc venir de la matière. Car lorsqu'elle n'était ni créée, ni formée, ni emportée sans ordre, lorsqu'elle avait besoin d'être travaillée par Dieu, celui ci ne lui porta point envie, il ne voulut point la laisser être toujours ainsi emportée, mais il mit la main à l'œuvre ; des parties les plus mauvaises de la matière, il distingua les plus belles, et c'est ainsi qu'il fit son œuvre de Démiurge. Tout ce qui, pendant sa création, était souillé de lie et par conséquent non apte à devenir une créature, il le laissait tel quel comme ne pouvant servir à rien. C'est de là, me semble-t-il, que le mal est venu pour les hommes[1]. »

[1] Εὖ διατεθεὶς νομίζων, ἐπὶ τὴν οἰκίαν ἀνεχώρουν τὴν ἐμήν. Τῇ δὲ ἐπιούσῃ, τουτέστι σήμερον, ἐλθών, ἑώρων δύο τινὰς ὁμογενεῖς, ἀνθρώπους λέγω, δὴ διαπληκτιζομένους καὶ λοιδορουμένους ἀλλήλοις, ἕτερον πρὸς ἕτερον, ἢ δ' αὖ πάλιν ἀμφικμάτωσαι πειρωμένους τὸν πλησίον. Ἤδη δέ τινες καὶ δεινότερα τολμᾶν ἤρχοντο· ὃς μὲν γὰρ ἔσκυλε νεκρόν, καὶ τὸ χρυθὲν ἤδη σῶμα τῇ γῇ, πάλιν ἐδείκνυεν ἡλίῳ, καὶ τὴν ὁμοίαν οὕτως

Telle est cette page de Valentin : après l'avoir lue, on ne peut refuser au Gnostique la grandeur et l'éloquence ; mais que cachent cette éloquence et cette grandeur ? Il n'y a dans cette tirade sonore prise en elle-même que ce que nous pourrions appeler un effet trompeur d'optique. En effet quiconque lirait cette page sans avoir une connaissance suffisante du système valentinien, croirait y retrouver le dualisme platonicien : Valentin met le mal dans la matière, il semble opposer cette matière à Dieu, mais ce Dieu cache Démiurge, cette matière est le produit des douleurs de Sophia : voilà pourquoi nous disons que cette page éloquente n'est qu'un subterfuge et une illusion trompeuse. Il répugne à Valentin de dire que Dieu a créé le mal ; pour échapper à cette extrémité, il place la cause du mal dans la lie qui restait au fond de la matière dont Démiurge fabriquait les êtres, et il ne remarquait pas que par là même il rendait Dieu responsable du mal, puisque la matière est une émanation de

ἐνύβριζεν εἰκόνα βορὰν κυσὶ καταλιπὼν τὸν νεκρόν· τὸ δὲ ξίφος ἐγύμνου, καὶ ἐπὶ τὸν ὅμοιον ἄνθρωπον ἐχώρει. Καὶ ὁ μὲν φυγῇ τὴν σωτηρίαν πορίζειν ἤθελεν, ὁ δὲ διωκεῖν οὐκ ἐπαύετο, οὐδὲ τοῦ θυμοῦ κρατεῖν ἤθελε. Καὶ τί δεῖ πλέον λέγειν· ἀλλ' ὅτι χωρήσας ἐπ' αὐτὸν εὐθέως ἔπαισε τῷ ξίφει· ὁ δὲ ἱκέτης τῷ πλησίον ἐγένετο, καὶ χεῖρας ἱκεσίας ὤρεγε, καὶ τὴν μὲν ἐσθῆτα διδόναι ἤθελε, μόνον δὲ τὸ ζῆν ἔχειν ἠξίου· ὁ δὲ οὐκ ἐθραύετο τὸν θυμὸν, οὐδὲ ἠλέει τὸν ὁμογενῆ, οὐδὲ ἑαυτὸν διὰ τῆς εἰκόνος ἐκείνου βλέπειν ἤθελεν, ἀλλ' ὡς ἄγριος θὴρ τῷ ξίφει τῆς βορᾶς ἤρχετο· ἤδη δὲ καὶ τὸ σῶμα τῷ ὁμοίῳ προσέφερε σώματι τοσοῦτος γὰρ ἦν τῷ θυμῷ. Καὶ ἦν ἰδεῖν τὸν μὲν ἠδικημένον, τὸν δὲ λοιπὸν σκυλεύοντα, καὶ μηδὲ γῇ σκεπάζοντα τὸ σῶμα· τῆς γὰρ ἐσθῆτος ἐγύμνωσε. Πρὸς δὲ τούτοις, ἕτερος προσήει, ὃς τοῦ πλησίον γυναῖκα παίζειν ἤθελε, λῃστεύων γάμον ἀλλότριον καὶ ἐπὶ παρανόμῳ κοίτῃ τραπῆναι παρορμῶν τὸν γεγαμηκότα, γνήσιον πατέρα γενέσθαι μὴ θέλων. Ἐντεῦθεν καὶ ταῖς τραγῳδίαις· πιστεύειν ἠρχόμην, καὶ τοῦτό ἐστι, δι' ὧν ἀληθῶς ἐδόκει μοι γεγονέναι. Πιστεύω καὶ τὴν Οἰνομάου παρανομον ἐπιθυμίαν, καὶ τὴν τῶν ἀδελφῶν διὰ ξίφους φιλονεικίαν οὐκ ἀπιστῶ. Τοσούτων τοίνυν καὶ τοιούτων θεατὴς γενόμενος ἐγὼ, πόθεν ταῦτα ἀναζητεῖν ἠρχόμην· τίς δὲ καὶ ἡ τῆς κινήσεως αὐτῶν ἀρχή; Καὶ τίς ὁ τοσαῦτα κατὰ ἀνθρώπων μηχανησάμενος; πόθεν τε ἡ εὕρεσις αὐτῶν; καὶ τίς ὁ τούτων διδάσκαλος; καὶ τὸν μὲν θεὸν ποιητὴν τούτων λέγειν, τολμᾷν οὐχ οἷος τε ἦν.

Ἀλλὰ μὴν οὐδὲ ἐξ αὐτοῦ τὴν ὑπόστασιν ἔχειν, οὐδὲ τὴν τοῦ εἶναι σύστασιν· πῶς γὰρ οἷόν τε ἦν ταῦτα περὶ τοῦ θεοῦ ἐννοεῖν ; ὁ μὲν γὰρ ἀγαθὸς καὶ τῶν κρειττόνων ποιητὴς, τῶν δὲ φαύλων αὐτῷ πρόσεστιν οὐδέν· ἀλλ' οὐδὲ τοῖς τοιούτοις χαίρειν πέφυκεν, ἀπαγορεύει δὲ καὶ τὴν γένεσιν αὐτῶν· καὶ τοὺς μὲν χαίροντας τούτοις ἀποβάλλεται, τοὺς δὲ φεύγοντας αὐτὰ προσίεται. Καὶ πῶς οὐκ ἄτοπον τὸν θεὸν τούτων λέγειν δημιουργόν, τὸν ταῦτα μισοῦντα μενον ; Οὐδὲ γὰρ ἂν ἐδοῦλετο μὴ εἶναι ταῦτα, εἰ πρῶτος αὐτῶν ποιητὴς ὑπῆρχεν αὐτός. Τοὺς γὰρ προσιόντας αὐτῷ, μιμητὰς αὐτοῦ γενέσθαι θέλει. Ὅθεν ἄλογον ἔδειξεν εἶναί μοι ταῦτα προσάπτειν αὐτῷ, ἢ ὡς ἐξ αὐτοῦ γεγονότα, ἢ (εἰ τὰ μάλιστα συγχωρήσειν ἐξ οὐκ ὄντων δυνατὸν εἶναι τὸ γενέσθαι) ὅτι καὶ τὰ κακὰ ἐποίησεν αὐτός. Ὁ γὰρ ἐκ τοῦ οὐκ εἶναι εἰς τὸ εἶναι αὐτὰ ποιήσας, οὐκ ἂν ἐκ τοῦ εἶναι ἄνηρει πάλιν· ἢ εἰ τοῦτο ἀνάγκη λέγειν, ὡς ἦν ποτε καιρός, ὅτε τοῖς κακοῖς ἔχαιρεν ὁ θεός· νῦν δὲ, ὅπερ ἀδύνατον εἶναί μοι δοκεῖ, λέγειν ταῦτα περὶ θεοῦ, ἀνοίκειον αὐτοῦ τῆς φύσεως τοῦτο προσαρμόζειν.

Διόπερ ἔδοξέ μοι συνυπάρχειν τε αὐτῷ, ᾧ τοὔνομα ὕλη· ἐξ ἧς τὰ αὐτὰ ἐδημιούργησε, τέχνῃ σοφῇ διακρίνας καὶ διακαταστήσας καλῶς, ἐξ ἧς καὶ τὰ κακὰ εἶναι δοκεῖ ἀποιήτου γὰρ καὶ ἀσχηματίστου οὔσης αὐτῆς, πρὸς δὲ τούτοις καὶ ἀτάκτως φερομένης, δεομένης τε τῆς τοῦ θεοῦ τέχνης. οὐκ ἐφθόνησεν οὗτος, οὐδὲ διαπαντὸς κατειλῆφθαι αὐτὴν οὕτω φέρεσθαι. ἀλλὰ δημιουργεῖν ἤρχετο, καὶ ἀπὸ τῶν χειρίστων αὐτῆς τὰ κάλλιστα διακρίνειν ἤθελε, καὶ οὕτω γοῦν ἐδημιούργησε. Τὰ δ' ὅσα αὐτῆς, ὡς ἐποίει, τραγῴδια ἐτύγχανε, ταῦτα ἀναρμοστα ὄντα πρὸς δημιουργίαν, ὡς εἶχε, κατέλειψε, κατ' οὐδὲ αὐτῷ προσήκοντα. Ἐξ ὧν δοκεῖ μοι νῦν παρὰ ἀνθρώποις ἐπιῤῥεῖν τὰ κακά. (Grabe. Spicil. hær. sæc., II, p. 57. — Apud. Patr. græc., t. VII, col. 1273-1277.)

la Sophia extérieure, qui elle-même est une émanation de l'autre Sophia dont la génération remonte en ligne directe au Père Incréé. Valentin tombait donc fatalement dans ce qu'il voulait éviter ; pas plus que ses prédécesseurs dualistes ou panthéistes, que ses successeurs modernes ou contemporains, il ne pouvait échapper à la nécessité logique d'un système basé sur l'émanation. On a beau multiplier les intermédiaires, changer les noms, éloigner la conséquence de la cause, c'est toujours la même chose au fond, la même conséquence et la même cause. Et il faut bien remarquer ici que nous n'expliquons pas arbitrairement le texte en voulant trouver Démiurge sous le nom de Dieu, Valentin emploie lui-même l'expression ; quand il parle de la création faite par ce Dieu, il dit : Il fit l'action de Démiurge ($\dot{\epsilon}\delta\eta\mu\iota\omicron\acute{\nu}\rho\gamma\eta\sigma\epsilon$). De plus un texte de Clément d'Alexandrie nous apprend que Démiurge était appelé simplement Dieu dans le système valentinien, ou image de Dieu, prophète de Dieu [1] : l'auteur des *Philosophumena* lui-même emploie l'expression, comme on peut le voir dans l'un des textes cités plus haut [2]. Il n'y a donc pas de doute possible : Valentin n'était pas dualiste, en donnant au mal la matière pour cause, c'était à Dieu lui-même qu'il en faisait remonter l'origine, et en cela il ressemble à tous les autres Gnostiques qui nous sont déjà connus : puisque la matière n'était due qu'à la défaillance d'un æon divin, le mal était dû lui-même à cette défaillance primitive d'un être dont toutes les choses inférieures étaient émanées.

A la question de l'origine du mal se rattache la question non moins importante de la volonté, de la liberté humaine : en faisant remonter jusqu'à Dieu la cause du mal, Valentin pouvait-il laisser à l'âme la liberté de choisir entre le bien et le mal ? Cela ne paraît guère probable ; d'ailleurs avec sa division des hommes en pneumatiques, psychiques et hyliques, avec son élection par nature, il n'est pas possible de croire qu'il enseignait la liberté de l'âme humaine. Toutefois, nous ne trouvons aucun témoignage précis que nous puissions affirmer venant de lui, mais en revanche nous connaissons l'en-

---

[1] Περὶ τούτου τοῦ θεοῦ ἐκεῖνα αἰνίττεται, γράφων αὐταῖς λέξεσιν· Ὁπόσον ἐλάττων ἡ εἰκὼν τοῦ ζῶντος προσώπου, τοσοῦτον ἥσσων ὁ κόσμος τοῦ ζῶντος αἰῶνος. Τίς οὖν αἰτία τῆς εἰκόνος ; μεγαλοσύνη τοῦ προσώπου, παρεσχημένου τῷ ζωγράφῳ τὸν τύπον, ἵνα τιμηθῇ δι' ὀνόματος αὐτοῦ. Οὐ γὰρ αὐθεντικῶς εὑρέθη μορφὴ, ἀλλὰ τὸ ὄνομα ἐπλήρωσαν τὸ ὑστερῆσαν ἐν πλάσει. Συνεργεῖ δὲ καὶ τὸ τοῦ Θεοῦ ἄρρητον εἰς πίστιν τοῦ πεπλασμένου. (Clem. Alex., *Strom.*, lib. IV. — *Patr. græc.*, t. VIII, col.).

[2] Cf. *Philos.*, VI, n. 36, p. 297.

seignement de l'école orientale pendant sa vie; et nous voyons que cette école enseignait le fatalisme, ce qui est tout à fait conforme aux données du système tel que nous le connaissons et tel qu'il était certainement dans ses lignes générales. « Le destin, disaient les Valentiniens, est le concours d'un grand nombre de vertus contraires. Ces vertus sont invisibles et obscures, c'est à elles qu'est confié le soin de diriger le cours des astres par lesquels elles président à tous les événements et les dirigent. Comme chacune d'elles est emportée dans le mouvement général du monde, elles dominent sur tout ce qui a été fait dans la même sphère de mouvement, comme si toutes les créatures enveloppées dans ce mouvement leur appartenaient [1]. » Le destin dépendait donc des puissances qui présidaient aux astres : quant aux astres eux-mêmes, ils n'ont aucune influence, ils ne font qu'indiquer la force des puissances dominatrices [2]. Il y a sept planètes qui entrent dans les douze signes du Zodiaque ; le lever de ces planètes est dirigé par les puissances, elles indiquent le mouvement de la matière pour la génération des animaux. Les planètes comme les puissances sont bienfaisantes ou malfaisantes, favorables ou sinistres [3]. Souvent il y a lutte entre ces différentes puissances; Dieu nous délivre alors par le secours de ses anges, dont les uns combattent pour nous, les autres contre nous, semblables à des soldats envoyés à notre défense ou à des voleurs [4].

Ainsi non seulement l'école orientale valentinienne enseignait le fatalisme, mais elle enseignait encore le plus absurde des fatalismes, le fatalisme astrologique. Si tout est réglé par la conjonction, le lever des astres, leur entrée et leur position dans l'un des douze signes du zodiaque, il est évident que la

---

[1] Ἡ εἱμαρμένη; ἐστὶ σύνοδος πολλῶν καὶ ἐναντίων δυνάμεων· αὐταὶ δὲ εἰσιν ἄορατοι καὶ ἀφωνεῖς ἐπιτροπεύουσαι τὴν τῶν ἄστρων φοράν, καὶ δι' ἐκείνων πολιτευόμεναι. Καθὸ γὰρ ἔκαστον αὐτῶν ἔφθακεν τῇ τοῦ κόσμου κινήσει συνανακρεφόμενον, τῷ κατ' αὐτὴν τὴν ῥοπὴν γενομένων εἴληχεν τὴν ἐπικράτειαν, ὡς αὐτοῦ τέκνων. (Excerp. Theod., n. 69. — Patr. gaec., t. IX, col, 692.)

[2] Διὰ τῶν ἀπλανῶν τοίνυν καὶ πλανομένων ἄστρων, ἐπὶ τούτων ἄορατοι δυνάμεις ἐποχούμεναι, ταμιεύουσι τῆς γενέσεως καὶ προσκοποῦσι· τὰ δὲ ἄστρα αὐτὰ μὲν οὐδὲν ποιεῖ, δείκνυσι δὲ τὴν ἐνέργειαν τῶν κυρίων δυνάμεων. ὥσπερ καὶ ἡ τῶν ὀρνίθων πτῆσι: σημαίνει τι, οὐχὶ ποιεῖ. (Ibid. n. 70.)

[3] Τὰ τοίνυν δεκαδύο ζώδια, καὶ οἱ αὐτὰ ἐπιόντες ἑπτὰ ἀστέρες, τοτὲ μὲν συνοδεύοντες, τοτὲ δὲ ὑποπταίνοντες, ἀνατέλλοντες οὗτοι, πρὸς τῶν δυνάμεων κινούμενοι, κίνησιν τῆς οὐσίας δηλοῦσιν εἰς γένεσιν τῶν ζώων καὶ τὴν τῶν περὶ στάσεων ῥοπήν. Διάφοροι δ' εἰσὶ καὶ οἱ ἀστέρες καὶ οἱ δυνάμεις· ἀγαθοποιοί, κακοποιοί, δεξιοί, ἀριστεροί· ὧν κοινὸν τὸ τικτόμενον. (Ibid., n. 71.)

[4] Ἀπὸ ταύτης τῆς στάσεως καὶ μάχης τῶν Δυνάμεων ὁ Κύριος ἡμᾶς ῥύεται, καὶ παρέχει τὴν εἰρήνην ἀπὸ τῆς τῶν δυνάμεων καὶ τῆς τῶν Ἀγγέλων παρατάξεως, ἣν οἱ ὑπὲρ ἡμῶν, οἱ δὲ καθ' ἡμῶν παρατάσσονται· οἱ μὲν γὰρ στρατιώταις ἐοίκασι, συμμαχοῦντες ἡμῖν, ὡς ἂν ὑπηρέταις Θεοῦ, οἱ δὲ λῃσταῖς. (Ibid., n. 72.)

liberté d'action n'a rien à faire avec l'homme qui ne fait que correspondre aux signes astrologiques. Cependant si le destin dominait la vie de l'homme d'après cette théorie gnostique, il perdait son pouvoir à l'heure du baptême, c'est-à-dire à l'heure où l'âme était illuminée par la Gnose, car le baptême n'était pas seulement la purification qui rend l'homme à la liberté, mais aussi la science qui lui enseignait ce qu'il avait été, ce qu'il était devenu, où il se trouvait, d'où il venait, où il allait, comment il avait été racheté, et enfin ce qu'étaient la génération et la régénération [1]. Toutefois cette illumination qui rendait à l'âme la liberté n'était pas un effet infaillible du baptême, car souvent, au moment où le catéchumène gnostique descendait dans la piscine baptismale, certains esprits impurs descendaient avec lui, revenaient avec lui possesseurs du sceau de la Gnose, et le rendaient inguérissable pour toujours [2]. Que nous prouve donc tout ceci? sinon que la liberté de l'âme n'était comptée pour rien dans le système valentinien, que la Gnose était avant tout une œuvre d'élection, et que même elle ne suffisait pas toujours à purifier le psychique de toute influence hylique ou démoniaque, puisque même après le baptême gnostique certains hommes pouvaient être hyliques pour toujours et ne jamais participer au bonheur que promettait la Gnose à ses adeptes. On voit que nous retrouvons ici la doctrine exposée plus haut des appendices de l'âme recevant les λόγοι ou les démons, et toute notre appréciation de ce point reçoit une nouvelle confirmation.

La suite nécessaire du fatalisme est la non-responsabilité de l'homme : si tout doit arriver fatalement, s'il n'y a pas un libre choix pour l'homme entre le bien et le mal, si l'âme doit être sauvée ou perdue selon les conjonctions des astres, l'homme n'a qu'à se laisser aller à la dérive sur le fleuve de la vie, il ne fera ni plus ni moins que ce qui est marqué par le destin, il sera sauvé ou perdu malgré lui. Il nous est évident qu'un tel enseignement dut être le corollaire du système valentinien : d'ailleurs, c'est la doctrine morale de toute la Gnose depuis Simon le Mage jusqu'au dernier descendant du

---

[1] Μέχρι τοῦ βαπτίσματος οὖν ἡ εἱμαρμένη, φασίν, ἀληθής· μετὰ δὲ τοῦτο οὐκ ἔτι ἀληθεύουσιν οἱ ἀστρολόγοι. Ἔστι δὲ οὐ τὸ λουτρὸν μόνον τὸ ἐλευθεροῦν, ἀλλὰ καὶ ἡ γνῶσις· τίνες ἦμεν, τί γεγόναμεν, ποῦ ἦμεν, ἢ ποῦ ἐνεβλήθημεν, ποῦ σπεύδομεν, πόθεν λυτρούμεθα, τί γέννησις, τί ἀναγέννησις. (Ibid., n. 78. — Id., col. 693-696.)

[2] Ἐπὶ τὸ βάπτισμα χωροῦντας ἔρχεσθαι προσῆκεν· Ἀλλ' ἐπεὶ πολλάκις συγκαταβαίνει τισὶ καὶ ἀκάθαρτα πνεύματα παρακολουθοῦντα, καὶ τυχόντα μετὰ τοῦ ἀνθρώπου τῆς σφραγῖδος, ἀνίατα τοῦ λοιποῦ γίνεται, ᾇ τῇ χαρᾷ συμπλέκεται φόβος, ἵνα τις μόνος καθαρὸς αὐτὸς κατέλθῃ. (Ibid., n. 83, col. 696.)

dernier maître gnostique. Si l'école orientale valentinienne posait le principe, et elle le posait comme le montrent les textes que nous avons cités, elle ne devait pas renier la conséquence : quant à l'opinion propre de Valentin, nous ne pouvons en rien l'affirmer, car les témoignages nous font défaut. Cependant nous savons qu'il enseignait que certaines âmes étaient élues, c'est-à-dire sauvées par nature, que d'autres au contraire étaient hyliques et sujettes à une perte inévitable. De là à enseigner l'inutilité des œuvres, il n'y a qu'un pas, et ce pas peut être franchi bien facilement. Il est certain que les disciples de Valentin n'ont pas échappé plus que les autres Gnostiques aux accusations les plus graves, mais il est aussi certain que Valentin n'enseignait pas la promiscuité, et ne mettait pas le mariage au nombre des œuvres de Satan. Clément d'Alexandrie dit en propres termes : « Les disciples de Valentin qui ont enseigné l'émanation par syzygie tiennent le mariage pour honorable [1]. » Si donc les disciples de Valentin se sont départis plus tard de cette moralité, il ne faut pas en faire remonter la faute au maître, mais nous devons avouer que l'inutilité des œuvres pour le salut ouvrait la porte assez grande à toutes les corruptions.

Voilà tout ce que nous savons sur la partie morale de l'enseignement valentinien, c'est peu de chose; nous en savons encore moins sur les pratiques ou le culte des adeptes. Si l'on excepte le baptême dont nous venons de parler, on en est réduit à de simples conjectures. Sur ce baptême lui-même, nous avons peu de détails; nous savons seulement qu'il était prescrit de le recevoir avec joie [2], qu'il était d'une double nature; sensible et se donnant par l'eau, il avait la vertu d'éteindre le feu sensible ; spirituel et conféré dans l'esprit, c'était le remède pour chasser les démons de l'âme où ils habitaient [3]. Pour conférer ce baptême, les Valentiniens se servaient d'eau que l'on avait à l'avance purifiée par des exorcismes [4]. Enfin, on voit dans les Extraits de

---

[1] Οἱ μὲν οὖν ἀμφὶ τὸν Οὐαλεντῖνον, ἄνωθεν ἐκ τῶν θείων προβολῶν τὰς συζυγίας καταγαγόντες, εὐαρεστοῦνται γάμῳ. (Strom., lib. III, cap. — Patr. græc., t. VIII, col. 1097.)

[2] Cf. page précédente, note dernière.

[3] Καὶ τὸ βάπτισμα οὖν διπλοῦν ἀναλόγως, τὸ μὲν αἰσθητὸν δι' ὕδατος, τοῦ αἰσθητοῦ πυρὸς σβεστήριον, τὸ δὲ νοητὸν διὰ Πνεύματος, τοῦ νοητοῦ πυρὸς ἀλεξητήριον. Καὶ τὸ σωματικὸν πνεῦμα τοῦ αἰσθητοῦ πυρὸς τροφὴ καὶ ὑπέκκαυμα γίνεται, ὀλίγον ὂν· πλεῖον δὲ γενόμενον, σβεστήριον πέφυκε. Τὸ δὲ ἄνωθεν δοθὲν ἡμῖν πνεῦμα, ἀσώματον ὄν, οὐ στοιχείων μόνων, ἀλλὰ καὶ δυνάμεων κρατεῖ καὶ ἀρχῶν πονηρῶν. (Exc. Theod., n. 81. — Patr. græc., t. IX, col. 696.)

[4] Οὕτω καὶ τὸ ὕδωρ καὶ τὸ ἐξορκιζόμενον καὶ τὸ βάπτισμα γενόμενον, οὐ μόνον χωρεῖ τὸ χεῖρον, ἀλλὰ καὶ ἁγιασμὸν προσλαμβάνει. (Ibid., n. 82.)

Théodote que les disciples de Valentin faisaient usage d'huile et de pain bénit ou sanctifié [1], ce qui pourrait être quelque allusion à des rites rappelant l'Eucharistie ou l'Extrême-Onction ; qu'ils avaient des jeûnes, qu'ils priaient les mains étendues et faisaient de fréquentes génuflexions [2].

En résumé tous ces détails nous laissent dans une grande ignorance de la composition intérieure de la Gnose valentinienne, et bien des choses qu'on aimerait à savoir demeureront inconnues pour nous jusqu'au jour où quelque heureux hasard fera sortir de la poussière des bibliothèques orientales un rituel ou un traité gnostique nous exposant le système dans son entier. Mais cependant parmi ces questions pour le moment insolubles, il s'en trouve une qui se présente avec une insistance particulière et sur laquelle nous pourrons peut-être jeter quelque lumière ; cette question est celle-ci : Y avait-il dans les sectes valentiniennes des degrés d'initiation ? Au premier abord, elle semble tout aussi insoluble que les autres, car nous n'avons aucun témoignage direct qui puisse nous suggérer une réponse affirmative ou négative. Toutefois malgré cette absence de témoignages directs, nous ne cacherons pas que nous sommes fermement persuadé que dans le Valentinianisme il y avait des degrés d'initiation, et nous allons essayer de donner ce que nous croyons des preuves suffisantes de notre persuasion.

Il demeure acquis, nous croyons l'avoir prouvé, qu'avant son départ pour Rome, Valentin comptait déjà un grand nombre de disciples, et que sa doctrine s'était répandue dans la plupart des contrées de l'Orient romain, nous avons entendu saint Justin l'avouant et l'expliquant au juif Tryphon. Ces disciples devaient se réunir dans chaque ville pour se fortifier dans la Gnose, participer au culte valentinien ; nous n'avons aucun témoignage positif dans ce sens, et cependant il est impossible qu'il en fût autrement. Valentin était un homme, un homme de son époque, subissant l'influence des milieux et cédant à l'entraînement général, son système le montre suffisamment ; il a donc dû donner à ses disciples les règles de conduite ordinaires à toutes les sectes, à toutes les écoles philosophiques qui réunissaient leurs membres pour expliquer et graver plus profondément dans

---

[1] Καὶ ὁ ἄρτος καὶ τὸ ἤλαιον ἁγιάζεται τῇ δυνάμει τοῦ ὀνόματος, οὐ τὰ αὐτὰ ὄντα κατὰ τὸ φαινόμενον οἷα ἐλήφθη, ἀλλὰ δυνάμει εἰς δύναμιν πνευματικὴν ἀναβέβληται. (*Ibid.* n. 82.)

[2] Διὰ τοῦτο νηστεῖαι, δεήσεις, εὐχαὶ χειρῶν, γονυκλισίαι. ... διὸ καὶ πείρασμοι. (*Ibid.*, n. 82.)

l'esprit ou le cœur les différentes parties du système. L'homme a toujours subi cette loi qui n'a jamais été plus forte qu'à l'époque des Gnostiques. Une autre loi qui a toujours été pratiquée est celle du secret : nous avons entendu Basilide recommander à ses disciples de tenir son enseignement secret, de connaître tous les hommes et de ne se laisser connaître à personne. La religion chrétienne elle-même n'a pas échappé à cette loi ni à la précédente : chacun sait à quel rigoureux silence les premiers chrétiens étaient tenus sur les dogmes et les mystères de leur doctrine et de leur culte ; toutes les religions, toutes les écoles ont grandi d'abord dans l'ombre du mystère avant de s'étaler au grand jour, de se soumettre ou de s'imposer au jugement du monde. Enfin une troisième loi est celle des degrés d'initiation ; on ne se trouve pas jeté tout d'un coup au milieu d'une doctrine quelconque, il y a des degrés à franchir, des stations à faire avant que le voile de l'initiation soit entièrement soulevé aux yeux de l'adepte dans quelque doctrine ou religion que ce soit. On connaît les mystères du monde païen qui ne couvraient d'abord qu'une initiation plus profonde dans les doctrines qu'on ne livrait pas au vulgaire. L'Égypte en particulier avait des doctrines secrètes dont les prêtres seuls possédaient la clef. Lorsque la religion chrétienne eut fait le premier pas dans sa conquête du monde, elle dut elle aussi soumettre ses fidèles à un temps d'épreuve avant de leur confier la plénitude de sa doctrine, de les admettre à la participation de ses mystères les plus cachés parce qu'ils étaient les plus saints. Jésus-Christ en fondant la religion chrétienne n'a pas changé la nature humaine, il ne lui a pas donné un caractère nouveau, n'a pas détruit toutes ses lois pour en imposer de nouvelles ; il s'est au contraire servi de la direction, de la pente naturelle au cœur humain pour l'attirer à lui et changer en l'améliorant ce qu'il ne voulait pas détruire. Sa doctrine en s'adressant aux hommes prenait les hommes tels qu'ils sont et tels qu'elle les trouvait : si une coutume n'était pas essentiellement mauvaise, si elle pouvait être détournée de son sens païen pour être modifiée dans le sens chrétien, les premiers fondateurs de l'Église s'en servaient, et bien loin de rejeter ce qui était ainsi passé dans les mœurs humaines, ils le faisaient entrer dans les mœurs chrétiennes en en changeant la signification. C'est pourquoi, comme les hommes de l'ancien monde se trouvaient arrêtés au seuil des mystères païens, n'y pénétraient que par degrés, ainsi les hommes du monde nouveau s'élevant sur le monde ancien étaient eux aussi arrêtés au seuil des mystères chrétiens par un voile qu'on levait graduellement à leurs yeux. Cette manière d'agir est fondée sur la nature la plus intime de l'homme ; aussi, ce n'était qu'après avoir passé par l'admission au catéchuménat, par le catéchuménat lui-même que les aspirants au christianisme devenaient frères et fidèles. C'est une chose bien établie. Si donc telle est la nature humaine, si telles étaient et avaient été les coutumes des contemporains et des prédécesseurs de Valentin, comment et pourquoi Valentin aurait-il échappé à des lois auxquelles tous les fondateurs de systèmes s'étaient soumis avant lui et se soumettaient autour de lui ?

Ces raisons ne nous semblent pas à dédaigner et elles suffiraient à elles seules pour nous persuader qu'il y avait des degrés d'initiation dans la Gnose valentinienne : mais nous avons des preuves qui touchent plus directement au sujet.

Nous avons vu déjà que les Valentiniens avaient leur baptême particulier, que par ce baptême ils devenaient parfaits, qu'ils recevaient le sceau de la doctrine. C'était là le complément dernier de l'initiation, mais il y avait des degrés précédents à franchir. Les *Extraits* de Théodote nous fournissent sur ce sujet un texte qu'il est difficile d'expliquer autrement ; nous y lisons en effet que « l'âme fidèle portait en elle-même les stigmates du Christ lorsqu'elle avait reçu le sceau de la vérité »[1]. Ainsi l'âme pouvait être fidèle sans avoir reçu ce sceau de la vérité dont la seule mention nous met sous les yeux les rites de l'initiation antique ou moderne. Notre première affirmation est donc confirmée. Mais si telles étaient les coutumes valentiniennes, s'il y avait véritablement initiation dans ce système, ne pourrions-nous pas savoir quels étaient les degrés de cette initiation ? Nous répondrons à cette question par un texte de saint Épiphane, texte laissé dans l'ombre jusqu'ici à cause de l'originalité même des renseignements qu'il contient. Ce texte est pris de sa vingt-sixième hérésie qu'il appelle hérésie des Gnostiques et dont il fait une secte séparée. Il est évident que c'est à tort ; mais, comme l'évêque de Salamine avait une foule de détails également communs à toutes les sectes, il les a réunis dans un tout et a formé une hérésie des

---

[1] Οὕτω καὶ ἡ ψυχὴ ἡ πιστὴ τὸ τῆς ἀληθείας λαβοῦσα σφράγισμα, τὰ στίγματα τοῦ Χριστοῦ περιφέρει. (*Exc. Theod.*, n. 16. — *Patr. græc.*, t. IX, col. 697.)

Gnostiques. M. Lipsius rattache cette hérésie à celle des Nikolaïtes ; nous ne voyons pas qu'il ait raison [1], et nous nous permettons de soumettre une autre explication. On ne trouve en effet dans cette hérésie aucune partie doctrinale proprement dite : saint Épiphane ne fait qu'y parler des mœurs de la secte et des livres ou évangiles apocryphes dont elle se servait. Les mœurs dépeintes sont horribles, révoltantes [2]; nous voulons croire pour l'honneur de l'humanité qu'il y a là peut-être quelque exagération ; nous croyons d'ailleurs que ces mœurs n'étaient pas celles de Valentin; mais il faut avouer cependant que l'évêque de Salamine n'a pas plus inventé les scènes d'horreur qu'il décrit que les livres apocryphes qu'il cite. Or parmi les noms différents qu'il donne aux membres de cette secte, il en est plusieurs qui doivent frapper l'attention et que nous allons citer, car c'est là le texte dont nous parlons. « De là, dit saint Épiphane (de la corruption de leurs mœurs) quelques-uns les ont appelés Βορβοριανοί, c'est-à-dire immondes comme la boue : d'autres les appellent Κοδδιανοί. Or Κοδδά est un mot syriaque signifiant plat ou plateau, on les appelle ainsi parce que personne ne mange avec eux, mais on les sert à part comme des êtres souillés, et nul ne voudrait rompre un morceau de pain avec eux à cause de leur vie infâme. C'est pourquoi, ceux qui habitent avec eux les appellent Κοδδιανοί, comme s'ils étaient rejetés de la société humaine. Les mêmes sont nommés Militaires et Phibionites en Égypte (Στρατιωτικοί et Φιβιωνῖται), ce que nous n'avons pas dit plus haut. D'autres enfin sont appelés Zachéens et Βαρβηλῖται [3]. »

Tel est ce texte : nous l'allons soumettre à la critique la plus sévère afin de voir ce qu'il signifie, si les noms cités par saint Épiphane ont bien la signification qu'il leur prête, s'ils désignent véritablement des sectes distinctes ou s'ils ne nous donneraient pas plutôt quelques-uns des degrés de l'initiation gnostique. Le premier nom est celui de Βορβοριανοί, saint Épiphane l'explique en disant que le mot grec Βόρβορος signifie boue, limon, et qu'on

---

[1] Zur Quellenkritik des Epiphanios, p. 102-109.
[2] La chose la plus horrible, citée par saint Épiphane, se retrouve dans le traité gnostique d'Oxford, mot pour mot.
[3] Παρά τισι δὲ βορβοριανοὶ καλοῦνται, ἕτεροι δὲ Κοδδιανοὺς αὐτοὺς ἐπιφημίζουσι. Κοδδὰ γὰρ λέγεται κατὰ τὴν Συριακὴν διάλεκτον παροψίς, ἢ τρυβλίον, ἀπὸ τοῦ μὴ δύνασθαί τινα μετ' αὐτῶν ἐσθίειν. Κατ' ἰδίαν δὲ τοῖς μεμιαρχμένοις δίδοσθαι τὰ βρώματα, καὶ μήτινα δύνασθαι σὺν αὐτοῖς διὰ τὸν μολυσμὸν κἂν ἄρτον συνεσθίειν. Διὰ τοι τοῦτο ἀφωρισμένους τούτους ἡγούμενοι οἱ συμμέτοικοι Κοδδιανοὺς ἐπωνόμασαν. Οἱ αὐτοὶ δὲ ἐν Αἰγύπτῳ Στρατιωτικοὶ καλοῦνται καὶ Φιβιωνῖται, ὡς ἄνω μοι ἐν μέρει λέλεκται. Τινὲς δὲ αὐτοὺς Ζακχαίους καλοῦσιν, ἄλλοι δὲ Βαρβηλῖται. (Epiph., hær., 26, n. 3.)

les nommait ainsi à cause de l'obscénité de leurs mœurs. L'explication est plausible, mais ce serait le seul exemple d'une secte ayant tiré son nom de l'impureté de ses mœurs à cette époque où la civilisation païenne était ce que tout le monde sait. Ne serait-il pas plus probable au contraire que nous aurions là le nom des gnostiques encore au premier degré d'initiation, tenant encore à la matière parce qu'ils n'étaient qu'au premier pas de la Gnose, hyliques en un mot ? Il nous semble que la chose est assez vraisemblable, quoique néanmoins il eût pu se faire que cette secte reçût son nom de l'obscénité de ses coutumes. Mais dès la seconde appellation toute explication de ce genre est impossible. En effet ce second nom Κοδδιανοί est tiré d'après saint Épiphane du mot syriaque Κοδδά qui signifie plat, et les Κοδδιανοί sont ainsi nommés parce qu'ils mangent toujours seuls à cause de leur vie impure ; et cependant l'évêque de Salamine nous parle de gens qui habitent avec eux, ne prenant pas garde que la cohabitation avec de tels hommes n'aurait pas moins souillé une réputation sans tache que l'action de prendre un repas avec eux. D'ailleurs est-il vraisemblable que toute une secte ait été ainsi retranchée de la société par un accord tacite, sans que la réprobation publique ait pris soin de garder la moralité commune d'atteintes aussi brutales et aussi criminelles que celles qui sont rapportées par saint Épiphane. Nous devons avouer que cela ne nous semble guère probable, et qu'il est bien plus vraisemblable que nous avons là un degré plus élevé d'initiation où les adeptes, indignes encore de recevoir la nourriture commune des pneumatiques, étaient relégués au rang de simples auditeurs, ou même à une table séparée dans ces agapes plus matérielles qui, chez les Valentiniens comme chez les païens et les chrétiens, devaient suivre les réunions nocturnes. Le troisième nom donné par le texte est celui de Militaires ou Soldats (Στρατιωτικοί) ; encore ici, il n'est pas possible que ce nom soit la dénomination d'une secte particulière ayant une doctrine propre et des rites particuliers. Si l'on veut au contraire remarquer que ce nom de Soldat est un des degrés d'initiation en usage dans le culte de Mithra, on ne sera pas éloigné de la vérité en pensant que, chez les Gnostiques, ce mot avait la même signification. En effet, parmi les sectateurs du culte de Mithra, l'initiation était pratiquée sur la plus large échelle, les degrés en étaient nombreux, car il n'y en avait pas moins de huit dont voici les noms : Corax, Nymphus, Miles, Perses, Helios, Leo, Bromius, Pater [1]. On le voit le Miles était un des degrés de cette initiation, et ce qu'il y a de plus étonnant encore, il était le troisième degré, comme les Στρατιωτικοί du Gnosticisme. Cette concordance a déjà frappé un auteur qui s'est occupé des mystères phrygiens, et il n'hésite pas à reconnaître une parité complète entre les deux déterminations [2]. Après les Στρατιωτικοί sont nommés les Phibionites, Φιβιωνῖται. Ce mot Φιβιωνῖται n'a été l'objet d'aucune remarque particulière, et cependant il en est digne. C'est en effet un mot copte dérivant en droite ligne de l'hébreu, il est précédé de l'article de cette langue et signifie les pauvres, les humbles, ⲉⲃⲓⲏⲛ. Quoi qu'il en doive être de l'explication que nous allons proposer, il est surprenant qu'on n'ait pas reconnu dans ce mot le nom de l'une des sectes les plus célèbres de l'Église, celle des Ébionites ; il n'y a entre les mots aucune différence, la racine est absolument la même, c'est l'hébreu אביון. Cependant nous ne croyons pas qu'il s'agisse ici des Ébionites qui formaient une secte exclusivement judaïque et qui se soumettaient à toutes les observances de la loi de Moïse, même à la circoncision [3] ; leur existence n'a jamais été signalée en Égypte, et il serait assez étonnant de l'y rencontrer signalée dans un texte qui n'a aucun rapport avec leur hérésie. En outre, saint Épiphane leur consacre une hérésie particulière, il ne parle pas de leur existence dans la vallée du Nil et il est évident que dans le texte qui nous occupe il n'a soupçonné aucun rapport entre le nom des Phibionites et celui des Ébionites. Nous voyons donc encore dans ce mot une classe particulière d'initiés appelés les pauvres, les mendiants ou les humbles. Après les Phibionites viennent les Zachéens ; on voit assez d'où ce nom est tiré, mais en revanche il est difficile de comprendre comment une secte particulière eût pu tirer son nom d'une doctrine spéciale sur le publicain Zachée. Enfin nous avons la sixième et dernière dénomination, les Βαρβηλῖται [4]. Nulle secte ne nous est signalée sous ce nom

---

[1] Hieronym., *Epist. a Pomponiam Lætam*, t. I, p. 672 (édit. Vallarsi).

[2] Il est vraisemblable que le grade des guerriers signalé parmi les gnostiques de l'Égypte par saint Épiphane et saint Jean Damascène n'était pas sans rapport avec celui des sectateurs de Mithra. Garucci : *Mystères du syncrétisme phrygien*, p. 27.

[3] Cf. *Iren. Pseudo-Tert. Epiph. Philast*, l'auteur des Φιλοσοφ. sur les Ébionites.

[4] On trouve plus tard un æon nommé Barbelô (Βαρβηλώ) : mais ce n'est que dans une doctrine postérieure et étrangère à celle de Valentin. Peut-être en parlerons-nous un jour avec détails.

qui n'a en effet aucun rapport avec quelque hérésie que ce soit. Nous sommes persuadé que ce mot Βαρβέλιται, est un nom sémitique formé de בר, fils et de בעל, Seigneur. Les Barbélites étaient les fils du Seigneur, c'est-à-dire dans le sens de l'initiation, c'était le suprême degré, celui où l'adepte devenait tout à fait pneumatique, fils de l'immortalité, comme disait Valentin.

Ainsi nous aurions d'après cette interprétation que nous proposons à l'examen des savants, six degrés d'initiation chez les Gnostiques égyptiens. La mention que nous fait saint Épiphane disant que les Στρατιωτικοί et les Φιβιωνῖται étaient ainsi nommés en Égypte, nous en est sûr garant. Il resterait à savoir dans quel ordre ces degrés se succédaient. Nous ne pouvons proposer aucun ordre, mais il nous semble que tels qu'ils se trouvent, ils sont bien placés, et qu'il serait assez inutile de chercher un ordre meilleur. En effet le récipiendaire désirant obtenir la connaissance de cette sublime Gnose était admis dans les rangs de ceux qui étaient encore hyliques, c'étaient les *Borboriens ;* puis il faisait un pas de plus, recevait quelque part à cette nourriture céleste de la Gnose, il n'avait encore droit qu'à un mets léger comme la nourriture dont parle saint Paul, il devenait un *Coddien.* Quand il avait franchi ce degré, il devait prouver son attachement à cette nouvelle illumination, il devenait *Soldat.* Son dévouement prouvé, il demandait avec humilité à pénétrer plus avant dans ces mystères terribles en même temps qu'heureux et sanctifiants, il était *Pauvre, Humble* avant de passer au grade de *Zachéen,* renouvelant sous ce nom le bonheur de Zachée qui avait reçu le Verbe de Dieu dans sa demeure, jusqu'au moment où la participation complète à la Gnose le rendait l'élu et le *Fils du Seigneur*.

Ceci n'est qu'une explication que nous livrons telle qu'elle est au jugement de la science ; mais pour n'omettre aucun détail qui serait de nature à donner quelque raison de juger favorablement cette hypothèse, il nous faut parler maintenant d'une véritable scène d'initiation que nous trouvons décrite tout au long dans le livre *gnostique* dont nous avons déjà parlé si souvent, le traité *Pistis Sophia.* Dès l'année 1847, avant même que le texte et la traduction complète de cet ouvrage eussent été publiés en Allemagne, M. Dulaurier, dans le *Journal asiatique,* avait appelé en France l'attention des savants sur cette dernière scène du traité. « Ces questions, avait-il dit en parlant des questions que les disciples de Jésus lui posent dans cet ouvrage, embrassent la cosmogonie, la théorie des émanations (de la Προβολή valentinienne), la nature et la hiérarchie des esprits et des génies, la discussion du problème, si controversé dans les premiers siècles de notre ère, de l'origine du mal physique et moral dans ce monde, et enfin tout un traité de psychostasie. L'ouvrage se termine par le récit d'une cérémonie où figurent Jésus et ses disciples, et qui reproduit probablement l'une de celles du culte gnostique »[1]. On va pouvoir juger de la justesse de cette dernière appréciation par la lecture du texte même. Lorsque les disciples eurent fait à Jésus leur dernière interrogation et en eurent reçu la réponse, ils lui dirent : « Pourquoi donc jusqu'à ce moment ne nous avez-vous pas obtenu la rémission de nos péchés et des fautes que nous avons commises? Quand nous rendrez-vous dignes du royaume de votre père? Jésus leur répondit : En vérité je vous le dis, non seulement je vous purifierai de vos péchés, mais je vous rendrai dignes du royaume de mon père, je vous ferai connaître le mystère de la rémission des péchés sur la terre, afin qu'à celui auquel vous les aurez remis sur la terre, ils soient remis dans le ciel, et que celui que vous aurez lié sur la terre soit aussi lié dans le ciel. Je vous donnerai le mystère du royaume des cieux, afin que vous fassiez tout cela parmi les hommes. Et Jésus leur dit alors : Apportez-moi du feu et des branches de palmier. Ils les lui apportèrent. Il plaça ensuite l'offrande, puis il apporta deux vases de vin l'un à la droite, l'autre à la gauche de l'oblation. Il mit ensuite cette oblation devant eux, plaça un calice rempli d'eau devant le vase de vin qui était à droite, et un calice rempli de vin devant l'autre vase qui était à gauche, et en outre un nombre de pains égal au nombre des disciples. Le calice rempli d'eau était placé derrière les pains. Alors Jésus se tenant devant l'oblation plaça derrière lui ses disciples tous revêtus de robes blanches, tenant dans leurs mains la pierre sur laquelle était écrit le nom du père du trésor de la lumière. Alors Jésus s'écria : Écoutez-moi, mon père, père de toute paternité, lumière sans limites : ιαω, ιοτω, ιαω, αωι, ωια, ψιπωθερ, θερωψιπ, ωψιθερ πεφωμαωθ πεφρομαωθ, μαραχαχθα, μαρμαραχθα, ιηαπαμεπαμαη αμαπηι τοτ ουραπου ιςραι ϩαμηπ ϩαμηπ ; ςουβαιβαι αππααπ, ϩαμηπ, ϩαμηπ ; ϩερααραι ϩα παοτ ϩαμηπ ηςαρςαρςαρτοτ ϩαμηπ ϩαμηπ, κοτκιαμιπ μιαι. ϩαμηπ, ϩαμηπ, ϊαϊ, ϊαϊ, τουαπ ϩαμηπ,

---

[1] *Journal asiatique*, n° 13, 1847, p. 9-10.

ϩⲁⲙⲏⲛ, ϩⲁⲙⲏⲛ, ϩⲁⲙⲏⲛ, ⲙⲁⲓⲧⲙⲁⲣⲓ, ⲙⲁⲣⲓⲕ, ⲙⲁⲣⲉⲓ, ϩⲁⲙⲏⲛ, ϩⲁⲙⲏⲛ. Écoutez-moi, mon père, père de toutes les paternités. Je vous invoque vous aussi, qui remettez les péchés et qui purifiez les souillures. Remettez les péchés des âmes de ces disciples, purifiez leurs souillures, rendez-les dignes d'entrer dans le royaume de mon père, ô père du trésor de la lumière, car ils m'ont suivi et ont observé mes commandements. Maintenant donc, ô mon père, ô père de toute paternité, laissez venir ceux qui remettent les péchés, ceux dont voici les noms : ⲥⲓϥⲓⲣⲉⲯⲛⲓⲭⲓⲉⲩ, ⲍⲉⲛⲉⲓ, ⲃⲉⲣⲓⲙⲟⲩ, ⲥⲟⲭⲁⲃⲣⲓⲭⲏⲣ, ⲉⲩⲑⲁⲣⲓ, ⲡⲁⲛⲁⲓ, ⲇⲓⲉⲓⲥⲃⲁⲗⲙⲏⲣⲓⲭ, ⲙⲉⲩⲛⲓⲡⲟⲥ, ⲭⲓⲣⲓⲉ, ⲉⲛⲑⲁⲓⲣ, ⲙⲟⲩⲑⲓⲟⲩⲣ, ⲥⲙⲟⲩⲣ, ⲛⲉⲩⲭⲱⲣ, ⲟⲟⲩⲥⲭⲟⲩⲣ, ⲙⲓⲛⲓⲟⲛⲟⲣ, ⲓⲥⲟⲭⲟⲃⲟⲣⲑⲁ. Écoutez-moi, je vous invoque, remettez les péchés de ces âmes, effacez leurs fautes. Qu'ils soient dignes d'entrer dans le royaume de mon père, du père du trésor de la lumière, car je connais tes trois grandes vertus et je les invoque : ⲁⲩⲏⲣ, ⲃⲉⲃⲣⲱ, ⲁⲑⲣⲟⲛⲓ, ⲛⲟⲛⲣⲉϥ, ⲛⲱⲛⲉ, ⲥⲟⲩϥⲉⲛ, ⲕⲛⲓⲩⲟⲩⲥⲟⲭⲣⲉⲱϥ, ⲙⲁⲩⲱⲛⲃⲓ, ⲙⲛⲉⲩⲱⲣ, ⲥⲟⲩⲱⲛⲓ, ⲭⲱⲭⲉ ⲧⲉⲱϥ, ⲭⲱⲭⲉ, ⲉⲧⲉⲱϥ, ⲙⲉⲙⲱⲭ, ⲁⲛⲏⲙϥ, remettez les péchés de ces âmes, effacez leurs fautes ; celles qu'ils ont faites avec la conscience de ce qu'ils faisaient et celles qu'ils ont faites sans le savoir : celles qu'ils ont commises par fornication et adultère jusqu'à ce jour, remettez-leur ces fautes, rendez-les dignes d'entrer dans le royaume de mon père, afin qu'ils soient dignes de participer à cette oblation, ô mon père qui êtes saint. Si donc, ô mon père, vous m'écoutez, si vous remettez les péchés de ces âmes, si vous effacez leurs iniquités, si vous les rendez dignes d'entrer dans votre royaume, vous ferez un prodige sur cette offrande. Et aussitôt le prodige dont parlait Jésus fut fait. Et Jésus dit alors à ses disciples : Réjouissez-vous, soyez dans l'allégresse, car vos péchés ont été remis, vos iniquités effacées, et vous êtes dignes d'entrer dans le royaume de mon père. Lorsque Jésus eut ainsi parlé, ses disciples furent dans une grande joie. Jésus leur dit : Voilà la manière, voilà le mystère que vous ferez sur les hommes qui croiront en vous, qui ne cacheront en eux-mêmes aucune ruse, et qui vous écouteront dans toutes vos bonnes paroles. Leurs péchés et leurs iniquités seront ainsi remis jusqu'au jour où vous leur aurez donné ce mystère. Mais tenez ce mystère caché, ne le donnez pas à tout homme, ne le donnez qu'à celui qui veut accomplir tout ce que je vous ai dit dans mes commandements. C'est en effet le mystère du baptême que donnent ceux qui remettent les péchés et effacent les iniquités.

C'est le baptême de la première oblation qui introduit dans le lieu de la Vérité et dans le lieu de la lumière [1]. »

[1] ⲀⲦⲟ̅ⲧⲱϩ ⲟⲛ ⲉ ⲧⲟⲟⲧⲟⲩ ⲛ̅ϭⲓ ⲙ̅ ⲙⲁⲑⲏⲧⲏⲥ ⲁⲩⲧⲱⲃϩ̅ ⲙ̅ⲙⲟϥ ϫⲉ ϣⲁ ⲧⲛⲁⲩ ϭⲉ ⲙ̅ⲡⲕ̅ⲧⲣⲉⲩ ⲕⲱ ⲉⲃⲟⲗ ⲛ̅ ⲛⲉⲛⲛⲟⲃⲉ ⲉⲡⲧ̅ ⲁⲛⲁⲁⲩ ⲙⲛ̅ ⲛⲉⲛⲁⲛⲟⲙⲓⲁ . ⲁⲩⲱ ⲛ̅ⲅ̅ ⲧⲣⲉⲛ ⲙ̅ⲡϣⲁ ⲛ̅ ⲧⲙⲛ̅ⲧⲉⲣⲟ ⲙ̅ ⲡⲉⲕⲉⲓⲱⲧ· Ic̅ ⲇⲉ ⲡⲉϫⲁϥ ⲛⲁⲩ ϫⲉ ϩⲁⲙⲏⲛ ϯϫⲱ ⲙ̅ⲙⲟⲥ ⲛⲏⲧⲛ̅ ϫⲉ ⲟⲩ ⲙⲟⲛⲟⲛ ϯⲛⲁⲕⲁⲑⲁ-ⲣⲓⲍⲉ ⲛ̅ ⲛⲉⲧⲛ̅ⲛⲟⲃⲉ ⲁⲗⲗⲁ ϯⲛⲁⲣⲉⲧⲛ̅ ⲙ̅ⲡϣⲁ ⲟⲛ ⲛ̅ ⲧⲙⲛ̅ⲧⲉⲣⲟ ⲙ̅ ⲡⲁⲉⲓⲱⲧ , ⲁⲩⲱ ϯⲛⲁϯ ⲛⲏⲧⲛ̅ ⲙ̅ ⲡⲙⲩⲥⲧⲏⲣⲓⲟⲛ ⲙ̅ ⲡⲕⲁ ⲛⲟⲃⲉ ⲉⲃⲟⲗ ϩⲓϫⲙ̅ ⲡⲕⲁϩ ϫⲉⲕⲁⲥ ⲡⲉⲧⲉⲧⲛⲁⲕⲱ ⲛⲁϥ ⲉⲃⲟⲗ ϩⲓϫⲙ̅ ⲡⲕⲁϩ ⲉⲧⲉⲕⲱ ⲛⲁϥ ⲉⲃⲟⲗ ϩⲛ̅ ⲙ̅ⲡⲏⲩⲉ ⲁⲩⲱ ⲡⲉⲧⲉⲧⲛⲁⲙⲟⲣϥ̅ ϩⲓϫⲙ̅ ⲡⲕⲁϩ ϥⲛⲁϣⲱⲡⲉ ⲉϥⲙⲏⲣ ϩⲛ̅ ⲙ̅ⲡⲏⲩⲉ ϯⲛⲁϯ ⲛⲏⲧⲛ̅ ⲙ̅ⲡⲙⲩⲥⲧⲏⲣⲓⲟⲛ ⲛ̅ ⲧⲙⲛ̅ⲧⲉⲣⲟ ⲛ̅ ⲙ̅ ⲡⲏⲩⲉ ϫⲉⲕⲁⲥ ⲛ̅ⲧⲱⲧⲛ̅ ϩⲱⲧⲧⲏⲩⲧⲛ̅ ⲉ ⲧⲉⲧⲛⲁⲁⲧ ⲛ̅ ⲣ̅ ⲣⲱⲙⲉ. Ic̅ ⲇⲉ ⲡⲉϫⲁϥ ⲛⲁⲩ ϫⲉ ⲁⲛⲓⲛⲉ ⲛⲁⲓ ⲛ̅ ⲟⲩ ⲕⲱϩⲧ̅ ⲙⲛ̅ ϩⲉ ϣⲉ ⲛ̅ ⲉⲗⲟⲟⲗⲉ ⲁⲩⲛ̅ⲧⲟⲩ ⲛⲁϥ ⲁϥⲧⲁⲗⲟ ⲉ ϩⲣⲁⲓ̈ ⲛ̅ⲧⲉ ⲡⲣⲟⲥⲫⲟⲣⲁ ⲁϥⲕⲱ ⲛ̅ ⲁⲅⲅⲓⲟⲛ ⲥⲛⲁⲩ ⲛ̅ ⲏⲣⲡ̅. ⲟⲩⲁ ϩⲓ ⲟⲩⲛⲁⲙ ⲁⲩⲱ ⲡ-ⲕⲉ-ⲟⲩⲁ ϩⲓ ϩⲃⲟⲩⲣ ⲛ̅ⲧⲉ ⲡⲣⲟⲥⲫⲟⲣⲁ ⲁϥⲕⲱ ⲛ̅ ⲧⲉ ⲡⲣⲟⲥⲫⲟⲣⲁ ϩⲓ ⲑⲏ ⲙ̅ⲙⲟⲟⲩ· ⲁϥⲕⲱ ⲛ̅ ⲟⲩ ⲁⲡⲟⲧ ⲙ̅ ⲙⲟⲟⲩ ϩⲁⲧⲙ ⲡⲉ ϩⲛⲁⲁⲩ ⲛ̅ ⲏⲣⲡ̅ ⲉⲧ ϩⲓ ⲟⲩⲛⲁⲙ ⲁⲩⲱ ⲁϥⲕⲱ ⲛ̅ ⲟⲩ ⲁⲡⲟⲧ ⲛ̅ ⲏⲣⲡ̅ ϩⲁⲧⲙ ⲡⲉ ϩⲛⲁⲁⲩ ⲛ̅ ⲏⲣⲡ ⲉⲧ ϩⲓ ϩⲃⲟⲩⲣ ⲁⲩⲱ ⲛ̅ ϩⲉⲛ ⲟⲉⲓⲕ ⲕⲁⲧⲁ ⲧⲏⲡⲉ ⲛ̅ ⲙ̅ ⲙⲁⲑⲏⲧⲏⲥ ϩⲛ̅ ⲧⲙⲏⲧⲉ ⲛ̅ ⲛ̅ ⲁⲡⲟⲧ ⲁϥⲕⲱ ⲛ̅ ⲟⲩ ⲁⲡⲟⲧ ⲙ̅ ⲙⲟⲟⲩ ϩⲓ ⲡⲁϩⲟⲩ ⲛ̅ ⲛ̅ ⲟⲉⲓⲕ· ⲁϥⲁϩⲉⲣⲁⲧϥ̅ ⲛ̅ϭⲓ ⲓⲥ̅ ϩⲓ ⲑⲏ ⲛ̅ ⲧⲉ ⲡⲣⲟⲥ-ⲫⲟⲣⲁ ⲛ̅ ⲙ̅ ⲙⲁⲑⲏⲧⲏⲥ ϩⲓ ⲡⲁϩⲟⲩ ⲙ̅ⲙⲟϥ ⲉⲩϭⲟⲟⲗⲉ ⲧⲏⲣⲟⲩ ⲛ̅ ϩⲉⲛ ϩⲃⲟⲥ ⲛ̅ ⲛ̅ ⲉⲓⲁⲁⲩ· ⲉⲣⲉ ⲧⲉ ⲯⲏⲫⲟⲥ ⲙ̅ ⲡⲣⲁⲛ ⲙ̅ ⲡⲉⲓⲱⲧ ⲙ̅ⲡⲉⲑⲏⲥⲁⲩⲣⲟⲥ ⲙ̅ ⲡⲟⲩⲟⲉⲓⲛ ϩⲛ̅ ⲡⲉⲧϭⲓϫ· ⲁϥⲱϣ ⲉⲃⲟⲗ ⲛ̅ ⲧⲉⲓ̈ ϩⲉ ⲉϥϫⲱ ⲙ̅ⲙⲟⲥ ϫⲉ ⲥⲱⲧⲙ̅ ⲉ ⲣⲟⲓ̈ ⲡⲁⲉⲓⲱⲧ ⲡⲉⲓⲱⲧ ⲙ̅ ⲙⲛ̅ⲧⲉⲓⲱⲧ ⲛⲓⲙ ⲡⲁⲡⲉⲣⲁⲛⲧⲟⲛ ⲛ̅ ⲟⲩⲟⲉⲓⲛ· ⲓ̈ⲁⲱ ⲓⲟⲩⲱ. ⲓ̈ⲁⲱ ⲁⲱⲓ̈. ⲱⲓⲁ ⲯⲓⲛⲱⲑⲉⲣ· ⲑⲉⲣⲱⲯⲏⲛ· ⲱⲯⲓⲑⲉⲣ ⲡⲉϥⲟⲟⲙⲁϣⲟ· ⲡⲉϥⲣⲟⲙⲁϣⲟ· ⲙⲁⲣⲁⲭⲁⲭⲑⲁ· ⲙⲁⲣⲙⲁⲣⲁⲭⲑⲁ· ⲓⲏⲛⲁ ⲙⲉⲛⲁⲙⲁⲛ· ⲁⲙⲁⲛⲏⲓ ⲧⲟⲩ ⲟⲩⲣⲁⲛⲟⲩ· ⲓⲥⲣⲁⲓ̈ ϩⲁ ⲙⲏⲛ ϩⲁⲙⲏⲛ· ⲥⲟⲩⲃⲁⲓ̈ⲁⲓ̈ ⲁⲡⲡⲁⲁⲡ· ϩⲁⲙⲏⲛ· ϩⲁⲙⲏⲛ· ⲍⲉⲣⲁⲣⲁⲓ̈ ϩⲁ ⲡⲁϩⲟⲩ ϩⲁⲙⲏⲛ ϩⲁⲙⲏⲛ. ⲥⲁⲣⲥⲁⲣⲥⲁⲣⲧⲟⲩ ϩⲁⲙⲏⲛ ϩⲁⲙⲏⲛ. ⲕⲟⲩⲕⲓⲁⲙⲓⲛ ⲙⲓⲁⲓ̈ ϩⲁⲙⲏⲛ· ϩⲁⲙⲏⲛ. ⲓ̈ⲁⲓ̈. ⲓ̈ⲁⲓ̈. ⲧⲟⲩⲁⲛ ϩⲁⲙⲏⲛ ϩⲙⲏⲛ ϩⲁⲙⲏⲛ. ⲙⲁⲓⲛ ⲙⲁⲣⲓ ⲙⲁⲣⲓⲏ ⲙⲁⲣⲉⲓ· ϩⲁⲙⲏⲛ ϩⲁⲙⲏⲛ ϩⲁⲙⲏⲛ. ⲥⲱⲧⲙ̅ ⲉⲣⲟⲓ̈ ⲡⲁⲉⲓⲱⲧ ⲡⲉⲓⲱⲧ ⲛ̅ ⲙ̅ ⲙⲛ̅ⲧⲉⲓⲱⲧ ⲛⲓⲙ· ϯⲉⲡⲓⲕⲁⲗⲉⲓ ⲙ̅ⲙⲱⲧⲛ̅ ϩⲱⲧ ⲧⲏⲩⲧⲛ̅ ⲛ̅ ⲣⲉϥⲕⲁ ⲛⲟⲃⲉ ⲉⲃⲟⲗ ⲛ̅ ⲣⲉϥⲕⲁⲑⲁⲣⲓⲍⲉ ⲛ̅ ⲛ̅ ⲁⲛⲟⲙⲓⲁ· ⲕⲱ ⲉⲃⲟⲗ ⲛ̅ ⲛ̅ ⲛⲟⲃⲉ ⲛ̅ ⲡⲉ ⲯⲩⲭⲏ ⲛ̅ ⲡⲉⲓ ⲙⲁⲑⲏⲧⲏⲥ ⲉⲛⲧ ⲁⲩⲟⲩⲁϩⲟⲩ ⲛ̅ ⲥⲱⲓ̈ ⲁⲩⲱ ⲛ̅ⲧⲉⲧⲛ̅ⲕⲁⲑⲁⲣⲓⲍⲉ ⲛ̅ ⲛⲉⲧⲁⲛⲟⲙⲓⲁ· ⲛ̅ⲧⲉⲣⲡⲉⲩ ⲙ̅ⲡϣⲁ ⲛ̅ ⲥⲟⲡ ⲉϩⲟⲩⲛ ⲉ ⲧⲙⲛ̅ⲧⲉⲣⲟ ⲙ̅ ⲡⲁⲉⲓⲱⲧ · ⲙ̅ ⲡⲉ ⲑⲏⲥⲁⲩⲣⲟⲥ ⲙ̅ ⲡⲟⲩⲟⲉⲓⲛ ϫⲉ ⲁⲩⲟⲩⲁϩⲟⲩ ⲛ̅ ⲥⲱⲓ̈ ⲁⲩⲱ ⲁⲩϩⲁⲣⲉϩ ⲉ ⲡⲁⲉⲛⲧⲟⲗⲏ· ⲧⲉ ⲛⲟⲩ ϭⲉ ⲡⲁⲉⲓⲱⲧ ⲡⲉⲓⲱⲧ ⲙ̅ ⲙⲛ̅ⲧⲉⲓⲱⲧ ⲛⲓⲙ ⲙⲁⲣⲉⲩ ⲉⲓ ⲛ̅ϭⲓ ⲛ̅ ⲣⲉϥⲕⲁ ⲛⲟⲃⲉ ⲉⲃⲟⲗ · ⲉⲧⲉ ⲛⲉⲧⲣⲁⲛ ⲡⲉ ⲛⲁⲓ̈· ⲥⲓⲫⲓⲣⲉⲯⲛⲓⲭⲓⲉⲩ· ⲍⲉⲛⲉⲓ; ⲁⲉⲣⲓⲙⲟⲧ· ⲥⲟⲭⲁⲃⲣⲉⲭⲏⲣ. ⲉⲧ-ⲑⲁⲣⲓ· ⲡⲁⲡⲁⲓ̈. ⲗⲉⲓⲥⲃⲁⲗⲙⲏⲣⲓⲭ· ⲙⲉⲛⲏⲡⲟⲥ· ⲭⲓⲣⲓⲉ· ⲉⲛⲧⲁⲩⲣ̅· ⲙⲟⲩⲟⲓⲟⲩⲣ ⲥⲙⲟⲩⲣ· ⲡⲉⲧ-ⲭⲏⲣ. ⲟⲟⲧⲥⲭⲟⲟⲥ· ⲙⲛⲓⲟⲛⲟⲣ· ⲓⲥⲟⲭⲟⲃⲟⲣⲑⲁ ⲥⲱⲧⲙ̅ ⲉ ⲣⲟⲓ̈ ⲉⲓ̈ⲉⲡⲓⲕⲁⲗⲉⲓ ⲙ̅ ⲙⲱⲧⲛ̅ ⲕⲱ ⲉⲃⲟⲗ ⲛ̅ ⲛ̅ ⲛⲟⲃⲉ ⲛ̅ ⲡⲉⲓ̈ ⲯⲩⲭⲟⲟⲧⲉ ⲁⲩⲱ ϥⲱⲧⲉ ⲉⲃⲟⲗ ⲛ̅ ⲡⲉⲧⲁⲛⲟⲙⲓⲁ. ⲙⲁⲣⲟⲩ ⲙ̅ⲡϣⲁ ⲛ̅ ⲥⲟⲡ-ⲉ ϩⲟⲩⲛ ⲉⲧⲙⲛ̅ⲧⲉⲣⲟ ⲙ̅ ⲡⲁⲉⲓⲱⲧ ⲡⲉⲓⲱⲧ ⲙ̅ ⲡⲉ ⲑⲏⲥⲁⲩⲣⲟⲥ ⲙ̅ ⲡⲟⲩⲟⲉⲓⲛ ϫⲉ ⲁⲛⲟⲕ ϯⲥⲟⲟⲩⲛ ⲛ̅ ⲡⲉⲕⲛⲟϭ ⲛ̅ ⲇⲩⲛⲁⲙⲓⲥ ⲁⲩⲱ ϯⲉⲡⲓⲕⲁⲗⲉⲓ ⲙ̅ⲙⲟⲟⲩ ⲁⲏⲣ· ⲃⲉⲃⲣⲱ· ⲁⲑⲣⲟⲛⲓ· ⲛⲟⲩⲣⲉϥ· ⲏⲛⲛⲉ. ⲥⲟⲩⲫⲉⲛ· ⲕⲛⲓⲧⲟⲩⲥⲟⲭⲣⲉⲟϥ· ⲙⲁϫⲱⲡϩⲓ. ⲙⲡⲉⲧⲱⲣ. ⲥⲟⲩⲱⲛⲓ. ⲭⲱⲭⲉⲧⲉⲱϥ· ⲭⲱϫⲉ. ⲉⲧⲉⲱϥ. ⲙⲉⲙⲱⲭ· ⲁⲡⲛⲙⲱⲫ ⲕⲱ ⲉⲃⲟⲗ ⲛ̅ ⲛ̅ ⲛⲟⲃⲉ ⲛ̅ ⲡⲉⲓ̈ ⲯⲩⲭⲟⲟⲧⲉ ϥⲱⲧⲉ ⲉⲃⲟⲗ ⲛ̅ ⲛⲉⲧⲁⲛⲟ-ⲙⲓⲁ ⲛⲉⲛⲧ ⲁⲩⲁⲁⲩ ⲉⲩⲥⲟⲟⲩⲛ ⲁⲩⲱ ⲛⲉⲛⲧ ⲁⲩⲁⲁⲩ ⲉⲛ ⲥⲉⲥⲟⲟⲩⲛ ⲁⲛ · ⲛⲉⲛⲧ ⲁⲩⲁⲁⲩ ϩⲛ̅ ⲟⲩ ⲡⲟⲣⲛⲉⲓⲁ ⲙⲛ̅ ⲟⲩ ⲙⲛ̅ⲧⲛⲟⲉⲓⲕ ϩⲉⲱⲥ ϣⲁ ϩⲟⲩⲛ ⲉ ⲡⲟⲟⲩ ⲛ̅ ϩⲟⲟⲩ ⲕⲁⲁⲧ ⲛⲁⲩ ⲉⲃⲟⲗ · ⲁⲩⲱ ⲛ̅ⲧⲣⲉⲩ ⲙ̅ⲡϣⲁ ⲛ̅ ⲥⲱⲡ ⲉ ϩⲟⲩⲛ ⲉ ⲧⲙⲛ̅ⲧⲉⲣⲟ ⲙ̅ ⲡⲁⲉⲓⲱⲧ ⲛ̅ⲥⲉⲙ̅ⲡϣⲁ ⲛ̅ ϫⲓ ⲉⲃⲟⲗ ϩⲛ̅ ⲧⲉⲓ̈ ⲡⲣⲟⲥⲫⲟⲣⲁ ⲡⲁⲉⲓⲱⲧ ⲉⲧⲟⲩⲁⲁⲃ· ⲡⲁⲓ̈ ⲉϣⲱⲡⲉ ϭⲉ ⲡⲁⲉⲓⲱⲧ ⲁⲕⲥⲱⲧⲙ̅ ⲉ ⲣⲟⲓ̈ ⲁⲩⲱ ⲁⲕⲕⲱ ⲉⲃⲟⲗ ⲛ̅ ⲛ̅ ⲛⲟⲃⲉ ⲛ̅ ⲡⲉⲓ ⲯⲩⲭⲏ ⲁⲩⲱ ⲁⲕϥⲱⲧⲉ ⲉⲃⲟⲗ ⲛ̅ ⲛⲉⲧⲁⲛⲟⲙⲓⲁ ⲁⲩⲱ ⲁⲕⲧⲣⲉⲩ ⲙ̅ⲡϣⲁ ⲛ̅ ⲱⲡ ⲉ ϩⲟⲩⲛ ⲉ ⲧⲉⲕⲙⲛ̅ⲧⲉⲣⲟ · ⲉⲕⲉϯ ⲛⲁⲓ̈ ⲛ̅ ⲟⲩ ⲙⲁⲓ̈ⲛ ϩⲛ̅ ⲧⲉⲓ̈ ⲡⲣⲟⲥⲫⲟⲣⲁ · ⲁⲩⲱ ⲁϥϣⲱⲡⲉ ⲛ̅ϭⲓ ⲡⲩⲁⲓ̈ⲛ ⲛ̅ ⲧ ⲁ ⲓ̅ⲥ̅ ϫⲟⲟⲩ· ⲡⲉϫⲉ ⲓ̅ⲥ̅ ⲉϩⲟⲩⲛ ⲉ ϩⲉⲛ ⲡⲉϥⲙⲁⲑⲏⲧⲏⲥ· ϫⲉ ⲣⲁϣⲉ ⲛ̅ⲧⲉⲧⲛ̅ⲧⲉⲗⲏⲗ ϫⲉ ⲁⲓⲕⲱ ⲉⲃⲟⲗ ⲛ̅ ⲛⲉⲧⲛ̅ⲛⲟⲃⲉ ⲁⲩⲱ ⲁⲓϥⲟⲧⲉ ⲉ ϩⲟⲩⲛ ⲛ̅ ⲛⲉⲧⲁⲛⲟⲙⲓⲁ · ⲁⲩⲱ ⲁⲧⲉⲧⲛ̅ⲙⲡϣⲁ ⲛ̅ ⲛⲉⲧ ⲁⲡⲉⲓⲱⲧ · ⲡⲁⲓ̈· ⲛⲁⲓ ϫⲉ ⲛ̅ⲧⲉⲣⲉϥϫⲟⲟⲥ ⲁ ⲙ̅ ⲙⲁⲑⲏⲧⲏⲥ ⲣⲁϣⲉ ⲡⲉϫⲉ ⲓ̅ⲥ̅ ⲛⲁⲩ ϫⲉ ⲧⲁⲓ̈ ⲧⲉ ⲑⲉ ⲁⲩⲱ ⲡⲁⲓ̈ ⲡⲉ ⲡⲙⲩⲥⲧⲏⲣⲓⲟⲛ ⲉ ⲧⲉⲧⲛⲁⲁⲩ ⲛ̅ ⲣ̅ ⲣⲱⲙⲉ ⲉⲧ ⲛⲁⲡⲓⲥⲧⲉⲩⲉ ⲉ ⲣⲱⲧⲛ̅ ⲉ ⲙⲛ̅ ⲕⲣⲟϥ ⲛ̅ ϩⲏⲧⲟⲩ ⲁⲩⲱ ⲉⲩⲥⲱⲧⲙ̅ ⲛ̅ ⲥⲁ ⲧⲏⲩⲧⲛ̅ ϩⲛ̅ ϣⲁϫⲉ ⲛⲓⲙ ⲉⲧ ⲛⲁⲛⲟⲩϥ· ⲁⲩⲱ ⲡⲉⲩⲛⲟⲃⲉ ⲙⲛ̅ ⲡⲉⲩⲁⲛⲟⲙⲓⲁ ⲥⲉⲛⲁϫⲟⲧⲟⲩ ⲉⲃⲟⲗ ϣⲁ ⲡⲉ ϩⲟⲟⲩ ⲛ̅ⲧ ⲁⲧⲉⲧⲛ̅ⲉⲓⲣⲉ ⲛⲁⲩ ⲙ̅ ⲡⲉⲓ̈ ⲙⲩⲥⲧⲏⲣⲓⲟⲛ · ⲁⲗⲗⲁ ϩⲱⲛ ⲙ̅ ⲡⲉⲓ̈

Telle est cette scène curieuse dont le récit nous représente évidemment une cérémonie gnostique, et l'une des cérémonies les plus importantes comme on peut le voir. La recommandation qui est faite par Jésus à ses disciples suffirait à elle seule à montrer que cette cérémonie était importante et qu'elle se pratiquait telle qu'elle est décrite. Si l'on veut de plus remarquer la précision des détails sur l'offrande, l'arrangement systématique des vases, des calices et des pains qui servent à l'oblation, sur l'emploi du feu et de ces branches de palmier qui entouraient l'autel, on ne pourra pas douter que ce ne soit en effet là les rites véritables d'une véritable cérémonie gnostique. Nous avons donc un vrai mystère gnostique en son entier, mais ce mystère de la rémission des péchés n'était pas le seul, il y en avait d'autres, l'ouvrage *Pistis Sophia* nous l'apprend encore. En effet après le mystère que nous avons décrit, « les disciples dirent de nouveau à Jésus : Rabbi, révélez-nous le mystère de la lumière de votre père, car nous vous avons entendu dire : Il y a un autre baptême de fumée, un autre baptême de l'esprit de la lumière, une onction pneumatique qui conduirait les âmes dans le trésor de la lumière. Faites-nous donc connaître ce mystère afin que nous aussi nous obtenions le royaume de votre père par droit d'héritage (κληρονομωμεν). Jésus leur dit : Vous parlez de mystères au-dessus desquels ne se trouve nul autre mystère : celui-là conduira votre âme à la lumière des lumières, aux lieux de la vérité et de la bonté, au séjour du saint de tous les saints, au lieu où ne se trouve ni mâle, ni femelle, ni forme, mais où tout est lumière, lumière persévérante et ineffable : rien n'est donc plus élevé que ces mystères, si ce n'est le mystère des sept voix, de leurs quarante-neuf puissances et de leurs noms inscrits sur la pierre (ψῆφοι) : nul nom n'est plus élevé que leurs noms, si ce n'est le nom en qui sont renfermés tous les noms

---

ⲙⲩⲥⲧⲏⲣⲓⲟⲛ ⲙⲡⲣⲧⲁⲁϥ ⲛ ⲣⲱⲙⲉ ⲛⲓⲙ · ⲉⲓⲙⲏⲧⲓ ⲡⲉⲧ ⲛⲁⲉⲓⲣⲉ ⲛ ϩⲱⲃ ⲛⲓⲙ ⲉⲛⲧ ⲁⲓϫⲟⲟⲩ ⲛⲏⲧⲛ ϩⲛ ⲡⲁⲉⲛⲧⲟⲗⲏ. ⲡⲁⲓ ⲟⲩⲛ ⲡⲉ ⲡⲙⲩⲥⲧⲏⲣⲓⲟⲛ ⲛ ⲧⲁⲗⲏⲑⲉⲓⲁ ⲙ ⲡⲃⲁⲡⲧⲓⲥⲙⲁ ⲛ ⲡⲉⲧ ⲟⲩⲛⲁⲕⲱ ⲉⲃⲟⲗ ⲛ ⲛⲉⲧⲛⲟⲃⲉ ⲁⲩⲱ ⲡⲉⲧ ⲟⲩⲡⲁⲣⲱⲃⲥ ⲉⲃⲟⲗ ⲥϫⲛ ⲛⲉⲧⲁⲛⲟⲙⲓⲁ · ⲡⲁⲓ ⲡⲉ ⲡⲃⲁⲡⲧⲓⲥⲙⲁ ⲛ ⲧϣⲟⲣⲡ ⲙ ⲡⲣⲟⲥⲫⲟⲣⲁ ⲉⲧ ϫⲓ ⲙⲟⲉⲓⲧ ⲉ ϩⲟⲩⲛ ⲉ ⲡⲧⲟⲡⲟⲥ ⲛ ⲧⲁⲗⲏⲑⲉⲓⲁ ⲁⲩⲱ ⲉ ϩⲟⲩⲛ ⲉ ⲡⲧⲟⲡⲟⲥ ⲙ ⲡⲟⲩⲟⲉⲓⲛ. *Pistis Sophia*, p. 374-377. — Nous avons laissé en lettres coptes les mots de l'incantation, sans chercher à les traduire : on a vu que le même est quelquefois répété avec un changement de lettres placées dans un ordre différent. Nous croyons que ces mots peuvent se traduire : les uns sont entièrement empruntés au grec, à l'égyptien ou aux langues sémitiques; d'autres sont un mélange hybride. Nous trouverons des mots semblables dans des papyrus grecs dont nous comparerons le contenu avec cette curieuse scène.

toutes les lumières et toutes les vertus. Si quelqu'un connaissant ce nom sort du corps matériel, nulle fumée, nulles ténèbres, nulle puissance, nul Ἄρχων de la sphère du destin, nul ange, nul archange, nulle vertu ne pourra retenir l'âme connaissant ce nom; mais si en sortant de ce monde elle dit ce nom au feu, le feu s'éteindra et les ténèbres s'évanouiront; si elle le dit aux démons et à ceux qui sont dans les ténèbres extérieures, à leurs Ἄρχων, à leurs puissances, à leurs vertus, ils périront tous, leur flamme les brûlera, ils s'écrieront : Vous êtes saint, vous êtes saint, et saint parmi tous les saints; et si on dit ce nom à tous ceux qui sont dans les jugements mauvais, à leurs puissances, à toutes leurs vertus, même à Βαρξηλώ (au fils du Seigneur), au dieu invisible, aux trois vertus, à la triple puissance, aussitôt qu'on leur aura prononcé ce nom, ils seront renversés les uns sur les autres, ils seront dissous, ils s'écrieront : O lumière de toute lumière, lumière qui êtes dans les lumières sans limites, souvenez-vous de nous et purifiez-nous. Et lorsque Jésus eut prononcé ces paroles, ses disciples poussèrent de grands cris, ils éclatèrent en sanglots et dirent..... [1]. » Mal-

---

[1] ⲙⲛⲛⲥⲁ ⲛⲁⲓ ⲟⲛ ⲡⲉⲭⲁⲩ ⲛⲁϥ ⲛϭⲓ ⲛⲉϥⲙⲁⲑⲏⲧⲏⲥ ϫⲉ ⲣⲣⲁⲃⲃⲉⲓ ϭⲱⲗⲡ ⲛⲁⲛ ⲉⲃⲟⲗ ⲙ ⲡⲙⲩⲥⲧⲏⲣⲓⲟⲛ ⲙ ⲡⲟⲩⲟⲉⲓⲛ ⲛⲧⲉ ⲡⲉⲕⲉⲓⲱⲧ ⲉⲡⲉⲓⲇⲏ ⲁⲛⲥⲱⲧⲙ ⲉ ⲣⲟⲕ ⲉⲕϫⲱ ⲙⲙⲟⲥ ϫⲉ ⲟⲩⲛ ⲕⲉ ⲃⲁⲡⲧⲓⲥⲙⲁ ⲙ ⲡⲛⲁ ⲉϥⲟⲩⲁⲁⲃ ⲛⲧⲉ ⲡⲟⲩⲟⲉⲓⲛ · ⲁⲩⲱ ⲟⲩⲛ ⲟⲩ ⲧⲱϩⲥ ⲙ ⲡⲛⲁⲧⲓⲕⲟⲛ ⲡⲁⲓ ⲉ ϣⲁⲩϫⲓ ⲛ ⲡⲉ ⲯⲩⲭⲟⲟⲩⲉ ⲉ ⲡⲉ ⲑⲏⲥⲁⲩⲣⲟⲥ ⲙ ⲡⲟⲩⲟⲉⲓⲛ ϫⲱ ϭⲉ ⲉ ⲣⲟⲛ ⲙ ⲡⲉⲩⲙⲩⲥⲧⲏⲣⲓⲟⲛ ⲧⲁⲣⲛⲕⲗⲏⲣⲟⲛⲟⲙⲓ ϩⲱⲱⲛ ⲛ ⲧⲙⲛⲧⲉⲣⲟ ⲙ ⲡⲉⲕⲉⲓⲱⲧ ⲡⲉϫⲉ ⲓ̄ⲥ̄ ⲛⲁⲩ ϫⲉ ⲡⲉⲓ ⲙⲩⲥⲧⲏⲣⲓⲟⲛ ⲉ ⲧⲉⲧⲛϣⲓⲛⲉ ⲛ ⲥⲱⲟⲩ. ⲙⲛ ⲙⲩⲥⲧⲏⲣⲓⲟⲛ ⲉϥⲟⲩⲟⲧⲃ ⲉ ⲣⲟⲟⲩ. ⲉϥⲛⲁϫⲓ ⲛ ⲧⲉⲧⲛⲯⲩⲭⲏ ⲉ ⲡⲟⲩⲟⲉⲓⲛ ⲛⲧⲉ ⲛⲓ ⲟⲩⲟⲉⲓⲛ ⲉ ⲡ ⲧⲟⲡⲟⲥ ⲛ ⲧⲁⲗⲏⲑⲣⲁ ⲙⲛ ⲧⲙⲛⲧⲁⲅⲁⲑⲟⲥ. ⲙ ⲡⲧⲟⲡⲟⲥ ⲛⲧⲉ ⲡⲉⲧ ⲟⲩⲁⲁⲃ ⲡⲉⲧ ⲟⲩⲁⲁⲃ ⲧⲏⲣⲟⲩ. ⲉ ⲡⲧⲟⲡⲟⲥ ⲉⲧⲉ ⲙⲡⲥⲣⲓⲙⲉ ⲛ ϩⲏⲧϥ. ⲟⲩⲇⲉ ⲙⲛ ϩⲟⲟⲩⲧ · ⲟⲩⲇⲉ ⲙⲛ ⲙⲟⲣⲫⲏ ϩⲙ ⲡⲧⲟⲡⲟⲥ ⲉⲧⲙⲙⲁⲩ ⲁⲗⲗⲁ ⲟⲩ ⲟⲩⲟⲉⲓⲛ ⲡⲉ ⲉϥⲙⲏⲛ ⲉⲃⲟⲗ ⲛ ⲁⲧϣⲁϫⲉ ⲉ ⲣⲟϥ · ⲙⲛ ⲡⲉⲧ ⲟⲩⲟⲧⲃ ϭⲉ ⲉ ⲡⲉⲓ ⲙⲩⲥⲧⲏⲣⲓⲟⲛ ⲉ ⲧⲉⲧⲛϣⲓⲛⲉ ⲛ ⲥⲱⲟⲩ ⲉⲓⲙⲏⲧⲓ ⲉ ⲡⲙⲩⲥⲧⲏⲣⲓⲟⲛ ⲛ ⲧⲥⲁϣϥⲉ ⲙ ⲫⲱⲛⲏ ⲙⲛ ⲧⲉⲩϭⲙⲉ ⲯⲓⲧⲉ ⲛ ⲇⲩⲛⲁⲙⲓⲥ ⲁⲩⲱ ⲡⲉⲩⲯⲏⲫⲟⲥ ⲁⲩⲱ ⲙⲛ ⲡⲣⲁⲛ ⲉⲧ ⲟⲩⲟⲧⲃ ⲉ ⲣⲟⲟⲩ · ⲡⲣⲁⲛ ⲉⲧ ⲉⲣⲉ ⲣⲁⲛ ⲛⲓⲙ ϣⲟⲟⲡ ϩⲣⲁⲓ ⲛ ϩⲏⲧϥ ϩⲓ ⲟⲩⲟⲉⲓⲛ ⲛⲓⲙ ϩⲓ ⲇⲩⲛⲁⲙⲓⲥ ⲛⲓⲙ. ⲡⲉⲧ ⲥⲟⲟⲩⲛ ϭⲉ ⲙ ⲡⲣⲁⲛ ⲉⲧⲙⲙⲁⲩ ⲉϥϣⲁⲛⲉⲓ ⲉⲃⲟⲗ ϩⲙ ⲡⲥⲱⲙⲁ ⲛ ⲑⲩⲗⲏ ⲛ ⲡⲉϣ ⲗⲁⲁⲩ ⲛ ⲕⲣⲱⲙ ⲟⲩⲇⲉ ⲗⲁⲁⲩ ⲛ ⲕⲁⲕⲉ ⲟⲩⲇⲉ ⲉⲝⲟⲩⲥⲓⲁ ⲟⲩⲇⲉ ⲁⲣⲭⲱⲛ ⲛⲧⲉ ⲧⲉ ⲥⲫⲁⲓⲣⲁ ⲛ ϩⲓⲙⲁⲣⲙⲉⲛⲏ ⲟⲩⲇⲉ ⲁⲅⲅⲉⲗⲟⲥ ⲟⲩⲇⲉ ⲇⲩⲛⲁⲙⲓⲥ ⲛ ⲡⲉⲩϣ ⲕⲁⲧⲉⲭⲉ ⲛ ⲧⲉ ⲯⲩⲭⲏ ⲉⲧ ⲥⲟⲟⲩⲛ ⲙ ⲡⲣⲁⲛ ⲉⲧⲙⲙⲁⲩ. ⲁⲗⲗⲁ ⲉϥϣⲁⲛⲉⲓ ⲉⲃⲟⲗ ϩⲙ ⲡⲕⲟⲥⲙⲟⲥ ⲛϥϫⲱ ⲙ ⲡⲣⲁⲛ ⲉⲧⲙⲙⲁⲩ ⲉ ⲡⲕⲱϩⲧ ϣⲁϥⲱϣⲙ. ⲁⲩⲱ ϣⲁⲣⲉ ⲡⲕⲁⲕⲉ ⲁⲛⲁⲭⲱⲣⲉⲓ. ⲁⲩⲱ ⲉϥϣⲁⲛϫⲟⲟⲩϥ ⲉ ⲛ ⲇⲁⲓⲙⲟⲛⲓⲟⲛ ⲙⲛ ⲙ ⲡⲁⲣⲁⲗⲏⲙⲡⲧⲏⲥ ⲙ ⲡⲕⲁⲕⲉ ⲉⲧ ϩⲓ-ⲃⲟⲗ. ⲙⲛ ⲡⲉⲧⲁⲣⲭⲱⲛ ⲙⲛ ⲡⲉⲧⲇⲩⲛⲁⲙⲓⲥ ⲥⲉⲛⲁⲧⲁⲕⲟ ⲧⲏⲣⲟⲩ ⲛⲧⲉ ⲡⲉⲩϣⲁϩ ⲙⲟⲩϩ. ⲛⲥⲉⲱϣ ⲉⲃⲟⲗ ϫⲉ ⲕⲟⲩⲁⲁⲃ ⲡⲉⲧ ⲟⲩⲁⲁⲃ ⲛⲧⲉ ⲡⲉⲧ ⲟⲩⲁⲁⲃ ⲧⲏⲣⲟⲩ. ⲁⲩⲱ ⲉⲩϣⲁⲛϫⲱ ⲙ ⲡⲣⲁⲛ ⲉⲧⲙⲙⲁⲩ ⲉ ⲙ ⲡⲁⲣⲁⲗⲏⲙⲡⲧⲏⲥ ⲛⲧⲉ ⲛⲉ ⲕⲣⲓⲥⲓⲥ ⲉⲑⲟⲟⲩ ⲙⲛ ⲡⲉⲧⲉⲝⲟⲩⲥⲓⲁ ⲙⲛ ⲡⲉⲧϭⲟⲙ ⲧⲏⲣⲟⲩ ⲁⲩⲱ ⲧ ⲕⲉ ⲃⲁⲣⲃⲏⲗⲱ ⲙⲛ ⲡⲁϩⲟⲣⲁⲧⲟⲥ ⲛ ⲛⲟⲩⲧⲉ ⲙⲛ ⲡϣⲟⲙⲛⲧ ⲛ ⲛⲟⲩⲧⲉ ⲛ ⲧⲣⲓⲇⲩⲛⲁⲙⲓⲥ ⲛ ⲧⲉⲩⲛⲟⲩ ⲉⲧ ⲟⲩⲛⲁϫⲱ ⲙ ⲡⲉⲓ ⲣⲁⲛ ϩⲛ ⲡ ⲧⲟⲡⲟⲥ ⲉⲧⲙⲙⲁⲩ ⲥⲉⲛⲁⲣⲉ ⲧⲏⲣⲟⲩ ⲉϫⲛ ⲛⲉⲩⲉⲣⲏⲩ ⲛⲥⲉϣ ⲉⲃⲟⲗ ⲛⲥⲉⲧⲁⲕⲟ ⲛⲥⲉⲱϣ ⲉⲃⲟⲗ ϫⲉ ⲡⲟⲩⲟⲉⲓⲛ ⲛⲧⲉ ⲟⲩⲟⲉⲓⲛ ⲛⲓⲙ ⲉⲧ ϣⲟⲟⲡ ϩⲛ ⲛⲓ ⲁⲡⲉⲣⲁⲛⲧⲟⲛ ⲛ ⲟⲩⲟⲉⲓⲛ ⲁⲣⲓ ⲡⲉⲛⲙⲉⲉⲩⲉ ϩⲱⲱⲛ ⲛⲥⲱⲧⲛ ⲙⲙⲟⲛ. ⲛⲧⲉⲣⲉϥⲟⲩⲱ ⲇⲉ ⲉϥϫⲱ ⲛ ⲡⲉⲓ ϣⲁϫⲉ ⲛϭⲓ ⲓ̄ⲥ̄ ⲁⲩⲱϣ ⲉⲃⲟⲗ ⲧⲏⲣⲟⲩ ⲛϭⲓ ⲛⲉϥⲙⲁⲑⲏⲧⲏⲥ ⲁⲩⲣⲓⲙⲉ ϩⲛ ⲟⲩ ⲛⲟϭ ⲛ ϩⲣⲟⲟⲩ ⲉⲩϫⲱ ⲙⲙⲟⲥ ϫⲉ. (Le texte s'interrompt ici pendant la valeur de 9 feuilles du manuscrit. On ne saurait trop en déplorer la perte.) *Pistis Sophia*, p. 879-379.

heureusement là finit ce qui se rapporte à ce mystère; neuf feuillets ont été arrachés au manuscrit; et l'exposition du mystère a disparu.

Ce que nous avons cité suffit cependant pour savoir qu'il y avait après le mystère de la rédemption des péchés trois autres grands mystères, le baptême de la fumée, le baptême de l'esprit de la sainte lumière, et le grand mystère des sept voix. D'après l'exposition du mystère de la rémission des péchés, on a vu que ce devait être la porte d'entrée dans la vraie Gnose, puisqu'il remettait les péchés commis avant d'y être initié et que la seule participation à la Gnose rendait juste et pur. Dans l'énumération que nous avons faite plus haut des six degrés d'initiation, nous avons fait remarquer que ce n'était qu'au grade de Στρατιωτικοί que le récipiendaire était reçu dans la vraie Gnose qu'il avait désormais à défendre : ce grade correspondrait donc parfaitement au mystère de la rémission des péchés, puisque le mystère donnait ce qu'exprimait la dénomination du grade, et cette concordance se trouve confirmée par le fait que dans l'un et l'autre cas il ne reste plus que trois grades ou trois mystères.

Voilà tout ce que nous pouvions dire d'après les monuments connus; grâce au papyrus inédit d'Oxford, il nous est possible d'ajouter à cette première cérémonie deux autres scènes d'initiation qui continuent la précédente. Une preuve qu'elles sont bien une suite de la première, c'est qu'elles se trouvent toutes les trois réunies, qu'elles se succèdent graduellement et que la première est décrite dans le papyrus en termes presque identiques à ceux de la *Pistis Sophia*. Afin qu'on n'en puisse douter, nous allons les traduire toutes trois.

Après avoir enseigné à ses disciples le moyen de traverser les æons inférieurs pour arriver aux mondes supérieurs, après leur avoir promis ce baptême de la rémission des péchés qui doit les rendre vainqueurs de tous les obstacles, Jésus se résolut enfin à leur faire connaître ce mystère si important [1]. « Après ces paroles, dit le texte, il arriva que Jésus appela

---

[1] Ⲁⲥϣⲱⲡⲉ ⲟⲛ ⲙⲛⲛⲥⲁ ⲛⲉⲓϣⲁϫⲉ ⲁ ⲓ̅ⲥ̅ ⲙⲟⲩⲧⲉ ⲉⲛⲉϥⲙⲁⲑⲏⲧⲏⲥ ⲡⲉϫⲁϥ ⲛⲁⲩ ϫⲉ ⲁⲙⲏⲓⲧⲛ ⲧⲏⲣⲧⲛ ⲛⲧⲉⲧⲛϫⲓ ⲙⲡⲓ̅ ⲛ̅ⲃⲁⲡⲧⲓⲥⲙⲁ ⲉⲙⲡⲁϯϫⲱ ⲉⲣⲱⲧⲛ ⲙⲡⲓ̅ ⲛ̅ⲕⲁⲣⲡⲟⲥ. ⲁⲩⲉⲓ ϭⲉ ⲧⲏⲣⲟⲩ ⲛϭⲓ ⲙⲙⲁⲑⲏⲧⲏⲥ ⲛⲅⲟⲟⲩⲧ ⲙⲛ ⲙⲙⲁⲑⲏⲧⲣⲓⲁ ⲛⲥⲣⲓⲙⲉ ⲁⲧⲕⲱⲧⲉ ⲉⲓ̅ⲥ̅ ⲧⲏⲣⲟⲩ ϩⲓ ⲟⲩⲥⲟⲡ. ⲡⲉϫⲁϥ ϭⲉ ⲛⲁⲩ ⲛϭⲓ ⲓ̅ⲥ̅ ϫⲉ ⲃⲱⲕ ⲉϩⲣⲁⲓ ⲉⲧⲁⲗⲓⲗⲁⲓⲁ ⲛⲧⲉⲧⲛϭⲓⲛⲉ ⲛⲟⲩⲣⲟⲟⲩⲧ ⲏ ⲟⲩⲥϩⲓⲙⲉ ⲉⲁⲡⲉⲩϩⲟⲩ ⲛⲧⲁⲕⲓⲁ ⲙⲟⲩ ⲛϩⲏⲧⲟⲩ. ⲉϣⲱⲡⲉ ⲟⲩϩⲟⲟⲩⲧ ⲡⲉ ⲉⲛϥⲉⲓⲣⲉ ⲁⲛ ⲛⲧⲉⲥⲛⲟⲩⲥⲓⲁ ⲏ ⲉϣⲱⲡⲉ ⲉⲟⲩⲥϩⲓⲙⲉ ⲧⲉ

ses disciples et leur dit : Venez tous à moi, recevez les trois baptêmes avant que je ne vous dise le mystère des *Archons*. Vinrent donc tous les disciples mâles et les femmes qui le suivaient; tous à la fois ils entourèrent Jésus, et Jésus leur dit : Montez vers la Galilée, trouvez un homme et une femme en lesquels la plupart des iniquités aient cessé. Si c'est un homme, qu'il cesse d'avoir rapport avec les femmes; si c'est une femme, qu'elle cesse de faire l'office de femme et d'avoir un commerce charnel. Prenez deux vases de vin de leurs mains de cette manière, placez-les dans ce lieu, apportez-moi des branches de vigne. Les disciples apportèrent deux vases de vin et des branches de vigne. Jésus fit une offrande pour le sacrifice,

ⲉⲁⲥⲗⲟ ⲉ̄ⲥⲉⲓⲣⲉ ⲛ̄ⲧⲕⲟⲓⲛⲱⲛⲓⲁ ⲛ̄ⲧⲉ ⲛⲉϩⲓⲟⲙⲉ ⲁⲩⲱ ⲛ̄ⲥⲉⲓⲣⲉ ⲛ̄ⲧⲉⲩⲛⲟⲩⲥⲓⲁ . ⲁⲩⲱ ⲛ̄ⲧⲉⲧⲛ̄ϣⲱⲡ ⲛ̄
ⲁⲥⲥⲓⲟⲛ ⲥⲛⲁⲩ ⲛ̄ⲏⲣⲡ ⲛ̄ⲧⲟⲧⲟⲩ ⲛ̄ⲛⲁⲓ ⲛ̄ⲧⲉⲓ̈ⲙⲓⲛⲉ ⲛ̄ⲧⲉⲧⲛ̄ⲛ̄ⲧⲁⲩ ⲛⲁⲓ̈ ⲉⲡⲉⲓ̈ⲧⲟⲡⲟⲥ ⲁⲩⲱ ⲛ̄ⲧⲉⲧⲛ̄ⲉⲓⲛⲉ ⲛⲁⲓ̈
ⲛ̄ϩⲉⲛ ϣⲉ ⲡⲉⲗⲟⲟⲗⲉ ⲙ̄ⲙⲁⲑⲏⲧⲏⲥ ⲇⲉ ⲁⲩⲉⲓⲛⲉⲙ̄ⲡⲁⲥⲥⲓⲟⲛ ⲥⲛⲁⲩ ⲛ̄ⲏⲣⲡ ⲙⲛ̄ ⲛϣⲉ ⲡⲉⲗⲟⲟⲗⲉ ⲓ̄ⲥ̄ ⲇⲉ
ⲁϥⲧⲁⲗⲟ ⲉϩⲣⲁⲓ̈ ⲛⲟⲩⲧⲁⲥⲥⲓⲟⲛ ⲁϥⲕⲱ ⲛⲟⲩⲥⲁⲥⲥⲓⲟⲛ ⲛ̄ⲏⲣⲡ ϩⲓϩⲃⲟⲩⲣ ⲛ̄ⲧⲉⲟⲩⲥⲓⲁ ⲁⲩⲱ ⲁϥⲕⲱ ⲙ̄ⲡⲉⲕⲉ
ⲁⲥⲥⲓⲟⲛ ⲛ̄ⲏⲣⲡ ϩⲓ ⲟⲩⲛⲁⲙ ⲛ̄ⲧⲉⲟⲩⲥⲓⲁ . ⲁϥϯ ⲁⲣⲭⲉⲥⲑⲉ ⲉϩⲣⲁⲓ̈ ⲉⲧⲉⲟⲩⲥⲓⲁ · ⲙⲛ̄ ⲟⲩⲕⲁⲥⲇⲁⲗⲁⲛⲑⲟⲥ
ⲙⲛ̄ ⲟⲩⲡⲁⲣⲁⲟⲥⲧⲁⲗⲟⲥ . ⲁϥⲧⲣⲉ ⲙ̄ⲙⲁⲑⲏⲧⲏⲥ ⲧⲏⲣⲟⲩ ⲕⲟⲟⲗⲟⲩ ⲛ̄ϩⲉⲛϩⲃⲟⲟⲥ ⲛ̄ⲉⲓⲁⲩ ⲁϥⲕⲱ
ⲙ̄ⲡⲉⲛⲧϩ̄ ⲇⲉ ⲛ̄ⲕⲩⲡⲟⲕⲉⲫⲁⲗⲟⲛ ⲡⲣⲟⲧⲏ ⲛ̄ϩⲣⲱⲟⲩ ⲁⲩⲱ ⲁϥⲕⲱ ⲛ̄ⲧⲉ ⲯⲏⲫⲟⲥ ⲛ̄ⲧⲍ̄ ⲙ̄ⲫⲱⲛⲏ ϩⲛ̄
ⲧⲉϥϭⲓϫ ⲥⲛⲧⲉ ⲉⲧⲉ ⲧⲁⲓ̈ ⲧⲉ ⲑⲱⲑ ⲯⲓⲥ ⲛⲏϣⲟ ⲁⲩⲱ ϣⲙⲟⲩⲛ ⲛϣⲉ ⲁⲩⲱ ϣϥⲉ ⲙⲛ ⲯⲓⲥ. ⲁⲩⲱ ⲁϥⲕⲱ
ⲙ̄ⲡⲉⲛⲧϩ̄ ⲇⲉ ⲛ̄ⲕⲗⲓⲁⲕⲟⲛ ϩⲛ̄ ⲧⲉϥϭⲓϫ ⲥⲛⲧⲉ . ⲁϥⲕⲱ ⲛ̄ⲛⲉϥⲙⲁⲑⲏⲧⲏⲥ ϩⲓⲟⲛ ⲛ̄ⲧⲉⲟⲩⲥⲓⲁ ⲓ̄ⲥ̄ ⲇⲉ
ⲁϥⲁϩⲉⲣⲁⲧϥ̄ ϩⲓϫⲙ̄ ⲧⲉⲟⲩⲥⲓⲁ ⲁϥⲡⲱⲣϣ̄ ⲛⲟⲩⲧⲟⲡⲟⲥ ⲛ̄ϩⲃⲟⲟⲥ ⲛ̄ⲉⲓⲁⲩ ⲁⲩⲱ ⲁϥⲕⲱ ⲛⲟⲩⲁⲡⲟⲧ
ⲛ̄ⲏⲣⲡ ⲉϩⲣⲁⲓ̈ ϩⲓϫⲱϥ ⲁⲩⲱ ⲁϥⲕⲱ ⲛ̄ϩⲉⲛⲟⲉⲓⲕ ϩⲓϫⲱϥ ⲕⲁⲧⲁ ⲧⲏⲡⲉ ⲛ̄ⲙⲙⲁⲑⲏⲧⲏⲥ. ⲁϥⲕⲱ ⲛ̄ϩⲉⲛⲕⲗⲁ
ⲇⲟⲥ ⲛ̄ϫⲟⲉⲓⲧ ⲉϩⲣⲁⲓ̈ ϩⲓϫⲙ̄ ⲡⲧⲟⲡⲟⲥ ⲛ̄ⲧⲉⲡⲣⲟⲥⲫⲟⲣⲁ ⲁⲩⲱ ⲁϥⲥⲧⲉⲫⲁⲛⲟⲩ ⲙ̄ⲙⲟⲟⲩ ⲧⲏⲣⲟⲩ
ϩⲛ̄ ϩⲉⲛⲕⲗⲁⲇⲟⲥ ⲛ̄ϫⲟⲉⲓⲧ . ⲁⲩⲱ ⲁ ⲓ̄ⲥ̄ ⲥⲫⲣⲁⲅⲓⲍⲉ ⲛ̄ⲛⲉϥⲙⲁⲑⲏⲧⲏⲥ ϩⲛ̄ ⲧⲉⲓ̈ⲥⲫⲣⲁⲅⲓⲥ
ⲧⲉⲥϩⲉⲣⲙⲏⲛⲓⲁ ⲧⲉ ⲧⲁⲓ̈ ⲉⲛϩⲱϫⲁϥ ⲡⲉⲥⲣⲁⲛ ⲥⲁⲍⲁⲫⲁⲣⲁⲥ ⲁ ⲓ̄ⲥ̄ ⲙⲛ̄ ⲡⲉϥⲙⲁⲑⲏⲧⲏⲥ
ⲁϥⲕⲱⲧⲉ ⲉⲡϩ̄ ⲛⲕⲟⲟϩ ⲙ̄ⲡⲕⲟⲥⲙⲟⲥ ⲁϥϩⲱⲛ ⲉⲧⲟⲟⲧⲟⲩ ⲉⲧⲣⲉ ⲡⲟⲩⲁ ⲡⲟⲩⲁ ⲙ̄ⲙⲟⲟⲩ ⲕⲟⲗⲗⲁ
ⲡⲛⲉⲧⲟⲩⲏⲣⲉⲧⲉ ⲉⲡⲉⲧⲉⲣⲏⲩ ⲁϥⲱ ⲉϥⲉⲧⲭⲓ ⲉϥϫⲱ ⲙ̄ⲙⲟⲥ ϫⲉ ⲓⲱⲁ ⲍⲁ ⲍⲏⲟ ⲁⲍⲁ ⲍⲏ ⲁⲥⲁ ⲍⲏⲟ
ⲣⲁⲙⲏⲛ ϩⲁⲙⲏⲛ ϩⲁⲙⲏⲛ ⲉⲓⲁⲍⲉⲓ ⲉⲓⲁⲍⲉⲓ ϫⲏⲟ ⲍⲁⲏⲟ ⲍⲁϩⲏⲟ ϩⲁⲙⲏⲛ. ⲁⲣⲃⲁⲍⲁⲍⲁ ⲃⲁⲱⲍⲁⲍⲍⲁⲍ
ⲍⲁⲍⲍⲱⲍ ϩⲁⲙⲏⲛ ⲁⲍⲁⲁⲭⲁⲍⲁⲣⲁⲭⲁ ⲍⲁⲣⲁⲭⲁⲍⲁⲣⲃⲁⲑⲱ ⲍⲁⲣⲃⲁⲑⲱⲍ ⲍⲁⲣⲁⲉⲓ ⲍⲁⲣⲁⲉⲓ ⲍⲁⲣⲁⲉⲓ
ⲁⲍⲁⲣⲁ ϫⲁ ⲭⲁⲣⲍⲁ ⲃⲁⲣⲭⲁ ⲑⲁⲍⲁⲱ ⲑⲁⲍⲁⲱ ⲑⲁⲍⲁⲱ ϩⲁⲙⲏⲛ. ⲥⲱⲧⲙ̄ ⲉⲣⲟⲓ̈ ⲡⲁⲉⲓⲱⲧ ⲡⲓⲱⲧ ⲙ̄
ⲙⲛ̄ⲧⲉⲓⲱⲧ ⲛⲓⲙ ⲡⲓⲁⲡⲉⲣⲁⲛⲧⲟⲥ ⲛⲟⲩⲟⲉⲓⲛ ⲉⲧϩⲙ̄ ⲡⲉ[ϭ] ⲙ̄ⲡⲟ. ⲙⲁⲣⲟⲩⲉⲓ ⲛ̄ϭⲓ ⲡⲙⲛ̄ⲧⲏ ⲙ̄ⲡⲁⲣⲁⲥ
ⲧⲁⲧⲏⲥ ⲛⲁⲓ ⲉⲧⲇⲓⲁⲕⲟⲛⲓ ϩⲁⲣⲁⲧⲟⲩ ⲛ̄ⲧⲍ̄ ⲙ̄ⲡⲁⲣⲑⲉⲛⲟⲥ ⲙ̄ⲡⲟ ⲛⲁⲓ̈ ⲉⲧϩⲣⲁⲓ̈ ϩⲓϫⲙ̄ ⲡⲃⲁⲡⲧⲓⲥⲙⲁ
ⲙ̄ⲡⲱⲛϩ̄ ⲉⲧⲉ ⲛⲁⲓ̈ ⲛⲉ ⲡⲉⲩⲣⲁⲛ ⲛⲁϩⲣⲏⲧⲟⲛ ⲁⲥⲧⲣⲁⲡⲁ ⲧⲉⲓⲫⲟ[ⲓⲟ]ⲇⲉ ⲟⲛⲧⲟⲡⲟⲥ ⲥⲓⲛⲏⲧⲟⲥ ⲗⲁⲭⲟⲛ
ⲡⲟⲗⲓⲧⲁⲡⲓⲟⲥ ⲟⲡⲁⲕⲓⲥ ⲫⲁⲓⲇⲣⲟⲥ ⲟⲩⲟⲛⲧⲟⲭⲟⲟⲥ ⲡⲟⲗⲩⲡⲁⲓⲇⲟⲥ ⲇⲓⲁⲕⲧⲟⲥ ⲕⲛⲏⲥⲓⲟⲛ ⲇⲣⲟⲙⲟⲥ
ⲉⲩⲓ̈ⲇⲉⲛⲟⲥ ⲉⲛⲧⲣⲟⲡⲟⲛ . ⲙⲁⲣⲟⲩⲉⲓ ⲛ̄ⲥⲉⲃⲁⲡⲧⲓⲍⲉ ⲛ̄ⲡⲁⲙⲁⲑⲏⲧⲏⲥ ϩⲙ̄ ⲡⲙⲟⲟⲩ ⲙ̄ⲡⲱⲛϩ ⲛ̄ⲧⲍ̄ ⲙ̄
ⲡⲁⲣⲑⲉⲛⲟⲥ ⲙ̄ⲡⲟ ⲁⲩⲱ ⲛ̄ⲥⲉⲕⲱ ⲉⲃⲟⲗ ⲛ̄ⲛⲉⲧⲛⲟⲃⲉ ⲛ̄ⲥⲉⲕⲁⲑⲁⲣⲓⲍⲉ ⲛ̄ⲛⲉⲧⲁⲛⲟⲙⲓⲁ ⲛ̄ⲥⲉⲟⲡⲟⲩ
ⲉϩⲟⲩⲛ ⲉⲡⲉⲕⲗⲏⲣⲟⲥ ⲛ̄ⲧⲙⲛ̄ⲧⲉⲣⲟ ⲙ̄ⲡⲟⲩⲟⲉⲓⲛ ⲉϣⲱⲡⲉ ⲇⲉ ⲁⲣⲥⲱⲧⲙ ⲉⲣⲟⲓ̈ ⲁⲕⲛⲁ ⲡⲓⲁⲙⲁⲑⲏⲧⲏⲥ
ⲁⲩⲱ ⲉϣⲱⲡⲉ ⲟⲛ ⲁⲩⲱⲡ ⲉϩⲟⲩⲛ ⲉⲡⲉⲕⲗⲏⲣⲟⲥ ⲛ̄ⲧⲙⲛ̄ⲧⲉⲣⲟ ⲙ̄ⲡⲟ ⲉϣⲱⲡⲉ ⲁⲕⲕⲱ ⲉⲃⲟⲗ ⲛ̄
ⲛⲉⲩⲛⲟⲃⲉ ⲁⲩⲱ ⲁⲕϣⲱⲧⲉ ⲉⲃⲟⲗ ⲛ̄ⲛⲉⲧⲁⲛⲟⲙⲓⲁ ⲉϥⲉϣⲱⲡⲉ ⲛ̄ϭⲓ ⲟⲩⲙⲁⲉⲓⲛ ⲁⲩⲱ ⲉϥⲉⲓ ⲍⲟⲣⲟⲕⲟⲑⲟⲣⲁ
ⲛ̄ϭⲉⲓⲛⲉ ⲉⲃⲟⲗ ⲙ̄ⲙⲟⲟⲩ ⲙ̄ⲡⲃⲁⲡⲧⲓⲥⲙⲁ ⲙ̄ⲡⲱⲛϩ̄ ϩⲣⲁⲓ̈ ϩⲛ̄ ⲟⲩⲉⲓ ⲛ̄ⲡⲉⲓ̈ⲁⲡⲟⲧⲓⲟⲛ ⲛ̄ⲏⲣⲡ ⲁⲩⲱ
ⲛ̄ⲧⲉⲩⲛⲟⲩ ⲉⲧⲙⲙⲁⲩ ⲁϥϣⲱⲡⲉ ⲛ̄ϭⲓ ⲡⲙⲁⲉⲓⲛ ⲛ̄ⲧⲁ ⲓ̄ⲥ̄ ϫⲟⲟϥ ⲁⲩⲱ ⲁ ⲡⲏⲣⲡ ⲉⲧϩⲓⲟⲩⲛⲁⲙ ⲉⲧⲉⲟⲩⲥⲓⲁ
ⲁϥⲣ̄ⲙⲟⲟⲩ ⲁⲩⲱ ⲁⲩⲉⲓ ⲛ̄ϭⲓ ⲙ̄ⲙⲁⲑⲏⲧⲏⲥ ⲉⲣⲁⲧϥ̄ ⲛ̄ⲓ̄ⲥ̄ ⲁϥⲃⲁⲡⲧⲓⲍⲉ ⲙ̄ⲙⲟⲟⲩ ⲁⲩⲱ ⲁϥϯ ⲛⲁⲩ ⲉⲃⲟⲗ ϩⲛ̄
ⲧⲉⲡⲣⲟⲥⲫⲟⲣⲁ ⲁⲩⲱ ⲁϥⲥⲫⲣⲁⲅⲓⲍⲉ ⲙ̄ⲙⲟⲟⲩ ϩⲛ̄ ⲧⲉⲓ̈ⲥⲫⲣⲁⲅⲓⲥ ⲭ—————Ο ⲁⲩⲱ ⲁ ⲙ̄ⲙⲁⲑⲏⲧⲏⲥ
ⲣⲁϣⲉ ϩⲛ̄ ⲟⲩⲛⲟϭ ⲛ̄ⲣⲁϣⲉ ⲉⲙⲁϣⲟ ⲉⲙⲁϣⲟ ϫⲉ ⲁⲧⲛ̄ ⲉⲃⲟⲗ ⲛⲉⲧⲛ̄ⲛⲟⲃⲉ ⲁⲩⲱ ⲁⲩϫⲱϩⲃ̄ ⲉⲃⲟⲗ ϫⲉ

il plaça l'un des vases de vin à gauche de l'offrande, et l'autre à droite ; sur l'offrande il plaça du genièvre, de la fausse cannelle et du nard, il fit plier des linges de lin par tous ses disciples et mit à l'intérieur des racines de cynocéphale, il plaça dans leur deux mains le chiffre 9879 et l'herbe du soleil ; puis il plaça ses disciples devant l'offrande et se tint lui-même au-dessus de l'offrande. Il étendit un coin du linge, plaça par-dessus une coupe de vin, puis des pains en nombre égal à celui de ses disciples, couvrit le lieu de l'offrande de rameaux d'olivier et en couronna tous (les assistants). Et Jésus imprima sur ses disciples ce sceau dont l'interprétation est ⲉⲏⲍⲱⲍⲁⲍ et le nom ⲥⲁⲍⲁⲫⲁⲣⲁⲥ. Alors Jésus prit ses disciples, il les fit se tourner aux quatre angles du monde, les rapprocha les uns des autres et leur dit de prier en disant : Ιωαζαζηθ, αζαζη, ασαζηθ ϩαμην, ϩαμην, ϩαμην ϩαμην. ειαζει ειαζει ⲭηθ ζαηθ ζαηθ, ϩαμην. Ἀβραζαζαζα ⳓαωζαζζαζ ζαζζωωζ, ϩαμην. Ἀζαχαζαραχα ζαραχα ζαρβαθω ζαρβαθωζ ζηραει ζηραει ζαραει αζαραχα χαρζα ⳓαρζα θαζαθ θαζαθ ϩαμην. Écoutez-moi, mon père, père de toute paternité, lumière infinie qui se trouve dans le trésor : envoyez les quinze Parastates qui servent les sept vierges du trésor, qui sont préposées au baptême de vie et dont voici les noms ineffables : Astrapa, Teiphoioide (?), Ontonios, Sinêtos, Lachon, Politanios, Opakis, Phaidros, Odontochoos, Diaktios, Knêsion, Dromos, Evidenos, Polupaidos, Eutro-

ⲣⲓⲍⲉ ⲛⲛⲉⲧⲁⲛⲟⲙⲓⲁ ϫⲉ ϯⲉⲡⲓⲕⲁⲗⲉⲓ ⲙⲡⲉⲥⲣⲁⲛ ⲛⲁⲫⲑⲁⲣⲧⲉⲛ ⲉⲧⲉⲛⲁⲓ ⲡⲉ ⲍⲟθωⲟⲍⲁ θⲟⲓθⲍⲁⲍⲍⲟωθ ϩⲁⲙⲏⲛ ϩⲁⲙⲏⲛ ϩⲁⲙⲏⲛ . ϩⲁⲱ ⲥⲱⲧⲙ ⲉⲣⲟⲓ ⲡⲡⲁⲣⲑⲉⲛⲟⲥ ⲙⲡⲟⲩⲟⲉⲓⲛ ⲧⲉⲕⲣⲓⲧⲏⲥ ⲕⲱ ⲉⲃⲟⲗ ⲛⲛⲛⲟⲃⲉ ⲡⲛⲁⲙⲁⲑⲏⲧⲏⲥ ⲁⲩⲱ ⲕⲁⲑⲁⲣⲓⲍⲉ ⲙⲡⲉⲧⲁⲛⲟⲙⲓⲁ ⲛⲉⲛⲧⲁⲁⲩ ⲉⲩⲥⲟⲟⲩⲛ ⲙⲛ ⲛⲉⲛⲧⲁⲁⲩ ⲉⲛⲥⲉⲥⲟⲟⲩⲛ ⲁⲛ ⲛⲉⲛⲧⲁⲧⲁⲁⲩ ϫⲓⲛ ⲧⲉⲩⲙⲛⲧⲕⲟⲩⲓ ϣⲁ ⲉϩⲣⲁⲓ ⲉⲡⲟⲟⲩ ⲛϩⲟⲟⲩ ⲁⲩⲱ ⲙⲁⲣⲟⲩⲱⲡ ⲉⲣⲟⲩⲛ ⲉⲡⲉⲕⲗⲏⲣⲟⲥ ⲛⲧⲙⲛⲧⲉⲣⲟ ⲙⲡⲟⲩⲟⲉⲓⲛ . ⲉϣⲱⲡⲉ ⳓⲉ ⲡⲁⲓⲱⲧ ⲁⲕⲕⲱ ⲉⲃⲟⲗ ⲛⲛⲉⲩⲛⲟⲃⲉ ⲁⲩⲱ ⲁⲕϫⲱⲧⲉ ⲉⲃⲟⲗ ⲛⲛⲉⲩⲁⲛⲟⲙⲓⲁ ⲁⲩⲱ ⲁⲕⲧⲣⲉⲩⲱⲡ ⲉⲣⲟⲩⲛ ⲉⲧⲙⲛⲧⲉⲣⲟ ⲙⲡ̅θ̅ ⲉⲕⲉϯⲛⲁⲓ ⲛⲟⲩⲙⲁⲉⲓⲛ ϩⲣⲁⲓ ϩⲙ ⲡⲕⲱϩⲧ ⲛⲛⲉⲓϣⲟⲩϩⲏⲛⲉ ⲛⲥϯⲛⲟⲩϥⲉ ⲁⲩⲱ ⲡⲧⲉⲛⲟⲥ ⲉⲧⲙⲙⲁⲩ ⲁϥϣⲱⲡⲉ ⲛⳓⲓ ⲡⲙⲁⲉⲓⲛ ⲡⲧⲁ ⲓ̅ⲥ̅ ϫⲟⲟⲩ ϩⲣⲁⲓ ϩⲙ ⲡⲕⲱϩⲧ ⲁⲩⲱ ⲁ ⲓ̅ⲥ̅ ⲃⲁⲡⲧⲓⲍⲉ ⲡⲛⲉϥⲙⲁⲑⲏⲧⲏⲥ ⲁⲩⲱ ⲁϥϥⲓ ⲛⲁⲩ ⲉⲃⲟⲗ ϩⲛ ⲧⲉⲡⲣⲟⲥⲫⲟⲣⲁ ⲁⲩⲱ ⲁϥⲥⲫⲣⲁⲅⲓⲍⲉ ⲙⲙⲟⲟⲩ ⲉⲧⲉⲩⲧⲉϩⲛⲉ ϩⲛ ⲧⲉⲥⲫⲣⲁⲅⲓⲥ ⲛⲧⲡⲁⲣⲑⲉⲛⲟⲥ ⲙⲡⲟ ⲧⲁⲓ ⲉϣⲁⲧⲣⲉⲩⲱⲡ ⲉⲣⲟⲩⲛ ⲉⲡⲉⲕⲗⲏⲣⲟⲥ ⲛⲧⲙⲛⲧⲉⲣⲟ ⲙⲡⲟⲩⲟⲉⲓⲛ ⲁⲩⲱ ⲁⲩⲣⲁϣⲉ ⲛⳓⲓ ⲙⲙⲁⲑⲏⲧⲏⲥ ϫⲉ ⲁⲩϫⲓ ⲙⲡⲃⲁⲡⲧⲓⲥⲙⲁ ⲙⲡⲉⲕⲣⲱⲙ ⲙⲛ ⲧⲉⲥⲫⲣⲁⲅⲓⲥ ⲉϣⲁⲥⲕⲁ ⲛⲟⲃⲉ ⲉⲃⲟⲗ ⲁⲩⲱ ϫⲉ ⲁⲩⲱⲛ ⲉⲣⲟⲩⲛ ⲉⲡⲉⲕⲗⲏⲣⲟⲥ ⲛⲧⲙⲛⲧⲉⲣⲟ ⲙⲡⲟ . ⲧⲁⲓ ⲧⲉ ⲧⲉⲥⲫⲣⲁⲅⲓⲥ ⟨image⟩ ⲁⲥϣⲱⲡⲉ ⳓⲉ ⲙⲛⲛⲥⲁ ⲡⲁⲓ ⲡⲉϫⲉ ⲓ̅ⲥ̅ ⲛⲛⲉϥⲙⲁⲑⲏⲧⲏⲥ ϫⲉ ⲉⲓⲥϩⲏⲏⲧⲉ ⲁⲧⲉⲧⲛϫⲓ ⲙⲡⲃⲁⲡⲧⲓⲥⲙⲁ ⲙⲡⲙⲟⲟⲩ ⲙⲛ ⲡⲃⲁⲡⲧⲓⲥⲙⲁ ⲙⲡⲉⲕⲣⲱⲙ ⲁⲙⲏⲉⲓⲧⲛ ϩⲱⲟⲩ ⲛⲧⲁϯ ⲛⲏⲧⲛ ⲙⲡⲃⲁⲡⲧⲓⲥⲙⲁ ⲙⲡⲉⲡ̅ⲛ̅ⲁ̅ ⲉⲧⲟⲩⲁⲁⲃ . ⲁϥⲧⲁⲗⲟ ⲉϩⲣⲁⲓ ⲛⲛϣⲟⲩϩⲏⲛⲉ ⲙⲡⲃⲁⲡⲧⲓⲥⲙⲁ ⲙⲡⲉⲡ̅ⲛ̅ⲁ̅ ⲁϥϯ ⲉϩⲣⲁⲓ ⲛⲣⲉⲛϣⲉ ⲡⲉⲗⲟⲟⲗⲉ ⲙⲛ ⲟⲩⲕⲁⲥⲇⲁⲗⲁⲛⲧⲟⲛ ⲙⲛ ⲟⲩⲕⲣⲟⲕⲟⲙⲁⲅⲙⲁⲧⲟⲥ ⲙⲛ ⲟⲩⲙⲁⲥⲧⲓⲭⲏⲛ ⲙⲛ ⲟⲩⲕⲓⲛⲁⲙⲱⲙⲟⲛ ⲙⲛ ⲟⲩϣⲁⲗ ⲙⲛ ⲟⲩⲥⲟⲛⲧⲉ ⲛⲡⲟⲩⲉⲃⲓⲱ ⲁⲩⲱ ⲡⲁϥⲛⲕⲱ ⲛⲁⲡⲧⲓⲟⲛ ⲥⲛⲁⲩ ⲙⲡⲏⲣⲡ ⲟⲩⲁ ϩⲓϩⲛⲁⲙ ⲙⲛ ϣⲟⲩϩⲏⲛⲉ ⲉⲛⲧⲁϥⲧⲁⲗⲟⲟⲩ ⲉϩⲣⲁⲓ ⲁⲩⲱ ⲟⲩⲁ ϩⲓϩⲃⲟⲩⲣ ⲁϥⲕⲁ ϩⲉⲛⲟⲉⲓϣ ⲉϩⲣⲁⲓ ⟨image⟩ ⲕⲁⲧⲁ ⲧⲩⲡⲉ ⲙⲙⲁⲑⲏⲧⲏⲥ ⲁⲩⲱ ⲓ̅ⲥ̅ ⲥⲫⲣⲁⲅⲓⲍⲉ ⲙⲙⲁⲑⲏⲧⲏⲥ ϩⲉⲛ ⲧⲉⲓⲥⲫⲣⲁⲅⲓⲥ ⟨image⟩ ⲡⲁⲓ ⲡⲉ ⲡⲉⲥⲣⲁⲛ ⲁⲍⲱⲍⲁ ⲧⲁⲓ ⲧⲉ ⲧⲉⲥϩⲙⲏⲛⲉ ⲑⲱⲍⲟⲡⲱⲍ ⲁⲥϣⲱⲡⲉ ⳓⲉ ⲡⲧⲉⲣⲉϥ ⲥⲫⲣⲁⲅⲓⲍⲉ ⲙⲙⲟⲟⲩ ϩⲛ ⲧⲉⲓⲥⲫⲣⲁⲅⲓⲥ ⲁϥⲁϩⲉⲣⲁⲧϥ ⲛⳓⲓ ⲓ̅ⲥ̅ ϫⲓⲛ ⲡϣⲟⲩϩⲏⲛⲉ ⲉⲛⲧⲁϥⲧⲁⲗⲟⲟⲩ ⲉϩⲣⲁⲓ ⲁϥⲕⲁ ⲡⲉϥⲙⲁⲑⲏⲧⲏⲥ ϩⲓϩⲛ ⲡϣⲟⲩϩⲏⲛⲉ ⲁϥⲥⲟⲟⲗⲥ ⲧⲏⲣⲟⲩ ⲛⲃⲟⲟⲥ ⲛⲛⲉⲓⲁⲁⲩ ⲥⲡⲉ ⲛⲉⲓ ⲛⲧ̅ ⲙⲫⲱⲛⲏ ⲟⲛ ⲧⲉⲩⳓⲓⲝ ⲥⲏⲧⲉ ⲉⲧⲉ ⲡⲁⲓ ⲡⲉ θⲱθ ⲯⲓⲥ ⲛϣⲟ ⲁⲩⲱ ⲏ ⲛϣⲉ ⲙⲛ ϣⲉ ⲯⲓⲥ ⲁⲩⲱϣ ⲉⲃⲟⲗ ⲛⳓⲓ ⲓ̅ⲥ̅ ⲉϥϫⲱ ⲙⲙⲟⲥ ⲡⲧⲉⲓϩⲉ ϫⲉ ⲥⲱⲧⲙ ⲉⲣⲟⲓ ⲡⲁⲉⲓⲱⲧ ⲡⲓⲱⲧ ⲙⲙⲛⲧⲉⲓⲱⲧ ⲛⲓⲙ ⲡⲁⲡⲉⲣⲁⲛⲧⲟⲥ ⲙⲡⲟ ϫⲉ ϯⲉⲡⲓⲕⲁⲗⲉⲓ ⲙⲡⲉϥⲣⲁⲛ ⲛⲁⲫⲑⲁⲣⲧⲟⲥ ⲛⲧⲉ ⲡⲉϥ̅ ⲙⲡⲟⲩⲟⲉⲓⲛ ⲍⲁⲍⲟⲥ ⲍⲱⲍⲁⲍⲱⲱ θⲱⲍⲁⲍⲁⲍⲱⲱ ⲕⲉⲛⲟⲩⲃⲓⲡⲧⲉ ⲁθⲁⲛⲏⲧ ωⲍⲛⲱⲍⲁⲛⲱⲍ ⲕⲣⲱⲃⲙⲗⲁⲟ ⲥⲱⲧⲙ ⲉⲣⲟⲓ ⲡⲁⲉⲓⲱⲧ ⲡⲓⲱⲧ ⲙ ⲙⲛⲧⲉⲓⲱⲧ ⲛⲓⲙ ⲡⲓⲁⲡⲉⲣⲁⲛⲧⲟⲥ ⲛⲟⲩⲟⲉⲓⲛ ϫⲉ ⲁⲉⲡⲓⲕⲁⲗⲉⲓ ⲙⲡⲉⲕⲁⲫⲑⲁⲣⲧⲟⲥ ⲛⲣⲁⲛ ⲛⲧⲉ ⲡⲉϥ̅ ⲙⲡⲟ . ⲕⲱ ⲉⲃⲟⲗ ⲛⲛⲛⲟⲃⲉ ⲡⲛⲁⲙⲁⲑⲏⲧⲏⲥ ⲡⲉϥϫⲱⲧⲉ ⲉⲃⲟⲗ ⲛⲛⲉⲧⲁⲛⲟⲙⲓⲁ ⲛⲉⲛⲧⲁⲧⲁⲁⲩ ⲉⲩⲥⲟⲟⲩⲛ ⲙⲛ ⲛⲉⲛⲧⲁⲧⲁⲁⲩ ⲉⲛⲥⲉⲥⲟⲟⲩⲛ ⲁⲛ ⲛⲉⲛⲧⲁⲧⲁⲁⲩ ϫⲓⲛ ⲧⲉⲩⲙⲛⲧⲕⲟⲩⲓ ϩⲣⲁⲓ ⲉⲡⲟⲟⲩ ⲛϩⲟⲟⲩ ⲁⲩⲱ ⲉⲕⲧⲣⲉⲩⲱⲡ ⲉⲣⲟⲩⲛ ⲉⲡⲉⲕⲗⲏⲣⲟⲥ ⲛⲧⲙⲛⲧⲉⲣⲟ ⲙⲡⲟ ⲉϣⲱⲡⲉ ⳓⲉ ⲡⲁⲓⲱⲧ ⲁⲕⲕⲱ ⲉⲃⲟⲗ ⲛⲛⲛⲟⲃⲉ ⲙⲙⲁⲑⲏⲧⲏⲥ ⲁⲩⲱ ⲁⲕⲕⲁⲑⲁⲣⲓⲍⲉ ⲛ ⲛⲉⲧⲁⲛⲟⲙⲓⲁ ⲁⲩⲱ ⲁⲕⲧⲣⲉⲩⲱⲡ ⲉⲣⲟⲩⲛ ⲉⲡⲉⲕⲗⲏⲣⲟⲥ ⲛⲧⲙⲛⲧⲉⲣⲟ ⲙⲡⲟⲩⲟⲉⲓⲛ ⲙⲁϯ ⲡⲁⲓ ⲛⲟⲩⲙⲁⲉⲓⲛ ϩⲛ ⲧⲉⲡⲣⲟⲥⲫⲟⲣⲁ ⲁⲩⲱ ϩⲛ ⲧⲉⲛⲟⲩ ⲉⲧⲙⲙⲁⲩ ⲁϥϣⲱⲡⲉ ⲛⳓⲓ ⲙⲁⲉⲓⲛ ⲡⲧⲁ ⲓ̅ⲥ̅ ϫⲟⲟⲩ ⲁⲩⲱ ⲁϥⲃⲁⲡⲧⲓⲍⲉ ⲛⲛⲉϥⲙⲁⲑⲏⲧⲏⲥ ⲧⲏⲣⲟⲩ ϩⲙ ⲡⲃⲁⲡⲧⲓⲥⲙⲁ ⲙⲡⲉⲡ̅ⲛ̅ⲁ̅ ⲉⲧⲟⲩⲁⲁⲃ ⲁⲩⲱ ⲁϥϯ ⲛⲁⲩ pon. Qu'ils viennent baptiser mes disciples dans l'eau vivante des sept vierges du trésor, qu'ils leur remettent leurs péchés, qu'ils les purifient de leurs iniquités, qu'ils les inscrivent au nombre des héritiers du royaume de lumière. Et si tu m'écoutes, si tu prends pitié de mes disciples, s'ils sont inscrits au nombre des héritiers du royaume de lumière, si tu leur remets leurs péchés, si tu effaces leurs iniquités, fais un prodige et que Zorochotora fasse sortir l'eau du baptême de vie hors de l'un des vases de vin. Et en ce moment eut lieu le prodige dont Jésus avait parlé : le vin qui était à droite de l'oblation fut changé en eau. Les disciples vinrent aux pieds de Jésus qui les baptisa, leur distribua l'offrande et leur imprima ce sceau >⊢━━━○. Ils se laissèrent aller à de grands transports de joie parce que leurs péchés avaient été remis, leurs iniquités couvertes, parce qu'ils avaient été inscrits au nombre des héritiers du royaume de lumière, baptisés dans l'eau vivifiante des sept vierges et qu'ils avaient reçu le sceau sacrosaint. Mais Jésus continua de parler et dit à ses disciples : Apportez-moi des branches de vigne afin que vous receviez le baptême de feu. Et les disciples lui apportèrent des branches de vigne qu'il plaça sur l'encens : il mit par-dessus de la myrrhe, il ajouta de l'encens du Liban, du mastic de lentisque, du nard en épis, des fleurs de cannelier, du térébinthe et de l'essence de myrrhe, il étendit sur le lieu de l'oblation un linge de fin lin, il plaça par-dessus une coupe de vin et des pains en nombre égal à celui de ses disciples qu'il fit revêtir d'habits de lin et ceignit d'une couronne d'herbes, c'est-à-dire de verveines. Puis il plaça l'herbe de cynocéphale à l'intérieur, mit dans les mains le chiffre des sept voix qui est 9879, de la chrysanthème et de la renouée, les rangea devant l'encens qu'il avait disposé, et les fit se rapprocher les uns des autres. Jésus se mit derrière l'encens qu'il avait disposé, il leur imprima le sceau dont le nom est Θωζαεηζ et l'interprétation ζωζαηζ. Il se tourna ensuite vers les quatre angles du monde avec ses disciples et pria en ces termes : Écoute-moi, mon père, ô père de toute paternité, lumière infinie : rends mes disciples dignes de recevoir le baptême de feu, remets leurs péchés, purifie les iniquités qu'ils ont commises avec conscience ou sans le savoir depuis leur enfance jusqu'à ce jour, leurs paroles légères, leurs médisances, leurs faux témoignages, leurs vols, leurs mensonges, leurs calomnies, leurs tromperies, leurs fornications, leurs adultères, leurs désirs mauvais, leur avarice, tout ce qu'ils ont fait de mal depuis leur enfance jusqu'à ce jour. Efface tout cela, purifie tout, et fait que Zorocothora vienne à eux dans le secret, qu'il vienne avec l'eau du baptême de feu de la vierge de lumière..... Écoute-moi, mon père ; j'invoque ton nom incorruptible qui se trouve dans l'æon de lumière, αζαραχαζα ααμαθκρατιταθ ιω ιω ιω ϩαμηπ ϩαμηπ ϩαμηπ ιαωθ ιαωθ ιαωθ ϥαωϥ ϥαωϥ ϥαωϥ ϫιω εϥοζπε ϫεποϩιπτθ ζαρλαι λαζαρλαι λαι ζαι ϩαμηπ ϩαμηπ ϩαμηπ ζαζιζατοχ πεθεοτπιςϥ ϥαμοτ ϥαμοτ ϥαμοτ αματπαι αματπαι ϩαμηπ ϩαμηπ ϩαμηπ ζαζαζαζι εταζαζωθα ζαζαζ. Écoute-moi, mon père, ô père de toute paternité, lumière infinie, j'invoque ton nom incorruptible qui est dans l'æon de lumière. Laisse venir Zorocothora, envoie l'eau du baptême de feu de sa vierge de lumière afin que j'en baptise mes disciples. Écoute-moi encore, ô mon père, père de toute paternité, lumière infinie : que vienne la vierge de lumière baptiser mes disciples du baptême de feu, pardonner leurs péchés; purifie leurs iniquités, car j'invoque ton nom incorruptible ζοεωοζα θοιθαζαζζαωθ, amen, amen, amen. Écoute-moi aussi, ô vierge de lumière, ô juge (?), remets les péchés de mes disciples, purifie les iniquités qu'ils ont commises en toute conscience ou inconsciemment depuis leur enfance jusqu'à ce jour et qu'ils soient rangés au nombre des héritiers du royaume de lumière. Et si, ô mon père, tu remets leurs péchés, si tu effaces leurs iniquités et s'ils sont rangés au nombre des héritiers du royaume de lumière, envoie un signe sur le feu de cet encens d'agréable odeur. Et en ce moment eut lieu sur le feu le prodige que Jésus avait demandé. Et Jésus baptisa ses disciples, leur distribua l'oblation, leur imprima sur le front le sceau de la vierge de lumière et les fit ranger au nombre des héritiers du royaume de lumière. Les disciples se réjouirent d'avoir reçu le baptême de feu et le sceau qui remet les péchés, d'avoir été comptés parmi les héritiers du royaume de lumière.

Voici le sceau : >———⊹

Jésus dit encore à ses disciples : Voici que vous avez reçu le baptême d'eau et le baptême de feu, venez aussi recevoir le baptême de l'esprit saint. Il disposa les parfums du baptême de l'esprit, il mit l'un sur l'autre des branches d'olivier, de genièvre, des fleurs de cannelier, du marc de safran, du mastic de lentisque, du cinname, de la myrrhe, du baume et du miel : il plaça deux vases de vin, l'un à droite des parfums qu'il avait disposés, l'autre à gauche, par-dessus, il plaça des pains en nombre égal à celui de ses disciples. Jésus imprima alors sur ses disciples ce sceau dont le nom est ζαζωζα et l'interprétation θωζωπωζ. Et lorsqu'il leur eut imprimé ce sceau, Jésus se tint au-dessus des parfums qu'il avait disposés, il plaça ses disciples par devant, les fit tous revêtir d'habits de lin; le mystère des sept voix était dans leurs mains, c'est le nombre 9879. Et Jésus fit cette prière à haute voix : Écoute-moi, ô mon père, père de toute paternité, lumière infinie, car j'invoque le nom incorruptible de l'æon de lumière ζαζαζαου ζωοζαζωο Θωζαζαζωο ⲕⲉⲛⲟⲧⲃⲓⲛⲧⲉⲁⲑⲁⲏⲛⲧ ωζηωζαηζωζ ⲕⲣωⲙⲃⲗⲁⲉ. Écoute-moi, ô mon père, ô père de toute paternité, lumière infinie, car j'ai invoqué ton nom incorruptible, celui de l'æon de lumière. Remets les péchés de mes disciples, efface les iniquités qu'ils ont commises sciemment et inconsciemment depuis leur enfance jusqu'à ce jour : compte-les parmi les héritiers du royaume de lumière. Et si, ô mon père, tu remets les péchés de mes disciples, si tu purifies leurs iniquités, si tu les comptes parmi les héritiers du royaume de lumière, accorde-moi un prodige sur cette offrande. Et dans le moment même eut lieu le prodige que Jésus demandait, et il baptisa tous ses disciples du baptême de l'esprit saint. Il leur distribua l'offrande, il imprima sur leurs fronts le sceau des sept vierges de lumière qui les comptèrent au nombre des héritiers du royaume de lumière. Et les disciples se réjouirent grandement d'avoir reçu le baptême de l'Esprit saint et le sceau qui remet les péchés, d'avoir été purifiés de leurs iniquités, rangés parmi les héritiers du du royaume de lumière. Voici le sceau ϙΥΡ . Et quand Jésus opéra ce mystère, tous ses disciples étaient revêtus d'habits de lin, couronnés de *Morsyné*? avec du cynocéphale de Crète? Au milieu, ils tenaient dans leurs deux mains un seul rameau d'armoise, ils étaient rapprochés les uns des autres et tournés vers les quatre angles du monde.

Jésus disposa ensuite les parfums du mystère qui enlève la méchanceté des Archons pour en délivrer ses disciples. Il leur fit placer un encensoir sur la plante de l'androsace, il plaça lui-même du bois de vigne sur du genièvre, des feuilles de cannelier[1]....., de l'amiante, une agathe et de l'encens du Liban. Il fit revêtir tous ses disciples d'habits de lin, les couronna d'armoises, plaça de l'encens au milieu d'eux et mit dans leur main droite le chiffre du premier *Amen :* il les rapprocha les uns des autres, les plaça devant l'encens qu'il avait disposé, puis il imprima sur eux ce sceau dont le vrai nom est ϩⲁϩⲛⲁⲍⲱⲍ et l'interprétation ⲍⲱⲍⲱⲍⲁⲓ. Lorsque Jésus eut achevé d'imprimer ce sceau sur ses disciples, il se plaça de nouveau devant les parfums qu'il avait disposés et fit cette prière : Écoute-moi, ô mon père, ô père de toute paternité, lumière infinie, car j'invoque ton nom incorruptible de l'æon de lumière ⲙⲏⲣⲏⲧⲏⲣ, ⲍⲟⲫⲟⲛⲏⲣ ⲍⲟⲓⲗⲑⲟⲍⲟⲧⲃⲁⲱ ⲍⲟⲧⲃⲁⲱ ⲟⲁⲙⲏⲛ ⲟⲁⲙⲏⲛ. Écoute-moi, ô mon père, père de toute paternité, lumière infinie, écoute-moi : oblige Sabaoth Adamas et tous les Archons à venir enlever toutes leurs iniquités de dessus mes disciples. Quand il eut achevé cette prière, il se tourna, lui et ses

---

[1] Un mot inconnu.

disciples, vers les quatre angles du monde, il imprima sur eux le sceau du second *Amen*, dont le vrai nom est ϩⲁⲗⲱϩⲁⲕⲱⲣ et l'interprétation ϩⲭⲱ-ϩⲁϩⲱ. Et quand Jésus eut achevé d'imprimer ce sceau sur ces disciples, en ce moment les Archons enlevèrent toutes les iniquités des disciples, et ceux-ci se réjouirent grandement de ce que toute l'iniquité des Archons avait été détruite en eux et ils devinrent immortels, les disciples qui avaient suivi Jésus, dans tous les mondes où ils entrèrent ».

Tels sont les différents degrés d'initiation dont la description nous est offerte par le papyrus conservé à la Bodléienne d'Oxford : il y en a quatre bien marqués, les trois baptêmes et le mystère dont la vertu purifie de tous les crimes dont les chefs des æons peuvent couvrir ceux qui n'ont pas en partage la Gnose valentinienne. Il est évident que les trois derniers sont la suite de celui que nous avons trouvé dans l'ouvrage *Pistis Sophia*, que les feuillets qui manquent au manuscrit du British Museum devaient contenir ce que nous apprend le papyrus de la Bodléienne. Cette coïncidence ne saurait être fortuite ; d'ailleurs dans les deux ouvrages gnostiques la première scène de l'initiation est décrite en termes presque identiques. On pourrait dire, il est vrai, que les deux ouvrages sont du même auteur, ce que nous ne croyons pas, car le papyrus d'Oxford est bien plus sobre de détails et, pour ainsi dire, de mythologie gnostique et démoniaque, que le manuscrit de Londres ; ce nous est une marque d'antériorité pour le premier. Il est bien plus vraisemblable que les deux ouvrages se correspondent en ce point seulement parce que les degrés de l'initiation valentinienne étaient déjà réglés et parfaitement connus comme tels, et non parce qu'ils seraient d'un même auteur. En outre, l'initiation est parfaite après le mystère qui soustrait à la puissance des æons ; désormais les initiés peuvent s'élever dans chacun des æons supérieurs jusqu'au trésor de lumière, c'est-à-dire jusqu'au monde où habite le Père dont tout a émané. Ils savent les mots de passe, ils portent avec eux les sceaux magiques, tout leur sera ouvert, et les habitants des divers æons venus pour s'opposer à leur passage s'écartent devant eux avec frayeur, lorsque les initiés ont prononcé ce mot, montré ce sceau. L'initiation est donc bien entière, et par conséquent ce mystère était le dernier degré. Cette conclusion confirme ainsi de point en point l'explication que nous avons donnée du passage de saint

Épiphane : l'initiation proprement dite commençait au grade de *soldat* et le mystère des æons rendait le récipiendaire Barbélite, c'est-à-dire fils du Seigneur.

V

Les quatre paragraphes qui précèdent renferment tout ce que nous avons pu recueillir sur la doctrine de Valentin et l'organisation intérieure des communautés valentiniennes. On a pu voir par l'exposé de sa doctrine en quoi elle ressemblait aux systèmes précédents, comme aussi on aura remarqué les différences qui s'y trouvent. Il est évident au premier coup d'œil que le système de Valentin est, à tous les points de vue, beaucoup plus détaillé, beaucoup plus nuancé, plus composé en un mot que les systèmes des philosophes qui avaient jeté les fondements de la Gnose et de ceux qui avaient élevé les premières parties de ce vaste édifice, dont nous examinons seulement un des côtés. Cela n'a rien d'étonnant : l'esprit humain ne va jamais du composé au simple, il va toujours du simple au composé ; il ne prend pas un système compliqué pour en former un plus simple, il ajoute au contraire aux systèmes composés pour en faire des systèmes compliqués, s'enchevêtrant de plus en plus jusqu'au moment où le perfectionnement devient un amalgame. Nous pourrions presque dire que c'est une loi sans exception, et que de deux systèmes reposant sur un même fonds d'idées on peut sans crainte affirmer que le plus récent est celui qui est le plus compliqué. En effet beaucoup de choses de détail échappent au créateur d'un système ; ces détails, il ne les remarque pas, il ne voit pas qu'il aurait besoin de les perfectionner ; ce sera le travail de ses disciples, et à ce travail les disciples ne manquent jamais. Pour le Gnosticisme, en particulier, Simon le Mage avait posé des assises sur lesquelles tous ses successeurs ont bâti ; nous avons vu que son disciple Ménandre et le disciple de Ménandre, Saturnin, avaient modifié et augmenté la doctrine primitive du maître : à son tour Basilide ne se fit pas faute de créer quelque chose de neuf ; sa théorie du Dieu néant, ses mondes multipliés avec leurs nombreux habitants, toutes les autres nouveautés de son système montrent assez qu'il ne s'en était pas tenu aux données qu'il avait reçues de Ménandre, sans toutefois s'éloigner des principes fondamentaux de la Gnose, les trois mondes, la similitude de ces trois mondes, la prééminence des gnostiques, etc. Valentin arrivant après Basilide, ne pouvait pas faire moins : de là cette richesse de mythes, d'allégories qui voilent le fonds philosophique de ce système. Ce fonds est toujours le même dans tous les systèmes, la seule différence repose sur la manière d'expliquer, de combler les lacunes par des images nouvelles. De ce côté, Valentin était doué d'un puissant génie ; son imagination orientale put se donner libre carrière, mais son originalité n'est que superficielle, puisqu'il élève un édifice d'apparence nouvelle avec des matériaux anciens, sur un plan qui avait déjà servi à ses prédécesseurs. Son mérite fut de paraître expliquer ce que ses devanciers avaient laissé sans explication et de ne pas amener la confusion et le galimatias à force d'explications s'amoncelant les unes sur les autres. Il sut se borner, et l'on doit d'autant plus le féliciter qu'il eût plus de vogue et de succès. Cependant dans son système, tel qui nous a été possible de le connaître d'après la critique des sources qui nous l'ont transmis, il reste encore beaucoup de lacunes, soit que le philosophe n'eût pas voulu les combler, soit que les auteurs chrétiens ne les aient pas jugées dignes de leur attention. Malgré cela, ce système de Valentin est le plus complet que nous ayons du Gnosticisme égyptien, et tel que nous l'avons exposé dans ce chapitre, on peut croire qu'on a bien le système propre du philosophe autant qu'il nous a été permis de le posséder. Du reste, au point de vue moral, quoique ses principes soient susceptibles d'applications désastreuses pour la société, Valentin sut éviter les excès qui déshonoraient les autres doctrines ; en adoptant le mariage, il montrait que son enseignement était plus élevé que celui de ceux qui le proscrivaient ou prêchaient la promiscuité et la communauté des femmes.

En outre, comme Valentin est de tous les gnostiques celui qui a compté le plus de disciples selon toute probabilité, nous avons cherché à connaître les rites et la composition intérieure de sa secte. Au moyen de textes et de rapprochements, peut-être avons nous apporté quelque lumière ; au moins nous estimerions-nous heureux de l'avoir fait. Nous avons dû cependant laisser de côté la question se rapportant à la hiérarchie valentinienne. Si nous n'avons aucun témoignage concluant à l'existence, nous n'avons pas davantage de preuves témoignant de l'absence d'une telle hiérarchie, et les quelques allusions relatives aux cérémonies, nous dirions aux sacrements valentiniens, nous feraient plutôt conclure à l'affirmative qu'à la négative dans cette question. Toutefois nous ne voulons pas nous aventurer trop loin : ces rites, cette initiation, cette hiérarchie à l'existence de laquelle nous croyons sans trop de difficulté, nous ne voulons pas dire que Valentin les ait institués de toutes pièces ; ses disciples sans aucun doute eurent une grande part au développement du culte comme à l'extension de la doctrine : mais Valentin en dût poser les premières assises comme l'ont fait tous les fondateurs de sectes ou de religions. D'ailleurs ce philosophe gnostique nous apparaît ainsi doué d'un génie aussi pratique que spéculatif, et nous ne devons pas nous étonner dès lors que parmi les hérétiques des premiers siècles il ait, avec Marcion, partagé l'honneur d'éclipser tous les autres novateurs qui ont pullulé à cette époque de merveilleuse activité pour l'esprit humain fatigué de negations et retrouvant une nouvelle vie dans la nouvelle doctrine qui se répandait alors sur le monde. Aussi croyons-nous que le plus grand danger qu'ait couru la religion chrétienne vint de cette Gnose idéale et matérielle tout à la fois qui ne demandait qu'à envahir les nouveaux dogmes, à s'en emparer et à les modifier à sa guise et selon les caprices de quelques génies égarés. Ce n'est pas le moindre mérite de l'Église que ce travail de résistance et d'épuration qui dura quatre siècles, car le gnosticisme ne finit véritablement qu'avec la disparition de l'arianisme, et le danger des persécutions n'est rien en comparaison du danger que les premières hérésies lui firent courir en voulant mélanger sa doctrine d'alliages impurs : il fallut plus de temps au christianisme pour vaincre ses faux enfants que pour triompher de ses persécuteurs.

Nous avons vu quel rôle joua Valentin dans cette lutte contre l'Église, il fut vaincu ; mais son système devait lui survivre. De son vivant même, il avait envahi une grande partie du monde, et jusque dans les Gaules ses disciples avaient trouvé des adeptes ; mais en s'étendant son œuvre s'était modifiée et ce sont ces modifications qu'il nous reste maintenant à exposer.

CHAPITRE IV

SYSTÈME DE VALENTIN D'APRÈS SAINT IRÉNÉE OU ÉCOLE ITALIQUE

Lorsqu'on lit le onzième chapitre du premier livre que saint Irénée composa contre les hérésies, on voit tout d'abord que l'auteur entreprend de donner dans ce chapitre le vrai système de Valentin [1] : il ne l'avait donc pas donné auparavant. Mais ce qu'il en dit ne diffère en rien de ce qu'il a exposé dans les chapitres précédents, ce qui nous est une preuve que le système que l'on trouve dans l'ouvrage de l'évêque de Lyon est bien celui de l'école valentinienne italique. D'ailleurs le texte que nous avons cité et dans lequel saint Irénée nous avertit qu'il a pris ces données dans les ouvrages des Valentiniens ses contemporains et surtout dans les commentaires de Ptolémée, nous montre avec évidence qu'il ne faut pas chercher le vrai système de Valentin dans l'*Adversus hæreses*. La seule citation des premiers mots de ce chapitre suffira amplement à démontrer ce que nous avançons : « D'après Valentin, dit l'évêque de Lyon, il y a une dyade qui ne peut être nommée : l'un de ses termes s'appelle l'Inénarrable (Ἄρρητον) et l'autre le Silence (Σιγή). De cette dyade sortit une seconde dyade dont il nomme le premier membre Père et le second Vérité (Ἀλήθεια).

---

[1] Ἴδω μὲν καὶ τὴν τούτων ἄστατον γνώμην δ'ο που καὶ τρίων ὄντων, πῶς περὶ τῶν αὐτῶν οὐ τὰ αὐτὰ λέγουσιν, ἀλλὰ τοῖς πράγμασι καὶ τοῖς ὀνόμασιν ἐναντία ἀποφαίνονται. Ὁ μὲν γὰρ πρῶτος..... (*Iren.* I, cap. xi, n. 1. — *Patr. græc.*, t. VIII. col. 560.) — L'évêque de Lyon va montrer que l'enseignement de Valentin est différent de celui qu'il a exposé, donc il ne l'avait pas donné.

Ce quaternaire produisit Λόγος et Ζωή. Άνθρωπος et Ἐκκλησία : c'est là la première Ogdoade. De Λόγος et de Ζωή émanèrent dix puissances, comme nous l'avons dit, d'Άνθρωπος et d'Ἐκκλησία, sortirent douze æons : l'un d'entre eux se sépara de ses frères et fit l'autre création » [1] On voit qu'il n'y a en cela aucune identité avec le système de Valentin tel que nous l'avons exposé : les points de dissemblance sont nettement accusés, et l'on doit conclure que saint Irénée ne connaissait pas les livres de Valentin ni son système. En revanche, il connaissait les disciples, il nous en a laissé le système, et comme ce système a été trop longtemps pris pour celui de Valentin, nous ne pouvons nous dispenser de l'analyser ici, mais nous n'en donnerons qu'une sèche analyse, nous contentant de marquer les différences et de faire observer que nous avons bien, dans l'œuvre de saint Irénée, l'école valentinienne italique telle que nous l'a dépeinte l'auteur des *Philosophumena* en spécifiant les dissemblances qui existaient entre elle et sa sœur aînée, l'école orientale dont les dogmes nous sont connus.

I

THÉOLOGIE

L'École italique, nous l'avons vu, mettait une syzygie au commencement de toutes choses et se séparait ainsi de l'école orientale dès son premier pas. Au milieu des hauteurs invisibles et inénarrables, disait-elle, était un æon parfait, préexistant à tout : il s'appelle le premier commencement (προαρχή) le premier père (προπάτωρ) ou l'abîme (Βυθός); il était invisible et rien ne pouvait le contenir : éternel et incréé, pendant des siècles infinis il demeura

---

[1] Ὁ μὲν γὰρ πρῶτος ἀπὸ τῆς λεγομένης Γνωστικῆς αἱρέσεως τὰς ἀρχὰς εἰς ἴδιον χαρακτῆρα διδασκαλείου μεθαρμόσας Οὐαλεντῖνος, οὕτως ἐξηροφόρησεν, ὁρισάμενος εἶναι δυάδα ἀνονόμαστον, ἧς τὸ μέν τι καλεῖσθαι. Ἄρρητον, τὸ δὲ Σιγήν. Ἔπειτα ἐκ ταύτης δυάδος δευτέραν δυάδα προβεβλῆσθαι, ἧς τὸ μέν τι Πατέρα ὀνομάζει, τὸ δὲ Ἀλήθειαν. Ἐκ δὲ τῆς τετράδος ταύτης καρποφορεῖσθαι Λόγον καὶ Ζωήν. Ἄνθρωπον καὶ Ἐκκλησίαν· εἶναί τε ταύτην ὀγδοάδα πρώτην. Καὶ ἀπὸ μὲν τοῦ Λόγου καὶ τῆς Ζωῆς δέκα δυνάμεις λέγει προβεβλῆσθαι, καθὼς προειρήκαμεν. Ἀπὸ δὲ τοῦ Ἀνθρώπου καὶ τῆς Ἐκκλησίας δώδεκα ὧν μίαν ἀποστῆσαν καὶ ὑστερήσασαν, τὴν λοιπὴν πραγματείαν πεποιῆσθαι. (*Ibid.*, col. 560 et 561.)

dans le silence et le repos. Mais en lui il possédait une Pensée (Ἔννοια) : cette Pensée est plus connue sous le nom de Grâce (Χάρις) et surtout de Silence (Σιγή). Or quand ce Βυθός conçut le désir de créer toutes choses, il déposa sa Pensée dans le sein de Σιγή comme dans une matrice. Σιγή conçut et enfanta l'Esprit (Νοῦς) aussi appelé Fils unique (Μονογενής), le Père et le Principe de toute chose, semblable et égal à son père, pouvant seul le comprendre. Avec lui naquit aussi la vérité (Ἀλήθεια), et ainsi fut produit le premier quaternaire pythagoricien [1]. De son côté Νοῦς, ayant su de quelle manière il avait été produit, devint le père du Verbe (Λόγος) et de la Vie (Ζωή), principe et fondement de tout le Plérôme : Λόγος et Ζωή produisirent enfin l'Homme (Ἄνθρωπος) et l'Église (Ἐκκλησία) : telle est l'ogdoade primitive qui fut la source et la cause de tous les autres æons [2].

Les æons du dernier quaternaire, c'est-à-dire le Verbe et la Vie, l'Homme et l'Église, voulurent glorifier le Père et produisirent par syzygie de nouveaux æons. Dans une seconde émission Λόγος et Ζωή firent émaner dix æons : Ἄνθρωπος et Ἐκκλησία en produisirent douze de leur côté, et ainsi fut achevé le Plérôme invisible et spirituel, composé de trente æons divisés en ogdoade, décade et dodécade [3]. Les noms de tous ces æons sont

---

[1] Λέγουσι γάρ τινα εἶναι ἐν ἀοράτοις καὶ ἀκατονομάστοις ὑψώμασι τέλειον Αἰῶνα προόντα· τοῦτον δὲ καὶ Προαρχὴν καὶ Προπάτορα καὶ Βυθὸν καλοῦσιν, ὑπάρχοντα δὲ αὐτὸν ἀχώρητον καὶ ἀόρατον, αἰδιόν τε καὶ ἀγέννητον, ἐν ἡσυχίᾳ καὶ ἠρεμίᾳ πολλῇ γεγονέναι ἐν ἀπείροις αἰῶσι χρόνων· συνυπάρχειν δ' αὐτῷ καὶ Ἔννοιαν ἣν δὲ καὶ Χάριν, καὶ Σιγὴν ὀνομάζουσι· καὶ ἐννοηθῆναί ποτε ἀφ' ἑαυτοῦ προβάλεσθαι τὸν Βυθὸν ἀρχὴν τῶν πάντων, καὶ καθάπερ σπέρμα τὴν προβολὴν ταύτην (ἣν προβάλεσθαι ἐνενοήθη), καὶ καθέσθαι ὡς ἐν μήτρᾳ, τῇ συνυπαρχούσῃ ἑαυτῷ Σιγῇ. Ταύτην δὲ ὑποδεξαμένην τὸ σπέρμα τοῦτο, καὶ ἐγκύμονα γενομένην, ἀποκυῆσαι Νοῦν, ὅμοιόν τε καὶ ἴσον τῷ προβαλόντι, καὶ μόνον χωροῦντα τὸ μέγεθος τοῦ Πατρός. Τὸν δὲ Νοῦν τοῦτον καὶ Μονογενῆ καλοῦσι, καὶ Πατέρα, καὶ Ἀρχὴν τῶν πάντων. Συμπροβεβλῆσθαι δὲ αὐτῷ Ἀλήθειαν· καὶ εἶναι ταύτην πρώτην καὶ ἀρχέγονον Πυθαγορικὴν τετρακτύν, ἣν καὶ ῥίζαν τῶν πάντων καλοῦσιν. Ἔστι γὰρ Βυθὸς καὶ Σιγή, ἔπειτα Νοῦς καὶ Ἀλήθεια. *(Iren., lib. I, cap. I. — Patr. græc. t. VII, col. 446-448.)*

[2] Αἰσθόμενόν τε τὸν Μονογενῆ τοῦτον ἐφ' οἷς προεβλήθη, προβαλεῖν καὶ αὐτὸν Λόγον, καὶ Ζωήν, πατέρα πάντων μετ' αὐτῶν ἐσομένων, καὶ ἀρχήν, καὶ μόρφωσιν παντὸς τοῦ Πληρώματος. Ἐκ δὴ τοῦ Λόγου καὶ τῆς Ζωῆς προβεβλῆσθαι κατὰ συζυγίαν Ἄνθρωπον καὶ Ἐκκλησίαν· καὶ εἶναι ταύτην ἀρχέγονον Ὀγδοάδα, ῥίζαν καὶ ὑπόστασιν τῶν πάντων, τέτρασιν ὀνόμασι παρ' αὐτοῖς καλουμένων, Βυθῷ, καὶ Νῷ, καὶ Λόγῳ, καὶ Ἀνθρώπῳ. *(Id., ibid., col. 448.)*

[3] Τούτους δὲ τοὺς Αἰῶνας εἰς δόξαν τοῦ Πατρὸς προβεβλημένους βουληθέντας καὶ αὐτοὺς διὰ τοῦ ἰδίου, δοξάσαι τὸν Πατέρα, προβαλεῖν προβολὰς ἐν συζυγίᾳ· τὸν μὲν Λόγον καὶ Ζωὴν μετὰ τὸ προβαλέσθαι τὸν Ἄνθρωπον καὶ τὴν Ἐκκλησίαν, ἄλλους δέκα Αἰῶνας, ὧν τὰ ὀνόματα λέγουσι ταῦτα· Βύθιος καὶ Μίξις, Ἀγήρατος καὶ Ἕνωσις, Αὐτοφυὴς καὶ Ἡδονή, Ἀκίνητος καὶ Σύγκρασις, Μονογενὴς καὶ Μακαρία· οὗτοι δέκα Αἰῶνες οὓς καὶ φάσκουσιν ἐκ Λόγου καὶ Ζωῆς προβεβλῆσθαι· Τὸν δὲ Ἄνθρωπον καὶ αὐτὸν προβαλεῖν μετὰ τῆς Ἐκκλησίας Αἰῶνας δώδεκα, οἷς ταῦτα τὰ ὀνόματα χαρίζονται· Παράκλητος καὶ Πίστις, Πατρικὸς καὶ Ἐλπίς, Μητρικὸς καὶ Ἀγάπη, Ἀείνους καὶ Σύνεσις, Ἐκκλησιαστικὸς καὶ Μακαριότης, Θελητὸς καὶ Σοφία. *(Id. ibid., col. 149.)*

les mêmes que ceux cités dans le chapitre précédent et adoptés par l'École orientale.

Cependant il y avait déjà dans ce Plérôme ainsi un composé une semence de discorde : tous les æons voulaient connaître le Père invisible, mais ils ne le pouvaient pas, car cette connaissance était réservée au seul Μονογενής. Celui-ci en toute bienveillance voulut communiquer sa science, apprendre aux autres æons la sublimité et la grandeur de ce père incréé qui défiait toute compréhension et échappait à tout regard; mais sur le conseil du Père, Σιγή l'empêcha de donner suite à son dessein [1]. Cette défense ne put toutefois empêcher Σοφία, le dernier æon féminin du Plérôme, d'être transportée de plaisir et de s'élancer à la recherche de la sublime connaissance sans la participation de son époux Θελητός [2]. Sur l'issue de ce désir, deux systèmes se partageaient l'école italique : le premier voulait que Σοφία eût été détournée de son dessein par la médiation d'Ὅρος, la limite du Plérôme, qui lui apprit que le Père est inénarrable et incompréhensible. Σοφία revint alors à elle, elle oublia son intention première et le désir qu'avaient produit son admiration et sa stupeur [3].

Cette explication se rapprochait de celle donnée par l'école orientale; mais l'autre système s'en écartait beaucoup. D'après les docteurs qui le soutenaient, lorsque Σοφία eut connu qu'elle avait entrepris de comprendre l'incompréhensible, elle produisit un fruit informe, tel que le principe femelle livré à ses propres forces pouvait en produire : en voyant sa pro-

---

[1] Τὸν μὲν οὖν Προπάτορα αὐτῶν γινώσκεσθαι μόνῳ λέγουσι τῷ ἐξ αὐτοῦ γεγονότι Μονογενεῖ, τουτέστι τῷ Νῷ· τοῖς δὲ λοιποῖς πᾶσιν ἀόρατον καὶ ἀκατάληπτον ὑπάρχειν. Μόνος δὲ ὁ Νοῦς κατ' αὐτοὺς ἐτέρπετο θεωρῶν τὸν Πατέρα, καὶ τὸ μέγεθος τὸ ἀμέτρητον αὐτοῦ κατανοῶν ἠγάλλετο, καὶ διενοεῖτο καὶ τοῖς λοιποῖς Αἰῶσιν ἀνακοινώσασθαι τὸ μέγεθος τοῦ Πατρός, ἡλίκος τε καὶ ὅσος ὑπῆρχε, καὶ ὡς ἦν ἄναρχός τε καὶ ἀχώρητος, καὶ οὐ καταληπτὸς ἰδεῖν. Κατέσχε δὲ αὐτὸν ἡ Σιγὴ βουλήσει τοῦ Πατρός, διὰ τὸ θέλειν πάντας αὐτοὺς εἰς ἔννοιαν καὶ πόθον ζητήσεως τοῦ προειρημένου Προπάτορος αὐτῶν ἀγάγειν. (*Iren.*, lib. I, cap, II. — *Ibid.*, col. 542 et 543.)

[2] Προήλατο δὲ πολὺ ὁ τελευταῖος καὶ νεώτατος τῆς δωδεκάδος τῆς ὑπὸ Ἀνθρώπου καὶ τῆς Ἐκκλησίας προβεβλημένος Αἰών, τουτέστιν ἡ Σοφία, καὶ ἔπαθε πάθος ἄνευ τῆς ἐπιπλοκῆς τοῦ συζύγου, τοῦ Θελητοῦ. (*Ibid.*, col. 453, n° 2.)

[3] Ἤθελε γὰρ, ὥς λέγουσι, τὸ μέγεθος αὐτοῦ καταλαβεῖν· ἔπειτα μὴ δυνηθῆναι, διὰ τὸ ἀδυνάτῳ ἐπιβαλεῖν πράγματι, καὶ ἐν πολλῷ πάνυ ἀγῶνι γενόμενον, διά τε τὸ μέγεθος τοῦ βάθους, καὶ τὸ ἀνεξιχνίαστον τοῦ Πατρός, καὶ τὴν πρὸς αὐτὸν στοργὴν, ἐκτεινόμενον ἀεὶ ἐπὶ τὸ πρόσθεν, ὑπὸ τῆς γλυκύτητος αὐτοῦ τελευταῖον ἂν καταπεπόσθαι, καὶ ἀναλελύσθαι εἰς τὴν ὅλην οὐσίαν, εἰ μὴ τῇ στηριζούσῃ καὶ ἐκτὸς τοῦ ἀρρήτου μεγέθους φυλασσούσῃ τὰ ὅλα συνέτυχε δυνάμει. Ταύτην δὲ τὴν δύναμιν καὶ Ὅρον καλοῦσιν, ὑφ' ἧς ἐπισχέθαι, καὶ ἐστηρίχθαι, καὶ μόγις ἐπιστρέψαντα ε ς ἑαυτὸν, καὶ πεισθέντα, ὅτι ἀκατάληπτός ἐστιν ὁ Πατὴρ, ἀποθέσθαι τὴν προτέραν ἐνθύμησιν, σὺν τῷ ἐπιγινομένῳ πάθει ἐκ τοῦ ἐκπλήκτου ἐκείνου θεάματος.(*Ibi l.*, col. 543-456.)

duction elle fut d'abord contristée à cause de l'imperfection de ce qu'elle avait enfanté, puis elle craignit que ce fruit informe ne fût détruit, et alors elle fut tourmentée, couverte de honte, cherchant où elle cacherait son fruit. Elle fut ainsi amenée à se retourner vers le Père, elle fit un effort inutile et fut obligée d'en venir aux supplications. De leur côté, tous les autres æons, et surtout Νοῦς, supplièrent le Père de prendre pitié de Σοφία [1]. Alors par l'intermédiaire de Μονογενής, le Père produisit un æon à la fois mâle et femelle, n'ayant pas d'épouse, qui fut appelé limite ("Ορος), ou croix (Σταυρός), Rédempteur (Συλλυτρωτής), Affranchisseur (Καρπιστής), Limitant ('Οροθέτης) et Translateur (Μεταγώγευς). Cet æon nouveau purifia Σοφία, la confirma dans son essence et la rendit à son époux [2].

Sophia étant ainsi réintégrée dans sa Syzygie, Μονογενής produisit un nouveau couple, le Christ et le Saint-Esprit, dont la mission fut de donner aux autres æons toute la perfection dont ils étaient capables : Χριστός leur enseigna quelle était leur propre nature, l'incompréhensibilité du Père qui ne pouvait être connu que de Μονογενής. De son côté Πνεῦμα "Αγιον leur apprit qu'ils étaient égaux, qu'ils devaient rendre grâces au Père, et ainsi, leur donna la véritable paix, le vrai bonheur. Alors tous les æons devinrent semblables : les mâles furent à la fois Νοῦς, Λόγος, "Ανθρωπος et Χριστός : les femelles furent toutes 'Αλήθεια, Ζωή, 'Εκκλησία et Πνεῦμα "Αγιον, c'est-à-dire que les propriétés de chaque æon devinrent le partage commun de tous leurs inférieurs [3].

[1] Ἔνιοι δὲ αὐτῶν πως τὸ πάθος τῆς Σοφίας καὶ τὴν ἐπιστροφὴν μυθολογοῦσιν. Ἀδυνάτῳ καὶ ἀκαταλήπτῳ πράγματι αὐτὴν ἐπιχειρήσασαν, τέκειν οὐσίαν ἄμορφον, οἵαν φύσιν εἶχε, θήλειαν τέκειν· ἣν καὶ κατανοήσασαν, πρῶτον μὲν λυπηθῆναι διὰ τὸ ἀτελὲς τῆς γενέσεως, ἔπειτα φοβηθῆναι μηδὲ αὐτὸ τὸ εἶναι τελείως ἔχειν· εἶτα ἐκστῆναι, καὶ ἀπορῆσαι, ζήτουσαν τὴν αἰτίαν, καὶ ὅντινα τρόπον ἀποκρύψει τὸ γεγονός. Ἐγκαταγενομένη δὲ τοῖς πάθεσι λαβεῖν ἐπιστροφήν, καὶ ἐπὶ τὸν Πατέρα ἀναδραμεῖν πειρασθῆναι, καὶ μέχρι τινὸς τολμήσασαν, ἐξασθενῆσαι· καὶ ἱκέτιν τοῦ Πατρὸς γενέσθαι. Συνδεηθῆναι δὲ αὐτῇ καὶ τοὺς λοιποὺς Αἰῶνας μάλιστα δὲ τὸν Νοῦν. (Ibid., n. 3, col. 456-457.)
[2] Ὁ δὲ Πατὴρ τὸν προειρημένον Ὅρον ἐπὶ τούτοις διὰ τοῦ Μονογενοῦς προβάλλεται ἐν εἰκόνι ἰδίᾳ, ἀσύζυγον, ἀθήλυτον· Τὸν γὰρ Πατέρα ποτὲ μὲν μετὰ συζυγίας τῆς Σιγῆς, ποτὲ δὲ καὶ ὑπὲρ ἄρρεν, καὶ ὑπὲρ θῆλυ εἶναι θέλουσι. Τὸν δὲ Ὅρον τοῦτον καὶ Σταυρόν, καὶ Συλλυτρωτὴν, καὶ Καρπιστὴν, καὶ Ὁροθέτην, καὶ Μεταγωγέα καλοῦσι. Διὰ δὲ τοῦ Ὅρου τούτου φασὶ κεκαθάρται καὶ ἐστηρίχθαι τὴν Σοφίαν, καὶ ἀποκατασταθῆναι τῇ συζυγίᾳ. (Ibid., n. 4, col. 457-460.)
[3] Μετὰ δὲ τὸ ἀφορισθῆναι ταύτην ἐκτὸς τοῦ Πληρώματος τῶν Αἰώνων, τήν τε μητέρα αὐτῆς ἀποκατασταθῆναι τῇ ἰδίᾳ συζυγίᾳ, τὸν Μονογενῆ πάλιν ἑτέραν προβαλέσθαι συζυγίαν, κατὰ προμήθειαν τοῦ Πατρός, ἵνα μὴ ὁμοίως ταύτῃ πάθῃ τις τῶν Αἰώνων, Χριστὸν καὶ Πνεῦμα ἅγιον, εἰς πῆξιν καὶ στήριγμον τοῦ Πληρώματος, ὑφ' ὧν καταρτισθῆναι τοὺς Αἰῶνας. Τὸν μὲν γὰρ Χριστὸν διδάξαι αὐτοὺς συζυγίας φύσιν, ἀγεννήτου κατάληψιν γινώσκοντας, ἱκανοὺς εἶναι, ἀναγορεῦσαί τε ἐν αὐτοῖς τὴν τοῦ Πατρὸς ἐπίγνωσιν, ὅτι τε ἀχώρητος ἐστι καὶ ἀκατάληπτος, καὶ οὔκ ἐστιν οὔτε ἰδεῖν, οὔτε ἀκοῦσαι αὐτὸν, ἢ διὰ μόνου τοῦ Μονογενοῦς γινώσκεται. Καὶ τὸ μὲν αἴτιον τῆς αἰωνίου διαμονῆς τοῖς λοιποῖς τὸ πρῶτον κατάληπτον ὑπάρχειν τοῦ Πατρός, τῆς δὲ γενέσεως αὐτοῦ, καὶ μορφώσεως, τὸ κατάληπτον αὐτοῦ, ᾧ δὴ Ἴσος ἐστί. Καὶ ταῦτα μὲν ὁ ἄρτι προβ-

N'ayant plus alors que même désir et même volonté, le Plérôme tout entier voulut rendre grâces au Père ; chaque æon fit émaner de lui-même ce qui était le propre et le meilleur de sa nature, et le fruit de cette émanation d'un nouveau genre, en tout semblable à celle que nous avons vue dans l'École orientale, fut Jésus, l'æon parfait, appelé l'Astre du Plérôme, le Sauveur, le Fruit, le Verbe et le Tout [1].

Telle est la théologie de l'école valentinienne italique d'après saint Irénée: en un certain nombre de points, elle diffère grandement de celle de l'École orientale. D'abord la Dyade ou Syzygie se trouve au premier principe de toutes les émanations : de plus l'ordre dans lequel émanent la Décade et la Dodécade en diffèrent. Les qualités et les prérogatives dont est doté Μονογενής sont aussi particulières à l'école italique, son rôle est nouveau : il est le fruit d'une imagination poétique et abstraite à la fois; c'est en effet à l'Esprit qu'il appartient de connaître sa cause et son principe, et quand une fois il a trouvé, le Silence seul peut empêcher sa Pensée de se produire au dehors et d'être partagée par ceux qui sont moins bien doués que lui. En outre, dans l'école orientale, la syzygie du Christ et de l'Esprit-Saint émane de l'Esprit et de la Vérité avant que l'Æon-Limite ne soit produit par le Père : dans l'école italique, Ὅρος émane de Νοῦς et est produit avant Χριστός et Πνεῦμα Ἅγιον. Dans le premier système à la vue de l'Ἔκτρωμα de Σοφία, la paix du Plérôme est troublée, tous les æons craignent que pareille chose ne leur arrive : dans le second rien de semblable n'a lieu, la mission du Christ et de l'Esprit-Saint est de parfaire les æons, tandis que dans l'école orientale cette mission se réduit à consoler la Σοφία extérieure, à lui donner de la force. Enfin, une plus importante différence nous est offerte dans le mythe même de Σοφία.

ληθεὶς Χριστὸς ἐν αὐτοῖς ἐδημιούργησε. Τὸ δὲ ἓν Πνεῦμα τὸ ἅγιον ἐξισωθέντας αὐτοὺς πάντας εὐχαριστεῖν ἐδίδαξε, καὶ τὴν ἀληθινὴν ἀνάπαυσιν ἡγήσκτο. Οὕτως τε μορφῇ καὶ γνώμῃ ἴσους κατασταθῆναι τοὺς Αἰῶνας λέγουσι, πάντας γενομένους Νόας, καὶ πάντας Λόγους, καὶ τὰς θηλείας ὁμοίως πάσας Ἀληθείας καὶ πάσας Ζωάς, καὶ Πνεύματα καὶ Ἐκκλησίας. (Ibid., n. 5 et 6, col. 461-464.)

[1] Στηριχθέντα δὲ ἐπὶ τούτῳ τὰ ὅλα, καὶ ἀναπαυσάμενα τελέως, μετὰ μεγάλης χαρᾶς φησιν ὑμνῆσαι τὸν Προπάτορα, πολλῆς εὐφρασίας μετασχόντα. Καὶ ὑπὲρ τῆς εὐποιίας ταύτης βουλῇ μίᾳ καὶ γνώμῃ τὸ πᾶν Πλήρωμα τῶν Αἰώνων, συνευδοκοῦντος τοῦ Χριστοῦ καὶ τοῦ Πνεύματος, τοῦ δὲ Πατρὸς αὐτῶν συνεπισφραγιζομένου, ἕνα ἕκαστον τῶν Αἰώνων, ὅπερ εἶχεν ἐν ἑαυτῷ κάλλιστον καὶ ἀνθηρότατον συνενεγκαμένους καὶ ἐρανισαμένους, καὶ ταῦτα ἁρμοδίως πλέξαντας, καὶ ἐμμελῶς ἑνώσαντας, προβαλέσθαι πρόβλημα εἰς τιμὴν καὶ δόξαν τοῦ Βυθοῦ, τελειότατον κάλλος τε καὶ ἄστρον τοῦ Πληρώματος, τέλειον καρπὸν τὸν Ἰησοῦν, ὃν καὶ Σωτῆρα προσαγορευθῆναι, καὶ Χριστὸν, καὶ Λόγον πατρωνυμικῶς, καὶ Πάντα, διὰ τὸ ἀπὸ πάντων εἶναι. (Ibid., col. 464-465.)

Dans l'école primitive, la défaillante Σοφία prend place dans le Plérôme lui-même. Ce n'est que la Σοφία extérieure qui en est tenue hors : dans l'école postérieure, la première Σοφία est rejetée hors du Plérôme, elle est en proie à toutes les passions ou souffrance qui dans l'autre système sont le propre de la seconde et ces passions deviennent l'essence première de la matière d'où doit sortir le monde [1]. Le mot d'Ogdoade lui-même a, dans saint Irénée, une tout autre signification que dans l'auteur des *Philosophumena* : dans le premier c'est la collection des huit æons supérieurs du Plérôme; dans le second, ce n'est que le nom de la partie la plus élevée du monde intermédiaire. Quand au Plérôme lui-même, dans l'école primitive, il est composé de vingt-neuf ou au plus de trente-deux æons; dans l'école italique il en compte trente ou trente-trois, car le Père inénarrable fait partie lui-même de ce Plérôme au-dessus duquel l'École orientale le tient élevé. En résumé dans les deux écoles il n'y a de parfaitement semblable que le mode d'émanation de Jésus, l'Astre ou le Fruit commun du Plérôme

II

COSMOLOGIE

Lorsque Σοφία fut rentrée dans le Plérôme son fruit appelé Ἐνθύμησις ou Σοφία Ἀχαμώθ restait dans l'obscurité et dans le vide. Un æon du monde supérieur du Plérôme, Χριστός en eut pitié : par l'intermédiaire de l'æon-limite Ὅρος il put arriver jusqu'à Σοφία Ἀχαμώθ, c'est-à-dire qu'il traversa cette limite pour entrer en communication avec Ἀχαμώθ : il lui donna une forme, et après ce premier soulagement apporté au malheureux avorton, il remonta au Plérôme suivi de l'Esprit-Saint, laissant Σοφία embaumée d'un parfum suave qui témoignait du passage des deux æons [2]. En raison de cette opéra-

[1] Ἐντεῦθεν λέγουσι πρώτην ἀρχὴν ἐσχηκέναι τὴν οὐσίαν ἐκ τῆς ἀγνοίας, καὶ τῆς λύπης, καὶ τοῦ φόβου, καὶ τῆς ἐκπλήξεως. — *Iren.*, lib. I, cap. 2, n. 3. (*Ibid.*, col. 457.)
[2] Τὰ δὲ ἐκτὸς τοῦ Πληρώματος λεγόμενα ὑπ' αὐτῶν ἐστι τοιαῦτα, τὴν Ἐνθύμησιν τῆς ἄνω Σοφίας, ἥν καὶ Ἀχαμὼθ καλοῦσιν, ἀφορισθεῖσαν τοῦ Πληρώματος, σὺν τῷ πάθει, λέγουσιν, ἐν σκιαῖς καὶ σκηνώματος τόποις ἐκβεβράσθαι κατὰ ἀνάγκην. Ἔξω γὰρ φωτὸς ἐγένετο, καὶ Πληρώματος, καὶ ἄμορφος, καὶ ἀνείδεος,

tion de la syzygie divine, Σοφία est aussi appelé quelquefois Esprit-Saint, Πνεῦμα Ἅγιον [1]. Après avoir reçu sa première forme, Achamoth se mit à chercher la lumière qui l'avait abandonnée, mais elle ne put y parvenir, car pour la retrouver et la posséder de nouveau il fallait entrer dans le Plérôme, et l'æon-limite Ὅρος était là pour empêcher tout envahissement étranger. Achamoth poussa un grand cri ; Ἰαώ cria-t-elle, et elle fut saisie des mêmes douleurs qu'avait endurées sa mère, du chagrin de n'avoir pas compris, de la crainte de ne plus retrouver la lumière et de perdre la vie comme elle avait perdu cette lumière : elle fut contristée de tout cela et par-dessus tout elle fut en proie à l'ignorance. Mais à la différence de sa mère, elle n'eût que la répugnance des souffrances entre elles, c'est-à-dire leur contrariété augmentée d'un mouvement qui l'entraînait vers celui qui lui avait donné la vie en lui donnant une forme [2].

De ces souffrances ou passions sortit l'essence prochaine de la matière dont les douleurs de la première Σοφία avait été l'essence éloignée, s'il nous est permis de parler de la sorte. Du mouvement d'Achamoth vers la lumière qu'elle avait perdue, sortirent l'âme du monde, celle de Démiurge et sans doute toutes les âmes en général ; tout le reste de la création est le produit de la crainte et du chagrin ; des larmes de Σοφία est venue toute essence liquide, de son rire la lumière, de son chagrin et de sa stupeur tous les éléments corporels, car, disaient les Valentiniens, tantôt elle riait, tantôt elle pleurait, tantôt contristée et tantôt ravie [3].

ὥσπερ ἔκτρωμα, διὰ τὸ μηδὲν κατειληφέναι. Οἰκτείραντά τε αὐτὴν τὸν Χριστόν, καὶ διὰ τοῦ Σταυροῦ ἐπεκταθέντα, τῇ ἰδίᾳ δυνάμει μορφῶσαι μόρφωσιν τὴν κατ' οὐσίαν μόνον, ἀλλ' οὐ τὴν κατὰ γνῶσιν· καὶ πράξαντα τοῦτο ἀναδραμεῖν, συστείλαντα αὐτοῦ τὴν δύναμιν, καὶ καταλιπεῖν, ὅπως αἰσθομένη τοῦ περὶ αὐτὴν πάθους διὰ τὴν ἀπαλλαγὴν τοῦ Πληρώματος, ὀρεχθῇ τῶν διαφερόντων, ἔχουσά τινα ὀδμὴν ἀφθαρσίας, ἐγκαταλειφθεῖσαν αὐτῇ τοῦ Χριστοῦ καὶ τοῦ Ἁγίου Πνεύματος. (Iren., lib. I, cap. 4. — Ibid., col. 477 et 480.)

[1] Διὸ καὶ αὐτὴν τοῖς ἀμφοτέροις ὀνόμασι καλεῖσθαι, Σοφίαν τε πατρωνομικῶς (ὁ γὰρ πατὴρ αὐτῆς Σοφία κληΐζεται)· καὶ Πνεῦμα ἅγιον, ἀπὸ τοῦ περὶ τὸν Χριστὸν Πνεύματος. (Ibid., col. 480.)

[2] Μορφωθεῖσάν τε αὐτήν, καὶ ἔμφρονα γενηθεῖσαν, παραυτίκα δὲ κενωθεῖσαν ἀοράτου συνόντος Λόγου, τουτέστι τοῦ Χριστοῦ, ἐπὶ ζήτησιν ὁρμῆσαι τοῦ καταλιπόντος αὐτὴν φωτὸς καὶ μὴ δυνηθῆναι καταλαβεῖν αὐτό, διὰ τὸ κωλυθῆναι ὑπὸ τοῦ Ὅρου. Καὶ ἐνταῦθα τὸν Ὅρον κωλύοντα αὐτὴν εἰς τοὔμπροσθεν ὁρμῆς εἰπεῖν Ἰαώ· ὅθεν τὸ Ἰαὼ ὄνομα γεγενῆσθαι φάσκουσι. Μὴ δυνηθεῖσαν δὲ διοδεῦσαι τὸν Ὅρον, διὰ τὸ συμπλεχθῆναι τῷ πάθει, καὶ μόνην ἀπολειφθεῖσαν ἔξω, παντὶ μέρει τοῦ πάθους ὑποπεσεῖν πολυμεροῦς καὶ πολυποικίλου ὑπάρχοντος, καὶ παθεῖν, λύπην μὲν ὅτι οὐ κατέλαβε, φόβον δὲ μὴ καθάπερ αὐτὴν τὸ φῶς, οὕτω καὶ τὸ ζῆν ἐπιλίπῃ, ἀπορίαν τε ἐπὶ τούτοις· ἐν ἀγνοίᾳ δὲ τὰ πάντα. Καὶ οὐ καθάπερ, ἡ μήτηρ, αὐτὴ ἡ πρώτη Σοφία καὶ Αἰών, ἑτεροίωσιν ἐν τοῖς πάθεσιν εἶχεν, ἀλλὰ ἐναντιότητα. Ἐπισυμβεβηκέναι δ' αὐτῇ καὶ ἑτέραν διάθεσιν, τὴν τῆς ἐπιστροφῆς ἐπὶ τὸν ζωοποιήσαντα. (Ibid., col. 480-481.)

[3] Ταύτην σύστασιν καὶ οὐσίαν τῆς ὕλης γεγενῆσθαι λέγουσιν, ἐξ ἧς ὅδε ὁ κόσμος συνέστηκεν. Ἐκ μὲν γὰρ

Nous devons avouer ici que nous croyons rencontrer dans l'exposition faite par saint Irénée une certaine confusion, il attribue la production de l'essence de la matière au deux Σοφία, et dans les mêmes termes ce qui nous empêche de distinguer entre l'essence de la matière et la matière elle-même ordonnée et formée, nous n'avons trouvé moyen que de distinguer entre une forme plus ou moins prochaine, ce qui ne nous satisfait que médiocrement.

Quoi qu'il en soit de cette confusion, Σοφία Ἀχαμώθ se sentit poussée à prier la lumière qui l'avait abandonnée, comme nous l'avons dit : ses prières multipliées et pressantes, ne restèrent pas sans effet sur le Plérôme qui voulut lui envoyer un nouveau secours. Mais le Christ, qui l'avait secourue une première fois, ne voulut pas sortir du Plérôme après y être rentré ; à sa place il envoya le consolateur Παράκλητος c'est-à-dire le Sauveur, Jésus, revêtu par le Père de toute la puissance nécessaire pour créer les choses visibles et les choses invisibles ; ces dernières sont les Trônes (Θρόνοι) les Divinités (Θεότητες) et les Dominations (Κυριότητες). Des anges créés en même temps que lui lui furent adjoints [1]. L'orsque ainsi accompagné, Jésus arriva près d'Achamoth, celle-ci se voila la figure de confusion, puis elle hasarda un regard ; ce premier regard lui donna des forces, elle accourut vers le Sauveur qui compléta sa forme et la délivra de ses passions ou souffrances. Cependant il ne détruisit pas complètement ces passions, il les condensa ; d'affections incorporelles il les changea en matière corporelle, il leur donna ensuite le pouvoir de passer en des corps et de former deux essences, l'une mauvaise venant des passions, l'autre seulement possible venant d'un mouvement de Σοφία vers la lumière. La création du monde

---

τῆς ἐπιστροφῆς τὴν τοῦ κόσμου καὶ τοῦ Δημιουργοῦ πᾶσαν ψυχὴν τὴν γένεσιν εἰληφέναι, ἐκ δὲ τοῦ φόβου καὶ τῆς λύπης τὰ λοιπὰ τὴν ἀρχὴν ἐσχηκέναι. Ἀπὸ γὰρ τῶν δακρύων αὐτῆς γεγονέναι πᾶσαν ἔνυγρον οὐσίαν· ἀπὸ δὲ τοῦ γέλωτος τὴν φωτεινήν· ἀπὸ δὲ τῆς λύπης καὶ τῆς ἐκπλήξεως τὰ σωματικὰ τοῦ κόσμου στοιχεῖα. Ποτὲ μὲν γὰρ ἔκλαιε καὶ ἐλυπεῖτο, ὥς λέγουσι, διὰ τὸ καταλελεῖφθαι μόνην ἐν τῷ σκότει καὶ τῷ κενώματι· ποτὲ δὲ εἰς ἔννοιαν ἥκουσα τοῦ καταλιπόντος αὐτὴν φωτὸς, διεχεῖτο καὶ ἐγέλα· ποτὲ δ' αὖ πάλιν ἐφοβεῖτο· ἄλλοτε δὲ διηπόρει, καὶ ἐξίστατο. (Ibid., n. 2, col. 481-484.)

[1] Διοδεύσασαν οὖν πᾶν πάθος τὴν μητέρα αὐτῶν, καὶ μόγις ὑπερκύψασαν, ἐπὶ ἱκεσίαν τραπῆναι τοῦ καταλιπόντος αὐτὴν φωτός, τουτέστι τοῦ Χριστοῦ, λέγουσιν· ὃς ἀνελθὼν μὲν εἰς τὸ Πλήρωμα, αὐτὸς μὲν, εἰκὸς ὅτι ὤκνησεν ἐκ δευτέρου κατελθεῖν, τὸν Παράκλητον δὲ ἐξέπεμπεν αὐτῆν, τουτέστι τὸν Σωτῆρα, ἐνδόντος αὐτῷ πᾶσαν τὴν δύναμιν τοῦ Πατρὸς, καὶ πᾶν ὑπ' ἐξουσίαν παραδόντος· καὶ τῶν Αἰώνων δεόμενος, ὅπως ἐν αὐτῷ τὰ πάντα κτισθῇ τὰ ὁρατὰ καὶ τὰ ἀόρατα, Θρόνοι, Θεότητες καὶ Κυριότητες. (Ibid., n. 5, col. 485-488.)

commençait ainsi : cependant Jésus ne créa qu'en puissance, car jusqu'ici il ne s'agit que de la création des types, comme le fait remarquer saint Irénée[1].

Achamoth, ainsi délivrée de ses passions et rendue joyeuse par la contemplation des anges qui accompagnaient Jésus, eut commerce avec eux, conçut et enfanta des fruits spirituels, produits à leur ressemblance, qui devinrent les créatures spirituelles, créées en premier lieu[2].

Après cet enfantement de Σοφία, les trois natures matérielle, animale et spirituelle, étaient produites ; il ne restait plus qu'à leur donner une forme. Achamoth entreprit de le faire ; mais tout d'abord elle fut obligée de laisser de côté la nature spirituelle qui était de la même essence qu'elle et dont la formation échappait à son action trop peu puissante. Elle se tourna donc du côté de la nature animale, elle lui donna une forme en suivant les enseignements de Jésus le Sauveur à qui elle devait sa propre forme et qui lui avait ainsi tout appris[3]. En premier lieu elle forma le Père et le Roi de toutes choses, Démiurge, celui qui n'a pas de père (Ἀπάτωρ) aussi nommé d'un nom intraduisible en notre langue, Μητροπάτωρ père et mère tout à la fois (ou père de la mère) de la création universelle[4]. Ce Démiurge fut formé du mouvement de Σοφία vers la lumière ; il est ainsi supérieur à tous les autres êtres doués d'une âme : cependant il est rempli de faiblesses parce qu'il est formé d'une passion, il ne peut connaître les choses

---

[1] Τὴν δὴ Ἀχαμὼθ ἐντραπεῖσαν αὐτόν, λέγουσι πρῶτον μὲν κάλυμμα ἐπιθέσθαι δι' αἰδῶ, μετέπειτα δὲ ἰδοῦσαν αὐτὸν σὺν ὅλῃ τῇ καρποφορίᾳ αὐτοῦ, παραδραμεῖν αὐτῷ, δύναμιν λαβοῦσαν ἐκ τῆς ἐπιφανείας αὐτοῦ. Κἀκεῖνον μορφῶσαι αὐτὴν μόρφωσιν τὴν κατὰ γνῶσιν, καὶ ἴασιν τῶν παθῶν ποιήσασθαι αὐτῆς, μὴ ἀμελήσαντα δὲ αὐτῶν. Οὐ γὰρ ἦν δυνατὰ ἀφανισθῆναι, ὡς τὰ τῆς προτέρας, διὰ τὸ ἑκτικὰ ἤδη, καὶ δυνατὰ εἶναι· ἀλλ' ἀποκρίναντα χωρήσε, τοῦ συγχέαι καὶ πῆξαι, καὶ ἐξ ἀσωμάτου πάθους εἰς ἀσώματον τὴν ὕλην μεταβαλεῖν αὐτά· εἶθ' οὕτως ἐπιτηδειότητα καὶ φύσιν ἐμπεποιηκέναι αὐτοῖς, ὥστε εἰς συγκρίματα καὶ σώματα ἐλθεῖν, πρὸς τὸ γένεσθαι, δύο οὐσίας, τὴν φαύλην τῶν παθῶν, τήν τε τῆς ἐπιστροφῆς ἐπαθῆ· καὶ διὰ τοῦτο δυνάμει τὸν Σωτῆρα δεδημιουργηκέναι φάσκουσι. Τήν τε Ἀχαμὼθ ἐκτὸς πάθους γενομένην, καὶ συλλαβοῦσαν τῇ χαρᾷ τῶν ἐν αὐτῷ φώτων θεωρίαν, τουτέστι τῶν Ἀγγέλων τῶν μετ' αὐτοῦ, καὶ ἐγκισσήσασαν αὐτούς, κεκυηκέναι καρποὺς κατὰ τὴν εἰκόνα διδάσκουσι, κύημα πνευματικὸν καθ' ὁμοίωσιν γεγονότων τῶν δορυφόρων τοῦ Σωτῆρος. (*Ibid.*, col. 483, 484 et 487.)

[2] Cf. note précédente.

[3] Τριῶν οὖν ἤδη τούτων ὑποκειμένων κατ' αὐτούς, τοῦ μὲν ἐκ τοῦ πάθους, ὃ ἦν ὕλη, τοῦ δὲ ἐκ τῆς ἐπιστροφῆς, ὃ ἦν τὸ ψυχικόν, τοῦ δὲ ὃ ἀπεκύησε, τουτέστι τὸ πνευματικόν, οὕτως ἐτράπη ἐπὶ τὴν μόρφωσιν αὐτῶν. Ἀλλὰ τὸ μὲν πνευματικὸν μὴ δεδυνῆσθαι αὐτὴν μορφῶσαι, ἐπειδὴ ὁμοούσιον ὑπῆρχεν αὐτῇ· τετράφθαι δὲ ἐπὶ τὴν μόρφωσιν τῆς γενομένης ἐκ τῆς ἐπιστροφῆς αὐτῆς ψυχικῆς οὐσίας, προβαλεῖν τε τὰ παρὰ τοῦ Σωτῆρος μαθήματα. (*Ibid.*, cap. v, n. 1, col. 692.)

[4] Καὶ πρῶτον μεμορφωκέναι αὐτὴν ἐκ τῆς ψυχικῆς οὐσίας λέγουσι, τὸν Πατέρα καὶ βασιλέα πάντων... ὅθεν καὶ Μητροπάτορα καὶ Ἀπάτορα, καὶ Δημιουργὸν αὐτόν, καὶ Πατέρα καλοῦσι. (*Ibid.*, col. 492.)

spirituelles ; il se crut le seul Dieu et c'est lui qui fit dire de lui-même par les prophètes : Je suis le seul Dieu, il n'y en a pas d'autre que moi [1].

Démiurge créa tout ce qui est dans le monde, aussi bien les créatures qui ont la même essence que lui et qui sont appelées créatures de droite, que celles qui sont formées de passions et de matière et nommées créatures de gauche : il est le père des premières ou des Psychiques, le Démiurge des secondes ou des Hyliques, le roi des unes et des autres. Sa création fut une création inconsciente, il ne savait ce qu'il faisait, et dans son ignorance toute son action se réduisait à suivre l'impulsion qu'il recevait de sa mère. Celle-ci voulant tout faire à la gloire des æons du monde supérieur en forma les images, ou plutôt ce fut le Sauveur Jésus qui les fit par son intermédiaire. Elle-même, à l'image du Père invisible, elle se garda de faire connaître sa nature à Démiurge quoique celui-ci fut l'image du Μονογενής du Plérôme ; les archanges et les anges de la création de Démiurge furent les images des autres æons du monde supérieur qui se trouvaient ainsi reproduits dans le monde nouveau que peuplaient Σοφία, Démiurge et les créatures spirituelles dont nous venons de parler [2]. Il est inutile de faire remarquer combien la similitude des deux mondes est ici complète.

En résumé, la création de Démiurge ne lui appartenait guère et pouvait à peine être regardée comme sienne ; son rôle se bornait à ce qui était nécessaire et à ce qui suffisait, c'est à dire à discerner les deux essences confuses avant son œuvre ; changeant alors ce qui était incorporel en matière corporelle, il créa les choses célestes et terrestres, hyliques et psychiques, de gauche et de droite, légères et pesantes, entraînées vers les choses supérieures ou descendant d'elles-mêmes aux choses inférieures. Ayant ainsi discerné les deux essences, Démiurge commença par créer sept cieux sur lesquels il domine. Ces sept mondes célestes sont spirituels, c'est-à-dire ce sont sept anges placées à la tête de sept mondes qui ne peuvent

---

[1] Ἐκ μὲν τῆς ἐπιστροφῆς τὸν Δημιουργὸν βούλονται γένεσιν ἐσχηκέναι... Διὰ τοῦτο ἀτονώτερον αὐτὸν ὑπάρχοντα πρὸς τὸ γινώσκειν τίνα πνευματικὰ, αὐτὸν νενομικέναι μόνον εἶναι Θεὸν, καὶ διὰ τῶν προφητῶν εἰρηκέναι· Ἐγὼ θεὸς, πλὴν ἐμοῦ οὐδείς... (*Ibid.*, n° 4, col. 497.)

[2] Τῶν μὲν δεξιῶν πατέρα λέγοντες αὐτὸν, τουτέστι τῶν ψυχικῶν· τῶν δὲ ἀριστερῶν, τουτέστι τῶν ὑλικῶν, Δημιουργὸν, συμπάντων δὲ βασιλέα. Τὴν γὰρ Ἐνθύμησιν ταύτην βουληθεῖσαν εἰς τιμὴν τῶν Αἰώνων τὰ πάντα ποιῆσαι, εἰκόνας λέγουσι πεποιηκέναι αὐτῶν, μᾶλλον δὲ τὸν Σωτῆρα δι' αὐτῆς. Καὶ αὐτὴν μὲν ἐν εἰκόνι τοῦ ἀοράτου Πατρὸς τετηρηκέναι, μὴ γινωσκομένην ὑπὸ τοῦ Δημιουργοῦ· τοῦτον δὲ τοῦ Μονογενοῦς υἱοῦ, τῶν δὲ λοιπῶν Αἰώνων τοὺς ὑπὸ τούτων γεγονότας ἀρχαγγέλους τε καὶ ἀγγέλους. (*Ibid.*, col. 493.)

être autres que les sept planètes ; Démiurge lui-même n'est qu'un ange semblable à Dieu [1]. Ces sept mondes sont appelés Hebdomade : au-dessus se trouve l'Ogdoade, le siège propre de Σοφία qui répond à l'Ogdoade du Plérôme générateur [2]. Cette Ogdoade est aussi appelée Mère, Σοφία, Terre, Jérusalem, Esprit-Saint, et même sous un nom masculin Κύριος Seigneur ; elle est un milieu entre Démiurge et le Plérôme au-dessous duquel elle restera toujours [3]. Il faut remarquer aussi que dans toute ces créations, Démiurge n'était qu'un instrument entre les mains de Σοφία, que l'opération seule lui appartenait et qu'il n'en connaissait ni la cause, ni les raisons, ni les conséquences [4].

Après avoir créé les sept mondes dont nous venons de parler, Démiurge poursuivit son œuvre ; il créa tout ce qui se trouve de plus dans l'univers entier, toujours en se servant de la matière première sortie des passions de Σοφία. De la crainte, il fit toutes les substances spirituelles en dehors de lui-même et aussi des anges, c'est-à-dire, les âmes des brutes animées, des animaux sauvages et des hommes; de la tristesse, il fit tout ce qu'il y a de mauvais sur la terre sous l'empire de Κοσμοκράτωρ, le Prince du monde qui connaît les choses supérieures, mais non l'existence de Démiurge, et qui habite notre monde ; enfin de la stupeur et de l'anxiété il fit les choses corporelles ; la terre sortit de la fixité de la stupeur, l'eau du mouvement de la crainte, c'est-à-dire des larmes, l'air de la concrétion du chagrin, et enfin le feu des trois passions réunies, c'est-à-dire de l'ignorance qui se trouvait au fond des trois souffrances de Σοφία [5].

[1] Πατέρα οὖν καὶ θεὸν λέγουσιν αὐτὸν γεγονέναι τῶν ἐκτὸς τοῦ Πληρώματος, ποιητὴν ὄντα πάντων ψυχικῶν τε καὶ ὑλικῶν. Διακρίναντα γὰρ δύο οὐσίας συγκεχυμένας, καὶ ἐξ ἀσωμάτων σωματοποιήσαντα, δεδημιουργηκέναι τά τε οὐράνια, καὶ τὰ γήϊνα, καὶ γεγονέναι ὑλικῶν καὶ ψυχικῶν, δεξιῶν καὶ ἀριστερῶν δημιουργόν, κούφων καὶ βαρέων, ἀνωφερῶν καὶ καταφερῶν. Ἑπτὰ γὰρ οὐρανοὺς κατεσκευακέναι, ὧν ἐπάνω τὸν Δημιουργὸν εἶναι λέγουσι. (*Ibid.*, n. 2, col. 493.)
[2] Καὶ διὰ τοῦτο Ἑβδομάδα καλοῦσιν αὐτὸν, τὴν δὲ μητέρα τὴν Ἀχαμώθ, Ὀγδοάδα, ἀποσώζουσαν τὸν ἀριθμὸν τοῦ ἀρχεγόνου, καὶ πρώτης τοῦ Πληρώματος Ὀγδοάδος. (*Ibid.*, col. 493.)
[3] Ταύτην δὲ τὴν μητέρα καὶ Ὀγδοάδα καλοῦσι, καὶ Σοφίαν, καὶ Γῆν, καὶ Ἱερουσαλήμ, καὶ Ἅγιον Πνεῦμα καὶ Κύριον ἀρσενικῶς. Ἔχειν δὲ τὸν τῆς μεσότητος τόπον αὐτὴν, καὶ εἶναι ὑπεράνω μὲν τοῦ Δημιουργοῦ, ὑποκάτω δὲ, ἢ ἔξω τοῦ Πληρώματος μέχρι συντελείας. (*Ibid.*, n. 3, col. 496-497.)
[4] Ταῦτα μὲν τὸν Δημιουργὸν φάσκουσιν ἀφ' ἑαυτοῦ μὲν ᾠῆσθαι κατασκευάζειν, πεποιηκέναι δὲ αὐτὰ τῆς Ἀχαμὼθ προβαλλούσης· οὐρανὸν πεποιηκέναι μὴ εἰδότα τὸν οὐρανόν· καὶ ἄνθρωπον πεπλακέναι, μὴ εἰδότα τὸν ἄνθρωπον· γῆν τε δεδειχέναι, μὴ ἐπιστάμενον τὴν γῆν· καὶ ἐπὶ πάντων οὕτω λέγουσιν ἠγνοηκέναι αὐτῶν τὰς ἰδέας ὧν ἐποίει, καὶ αὐτὴν τὴν μητέρα· αὐτὸν δὲ μόνον ᾠῆσθαι πάντα εἶναι. Αἰτίαν δ' αὐτῷ γεγονέναι τὴν μητέρα τῆς οἰήσεως· ταύτης φάσκουσιν, τὴν οὕτω βουληθεῖσαν προαγαγεῖν αὐτόν, κεφαλὴν μὲν καὶ ἀρχὴν τῆς ἰδίας οὐσίας, κύριον δὲ τῆς ὅλης πραγματείας. (*Ibid.*, n. 3, col. 496.)
[5] Ἐπεὶ οὖν τὴν ὑλικὴν οὐσίαν ἐκ τριῶν παθῶν συστῆναι λέγουσι, φόβου τε καὶ λύπης, καὶ ἀπορίας, ἐκ μὲν

C'est ainsi que tout se developpe avec ordre et que Démiurge donne une forme à ce qui n'était qu'en puissance dans les passions de Σοφία, donnant ce qu'il ne connaissait pas, se persuadant être le seul Dieu, le plus puissant des êtres. On voit combien tout cela ressemble aux systèmes déjà examinés, comme le nombre des sept anges demeure toujours invariable, comme l'orgueil et l'ignorance font retrouver dans le Démiurge de l'école italique l'Hebdomade ignorant et orgueilleux de Basilide. Les ressemblances des deux écoles sont indéniables, plus nombreuses ici que dans la théologie; mais cependant il y a de profondes différences. En premier lieu, nous avons dans saint Irénée un luxe de détails que nous n'étions pas accoutumé à rencontrer, détails qui produisent même une sorte de confusion. On sent que dans l'école italique et chez les disciples de Valentin l'enseignement s'est précisé, que les doctrines peu ou point expliquées, sous-entendues seulement dans les écrits du maître, ont été commentées et longuement développées dans les ouvrages des disciples. La manière dont les passions de Σοφία deviennent le principe de la matière est expliquée avec des nuances graduelles, se rapprochant de plus en plus de la matière ordonnée qui est l'œuvre de Démiurge. L'école orientale ne s'était pas complue dans l'analyse de l'œuvre de Démiurge; l'école italique s'y complaît, elle l'analyse, la précise en tous ses points : sans doute les objections faites au système primitif et un esprit de curiosité subtile avaient poussé les gnostiques valentiniens à ne rien laisser d'ambigu ou d'obscur dans leur doctrine. L'intention de Σοφία de tout constituer dans le monde intermédiaire à l'image du Plérôme est plus fortement accusée dans l'œuvre de saint Irénée que dans les *Philosophumena*. Les noms des æons du second monde sont aussi plus nombreux, la terminologie abonde, ce qui est manifestement un signe de

---

τοῦ φόβου καὶ τῆς ἐπιστροφῆς τὰ ψυχικὰ τὴν σύστασιν εἰληφέναι· ἐκ μὲν τῆς ἐπιστροφῆς τὸν Δημιουργὸν βούλονται τὴν γένεσιν ἐσχηκέναι, ἐκ δὲ τοῦ φόβου τὴν λοιπὴν πᾶσαν ψυχικὴν ὑπόστασιν. ὡς ψυχὰς ἀλόγων ζώων, καὶ θηρίων, καὶ ἀνθρώπων... Ἐκ δὲ τῆς λύπης τὰ πνευματικὰ τῆς πονηρίας διδάσκουσι γεγονέναι· ὅθεν τὸν διάβολον τὴν γένεσιν ἐσχηκέναι, ὃν καὶ Κοσμοκράτορα καλοῦσι, καὶ τὰ δαιμόνια, καὶ τοὺς ἀγγέλους, καὶ πᾶσαν τὴν πνευματικὴν τῆς πονηρίας ὑπόστασιν. Ἀλλὰ τὸν Δημιουργὸν υἱὸν τῆς μητρὸς αὐτῶν λέγουσι, τὸν δὲ Κοσμοκράτορα κτίσμα τοῦ Δημιουργοῦ.. τὸν Δημιουργὸν δὲ εἰς τὸ ὑπερουράνιον τόπον, τουτέστι ἐν τῇ ἑβδομάδι· τὸν δὲ Παντοκράτορα ἐν τῷ καθ' ἡμᾶς κόσμῳ. Ἐκ δὲ τῆς ἐκπλήξεως καὶ τῆς ἀμηχανίας, ὡς ἐκ τοῦ ἀσημοτέρου, τὰ σωματικά, καθὼς προείπαμεν, τοῦ κόσμου στοιχεῖα γεγονέναι τὴν μὲν κατὰ τῆς ἐκπλήξεως στάσιν, ὕδωρ δὲ κατὰ τὴν τὸν φόβου (τῶν δακρύων) κίνησιν, ἀέρα τε κατὰ τῆς λύπης πῆξιν· τὸ δὲ πῦρ ἅπασιν αὐτοῖς ἐκπεφυκέναι θάνατον καὶ φθοράν, ὡς καὶ τὴν ἀγνοίαν τοῖς τρισὶ πάθεσιν ἐγκεκρύφθαι διδάσκουσι. (*Ibid.*, n. 4, col. 497 et 500).

postériorité. L'ignorance de Démiurge est observée pour chacune de ses créations, ce qui est obscur dans l'école orientale devient clair dans l'école italique, et ce qu'il y a de remarquable c'est que les endroits obscurs sont seuls expliqués et développés. Il y a donc vraiment là une méthode avouée : l'école orientale s'en est tenue au mythe, l'école italique a précisé ce mythe et l'a rendu vraisemblable à ses adeptes en tous ses détails : la première est plus poétique, la seconde plus positive.

III

ANTHROPOLOGIE, RÉDEMPTION, ESCHATOLOGIE ET MORALE DE L'ÉCOLE ITALIQUE D'APRÈS SAINT IRÉNÉE

Après avoir terminé les créations du monde intermédiaire, Démiurge voulut créer l'homme et fit l'homme hylique, formé non pas de terre aride, mais de la substance invisible sortie de passions de Σοφία, matière fluide et en fusion : en cette créature il fit entrer par insufflation l'homme psychique, et ainsi l'homme fut créé à l'image de Dieu par sa partie hylique, à la ressemblance divine par sa partie psychique. Cet homme fut ensuite recouvert d'une tunique de peau, c'est-à-dire renfermé dans un corps visible, ce qui nous montre que la partie hylique n'est qu'un type de la partie purement matérielle qui tombe sous nos sens, le corps [1]. Mais cet homme ainsi formé par Démiurge n'eût pas été capable de posséder un langage parfait, si Σοφία ne lui avait donné cette capacité. Démiurge, toujours entouré d'ignorance, ne savait pas que Σοφία à l'aide des anges avait formé quelque chose de spirituel ; confiante dans cette ignorance de Démiurge, Σοφία déposa en son fils, comme dans un sein producteur, cette semence

[1] Δημιουργήσαντα δὴ τὸν κόσμον, πεποιηκέναι καὶ τὸν ἄνθρωπον τὸν χοϊκόν· οὐκ ἀπὸ ταύτης δὲ τῆς ξηρᾶς γῆς ἀλλ' ἀπὸ τῆς ἀοράτου οὐσίας, ἀπὸ τοῦ κεχυμένου καὶ ῥευστοῦ τῆς ὕλης λαβόντα· καὶ εἰς τοῦτον ἐμφυσῆσαι τὸν ψυχικὸν διορίζονται. Καὶ τοῦτον εἶναι τὸν κατ' εἰκόνα καὶ ὁμοίωσιν γεγονότα· κατ' εἰκόνα μὲν τὸν ὑλικὸν ὑπάρχειν παραπλήσιον μὲν, ἀλλ' οὐχ ὁμοούσιον τῷ θεῷ, καθ' ὁμοίωσιν δὲ τὸν ψυχικόν· ὅθεν καὶ πνεῦμα ζωῆς τὴν οὐσίαν αὐτοῦ εἰρῆσθαι ἐκ πνευματικῆς ἀπορροίας οὖσαν. Ὕστερον δὲ περιτεθεῖσθαι λέγουσιν αὐτῷ τὸν δερμάτινον χιτῶνα· τοῦτο δὲ τὸ αἰσθητὸν σαρκίον εἶναι λέγουσι. (*Ibid.*, n. 5, col. 500 et 501.)

spirituelle et lorsque Démiurge donna par insufflation l'homme psychique à l'homme hylique, il le dota en même temps de la semence pneumatique déposée en lui-même à son insu. En résumé, l'homme se trouva composé de quatre parties; d'une âme psychique qui lui venait de Démiurge, d'un corps hylique, sorti de la matière en fusion, de chair produite de la matière ordonnée, et enfin d'une âme pneumatique dont l'avait doté Achamoth [1].

Cet homme était l'homme arrivé à sa perfection, mais il s'en fallait de beaucoup que tous les hommes fussent ainsi formés : tous avaient le corps matériel, la chair visible; mais les uns se contentaient de posséder avec cette chair le type hylique qui les rendait l'image de Dieu; d'autres à ce type hylique ajoutaient l'âme psychique, les favorisés seuls possédaient l'âme pneumatique. Le sort de ces trois sortes d'hommes était aussi différent que leur nature. L'homme hylique, appelé aussi sinistre ou homme de gauche, devait périr nécessairement, car il n'avait en lui aucun souffle d'incorruptibilité : l'homme psychique, nommé homme de droite, tenait le milieu entre les hyliques et les pneumatiques; selon qu'il inclinait de l'un ou l'autre côté, il partageait le sort de ceux auxquels il s'était joint : l'homme pneumatique n'étant autre chose que le psychique avec la semence pneumatique en plus, avait reçu par cette semence la perfection de sa forme et avait été *instruit*[2]. L'homme psychique a en effet besoin d'être instruit parce qu'il n'a qu'une foi simple et nue, il ne possède pas la parfaite connaissance, c'est pourquoi afin d'être sauvé il lui faut une bonne vie; notons

---

[1] Τὸ δὲ κύημα τῆς μητρὸς αὐτῆς τῆς Ἀχαμὼθ ὃ κατὰ τὴν Θεωρίαν τῶν περὶ τὸν Σωτῆρα ἀγγέλων ἀπεκύησεν ὁμοούσιον ὑπάρχον τῇ μητρί, πνευματικόν, καὶ αὐτὸν ἠγνοηκέναι τὸν Δημιουργὸν λέγουσι· καὶ λεληθότως κατατεθεῖσθαι εἰς αὐτόν, μὴ εἰδότος αὐτοῦ, ἵνα, δι'αὐτοῦ εἰς τὴν ἀπ'αὐτοῦ ψυχὴν σπαρέν, καὶ εἰς τὸ ὑλικὸν τοῦτο σῶμα κυοφορηθέν, ἐν τούτοις καὶ αὐξηθέν, ἕτοιμον γένηται εἰς ὑποδοχὴν τοῦ τελείου. Ἔλαβεν οὖν, ὥς φασι, τὸν Δημιουργὸν ὁ συγκατασπαρεὶς τῷ ἐμφυσήματι αὐτοῦ ὑπὸ τῆς Σοφίας πνευματικὸς ἀνθρώπων ἀρρήτῳ προνοίᾳ. Ὡς γὰρ τὴν μητέρα ἠγνοηκέναι, οὕτω καὶ τὸ σπέρμα αὐτῆς ὃ δὴ καὶ αὐτὸν Ἐκκλησίαν εἶναι λέγουσιν, ἀντίτυπον τῆς ἄνω Ἐκκλησίας. Καί τότε εἶναι τὸν ἐν αὐτοῖς ἀξιοῦσιν, ὥστε ἔχειν αὐτοὺς τὴν μὲν ψυχὴν ἀπὸ τοῦ Δημιουργοῦ, τὸ δὲ σῶμα ἀπὸ τοῦ χοὸς, καὶ τὸ σαρκικὸν ἀπὸ τῆς ὕλης, τὸν δὲ πνευματικὸν ἄνθρωπον ἀπὸ τῆς μητρὸς τῆς Ἀχαμώθ. (*Ibid.* n. 6, col. 501 et 504.)

[2] Τριῶν οὖν ὄντων, τὸ μὲν ὑλικὸν ὃ καὶ ἀριστερὸν καλοῦσι, κατὰ ἀνάγκην ἀπόλλυσθαι λέγουσιν, ἅτε μηδεμίαν ἐπιδείξασθαι πνοὴν ἀφθαρσίας δυνάμενον· τὸ δὲ ψυχικόν, ὃ καὶ δεξιὸν προσαγορεύουσιν, ἅτε μέσον ὂν τοῦ τε πνευματικοῦ καὶ ὑλικοῦ, ἐκεῖσε χωρεῖν, ὅπου ἂν καὶ τὴν πρόσκλισιν ποιήσηται· τὸ δὲ πνευματικὸν ἐκπεπέμφθαι, ὅπως ἐνθάδε τῷ ψυχικῷ συζυγὲν μορφωθῇ, συμπαιδευθὲν αὐτῷ ἐν τῇ ἀναστροφῇ... Ὧν γὰρ ἤμελλε σώζειν τὰς ἀπαρχὰς αὐτῶν εἰληφέναι φάσκουσιν, ἀπὸ μὲν τῆς Ἀχαμὼθ τὸ πνευματικόν, ἀπὸ δὲ τοῦ Δημιουργοῦ ἐνδεδύσθαι τὸν ψυχικὸν Χριστόν, ἀπὸ δὲ τῆς οἰκονομίας περιτεθεῖσθαι σῶμα ψυχικὴν ἔχον οὐσίαν, κατεσκευασμένον δὲ ἀρρήτῳ τέχνῃ, πρὸς τὸ καὶ ἀόρατον, καὶ ἀψηλάφητον, καὶ παθητὸν γεγενῆσθαι. Καὶ ὑλικὸν δὲ οὐδ' ὁτιοῦν εἰληφέναι λέγουσιν αὐτόν. (*Ibid.*, cap. 6, n. 1, col. 504 et 505.)

qu'avant le Christ tous les hommes étaient psychiques. La chose est bien différente avec le pneumatique : les œuvres ne lui sont pas nécessaires, car il est spirituel par nature, il ne lui est pas plus possible d'être damné qu'il n'est possible à l'homme hylique d'être sauvé. En conséquence il peut se livrer à tous les excès sans en recevoir le moindre dommage : l'or tombé dans la boue n'en conserve pas moins son éclat et sa valeur [1]. Armés de ces principes, les disciples de Valentin faisaient peu de cas de ce que les vrais chrétiens regardaient comme très important : ils mangeaient les mets offerts aux idoles, ils se soumettaient aux cérémonies païennes, assistaient aux spectacles du cirque et du théâtre, ce que saint Irénée constate avec horreur. En outre leurs mœurs étaient licencieuses ; des femmes attachées à la doctrine servaient à la fois à propager le système et à satisfaire les désirs de la chair [2]. Si on le leur reprochait, les Valentiniens répondaient qu'ils avaient reçu une grâce spéciale, à eux envoyée d'en haut par la Syzygie sublime et au-dessus de tout nom ; qu'en vertu de cette grâce ils devaient toujours avoir souci d'accomplir le mystère de la Syzygie. Afin d'attirer les âmes trop scrupuleuses à leur doctrine : « Tout homme, disaient-ils, qui vit dans ce monde et qui n'aime pas une femme, qui n'a pas commerce avec elle, n'est pas sorti de la vérité et ne parviendra pas à la vérité. Celui qui au contraire étant né du monde s'est laissé vaincre par une femme, n'arrivera pas

---

[1] Ἐπαιδεύθησαν γὰρ τὰ ψυχικὰ οἱ ψυχικοὶ ἄνθρωποι, οἱ δι' ἔργων καὶ πίστεως ψιλῆς βεβαιουμένοι, καὶ μὲν τὴν τελείαν γνῶσιν ἔχοντες. Εἶναι δὲ τούτους ἀπὸ τῆς Ἐκκλησίας ἡμᾶς λέγουσι. Διὸ καὶ ἡμῖν μὲν ἀναγκαῖον εἶναι τὴν ἀγαθὴν πρᾶξιν ἀποφαίνονται· ἄλλως γὰρ ἀδύνατον σωθῆναι, αὐτοὺς δὲ μὴ διὰ πράξεως, ἀλλὰ διὰ τὸ φύσει πνευματικοὺς εἶναι, πάντη τε καὶ πάντως σωθήσεσθαι δογματίζουσιν. Ὡς γὰρ τὸ χοϊκὸν ἀδύνατον σωτηρίας μετασχεῖν (οὐ γὰρ εἶναι λέγουσιν αὐτὸ δεκτικὸν αὐτῆς) οὕτω πάλιν τὸ πνευματικὸν... . ἀδύνατον φθορὰν καταδέξασθαι, κἂν ὁποίαις συγκαταγένωνται πράξεσιν. Ὃν γὰρ τρόπον χρυσὸς ἐν βορβόρῳ κατατεθεὶς οὐκ ἀποβάλλει τὴν καλλονὴν αὐτοῦ, ἀλλὰ τὴν ἰδίαν φύσιν διαφυλάττει, τοῦ βορβόρου μηδὲν ἀδικῆσαι δυνάμενον τὸν χρυσόν· οὕτω δὲ καὶ αὐτοὺς λέγουσι, κἂν ὁποίαις ὑλικαῖς πράξεσι καταγένωνται, μηδὲν αὐτοὺς παρὰ βλάπτεσθαι... (Ibid , n. 2, col. 505 et 508.)

[2] Διὸ δὲ καὶ τὰ ἀπειρημένα πάντα ἀδεῶς· οἱ τελειότατοι πράττουσιν αὐτὸν, περὶ ὧν καὶ Γραφαὶ διαβεβαιοῦνται, τοὺς ποιοῦντας αὐτὰ βασιλείαν θεοῦ μὴ κληρονομήσειν. Καὶ γὰρ εἰδωλόθυτα ἀδιαφόρως ἐσθίουσι, μηδὲ μολύνεσθαι ὑπ' αὐτῶν ἡγούμενοι· καὶ ἐπὶ πᾶσαν ἑορτάσιμον τῶν ἐθνῶν τέρψιν, εἰς τιμὴν τῶν εἰδώλων γινομένην, πρῶτοι συνίασιν, ὡς μηδὲ τῆς παρὰ θεῷ καὶ ἀνθρώποις μεμισημένης τῶν θηριομάχων καὶ μονομαχίας ἀνδροφόνου θέας ἀπέχεσθαι ἐνίους αὐτῶν. Οἱ δὲ καὶ ταῖς τῆς σαρκὸς ἡδοναῖς κατακόρως, δουλεύοντες τὰ σαρκικὰ τοῖς σαρκικοῖς καὶ πνευματικὰ τοῖς πνευματικοῖς ἀποδίδοσθαι λέγουσι. Καὶ οἱ μὲν αὐτῶν λάθρα τὰς διδασκομένας ὑπ' αὐτῶν τὴν διδαχὴν ταύτην γυναῖκας διαφθείρουσιν, ὡς πολλάκις ὑπ' ἐνίων αὐτῶν ἐξαπατηθεῖσαι, ἔπειτα ἐπιστρέψασαι γυναῖκες εἰς τὴν Ἐκκλησίαν τοῦ θεοῦ, σὺν τῇ λοιπῇ πλάνῃ καὶ τοῦτο ἐξωμολογήσαντο· οἱ δὲ καὶ κατὰ τὸ φανερὸν ἀπερυθριάσαντες, ὧν ἂν ἐρασθῶσι γυναικῶν, ταύτας ἀπ' ἀνδρῶν ἀποσπάσαντες, ἰδίας γαμετὰς ἡγήσαντο. Ἄλλοι δὲ αὖ πάλιν σεμνῶς κατ' ἀρχάς, ὡς μετὰ ἀδελφῶν προσποιούμενοι συνοικεῖν, προϊόντος τοῦ χρόνου ἠλέγχθησαν, ἐγκύμονος τῆς ἀδελφῆς ὑπὸ τοῦ ἀδελφοῦ γενηθείσης. (Ibid , cap. 6, n. 3, col 508 et 509.)

à la vérité parce qu'il s'est laissé vaincre par la concupiscence. » Les chrétiens étaient ceux qui étaient nés du monde; en conséquence, ils devaient s'abstenir du mariage pour être sauvés [1]. Cette différence d'obligations et de destinées venait, comme nous le savons déjà, de la différence des âmes et du degré de faveur et de grâce qu'elles avaient près de Démiurge. Celui-ci, en effet, sans en avoir conscience, avait un amour particulier pour les âmes qui avaient reçu de sa mère la semence spirituelle : il leur témoignait cet amour en les plaçant dans les corps d'un prêtre ou d'un roi, et aussi d'un prophète, car les Valentiniens divisaient les prophéties en trois groupes : les unes avaient été faites par Ἀχαμώθ elle-même, les autres par les âmes spirituelles, et Démiurge était l'auteur des dernières [2].

Ces prophéties, comme tout ce qui lui était supérieur, avaient échappé à Démiurge, il ne le comprit qu'au moment de leur accomplissement et de la naissance du Sauveur [3]. Ce Sauveur était le fils de l'æon Χριστός, c'est celui qui passa par le sein de Marie, comme l'eau passe dans un tube. Selon d'autres, le Rédempteur était composé d'une quadruple essence et ce n'était qu'au moment de son baptême que le Sauveur du Plérôme était descendu en lui sous la figure d'une colombe. Il était ainsi la forme visible du quaternaire primitif : d'Ἀχαμώθ il tenait son essence pneumatique, de Démiurge son essence psychique, de l'économie divine l'art inénarrable avec lequel tout avait été préparé, de Χριστός cette essence qui était descendue en lui

---

[1] Καὶ ἄλλα δὲ πολλὰ μυσαρὰ καὶ ἄθεα πράσσοντες, ἡμῶν μὲν, διὰ τὸν φόβον τοῦ Θεοῦ φυλασσομένων καὶ μέχρις εὐνοίας καὶ λόγου ἁμαρτεῖν, κατατρέχουσιν, ὡς ἰδιωτῶν καὶ μηδὲν ἐπισταμένων· αὐτοὺς δὲ ὑπερυψοῦσι, τελείους ἀποκαλοῦντες καὶ σπέρματα ἐκλογῆς. Ἡμᾶς μὲν γὰρ ἐν χρήσει τὴν χάριν λαμβάνειν λέγουσι, διὸ καὶ ἀφαιρεθήσεσθαι αὐτῆς· αὐτοὺς δὲ ἰδιόκτητον ἄνωθεν ἀπὸ τῆς ἀρρήτου καὶ ἀνονομάστου συζυγίας συγκατεληλυθυῖαν ἔχειν τὴν χάριν· καὶ διὰ τοῦτο προστεθήσεσθαι αὐτοῖς. Διὸ καὶ ἐκ παντὸς τρόπου δεῖν αὐτοὺς ἀεὶ τὸ τῆς συζυγίας μελετᾶν μυστήριον. Καὶ τοῦτο πείθουσι τοὺς ἀνοήτους, αὐταῖς λέξεσι λέγοντες οὕτως. Ὃς ἂν ἐν κόσμῳ γενόμενος γυναῖκα οὐκ ἐφίλησεν ὥστε αὐτὴν κρατηθῆναι, οὐκ ἔστιν ἐξ ἀληθείας, καὶ οὐ χωρήσει εἰς ἀλήθειαν. Ὁ δὲ ἀπὸ κόσμου γενόμενος, κρατηθεὶς γυναικὶ, οὐ χωρήσει εἰς ἀλήθειαν, διὰ τὸ ἐν ἐπιθυμίᾳ κρατηθῆναι γυναικός. Διὰ τοῦτο οὖν ἡμᾶς καλοὺς ψυχικοὺς ὀνομάζουσι, καὶ ἐκ κόσμου εἶναι λέγουσι, καὶ ἀναγκαίαν ἡμῖν τὴν ἐγκράτειαν, καὶ ἀγαθὴν πρᾶξιν, ἵνα δι' αὐτῆς ἔλθωμεν εἰς τὸν τῆς μεσότητος τόπον· αὐτοῖς δὲ πνευματικοῖς καὶ τελείοις καλουμένοις μηδαμῶς. Οὐ γὰρ πρᾶξις εἰς πλήρωμα εἰσάγει, ἀλλὰ τὸ σπέρμα τὸ ἐκεῖθεν νήπιον ἐκπεμπόμενον, ἐνθάδε τελειούμενον. (*Ibid.*, n. 4, col. 509 et 212.)

[2] Τὰς δὲ ἐσχηκυίας τὸ σπέρμα τῆς Ἀχαμὼθ ψυχὰς ἀμείνους λέγουσι γεγονέναι τῶν λοιπῶν; διὸ καὶ πλεῖον τῶν ἄλλων ἠγαπῆσθαι ὑπὸ τοῦ Δημιουργοῦ, μὴ εἰδότος τὴν αἰτίαν, ἀλλὰ παρ' αὐτοῦ λογιζομένου εἶναι τοιαύτας. Διὸ καὶ εἰς προφήτας, φασίν, ἔτασσεν αὐτὰς, καὶ ἱερεῖς καὶ βασιλεῖς (*Ibid.*, cap. VII, n. 3, col. 516.)

[3] Τὸν δὲ Δημιουργὸν ἅτε ἀγνοοῦντα τὰ ὑπὲρ αὐτὸν, κινεῖσθαι μὲν ἐπὶ τοῖς λεγομένοις, καταπεφρονηκέναι δὲ αὐτῶν, ἄλλοτε ἄλλην αἰτίαν νομίζοντα, ἢ τὸ πνεῦμα τὸ προφητεῦον (ἔχον καὶ αὐτὸ ἰδίαν τινὰ κίνησιν) ἢ τὸν ἄνθρωπον, ἢ τὴν προσπλοκὴν τῶν χειρόνων· καὶ οὕτως ἀγνοοῦντα διατετελεκέναι ἄχρι τῆς παρουσίας τοῦ Κυρίου. (*Ibid.*, cap. VII, n. 4, col. 517.)

sous la forme d'une colombe. En vertu d'une telle composition, le Rédempteur ne pouvait pas être passible, car l'essence du veritable Sauveur était incompréhensible; pour cette raison lorsque Jésus fut conduit devant Pilate, l'esprit de Χριστός lui fut enlevé, et ce fut seulement le Jésus psychique qui souffrit, car son essence pneumatique échappait à la souffrance par les prérogatives de sa nature. De plus, afin que le Sauveur fut la vivante image de Χριστός dans le Plérôme, ce qui avait été formé en lui par l'économie divine partagea les souffrances de la partie psychique [1].

La rédemption accomplie, le monde devait subsister jusqu'au moment où arriverait la fin de toute chose matérielle, c'est-à-dire jusqu'au moment où toute semence spirituelle serait parfaite. Alors Sophia Ἀχαμώθ devait monter au Plérôme, et, laissant le monde intermédiaire, rencontrer dans sa nouvelle demeure l'époux qui lui était destiné, Jésus le fruit commun du Plérôme entier : ensemble, ils formaient une nouvelle Syzygie, et célébraient leurs noces mystiques dans le Plérôme qui leur servait de chambre nuptiale. Les âmes pneumatiques ayant dépouillé leur nature psychique, l'y suivaient pour devenir les épouses des anges. Démiurge de son côté devait quitter l'Hebdomade pour monter à l'Ogdoade, occupée par sa mère : en même temps les âmes pneumatiques devaient l'y suivre pour s'y reposer dans les délices d'un bonheur sans fin. Nul doute que dans l'école italique, elles ne s'unissent aux anges pour former des syzygies à l'exemple du Plérôme. Et quand tout se sera ainsi accompli, le feu caché dans les entrailles de la terre fera éruption, toute la matière sera consumée et anéantie : rien de ce qui était hylique ne subsistera [2].

[1] Εἰσὶ δὲ οἱ λέγοντες προβαλέσθαι αὐτὸν καὶ Χριστὸν υἱὸν ἴδιον, ἀλλὰ καὶ ψυχικόν· περὶ τούτου διὰ τῶν προφητῶν λελαληκέναι. Εἶναι δὲ τοῦτον τὸν διὰ Μαρίας διοδεύσαντα, καθάπερ ὕδωρ διὰ σωλῆνος ὁδεύει, καὶ εἰς τοῦτον ἐπὶ τοῦ βαπτίσματος κατελθεῖν ἐκεῖνον, τὸν ἀπὸ τοῦ Πληρώματος ἐκ πάντων Σωτῆρα ἐν εἴδει περιστερᾶς· γεγονέναι δὲ ἐν αὐτῷ καὶ τὸ αὐτὸ τῆς Ἀχαμὼθ σπέρμα πνευματικόν· Τὸν οὖν Κύριον ἡμῶν ἐκ τεσσάρων τούτων σύνθετον γεγονέναι φάσκουσιν, ἀποσώζοντα τὸν τύπον τῆς ἀρχεγόνου καὶ πρώτης τετρακτύος· ἔκ τε τοῦ πνευματικοῦ, ὃ ἦν ἀπὸ τῆς Ἀχαμώθ, καὶ ἐκ τοῦ ψυχικοῦ, ὃ ἦν ἀπὸ τοῦ Δημιουργοῦ, καὶ ἐκ τῆς οἰκονομίας, ὃ ἦν κατεσκευασμένον ἀρρήτῳ τέχνῃ, καὶ ἐκ τοῦ Σωτῆρος, ὃ ἦν κατελθοῦσα εἰς αὐτὸν περιστερά· Καὶ τοῦτον μὲν ἀπαθῆ διαμεμενηκέναι (οὐ γὰρ ἐνεδέχετο παθεῖν αὐτὸν, ἀκράτητον καὶ ἀόρατον ὑπάρχοντα)· καὶ διὰ τοῦτο ἤρθη, προσαγομένου αὐτοῦ τῷ Πιλάτῳ, τὸ εἰς αὐτὸν κατατεθὲν πνεῦμα Χριστοῦ. Ἀλλ' οὐδὲ τὸ ἀπὸ τῆς μητρὸς σπέρμα πεπονθέναι λέγουσιν. Ἀπαθὲς γὰρ καὶ αὐτὸ, τὸ πνευματικὸν, καὶ ἀόρατον καὶ αὐτῷ τῷ Δημιουργῷ. Ἔπαθε δὲ λοιπὸν, κατ'αὐτοὺς, ὁ ψυχικὸς Χριστὸς, καὶ ὁ ἐκ τῆς οἰκονομίας κατεσκευασμένος μυστηριωδῶς, ἵν' ἐπιδείξῃ αὐτοῦ ἡ μήτηρ τὸν τύπον τὸν ἄνω Χριστοῦ, ἐκείνου τοῦ ἐπεκταθέντος τῷ Σταυρῷ, καὶ μορφώσαντος τὴν Ἀχαμὼθ μόρφωσιν τὴν κατ' οὐσίαν· πάντα γὰρ ταῦτα τύπους ἐκείνων εἶναι λέγουσι. (Ibid., n. 2, col. 513 et 516.)

[2] Ὅταν δὲ πᾶν τό σπέρμα τελειωθῇ, τὴν μὲν Ἀχαμὼθ τὴν μητέρα αὐτῶν μεταβῆναι τοῦ τῆς μεσότητος

Tel était l'enseignement de l'école italique : on a pu voir que les différences essentielles entre les deux systèmes portaient sur les points signalés par l'auteur des *Philosophumena*. En dehors de ces différences, il nous semble que la physionomie des deux écoles est toute contraire. L'école orientale est plus riante, elle ne s'est pas attardée à vouloir expliquer toutes ses théories jusque dans les plus menus détails, elle a un contour vague qui plaît, des lignes non définies qui laissent flotter devant les yeux du spectateur une forme qu'il peut diversifier, orner, agrandir et développer à volonté. L'école italique est plus sévère, elle a voulu tout expliquer, ne rien laisser de vague dans le système ; elle s'est attachée surtout à démontrer que tout dans sa doctrine était logique et vraisemblable, elle a comblé des vides, ajouté des nuances plus délicates afin que la gradation fût moins sensible, les invraisemblances moins choquantes : elle est plus positive, en un mot, et l'école orientale plus idéaliste. Peut-être aussi l'impression que nous éprouvons vient-elle de ce que l'auteur qui nous a conservé les doctrines italiques ne nous offre pas beaucoup de charmes dans sa lecture et que l'esprit trouve moins belles des théories sur lesquelles il est obligé de revenir, cela est possible ; mais nous croyons que la cause première et principale de cette impression différente vient du système lui-même qui s'attache plutôt à la partie positive qu'à la partie poétique. Quand nous disons que la doctrine de l'école italique est plus developpée que celle de l'école orientale, nous ne voulons pas dire que partout et toujours il en soit ainsi ; il est évident, au contraire, que nous avons donné beaucoup plus d'ampleur à l'exposition de la doctrine orientale qu'à celle de la doctrine italique : les monuments de la première sont beaucoup plus considérables et de la seconde nous n'avons que l'analyse de saint Irénée ; mais il faut dire aussi que toutes les parties

τόπου λέγουσι, καὶ ἐντὸς πληρώματος εἰσελθεῖν, καὶ ἀπολαβεῖν τὸν νυμφίον αὐτῆς τὸν Σωτῆρα, τὸ ἐκ πάντων γεγονότα, ἵνα συζυγία γένηται· τοῦ Σωτῆρος καὶ τῆς Σοφίας τῆς Ἀχαμώθ· καὶ τοῦτο εἶναι νυμφίον καὶ νύμφην, νυμφῶνα δὲ τὸ πᾶν Πλήρωμα· τοὺς δὲ πνευματικοὺς ἀποδυσαμένους τὰς ψυχὰς, καὶ πνεύματα νοερὰ γενομένους, ἀκρατήτως καὶ ἀοράτως ἐντὸς Πληρώματος εἰσελθόντας, νύμφας ἀποδοθήσεσθαι τοῖς περὶ τὸν Σωτῆρα ἀγγέλοις. Τὸν δὲ Δημιουργὸν μεταβῆναι καὶ αὐτὸν εἰς τὸν τῆς μητρὸς Σοφίας τόπον, τουτέστι ἐν τῇ μεσότητι· τάς τε τῶν δικαίων ψυχὰς ἀναπαύσεσθαι καὶ αὐτὰς ἐν τῷ τῆς μεσότητος τόπῳ. Μηδὲν γὰρ ψυχικὸν ἐντὸς Πληρώματος χωρεῖν. Τούτων δὲ γενομένων οὕτως, τὸ ἐμφωλεῦον τῷ κόσμῳ πῦρ ἐκλάμψαν καὶ ἐξαφθὲν, καὶ κατεργασάμενον πᾶσαν ὕλην, συνυναλωθήσεσθαι αὐτῇ, καὶ εἰς τὸ μηκέτ᾽ εἶναι χωρήσειν διδάσκουσι. Τὸν δὲ Δημιουργὸν μηδὲν τούτων ἐγνωκέναι ἀποφαίνονται πρὸ τῆς τοῦ Σωτῆρος παρουσίας. (*Ibid.*, n. 1, col. 512).

de la doctrine orientale non en contradiction avec la doctrine italique étaient adoptées par celle-ci, et cela nous explique la disproportion qui existe entre les deux expositions. En résumé, l'école italique n'est qu'un développement de l'école orientale, au fond ce sont les mêmes doctrines et la même morale, mais les couleurs plus ternes de l'Occident ont pris la place des couleurs plus brillantes de l'Orient.

CHAPITRE CINQUIÈME

DES RAPPORTS DU VALENTINIANISME AVEC LES DOCTRINES DE LA VIEILLE ÉGYPTE

Le titre seul de ce chapitre montrera deux choses au lecteur : nous ne séparons pas les deux écoles en recherchant quelles furent les sources du valentinianisme, et nous ne cherchons ces sources que dans les doctrines de l'antique Égypte. Nous ne croyons pas en effet que nous devions ici séparer et distinguer les deux écoles, car l'une et l'autre ont pris naissance en Égypte; si la seconde se nomme italique, c'est surtout parce que la division eut lieu pendant le séjour de Valentin en Italie, ou parce que les docteurs de la nouvelle école enseignèrent plutôt en Occident qu'en Orient : le titre ne préjuge en rien la question d'origine. De plus, comme la doctrine de Valentin et de ses disciples ne comprenait pas que des conceptions neuves, comme elle avait hérité de la plupart des idées fondamentales de la gnose en général, idées que Valentin avait adoptées après les avoir fait passer au creuset de son génie, il n'est pas besoin de rechercher ici à nouveau quelle fut pour ces idées et ces conceptions une origine qu'il nous semble avoir indiquée suffisamment dans les chapitres spéciaux consacrés à cette recherche. Dans ce dernier chapitre nous ne comparerons donc le système de Valentin qu'avec les doctrines égyptiennes, sans nous défendre cependant de les mettre en contact avec certaines autres idées répandues dans le monde oriental tout entier et qui nous serviront à préciser davantage. Comme ces comparaisons entre les deux doctrines seront assez nombreuses, pour mettre de l'ordre, nous les rangerons sous quatre paragraphes spéciaux.

I. — THÉOLOGIE ÉGYPTIENNE ET THÉOLOGIE VALENTINIENNE

Nous ne saurions mieux commencer ce paragraphe qu'en citant le résumé que M. Maspero a fait de la religion égyptienne dans sa savante histoire d'Orient : « Au commencement était le Nun, l'océan primordial, dans les profondeurs infinies duquel flottaient les germes des choses. De toute éternité Dieu s'engendra et s'enfanta lui-même au sein de cette masse liquide sans forme encore et sans usage. Ce Dieu des Égyptiens était un être unique, parfait, doué d'une science et d'une intelligence certaine, incompréhensible à ce point qu'on ne peut dire en quoi il est incompréhensible. Il est le un unique, celui qui existe par essence, le seul qui vive en substance, le seul générateur dans le ciel et sur la terre qui ne soit pas engendré, le père des pères, la mère des mères. » Toujours égal, toujours immuable dans son immuable perfection, toujours présent au passé comme à l'avenir, il remplit l'univers sans qu'image au monde puisse donner même une faible idée de son immensité; on le sent partout, on ne le saisit nulle part.

« Unique en essence, il n'est pas unique en personne. Il est père par cela seul qu'il est, et la puissance de sa nature est telle qu'il engendre éternellement sans jamais s'affaiblir ou s'épuiser. Il n'a pas besoin de sortir de lui-même pour devenir fécond : il trouve en son propre sein la matière de son enfantement perpétuel. Seul, par la plénitude de son être, il conçoit son fruit, et, comme en lui la conception ne saurait être distinguée de l'enfantement, de toute éternité il produit en lui-même un autre lui-même. Il est à la fois le père, la mère et le fils de Dieu. Engendrées de Dieu, enfantées de Dieu, sans sortir de ce Dieu, ces trois personnes sont Dieu en Dieu, et loin de diviser l'unité de la nature divine, concourent toutes trois à son infinie perfection.

« Ce dieu triple et un a tous les attributs de Dieu, l'immensité, l'éternité, l'indépendance, la volonté toute-puissante, la bonté sans limites. Il développe éternellement ces qualités souveraines, ou plutôt, pour me servir d'une expression chère aux écoles religieuses de l'ancienne Égypte, « il crée ses « propres membres qui sont les dieux »[1] et s'associent à leur tour à son action bienfaisante. Chacun de ces dieux secondaires, considéré comme identique au dieu un, peut former un type nouveau d'où émanent à leur tour et par le même procédé, d'autres types inférieurs. De trinités en trinités, de personnifications en personnifications, on en arrive bientôt à ce nombre vraiment incalculable de divinités parfois grotesques et souvent monstrueuses qui descendent par degrés presque insensibles de l'ordre le plus élevé aux derniers étages de la nature. Néanmoins les noms variés, les formes innombrables que le vulgaire est tenté d'attribuer à autant d'êtres distincts et indépendants, n'étaient pour l'adorateur éclairé que des noms et des formes d'un même être [2]. »

M. E. de Rougé, le restaurateur des études égyptologiques un moment tombées dans le discrédit après la mort de Champollion, ne parle pas autrement que M. Maspero ; voici ses paroles telles qu'elles ont été publiées après sa mort par la pieuse affection de son fils. « La triade thébaine se compose d'un père, dieu suprême existant dès le commencement; d'une mère qui paraît, comme dans toutes les triades égyptiennes, ne remplir d'autre rôle que celui de l'espace céleste supposé incréé et pour ainsi dire abstrait jusqu'à ce que la force créatrice y ait placé quelque chose. Plus tard cet espace est supposé liquide, il devient alors l'Abyssus, le Nun égyptien ; il est considéré comme mâle et femelle, et entre dans le groupe des huit divinités qu'on a appelées élémentaires. La mère est alors personnifiée dans la voûte céleste elle-même, sur laquelle naviguaient les astres, et elle arrive ainsi à jouer un rôle actif. On constate primordialement qu'elle enfante, mais qu'elle n'a jamais été enfantée ; en résumé, c'est le lien de la génération divine. Enfin le troisième personnage de la triade, c'est le fils qui n'est autre chose que le père s'engendrant lui-même [3]. »

Primitivement le monothéisme fut la religion de l'Égypte, elle resta celle des prêtres longtemps après que celle du vulgaire fut devenue panthéiste, et

---

[1] *Todtenbuch*, ch. xvii, lig. 8.
[2] Maspero, *Histoire d'Orient*, p. 27-28.
[3] E. de Rougé, *Mélanges d'archéologie*, p. 71.

enfin elle ne fut plus qu'un panthéisme grossier avec des formules mélangées de monothéisme, formule dont les prêtres et les scribes finirent par ne plus comprendre le sens mystique. Dans le temps de cette dernière période, le dieu Ra est le grand Tout dont émanent toutes choses, toutes les créatures animées et même les anciennes divinités : « les astres, le disque solaire, les différentes parties de la terre, ne sont que des naissances ou des personnifications de l'être universel, dans lequel le défunt royal doit finir par s'absorber entièrement au point de voir sa personnalité disparaître dans celle de Ra[1]. »

Ces considérations générales nous montrent déjà bien des affinités entre la théologie égyptienne et la doctrine valentinienne ; l'examen détaillé de plusieurs points nous fera voir jusqu'à quel degré la ressemblance est parfaite : pour cela il nous faut entrer dans des explications philologiques et citer des textes. On voudra bien nous le pardonner, puisqu'il est indispensable de le faire.

Le grand dieu de l'Égypte pharaonique, au moment de sa plus grande puissance, c'est un dieu manifesté par le soleil, Ra [2]. Son nom s'ajoutait à toutes les divinités particulières de chaque ville, ou plutôt chaque divinité particulière n'était qu'une personnification du dieu Ra : la plus célèbre est celle que les Thébains appelaient mystérieuse, *Amen* [3] : c'est le le dieu que les Grecs ont connu sous le nom d'Ammon, et qui, identifié avec Ra, s'appelait Amen-Ra [4]. « Le nom d'*Amen*, dit M. de Rougé, veut dire caché, enveloppé, et par extension mystère. Dans le discours ce mot est déterminé par l'homme enveloppé dans un manteau; lorsqu'il veut désigner une idée religieuse, telle que mystère, il prend le déterminatif de l'adoration... Ce Dieu s'appelait donc Amen parce qu'il représentait ce qu'il y avait de plus caché dans la divinité[5]. » Les textes le proclament hautement : « Mystérieux est son nom plus que ses naissan-

---

[1] Naville, *Litanie du Soleil*, p. 6.

[2] En hiéroglyphe.

[3]

[4] Voir l'excellent ouvrage de M. Grébaut : *Hymne à Ammon-Ra*, p. 127.

[5] E. de Rougé, *Mélanges d'archéologie*, p. 72.

ces » est-il dit dans l'hymne si bien commenté par M. Grébaut, et pour ne rien laisser d'inexpliqué, le texte ajoute : « C'est dans son nom d'Amen [1]. » Dans les différentes invocations que M. Naville a réuni sous le titre de *Litanie du soleil*, il est dit : « L'Osiris royal connaît ta forme, grand Dieu mystérieux [2]. » Le même Dieu est encore appelé le seigneur des sphères cachées [3], celui qui entre dans sa caverne mystérieuse [4], le mystérieux, le caché. Dans un autre texte, il est dit de la divinité : « Tu pèses sur toi-même par le mystère qui est en toi [5]. » Il n'y a donc pas à en douter, le dieu égyptien Ammon, personnification de Ra, était un dieu mystérieux et caché. Or, telle était l'essence du dieu valentinien : on l'appelait indifféremment père et inconnu, il était dans les hauteurs invisibles et incompréhensibles ; comme Ra, le dieu de Valentin était père par le seul fait qu'il existait. Ce sont là les premiers traits de ressemblance.

Cependant le dieu valentinien avait encore un autre nom, on l'appelait l'Abîme (Βυθός), et c'est de lui que sortaient tous les autres dieux, c'est-à-dire les æons. L'Égypte connaissait aussi ce dieu, elle l'appelait *Nun*, c'était l'abîme. Voici ce que disent les textes : « J'appelle devant ma face Shou, Tefnut, Seb, Nut, et les pères et les mères qui étaient avec moi lorsque je me trouvais encore dans *Nun*… Ra dit à *Nun* : Tu es le premier-né des dieux, toi dont je suis sorti… Et la majesté de *Nun* dit : Mon fils, Ra, tu es un dieu plus grand que ton père qui t'a créé [6]. » L'épithète de un, unique,

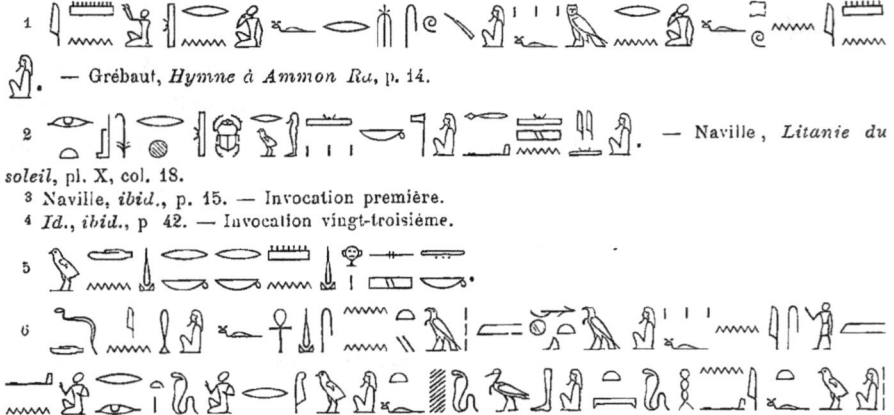

[1] — Grébaut, *Hymne à Ammon Ra*, p. 14.

[2] — Naville, *Litanie du soleil*, pl. X, col. 18.
[3] Naville, *ibid.*, p. 15. — Invocation première.
[4] *Id., ibid.*, p 42. — Invocation vingt-troisième.
[5]
[6]

est appliquée à *Nun*, comme nous la verrons appliquée à Amen-Ra [1], et dans un texte où le Nil est considéré comme la figure de *Nun*, il est dit : Tu es l'unique, se créant lui-même [2]. Cette identité du Nil avec *Nun*, et cette existence du dieu abîme sont énoncées d'une manière saisissante dans un passage du chapitre dix-septième du *Todtenbuch* : « Je suis le grand dieu existant par lui-même, c'est-à-dire le Nil, c'est-à-dire *Nun* [3]. » Dans un autre texte où le défunt est assimilé à Ra procréant les substances, il est dit : « Tu deviens le dieu grand sorti de *Nun*, le grand germe divin sorti de l'élément humide [4]. »

Ces textes suffisent, croyons-nous, pour montrer que la ressemblance entre le Βυθός des Valentiniens et le *Nun* des Égyptiens est parfaite : de *Nun* sortent tous les dieux, c'est lui qui crée les personnes divines (et nous allons bientôt voir ce que signifie cette expression), il est le dieu unique, non engendré ; le dieu grand, c'est-à-dire le dieu par excellence : de Βυθός sortent également toutes les syzygies, c'est lui qui crée ainsi tout le Plérôme, il est le dieu par excellence, l'invisible, l'incompréhensible, l'insaisissable. Non seulement Βυθός comprend en lui-même toutes les propriétés du *Nun* égyptien, mais il a encore celles d'Ammon, et les gnostiques valentiniens des deux personnifications divines de l'Égypte ont fait un seul être qu'ils ont placé à la tête du Plérôme.

Nous avons dit plus haut que le dieu égyptien était appelé le dieu un,

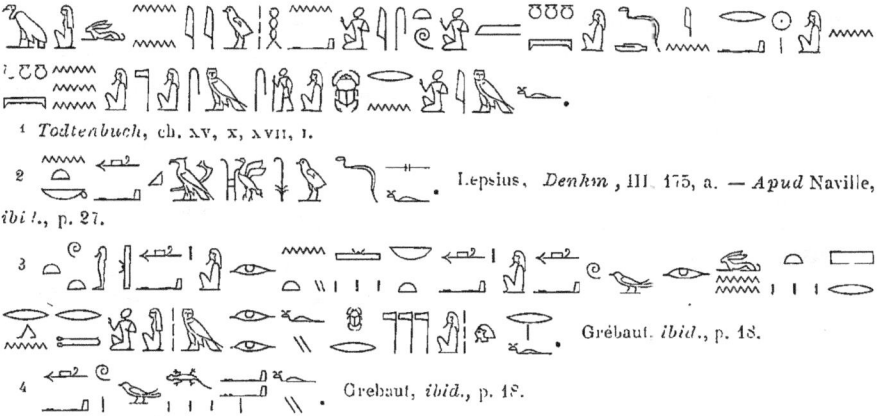

[1] *Todtenbuch*, ch. XV, X, XVII, 1.

[2] Lepsius, *Denkm*, III, 175, a. — *Apud* Naville, *ibid.*, p. 27.

[3] Grébaut, *ibid.*, p. 18.

[4] Grébaut, *ibid.*, p. 18.

quoique multiple dans ses noms et ses manifestations ; cette observation nous servira de transition pour expliquer comment toutes choses sont sorties de ce dieu. L'hymne traduit par M. Grébaut s'exprime en ces termes : « Hommage à toi, forme unique, produisant toutes choses, le Un qui est seul, qui produit les existences, les hommes sont sortis de ses yeux et sa parole devient les dieux [1]. » Plus loin, il est encore dit : « Hommage à toi auteur des formes en totalité, le *Un* qui est seul, nombreux par ses deux bras [2]. » Ainsi le dieu de l'hymne est appelé celui qui est seul, la forme unique, l'auteur de toutes les formes, celui qui produit les existences : que faut il conclure de là sinon que de cette forme unique découlaient toutes les autres formes, que de ce Dieu un était sorti tout ce qui est, que Ra était le principe émanateur de toutes les choses qui existent. Nous ne saurions mieux faire que de citer à ce propos une page de M. Grébaut dont l'autorité est si grande en ces matières : « Éternel, antérieur à tout ce qui existe et a commencé, à sa propre manifestation par le soleil sauvegardant l'univers après la création, le dieu égyptien recevait encore différents noms, celui de Ptah dans la capitale de la Basse-Égypte, Memphis... Comme sous le nom d'Éternel et de Providence nous entendons le même Être, l'Égyptien, sous ceux de Ptah et de Ra, ou Ammon-Ra, adore un seul Dieu [3]... Je crois, en effet, que l'Égypte monothéiste a considéré les dieux de son panthéon comme les noms qu'un être unique recevait dans ses divers rôles, en conservant dans chacun, avec son identité, la plénitude de ses attributs Dans son rôle d'Éternel, antérieur à tous les êtres sortis de lui, puis, dans son rôle d'organisateur des mondes, enfin dans son rôle de Providence qui, chaque jour, conserve son œuvre, c'est toujours le même être réunissant dans son essence tous les attributs divins. C'est un être qui, en soi, est un et immuable, mais aussi mystérieux et inacces-

---

[1] *Todtenb.*, ch. XVII. b — *Apud* Naville, *ibid*, p. 39.

[2] Grébaut, *Ibid.*, p. 150.

[3] Grébaut, *Hymne à Ammon-Ra*, p. 4.

sible aux intelligences, qui n'a ni forme ni nom, se révèle par ses actes, se manifeste dans ses rôles dont chacun donne naissance à une forme divine qui reçoit un nom et est un dieu : ainsi se multiplient les formes d'un être qui n'a pas de forme [1], et le dieu dont le nom est inconnu [2] devient un « multipliant se noms [3] ». Ces formes divines que le savant auteur analyse avec tant de sagacité étaient en effet primitivement des manifestations du même dieu sous différents noms, mais à mesure que le panthéisme fit irruption dans la théologie égyptienne, elles furent prises comme de véritables dieux existant par émanation. D'ailleurs la manière dont l'hymne à Ammon-Ra lui-même parle des dieux ne laisse aucun doute à ce sujet. Ce dieu dont la forme est inconnue, dont le nom est caché, est cependant nommé celui qui est nombreux de noms ; qui multiplie ses noms : ces noms, ce sont les personnifications divines. Or, ces dieux émanés de Ra sont appelés ses membres, ses chairs [4]; Ra est nommé le beau taureau de la collection des personnes divines, c'est-à-dire le fécondateur suprême, celui qui fait sortir de lui-même la collection des personnes divines [5]. Ces idées sont poétiquement exprimées dans un passage de ce même hymne qui nous fournit tant de sujets de rapprochements. « Les dieux courbés devant ta Majesté, y est-il dit, exaltent les âmes de celui qui les produit; joyeux de la station de celui qui les engendre, ils disent : Viens en paix, ô père des pères des dieux, celui qui a suspendu le ciel, refoulé la terre, auteur des choses, producteur des êtres, prince suprême, chef des dieux, nous adorons tes âmes comme tu nous engendres : tu nous enfantes et nous t'acclamons, parce que tu demeures en nous [6]. » Une multitude d'autres

---

[1] Id., 〈hiéroglyphes〉. P. 100, n° 1.

[2] 〈hiéroglyphes〉. Ibid., n° 2.

[3] 〈hiéroglyphes〉. Ibid, n° 3. Pour le texte, id., ibid., p. 99 et 100.

[4] 〈hiéroglyphes〉.

[5] 〈hiéroglyphes〉. Grébaut, ibid., p. 103.

[6] 〈hiéroglyphes〉

textes reproduisent les mêmes idées et presque les mêmes paroles. Le titre de père des pères des dieux est remarquable entre tous. Comme le premier dieu est le fécondateur suprême, celui qui engendre tous les dieux, leur père par conséquent, de même chaque dieu engendré devient à son tour fécondateur, il engendre d'autres dieux de la même manière qu'il a été engendré. Que si l'on ne voulait voir dans les textes qui précèdent que des dénominations diverses, des figures orientales, il faudra cependant avouer que dans ceux qui vont suivre l'émanation est exprimée d'une manière telle qu'on ne peut la nier. Dans l'hymne à la divinité traduit par M. Pierret, nous lisons en différents passages : « Auteur de ses transformations, c'est un générateur de tout ce qui est, un générateur qui produit les êtres... Tu veilles dans le repos, père des pères des dieux... Hommage à toi ainsi qu'à ceux de ton essence que tu as créés après que tu fus devenu à l'état de dieu et que les chairs eurent formé leurs chairs d'elles-mêmes[1]. » Enfin une dernière parole

Grebaut, *Hymne à Ammon Ra*, p. 19 et 20.

[1] Pierret, *Ét. égyp.*, t. I, p. 1 et 3.

est encore plus explicite : « Adorons son émanation sainte, sous tous ces noms heureux [1]. » On le voit, le panthéisme est bien plus accentué : cela vient de ce que l'hymne traduit par M. Pierret a été composé après celui qui a fourni a M. Grébaut le sujet de son beau travail : celui-ci est de la dix-huitième ou dix-neuvième dynastie, l'autre est de la vingtième. La différence est encore plus sensible en faveur du panthéisme dans les textes funéraires publiés par M. Naville, textes qui sont à peu près de la même époque. On y lit : « Hommage à Ra, celui qui émet les plantes [2]. » Le mot employé pour signifier l'idée d'émission est *utu* [3]. Le sens propre de ce mot est faire sortir, séparer de soi, et au sens actif : émettre, jeter, transmettre, ordonner. Dans les locutions, envoyer des rayons lumineux, envoyer la chaleur, la ruine, la destruction, la vie, c'est ce mot qu'on emploie. « C'est donc l'idée d'émission qui prédomine dans le verbe *utu* : alors, s'il a pour objet un substantif représentant une personne, comme *nuter*, ou *khou*[4], nous traduirons celui qui émet les dieux, les intelligences, qui les fait sortir de lui, comme on émet un son, une parole : c'est là, me semble-t-il, ce que nous traduisons en français par l'émanation qui joue un si grand rôle dans les philosophes alexandrins [5]. » Cette doctrine est amplement fortifiée par la cinquante et unième invocation de la *Litanie* : « Hommage à Ra, celui qui fait les sphères et qui crée les corps; de lui-même qu'il a émis lui-même (de sa propre personne qu'il a émise lui-même) tu as émis, Ra, ceux qui sont et ceux qui ne sont pas, les morts, les dieux, les intelligences [6]. » C'est le *utu* qui est employé dans ce

---

[1] *Ibid.* p. 9.

[2] Naville, *Lit. du Soleil.*, pl. III et XXIV.

[3]

[4] et

[5] Naville, *Litanie du Soleil*, p. 35. Cela est si vrai que le mot qui exprime la génération n'est que le radical renforcé de

[6] .....

passage. Enfin si toutes ces preuves étaient encore insuffisantes, nous pouvons citer un texte postérieur où le mot émanation est employé comme nous l'employons, formé de la même manière que le mot latin : *emanare*. A la planche vingt-unième des monuments d'Abydos publiés par M. Mariette, il est dit : Tu émanes de Shu, tu découles de Tefnut [1].

Nous pouvons donc conclure que la doctrine de l'émanation était connue des Égyptiens, qu'elle était leur croyance au moins dans les temps postérieurs, et que les manifestations primitives de Ra étaient devenues de véritables émanations, ses chairs, ses membres, comme le disaient les Égyptiens. Nous n'avons pas besoin de faire remarquer la ressemblance de cette doctrine avec le système valentinien, mais nous devons ajouter que cette conformité va encore beaucoup plus loin, car la syzygie valentinienne était empruntée aux couples égyptiens.

Il serait inutile de citer de nouveaux textes pour montrer que les dieux de l'Égypte étaient rangés par couples : tout le monde connaît le mariage d'Osiris et d'Isis, et M. E. de Rougé nous a appris que tout dieu mâle avait à ses côtés une divinité femelle qu'il fécondait. Les hymnes religieux sont remplis de paroles comme celle-ci où le dieu est appelé taureau de sa mère [2], c'est-à-dire, comme l'a très bien expliqué M. Grébaut, le fécondateur de sa mère. Une pareille expression nous démontre que non seulement l'idée de placer dans la divinité les deux puissances active et passive, mâle et femelle, était familière aux Égyptiens, mais aussi que le dieu avait en lui-même les deux principes. C'est ce dont on ne peut douter quand on connaît les textes. « Il fait en lui-même l'acte de la fécondation, c'est dans

---

[1]. Naville, *Litanie du Soleil*, pl. V et XXVII

[1]. La traduction est de M. Chabas. Le mot qu'il traduit par : « Tu émanes », est ⟨hiéroglyphes⟩, il signifie, au propre, faire couler, verser, et il est déterminé par la bouche qui vomit ou le vase qui laisse tomber le liquide contenu : c'est donc le sens propre du latin *manare*, dont nous avons fait notre mot émanation.

[2] ⟨hiéroglyphes⟩.

son nom de taureau de l'Ouest », est-il dit dans un hymne publié par M. de Rossi [1]. Le chapitre dix-septième du *Todtenbuch* contient une expression semblable, le dieu dans l'Ament se féconde lui-même [2]. A cause de ces attributions, l'action créatrice, c'est-à-dire émanatrice de la divinité, était considérée indifféremment comme une génération ou comme un enfantement. Ra enfante les dieux [3] : il les engendre d'après un autre texte [4] ; bien plus, le même texte l'appelle celui qui engendre et détruit tout ce qu'il a enfanté [5]. Dans d'autres textes encore, comme l'a fait remarquer M. Grébaut, si du dieu père on dit qu'il enfante en joignant pour déterminatif à l'idée d'enfanter une femme en travail, on dit aussi de la déesse mère qu'elle engendre, et l'idée de la génération est déterminée par le phallus [6]. Il y a donc identification complète des deux puissances. D'ailleurs on sait combien étaient répandus dans tout l'Orient, comment étaient venus d'Orient en Europe les mythes si nombreux des dieux androgynes ou hermaphrodites : les noms d'Atys, d'Agdestis, d'Adonis, de *Venus barbata*, d'Hermaphrodite lui-même rappellent des mythes assez connus pour que nous ne soyons pas obligés de donner plus de détails. Le culte des dieux androgynes était l'un des plus répandus ; l'émasculation volontaire des prêtres de Cybèle, les prostitutions sacrées étaient des cérémonies du culte : les auteurs grecs et latins, les monuments de l'antiquité l'attestent d'une manière qui ne laisse aucune place au moindre doute [7]. Il faut avouer que les mœurs des hommes ont été en progressant, et que la doctrine qui a fait tomber de telles monstruosités est une doctrine qui mérite de la reconnaissance de la part du genre humain.

[1] [hieroglyphs]. Cf. Grébaut : *Hymne à Ammon-Ra*. p. 40.

[2] [hieroglyphs]. *Id., ibid.*

[3] [hieroglyphs]. Naville, *Lit. du Sol.*, p. 66.

[4] [hieroglyphs]. Lepsius, *Denk.*, III, 194.

[5] [hieroglyphs]. Naville, *ibid.*, pl. VI.

[6] *Mélanges d'archéologie*, de M. de Rougé, p. 247.
[7] Cf. *Voie sacrée éleusinienne* de M. Lenormant, p. 358, 366, 375, etc.

Puisque telle était la doctrine de l'antiquité et spécialement de l'Égypte, on voit désormais à quelle source Valentin a pris son idée d'un Père qui, sans principe féminin distinct de lui-même, produit un couple divin, comme c'était son enseignement d'après l'école orientale : on voit pourquoi ses æons étaient toujours réunis par couple, l'un mâle, l'autre femelle, ce qui n'est qu'un dédoublement passif du principe actif. Valentin n'avait eu qu'à jeter les yeux sur les monuments qui l'entouraient en Égypte, qu'à prêter l'oreille aux légendes divines, et il avait ainsi trouvé la plus grande partie de sa théologie. Cela est si vrai qu'il n'y a pas jusqu'à son Plérôme qui ne se retrouve dans la religion égyptienne.

Une des idées les plus curieuses de la théologie égyptienne est celle qui renfermait dans une collection déterminée tous les dieux de son panthéon : cette collection s'appelait *paut nuteru* [1] : on la traduit habituellement par le cycle des dieux, ou, la collection des personnes divines. M. Mariette, dans son ouvrage sur le temple de Denderah, dit que dans chaque temple il y avait un grand et un petit cycle des dieux adorés dans ce temple. Selon cet égyptologue, le petit cycle se composait de trois divinités, et le grand cycle de neuf dieux : l'orthographe hiéroglyphique de l'expression *paut nuteru* semblerait lui donner raison, car on trouve le mot *nuteru* écrit par neuf haches, c'est-à-dire par l'idéogramme de la divinité neuf fois répété [2]. De même dans un texte recueilli à Abydos on lit : « O le grand cycle des dieux qui est à Héliopolis, Tum, Su, Tefnut, Seb, Nut, Osiris, Isis, Set, Nephthys, enfants de Tum, son cœur s'étend sur ses enfants en votre nom de neuf dieux [3]. » C'est le *paut* du temple. Cependant M. Grébaut veut, et avec raison, croyons-nous, que l'expression collective *paut nuteru* ne comprenne pas seulement neuf dieux, mais l'ensemble de toutes les personnes

---

[1] En hiéroglyphes :

divines [1], quoique ce ne soit pas une raison de croire qu'il faille en exclure toute idée du nombre neuf. Dans chaque cycle des dieux, si nombreux soient-ils, il y a une *neuvaine* de dieux composée du dieu supérieur qui est à la tête de toute *paut*, et d'une *huitaine* d'autres dieux. Nous ne saurions mieux faire, pour établir ce point, que de citer ici M. Maspero qui, avec sa précision et sa clarté habituelles, l'a très bien fait ressortir. Parlant d'une adoration faite à un dieu, il dit : « Cette adoration était prononcée par les *Sesunnu* de la première neuvaine des dieux, les chefs qui implorent le dieu qui est parmi eux[2], et ce dieu est Ammon. Le mot *Sesunnu* [3] traduit exactement signifie les huit dieux. Ici ces huit dieux appartiennent à une *paut nuteru*, à une neuvaine de dieux complétée par Ammon *Pauti-taui*, le dieu qui est parmi eux; ils sont les huit dieux complémentaires de la neuvaine [4] dont Ammon *Pauti-taui* était le chef. Généralisant cette observation d'après le témoignage des monuments, on peut conclure que toute *paut*, neuvaine divine, se composait : premièrement d'un dieu principal, seul nommé à part, et comme créateur; deuxièmement, des *Sesunnu*, ou huit dieux complémentaires qui rendaient hommage au premier et l'aidaient à l'accomplissement de ses fonctions divines. Il ne faudrait pas d'ailleurs prendre au pied de la lettre les nombres neuf et huit que semblent indiquer *paut* et *sesunnu*. La *paut* se composait d'autant de dieux qu'on voulait lui en faire contenir. Il y a des *paut* de treize, quinze dieux et plus ; de même qu'il y a des *Sesunnu* de plus de huit dieux. Pour entendre ces expressions, il faut se rappeler que le dieu unique de l'Égypte, divisé en triades et en neuvaines, restait toujours unique et pouvait multiplier ses formes à l'infini sans rien perdre de son unité. Il n'est pas plus étrange de supposer une neuvaine en vingt personnes qu'un Dieu unique en trois ou en neuf. Si les *Sesunnu* sont la *Paut* moins un, il en résulte qu'ils

---

[1] Grébaut, *Hymne à Ammon-Ra*, p. 100, n° 4.

[2] . *Apud Maspero, vide infra.*

[3] En hiéroglyphes :

[4] Il faut se rappeler pour comprendre bien cela que le mot *paut* signifie neuf.

peuvent se composer d'autant de personnes moins une que la *paut*, de douze si la *paut* est de treize, et ainsi de suite. Les noms neuvaine et huitaine se rattachent à la subdivision par multiples de trois, du dieu unique ; l'idée qu'ils rendent se rattache à la subdivision infinie et par nombre irréguliers que la métaphysique égyptienne faisait subir à la divinité [1]. » La démonstration est péremptoire, tout cycle avait à sa base un nombre de divinités égal à celui du cycle lui-même moins un, et si le cycle était de neuf, la huitaine de dieux, l'Ogdoade sacrée était à la base. D'ailleurs peu importe que la neuvaine s'agrandit, le mot de *Sesunnu* emportait avec lui l'idée de l'Ogdoade qui s'agrandissait en même temps : l'Ogdoade gnostique, si elle comprend huit æons, comprenait un nombre bien plus grand de divinités inférieures.

Ainsi constitué le cycle des dieux avait toutes les propriétés du dieu suprême, tout ce qui est rapporté au principe premier peut lui être rapporté : il est la providence qui prend soin de l'univers, comme on le voit au papyrus d'Orbiney où le cycle des dieux parcourt la terre pour y faire exécuter ses commandements [2]. Enfin dans cette collection de personnes divines réside « le dieu un, ce dieu qui est seul et n'a pas de second, qui est un dans son rôle comme il est un avec les dieux ». L'hymne traduit par M. Grébaut est formel sur ce point, il s'écrie : « O dieu Ani (forme du soleil) résidant dans la collection de ses personnes divines [3] ! » Qu'est-ce à dire, sinon que le dieu est un dans toutes ses manifestations, que ces manifestations viennent toutes d'une source unique, émanant toutes d'un même principe qui n'est complètement développé que dans la collection tout entière des émanations.

---

[1] Mémoire sur quelques papyrus du Louvre, p. 74-95. *Extrait des notices et extraits des manuscrits*, t. XXIV, première partie. Cette partie n'a pas encore paru, nous en devons connaissance à l'obligeance de l'auteur.

[2] Voici, traduit par M. Maspero, le passage auquel nous faisons allusion : « Comme il sortait de sa villa, il rencontra le cycle des dieux qui s'en allait régler les destins de leur Terre-Entière. » Nous aurons occasion prochainement de donner la suite de ce passage et de citer la manière dont ce cycle des dieux crée une femme à Batau, le plus jeune frère du conte rapporté par le papyrus d'Orbiney. Quant à présent voici le texte du passage que nous venons de citer :

[3] *Apud Grébaut, ibid.*, p. 101.

Si l'on rapproche maintenant cette idée de celle exprimée par le mot Plérôme la ressemblance est parfaite. Qu'est-ce en effet que le Plérôme ? C'est le monde supérieur des Valentiniens, c'est l'ensemble de toutes les manifestations, de toutes les émanations divines exprimant la somme complète, la plénitude des attributs du dieu primitif. De plus, dans le système particulier à l'école italique, ce Plérôme commence par une Ogdoade, comme le *Paut nuteru* commence par huit dieux que l'on a nommés élémentaires. Les dieux du Plérôme se conduisent comme ceux du cycle égyptien. Nous avons vu en effet dans la formation du Plérôme que les æons rendent gloire au Père, l'acclament, veulent le glorifier : c'est une idée essentiellement égyptienne. A chaque instant dans les textes on trouve des paroles comme celles-ci : « Les dieux sont en adoration devant toi, ils t'acclament » ; nous rappellerons à ce sujet des paroles que nous avons déjà citées : « Les dieux courbés devant Ta Majesté, est-il dit à Ra, exaltent les âmes de celui qui les produit ; joyeux de la station de celui qui les engendre, ils te disent : Viens en paix ! ô père des pères des dieux, celui qui a suspendu le ciel et refoulé la terre, auteur des choses, producteur des êtres : prince suprême, chef des dieux, nous adorons tes âmes comme tu nous engendres : tu nous enfantes, nous t'acclamons parce que tu demeures en nous [1]. » Les æons du Plérôme de Valentin auraient fort bien pu tenir ce langage.

Nous ne quitterons pas ce Plérôme et l'Ogdoade sans faire une dernière remarque qui est des plus importantes. On a pu voir que dans la procession des différentes analogies, chez Simon le Mage, Ménandre et Satornilus, Ἐπίνοια procède immédiatement du dieu principe comme compagne de Νοῦς. Dans le système de Basilide, Ἐπίνοια est conservée sous le nom de Λόγος, mais elle disparaît complètement chez Valentin. Pour ce dernier ce n'est plus la Pensée, le Verbe qui est l'épouse de l'Esprit, c'est Ἀλήθεια, la Vérité. Pourquoi Valentin a-t-il ainsi rompu avec la tradition gnostique ? Deux réponses s'offrent à cette question. Valentin, par une conception philosophique plus profonde, a pu voir et exprimer que la Vérité est vraiment la compagne de l'Intelligence qui ne peut s'exercer que sur le vrai, se nourrir que du vrai ; nous ne lui contesterons pas ce mérite. Mais il est une seconde

---

[1] Grébaut, *Hymne à Ammon-Ra*, p. 105.

réponse qui ne doit pas être rejetée. Cette réponse se fonde sur le rôle que jouait la Vérité, la déesse *Mat*, dans la religion égyptienne, rôle identique à celui de l'Ἀλήθεια de Valentin. Nous allons le montrer en entrant dans quelques détails.

Le dieu égyptien vivait et subsistait par la Vérité [1], la Vérité était sa vie, il l'enfantait et elle était son corps [2]. Dans l'hymne à Ammon-Ra, hymne qui nous a été d'un si précieux secours, il est appelé « Maître de la Vérité », et parce qu'il est maître de la Vérité, qu'il la possède, il est « père des dieux [3] ». Cette conclusion du second titre, qui sort du premier, est donnée en termes exprès par une phrase du papyrus magique Harris traduit par M. Chabas : « Étant le Vrai, tu enfantes les dieux [4] » ; c'est-à-dire tu enfantes les dieux parce que tu es Vérité. Cette doctrine est parfaitement démontrée par M. Grébaut que nous nous contentons d'analyser. Un autre texte est encore plus formel : « Germe des dieux, dit l'hymne à Ammon-Ra, Vérité qui règnes dans Thèbes, tu es cela dans ton nom d'auteur de la Vérité [5]. » Cette vérité ainsi possédée par le dieu unique était dispensée par lui aux autres dieux, « elle était la liqueur dont il les abreuvait, le pain dont il les nourrissait », les dieux « recevaient la parole du seigneur universel et faisaient remonter vers lui la Vérité », ce qui revient à dire que la parole du dieu un dont naissaient les autres dieux était la Vérité qui constituait ces mêmes dieux [6]. Ainsi les dieux participaient à la vie de leur principe, à sa

---

[1] Grébaut, *ibid.*, p. 111.

[2] *Ibid.*, p. 112.

[3] *Ibid.*, p. 109.

[4] *Apud Grébaut, ibid.*, p. 110.

[5]

[6] Grébaut, *ibid.*, p. 113.

Vérité, ils étaient comme lui vrais de parole, *ma χeru* [1], comme l'a si finement expliqué M. Grébaut [2]. Les hommes devaient eux aussi participer à cette vérité, ils devaient être vrais de parole comme Dieu lui-même, s'ils voulaient être heureux dans l'Amenti : nul titre n'était plus recherché des Pharaons et de leurs officiers comme des simples mortels que celui de *ma χeru*, vrai de parole ; c'est-à-dire que non seulement ils ne devaient pas avoir proféré de mensonges, ce qui serait une explication illusoire et ridicule, mais qu'ils devaient avoir participé à la vie intime de la divinité, avoir connu les mystères des *ma χeru* supérieurs, qui sont les dieux vivant de vérité : ils disaient comme les dieux : « Je suis le maître de la vérité, je vis par elle ou en elle [3]. » L'une des premières préoccupations du défunt en arrivant dans l'Amenti devait être de dire : « Je connais les mystères de la région inférieure [4] ; et si l'on veut rapprocher cette phrase de celle que nous avons citée précédemment, on verra que le défunt est seigneur de la Vérité uniquement parce qu'il a la science des dieux, qu'il connaît leur nature et s'est identifié à leur vie. La même idée est exprimée dans la Gnose : L'homme ne possède la vérité, Ἀλήθεια, que s'il participe à la Gnose valentinienne. On comprendra maintenant pourquoi nous avons pu dire que Valentin s'était appuyé sur la religion égyptienne pour substituer Ἀλήθεια à l'Ἐπίνοια de la tradition gnostique.

Nous terminerons ici les rapprochements que nous avions à faire entre la théologie de l'Égypte et la doctrine de Valentin : ils sont assez nombreux, assez frappants, les deux doctrines sont assez semblables, en un mot, pour que nous puissions sans témérité reconnaître l'influence de la première sur la seconde, et rechercher les sources de la seconde dans la première. Nous pourrions cependant faire remarquer encore que les doctrines contenues dans les livres d'Hermès Trismégiste, doctrines égyptiennes pour la plupart, sont

---

[1]

[2] Grébaut, *ibid.* p. 109-122, pages d'une analyse aussi ingénieuse que sûre.

[3] — *Todt.*, ch. LXXXV, 2.

[4] Naville, *Litanie du Soleil*, p. 102-104.

identiques à celles de Valentin : nous devons nous contenter de les indiquer [1]; il nous faut passer à la cosmologie

II. — COSMOLOGIE ÉGYPTIENNE ET VALENTINIENNE

Nous ne croyons pas que, quelque part que ce soit dans les monuments égyptiens maintenant connus, on ait trouvé un ensemble de doctrines cosmologiques. Il est inutile de dire que, comme les autres peuples, les Égyptiens ne croyaient pas à la création *ex nihilo :* la création telle qu'ils l'éntentendaient n'était que l'organisation de la matière, d'une matière dont ils n'avaient jamais recherché l'origine. Dans le troisième fragment du *Pœmander*, la création est ainsi expliquée par Hermès Trismégiste : « Il y avait des ténèbres sans limites sur l'abîme, et l'eau et un esprit subtil et intelligent, contenus dans le chaos par la puissance divine. Alors jaillit la lumière sainte, et sous le sable les éléments sortirent de l'essence humide, et tous les dieux débrouillèrent la nature féconde. L'univers étant dans la confusion et le désordre, les éléments légers s'élevèrent et les plus lourds furent établis comme fondement sous le sable et suspendus pour être soulevés par l'esprit. Et le ciel apparut en sept cercles, et les dieux se manifestèrent sous la forme des astres avec tous leurs caractères, et les astres furent comptés avec les dieux qui sont en eux. Et l'on enveloppa le cercle extérieur, porté dans son cours circulaire, par l'esprit divin. Chaque dieu selon sa puissance accomplit l'œuvre qui lui était prescrite. Et les bêtes à quatre pieds naquirent, et les reptiles et les bêtes aquatiques, et les bêtes ailées, et toute graine féconde, et l'herbe et la verdure de toute fleur ayant en soi une semence de génération. Et ils semèrent ainsi les générations humaines pour connaître les œuvres divines et témoigner de l'énergie de la nature, et la multitude des hommes pour régner sur tout ce qui est sous le ciel et connaître le bien, pour

[1] Cf. dans la traduction de M. Ménard, les pages 8, 6, 141, 282, 17-19. p. 16, 40, 254, 256. Les doctrines contenues dans ces pages sur Dieu, ses manifestations, l'Ogdoade, sont semblables à celles que nous venons d'exposer.

croître en grandeur et multiplier en multitude, et toute âme enveloppée de chair par la course des dieux circulaires pour contempler le ciel, la course des dieux célestes, les œuvres divines et les énergies de la nature, et pour distinguer les biens, pour connaître la puissance divine, pour apprendre à discerner le bien et le mal, et découvrir tous les arts utiles. Leur vie et leur sagesse sont réglées dès l'origine par le cours des dieux circulaires et viennent s'y résoudre [1]. »

Quel que soit l'auteur de cette page et l'époque où elle a été écrite, quiconque connaît les idées égyptiennes y trouvera une identité presque complète avec les allusions contenues dans les textes étudiés jusqu'à ce jour. Dans les fragments qui nous sont parvenus des livres attribués à Hermès Trismégiste, la forme est grecque toujours, les idées sont égyptiennes très souvent : dans le passage qui nous occupe il n'y a pas à en douter ; à part quelques formules grecques, le fonds est égyptien : les textes que nous avons cités le montrent déjà, ceux que nous citerons bientôt le montreront plus amplement encore. Mais avant d'examiner de nouveau les textes égyptiens, il nous faut mettre sous les yeux du lecteur quelques lignes du *Pœmander* sur la création de l'homme. « Mais le Νοῦς, dit Poimandrès, père de toutes choses, qui est la vie et la lumière, engendra l'homme semblable à lui-même et l'aima comme son propre enfant. Par sa beauté, il reproduisait l'image du Père : Dieu aimait donc en réalité sa propre forme, et il lui livra toutes ses créatures. Mais l'homme ayant médité sur l'œuvre de la création, voulut créer à son tour, et il se sépara du père en entrant dans la sphère de la création. Ayant pleins pouvoirs, il médita sur les créations de ses frères, et ceux ci s'éprirent de lui, et chacun d'eux l'associa à son rang [2]. » Là encore se trouve un curieux mélange d'idées venant des sources les plus disparates, chrétiennes, grecques, orientales, et nous trouverons dans la doctrine égyptienne en particulier plus d'un trait qui s'y rapporte.

L'hymne à Ammon-Ra que nous avons déjà cité si souvent, nous dit clairement que la création, c'est-à-dire la formation des êtres vivants et inani-

---

[1] Hermes Trismégiste, trad. Ménard, p. 27-29.
[2] Hermès Trism., trad. Ménard, p. 7. Nous ne devons pas oublier de mentionner ici le profit que nous avons retiré de la lecture du mémoire manuscrit de M. Robiou, mémoire qui a partagé le prix décerné à M. Ménard.

més, est l'œuvre de Ra ; il est salué : « auteur des hommes, producteur des animaux, seigneur des choses, producteur des plantes nutritives, auteur des pâturages qui nourrissent le bétail [1] ». Ce texte ne fait aucune allusion à l'idée de création telle que nous l'entendons dans le sens moderne et chrétien du mot. Le dieu égyptien est l'auteur, le producteur, il n'est pas le créateur : le mot qui est employé pour désigner son action est le même qu'on emploie pour désigner la procréation des dieux et les productions de la terre. Il n'est donc question en tout ceci que d'une organisation de la matière, que d'une œuvre de démiurge : c'est ce qu'enseignait Valentin dans son système et surtout dans ce passage remarquable où, recherchant quelle est l'origine du mal, il la trouvait dans les scories de la matière non employées par Démiurge.

Cependant il ne faudrait pas croire que l'œuvre de Démiurge fut spéciale au dieu primitif : elle était, au contraire, réservée entre toutes ses manifestations à une forme particulière : un passage du papyrus d'Orbiney nous en fournit un curieux exemple. Le plus jeune des deux frères dont les aventures sont racontées dans ce conte fantastique, se nommait Batau ; il vivait dans la vallée du cèdre sur la plus haute branche duquel était déposé son cœur, lorsque le cycle des personnes divines passa en faisant la police de l'Égypte, comme nous l'avons dit plus haut. Le texte continue alors ainsi : « Le cycle des dieux parla d'une seule voix et lui dit : Ah ! Batau, taureau du cycle des dieux, ne demeures-tu pas seul après avoir quitté ton pays devant la femme d'Anepu, ton frère aîné ? Voici, il a tué sa femme, car tu lui avais révélé tout ce qui avait été fait de mal contre toi. Leur cœur en étant malade beaucoup, beaucoup, Phra-Harmakhuti dit à Khnum : Oh ! fabrique une femme à Batau afin que tu ne restes pas seul [2]. Khnum lui fit une compagne pour demeurer avec lui, elle était parfaite en ses membres plus que femme en la terre

---

[1]

[2] La première proposition de cette phrase s'adresse à Phra-Harmakhuti, mais la seconde est proprement à l'adresse de Batau : la confusion qui résulte de ce brusque changement de personnes n'est qu'apparente.

entière, car tous les dieux étaient en elle [1]. » Dans ce passage c'est Khnum qui est le démiurge, il fabrique une femme qui possède en elle l'essence divine [2]. Cette fonction de démiurge était encore confiée à d'autres dieux, elle était même la prérogative de chaque dieu, comme nous l'allons voir, et en cela nous retrouvons l'idée gnostique selon laquelle toute émanation devient la source d'une émanation inférieure. Les textes qu'il nous faut citer maintenant nous prouveront deux choses : que les créatures sont l'œuvre de tous les dieux, chacune dans sa sphère, et que la manière dont elles sont produites ressemble fort à une émanation. A ce propos nous devons dire qu'après avoir beaucoup lu, beaucoup réfléchi, nous désespérions de trouver la clef de ce mythe singulier qui fait sortir la matière inorganisée des pleurs et de la sueur de Sophia Achamoth, c'est-à-dire de la Sophia extérieure de l'école orientale. Cependant ce mythe repose sur une idée égyptienne, que nous avons enfin trouvée. Nous l'allons démontrer.

Parmi les invocations adressées au soleil, ou plutôt parmi l'énumération de ses diverses transformations, on lit la suivante : « Celui qui crée l'eau qui

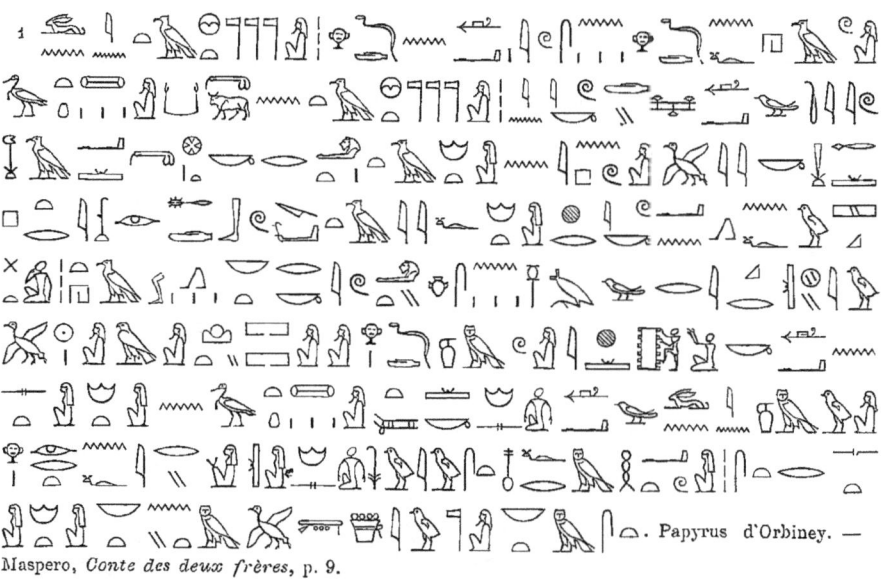

[1] ... Papyrus d'Orbiney. — Maspero, *Conte des deux frères*, p. 9.

[2] Cette essence est désignée dans un autre passage par le mot *mu*, eau, 〰〰 ▭.

sort de son intérieur, l'image du corps de *Remi* le pleureur [1] ». « Les larmes jouent un grand rôle dans la religion égyptienne, dit M. Naville en expliquant ce texte, et surtout dans ce qui concerne la création. » Puis il en cite quelques exemples tirés de textes inédits du tombeau de Ramsès IV que nous lui empruntons. Dans l'un d'eux on prie le dieu en qualité de pleureur de donner la vie au roi : « O le pleureur, le puissant (?), haut dans les provinces de l'Aukert, donne la vie au roi [2] », et la conservation de la vie, on le sait, est le pendant de la création. Le dieu reçoit aussi cette invocation : « O toi, celui qui se forme par ses larmes, qui entend lui-même ses paroles, qui ravive son âme, ravive l'âme du roi [3]. » Enfin dans un texte fameux, connu sous le nom de texte des quatre races, il est dit en propres termes aux hommes : « Vous êtes une larme de mon œil en votre nom de *Retu*, c'est-à-dire en votre nom d'hommes [4]. » Il n'y a donc pas d'ambiguïté possible, les hommes sont bien une création des dieux, une création par émanation, et les larmes divines sont la matière dont ils ont été formés, ce qui revient à dire qu'ils ont été formés d'une substance divine dont ils émanent. Cette doctrine est encore bien plus clairement affirmée dans un papyrus magique traduit par M. le docteur Birch : les larmes des différents dieux y sont représentées comme la matière dont sortent les fleurs, l'encens, les abeilles, l'eau, le sel, etc. « Quand Horus pleure, dit ce papyrus, l'eau qui tombe de ses yeux croît en plantes qui produisent un parfum suave. Quand Shu et

[1] Naville, *Lit. du Soleil*, p. III, col. 21.

[2] Naville, *Lit. du Soleil*. p. 40.

[3] *Ibid.*, p. 40.

[4] — Lepsius, *Denk.*, III, 136. — *Apud Naville*, ibid.

Tefnut pleurent beaucoup et que l'eau tombe de leurs yeux, elle se change en plantes qui produisent l'encens... Quand le soleil pleure une seconde fois et laisse tomber l'eau de ses yeux, elle se change en abeilles qui travaillent... Quand le soleil Ra devient faible, il laisse tomber la transpiration de ses membres, et elle se change en un liquide... [1]... son sang se change en sel. Quand le soleil devient faible, il transpire, l'eau tombe de sa bouche et se change en plantes [2] ». Quand même il ne s'agirait ici que de la pluie et de son action bienfaisante surtout dans un pays où elle est rare, le mythe n'en existerait pas moins et il aurait pu devenir l'inspiration de Valentin ; mais dans le texte que nous venons de citer, il ne peut pas s'agir uniquement de la pluie, car cette pluie personnifiée par les larmes et surtout par le sang du soleil, se changeant en abeilles ou en sel, ne se comprendrait plus guère. D'ailleurs le texte des quatre races jette sur cette question une grande lumière et montre que dans ce mythe il ne peut uniquement s'agir de pluie et qu'il faut s'élever plus haut.

C'est ainsi qu'on trouve expliquée l'origine d'une partie du rôle si extraordinaire de Sophia faisant émaner la matière, avec ses quatre éléments, de ses quatre souffrances : comme les pleurs sont assez communément le signe de la douleur, de l'angoisse et de la prière, il n'était pas difficile à Valentin de remonter du signe à la chose signifiée, et cette simple idée de pluie, recouverte par lui des couleurs orientales les plus marquées, est devenue l'un des points les plus originaux de son système. Nous terminerons ce paragraphe en citant une nouvelle page des livres hermétiques, où le désir qui posséda Sophia de connaître ce qu'il lui était impossible de savoir, est attribué à l'homme : on verra la ressemblance des doctrines. « Et ce souverain du monde et des êtres mortels et privés de raison (Νοῦς), à travers l'harmonie et la puissante barrière des cercles, fit voir à la nature inférieure la belle image de Dieu. Devant cette merveilleuse beauté où toutes les énergies des sept gouverneurs (= les sept anges créateurs) étaient unies à la forme de Dieu, la nature sourit d'amour, car elle avait vu la beauté de l'homme dans l'eau et sa forme sur la terre. Et lui, apercevant dans l'eau le reflet de sa

---

[1] Il y a une lacune.
[2] *Revue archéologique*. Nous n'avons pas eu ce texte sous la main.

propre forme, s'éprit d'amour pour elle et voulut la posséder. L'énergie accompagna le désir, et la forme privée de raison fut conçue. La nature saisit son amant et l'enveloppa tout entier, et ils s'unirent d'un mutuel amour. Et voilà pourquoi, seul de tous les êtres qui vivent sur la terre, l'homme est double, mortel par le corps, immortel par sa propre essence. Immortel et souverain de toutes choses, il est soumis à la destinée qui régit ce qui est mortel; supérieur à l'harmonie du monde, il est captif dans ses liens, mâle et femelle comme son père, et supérieur au sommeil, il est dominé par le sommeil [1]. » Si de ce texte l'on rapproche Sophia voyant sa forme dans le dieu suprême, voulant s'unir, s'unissant même à elle, mais d'une manière incomplète et ne produisant qu'un avorton ($\H{\epsilon}\chi\tau\rho\omega\mu\alpha$), malgré le souvenir de Narcisse s'éprenant de son image reflétée dans le miroir des eaux, on ne pourra s'empêcher de voir combien la doctrine de Poimandrès ressemble à celle de Valentin.

En résumé, la doctrine valentinienne sur la cosmologie contient trois points principaux : la création de la matière émanant des quatre souffrances de Sophia, la formation de cette même matière par Démiurge, enfin la faiblesse de cette création ou formation : ces trois points se retrouvent dans la religion de l'Égypte. N'est-il donc pas permis de conclure à l'influence de l'Égypte sur Valentin ? Cette influence va nous apparaître mieux encore lorsque nous aurons parlé de l'âme humaine et de ses différents degrés par rapport à la divinité.

III. — PSYCHOLOGIE ET ESCHATOLOGIE DE L'ÉGYPTE COMPARÉES
A CELLES DE VALENTIN

La doctrine hermétique sur l'âme remplit tout un des livres attribués à Hermès Trismégiste et intitulé : *la Vierge*, ou plutôt, *la Prunelle du monde* ($K\acute{o}\rho\eta$ $\kappa\acute{o}\sigma\mu o\upsilon$). Le passage que nous allons en citer sera la meilleure transition entre les deux paragraphes. Isis découvre les mystères à son fils Horus

---

[1] Hermès Trism., trad. Ménard, p. 8.

qui lui dit : « O ma mère vénérable, je veux savoir comment naissent les âmes royales. » Et Isis dit : « Voici quel est, mon fils Horus, le caractère distinctif des âmes royales. Il y a dans l'univers quatre régions que gouverne une loi fixe et immuable : le ciel, l'éther, l'air et la terre très sainte. En haut, dans le ciel, habitent les dieux, gouvernés, comme tout le reste, par le créateur de l'univers. Dans l'éther sont les astres que gouverne le grand flambeau, le soleil ; dans l'air sont les âmes des démons gouvernées par la lune ; sur la terre sont les hommes et les autres animaux gouvernés par celui qui de son temps est le roi. Car les dieux eux-mêmes engendrent les rois qui conviennent à la race terrestre. Les princes sont les effluves du roi, et celui qui s'en rapproche le plus est plus roi que les autres. Le soleil, plus près de Dieu que la lune, est plus grand et plus fort qu'elle, et elle lui est inférieure par le rang comme par la puissance. Le roi est le dernier des dieux et le premier des hommes. Tant qu'il est sur la terre, il ne jouit pas d'une divinité véritable, mais il a quelque chose qui le distingue des hommes et qui le rapproche de Dieu. L'âme qui est envoyée en lui vient d'une région supérieure à celle d'où partent les âmes des autres hommes. Les âmes destinées à régner descendent sur la terre pour deux raisons. Pour celles qui ont vécu sans reproche et qui ont mérité l'apothéose, la royauté est une préparation à la divinité. Pour les âmes divines qui ont commis une légère infraction à la loi intérieure et sainte, la royauté atténue le châtiment et la honte d'une incarnation ; leur condition, en prenant un corps, ne ressemble pas à celles des autres, elles sont aussi heureuses que lorsqu'elles étaient affranchies. Quant aux variétés de caractère des rois, elles ne tiennent pas à leurs âmes, car toutes sont divines, mais à la nature des anges et des démons qui les assistent, car les âmes destinées à de telles fonctions ne descendent pas sans cortège et sans escorte [1]. »

L'idée si élevée que l'auteur des lignes précédentes se formait des rois n'est qu'un écho affaibli de la doctrine religieuse de l'Égypte : ce n'était pas assez pour l'Égyptien de regarder son roi comme le premier des hommes et le dernier des dieux, il le mettait au nombre des dieux, il l'identifiait complètement avec la divinité elle-même ; nous allons le montrer en exposant ce

---

[1] Hermès Trism., trad. Ménard, p. 201-202.

qu'était le Pharaon pour les habitants de l'Égypte. Le Pharaon, en égyptien le *Per-aa* [1], était identifié avec la divinité, avec Ra lui-même, c'est-à-dire avec la personnification la plus apparente et la plus éclatante de la divinité, à tel point qu'il en prenait tous les titres : il se nommait roi du Midi et du du Nord, fils de Ra [2], vivificateur éternel [3]. Pour les Égyptiens, le roi est une émanation de Ra, du soleil ; bien plus, il est le dieu lui-même dans l'une de ses manifestations, il est Ra dans sa chair, Ra incarné [4]. « Après sa mort et quelquefois pendant sa vie, dit M. Grébaut, le Pharaon avait ses temples, ses prêtres et son culte, quand il n'enlevait pas des sanctuaires la statue divine pour y substituer sa propre image [5]. » Lorsque le Pharaon parle et agit, il ne parle point, n'agit point comme un homme, mais comme un dieu, vainqueur du mauvais principe, vivant de Vérité et luttant pour l'établissement du règne de cette même Vérité, n'ayant pour parole que la Vérité [6]. Ramsès II va jusqu'à se proclamer, comme le dieu suprême, « le dieu se faisant dieu, le chef des dieux [7] ». Ces textes suffisent, pensons-nous, pour montrer qu'il y avait identification du roi avec la divinité : le suivant montrera péremptoirement que les Égyptiens adoraient leur roi comme ils adoraient Ra. « Un dévot personnage qui adore en même temps Ra et le roi, son fils, dit M. Grébaut, s'exprime en ces termes : Tu favorises le roi subsistant par la Vérité, maître des deux régions terrestres, Kheper nefer Ra Ua-n-Ra, ton fils, sorti de ta lumière. Tu l'établis dans ta fonction de roi du Nord et du Midi, en qualité de dirigeant le cercle (des révolutions) du disque

---

1. Cette expression signifie la grande maison, ou mieux, à cause du determinatif, l'habitant de la grande maison.

2. Telle est la forme des cartouches royaux. Cf. Grébaut, *op. cit.* p. 183-220 et p. 184.

3. *Ibid.*, p. 184.

4. Stèle de Kouban, ap. Grébaut, p. 187.

5. *Id., ibid.*, p. 187.

6. *Id., ibid.*, p. 194.

7.

solaire. Tu lui donnes l'éternité selon que tu as fait ton fils de ton émanation, pour accomplir ta durée [1]. »

Après ces paroles nul doute n'est possible. Le Pharaon n'était pas le premier des humains et le dernier des dieux, comme le roi des livres hermétiques, il était réellement une émanation divine de la divinité, et jouissait de toutes les prérogatives d'une telle filiation. Une telle prééminence nous montre que les âmes des autres hommes formaient une catégorie à part, car c'est à l'âme que s'attache chez les Égyptiens toute réelle grandeur ou supériorité : celles des Égyptiens étaient encore d'un degré relativement élevé. Leurs distinctions ne venaient même que des qualités de leur âme; mais celles des étrangers étaient presque radicalement condamnées à la destruction. L'âme de l'Égyptien, au contraire, pouvait arriver au bonheur éternel dans l'Amenti, la bonne Amenti : il lui fallait pour cela savoir les mystères, connaître les dieux et n'avoir pas fait le mal. Contrairement au gnosticisme valentinien, la doctrine égyptienne requérait les œuvres pour arriver à la félicité de l'autre vie : à cette seule différence près (différence immense, il est vrai), les deux doctrines sont identiques. La distinction des âmes, leurs prérogatives, leur destinée, leur origine sont les mêmes pour l'antique Égypte et pour Valentin. Celui-ci pour le bonheur de l'éternité demandait la gnose, l'initiation à la gnose; celle-là demandait la connaissance des mystères : cela revient au même. L'une des plus grandes recommandations que le défunt identifié à Osiris pouvait avoir en sa faveur en arrivant dans la région inférieure, c'était de pouvoir se dire avec vérité, connaissant tous les secrets, initié à tous les mystères : à chaque instant les textes, surtout le rituel funéraire ou *Todtenbuch*, font allusion à des portes secrètes, à des chemins mystérieux par lesquels a passé l'âme du défunt qui se présentait au jugement des dieux réunis dans la grande salle de la double justice.

[1] Grébaut, *ibid.*, p. 215 et 216.

L'identification du défunt avec la divinité, avec Ra (identification nécessaire) était complète, lorsqu'il avait scruté les mystères les plus cachés, les vérités les plus secrètes, et qu'il les possédait par la gnose, cette gnose dont l'idée est si ancienne, quoique le nom en soit relativement moderne. Quelques textes vont montrer la vérité de ce que nous avançons.

Tout d'abord les âmes de ceux qui sont condamnés dans la psychostasie, qui sont trouvés trop légers dans la balance de la justice divine, le sont pour avoir fait de mauvaises actions, pour n'avoir pas connu les essences cachées, c'est-à-dire Dieu et ses manifestations : ces âmes sont appelées les esprits morts [1], ceux qui étaient indignes de vivre, et vivre après la mort n'était donné qu'à ceux qui avaient la science. « L'Osiris royal est comme l'un d'entre ceux qui parlent dans leurs sphères cachées (les dieux dans leurs demeures respectives). Ha! il est arrivé, il s'avance à la suite de l'Esprit de Ra : ha! il a fait le voyage de Chepri : ha! il est arrivé au milieu de vous, honneur à son esprit keschi. O Ra de l'Ament, qui a créé la terre, qui éclaire les dieux de l'empyrée, Ra qui est dans son disque, conduis-le sur le chemin de l'Ament, qu'il arrive vers les esprits cachés, conduis-le sur le chemin qui lui appartient, conduis-le sur le chemin de l'Occident, qu'il parcoure la sphère de l'Ament, que le roi adore ceux qui sont dans la demeure cachée, conduis-le sur le chemin de l'Ament, fais-le descendre vers la sphère de Nun. Ha! Ra, l'Osiris royal est Nun. Ha! Ra, l'Osiris royal est toi-même et l'inverse. Ha! Ra, ton esprit est celui de l'Osiris, ta marche est la sienne dans l'empyrée. Ha! Ra, il réside dans l'empyrée, il parcourt la bonne Ament. Tel tu es, tel est l'Osiris royal. Ton intelligence, Ra, est celle de l'Osiris royal. L'Osiris adore les dieux cachés, il loue leurs esprits, ils disent les uns aux autres que ta marche est celle de l'Osiris royal, que ta route est celle de l'Osiris royal, grand dieu qui résides dans l'empyrée. Ha! dieu du disque aux brillants rayons, honneur à l'esprit keschi. Salut à toi, enveloppe universelle, qui crées ton âme et qui fais croître ton corps. Le roi parcourt la sphère la plus secrète, il explore les mystères qui s'y trouvent [2]. » Un

---

[1] . Naville, *op. cit.*, p. 59.

[2] Naville, *Litanie du Soleil*, p. 73. Nous ne citerons pas les textes hiéroglyphiques de ce long passage et des suivan's à cause de leur longueur.

autre texte est plus explicite encore : « O Ra, mets l'Osiris royal dans ta suite, c'est lui qui est la clef divine qui ouvre les retraites, il connaît les moyens admirables de la grande victoire sur ses ennemis : l'Osiris est puissant par tes deux yeux ; dieu marcheur, la marche de l'Osiris est ta marche, les voyages de l'Osiris sont tes voyages, l'Osiris te fait dominer sur tes ennemis, tu fais dominer l'Osiris sur ses ennemis par la puissance de la grande splendeur qui est la splendeur de Ra dans l'empyrée ; on lui crie : Taureau de Kenset, c'est toi qui es Ra, ton corps repose en paix, tu es bien heureux dans tes mystères [1]. » L'identification de l'Osiris, c'est-à-dire du défunt avec Ra, ne peut être décrite plus complètement ; il protège la divinité comme la divinité le protège, il suit le soleil dans sa marche, et cela parce qu'il connaît les moyens admirables de la grande victoire et qu'il peut rendre ainsi le soleil victorieux sur les ténèbres. Quand l'Osiris royal arrive dans l'Ament, les dieux se hâtent vers lui, le saluent comme Ra et lui communiquent toutes leurs perfections : « Les deux grands dieux [2] parlent à l'Osiris royal, ils se réjouissent à son sujet, ils célèbrent sa force victorieuse [3], ils lui donnent leur protection, ils lui envoient leur esprit de vie ; (ils lui disent) : « Il est brillant comme l'esprit de l'horizon qui est la demeure de Ra dans le ciel [4] », ils lui communiquent leurs paroles, ils lui accordent la domination par leur autorité ; il ouvre la porte du ciel et de la terre comme son père Ra... Il arrive vers les dieux de la Pyramide ; ceux-ci le louent en voyant l'heureuse arrivée de l'Osiris, ils l'appellent comme Ra de l'horizon : louanges à Ra, acclamations à l'esprit de l'horizon. Louanges à l'esprit de Ra ; louez son esprit de l'empyrée ; invoquez celui qui est dans son disque, portez-le vers celui qui vous a créés... portez-le dans la demeure très cachée où réside Osiris... portez-le, ouvrez-lui vos bras, tendez vers lui vos mains, ôtez devant lui vos voiles, car il est la grande essence que ne connaissent point les esprits [5]. » Enfin, pour montrer que l'identification ne saurait être plus

---

[1] *Id. ibid.*, p. 80.
[2] Ces deux grands dieux sont les rehhui, Set et Horus.
[3] Littéralement : ce qui est dans sa main.
[4] La demeure de Ra dans le ciel c'est le dieu Thoth, comme l'indique un texte du tombeau de Séti Ier. — Naville, *ibid.*, p. 92, numéro 34.
[5] Naville, *Litanie du Soleil*, p. 92-93.

complète, chaque membre du défunt est identifié à un dieu ; sa tête est Ra, ses yeux sont les *Rehti*, les deux grands dieux, Horus et Set, ses poumons, sont *Nun*, et ainsi de suite [1]. Nul doute n'est donc possible, l'âme du défunt désignée sous le nom de l'Osiris *un tel* doit être identifiée avec Dieu pour être sauvée ; elle sera identifiée avec lui, si elle le connaît, lui et toutes ses transformations : c'est ce que fait voir assez clairement l'identification de chaque membre de l'Osiris avec un dieu particulier. Et on ne peut pas dire que c'était là une prérogative particulière aux Pharaons, aux habitants de la grande demeure ; non, chaque Égyptien y avait droit : les textes que nous venons de citer sont le fonds du *Livre des morts*, et chaque habitant de l'Égypte avait soin que l'on n'enfermât pas sa momie dans son tombeau sans qu'on n'y enfermât en même temps un exemplaire plus ou moins soigné, selon la fortune, de ce livre vénéré que nous appelons le *Livre des morts*. Chacun pouvait se prévaloir des mêmes prérogatives en arrivant au pays de l'hémisphère inférieur, mais chacun n'obtenait pas le même bonheur.

Cette différence ou ces degrés dans le bonheur semblent résulter d'un texte cité par M. Pierret, dans son opuscule sur le dogme de la résurrection chez les anciens Égyptiens, texte qui se trouve dans le *Todtenbuch* : « Il est parmi les vivants, jamais il ne périt : c'est un dieu saint, nulle chose mauvaise ne peut le dissoudre : c'est un esprit ($\chi o u$) accompli dans l'Ament [2]. » Cette mention d'esprit accompli laisse supposer que d'autres esprits, d'autres $\chi o u$ ne l'étaient pas quoique justifiés, et cela sans doute parce qu'ils n'étaient pas complètement identifiés avec la divinité, parce qu'ils n'avaient pas pénétré assez avant dans les connaissances mystérieuses qui devaient leur ouvrir plus largement la porte du bonheur éternel.

Il est temps désormais de faire observer que la ressemblance des doctrines égyptienne et valentinienne est évidente. Le pneumatique valentinien, nous l'avons vu, était d'une nature à part et supérieure : sur la terre il était déjà

---

[1] *Id. ibid.*, p. 94, *seqq.*

[2] . *Todt*, 1 6, 12. Pierret, p. 5, *op. cit.*

dieu, puisqu'il était réservé fatalement à un bonheur auquel il ne pouvait échapper et qu'il était identifié avec les æons : le psychique avait besoin pour cette identification des œuvres et de la gnose, et sa condition rentrait ainsi dans celle du fidèle Égyptien. Si nous avions pu pousser plus loin notre étude du gnosticisme, nous aurions vu que dans certains systèmes postérieurs à Valentin, l'âme en traversant les sphères devait avoir certains mots de passe (c'est l'expression), et nous aurions retrouvé là une nouvelle et frappante ressemblance avec la religion égyptienne. Il n'est pas jusqu'au sort des âmes après la justification qui ne soit semblable : nous savons que dans le système de Valentin les âmes élues montaient d'abord dans le monde du Démiurge, puis dans l'Ogdoade, siège de Sophia, c'est-à-dire dans les mondes stellaires ou planétaires. De même l'âme justifiée dans la salle de la double justice « pouvait à son choix se lever dans le ciel, dans le disque de la lune, à l'imitation d'Osiris, briller définitivement parmi les étoiles fixes, briller au sein de Nut dans Orion et être serviteur d'Horus parmi les astres non reposants (les planètes), ou enfin parcourir de nouvelles existences dans la forme qui lui plaira [1]. » Ce dernier membre de phrase rappelle la doctrine de Carpocrate.

Nous ne finirons pas ces rapprochements sans faire remarquer que le mythe d'Osiris et d'Horus peut parfaitement se comparer à la mission des différents sauveurs des diverses doctrines gnostiques. Les détails que nous avons donnés sur ce mythe dans le chapitre troisième du second livre, et l'assimilation complète et constante du défunt avec Osiris doivent suffire pour justifier notre conclusion.

Enfin nous ferons observer en terminant que l'enseignement de Valentin sur le destin se trouve dans les livres hermétiques. « Tout est soumis à la destinée, mon fils, dit Hermès à Thot, et dans les choses corporelles rien n'arrive en dehors d'elle, ni bien, ni mal. Il est fatal que celui qui a mal fait soit puni, et il agit afin de subir la punition de son acte [2]... Tout est produit par la nature et la destinée, et il n'y a pas un lieu vide de providence. La providence est la raison libre du Dieu céleste : il a deux forces spontanées, la

---

[1] Pierret, *Dogme de la Résurrection*, p. 8.
[2] Hermès Trism., trad. Ménard, p. 83.

nécessité et la destinée. La destinée est soumise à la providence et à la nécessité ; à la nécessité sont soumis les astres. Car nul ne peut éviter sa destinée, ni se préserver de l'action des astres. Ils sont les instruments de la destinée, c'est par elle qu'ils accomplissent tout dans la nature et dans l'humanité [1]. »

Qu'on rapproche et qu'on analyse maintenant la doctrine de Valentin sur l'âme et sa destinée, on verra qu'il n'y a pas un seul point dans cette doctrine dont on ne puisse trouver l'origine dans les idées religieuses de l'Égypte. Trois choses constituent particulièrement la psychologie de Valentin, la distinction des âmes d'après leur origine, leurs prérogatives et le fatalisme : ces trois choses, nous les avons retrouvées. Il nous faut maintenant pousser plus loin et montrer que l'initiation valentinienne découlait de l'initiation égyptienne.

IV. — INITIATION

« En te rappelant ces principes, tu te souviendras facilement des choses que je t'ai expliquées plus au long et qui s'y trouvent résumées. Mais évite d'en entretenir la foule, non que je veuille lui interdire de les connaître, mais je ne veux pas t'exposer à ses railleries. Qui se ressemble s'assemble : entre des semblables, il n'y a pas d'amitié. Ces leçons doivent avoir un petit nombre d'auditeurs, ou bientôt elles n'en auront plus du tout. Elles ont cela de particulier que par elles les méchants sont poussés encore davantage vers le mal. Il faut donc te garder de la foule... L'espèce humaine est portée au mal : le mal est sa nature et lui plaît. Si l'homme apprend que le monde est créé, que tout se fait selon la Providence et la nécessité, que la nécessité, que la destinée gouverne tout, il arrivera sans peine à mépriser l'ensemble des choses parce qu'elles sont créées, à attribuer le vice à la destinée, et il ne s'abstiendra d'aucune œuvre mauvaise. Il faut donc se garder de la foule

[1] *Ib., ibid.*, p. 258.

afin que l'ignorance la rende moins mauvaise en lui faisant redouter l'inconnu [1]. »

Ces paroles d'Hermès à son fils pourraient être signées de tous les gnostiques : à part la dernière phrase, elles expriment parfaitement la méthode du gnosticisme, et elles nous révèlent non moins parfaitement le secret dans lequel s'enveloppaient tous les mystères du paganisme. « Connais tout, mais ne laisse personne te connaître [2] », voilà la recommandation adressée à tous les adeptes dans quelque société mystérieuse qu'ils aient fait le premier pas. Plus que partout ailleurs cette doctrine du secret fut observée en Égypte, non pas à cause de l'immoralité de la doctrine, ce qui au fond s'est produit rarement, mais à cause de la sublimité des enseignements qu'il s'agissait de livrer à l'intelligence de l'initié. La doctrine religieuse de l'Égypte, telle que nous en avons exposé quelques parties, n'était pas le partage du grand nombre : elle était la propriété privée du roi et des prêtres : les autres hommes n'en recevaient que ce qu'il plaisait aux prêtres de leur en accorder. Le roi faisait exception parce qu'il était le premier des prêtres égyptiens. Comme le mystère et le silence dans lesquels on s'enveloppe ont de tout temps exercé une grande attraction sur l'esprit humain, comme la science des prêtres de Thèbes ou de Memphis, d'Héliopolis ou d'Abydos était relativement grande, la caste sacerdotale dut à cette science et à l'ombre mystérieuse dont elle savait s'entourer la prodigieuse influence dont elle jouissait. C'est un fait qu'il n'est pas permis de révoquer en doute : « La principale cause de l'ascendant des prêtres sur le peuple, dit M. Pierret dans son *Dictionnaire archéologique égyptien*, était l'importance attachée aux mystères à l'intelligence desquels ils pouvaient seuls parvenir, et ils leur donnaient un caractère tellement sacré que quelques-uns d'entre eux n'étaient pas admis à y participer. « Les prêtres, dit Clément d'Alexandrie, ne communiquent leurs mystères à personne, les réservant pour l'héritier du trône ou ceux d'entre eux qui excellent en vertu et en sagesse. » Les légendes de la statue de Ptah-Mer, grand prêtre de Memphis, disent que ce personnage connaissait les dispositions de la terre et de l'enfer, d'Héliopolis et de Mem-

---

[1] Hermès Trism., trad. Ménard, p. 230.
[2] Paroles attribuées aux disciples de Basilide. Cf. saint Irén., lib. I, cap. xxiv, *Patr. græc.*, tome VII, col. 679.

phis, qu'il avait pénétré les mystères de tout sanctuaire et qu'il n'y avait rien qui lui fût caché ; il adorait Dieu et le glorifiait dans ses desseins, il couvrait d'un voile le flanc de ce qu'il avait vu [1]. »

Il y avait donc initiation chez les Égyptiens, c'est-à-dire révélation d'une doctrine secrète à un petit nombre d'élus En Égypte, comme dans le gnosticisme, cette initiation dut avoir d'abord un caractère relevé ; mais pour les prêtres des rives du Nil comme pour les sectateurs des doctrines gnostiques, l'initiation primitive s'allia dans la suite à des cérémonies bizarres, à une véritable sorcellerie, à un langage rempli de mots inconnus et doués d'une grande vertu dans la pensée de ceux qui les employaient. Nous avons cité cette scène d'initiation gnostique qui se trouve dans les dernières pages de la *Pistis Sophia* : nous avons son pendant dans plusieurs papyrus grecs de l'Égypte. Non seulement la cérémonie est identique, mais les prières sont formulées dans le même ordre d'idées et quelquefois avec les mêmes mots. Dans les papyrus magiques du musée de Leyde on avait déjà pu s'apercevoir que la manière de procéder devait être analogue à ce qu'on racontait au moyen âge du sabbat et de ses mystères. Malheureusement ils sont dans un état déplorable de conservation et des lacunes nombreuses rendent le texte souvent inintelligible. Mais récemment on a pu voir jusqu'à l'évidence cette conformité dans les deux papyrus magiques du musée de Berlin publiés par M. Parthey. Nous allons en dire quelques mots et en traduire deux passages : nous croyons que c'est la première fois qu'ils l'ont été en français.

Les deux papyrus publiés par M. Parthey sont essentiellement magiques : tout leur contenu a trait à des opérations de magie que ne désavoueraient pas les adeptes d'aujourd'hui [2], à des évocations de dieux, à des sor-

---

[1] Pierret, *Dictionnaire archéologique égyptien*, p. 266. Voici le texte :

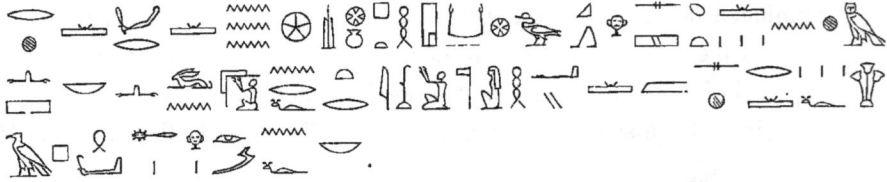

[2] On n'a qu'à jeter un coup d'œil pour s'assurer de cette vérité, sur les ouvrages qui ont été publiés il y a vingt ou trente ans sous le pseudonyme d'Eliphaz Lévi : *Dogme et rituel de la haute magie ; la Science des esprits ; la Clef des grands mystères*, etc. Ils sont de 1861 et 1865.

tilèges et à la préparation de certains charmes. Cette dernière partie ne nous offre pas grand intérêt, quoiqu'elle puisse fournir le sujet d'une comparaison curieuse, car si l'on examine les ingrédients que les magiciens de l'Égypte employaient pour composer leurs charmes, on trouve que ce sont les mêmes que ceux que Shakespeare fait bouillir dans le chaudron des trois sorcières de *Macbeth*. Quant aux évocations des dieux, elles nous intéressent beaucoup plus. Grâce à certaines prières dans lesquelles des mots inconnus jouaient un grand rôle, on pouvait évoquer les dieux et les forcer de comparaître à la voix de l'évocateur. C'est du moins ce que l'on rapporte, car, sans doute, un rusé compère venait en aide au magicien son frère. Ce sont deux de ces évocations que nous allons citer : on y remarquera que la manière dont elles se développent ressemblent en tout à ce discours de la *Pistis Sophia* dans lequel Jésus prie son père, la source de toute paternité, de remettre les péchés de ses apôtres. Le Jésus de la *Pistis Sophia* commence par une invocation compréhensible à tous, puis il tombe dans une énumération rapide de mots magiques, dans des exclamations, dans des répétitions des mêmes mots en sens inverse : et cela par deux ou trois fois. On va voir que les papyrus magiques du musée de Berlin ne procèdent pas autrement. Voici le premier des deux passages que nous citons : « Je t'invoque, Seigneur, écoute-moi, Dieu saint, toi qui te reposes parmi les saints, aux côtés duquel se tiennent les Puissances : je t'invoque avec ardeur et sans relâche. Père avant tout père, et je te prie, æon éternel, maître immuable, Seigneur éternel des pôles, établi sur les sept sphères : Ⲭⲁⲱ, ⲭⲁⲱ, ⲭⲁ · ⲟⲥⲫ ⲭⲑⲉⲱⲡⲏⲓ ⲙⲉⲉⲑⲛⲭⲣⲏⲓ..... ⲙⲣⲟⲧⲙ, ⲁⲗⲗⲱ ⲁⲟⲃⲗⲁⲑⲁⲙ.... ⲁⲭⲱⲑ Ⲫⲣⲓⲍⲁ ⲛ... ⲫⲧⲏ, ⲅⲁⲣⲧⲙⲛⲱⲫⲉⲣ. ⲣⲓⲉⲱ ⲓⲁⲭⲑⲱ ⲯⲧⲭⲉⲱ ⲫⲓⲣⲓⲑⲙⲉ... ⲱⲥⲉⲣⲱ ⲑⲁⲙⲁⲥⲧ ⲫⲟⲧⲓⲣⲓ ⲑⲁⲱ ⲭⲓⲁⲗⲑⲉ ⲙⲉⲁⲭⲉ · ⲟⲡⲟⲣⲓⲍⲟⲙⲁ ⲁⲓⲁ [1].... Je connais ton nom puissant, j'ai celui qui a été sanctifié avant tous les anges. Écoute moi toi qui as créé les démons puissants et les archanges, toi aux côtés duquel se tiennent des myriades d'anges dont les noms sont ineffables, qui ont été élevés dans le ciel et que le Seigneur a envoyés... Je t'invoque, maître de toutes choses, à l'heure de la nécessité ; écoute-moi, car mon âme est troublée et je suis dans le besoin : toi qui commandes à

---

[1] Nous ne transcrivons pas à cause de la difficulté pour conserver les sens qui devaient jouer un grand rôle dans toute cette fantasmagorie.

tous les anges, défends-moi contre l'excès de la puissance des démons... et du destin, ô Dieu vrai! car j'invoque les secrets qui sont descendus du ciel sur la terre, ⲁⲉⲏ, ⲁⲉⲩ, ⲱⲓⲁⲍⲁ, ⲁⲛⲁⲧⲛⲱ, ⲃⲏⲫⲓⲁⲟ ⲉⲁⲁⲙⲃⲣⲁⲙ ⲁⲃⲣⲁⲁⲙ ⲑⲁⲗⲭⲅⲗⲑⲟⲉ ⲉⲗⲕⲱⲑⲱ ⲱⲏⲛ ⲁⲩⲑⲁⲛⲱⲛ ⲥⲁⲓⲥⲁⲕⲭⲱ ⲛⲓⲟⲩⲣⲑⲁ ⲥⲓⲱⲓⲱ ⲥⲓⲁⲓⲭⲏⲙⲉ ⲱⲱⲱⲱ ⲗⲱⲁⲉⲓⲡⲁ. Sauvemoi à l'heure où j'en aurai besoin[1]. » Le second passage est une évocation de Phœbus Apollon : il débute d'une manière assez poétique : le dieu invoqué doit se rendre à l'appel de celui qui l'évoque : « Maître des Muses, Dieu qui apportes la vie, viens à moi! En toute hâte viens sur la terre, Dieu saint à la chevelure de lierre! De ta bouche d'ambroisie, chante un hymne à Phœbus! Et toi, le maître du feu, ⲣⲁⲣⲁⲭⲭⲟⲧⲁ ⲛⲫⲑⲛⲥⲓⲕⲏⲣⲉ, et les trois Parques Clotho, Atropos et Lachis. Je t'appelle, toi qui es grand dans le ciel, Dieu transparent comme l'air, qui as la puissance en propre! Toute la nature t'est soumise et quand tu habites la terre, les seize géants sont à ton service comme autant de gardes de ta personne. Tu es assis sur la fleur de lotus et tu

---

[1] Nous donnons le texte ligne par ligne, comme dans le papyrus :

ⲉⲡⲓⲕⲁⲗⲟⲩⲙⲁⲓ ⲥⲉ ⲕⲩⲣⲓⲉ · ⲕⲗⲩⲑⲓ ⲙⲟⲩ ⲟ ⲁⲅⲓⲟⲥ ⲑⲉⲟⲥ, ⲟ ⲉⲛ ⲁⲅⲓⲟⲓⲥ ⲁⲛⲁ-
ⲡⲁⲩⲟⲙⲉⲛⲟⲥ, ⲱ ⲁⲓ ⲁⲟⲝⲁⲓ ⲡⲁⲣⲉⲥⲑⲏⲕⲁⲥⲓ, ⲁⲓⲏⲛⲉⲕⲱⲥⲉ ⲉⲡⲓⲕⲁⲗⲟⲩⲙⲁⲓ ⲡⲣⲟⲡⲁⲧⲱⲣ, ⲕⲁⲓ ⲁⲉⲟⲙⲁⲓ ⲥⲟⲩ ⲁⲓⲱⲛⲁⲓⲉ ⲁⲓⲱⲛ ⲁⲕⲓⲡⲟⲕⲣⲁ-
ⲧⲱⲣ, ⲁⲓⲱⲛⲟⲡⲟⲗⲟⲕⲣⲁⲧⲱⲣ, ⲉⲡⲓ ⲧⲟⲩ ⲉⲡⲧⲁⲙⲉⲣⲟⲩ ⲥⲧⲁⲧⲉⲓⲥ · ⲭⲁⲱ ·
ⲭⲁⲱ ⲭⲁ · ⲟⲩⲫ ⲭⲑⲉⲥⲱⲡⲛⲓ ⲙⲉⲉⲑⲏⲭⲣⲓⲡⲓ..... ⲙⲣⲟⲩⲙ
ⲓⲟⲗⲗⲱ ⲁⲟⲃⲗⲁⲑⲁⲙ... ⲥⲭⲱⲑ ⲫⲣⲓⲍⲁ ⲏ..... ⲫⲩⲏ ⲓⲁⲣⲩ
ⲙⲏⲱⲫⲉⲣ · ⲣⲓⲥⲱ ⲓⲁⲭⲉⲱ ⲫⲩⲭⲉⲱ ⲫⲓⲣⲓⲱⲙⲉ..... ⲱⲥⲉⲣⲱⲑ
ⲑⲁⲙⲁⲥⲧ..... ⲫⲟⲧⲓⲣⲓ ⲑⲁⲱⲥ ⲭⲓⲁⲗⲑⲉ ⲙⲉⲁⲭⲉ · ⲟⲡⲟⲣⲓⲍⲱⲙⲁ ⲁⲓⲁ
ⲕⲁⲧⲉⲭⲱ ⲥⲟⲩ ⲧⲟ ⲓⲥⲭⲩⲣⲟⲛ ⲟⲛⲟⲙⲁ ⲉⲭⲱⲛ ⲧⲟ ⲕⲁⲑⲏⲛⲧⲓⲁⲥⲙⲉⲛⲟⲛ
ⲡⲣⲟ ⲡⲁⲛⲧⲱⲛ ⲁⲅⲅⲉⲗⲱⲛ ⲉⲡⲁⲕⲟⲩⲥⲟⲛ ⲙⲟⲩ ⲟ ⲕⲧⲓⲥⲁⲥ ⲁⲉⲕⲁ-
ⲡⲟⲩⲥ ⲕⲣⲁⲧⲁⲓⲟⲩⲥ ⲕⲁⲓ ⲁⲣⲭⲁⲅⲅⲉⲗⲟⲩⲥ · ⲱ ⲡⲁⲣⲉⲥⲧⲏⲕⲁⲥⲓⲛ ⲙⲩⲣⲓⲁ
ⲁⲉⲥ ⲁⲅⲅⲉⲗⲱⲛ ⲁⲫⲁⲧⲟⲓ, ⲕⲁⲧ' ⲟⲩⲣⲁⲛⲟⲛ ⲩⲯⲱⲑⲛⲥⲁⲛ, ⲕⲁⲓ ⲕⲩⲣⲓ-
ⲟⲥ ⲉⲡⲉⲙⲡ ///// ⲙⲩⲣⲓⲁⲓⲥ... ⲥ... ⲣⲓ · ⲧⲟⲩ ⲕⲁⲓ ⲕⲁⲧⲁⲗ... ⲉⲛ
ⲥⲟⲩ ⲁⲩⲛⲁⲙⲓⲛ ⲕⲁⲓ ⲉⲓⲥ... ⲧⲟⲓⲥ ⲑⲉⲗⲉⲓⲛ ⲕⲁⲑ' ⲟⲙⲟⲓⲱⲥⲓⲛ ⲁⲩⲧⲟⲩ
ⲟⲥⲟⲛ ⲕⲁⲓ ⲁⲩⲧⲟⲥ ⲉⲑⲉⲗⲉⲓ · ⲉⲡⲓⲕⲁⲗⲟⲩⲙⲁⲓ ⲥⲉ ⲕⲩⲣⲓⲉ ⲧⲱⲛ ⲡⲁⲛⲧⲱⲛ ⲉⲛ ⲱⲣⲁ ⲁⲛⲁⲅⲕⲏⲥ, ⲉⲡⲁⲕⲟⲩⲥⲟⲛ ⲙⲟⲩ ⲟⲧⲓ ⲑⲟⲗⲟⲩⲧⲁⲓ ⲙⲟⲩ ⲏ ⲯⲩⲭⲏ ⲕⲁⲓ ⲁⲡⲟ-
ⲣⲟⲩⲙⲁⲓ... ⲛⲁⲓ... ⲁⲁ..... ⲟⲓⲟ ⲕⲩⲣⲓⲉⲩⲱⲛ ⲡⲁⲛⲧⲱⲛ
ⲁⲅⲅⲉⲗⲱⲛ · ⲩⲡⲉⲣⲁⲥⲡⲓⲥⲟⲛ ⲙⲟⲩ ⲡⲣⲟⲥ ⲡⲁⲥⲁⲛ ⲩⲡⲉⲣⲟⲭⲏⲛ ⲉⲝⲟⲩ-
ⲥⲓⲁⲥ ⲁⲁⲓⲙⲟⲛⲟⲥ ⲑ.. ⲉ... ⲁ ///// ⲉⲓⲙⲁⲣⲙⲉⲛⲏⲥ · ⲕⲁⲓ ⲕⲩⲣⲓⲉ ⲟⲧⲓ ⲉⲡⲓⲕⲁⲗⲟⲩⲙⲁⲓ ⲥⲟⲛ ⲧⲟ ⲕⲣⲩⲡⲧⲟⲛ ⲩⲡⲟⲁⲏⲕⲟⲛ ⲁⲡⲟ ⲧⲟⲩ ⲥⲧⲉⲣⲉⲱⲙⲁⲧⲟⲥ
ⲉⲡⲓ ⲧⲏⲛ ⲅⲏⲛ ⲁⲉⲏ ⲁⲉⲩ ⲱⲓⲁⲍⲁ ⲁⲛⲁⲧⲛⲱ ⲃⲉⲫⲓⲁⲟ ⲉⲁⲁⲙ
ⲃⲣⲁⲙ ⲁⲃⲣⲁⲁⲙ ⲑⲁⲗⲭⲅⲑⲟⲉ ⲉⲗⲕⲱⲑⲱ ⲱⲏⲛ ⲁⲩⲑⲱⲡⲱⲛ
ⲥⲁⲓⲥⲁⲕⲭⲱ ⲙⲓⲟⲩⲑⲁ ⲥⲓⲱⲓⲱ ⲥⲓⲁⲓⲭⲏⲙⲉ ⲱⲱⲱⲱ
ⲗⲱⲁⲉⲓⲡⲁ · ⲥⲱⲥⲟⲛ ⲙⲉ ⲉⲛ ⲱⲣⲁ ⲁⲛⲁⲅⲕⲏⲥ · ⲗⲉⲅⲉ ⲏⲗⲓⲉ-ⲏ ⲟⲡⲟⲩ
ⲉⲁⲛ ⲕⲁⲧⲁⲗⲏⲫⲑⲏⲥ. *Zwei griechische Zauberpapyri des Berliner Museums*, herausgegeben und erklärt von G. Parthey. Erster Papyrus.

éclaires la terre, tu en montres les animaux et tu as un oiseau sacré sur ta robe dans les pays autour de la mer Rouge : de même dans les pays du Nord tu as la forme d'un enfant assis sur la fleur du lotus, dieu de l'Orient, dieu aux noms divers et nombreux, ⲥⲉⲛⲥⲉⲛⲅⲉⲛ ⲃⲁⲣⲫⲁⲣⲁⲅⲅⲏⲥ. Dans les contrées du Midi tu as la forme de l'épervier sacré par lequel tu envoies la chaleur dans l'air, qui devient ⲗⲉⲣⲟⲉⲍ ⲁⲛⲁⲍ. Dans les pays du sud-ouest tu as la forme d'un crocodile, la queue d'un serpent, c'est de là que tu envoies les pluies et la neige. Dans les pays de l'est, tu as la forme royale d'un dragon ailé et aériforme, et c'est par elle que tu domines tout ce qui est au ciel et sur la terre. Dans Moyse tu t'es montré avec vérité, ⲓⲱ, ⲓⲱ, ⲉⲣⲃⲏⲟⲍⲁⲥⲥⲁⲃⲁⲱⲑ, ⲥⲙⲁⲣⲑⲱⲛⲁⲓ, ⲧⲙⲁⲣⲧⲁⲓ ⲁⲗⲉⲧⲃⲁⲗⲗⲁ, ⲧⲁⲙⲙⲟⲗⲏ, ⲉⲛ ⲑⲱ ⲡⲉⲧⲟ ⲧⲟⲧⲃⲓⲏⲑ, ⲓⲁⲣⲙⲓⲱⲑ, ⲗⲁⲓⲗⲁⲟⲯ ⲭⲱⲟⲧⲭ ⲁⲣⲥⲉⲛⲟⲫⲣⲏ ⲏⲧⲫⲑⲁⲛⲱⲗⲓ. Écoute-moi, très grand dieu de Kommé, qui éclaires le jour, ⲡⲁⲑⲁⲙⲁⲙⲁⲱⲑ ; l'enfant qui se lève à l'Orient, ⲙⲁⲓⲣⲁⲭⲁⲭⲑⲁ : toi qui parcours tout le pôle, ⲑⲁⲣⲕⲁⲭⲁⲭⲉⲛ ; toi qui t'unis à toi-même, qui prends un immense accroissement et qui éclaires des multitudes, ⲥⲉⲥⲉⲛⲅⲉⲛ ⲃⲁⲣⲫⲁⲣⲁⲅⲅⲏⲥ. O Dieu excellent des eaux, ⲕⲟⲙⲙⲏ, ⲕⲟⲙⲙⲏ, ⲓⲁⲥⲫⲏ, ⲓⲁⲥⲫⲏ ; ⲃⲓⲃⲓⲁ, ⲃⲓⲃⲓⲁ ; ⲛⲟⲩⲥⲓ, ⲛⲟⲩⲥⲓ ; ⲥⲓⲥⲱⲡ, ⲥⲓⲥⲱⲡ ; ⲁⲣⲥⲁⲙⲱⲥⲓ, ⲁⲣⲥⲁⲙⲱⲥⲓ ; ⲛⲟⲩⲭⲁ, ⲛⲟⲩⲭⲁ , ⲏ, ⲏⲩ, ⲟⲙⲃⲣⲑⲁⲙ, ⲃⲣⲓⲟⲁⲱⲑ, ⲁⲃⲉⲣⲁⲙⲉⲛⲑⲱⲟⲧⲉ, ⲗⲉⲣⲟⲉⲍ ⲁⲛⲁⲍ, ⲛⲟⲣⲉⲗⲧⲱⲟ ⲡⲉⲙⲁⲣⲉⲃⲁ. O Dieu très grand, Dieu fort, je suis un tel qui t'a prié, et tu m'as donné en présent la connaissance de ton nom, très grand dont le chiffre est Ⲟⲣ[1], ⲓⲟ, ⲓⲏ, ⲓⲉ, ⲓⲁ, ⲓⲁⲏ, ⲓⲁⲩ, ⲓⲉⲩ, ⲓⲏⲁ, ⲓⲏⲁ, ⲓⲉⲩ, ⲓⲏⲓ, ⲏⲓⲁ, ⲉⲁ, ⲉⲏ, ⲏⲁ, ⲱⲏ, ⲏⲱ, ⲉⲏⲉ, ⲉⲉⲏ, ⲏⲉⲉ, ⲁⲁⲱ, ⲱⲉⲁ, ⲉⲁⲱ, ⲱⲓ, ⲱⲉ, ⲏⲱⲉⲏ, ⲉⲁⲉ, ⲓⲓⲓ, ⲟⲟⲟ, ⲩⲩⲩ, ⲱⲱⲱ, ⲓⲩ, ⲉⲩ, ⲟⲩ, ⲏⲉⲁ, ⲓⲏⲉⲁ, ⲉⲁⲉ, ⲉⲓⲁ, ⲓⲁⲓⲉ, ⲓⲏⲁ, ⲓⲟⲩ, ⲓⲱⲉ, ⲓⲱⲩ, ⲓⲏ, ⲓⲏⲓⲏ. A mon secours, Phœbus de Kolophon, Phœbus de Parnasse, Phœbus de Castalie... ⲁⲣⲉⲱⲑ, ⲓⲁⲉⲱⲑ, ⲱⲁ, ⲓⲱⲏⲁ, ⲁⲉ, ⲁⲱⲉ, ⲁⲏⲱ, ⲱⲏⲁ, ⲁⲏⲉ, ⲓⲉ, ⲓⲱ, ⲓⲱ, ⲓⲱ, ⲓⲉⲁ, ⲓⲉⲏ, ⲓⲉⲟⲩ, ⲉⲟⲩⲱ, ⲁⲁ, ⲁⲏⲱ, ⲉⲉ, ⲉⲏⲩ, ⲏⲏ, ⲉⲏⲁ, ⲭⲟⲃⲣⲁⲭ, ⲫⲗⲓⲉⲥ ⲕⲏⲣⲫⲓ ⲕⲣⲟⲫⲓ, ⲛⲩⲣⲱ ⲫⲟ ⲭⲟⲃⲟⲭ : je t'appelle Apollon, dieu de Claros, ⲉⲏⲩ, Dieu de Castalie, ⲁⲏⲁ, Dieu Pythique, ⲱⲁⲉ, Apollon, maître des Muses, ⲓⲉⲱ, ⲱⲉⲓ [2]. »

---

[1] Ce nombre vaut 109. Il doit y avoir là une faute. Les voyelles qui suivent semblent l'indiquer, car elles ne sont que des variations sur le nom d'Iαω qui vaut 811.

[2] Ⲡⲟⲩⲥⲁⲱⲛ ⲥⲕⲏⲛⲧⲟⲩⲭⲉ, ⲫⲉⲣⲉⲥⲃⲓⲉ, ⲗⲉⲧⲣⲟ ⲙⲟⲓ ⲏⲗⲏ.
ⲗⲉⲩⲣⲟⲧⲁⲭⲟⲥ ⲇ'ⲉⲡⲓ ⲧⲁⲥⲁⲛ ⲓⲏⲓⲉ ⲕⲓⲥⲥⲉⲟⲭⲁⲓⲧⲁ,
ⲙⲟⲗⲡⲏⲛ ⲉⲛⲛⲉⲡⲉ, ⲫⲟⲓⲃⲉ ⲇⲓ ⲁⲙⲃⲣⲟⲥⲓⲟⲩ ⲥⲧⲟⲙⲁⲧⲟⲓⲟ
ⲕⲁⲓ ⲥⲉ ⲛⲩⲣⲟⲥ ⲙⲉⲗⲉⲱⲛⲁ ⲣⲁⲣⲁⲭⲭⲟⲧⲁ ⲏⲫⲑⲛⲥⲓⲕⲓⲣⲉ

Nous ne croyons pas qu'il faille nous appesantir beaucoup pour faire remarquer que le procédé est le même dans le discours de Jésus de la *Pistis Sophia* et dans ces deux fragments. De même à la simple lecture on aura remarqué des formations identiques et hybrides dans les mots magiques. Ce

και μοιραι τρισσαι Κλωθω τ'Ἀτροποςτε Λαχις τε.
ςε καλω τον μεγαν εν ουρανω αεροειδη αυτοϫουσιον, ω υπεταϫη πασα φυσις, ως κατοικεις την ολην οικουμενην, ϫορυφορουσιν οι ϫεκαεξ γιγαντες · επι λωτω καθημενος και λαμπρυϫων την ολην οικουμενην ο κατα ϫειϫας επι της γης ϫωα, ουτο ιερον ορνεον εχεις επι τη στολη εν τοις προς απηλιωτην μερεσι της Ερυθρας θαλασσης ωςτ... εχεις εν τοις προς Βορρα μερεσι μορφην νηπιου παιϫος επι λωτω καθημενος απολευ πολυ-ωνυμε ςενςενγεν · βαρφαραγγης · εν ϫετοις προς νο-τον μερεσιν μορφην εχεις τοῦ αγιου ιερακος, ϫι ης πεμ-πεις την εις αερα πυρωσιν την υπομενην λερθεξ απαξ · εν ϫε τοις προς Λιβα μερεσιν μορφην εχων κροκοϫιλου, ου-ραν οφεως, ενθεν αφιων γετους και χιονας . εν ϫε τοις προς απηλιωτην μερεσι ϫρακοντα εχεις πτερουγη βασι-λειον εχων αεροειϫη, ω κατακρατεις του ὑπουρανου και επι της · εις Πωυσεω ςυ αρ εφανης τη αληθεια · ω ιω εφηνθ ϫαςςαβαωθ · ςμαρθωναι · υμαρται αλευθαβλα υαμ μολη εν θω πετο τουθινο . ιαρμιωθ · λαιλαουψ χωουχ αρσενοφρη · ηυφθανωλι . Κλυθι μου, μεγιςτε θεε κομμης, την ημεραν φωτιϫων . παθμαμαωθ · ο νηπιος ανατελλων . μαιραχαχθα . ολον πολον ϫιοϫευων · θαρναχαχαν · ο εαυτω ευη υπομενος και ϫηλαμουμενος προςαυϫηνα και πολυφαςω-τιςτα ςενςενγεν βαρφαραγγης · γυαυων φεριστε θεε κομμη κομμη ιαςφη ιαςφη βιβιυ βιβιυ νουςι νουςι ςιθωθ ςιθωθ . αρςαμωςι αρςαμωςι · νουχα · νουχα · η . ηι . ομβρι . θαμ . βριουαωθ . αβεραμενθωουθ, λερθεξ αναξ νερελθο ωθ νεμπραεβα . ο μεγιςτος και ιςχυρος θεος . εγω ειμι ο ϫεινα ος-- τις ος ϫϫηυθηςω, και ϫωρον μοι εϫωρηςω την του μεγιςτου ςου ονοματος γνωσιν ου η ψηφος θρ . ιθ . ιη . ιε . ια . ιαη. ιαω ιςυ ιηα ιωα ιευ ιηι ηια εα εη ηα ωε ηω ς ηε εηε εεη ηεε ααω ωεα εαω ωι ωε ηω εη εαε ιιι οοο υυυ ωωω ιυ ευ ου ηεα ιηεα εαε εια ιαις ιηα ιου ιωε ιωυ ιη ιηιη . ιηιε . παιαη κολοφωνις φο.-βε, παρηιςςιε φοιβε, καςταλιε φοιβε ιε .... ιωα ιηα ευα ωεα εγηα εγεγα εγωα ευις, ςυηιε εγε εγη εγιε εγω ιεγαε εγηαε. υμνηςω Πενυορι φοιβω αρεωυ ιαεωθ ωα ιωηα αε αηω ωηα ακε ιε ιωυ ωιω γεα ιεη ιεογ εογω αα αηω εε εηυ εηα χοβραχ φλιες, κιρφι κροφι πυρω φο χοβαχ · ςε καλω κυριε Ἀπολλον εηγ · Καςταλιε, ανα, πγεις, ωαε; Πουςων Ἀπολλων, ιεω, ωευ. —Parthey, *ibid.*, *Zauberpapyri*, p. 45, l. 98-141.

qu'il y a de plus important à faire observer, c'est que certains de ces mots magiques se trouvent dans la *Pistis Sophia*. Ainsi le mot ⲁⲃⲉⲣⲁⲙⲉⲛⲑⲱⲟⲩ se trouve dans la *Pistis Sophia* appliqué à Jésus ; dans un des papyrus de Leyde ce nom est donné à Set, le dieu de la violence et de la destruction ; dans le deuxième fragment que nous avons cité, ce mot se retrouve encore [1]. Enfin, dans un papyrus qu'a traduit M. Goodwin, il est contenu dans ce mot que nous donnons tel qu'il l'a transcrit : Aberamentthoulertheseenaxerhtre luoohtonemareba, mot qui contient les trois mots de notre second fragment : ⲁⲃⲉⲣⲁⲙⲉⲛⲑⲱ, ⲗⲉⲣⲟⲉⲍ, ⲁⲛⲁⲍ, donnés ainsi et pris ensuite à rebours. Pour nous, ces mots, nous croyons déjà l'avoir dit, ne sont pas vides de sens : quand on connaîtra leur formation hybride, on saisira leur signification sur-le-champ ; la grande difficulté viendra des incorrections échappées aux scribes [2]. Dans cette formation, nous croyons que l'égyptien et le grec jouent un grand rôle ; quelques-uns de ces mots sont même entièrement égyptiens, comme ⲯⲓⲧⲱⲟⲉⲣ, qui signifie le Fils de Dieu [3]. Tout cela nous prouve surabondamment que dans les papyrus grecs comme dans l'initiation de la *Pistis Sophia*, l'élément égyptien exerce une grande influence, et c'est tout ce que nous voulions prouver.

V. — CONCLUSION

Ainsi, dans l'initiation valentinienne comme dans la théologie, dans la cosmologie comme dans la psychologie de Valentin, nous avons pu suivre et démontrer l'influence égyptienne. Cette influence se trahit dans toutes les parties du système, dans les dispositions fondamentales et originales de la

---

[1] *Papyrus magique* Harris, traduit par M. Chabas., p. 185. Des noms magiques adressés à Osiris se trouvent aussi aux pages 151 et 162.

[2] Une des plus grandes difficultés vient de la mauvaise coupe des mots et de leurs renversements ; ainsi dans le second fragment que nous avons cité, nous avons vu que le mot : ⲛⲟⲣⲉⲗⲧⲟⲱⲑ-ⲡⲉⲙⲁⲣⲉⲃⲁ, n'est que le renversement de ⲁⲃⲉⲣⲁⲙⲉⲛⲑⲱⲟⲩ avec le commencement de ⲗⲉⲣⲟⲉⲍ (ⲗⲉⲣⲟⲏ). Nous ne doutons pas qu'il n'y ait un grand nombre de ces incorrections dans ces papyrus.

[3] M. Chabas a traduit par Dieu, en disant que la syllabe ⲯⲓ était l'article : il se trompe évidemment.

doctrine valentinienne, et avant tout le système de Valentin est égyptien. Mais n'est-il que cela? Non certainement, l'élément grec y a une part immense, car même les idées égyptiennes ont éprouvé un certain changement de forme en passant par un esprit nourri dans la littérature et la civilisation grecques. La Grèce avait avant Valentin connu certaines traditions de l'antique Égypte, ce n'est pas en vain que ses historiens et ses philosophes avaient visité les bords du Nil ; mais elle avait noyé ces traditions sous les fleurs dont elle les avait ornées, si bien qu'on n'en pouvait plus guère reconnaître l'origine. Avec son génie artistique elle avait réduit les antiques légendes à des proportions plus semblables les unes aux autres, elle avait lié ce qui était distinct, et avait souvent fait une épopée des récits qui n'avaient rien de commun entre eux. Valentin ne fit pas autre chose : il prit des éléments égyptiens auxquels les philosophes grecs ses devanciers n'avaient attaché qu'une médiocre importance, il les prit au hasard dans l'immense et large doctrine de l'Égypte; puis de ces éléments il bâtit un édifice superbe, éclatant de couleur et de lumière : son imagination brillante embellit ce qu'il trouvait trop nu, son esprit attique enchaîna et trouva des transitions ; ce qui semblait n'avoir aucun rapport l'un avec l'autre parut alors avoir une dépendance intime, et à peine un œil exercé put-il s'apercevoir que quelquefois la suture était visible. Ajoutons à cela que pour certaines parties purement philosophiques de son système, comme dans sa psychologie proprement dite, ayant peu à prendre en Égypte et sentant que le vent nouveau du christianisme qui soufflait déjà puissamment sur le monde, changeait bien des choses, il vit du premier coup qu'il devait s'attacher à cette doctrine neuve et inouïe vers laquelle tous les esprits se portaient alors bon gré mal gré, pour l'adopter ou pour la persécuter. La prédication de l'Évangile était déjà retentissante, Valentin lui-même était chrétien : dans son effort pour créer une société sœur et rivale de la société chrétienne, il vit qu'il ne pouvait se passer des nouvelles idées. Ce qu'il avait fait pour les idées égyptiennes, il le fit pour les idées chrétiennes présentées avec trop de simplicité : il les enguirlanda de toutes les traditions égyptiennes ornées d'après la dernière mode grecque. Il se donna surtout bien garde de proposer dans son système des doctrines allant directement à l'encontre du nouvel enseignement : il prit son essor dans tout ce qui n'était pas expliqué par l'Évangile; de là vient que sa théologie et sa cosmologie sont surtout développées, et que la doctrine relativement nouvelle et définie de la Rédemption est à peine effleurée, quoique toutes les autres parties du système ne soient qu'une base destinée à recevoir ce couronnement important d'un édifice dont les proportions nous semblent ainsi peu en harmonie les unes avec les autres. Cependant Valentin ne laissa pas que de détourner de son vrai sens et de sa généralité l'enseignement chrétien sur le Sauveur, il en fit un enseignement particulier avec des prérogatives spéciales à ses adeptes : en cela, comme en autres choses, il suivait la voie qui lui avait été ouverte par les premiers docteurs gnostiques, depuis Simon le Mage jusqu'à Basilide.

On le voit donc, le syncrétisme est la méthode préférée de Valentin : le philosophe a mis à contribution toutes les connaissances qu'il avait, et en se servant surtout des doctrines égyptiennes, il a élaboré ce système, le plus brillant du gnosticisme, celui où les nuances sont les plus douces, où les transitions sont le mieux ménagées, où rien ne heurte de prime abord, où tout au contraire sourit à l'imagination : c'est le comble de l'art. Jamais peut-être on ne dépensa tant de talent pour couvrir un fonds plus pauvre et plus nu.

CONCLUSION GÉNÉRALE

Les conclusions que nous avons mises à la fin de chaque système nous dispensent de les rappeler ici en détail. Nous les pouvons ranger sous deux chefs principaux : les unes regardent la manière dont le gnosticisme s'est développé, partagé, complètement épanoui dans la terre d'Égypte ; les autres ont trait à l'origine primitive, aux sources proprement égyptiennes des systèmes gnostiques de Ménandre, Basilide et Valentin.

Maintenant que nous avons exposé dans leur entier les doctrines de Basilide et de Valentin, on peut voir avec certitude que leurs systèmes n'étaient qu'un développement de celui de Simon le Magicien. Le mage de Samarie par la manière dont il concevait Dieu, dont il le faisait agir, s'étendre, se multiplier, avait ouvert le chemin qui devait conduire ses successeurs à leur théologie et à leur æonologie fantastique. Son enseignement sur le principe et l'origine du mal fut suivi, tout en étant modifié, par ses disciples immédiats ou médiats. Sans pouvoir se soustraire au grand fait de la rédemption qui préoccupait alors tous les esprits, il avait su ne rien emprunter à la doctrine chrétienne qui commençait à se répandre et dont un moment il avait cru devenir le disciple et peut-être le chef; il s'était dit lui-même le Sauveur attendu et envoyé, et, après avoir été rejeté par saint Pierre de la manière que tout le monde connaît, il avait voulu élever doctrine contre doctrine, religion contre religion. C'est l'importante conclusion qui ressort des légendes répandues à son sujet et de sa lutte véritable contre les Apôtres.

Après Simon, son disciple Ménandre continua l'œuvre commencée; mais il la continua à son profit. Il admit toutes les théories du magicien; mais il rejeta la conclusion, c'est-à-dire qu'il voulut lui-même être le Sauveur dont Simon s'était approprié les prérogatives et la mission. De plus, à l'enseignement du maître il ajouta deux choses : le baptême reçu en son propre nom et la magie élevée à la hauteur d'un culte et d'une doctrine proclamée l'unique moyen d'arriver à l'immortalité. Simon lui-même s'était servi de la magie, mais il n'en avait pas fait un culte ; quoique le titre de magicien par excellence soit resté accolé à son nom, quoique ses disciples et lui aient employé toutes les incantations et cérémonies magiques alors en usage, nulle part on ne voit qu'il attachât à tout cela l'immortalité et le bonheur qu'il promettait : cette doctrine est propre à Ménandre.

Ménandre enseignant à Antioche forma deux disciples, Satornilus et Basilide. Le premier devait suivre les enseignements du maître, le second s'ouvrir des voies nouvelles : l'un fut le père du gnosticisme syrien, l'autre du gnosticisme égyptien. Fidèle à la méthode employée par ses maîtres et devanciers, Satornilus accepta leur doctrine, mais en la modifiant à sa guise et en y faisant entrer un élément nouveau, le dualisme. La discussion de l'unique texte qui nous soit parvenu sur ce gnostique nous l'a montré : cette conclusion aurait été justifiée par la comparaison que nous en eussions pu faire avec le mazdéisme.

Avec Basilide, nous venons de le dire, nous nous séparons des premiers docteurs du gnosticisme, nous laissons la Syrie pour entrer en Égypte, la terre des antiques légendes, des vieilles religions, la gardienne des croyances les plus reculées. Basilide la parcourt et y enseigne ; il propose de nouveaux dogmes, mais cependant il ne rejette pas les points fondamentaux, les lois du système de Simon. Ces lois, le mode d'émanation, le principe de similitude et d'émanation régissent tous les systèmes gnostiques exposés dans ce travail. Mais Basilide voulut faire plus que ses prédécesseurs ; son système est un véritable corps de doctrine philosophique en même temps que religieux ; il était chrétien, il ne refusait pas d'ajouter une certaine foi aux enseignements du christianisme, il acceptait les livres de la nouvelle religion ; mais il eut le tort de croire qu'il pouvait rester chrétien et admettre que les dogmes du christianisme n'étaient pas quelque chose d'absolu, qu'on pouvait adopter les uns pour rejeter les autres, qu'on pouvait enfin se donner libre carrière dans l'explication et les développements dont ils sont susceptibles. Pour les expliquer, il imagina toutes les parties de son système fameux, depuis son Dieu-Néant jusqu'à son æon-Évangile. Mais là ne se borna pas son système : non content d'expliquer l'origine des choses, Basilide voulut encore étudier et expliquer la nature de l'âme, ses facultés et ses actions. Par ce côté, il se rapprochait plus de la philosophie, ou plutôt de la méthode grecque. On sait quelles furent ses erreurs.

Après ce maître doué de génie, on ne peut le nier, vint l'homme dont le nom a traversé tous les siècles avec éclat et dans lequel se résume le gnosticisme tout entier pour la plupart des hommes qui n'en ignorent pas l'existence, Valentin. Il y a toute apparence qu'il fut le disciple de Basilide : s'il en fut ainsi, rarement un maître eut un disciple dont le génie fut plus opposé au sien. L'un était plus profond que brillant, l'autre avait plus d'éclat, mais son regard ne plongeait pas aussi avant dans l'abstraction. Le premier voulut surtout former un système nouveau, rechercher des idées saisissantes qui frappassent l'esprit des philosophes ; le second se servit des idées qui avaient cours avant les siennes, il désira surtout lier entre elles et décorer les théories qu'il voulait rendre agréables : le maître eut pour but d'étonner et de fasciner par le grandiose de ses conceptions, le disciple d'attirer par l'éclat de la couleur poétique et la beauté des proportions de son système. L'un voulut parler davantage à l'intelligence, l'autre à l'imagination. Nous regarderions volontiers le premier comme un philosophe se drapant majestueusement dans les plis de son pallium et ne s'abaissant que rarement à la portée de ses disciples ; le second comme un homme désireux de se faire avant tout des prosélytes et se faisant aimable pour les gagner d'abord et les retenir ensuite à ses côtés. Ce ne sont pas là de simples hypothèses, de purs jeux de notre imagination : on n'a qu'à lire l'exposé des deux systèmes dans les auteurs qui nous les ont conservés, et l'on sera frappé, croyons-nous, de la différence des deux physionomies. Il est certain que dans le système de Valentin les nuances sont toujours habilement ménagées, tandis que dans celui de Basilide on trouve une hardiesse qui ne doute de rien, avec une marche par soubresauts.

Quoi qu'il soit de ces contrastes, il n'est pas douteux que les deux gnostiques jouirent d'une immense influence et eurent un nombre prodigieux de disciples. Valentin même ne se contenta pas d'une école ordinaire ; il fonda une communauté véritable et lui donna une organisation complète: c'est ce que nous donnent le droit d'affirmer les résultats auxquels nous ont conduit nos recherches sur l'initiation valentinienne. Enfin, outre ces résultats, nous avons pu déterminer le degré de confiance que méritent les Pères de l'Église qui dans leurs ouvrages ont exposé les doctrines gnostiques, et nos conclusions sur ce point sont en parfaite concordance avec les travaux publiés avant cette étude.

Mais ce n'est là que la première partie des résultats auxquels nous sommes arrivé. Non content d'avoir fait connaître les systèmes gnostiques égyptiens et ceux qui les ont précédés, nous en avons recherché les origines dans les doctrines de l'antique Égypte. Si nous avions voulu étendre le champ de ces recherches aux grandes religions orientales, comme nous pouvions le faire à bon droit, dès notre premier pas nous aurions trouvé la doctrine de Simon dans la *Kabbale* et dans les livres de l'*Avesta ;* nous aurions vu que Satornilus a emprunté son dualisme à la religion mazdéenne, et de nombreux points de rapprochement entre les deux doctrines nous l'auraient clairement démontré, comme nous aurions trouvé que le Dieu-Néant de Basilide se retrouvait sous un autre nom dans les rêves des docteurs kabbalistes. Mais pour circonscrire notre œuvre et lui donner plus d'unité, nous avons préféré borner nos investigations aux idées religieuses qui furent en circulation en Égypte. C'est ainsi que Ménandre avec sa Magie nous a été expliqué par Jamblique défendant les doctrines magiques de l'Égypte et déroulant leurs effets merveilleux ; les prêtres égyptiens avaient salué par avance ce dieu de Basilide, fils plus grand que son père, et les mondes où s'opéraient les transformations cachées de la divinité. Enfin Valentin puisa à pleines mains dans les doctrines mystérieuses des sanctuaires égyptiens, et ses disciples l'imitèrent. Nous avons montré que l'idée, les noms de leur dieu, leur Plérôme, leurs syzygies, leur cosmologie, leur psychostasie, leur immortalité, tout ou presque tout, se retrouvait dans les croyances des prêtres de Thèbes ou de Memphis. Cela ne doit pas surprendre, puisque Valentin pouvait rajeunir ces vieilles idées et les présenter à la foule des esprits haletants, après les avoir recouvertes d'un vêtement nouveau. Sans doute, dans son système, tout n'est pas égyptien, mais ce que l'on y rencontre suffit à démontrer quelle influence prépondérante les doctrines égyptiennes y ont prise. Cette remarque concluant au syncrétisme doit s'appliquer aussi aux systèmes des prédécesseurs de Valentin : tout dans ces systèmes ne vient pas de l'Orient, mais beaucoup de théories sont un emprunt direct fait aux religions orientales. En résumé, le gnosticisme primitif, comme le gnosticisme égyptien, procède par syncrétisme : nous n'avons voulu qu'une chose, faire la part de l'Égypte dans ce syncrétisme général.

Si maintenant en terminant cette longue et pénible étude, nous voulons considérer l'antagonisme qui se déclara tout d'abord entre le gnosticisme et le christianisme, la lutte que les gnostiques entreprirent contre la nouvelle religion en s'efforçant d'en dénaturer le caractère pour la plier aux rêveries de leur imagination ou de leur philosophie, les échecs qu'ils lui firent subir, la persistance avec laquelle ils revinrent à la charge, nous ne pourrons nous empêcher de constater le développement constant de l'Église chrétienne sortie victorieuse de tant de difficultés. On a longtemps prétendu que l'Église avait trouvé dans les persécutions le plus grand des dangers qu'elle a courus; nous croyons que c'est précisément le contraire qui est vrai. L'Église chrétienne, comme toutes les autres religions, est toujours sortie des persécutions plus belle et plus vivante, la contradiciton sanglante a toujours été pour elle un gage de victoire : c'est un fait historique, il est impossible de le nier et c'est une loi qui a régi le développement de toutes les religions. Le danger le plus grand lui vint des nombreuses hérésies qui lui rongèrent le sein pendant les premiers siècles. Jamais il n'y eut autant d'hérésies qu'alors, jamais l'Église n'eut plus à souffrir de ces contradictions de l'esprit qui, pour elle, étaient bien plus à craindre que les persécutions. Sans contredit, les systèmes qu'on nomme d'habitude hérésies et qui s'élevèrent alors de tous côtés, dans cette époque d'activité prodigieuse et fébrile, étaient faits pour plaire à l'esprit bien plus que la morale sévère et les dogmes simples du christianisme naissant. Le gnosticisme avec sa morale relâchée, ses images riantes, ses théories séduisantes dont l'éclat ou le mystère appelaient à elles tous les esprits qui se croyaient plus éclairés que le vulgaire, et qui cependant n'étaient que superficiels; le gnosticisme contenait en lui-même plus d'éléments de succès que la religion sur laquelle il prétendait se greffer et à laquelle il cherchait à se substituer. La voie dans laquelle il s'engagea n'était pas la bonne. La religion qui s'adressait à la foule humaine, sans aucune distinction de classe ou d'aptitude intellectuelle, devait finir par prévaloir et a en effet prévalu, grâce au bon sens général des races occidentales. Elle survit, et le gnosticisme, comme un météore brillant, après avoir laissé derrière lui une longue traînée de lumière confuse, a complètement disparu, et pour le faire revivre, il faut l'aller chercher dans les vieux ouvrages de ceux qui le combattirent et remportèrent finalement la victoire. Le nom seul en est resté, les doctrines ne sont plus que comme un de ces monuments légendaires dont la curiosité recherche l'âge et que l'on s'attarde à considérer comme le témoin d'un passé qui n'est plus et d'une époque brillante autrefois, aujourd'hui tombée dans un général oubli.

FIN

VU ET LU :

En Sorbonne, le 7 octobre 1882.

PAR LE DOYEN DE LA FACULTÉ DES LETTRES DE PARIS,

A. HIMLY.

VU ET PERMIS D'IMPRIMER :

LE VICE-RECTEUR DE L'ACADÉMIE DE PARIS,

GRÉARD.

TABLE DES MATIÈRES

INTRODUCTION	1
BIBLIOGRAPHIE	17

PREMIÈRE PARTIE

CHAP. I. — Simon le Magicien..	24
I. Vie de Simon, ses écrits, sources de nos informations.	25
II. Système de Simon le Magicien.	33
CHAP. II. — Ménandre et Satornilus.	52
I. Ménandre.	52
II. Satornilus.	67

DEUXIÈME PARTIE

CHAP. I. — Basilide, vie de Basilide, ses écrits, sources de renseignements, ouvrages sur son système.	77
CHAP. II. — Exposé du système de Basilide.	89
I. Théologie de Basilide.	90
II. Cosmologie de Basilide.	97
III. La rédemption, d'après Basilide.	123
CHAP. III. — Sources égyptiennes du système de Basilide.	139
CHAP. IV. — Carpocrate.	153

TROISIÈME PARTIE

CHAP. I. — Valentin, sa vie, époque à laquelle il a vécu, ses œuvres.	166
CHAP. II. — Des sources ou ouvrages qui nous ont transmis le système de Valentin	182

Chap. III. — Système de Valentin d'après l'école orientale. 197
    I. Æonologie ou théologie. 197
    II. Cosmologie. 210
    III. Anthropologie, christologie, eschatologie. 218
    IV. Morale et rites valentiniens. 229
    V. Résumé. 258

Chap. IV. — Système de Valentin, d'après saint Irénée, ou école italique. 261
    I. Théologie. 262
    II. Cosmologie. 267
    III. Anthropologie, rédemption, eschatologie et morale de l'école italique d'après saint Irénée. 274

Chap. V. — Des rapports du valentinianisme avec les doctrines de la vieille Égypte . . 281
    I. Théologie égyptienne et théologie valentinienne. 282
    II. Cosmologie égyptienne et valentinienne. 297
    III. Psychologie et eschatologie de l'Égypte comparées à celles de Valentin. 305
    IV. Initiation. 313
    V. Conclusion. 320

CONCLUSION GÉNÉRALE. 323

www.ingramcontent.com/pod-product-compliance
Lightning Source LLC
Chambersburg PA
CBHW050747170426
43202CB00013B/2331